Die VOLX BIBEL 4.0

Neues Testament
frei übersetzt
von Martin Dreyer

Ein neuer Vertrag zwischen Gott und den Menschen

vol[x]bibel-verlag

Bibliografische Informationen der Deutschen Nationalbibliothek
Die Deutsche Nationalbibliothek verzeichnet diese Publikation in der Deutschen Nationalbibliografie; detaillierte bibliografische Daten sind im Internet über http://www.d-nb.de abrufbar.

9. Gesamtauflage
1. Auflage 4.0

Satz: Wilhelm Vornehm, München
Druck: CPI – Clausen & Bosse, Leck
Gedruckt in Deutschland

Motiv Zigarettenschachtel
Gestaltung: Dietmar Reichert, Dormagen
ISBN 978-3-940041-17-3
Bestell-Nr. 875.117

Motiv Splash
Gestaltung: ZERO Werbeagentur, München
Illustration: Finepic, München
ISBN 978-3-940041-18-0
Bestell-Nr. 875.118

Motiv Jesus
Gestaltung: Christina Custodis, Witten
ISBN 978-3-940041-16-6
Bestell-Nr. 875.116

Vorwort zur Volxbibel Neues Testament 4.0

Neulich habe ich einen jungen Mann auf der Straße kennen gelernt. Wir kamen ins Gespräch über Gott, Jesus und den christlichen Glauben. Ich musste feststellen, dass er viele Fragen hatte, die bis zu diesem Tag noch niemand beantworten konnte. Er berichtete mir von dem Versuch in bestehenden Bibelübersetzungen zu lesen, aber er hätte nichts davon verstanden. Die Sprache wäre zu „religiös" gewesen, zu „abgehoben", zu „unverständlich". Und damit waren auch sogenannte moderne Übersetzungen gemeint. Ich schenkte ihm eine Volxbibel und wir trafen uns einige Wochen später. Sein Gesicht leuchtete. „Endlich eine Bibel die ich verstehe!", sagte er zu mir. „Ich bin jetzt mittendrin, es berührt und verändert mich!".

Solche und ähnliche Rückmeldungen habe ich in den letzten Jahren zu Hauf bekommen. Und jedes Mal bricht große Freude bei mir aus, wenn ich so etwas höre. Die Volxbibel wurde anfangs von einigen nicht ernst genommen. Viele haben sie kritisiert, verlacht und sogar massiv bekämpft. Und doch konnte sich dieses Bibelbuch in allen sozialen Räumen, Schichten, Altersgruppen und Gremien durchsetzen. Von Kneipe bis Kirchentag, von Unterschicht bis Uni-Absolvent, vom evangelischen Konfirmanden bis zum konservativen Katholiken – die Volxbibel sprengt alle Grenzen, sie überwindet sogar konfessionelle Schranken.

Was sie einzigartig macht, ist nicht nur die Sprache. Das Mitmachkonzept hat dafür gesorgt, dass viele Religionslehrer damit im Schulunterricht arbeiten. Mittlerweile gibt es drei Schulbücher, in denen sie ausdrücklich erwähnt wird. Dieses Konzept sorgte auch dafür, dass Pfarrer und Pastoren sie für unverzichtbar halten, wenn es um den Konfirmanden- oder den Kommunionsunterricht geht. Über die Seite wiki.volxbibel.com kann jeder Leser an dieser Bibel mitschreiben. So loggen sich Jugendliche in einem deutschen Aussiedlerdorf in Paraguay genauso ins Wiki ein, wie Schüler aus Dresden, München oder Hamburg.

Und auch einige Promis wurden mit der Volxbibel in der Hand erwischt. So gibt es Fotos wo Jörg Pilawa eine Volxbibel in der Hand hält, Nina Hagen nimmt sie mit in TV Talkshows und sogar der letzte deutsche

Papst Benedikt XVI. hat sich in einem Brief zu dem Projekt wohlwollend geäußert.

Was hier jetzt vorliegt ist die aktuelle Version 4.0 vom Neuen Testament. Etwa 2000 User haben nahezu 7 Millionen Seiten im Wiki aufgerufen, bearbeitet und verändert, bis diese neue Fassung der Volxbibel fertiggestellt war. Es gibt kein Buch auf der ganzen Welt, das so ein Konzept fährt. In diesem Bereich hat sie – ohne zu übertreiben – Geschichte geschrieben.

Die Volxbibel ist nie ganz perfekt. Du wirst beim Lesen vermutlich Fehler finden, einige Formulierungen gefallen dir nicht, andere erscheinen perfekt und begeistern. Es gilt das Motto: Was dir nicht gefällt, ändere es selbst! Dieses Bibelbuch verändert sich mit der Sprache der Menschen. Und dass sich Sprache verändert, dass jede Generation neue Ausdrücke erfindet und alte Begriffe aussterben, bestreitet heute keiner mehr.

Ich wünsche mir, dass diese Bibel dein Herz erreicht. Vieles von dem was wir heute lesen, bleibt doch eher in unseren Verstand hängen. Dort wird es kritisch bearbeitet, auf Distanz gehalten, es dringt nicht tiefer in unser Innerstes ein. Aber erst wenn wir die Worte der Bibel an unser Herz lassen, können sie uns auch von innen heraus verändern.

Viel Spaß, Freude, Erkenntnisse und Jesuserlebnisse wünscht dir dein
Martin Dreyer

Berlin im Mai 2013

Beteilige dich am Volxbibel-Prozess!
Lass dich auf der Seite http://wiki.volxbibel.com freischalten und mach mit!

Täglich kostenlos:
Die Volxbibel-Losungen
über Twitter oder E-Mail.
Anmeldung: http://www.volxbibel.com/emailservice

Vorwort zur Übersetzung

Herzlich willkommen in der Welt der Volxbibel!

Dieses Buch hat schon vor seiner Veröffentlichung für viel Gesprächsstoff gesorgt. Viele Fragen wurden an das Projekt gestellt, und einige davon möchte ich hier gerne beantworten.
Die Volxbibel ist ein Experiment, etwas Neues, nie Dagewesenes. Sie ist die erste deutsche Bibel, die versucht zu zeigen, wie Jesus möglicherweise heute geredet hätte, ohne seine Aussagen ins Lächerliche zu ziehen oder ihnen die Schärfe zu nehmen. Die Volxbibel ist außerdem die erste Bibel überhaupt, bei der wirklich jeder mitschreiben und mitgestalten kann.

Die Volxbibel ist ein Sprachexperiment

Sprache verändert sich ständig, das kann jeder sehen, der mal in die erste Bibelübersetzung von Martin Luther reinschaut. Deshalb muss sich die Sprache der Bibel auch ständig weiterentwickeln, damit sie jeder verstehen und lesen kann.

Meine Eltern sagten immer: „Diese Musik ist aber toll!" Dreißig Jahre später war dann alles „geil", jetzt ist das eher „krass", was wirklich gut ist. Wer weiß, was man morgen sagen wird, wenn man etwas besonders gut findet? Sprache verändert sich und ist vielschichtig. In Hamburg spricht man anders als in Bayern. In Schwaben „schwätzt" man, in Dortmund wird „gelabert". Deshalb wird für den einen ein Vers aus der Volxbibel cool klingen und für den anderen eher peinlich, für den einen zu radikal und für den Nächsten zu lasch. So ist das eben.

Luther hatte bei seiner ersten Bibelübersetzung ein bestimmtes Motto. Es war nicht seine Absicht, besonders alt, schwierig oder religiös zu schreiben. Im Gegenteil! Er wollte „dem Volk aufs Maul schauen", und mit dem „Volk" meinte er die Leute vom Markt, den Normalo von der Straße, den Freak von gegenüber. Genauso ist es das Ziel der Volxbibel, eine möglichst normale Sprache zu sprechen, mit Ausdrücken, wie man sie im Jugendzentrum oder auf dem Schulhof hört. Begriffe, die erst mal nur jemand versteht, der christlich aufgewachsen ist, sollten, soweit es ging, vermieden werden.

Die Volxbibel ist ein Open-Source-Experiment

Es gibt eine einfache Möglichkeit, die Bibel sprachlich modern zu halten und sogar auf regionale Unterschiede einzugehen. Um viele Leser anzusprechen, braucht man viele Übersetzer.

Deshalb geben wir jedem die Möglichkeit, sich am Sprachexperiment Volxbibel zu beteiligen. Wie beim bekannten Internet-Lexikon *Wikipedia* liegt der „Quellcode" der Volxbibel offen. Jeder, der mitmachen möchte, kann seine Vorschläge im Übersetzer-Forum auf www.volxbibel.de im Internet veröffentlichen.
Wenn du Stellen aus der Volxbibel überholt, unverständlich oder sogar peinlich findest, kannst du dabei helfen, es in der nächsten Ausgabe besser zu machen. Alle Übersetzungsversuche werden ernst genommen und von einem Team von Lektoren und Theologen geprüft. Die besten Vorschläge erscheinen im nächsten Update der Volxbibel. Wenn ein Vers oder Abschnitt von dir ins nächste Update übernommen wurde, steht hinten natürlich auch dein Name drin.

Die Volxbibel ist ein geistliches Experiment

Die Bibel ist, so sagt man, „Gottes Wort". Die Worte, die in ihr geschrieben stehen, kommen von Gott, es sind seine Worte. Sie können lebendig werden und anfangen, dein Leben zu verändern. Mir war beim Übersetzen wichtig, diese Worte nicht „weich zu spülen", sie sollten die Schärfe und Klarheit des ursprünglichen Textes behalten, damit ihre Bedeutung für keinen Menschen verloren geht. Gott möchte durch die Worte der Volxbibel direkt zu dir reden!
Darum möchte ich jeden Leser herausfordern: Öffne dich dafür, dass diese Worte heute für dich plötzlich lebendig werden können. Gott kann so mit dir reden!

Viel Spaß beim Lesen, Nachdenken, Mitübersetzen wünschen dir

Martin Dreyer und Team

Die Volxbibel ist die erste Bibelübersetzung der Welt, an der alle mitschreiben können, eine Bibel vom Volk fürs Volk, geschrieben von Profis und von Laien. Welches Buch wäre nicht würdiger dafür als das Buch der Bücher, die Bibel selbst!

Einleitung

Die Volxbibel beginnt mit vier Büchern, die von dem Leben, was Jesus hier auf der Erde geführt hat, erzählen. Jedes Buch hat seinen eigenen Schwerpunkt, seine eigene Perspektive. Das ist genau so, als wenn vier Freunde von dir im Kino denselben Film sehen würden, jeder würde ihn aber später aus seiner Sichtweise etwas anders beschreiben, auch wenn sie alle im gleichen Film waren.

Nach diesen vier Büchern kommt ein weiteres spannendes Ding, nämlich die Geschichte von den Aposteln. Die Apostel waren die erste Führungsriege der Christen, gleich nachdem Jesus als Mensch von der Erde verschwunden war und in den Himmel zu Gott gezogen ist. Das Buch erzählt von einer besonderen Kraft, die direkt von Gott kam, man nennt diese Kraft auch den heiligen Geist. Dieser Geist ist genauso wie Gott, er ist genauso eine Person wie Jesus oder der Vatergott. Mit dieser Kraft wurden die Freunde von Jesus abgefüllt, Gott zog sozusagen höchstpersönlich in ihren Körper und in ihr Bewusstsein ein. Und was dann passiert ist, war wirklich abgefahren. Von dort fing nämlich eine richtige Jesus-Revolution an, die die ganze Erde bis zum heutigen Zeitpunkt total verändert hat!

Nach dieser Geschichte mit den Aposteln kann man noch verschiedene Briefe lesen, die von Leuten wie Paulus und Petrus an die Jesus-Familien in den einzelnen Städten geschrieben worden sind. Diese Gemeinden, wie man sie heute nennt, haben sich alle in ganz kurzer Zeit gegründet. Die Briefe wurden von Christen geschrieben, die es echt drauf hatten und die Gott extra für diesen Job ausgesucht hat. Teilweise kannten sie Jesus noch persönlich, teilweise haben sie Jesus erst kennengelernt, nachdem er gestorben war. Wie das geht, wirst du selber lesen können ;+) Diese Briefe gehen oft auf die ganz konkreten Probleme ein, die in diesen Gemeinden vor Ort in dieser Zeit am Start waren. Sie können aber auch heute noch in deine Situation sprechen und im alltäglichen Leben mit Gott weiterhelfen.

Die Volxbibel schließt mit einer Vision, die Johannes gehabt hat. Keine Ahnung, was du davon verstehst, ich hab immer das Gefühl, was damit eigentlich gemeint war, wird uns zum großen Teil erst später klar werden.

Christen sind davon überzeugt, dass die Bibel „das Wort Gottes“ ist. Sie meinen damit, dass hinter den Buchstaben, die du da liest, eine größere

Kraft steckt, eben Gott. Worte sind Gott wichtig, er hat mit Worten diese Welt gemacht. In dem alten Teil der Bibel hat Mose mal geschrieben: „Gott sprach, es werde Licht, und so ist dann das Licht entstanden.“ Er hat gesprochen, Worte ausgesprochen, keine Gedanken gedacht oder Bilder gemalt.

Ich würde mich freuen, wenn durch dieses Projekt viele Leute anfangen, sich auf diesen Jesus einzulassen, von dem in der Volxbibel überall erzählt wird. Er ist die Hauptfigur, er spielt die Hauptrolle in diesem Film, er ist der große Held, um den sich alles dreht. Ich habe mich auf Jesus eingelassen, als ich 21 war. Vielleicht ist das ganz schön spät, manchmal wünschte ich mir, jemand hätte mir schon früher von ihm erzählt. Dann wäre mir viel Scheiß und Ärger erspart geblieben. Ich kann auf jeden Fall mit Sicherheit behaupten, dass seitdem viel in meinem Leben und um mich herum ins Wanken geraten ist, es gab auch derbe Stürme, wo ich fast abgesoffen wäre, aber der einzige stabile Faktor war immer Jesus. Er hat stets zu mir gehalten, auf mich aufgepasst, für mich gesorgt. Es gibt nichts Besseres, als mit Jesus zu leben und ein Christ zu sein, ehrlich!

Wenn du das auch werden willst, dann schreib mir oder frag jemanden, von dem du glaubst, er könnte es wissen. Denn Jesus hat mal gesagt: „Wenn jemand etwas sucht, dann wird er es auch finden“ (Matthäus, 7. Kapitel, Vers 8). Jesus lässt sich immer finden, er möchte gerne mit jedem Menschen leben, aber er will dich nicht zwingen, er wartet auf dich, er wartet, bis du kommst. Am Ende von dieser Volxbibel steht auch noch etwas zu dem Thema, wie man zu den Leuten von Jesus gehören kann, wenn man das will.

Und jetzt geht es los ...

Martin Dreyer

Inhalt

Die Geschichte von Jesus, wie Matthäus sie aufgeschrieben hat

1

Die Leute vor Jesus

1 Dies ist die Geschichte von Jesus Christus. Jesus ist ein Ur-ur-ur-und-
so-weiter-Enkel von David und Abraham. Die Leute aus seiner Familie,
die vor ihm gelebt haben, waren der Reihe nach: 2 Zuerst war da Abraham,
dem das Land von Gott gegeben wurde. Abrahams Sohn war Isaak, Isaaks
Sohn war Jakob, Jakob war der Vater von Juda und dessen Brüdern. 3 Juda
bekam mit Tamar Perez und Seraach, Perez war der Vater von Hezron,
Hezron war der Vater von Ram, 4 Ram der von Amminadab und Ammina-
dab der von Nachschon, dessen Kind war Salmon. 5 Der Sohn von Salmon
und Rahab, der Hure, die Josua gerettet hat, war Boas. Boas und Rut, die
Asylantin, die ihrer Schwiegermutter so viel geholfen hat, bekamen den
Obed und der bekam den Isai. 6 Isais Sohn war der Präsident David. David
bekam mit der Frau vom Uria, den David umbringen ließ, den Salomo.
7 Salomos Sohn war Rehabeam, dessen Sohn war Abija und dessen Sohn
war Asa. 8 Asa war der Vater von Joschafat, Joschafat der Vater von Joram,
Joram der Vater von Usija, 9 Usija war der Vater von Jotam, Jotam der von
Ahas und Ahas der von Hiskija. 10 Hiskija bekam den Manasse, Manasse
bekam den Amon, Amon den Josia, 11 Josias Söhne waren Jojachin und
seine Brüder (das war in der Zeit, als das Volk Israel nach Babylonien ver-
schleppt wurde). 12 Jojachin bekam den Schealtiel und Schealtiel den
Serubbabel (zu der Zeit, als das Volk in Babylonien festsaß). 13 Serubbabel
bekam den Abihud, der den Eljakim, der den Asor, 14 Asors Sohn war
Zadok, Zadoks Sohn war Achim, Achims Sohn Eliud, 15 Eliud war Eleasars
Vater, Eleasar der Vater von Mattan und der war schließlich der Vater von
Jakob. 16 Jakob war der Vater von Josef und Josef war der Mann von Maria.
Und Maria war die Mutter von Jesus, der Christus genannt wird, das heißt
der „Auserwählte Gottes“. 17 (Zahlensymbole sind wichtig! Darum:) Von
Abraham bis zum Präsidenten David waren es vierzehn Generationen.
Und auch von David bis zur Kriegsgefangenschaft in Babylonien waren es
vierzehn Generationen und von der Zeit bis zu Jesus noch mal vierzehn.
Also 3 mal 14 Generationen. (Da fehlen nur noch 1 mal 7 Generationen bis
7 mal 7 Generationen)

Maria bekommt ein Baby

18 So, und jetzt kommt, wie das mit der Geburt von Jesus war: Seine Mut-
ter Maria war mit Josef verlobt. Obwohl sie noch nicht verheiratet waren
und deswegen, wie damals üblich, auch keinen Sex hatten, war Maria
plötzlich schwanger. Und zwar hatte Gottes ganz besonderer Geist, seine
übernatürliche Kraft, sie geschwängert. 19 Nach den damaligen Gesetzen
hätte Josef Maria anklagen können, weil sie schon vor ihrer Heirat schwan-
ger war. Aber Josef wollte immer alles so machen, wie Gott es gut fand.
Deswegen wollte er Maria nicht anzeigen. Stattdessen wollte er sich heim-
lich von ihr scheiden lassen. 20 Er machte sich voll den Kopf darüber, als er
plötzlich im Traum einen Engel, so einen Botschafter von Gott, sah. Der
sagte ihm: „Josef, du Urenkel vom David! Hab keine Angst und heirate
Maria! Das Baby, was sie bekommen wird, hat ihr die besondere Kraft von
Gott geschenkt. 21 Sie wird einen Jungen bekommen, den musst du unbe-
dingt ‚Jesus' nennen, was so viel wie ‚Gott ist Rettung' heißt. Denn er wird
seine Leute aus dem Dreck retten, in dem sie stecken, wegen Sachen, wo
sie Mist gebaut haben." 22 Das alles passierte, damit das stimmt, was
Jesaja, einer der alten Prophetentypen, gesagt hatte. Prophetentypen sind
Leute, die oft Nachrichten von Gott bekommen. Jesaja meinte mal:
23 „Eine junge Frau, die noch nie mit einem Mann geschlafen hat, wird
schwanger werden. Sie kriegt dann einen Jungen und den wird man auch
Immanuel nennen. Immanuel bedeutet so viel wie ‚Gott ist bei uns'."
24 Als Josef wieder aufwachte, tat er genau das, was der Engel ihm gesagt
hatte, und heiratete Maria. 25 Er schlief nicht mit Maria, bis sie ihren Sohn
geboren hatte. Josef gab ihm den Namen Jesus.

2

Die Astrologen suchen den neuen Präsidenten

1 Jesus wurde in dem Dorf Bethlehem im Bezirk Judäa in Israel
geboren. Herodes war dort damals der Präsident für dieses Gebiet.
Irgendwann kamen Astrologen aus dem Orient in Judäas Hauptstadt
Jerusalem und fragten dort alle Leute: 2 „Wisst ihr, wo dieses Kind ist,
das in Zukunft der Präsident von allen Juden sein wird? Wir haben bei
uns daheim so ein besonderes Sternenbild am Himmel gesehen. Unsere
Deutung davon war, dass dieses Kind jetzt geboren worden ist. Des-
wegen sind wir den ganzen Weg bis hierher gekommen, um ihm
den Respekt zu zeigen, den es verdient hat." 3 Der Präsident Herodes
war total fertig, als er das hörte, und nicht nur er, alle in Jerusalem
waren das. 4 Er organisierte sofort ein Treffen mit den Chefpriestern und
den Leuten, die viel studiert hatten und eine Menge wussten. Die fragte
er: „Wissen Sie, wo dieser neue Präsident geboren werden soll?" 5 Darauf

meinten die zu ihm: „In Bethlehem, das hat Micha schon in seinem
Prophetenbuch geschrieben. Dort steht: 6 ‚Bethlehem, du bist nicht die
unbedeutendste Stadt in Judäa. Denn aus dir wird ein Typ kommen, der
über ganz Israel das Sagen hat und sich gut um meine Leute in Israel
kümmern wird!'" 7 Da rief Herodes die Astrologen heimlich zu sich, weil
er genau wissen wollte, wann sie den Stern zum ersten Mal gesehen
hatten. Anschließend schickte er sie nach Bethlehem: 8 „Sie müssen dort
das Kind suchen und mir sofort Bescheid geben, wenn Sie es gefunden
haben, okay? Ich gehe dann auch mal dort vorbei, um zu zeigen, dass
ich Respekt vor ihm hab, und auch, um zu ihm zu beten." 9 Nachdem
sie dies so beschlossen hatten, gingen die Astrologen nach Bethlehem.
Dort passierte etwas total Abgefahrenes: Der Stern, den sie im Orient
gesehen hatten, leitete sie fast wie ein Navi direkt zu der Hütte, wo das
Baby lag. 10 Als sie es gefunden hatten, freuten sie sich total. 11 Sie gin-
gen in die Hütte, über der der Stern stehen blieb, und fanden dort Maria
mit ihrem Baby. Sie gingen staunend in die Knie und beteten erst mal
zu dem Kind. Anschließend packten sie die Geschenke aus, Gold sowie
ganz wertvolle Parfüms und Kräuter, die sie extra aus ihrem Land mit-
gebracht hatten. 12 In der Nacht sagte Gott durch einen Traum zu ihnen,
sie sollten nicht mehr bei Herodes vorbeischauen. Darum wählten sie
einen Umweg, um nach Hause zu kommen.

Maria und Josef hauen nach Ägypten ab

13 In der nächsten Nacht hatte Josef einen heftigen Traum: Er sah einen
Botschafter Gottes, einen Engel, der zu ihm sagte: „Ab nach Ägypten!
Nimm das Baby und deine Frau und macht euch auf die Socken. Ich
werde mich bei dir melden, wenn ihr zurückgehen könnt. Herodes will
nämlich euer Kind töten." 14 Josef stand sofort auf, und noch in der Nacht
floh er mit Maria und dem Baby nach Ägypten. 15 Dort blieben sie, bis
Herodes gestorben war. Damit erfüllte sich, was Gott durch die alten
Propheten früher schon gesagt hatte: „Ich habe meinen Sohn aus Ägypten
rausgeholt."

Jesus soll gekillt werden

16 Herodes wurde voll aggro, als er merkte, dass die Astrologen ihn
gelinkt hatten. Er drehte total ab und ließ alle Jungs töten, die unter zwei
Jahre alt waren und in Bethlehem und Umgebung wohnten. Pi mal Dau-
men berechnete er die Geburtszeit nach den Angaben der Astrologen.
17 Mit diesem brutalen Gemetzel wurde wahr, was der Prophet Jeremia
schon vor langer Zeit vorhergesagt hatte: 18 „In der Stadt Rama sind alle
Leute total am Heulen. Rahel weint, eine Urmutter vom Volk Israel, weil

viele ihrer Kinder nicht mehr da sind. Keiner kann sie trösten, denn nicht
eins wurde am Leben gelassen."

Wieder in Ägypten ...

19 Als Herodes schließlich tot war, hatte Josef im Traum wieder Besuch von
einem Engel, der zu ihm sagte: 20 „Pack deine Klamotten, nimm das Kind
und die Mutter und geh wieder nach Israel zurück! Die Männer, die das
Kind umbringen wollten, sind tot!" 21 Also machten sich Josef und Maria
zusammen mit ihrem Kind auf den Weg zurück nach Israel. 22 Schließlich
hörte er das Gerücht, dass Archelaus, der Sohn von Herodes, der neue
Präsident von Judäa war. Schlechte Nachrichten!, dachte Josef, denn auch
Archelaus war ziemlich berüchtigt. Aber Gott sagte ihm in einem Traum,
er solle in das Gebiet Galiläa gehen und sich dort ein Bude suchen. 23 Sie
gingen also nach Nazareth und mieteten da eine Wohnung. Dadurch
wurde das wahr, was die Propheten über den Auserwählten, den Christus,
schon vor Jahrhunderten gesagt hatten. Sie schrieben nämlich: „Man wird
von ihm sagen: ‚Das ist doch nur einer aus Nazareth.'"

3

Über Johannes, der die Leute getauft hat

1 Eines Tages tauchte so ein Typ auf, der „Johannes, der die Leute
tauft" genannt wurde. Er fing an in der Wüste ziemlich krasse Sachen
zu sagen: 2 „Lebt nicht weiter so wie bisher! Rennt nicht in euren Unter-
gang. Schlagt einen neuen Weg ein, denn bald wird Gott hier das Sagen
haben!" 3 Schon der Prophet Jesaja hatte so was angekündigt. Er schrieb:
„Jemand ruft in der Wüste: ‚Macht den Weg frei für den Chef! Baut eine
Straße für ihn durch die Wüste!'" 4 Johannes' Klamotten waren übrigens
aus Kamelhaaren gemacht und wurden von einem Ledergürtel zusam-
mengehalten. Er ernährte sich nur von Heuschrecken und wildem Honig.
5 Zu ihm kamen viele Menschen aus der ganzen Gegend: aus Jerusalem,
dem Jordantal und auch dem Bezirk Judäa. 6 Sie sagten vor ihm ganz
offen, wo sie Mist in ihrem Leben gebaut hatten. Dann machte Johannes
mit ihnen so eine religiöse Waschung im Jordan, indem er sie dort unter-
tauchte, man nannte das Taufe. 7 Als Johannes aber mitbekam, dass auch
viele von den religiösen Strebern und politischen Schleimern, nämlich
die Pharisäer und Sadduzäer, sich taufen lassen wollten, wurde er total
wütend und sagte: „Ihr Pseudos! Wer hat euch erzählt, dass ihr euch so
bei Gott wieder einschleimen könntet? 8 Zeigt doch erst mal durch
euer Leben, dass ihr euch wirklich ändern wollt! 9 Ihr glaubt doch nicht im
Ernst, ihr könntet euch so durchmogeln mit dem ‚Abraham ist unser
Papa'-Gequatsche! Gott kann sich aus diesen Mülleimern Kinder von

Abraham machen, wenn er will. 10 Eure letzte Stunde hat schon geschla-
gen. Die Leute, die nicht das bringen, was sie bringen könnten, werden
aussortiert und vernichtet. Jeder Obstbaum, an dem keine Früchte wach-
sen, wird abgeholzt und verbrannt. 11 Alle, die einen neuen Weg in die
Richtung Gottes einschlagen, werde ich mit Wasser taufen. Ich bin aber
nur der Trailer vom Hauptfilm, der Vorgeschmack auf den, der nach mir
kommt. Ich bring es im Gegensatz zu dem so wenig, dass ich noch nicht
mal seine Schuhe zubinden dürfte. Er wird euch mit Gottes besonderer
Kraft, dem Heiligen Geist, taufen. Der wirkt wie ein Feuer in euren Gedan-
ken. 12 Er hat schon den Filter aufgestellt, der den Dreck vom Guten tren-
nen wird. Den Dreck, der übrig bleibt, wird er verbrennen, das Gute wird
er sammeln und aufbewahren."

Gott steht zu seinem Sohn

13 Auch Jesus ging aus seiner Heimat in Galiläa zum Fluss Jordan, weil er
sich von Johannes taufen lassen wollte. 14 Aber Johannes hielt das für
keine so gute Idee: „Hey, Jesus, es müsste eigentlich umgekehrt laufen!
Ich habe es eigentlich nötig, von dir getauft zu werden! Und nun willst du
von mir getauft werden?" 15 Aber Jesus meinte nur: „Es ist okay, so wie es
ist. Das muss so sein, damit alles so läuft, wie Gott es haben will." Also
wurde auch Jesus von Johannes getauft. 16 Als Jesus wieder aus dem Was-
ser rauskam, öffnete sich plötzlich der Himmel über ihm, und Jesus sah,
wie der Geist von Gott wie eine Taube auf ihm landete. 17 Zur gleichen Zeit
hörte man eine Stimme aus dem Himmel. Sie sagte: „Das ist mein Sohn,
den ich sehr liebe! Ich freue mich total über ihn!"

4 **Die große Prüfung für Jesus**

1 Anschließend wurde Jesus von Gott in die Wüste geführt, wo der
Chef des Bösen, der auch Satan genannt wird, versuchen sollte, Jesus
von seinem geraden Weg abzubringen. 2 Vierzig Tage und Nächte verzich-
tete er ganz auf Essen, und am Ende hatte er übelst Hunger. 3 Schließlich
kam Satan vorbei. Das ist so ein Anti-Engel, ein Feind von Gott, der nur
Menschen kaputt machen will. Satan versuchte Jesus reinzulegen und
sagte zu ihm: „Wenn du wirklich der Sohn von Gott bist, dann kannst du
dir doch aus diesen Steinen 'nen Döner zaubern, wenn du das willst,
oder?" 4 Jesus antwortete ihm: „Vergiss es, das werde ich nicht tun. Denn
Gott hat in den alten Verträgen mit den Menschen gesagt: ‚Der Mensch
braucht nicht nur Essen, um zu leben. Er braucht vor allem, dass Gott mit
ihm spricht.'" 5 Danach ging Satan mit ihm zur Stadt Jerusalem und pla-
zierte ihn dort auf dem obersten Rand der Tempelmauer. 6 „Spring run-

ter!“, foppte er Jesus. „Du bist doch der Sohn von Gott! In den alten Ver-
trägen kann man ja auch lesen: ‚Gott wird durch seine Engel eingreifen.
Sie werden dich auf Händen tragen, damit du nicht mal eine Schramme
abkriegst.‘“ 7 Jesus antwortete: „Da steht aber auch: ‚Du sollst mit Gott,
deinem Chef, keine Spielchen spielen.‘“ 8 Jetzt nahm Satan ihn mit auf
einen extrem hohen Berg und zeigte ihm von dort die ganzen Länder auf
der Welt, mit ihren Regierungsgebäuden und Staatshäusern, von wo
Macht ausgeübt wurde. 9 „Die kannst du alle haben! Du musst dich dafür
nur vor mich hinschmeißen, mich zu deinem Gott machen und zu mir
beten. Was hältste davon? Deal?“ 10 Aber Jesus ließ ihn abblitzen. Er ant-
wortete: „Ey, Satan, mach dich vom Acker! Denn Gott hat in den alten
Verträgen gesagt: ‚Du sollst nur Gott als einzigen Chef akzeptieren und
nur das tun, was er dir sagt!‘“ 11 Endlich gab der Satan auf und verzog
sich. Und auf einen Schlag waren dann auch ein paar Engel da, die sich
um Jesus kümmerten.

Es gibt Hoffnung für alle, die von Gott nichts wissen wollen
12 Als Jesus hörte, dass Johannes in den Knast gesteckt worden war, ging
er in die Gegend von Galiläa. 13 Er verließ Nazareth und wohnte dann in
Kapernaum am See Genezareth, im Gebiet von Sebulon und Naftali. 14 So
wurde auch diese Vorhersage vom Propheten Jesaja erfüllt. Der meinte
nämlich: 15 „An alle in Sebulon, Naftali und die auf der anderen Seite des
Jordans und in Galiläa leben und nix mit Gott zu tun haben wollen:
16 Menschen, die im Dunkeln tappen, sehen plötzlich ein krasses Licht.
Leute, die dort wohnen, wo es richtig finster ist, sehen plötzlich was ganz
Helles über sich.“ 17 Ab dann fing Jesus an, den Leuten Folgendes zu
sagen: „Schlagt eine ganz neue Richtung für euer Leben ein! Dreht euch
zu Gott um! Es beginnt ein neues Kapitel in der Geschichte der Men-
schen: Gott hat jetzt das Sagen!“

Vier Fischer und Jesus
18 Am See Genezareth lernte Jesus zwei Brüder kennen: Simon, der später
den Namen Petrus bekam, und seinen Bruder Andreas. Sie waren von
Beruf Fischer und gerade bei der Arbeit, als Jesus vorbeikam. 19 Jesus
sagte zu ihnen: „Hey, ihr zwei! Mir nach! Ich will euch beibringen, wie
man Menschen dazu bringt, mit Gott zu leben! Ihr sollt jetzt Menschen
fischen und nicht mehr Fische!“ 20 Beide ließen sofort alles stehen und
liegen und folgten ihm. 21 Gleich danach trafen sie am Strand noch zwei
andere Fischer, Jakobus und Johannes, die auch Brüder waren. Sie waren
mit ihrem Vater Zebedäus gerade im Boot am Netze reparieren. Auch die
fragte er, ob sie nicht mit ihm kommen wollten. 22 Beide packten sofort

ihre Sachen und verließen das Schiff und ihren Papa, um mit Jesus zu gehen.

Jesus legt los

23 Jesus ging durch das ganze Land von Galiläa, hielt Reden in den Syna-
gogen (dort feiern die Juden immer ihren Gottesdienst) und erzählte den
Leuten seine gute Nachricht: „Es ist eine neue Zeit angebrochen, Gott hat
das Sagen!" Er machte einfach alle Kranken wieder gesund. 24 Schließlich
war er überall das Gesprächsthema Nummer eins. Selbst in Syrien redete
man über Jesus. Sie schleppten alle möglichen Menschen zu ihm: Leute,
die übelste Schmerzen hatten, total durchgeknallte Psychos, Leute mit
Krampfanfällen und Menschen, die nicht mehr gehen konnten oder
irgendeine andere Körperbehinderung hatten. Und egal, was sie hatten,
Jesus heilte einfach jeden! 25 Seine Fangemeinde wurde immer größer,
mittlerweile lief eine Riesenmenge von Leuten Jesus hinterher. Wo auch
immer er hinging, alle waren total begeistert von ihm. Leute aus Galiläa,
aus dem Gebiet der zehn Städte, aus Jerusalem und dem ganzen Gebiet
von Judäa liefen ihm nach. Selbst vom gegenüberliegenden Jordanufer
kamen sie angerannt.

5

Jesus macht klar, wer richtig glücklich ist

1 Als Jesus sah, dass ihm so mega viele Leute gefolgt waren, ging er
auf einen kleinen Hügel und setzte sich mit seinen Schülern und
Freunden hin. 2 Weil er ihnen was beibringen wollte, sagte er Folgendes zu
ihnen: 3 „Göttlich glücklich sind die Leute, die kapiert haben, dass sie Gott
mit nichts beeindrucken können. Sie werden mit ihm in dem Land leben,
wo er das Sagen hat. 4 Göttlich glücklich sind die Traurigen, weil Gott jetzt
ihre Tränen abwischen wird. 5 Göttlich glücklich sind die Leute, die nicht
so agressiv, sondern friedlich drauf sind, denn ihnen wird einmal alles
gehören. 6 Göttlich glücklich sind die Leute, die sich danach sehnen, dass
Gott sein Ding durchzieht und für Gerechtigkeit sorgt, denn sie werden
genau das erleben. 7 Göttlich glücklich sind die Leute, die ein Herz für die
Menschen haben, denen es dreckig geht, denn Gott hat auch ein Herz für
sie. 8 Göttlich glücklich sind die, die alles so machen, wie Gott es will,
denn sie werden Gott sehen. 9 Göttlich glücklich sind die Streitschlichter,
die dafür sorgen, dass sich Menschen wieder vertragen, denn man wird
von ihnen sagen: Das sind die Kinder von Gott. 10 Göttlich glücklich sind
die Leute, die richtig Ärger kriegen, weil sie das tun, was Gott von ihnen
will. Die werden mit Gott in seiner neuen Welt zusammenleben. 11 Wenn
ihr verarscht oder gelinkt werdet oder man Gerüchte über euch verbreitet,

weil ihr mit mir lebt, dann könnt ihr echt froh sein. [12] Feiert deswegen und
freut euch, denn im neuen Leben werdet ihr dafür ganz fett absahnen.
Auch die Prophetentypen von früher hat man übel verfolgt."

Von Salz, Kühlschränken und Licht – wie Menschen, die mit Gott leben, abgehen sollen!

[13] „Ihr seid genauso wichtig, wie es Salz für diese Welt ist. Ohne euch
würde nichts mehr richtig schmecken. Das ist so: Ihr seid wie ein Kühl-
schrank für diese Welt – ohne euch würde alles vergammeln. Aber wenn
Salz lasch geworden ist und nicht mehr salzt oder ein Kühlschrank kaputt
ist und nicht mehr kühlt, gehört beides auf den Müll, damit es dort restlos
entsorgt wird. [14] Ihr seid wie Halogenstrahler in dieser Welt. Wenn eine
Stadt oben auf einem Berg liegt, kann man ihre Beleuchtung nachts ja
auch noch kilometerweit sehen. [15] Wenn du dir eine Lampe für dein Zim-
mer besorgst und sie nachts anmachst, dann stellst du sie doch auch
nicht unters Bett. Ganz im Gegenteil, du stellst sie nach oben, wo man sie
sehen kann und sie alles beleuchtet! [16] Genauso soll auch euer Licht für
alle Menschen sichtbar sein. Denn durch die guten Sachen, die ihr bringt,
sollen die Leute euren Papa im Himmel cool finden."

Was Gott sagt

[17] „Ihr glaubt doch nicht im Ernst, ich bin deswegen hier, um das für null
und nichtig zu erklären, was Gott damals gesagt hat. Das gilt für die Texte
von den alten Propheten genauso wie für das, was von Mose kam. Ganz
im Gegenteil! Ich bin dazu da, um genau das voll durchzuziehen und die
Sachen einzulösen, die dort drin stehen. [18] Denn das müsst ihr euch klar-
machen: Kein I-Punkt und kein Komma von den alten Verträgen zwischen
Gott und Israel wird unwirksam. Sie werden so lange gültig sein, wie es
diese Erde gibt. [19] Wenn einer behauptet, dieser alte Vertrag sei jetzt total
egal, und wer andere dazu bringt, ihr eigenes Ding zu machen, der wird
auch irgendwann für Gottes Ding total egal sein. Aber wenn jemand
anderen Leuten diesen Vertrag erklärt und ihnen klarmacht, was Gott geil
findet und was nicht, der wird bei Gott mal eine große Rolle spielen."

Die alten Verträge sind wichtig

[20] „Das ist super wichtig: Ihr müsst echt voll aufpassen, dass ihr nicht so
werdet wie diese religiösen Streber und Theologen: sie reden viel, halten
sich aber selbst nicht daran. Nur wenn ihr so lebt, wie Gott es will, seid ihr
dabei. Erst dann lebt ihr in dem Land, wo Gott das Sagen hat. [21] Zu den
Leuten, die vor euch gelebt haben, wurde gesagt: ‚Ihr sollt niemanden
töten! Wenn du aber jemanden umbringst, dann wirst du dafür angeklagt,

verurteilt und bestraft.‘ 22 Ich sage dazu aber Folgendes: Selbst wenn du
nur voll wütend und aggro auf deinen Kollegen bist, musst du damit rech-
nen, angeklagt zu werden. Wenn jemand zu seinem Kollegen sagt ‚Du
Oberspacken‘, dann wird er vor dem obersten Gericht dafür angeklagt
werden. Und wer noch andere ätzende Sachen über ihn sagt, der wird in
der Hölle verkohlen. 23 Wenn du im Gottesdienst sitzt und dir plötzlich
einfällt, dass du gerade großen Ärger mit einem Freund von dir hast,
24 dann lass alles stehen und liegen, geh zu ihm hin und versuche erst mal
das Ding zwischen Euch wieder in Ordnung zu kriegen, bevor du wieder
in den Gottesdienst gehst. 25 Und wenn du mal einen Streit hast, versuch
dich um jeden Preis mit deinem Gegner zu einigen, bevor ihr vor dem
Richter landet. Am Ende steckt der dich sonst noch in den Knast. 26 Dort
wird man dich dann so lange schmoren lassen, bis du den letzten Cent
bezahlt hast.“

Wie man den alten Vertrag in Sachen Ehe auslegen sollte

27 „Ihr wisst doch zum Beispiel auch, dass im alten Vertrag steht: ‚Du
sollst nicht fremdgehen, wenn du verheiratet bist!‘ 28 Meine Meinung dazu
ist: Wer auf eine verheiratete Frau auch nur scharf ist und sie in seiner
Fantasie schon fast ausgezogen hat, ist mit ihr in Gedanken schon fremd-
gegangen! 29 Wenn du damit Probleme hast und das nicht auf die Reihe
kriegst, dann solltest du lieber deine Augen rausoperieren lassen und
blind rumlatschen. Ich meine: Besser blind im Himmel als sehend in der
Hölle. 30 Wenn du deine Finger nicht von bestimmten Sachen lassen
kannst, die Gott nicht gut findet, dann hack sie lieber ab, als damit Mist
zu bauen. Ich bin der Meinung: Besser einhändig im Himmel als mit
beiden Händen in der Hölle.“ 31 „Bis jetzt war die Ansage: ‚Wenn ein Mann
keinen Bock mehr auf seine Frau hat, soll er sich scheiden lassen. Dann
ist er sie los.‘ 32 Dagegen meine ich: Wenn ein Mann sich von seiner Frau
scheidet, obwohl die ihn nicht betrogen hat, so bringt er sie dazu, ihre
noch gültige Ehe zu brechen, sobald die mit einem anderen ins Bett
steigt. Das bedeutet auch, dass jemand, der eine geschiedene Frau heira-
tet, mit ihr die bestehende Ehe bricht.“

Straight sein in Dingen, die man sagt

33 „Ihr habt ja auch gehört, dass zu den Leuten vor euch gesagt wurde:
‚Wenn du dein großes Ehrenwort gibst, musst du auch wirklich die Wahr-
heit sagen. Und wenn du Gott irgendwas hoch und heilig versprichst,
musst du das auch halten.‘ 34 Ich meine dagegen: Du sollst generell über-
haupt kein Ehrenwort abgeben und auf etwas schwören! Auch nicht,
indem du dich dabei auf den Himmel berufst, denn da wohnt ja Gott, und

er hat da alleine das Sagen. 35 Das Gleiche gilt im Grunde auch, wenn du
auf Dinge aus der Welt schwörst, wie zum Beispiel auf deine Mutter oder
so. Das ist genauso ein Blödsinn, weil Gott das ja alles geschaffen hat.
Das gilt auch für Städte, wie zum Beispiel Jerusalem, denn gerade die ist
nun wirklich alleine Gottes Stadt. 36 Auf dich selbst kannst du ja auch nicht
schwören, du bist ja noch nicht mal in der Lage, deine Haarfarbe einfach
mal zu ändern. 37 Bleib doch einfach bei den zwei Worten: sag entweder
‚Ja' oder ‚Nein'! Alles andere ist total beknackt und es zeigt nur, dass du
irgendwie falsch gepolt bist und es mit der Wahrheit nicht so eng siehst,
wenn du mal gerade nicht schwörst."

Lieben ist besser als hassen

38 „In dem alten Vertrag steht: ‚Wenn dir jemand auf das eine Auge haut,
darfst du zurückschlagen, aber nur so, dass er auch ein Veilchen kriegt.
Wenn dir jemand auf die Schnauze haut, dann darfst du das auch, aber
nicht mehr.' 39 Ich sage dagegen: Haltet das aus, wenn euch jemand an-
greift! Wenn dir jemand aufs rechte Ohr schlägt, dann sag ihm, er soll dir
auch noch aufs linke draufhauen! 40 Wenn dir jemand deine Klamotten
klauen will, dann gib ihm auch noch die Schuhe dazu! 41 Falls jemand von
dir verlangt, dass du mit ihm zehn Kilometer joggen gehst, dann mach
zwanzig draus! 42 Sei großzügig und gib, was man von dir will, auch wenn
man sich etwas von dir leihen möchte. 43 Man meint bei euch ja auch:
‚Liebe die Leute, die nett zu dir sind, und hasse die Leute, die ätzend zu
dir sind!' 44 Aber ich sage euch: Liebe die Leute, die ätzend zu dir sind.
Bete für alle, die keinen Bock auf dich haben, miese Intrigen gegen dich
anstiften und dir übel nachstellen! 45 Wenn ihr so drauf seid, merkt man
euch an, dass ihr zu einer anderen Familie gehört, nämlich zu der von
eurem Papa im Himmel. Denn er lässt die Sonne für die guten Leute
genauso scheinen wie für die miesen, und lässt es für die, die auf Gott
Bock haben, genauso regnen wie für die, die ohne Gott leben wollen.
46-47 Wenn du nur nett zu deinen Freunden bist, was ist daran schon
cool oder besonders? Dann bist du genauso drauf wie die, die nicht mit
Gott leben. 48 Aber euer Ziel sollte sein, so perfekt zu werden, wie Gott es
ist. Denn der ist ja nun wirklich total perfekt."

6

Gute Taten nicht an die große Glocke hängen

1 „Passt auf, dass ihr nicht nur gute Sachen tut, um anschließend vor
den anderen damit angeben zu können! Dafür werdet ihr vom Papa im
Himmel nicht belohnt. 2 Wenn du irgendeinem Obdachlosen auf der
Straße ein paar Cent schenkst, dann erzähl das nicht gleich im nächsten

Gottesdienst, wie das die Pseudos machen. Sie labern die Leute voll und
erzählen jedem ihre Heldengeschichten, ob man es hören will oder nicht.
Sie wollen als die großen Helden dastehen. Ich sag nur: Die haben ihre
Belohnung schon bekommen. 3 Also, wenn du mal irgendwo jemandem
aus der Klemme hilfst, dann häng das nicht an die große Glocke, behalt
es für dich. 4 Keiner soll mitkriegen, dass du jemandem hilfst. Dein Papa
im Himmel, der auch die geheimsten Sachen der Welt sieht, wird dir dafür
garantiert was schenken."

Beten leicht gemacht

5 „Wenn ihr mit Gott redet, dann macht das nicht so wie die Pseudos, die
gerne in den Kirchen oder auf der Straße herumhängen und Showbeten
veranstalten, damit sie jeder bewundern kann. Ich sag dazu nur eins:
Vergesst es! Die bekommen deswegen keine Belohnung von Gott! 6 Wenn
du mit Gott reden willst, dann hock dich in deinen Keller, wo dich keiner
sieht, mach die Türen hinter dir zu und red in Ruhe mit ihm. Gott ist ein
richtig guter Papa. Du kannst ihn nicht sehen, aber er kann alles ganz
genau sehen. Er weiß genau, was in dir abgeht, er wird dir helfen können.
7 Laber deine Gebete nicht so daher wie die Leute, die keine Ahnung von
Gott haben. Die glauben doch tatsächlich, wenn sie Gott total zutexten,
wird er ihnen schon eine Antwort geben. 8 Hey, euer Papa weiß schon
immer vorher, worum es euch diesmal geht und um was ihr ihn bitten
wollt. 9 Jetzt mal ein Paradebeispiel, wie ihr beten könnt: ‚Hey, Papa aus
dem Himmel! Es geht darum, dass du und dein Name in dieser Welt
ganz groß rauskommen! 10 Du sollst hier das Sagen haben, auf der Erde
genauso, wie es da oben im Himmel ja schon immer der Fall war. 11 Hey,
versorg uns doch bitte mit allem, was wir heute so zum Leben brauchen!
12 Und verzeih uns die Sachen, wo wir mal wieder Mist gebaut haben. Wir
verzeihen auch denen, die bei uns was verbockt haben. 13 Pass auf, damit
wir nicht irgendwelchen schlechten Gedanken nachgeben und dir untreu
werden. Führe uns nicht in Situationen, wo wir Fehler machen könnten.
Rette uns, wenn uns das Böse angreift! So passt es [Amen]!‘ 14 Wenn ihr
denen vergebt, die euch etwas getan haben, dann wird der Papa euch
auch vergeben, wenn ihr Mist gebaut habt. 15 Tut ihr das nicht, wird Gott
euch auch nicht vergeben."

Dinge einfach mal sein lassen

16 „Wenn ihr mal aus religiösen Gründen nichts essen wollt, dann zieht
dabei nicht so ein Gesicht wie diese Pseudos, bei denen bloß jeder mit-
kriegen soll, wie hardcoremäßig die doch gerade unterwegs sind. Viel
mehr als diese Reaktion von Menschen werden sie dafür nicht absahnen

können. 17 Wenn du wirklich mal für Gott auf irgendwas verzichtest, dann
zieh dir ganz normale Klamotten über und schminke dich auch ganz
normal, 18 damit niemand etwas davon mitkriegt. Nur dein Himmelsvater
soll es sehen, der kriegt ja eh alles mit, auch die Sachen, die heimlich pas-
sieren. Der wird dir dann was dafür schenken."

Kohle machen, bis der Arzt kommt, bringt es nicht!

19 „Mach hier auf der Erde nicht ohne Ende Kohle und leg sie dann auf die
hohe Kante! Die Kohle ist schneller weg, als du denkst, falls du nicht sogar
vorher mal beklaut wirst. 20 Versuch lieber, so viel wie möglich auf dein
Konto bei Gott einzuzahlen. Denn das sind Sachen, die nie verloren gehen
und die dir auch niemand klauen kann. 21 Denn die Dinge, die ganz beson-
deren Wert für dich haben, für die lebst du am Ende auch."

Licht und Dunkel

22 „Mit deinen Augen schaust du dich um und kannst so alles deutlich
erkennen. Und wenn mit deinen Augen alles klar ist, geht's dir erst mal
gut. 23 Wenn du aber Dreck auf der Linse hast, verlierst du die Peilung.
Wie übel ist es dann erst, wenn du richtig im Dunkeln bist und wenn du
dann auch noch Gott aus dem Blick verloren hast!"

Gott muss die Nummer eins in deinem Leben sein!

24 „Niemand kann in zwei Mannschaften gleichzeitig spielen. Wenn er für
die eine kämpft, kann er nicht auch noch für die andere da sein. Genauso
wenig könnt ihr für Gott und für das Geld kämpfen. Es geht nur eins von
beiden. 25 Also lasst keine Panik aufkommen, wenn ihr nichts zu essen
habt oder zu trinken oder auch keine Kleidung. Das Leben besteht aus
mehr, als nur zu futtern und cool auszusehen. 26 Guckt euch doch mal die
Vögel an! Die gehen auch nicht Tag für Tag arbeiten oder sparen, was das
Zeug hält, und trotzdem werden sie von ihrem Papa aus dem Himmel
gut versorgt. Glaubt ihr nicht auch, dass ihr viel mehr wert seid als diese
Vögel? 27 Und selbst wenn du vor lauter Panik einen roten Kopf kriegst:
Länger leben kannst du dadurch auch nicht. 28 Warum stresst ihr euch
immer damit, dass eure Klamotten total out und sogar peinlich werden
könnten? Seht euch doch mal die Blumen auf den Wiesen an! Die gehen
auch nicht jeden Tag arbeiten und machen sich keinen Kopf, was sie heute
wieder anziehen sollen. 29 Hey, selbst der große Präsident Salomo, der so
stylisch gut aussah, hatte längst nicht so coole Klamotten wie eine dieser
schönen Blumen. 30 Also, wenn Gott sich schon so einen Kopf macht, wie
sein Grünzeug aussieht, was ja heute noch blüht, aber morgen schon
wieder vergammelt ist, wie viel mehr wird er sich darum kümmern, dass

ihr gut ausseht? Glaubt ihr das etwa nicht? 31 Macht euch also nicht so
viele Gedanken, ob ihr genug zu essen und zu trinken haben werdet oder
super aussehen werdet. 32 Ihr habt doch nicht ernsthaft Bock drauf, so zu
sein wie die Leute, die null Ahnung von Gott haben und sich nur mit so
einem Quatsch abgeben? Der Papa aus dem Himmel hat den genauen
Plan, er weiß, was ihr braucht und was nicht. 33 Euer Ziel sollte sein, dass
Gott immer die Nummer eins in eurem Leben ist. Und macht seine Sache
zu eurer Sache, dann wird er euch auch alles andere geben, was ihr so
braucht. 34 Also habt keine Angst, was die Zukunft angeht! Es reicht doch,
wenn jeder Tag seine eigenen Probleme mit sich bringt."

7

Leg den richtigen Maßstab an

1 „Verurteile niemanden, sonst könnte Gott dasselbe mit dir auch tun.
2 Denn das Bild, was du dir von jemandem machst, der Maßstab, den
du da anlegst, danach wird man dich auch einschätzen. 3 Du machst den
Lauten, wenn dein Bruder mal was nicht draufhat, und kapierst dabei aber
gar nicht, dass du selbst ein Brett vorm Kopf hast. 4 Du sagst zum Bei-
spiel: ‚Hey, Freundchen, pass auf, ich nehm dir mal die Sonnenbrille von
den Augen, damit du siehst, dass dein T-Shirt einen Fleck hat.' Dabei bist
du total blind für deinen eigenen Dreck, in dem du bis zum Hals steckst.
5 Du alter Klugscheißer! Kümmere dich erst um deinen eigenen Mist, und
dann kannst du dich ja immer noch um deinen Bruder kümmern! 6 Was
ganz besonders wichtig ist, solltet ihr nicht jedem kostenlos hinterher-
schmeißen. Alles, was besonders wertvoll ist, sollt ihr nicht an die Leute
verschenken, die nicht kapieren, wie wertvoll das eigentlich ist. Die wür-
den euch hinterher sogar noch aufs Maul hauen wollen."

Beten funktioniert!

7 „Redet mit Gott, bittet ihn um Sachen, dann wird er sie euch auch geben.
Macht euch mit ihm auf die Suche nach einer Lösung, dann werdet ihr
sie auch finden. Klopft bei Gott an, denn wird er euch auch die Tür auf-
machen. 8 Denn wenn jemand etwas von ihm haben will, bekommt er es
auch. Und wenn jemand etwas bei ihm sucht, wird er es auch finden.
Genauso wird Gott auch demjenigen aufmachen, der an seine Tür klopft.
9 Wenn ein Kind seinen Papa um ein Toastbrot bittet, wird er ihm dann
ein Stück Pappe geben? 10 Und wenn ein Kind bunte Smarties haben will,
wird er ihm dann Rattengift andrehen? 11 Also wenn selbst Menschen, die
oft so fies und brutal sind, ihren Kindern das Beste geben, was sie haben,
dann wird der Papa aus dem Himmel euch doch erst recht richtig krasse
Sachen geben, wenn ihr mal bei ihm anfragen würdet."

Die goldene Regel
12 „Ich sag nur: ‚Behandle jeden so, wie du auch behandelt werden möch-
test.‘ Das ist die megakurze Zusammenfassung von allem, was Gott bis-
her zu den Menschen gesagt hat.“

Welche Richtung?
13 „Geh nicht einfach den leichten Weg! Der Weg zum Himmel ist keine
Autobahn, die breit genug ist und auf der man bequem fahren kann.
Wenn ihr den bequemen Weg nehmt, wie das die meisten tun, dann rennt
ihr leicht ins eigene Verderben. 14 Die Abfahrt in Richtung Leben ist dage-
gen so eng und steil, dass man sie nur sehr schwer fahren kann. Darum
fahren dort nur so wenige.“

Alarmglocken
15 „Passt auf vor den Pseudopropheten, die den ganzen Tag nur Lügen
erzählen! Sie tun so, als wären sie ganz friedlich unterwegs, aber in
Wirklichkeit sind sie brandgefährlich. 16 So wie man sofort schnallt, was
für ein Baum das ist, wenn man sieht, was daran wächst; genauso kann
man auch Menschen danach einschätzen, wie sie sich benehmen. Äpfel
kann man auch nicht an Brennnesseln pflücken und Karotten wachsen
nicht an Tannen. 17 Und überhaupt: Wenn ein Baum gesund ist, werden
auch seine Früchte gesund sein. Ist er krank, sind es seine Früchte auch.
18 Ein gesunder Baum wird keine gammeligen Früchte haben und ein
kranker Baum wohl kaum gute. 19 Wenn ein Baum es nicht bringt, wird
er gefällt, kommt in den Schredder oder wird verbrannt. 20 Und genauso
werdet ihr auch erkennen, wie ein Mensch wirklich drauf ist, wenn ihr
euch anseht, wie er lebt.“

Fromme Labertaschen
21 „Es gibt Leute, die mich immer ansprechen mit ‚Mein Chef‘ oder
‚großer Jesus‘. Aber sie werden nicht automatisch alle dorthin kommen,
wo Gott das Sagen hat. Dorthin kommen nur die, die wirklich tun, was
mein Papa im Himmel will. 22 Am letzten Tag auf dieser Welt, da wird
abgerechnet. Dann werden viele große Reden schwingen und sagen:
‚Mann, Jesus, wir haben doch immer weitererzählt, was du zu uns gesagt
hast. Wir waren für dich unterwegs und haben ganz derbe Wunder für
dich getan und auch diese bösen Geister aus Menschen rausgeschmis-
sen!‘ 23 Ich werde dann nur sagen: ‚Ihr habt doch die ganze Zeit nur euer
eigenes Ding durchgezogen! Ich kenne euch gar nicht! Haut bloß ab!‘“

Worauf ihr bauen könnt

24 „Wer mir gut zuhört und das tut, was ich sage, den kann man verglei-
chen mit jemandem, der für sein Haus einen fetten Betonboden gegossen
hat. 25 Wenn es dann mal total schüttet oder draußen ein Orkan tobt, wird
das Haus nicht kaputtgehen, denn es hat ja ein festes Fundament, auf das
man sich verlassen kann. 26 Wer mir nur zuhört nach dem Motto: ‚Hier
rein, da wieder raus', den kann man vergleichen mit jemandem, der sein
Haus auf Sandboden gebaut hat. 27 Falls mal ein heftiges Gewitter kommt,
das Wasser steigt und der Wind ganz heftig wird, dann wird der Boden
unterspült, und das ganze Haus bröckelt weg."

Das hat gesessen!

28 Nachdem Jesus mit seiner Rede fertig war, waren die Leute alle total baff
über seine krassen Ansagen. 29 Denn was er sagte, strahlte Kraft aus und
war nicht nur so ein dünnes Rumgelabere, wie es immer von den religiö-
sen Profis gekommen war.

8

Jesu heilt Kranke

1 Jede Menge Menschen waren hinter Jesus, als er nach dieser Rede
den Hügel wieder runterging. 2 Plötzlich kam einer zu ihm, der eine
unheilbare Krankheit hatte, die Aussatz heißt und so was Ähnliches wie
Hautkrebs ist, aber total ansteckend ist. Dieser Typ legte sich vor Jesus
flach auf den Boden und wimmerte: „Hey, eins weiß ich, wenn Sie es wol-
len, können Sie mich hier und jetzt gesund machen!" 3 Jesus streichelte
ihm über den Kopf und sagte: „Okay, dann will ich es auch tun. Ab jetzt
bist du gesund." Und tatsächlich, der Typ stand auf und war sofort geheilt!
4 Schließlich meinte Jesus zu ihm: „Erzähl das jetzt nicht überall rum,
sondern mach das, was in den Gesetzen von Mose steht: Geh zu einem
Priester, damit der bestätigt, dass deine Krankheit weg ist. Damit wird
auch klar, dass du wirklich von Gott geheilt worden bist. Und zum Schluss
vergiss nicht für Gott so ein Opfer durchzuziehen."

Ein Soldat hat viel Vertrauen

5 Als Jesus in dem Dorf Kapernaum eintrudelte, lernte er dort einen Offi-
zier aus der römischen Armee kennen. 6 Der meinte zu ihm: „Herr Jesus,
können Sie einen meiner Leute nicht auch gesund machen? Der kann
seine Beine nicht mehr bewegen und hat große Schmerzen." 7 Jesus
antwortete: „Okay, ich komme mit und werde ihn gesund machen." 8 Nun
winkte der Typ ab und sagte: „Meister, ich will nicht, dass Sie meinetwe-
gen Schwierigkeiten bekommen, weil Sie als Jude mein Haus betreten.

Diesen Aufstand müssen wir beide uns nicht geben. Ich bin überzeugt:
Wenn Sie hier und jetzt einfach nur sagen würden ‚Er ist jetzt gesund‘,
dann wäre er auch gesund. 9 Wissen Sie, ich habe auch einen Chef, und
ich habe auch Leute unter mir, denen ich sage, was sie tun sollen. Wenn
ich zu dem einen sage: ‚Verschwinde!‘, dann haut er ab. Wenn ich zu
einem anderen sage: ‚Komm her!‘, dann kommt er her. Und wenn ich zu
einem Untergebenen sage: ‚Mach mal das und das!‘, dann tut der das
auch sofort.“ 10 Jesus war total baff, als er das hörte. Er meinte zu den Leu-
ten, die um ihn herum standen: „Krass, so ein heftiges Vertrauen ist mir
in Israel noch nicht begegnet. 11 Euch muss klar sein: Eines Tages werden
viele Leute aus der ganzen Welt ankommen und mit den alten Glaubens-
helden Abraham, Isaak und Jakob im Himmel eine Riesenparty feiern.
12 Aber die mal ursprünglich von Gott ausgesucht worden waren, um mit
ihm zu feiern, denen wird es richtig dreckig gehen, sie werden einsam
sein und rumschreien, aber niemand wird sie hören.“ 13 Schließlich sagte
Jesus zu dem Offizier: „Sie können jetzt wieder nach Hause gehen. Das,
was Sie wollten und worin Sie mir vertraut haben, ist auch passiert.“ Und
tatsächlich, genau zur selben Zeit wurde der Angestellte kerngesund.

Sehr viele Menschen werden von Jesus geheilt

14 Dann kam Jesus in die Hütte von Petrus. Seine Schwiegermutter hatte
gefährlich hohes Fieber und lag im Bett. 15 Als Jesus nur die Hand von der
Frau nahm, war das Fieber sofort weg. Es ging ihr sogar so gut, dass sie
aufstehen konnte, um den Leuten was zu essen zu machen. 16 Gegen
Abend brachten sie noch viele Menschen zu Jesus, die irgendwie beses-
sen waren von einer dunklen Macht. Jesus musste es nur aussprechen,
und die Leute waren sofort frei von ihren Zwängen und Süchten, und
genauso wurden alle Kranken gesund. 17 Darüber hatte der Prophetentyp
Jesaja schon vor vielen Jahren mal ’ne Ansage gemacht: „Er hat die
Bestrafung für unsere Fehler übernommen und unsere Krankheiten für
uns durchgemacht.“

Alles geben für Gott

18 Als Jesus mitbekam, dass seine Fangemeinde immer größer wurde,
nahm er mit seinen Leuten ein Boot und fuhr damit über den See an
das gegenüberliegende Ufer. 19 Da kam einer, der sich total gut mit den
alten Verträgen auskannte, auf ihn zu und meinte zu ihm: „Jesus, ich
will bei dir sein und dir überall nachlaufen, wo du auch hingehst!“ 20 Da
sagte Jesus zu ihm: „Selbst ein Hund hat seine Ecke, wo er pennen
kann, und auch der Kanarienvogel kann sich in seinem Käfig mal ausru-
hen. Aber der Auserwählte Gottes weiß nicht, wo er sich abchillen kann.“

21 Ein anderer Typ sagte zu Jesus: „Chef, ich will erst noch meinen Vater
unter die Erde bringen, danach geh ich mit dir auch bis ans Ende der
Welt!" 22 Aber Jesus sagte nur: „Bleib jetzt bei mir. Lass die Toten sich
gegenseitig begraben."

In Seenot

23 Schließlich stieg Jesus mit seinen Leuten in das Boot. 24 Als sie in der
Mitte des Sees angekommen waren, kam plötzlich ein heftiger Orkan auf.
Das Wasser schlug über die Reling und schwappte ins Boot. Aber Jesus
hatte sich schlafen gelegt. 25 Seine Leute machten Alarm, weil sie so lang-
sam Angst hatten unterzugehen, und weckten ihn schließlich auf: „Chef,
hau uns raus, wir gehen unter!" 26 Jesus blieb ganz cool: „Hey, Leute, was
seid ihr denn solche Schisser? Warum vertraut ihr mir nicht einfach?"
Dann stand er auf, stellte sich an den Bootsrand und befahl den Wellen
ruhig zu werden. Plötzlich wurde es ganz ruhig und es kam eine voll hef-
tige Stille auf. 27 Die Freunde waren total baff und konnten es gar nicht
fassen: „Was ist das für ein krasser Typ! Selbst der Wind und die Wellen
müssen tun, was er sagt!"

Zwei Psychos werden geheilt

28 Als Jesus mit seinen Leuten auf der anderen Seite vom See in der Nähe
von dem Ort Gadara ankam, rannten zwei total durchgeknallte Psychos
auf sie zu. Die beiden lebten auf einem Friedhof und waren so krass unter-
wegs, dass alle Schiss vor ihnen hatten und ihnen aus dem Weg gingen.
29 Die beiden machten den Riesen-Aufstand und schrien: „Was willst du
von uns? Du bist doch der Sohn von Gott, willst du uns denn etwa jetzt
schon fertigmachen? Unsere Zeit ist noch gar nicht gekommen!" 30 Nicht
weit entfernt war gerade eine Schweineherde am Fressen. 31 Die bösen
Geister, die in den beiden wohnten und durch ihren Mund sprachen,
begannen dann plötzlich rumzubetteln: „Also, wenn wir die beiden schon
verlassen sollen, dann wollen wir wenigstens dort in den Schweinen woh-
nen!" 32 Da sagte Jesus nur ganz trocken: „Verschwindet!", und die bösen
Geister ließen die Männer sofort frei und zogen bei den Schweinen ein.
Als das passiert war, stürzten sich alle Schweine die Klippen runter und
ertranken im See. 33 Völlig fertig rannten die Jungen, die auf die Schweine
aufgepasst hatten, in die Stadt und erzählten die ganze Story jedem, der
es hören wollte. 34 Da gingen alle Leute aus der Stadt zu Jesus und sagten
zu ihm, dass er doch bitte diese Gegend verlassen sollte.

9
Ein Körperbehinderter wird geheilt
1 Schließlich stieg Jesus wieder in ein Boot und schipperte zurück
nach Hause. 2 Als sie dort ankamen, brachten ein paar Leute einen
Mann, der nicht mehr laufen konnte und deswegen in einem Rollstuhl
saß. Jesus bemerkte wie viel Vertrauen sie in ihn hatten. Er sagte zu dem
Typen: „Mach dir keine Sorgen, mein Lieber! Und was den ganzen Mist
betrifft, den du in deinem Leben so verbockt hast: das ist dir alles verge-
ben! Für Gott ist das jetzt so, als ob du das gar nicht getan hättest."
3 „Dieser Typ macht sich über Gott lustig!", grummelten da ein paar der
Theologen in sich rein. 4 Aber Jesus konnte ihre Gedanken lesen. Er sagte:
„Warum seid ihr nur so übel drauf? 5 Was geht denn leichter? Zu sagen:
‚Der Mist, den du getan hast, ist vergeben!', oder diesen Mann gesund zu
machen? 6 Ich werde euch zeigen, dass der Auserwählte Gottes jetzt
schon die Macht hat, den Mist, den ihr tut, zu vergeben!" Und zu dem
Körperbehinderten sagte er dann: „Steh auf, nimm deinen Rollstuhl und
geh nach Hause!" 7 Und da stand der Typ tatsächlich auf, klappte den
Rollstuhl zusammen und ging nach Hause! 8 Die Leute, die das sahen,
waren alle begeistert und gingen voll ab. Sie sangen Lieder für Gott, weil
er einem Menschen so eine krasse Vollmacht gegeben hatte.

Der Steuereintreiber Matthäus
9 Jesus schlenderte so durch die Stadt, als er plötzlich einen Steuerein-
treiber, den Matthäus, traf. Diese Steuereintreiber waren sehr unbeliebt,
denn sie zockten von den eigenen Leuten Steuern ab, die dann an die
Besatzungsmacht der Römer überwiesen wurde. Jesus sagte nur zu ihm:
„Komm mit!", und er stand sofort auf und ging mit ihm. 10 Abends lud ihn
Matthäus dann sogar noch zu einer Party bei sich zu Hause ein. Viele
seiner Kollegen und andere Leute, die mit Gott bisher überhaupt nichts
anfangen konnten, kamen vorbei. 11 „Warum um Himmels willen gibt sich
euer Meister überhaupt mit solchen Losern ab?", stänkerten die religiösen
Streber. 12 Jesus bekam das natürlich mit und antwortete nur: „Die Gesun-
den brauchen keinen Arzt, die Kaputten und Kranken aber schon!" 13 Dann
sagte er noch: „Kapiert das doch endlich, wenn Gott sagt: ‚Ich will, dass
ihr anderen Leuten helft! Eure ganzen Opfer sind mir dabei letztendlich
total egal.' Mein Ding ist es, dass die Leute, die von Gott getrennt sind,
wieder mit ihm zusammenkommen. Die, die sowieso mit ihm leben, um
die geht es mir jetzt nicht."

Das Neue sprengt das Alte
14 An einem anderen Tag kamen dann mal die Leute von Johannes mit
einer Frage zu Jesus: „Die Pharisäer, diese religiösen Streber, die essen

ja manchmal tagelang nichts, weil sie sagen, dass Gott das sehr geil
findet, und wir sind auch regelmäßig dabei. Warum macht ihr das
eigentlich nicht auch so?" 15 „Ja, warum sollten wir denn?", antwortete
Jesus. „Gerade jetzt ist doch Party angesagt, wie auf einer Hochzeit, weil
der Typ, der heiratet, noch da ist. Wenn er aber erst mal weg ist, dann
gibt es noch genug Zeit, um auf Essen zu verzichten und depressiv
rumzuhängen. 16 Niemand spielt das neueste Betriebssystem auf einen
uralten Rechner. Die Mühle würde Stunden brauchen, um hochzufah-
renn und das System würde die Festplatte sprengen. 17 Genauso würdest
du auch keinen 200-PS-Porschemotor in eine alte Ente einbauen. Das
Teil würde sich bei 180 auf der Autobahn von selbst zerlegen. Diese neue
Form zu leben braucht auch einen neuen Rahmen, in dem sie ausgelebt
werden kann, sonst funktioniert das nicht."

Jesus ist stärker als Krankheit oder Tod

18 Als Jesus noch am Reden war, kam so ein Leiter von einer jüdischen
Gemeinde zu ihm gelaufen, legte sich vor seinen Füßen platt auf den
Boden und sagte: „Meine Tochter ist gerade an einer Krankheit gestorben.
Verehrter Herr Jesus, kommen Sie doch bitte kurz vorbei und legen Sie
meiner Tochter die Hand auf, dann wird sie bestimmt wieder lebendig!"
19 Auf dem Weg zu dem Haus, wo der Leiter wohnte, 20 kam plötzlich eine
Frau vorbei, die seit zwölf Jahren ohne Unterbrechung Blutungen hatte
und somit nach den religiösen Gesetzen unrein, also nicht in Ordnung,
war. Sie schlich sich heimlich von hinten an Jesus heran und berührte nur
eine Spitze von seinem Mantel. 21 Sie hatte sich das nämlich so ausge-
rechnet: „Es reicht, wenn ich ihn mal kurz anfasse, dann werde ich
bestimmt gesund werden." 22 Jesus bekam das mit, sah sie an und sagte
zu ihr: „Keine Panik! Du hast so sehr darauf vertraut, dass es passiert,
darum bist du jetzt auch gesund geworden." Und tatsächlich, die Frau war
sofort gesund. 23 Schließlich kam Jesus bei dem Haus von dem Typen an.
Als er aber die große Menschenansammlung sah, die dicht gedrängt
davorstand, und voll depressive Musik hörte, befahl er: 24 „Haut alle ab!
Das Mädchen ist nicht tot, es schläft nur!" Da lachten ihn die Leute aus.
25 Schließlich waren alle gegangen. Jesus ging in das Zimmer des Mäd-
chens, setzte sich an ihr Bett und nahm ihre Hand. Und zack, im nächs-
ten Augenblick stand das Mädchen auf und war kerngesund! 26 Das waren
natürlich die News des Tages, und wirklich alle, die in der Gegend wohn-
ten, hörten davon.

Blinde können wieder sehen

27 Jesus machte sich weiter auf den Weg. Am Dorfrand saßen zwei
Blinde, die mitkriegten, dass Jesus dort vorbeikam. Sie dackelten hinter-
her und riefen ihm nach: „Hey, Jesus, du Urenkel von David, bitte hilf
uns!“ 28 Die beiden folgten ihm so lange, bis sie bei dem Haus ankamen,
wo Jesus zu der Zeit wohnte. Dort fragte er sie: „Seid ihr euch denn
ganz sicher, dass ich euch helfen kann?“ – „Ja klaro“, antworteten sie,
„du kannst alles!“ 29 Da strich er ihnen über die Augen und meinte noch:
„Weil ihr das wirklich glaubt, wird es auch passieren.“ 30 Und tatsächlich,
im selben Augenblick konnten sie sehen. Jesus aber schärfte ihnen ein:
„Haltet bloß euren Mund und erzählt niemandem davon, klar?!“ 31 Aber
die beiden gingen überall hin und erzählten jedem davon, ob die es
hören wollten oder nicht.

Umso mehr Leute Jesus heilt, desto größer wird der Ärger

32 Kaum waren die beiden weg, brachten die Leute wieder einen Kranken
zu ihm, der nicht reden konnte, weil irgendein fieser Geist in ihm drin war.
33 Jesus trieb diesen Dämon, so nannte man diese bösen Geister, aus ihm
heraus, und danach konnte der Typ sofort reden. Keiner der Leute peilte
so richtig, was da gerade abging, die meisten sagten: „So was Derbes
gab's hier noch nie zu sehen!“ 34 Aber ein paar religiöse Streber manipu-
lierten sie, indem sie versuchten, ihnen klarzumachen: „Der kann das nur,
weil er seine Kraft von der dunklen Seite der Macht, nämlich vom Teufel,
hat. Der oberste Dämon hilft ihm dabei, die Biester zu vertreiben.“

Es gibt viel zu tun

35 Jesus ging jetzt auf Tour. Er zog durch die Städte und redete in vielen
Synagogen. Überall erzählte er davon, dass jetzt alles gut werde und dass
eine neue Zeit angebrochen sei, eine Zeit, in der Gott das Sagen hat. Egal,
wo er war, überall tat er Gutes und machte kranke Menschen wieder
gesund. 36 Als er die Massen sah, die hinter ihm her waren, und alle was
von ihm wollten, taten sie ihm voll leid. Denn sie hatten keine richtige
Peilung vom Leben und brauchten dringend Hilfe. Sie waren alle wie Kin-
der ohne Eltern. 37 „Es gibt echt viel zu tun, aber es gibt nur wenige, die
bereit sind, auch die harte Arbeit zu machen“, meinte Jesus zu seinen
Leuten. 38 „Ihr müsst Gott bitten, dass er noch mehr Leute schickt, damit
sie die Arbeit tun, die getan werden muss!“

10

Jesus und die Apostel

1 Schließlich sammelte Jesus zwölf von seinen Schülern um sich,
denen er beibringen wollte, wie man dieselben Sachen hinkriegt wie
er. Er gab ihnen dieselbe Power, die er auch hatte. Sie bekamen diese
Kraft, mit der man die fiesen Geister aus Menschen vertreiben und kranke
Leute gesund machen konnte. 2 Das waren zwölf Männer, die von da an
auch „Apostel" (das heißt so viel wie „Botschafter") genannt wurden, und
zwar: Simon, der auch Petrus heißt; sein Bruder Andreas; Jakobus und
sein Bruder Johannes, die Söhne von Zebedäus, 3 Philippus; Bartholo-
mäus; Thomas; Matthäus, der früher als Steuereintreiber gearbeitet hatte;
Jakobus, der Sohn von Alphäus; Thaddäus; 4 Simon, ein ehemaliger Unter-
grundkämpfer; und Judas, der Jesus später verraten würde.

Was die Schüler von Jesus machen sollen

5 Diese zwölf Jungs schickte Jesus dann auf die Reise. Er gab ihnen fol-
gende Order mit auf den Weg: „Geht noch nicht bei den Leuten vorbei,
die keine Ahnung von Gott haben. 6 Erst mal sollt ihr zu den Israeliten
gehen, denn die haben oft überhaupt keine Ahnung, was Gott angeht,
obwohl sie es eigentlich besser wissen müssten. 7 Folgendes müsst ihr
denen klarmachen: ‚Ab jetzt hat Gott das Sagen!' 8 Betet für Leute und
macht sie gesund, auch von so schlimmen Krankheiten wie Aids. Wenn
jemand irgendwelche Dämonen in seinem Körper hat, holt sie raus! Und
wenn jemand gestorben ist, lasst ihn wieder lebendig werden! Und tut
das alles, ohne Kohle dafür zu verlangen, denn ihr habt es auch umsonst
von mir bekommen. 9 Nehmt generell keine Kohle mit auf die Reise und
10 keinen Rucksack mit Kleidung drin, auch keine Schuhe und so. Um das
ganze Zeug braucht ihr euch nicht mehr zu kümmern. Das sollen euch die
Leute geben. Denn wer arbeitet, hat auch seinen Lohn verdient. 11 Wenn
ihr in irgendeine Stadt kommt oder in einen Ort, dann sucht jemanden,
der nichts dagegen hat, wenn ihr bei ihm pennt. Da bleibt dann so lange,
bis es weitergeht. 12 Wenn ihr in irgendeine Wohnung oder in ein Haus
reinkommt, dann betet kurz dafür, so nach dem Motto: ‚Ich wünsch euch
Frieden!' 13 Wenn die euch dann bei sich pennen lassen, werden sie Frie-
den haben, und es wird ihnen gutgehen. Aber denen, die das nicht tun,
wird es halt nicht gutgehen. 14 Falls ihr mal in einer Stadt nicht gerne
gesehen werdet und man auch nichts davon hören will, was ihr zu sagen
habt, dann macht euch aus dem Staub. Diese Leute können euch den
Buckel runterrutschen. Und Gott wird denen dann schon zeigen, was sie
davon haben. 15 Es wird ihnen irgendwann mal superdreckig gehen.
Später werden sie dafür bezahlen müssen, sogar noch schlimmer als
damals die Städte Sodom und Gomorra."

Die Jesus-Leute werden großen Ärger bekommen

[16] „Hey, es ist für euch so, wie wenn ihr beim Auswärtsspiel in den gegne-
rischen Fanblock müsst. Darum passt auf euch auf! Ihr müsst so schlau
sein wie Albert Einstein und dabei so liebevoll wie Mutter Teresa. [17] Passt
auf euch auf und seid auf der Hut vor den Menschen! Die werden versu-
chen, euch wegen Nichtigkeiten anzuzeigen, und in den Synagogen wird
man euch öffentlich zusammenschlagen. [18] Weil ihr zu mir gehört, wird
man euch vor den Richter zerren, ihr werdet in den Knast geworfen und
verhört werden. Ihr werdet aber hart bleiben und zu den Sachen stehen,
die ich euch erzählt habe, denn alle Menschen müssen davon hören.
[19] Wenn sie euch im Knast verhören, habt keine Panik davor. Gott wird da
sein und euch helfen, das Richtige zum richtigen Zeitpunkt zu sagen.
[20] Ihr müsst nur euren Mund aufmachen, dann wird Gott, euer guter Papi,
schon dafür sorgen, dass ihr das Richtige sagen werdet. [21] Das wird eine
harte Zeit sein: Selbst ein Bruder wird seinen eigenen Bruder an die Poli-
zei verraten. Väter werden ihre eigenen Kinder anzeigen. Kinder werden
gegen ihre Eltern aussagen und sogar Auftragsmörder organisieren, um
sie zu töten. [22] Die ganze Welt wird euch hassen, nur weil ihr sagt, dass ihr
zu mir gehört. Doch wer zuletzt lacht, lacht am besten; ihr werdet am
Ende gerettet werden. [23] Wenn die hinter euch her sind, dann flieht von
einer Stadt in die nächste. Hey, eins ist ganz sicher: Noch bevor ihr das
ganze Ding zu Ende gebracht habt, werde ich zurückkommen. [24] Der Lehr-
ling hat nicht so viel zu sagen wie der Meister, und auch ein Angestellter
ist unter seinem Chef. [25] Der Lehrling kann sich schon freuen, wenn er
genauso behandelt wird wie sein Meister. Wenn sie zu mir schon gesagt
haben, dass ich der Teufel bin, was werden sie dann erst zu euch sagen?!
[26] Also, habt keinen Schiss vor den Menschen, die euch verprügeln wollen.
Denn bald ist es so weit, da kommt eh alles raus, selbst die geheimsten
Geheimnisse werden ans Licht kommen. [27] Alles, was ich euch hier heim-
lich anvertraue, das dürft ihr ab jetzt rausposaunen. Alles, was ich euch
ins Ohr geflüstert habe, das könnt ihr jetzt auf Plakate schreiben. [28] Ihr
braucht echt keine Angst vor denen zu haben, die ja sowieso nur euren
Körper töten können. Eure Ideen, eure Gedanken, das, was ihr in euch
habt, also eure Seele, all das können sie nicht töten. Nur vor Gott muss
man Respekt haben, denn er kann sowohl euren Körper als auch eure
Seele kaputt machen, indem er euch in die Hölle schickt. [29] Was müsste
man heute für einen Kanarienvogel bezahlen? 5 Euro? 10? Und trotzdem
fällt keiner so mal eben tot von der Stange, es sei denn, Gott will das so.
[30] Glaubt mir, selbst jedes einzelne Haar auf eurem Kopf kennt Gott in-
und auswendig. Er hat sie sogar gezählt! [31] Ich sag es noch mal: keine
Panik! Ihr seid Gott weitaus mehr wert als eine ganze Halle voller Kana-

rienvögel! 32 Darum gilt: Wer sich für mich gerade macht, für den werde
ich mich auch vor Gott gerade machen! 33 Wenn sich aber jemand dafür
schämt, zu mir zu gehören, für den werde ich mich auch schämen, wenn
ich vor meinem Vater im Himmel stehe und mit ihm rede."

Sich gerade machen für Gott

34 „Ich bin nicht gekommen, um Frieden auf die Erde zu bringen, sondern
Krieg! Wo ich bin, gibt es Stress und Auseinandersetzungen. 35 Vater und
Sohn, Mutter und Tochter, Schwiegertochter und Schwiegermutter werden
sich richtig zoffen wegen mir. 36 Am derbsten wird es in den Familien
abgehen. 37 Wenn dir dein Vater oder deine Mutter oder dein Sohn oder
deine Tochter wichtiger ist, als ich es bin, dann hast du ein Problem. Dann
hast du es eigentlich nicht verdient, mein Schüler zu sein und zu mir zu
gehören. 38 Wer es nicht okay findet, sich ganz radikal hinzugeben und
sogar für mich zu sterben, der sollte lieber zu Hause bleiben. Der hat es
nicht verdient, zu mir zu gehören. 39 Wer zu viel Angst hat, Dinge aufzu-
geben, und sein Leben um jeden Preis festhalten will, der wird am Ende
gar nichts mehr haben. Wer aber alles für mich gibt und sich so an mich
verliert, der wird das richtige Leben finden!"

Alles zahlt sich irgendwann mal aus

40 „Wenn euch jemand bei sich wohnen lässt, dann lässt er im Grunde
mich bei ihm wohnen. Und damit wohnt Gott selber bei ihm zur Unter-
miete. 41 Falls einer jemanden bei sich wohnen lässt, der ein Prophet
ist, wird er ganz fett belohnt werden. Und wenn man jemanden mal zur
Untermiete einziehen lässt, der einfach nur ein gläubiger Mensch ist, wird
man auch was von Gott dafür bekommen. 42 Eins ist ganz sicher: Jeder,
der einem meiner Leute auch nur mal 'nen O-Saft gibt, wird dafür irgend-
wann mal fett belohnt werden."

11

Jesus spricht über Johannes

1 Nachdem Jesus seinen zwölf Leuten diese heftigen Ansagen gesagt
hatte, ging er weiter in die anderen Städte, die in der Gegend lagen.
Dort wollte er mit seinen Schülern auch seine Botschaft unters Volk brin-
gen. 2 Johannes, der Mann, der die Leute getauft hatte, den hatten sie in
der Zeit in den Knast geworfen. Dort erzählte man ihm von den heftigen
Sachen, die bei Jesus so abgingen. Er schickte deshalb ein paar von sei-
nen Leuten zu Jesus, um ihn mal zu testen: 3 „Bist du der Typ, der uns alle
aus dem Dreck ziehen soll, oder müssen wir noch länger warten?" 4 Jesus
sagte dazu nur: „Geht zu Johannes und erzählt dem, was ihr gesehen

habt, als ihr bei mir wart: 5 Blinde können wieder sehen, Krüppel können
wieder gehen, Aidskranke können wieder lachen, weil sie gesund sind, die
mit kaputten Ohren können wieder hören, selbst Tote fangen wieder an zu
leben, und den Leuten, die pleite sind, wird eine gute Nachricht erzählt.
6 Und dann sagt ihm noch: Die, die keine Probleme mit mir haben, die
haben das große Los gezogen!“ 7 Nachdem sie wieder abgehauen waren,
hatte Jesus noch was für den Rest der Zuschauer, die da rumstanden:
„Warum seid ihr eigentlich zu Johannes in die Wüste gegangen? Wolltet
ihr etwa einen Typen sehen, der immer sofort einknickt, wenn mal ein
Windchen weht? 8 Oder was wolltet ihr sehen? Vielleicht einen Bonzen
im weißen Boss-Anzug? Dann hättet ihr nach Monaco fahren sollen!
9 Oder wolltet ihr einen Propheten sehen, jemand der eine total enge Ver-
bindung zu Gott hat und von ihm Sachen gesagt bekommt? Also eins
kann ich euch sagen: Johannes ist auf jeden Fall mehr als nur ein norma-
ler Prophet. 10 Er ist der Mann, von dem schon in den alten ganz beson-
deren religiösen Texten steht: ‚Ich werde jemanden losschicken, der den
Weg für dich schon mal vorbereitet.‘ 11 Eine Sache gebe ich euch schrift-
lich: Johannes ist der krasseste von allen Menschen, die je geboren wur-
den. Trotzdem ist der, der dort, wo Gott der Chef ist, am wenigsten zu
sagen hat, immer noch weiter vorne als Johannes. 12 Und seit Johannes
wird von den Mächtigen mit allen Mitteln zu verhindern versucht, dass
Gott ganz groß rauskommt. 13 Die ganzen alten Texte und die Jungs mit
dem besonderen Draht nach oben, die Propheten bis hin zu Johannes,
hatten das schon vorausgesagt. 14 Falls ihr das überhaupt kapieren könnt:
Er ist der Elija, von dem schon die Propheten erzählt haben. Die meinten,
wenn er kommt, dann wird er euch zeigen, wo es langgeht. Dann bricht
die Zeit an, in der Gott das Sagen hat. 15 Sperrt eure Lauscher auf und lebt
nach dem, was ich euch sage!“

Jesus geht mit den Leuten seiner Zeit hart ins Gericht

16 „Was für Vergleiche fallen mir ein, wenn ich an die Menschen denke, die
heute so rumlaufen? Sie sind wie Kids, die im Jugendzentrum rumhängen
und nicht so richtig verstanden haben, worum es eigentlich geht. Sie
sagen zu ihren Freunden: 17 ‚Wir waren auf ’ner krassen Party, und ihr habt
nicht getanzt. Anschließend waren wir auf einer Beerdigung, und ihr woll-
tet nicht heulen.‘ 18 Johannes hat zum Beispiel manchmal wochenlang
nichts gegessen und getrunken. Da meintet ihr sofort: ‚In dem lebt ein
fieser Geist!‘ 19 Jetzt ist der Typ da, der einer von euch ist und gleichzeitig
Gott, der ernährt sich genauso wie ihr. Und ihr motzt gleich rum: ‚Der
frisst und säuft sich die Hucke voll und hängt nur mit seltsamen Leuten
rum.‘ Doch Gott wird das irgendwann klarstellen, wer hier richtig liegt und

wer falsch." 20 Danach ließ Jesus noch seinen Frust ab über die Städte, in
denen er die heftigsten Wunder getan hatte und man sich trotzdem kein
Stück verändern wollte. 21 „Oh, Mann, ihr da in Chorazin und Betsaida,
wacht endlich auf! Wenn die Wunder, die ich bei euch getan habe, in den
ekligen, dreckigen Städten passiert wären, wie zum Beispiel in Tyrus oder
Sidon, dann hätten sie alle angefangen, ihr Leben zu hinterfragen, sie
hätten eingesehen, dass sie viel Mist bauen, und hätten das geändert!
22 Am letzten Tag der Abrechnung, da werden Tyrus und Sidon besser weg-
kommen als ihr. 23 Und dir, du eingebildetes Kapernaum, wird es richtig
dreckig gehen! Erinnerst du dich noch an Sodom? In der Stadt gingen
total derbe Sachen ab, die Gott überhaupt nicht gut fand. Deswegen
wurde die Stadt vernichtet. Aber wenn dort die Wunder geschehen wären,
die bei dir passiert sind, dann würde Sodom auf jeden Fall noch stehn!
24 Darauf kannst du dich verlassen: Sodom wird am letzten Tag, wo Gott
die große Abrechnung startet, besser dastehen als du!"

Jesus betet zum Vater

25 Und Jesus fing an vor allen mit Gott zu reden: „‚Hey, Papa, du regierst
über das ganze Universum. Danke, dass du den Leuten, die meinen, die
Weisheit mit Löffeln gefressen zu haben, nicht erzählt hast, was wirklich
abgeht. Aber denen, die das Gefühl haben, dass sie dumm sind und
nichts begreifen, denen hast diese Sachen gezeigt. 26 Yes, Daddy, du willst,
dass es so passiert und nicht anders.' 27 Mein Papa hat mir den Joystick
für diese Welt in die Hand gegeben! Nur der Papa kennt seinen Sohn,
und keiner kennt den Papa im Himmel so gut, wie ich ihn kenne. Und
natürlich auch die, denen ich zeige, wie der Papa ist. 28 An alle, die total
unter Druck stehen, weil so viel von ihnen verlangt wird: Kommt zu mir!
Ich werde dafür sorgen, dass ihr euch so richtig entspannen könnt.
29 Lasst mich doch der Chef in eurem Leben sein! Ich bin das Vorbild, wie
man richtig lebt! Ich bin nicht so drauf, dass ich euch von oben herab zu
irgendetwas zwingen will. Bleibt locker. Bei mir werdet ihr Ruhe finden.
30 Ich werde euch nicht unter Druck setzen, und ich will, dass es für euch
locker zugeht!"

12 **Schluss mit religiösen Gesetzen, die Liebe kommt zuerst!**

1 An einem anderen Tag gingen Jesus und seine Leute durch die
Felder. Seine Leute hatten einen Riesen-Kohldampf und schnapp-
ten sich darum ein paar Äpfel von den Bäumen und aßen die. Das alles
passierte ausgerechnet an einem Sabbat, den religiösen Feiertag der
Juden, der einmal in der Woche war. An diesem Tag durfte man nicht

arbeiten, das war verboten. 2 Als die Pharisäer, die religiösen Streber, das
mitbekamen, fingen die gleich bei Jesus an rumzumeckern: „Ihre Leute
brechen die Gesetze, die Gott mal in das alte Buch geschrieben hat! Sie
holen sich das Zeug von den Pflanzen und essen es, obwohl man das
nicht darf. Heute ist doch Sabbat, und unser religiöses Gesetz verbietet
das!" 3 Jesus meinte dazu nur: „Haben Sie überhaupt was begriffen? Ken-
nen Sie nicht die Story von David und seinen Kollegen und was die taten,
als sie Hunger hatten? 4 Sie gingen in das besondere Haus von Gott, den
Tempel, und aßen sogar das Zeug, was nur die Priester essen durften, die
dort arbeiten, nämlich das Brot, was man Gott als Opfer schenken wollte.
5 Mann, lesen Sie doch mal in den alten Büchern. Da steht, dass die Pries-
ter auch an dem Tag, wo sie eigentlich nicht arbeiten sollten, im Tempel
gearbeitet haben. Diese ganzen Sabbatgesetze waren ihnen doch trotz-
dem nicht egal, sie mussten ja aber im Tempel arbeiten. 6 Ich will nur,
dass Sie das eine begreifen: Hier ist jemand, der hat mehr drauf als dieser
Tempel. 7 Wenn ihr verstanden hättet, was dieser Satz aus dem alten Buch
bedeutet: ‚Menschen, die andere Menschen lieben, sind mir wichtiger als
irgendwelche Opferrituale!', dann würdet ihr nicht die Leute, die keinem
was Böses getan haben, fertigmachen wollen. 8 Als der Mann, der von
Gott auserwählt ist, bin ich auch der Chef vom Sabbat. Darum entscheide
ich auch, was an dem Tag erlaubt ist und was nicht." 9 Nachdem er das
gesagt hatte, ging er schließlich weiter und kam noch in eine Synagoge.
10 Da tauchte so einer auf, dessen Hand war total kaputt. Die Pharisäer
fragten Jesus natürlich: „Wie sehen Sie das denn mit der Sache, dass man
am Sabbat, unserem religiösen Ruhetag, nicht heilen darf?" Sie versuch-
ten einfach alles daranzusetzen, irgendwas zu finden, um gegen ihn
Anzeige zu erstatten. 11 Jesus konterte: „Wenn jemand von Ihnen einen
kleinen Hund hat und der fällt am Sabbat in eine Baugrube, dann würde
er ihn doch auf jeden Fall da rausholen, oder? Egal ob Sabbat oder nicht.
12 Ein Mensch ist doch tausendmal mehr wert als so ein Hund! Natürlich
ist es auch am Sabbat erlaubt, Gutes zu tun! Kapiert?!" 13 Dann sagte er
nur zu dem Mann mit der kaputten Hand: „Zeig mal deine Hand!" Und
tatsächlich, die Hand war komplett geheilt.

Jesus tut das, was im alten Buch schon lange gestanden hat

14 Die religiösen Streber steckten nach diesem Ding die Köpfe zusam-
men: „Wie können wir diesen Jesus bloß aus dem Weg räumen?" 15 Als
Jesus mitbekam, was sie vorhatten, machte er sich vom Acker, und viele
gingen mit ihm. Und wie immer: Jesus machte alle Leute, die krank
waren, wieder gesund. 16 Jesus befahl ihnen aber, bloß ihren Mund zu
halten, damit die ihn nicht verraten würden. 17 Damit wurde das wahr,

was der Prophet Jesaja schon lange Zeit vorher gewusst hatte: 18 „Dieser
Mensch ist ganz besonders, den hab ich mir ausgesucht, weil ich ihn
liebe und mich riesig über ihn freue. Ich werde ihn mit einer neuen Kraft
ausstatten, mit meinem Geist, und er wird allen Menschen erklären, was
Gott gut findet und was nicht. 19 Er ist nicht so einer wie Rocky, der sei-
nen Willen mit den Fäusten durchsetzt. 20 Er tritt nicht nach, wenn du
auf dem Boden liegst, er versetzt dir keinen Schlag in die Magengrube,
wenn du schon angezählt wurdest. Er hört nicht auf, bis das, was richtig
ist, am Ende auch gesiegt hat. 21 Darum kann jeder, und wirklich jeder,
seine Hoffnung auf ihn setzen."

Jesus heilt einen Mann und stellt ein paar Dinge klar

22 Schließlich brachte man einen zu Jesus, der einen bösen Geist, so einen
Dämon, in sich hatte und weder etwas sehen noch reden konnte. Jesus
machte ihn wieder gesund, und da konnte er gleich wieder sehen und
auch reden. 23 Da waren die Leute alle total platt und begeistert von ihm.
Sie riefen: „Hey, das ist doch nicht etwa der Mann aus der Familie vom
Präsidenten David?" 24 Die religiösen Streber waren da ganz anderer Mei-
nung. Sie sagten: „Er trickst euch doch nur aus! Die bösen Geister, diese
Dämonen, kann er nur austreiben, weil er der oberste der bösen Geister
ist! Er ist Satan, der Feind von Gott!" 25 Jesus konnte ihre Gedanken lesen
und meinte nur: „Wenn in einem Land jeder was anderes will, dann
zerstört sich das Land irgendwann selbst. Genauso ist das in einer Stadt
oder 'ner Familie. Wenn man sich da gegenseitig fertigmacht, gehen die
Stadt oder die Familie irgendwann kaputt. 26 Und wenn der Satan, der
Chef der bösen Geister, jetzt die anderen bösen Geister vertreiben würde,
dann würde er sich ja selbst bekämpfen und zerstören! Wie soll er da auf
Dauer seine Macht behalten können? 27 Wenn Sie also sagen, ich vertreibe
böse Geister mit der Kraft von Satan, dem Chef der bösen Geister, dann
hab ich mal 'ne Gegenfrage: Wie machen es denn bitte Ihre Leute, wenn
sie Geister austreiben? Fragen Sie die mal, und dann wird man sehen,
wer recht hat. 28 Hey, schnallt ihr das denn nicht? Die bösen Geister ver-
schwinden, eben weil ein guter Geist, die Kraft von Gott, sie vertreibt! In
jeder Sekunde, wo das passiert, bricht die neue Zeit Gottes rein, wo er das
Sagen hat! 29 Ich will es in einem Bild sagen: Wenn du einen Einbruch
machen willst in einem Haus, in dem ein Karate-Weltmeister wohnt, was
musst du vorher tun? Du musst ihn ablenken und am besten auch noch
fesseln, erst dann kannst du richtig loslegen. 30 Eine Sache ist klar: Jeder,
der nicht auf meiner Seite ist, kämpft gegen mich. Jeder, der mir nicht
hilft, die Menschen zu retten, bringt sie nur weiter von Gott weg. 31 Eins
sage ich Ihnen: Es gibt nichts, was so schlimm ist, dass Gott es nicht ver-

zeihen kann. Sie können sogar über Gott herziehen, das kann er Ihnen
verzeihen. Aber eins wird nicht verziehen: Wenn Ihr über die den Geist
von Gott, seine besondere Kraft, herzieht. 32 Auch wenn Sie mich durch
den Dreck ziehen, wird Ihnen das verziehen. Aber wenn Sie die Kraft Got-
tes, den Heiligen Geist, durch den Dreck ziehen und als Satan bezeich-
nen, dann wird Ihnen niemals verziehen werden: weder hier auf der Erde
noch im Leben nach dem Tod."

Was am Ende dabei rumkommt, das zählt

33 „Es funktioniert im Grunde wie bei Apfelbäumen! Wenn der Baum
gesund ist, hat er auch leckere Äpfel dran. Ist der Baum aber krank, sind
die Äpfel auch verkrüppelt. Einen guten Baum erkennt man an seinen
Früchten! 34 Ihr blöden Spinner! Wie kann bei euch, die ihr sowieso nur
Schwachsinn redet, überhaupt was Gutes bei rauskommen! Alles, was ihr
in eurer Birne an Gedanken habt, kommt raus, wenn man euch mal beim
Reden zuhört. 35 Wenn einer ein gutes Herz hat und sein Herz voll guter
Gedanken ist, dann merkt man das schon an dem, was er redet. Einem
Menschen, der einfach link und falsch ist, dem merkt man das auch an,
wenn er nur den Mund aufmacht. 36 Eins müssen Sie sich klarmachen: Am
letzten Tag dieser Welt gibt es bei Gott eine große Abrechnung, auch über
alles, was so aus Ihrem Mund gekommen ist. 37 Was Sie geredet haben,
wird letztendlich über Ihre Zukunft entscheiden, denn daran wird Gott Sie
auch messen. Spätestens dann wird es sich zeigen: hopp oder topp!"

„Zeig uns, dass du es draufhast!"

38 Die religiösen Profis und Streber meinten mal zu Jesus: „Zeigen Sie uns
doch, was Sie alles so draufhaben! Machen Sie doch noch mal eine Wun-
dershow extra für uns, dann glauben wir Ihnen auch, dass Sie von Gott
kommen!" 39 Darauf meinte Jesus nur: „Nur ganz miese Typen, die an gar
nichts glauben, wollen jetzt noch einen Beweis haben. Aber einen Beweis
sollen Sie trotzdem kriegen, und der hat mit der Geschichte von Jona
zu tun. 40 Jona war drei volle Tage und Nächte im Bauch von einem rie-
sengroßen Fisch. Genauso werde ich drei volle Tage in meinem Grab
verschwunden sein. 41 Selbst die Leute aus der Stadt Ninive werden im
Gegensatz zu Ihnen noch gut dran sein am Tag der letzten Abrechnung,
weil die sich wenigstens geändert haben. Denn nachdem Jona ihnen klar-
gemacht hatte, dass sie nur Mist bauen und so nicht weitermachen kön-
nen, wandten sie sich wieder radikal zu Gott und änderten ihr Leben. Und
der, der jetzt mit Ihnen redet, hat viel mehr zu sagen als Jona, und trotz-
dem glauben Sie ihm nicht! 42 Das Gleiche gilt auch für die Präsidentin,
die in dem Land Saba im Süden das Sagen hatte. Sie wird beim Tag der

Abrechnung sogar als Zeugin auftreten, um gegen die Menschen in dieser
Zeit auszusagen, um sie fertigzumachen. Ihr war kein Weg zu weit, um
vom damaligen Präsidenten von Israel, dem Salomo, zu lernen. Und der,
der jetzt mit Ihnen redet, hat viel mehr zu sagen als Salomo, trotzdem
wollten Sie ihm einfach nicht vertrauen."

Passt auf, wen ihr an euch ranlasst

43 „Wenn so ein fieser Geist, so ein Dämon, aus einem Menschen raus-
geschmissen wurde, dann ist der sozusagen obdachlos und sucht wie ver-
rückt ein neues Opfer, in dem er wohnen kann. 44 Kriegt er das nicht hin,
versucht er wieder dort einzuziehen, wo er mal zu Hause war. Wenn er
dort dann seine ehemalige Bude super aufgeräumt und picobello und
noch leer vorfindet, zieht er dort wieder ein. 45 Und er lädt noch sieben
weitere fiese Geister ein, die noch viel schlimmer als er selbst sind. Dem
Menschen wird es noch viel schlimmer gehen als vorher. Genauso wird
es mit diesem bösen Pack hier passieren."

Wer gehört zur Jesus-Familie?

46 Das Haus, in dem Jesus diese Rede hielt, war supervoll. Schließlich
kamen seine Mutter und seine Brüder an und wollten auch mal was von
ihm haben. 47 Als jemand ihm gesagt hatte, dass seine Familie draußen
auf ihn wartete und mit ihm sprechen wollte, 48 sagte Jesus nur: „Wer sind
denn meine Brüder und wer ist meine Mutter?" 49 Dann zeigte Jesus auf
seine Leute und sagte: „Das hier ist meine Familie. Hier sitzen meine
Geschwister und meine Mutter! 50 Hey, jeder, der das tut, was mein Vater
von ihm will, der ist wie ein Bruder für mich oder wie eine Schwester oder
wie meine Mutter."

13

Was einen daran hindern kann, Gott zu vertrauen

1 Abends ging Jesus am See spazieren und setzte sich an das Ufer.
2 Es dauerte nicht lange, da sammelte sich wieder eine große Men-
schenmenge um ihn herum. 3 Weil er zu ihnen reden wollte, setzte er sich
in ein Ruderboot und fuhr auf den See aus, so dass ihn von dort aus alle
hören konnten. 4 Dann sagte er: „Ein Bauer säte Getreide aus. Einige der
Körner fielen dabei auf die Straße. Sofort kamen die Vögel und pickten sie
auf. 5 Andere Körner fielen auf sehr steinigen Boden, wo wenig Erde war.
Da keimten sie zwar, 6 aber als die Sonne voll draufknallte, vertrockneten
die Triebe, und weil die Wurzeln noch nicht richtig in die Erde gewachsen
waren, gingen die Pflanzen kaputt. 7 Ein paar von den Körnern fielen zwi-
schen die Disteln, und die Pflanzen krepierten dort bald, weil sie total von

den Disteln überwuchert wurden. 8 Aber der Rest fiel auf guten Boden, ging auf und vermehrte sich, so dass es dreißig-, sechzig- oder hundertmal so viel wurde, wie es mal war. 9 Ich hoffe, ihr habt kapiert, was ich damit sagen will."

Vielleicht würde Jesus die Story heute so erzählen: *Der Vergleich mit der Software*

4 *„Ein Programmierer saß an seinem Rechner und schrieb eine neue Software. 5 Die Software war total gut und verkaufte sich schnell. Auf dem alten Rechner lief sie aber überhaupt nicht, die Hardware war schlecht und der Rechner ging kaputt. 6 Bei anderen Rechnern lief sie eine Zeit lang ganz in Ordnung, bloß immer dann, wenn es kompliziert wurde und wenn andere Programme gleichzeitig liefen, stürzte das Ding ganz ab und musste am Ende auch weggeworfen werden. 7 Andere Rechner waren total zugemüllt mit allen möglichen unnötigen Programmen, weshalb nicht genügend Arbeitsspeicher frei war und das Programm nicht laufen konnte. 8 Aber bei Computern, die eine gute Hardware hatten, die man immer in Schuss gehalten hatte und pflegte, da lief das Programm hervorragend und machte sich hundertfach bezahlt. 9 Ich hoffe, ihr habt kapiert, was ich damit sagen will."*

Warum benutzt Jesus Bilder, um Sachen deutlich zu machen?

10 Einige Zeit später löcherten ihn seine Leute und wollten wissen, warum er immer in solchen Bildern redete und nicht direkt sagte, was er meinte.
11 Jesus antwortete darauf: „Ihr seid dazu in der Lage, die Geheimnisse zu kapieren, die um diese neue Zeit gehen, wo Gott selbst die Regierung übernimmt. Andere werden es aber nie begreifen. 12 Es wird so laufen, dass die, die viel verstanden haben, bald wirklich alles verstehen werden. Die, die bisher nix verstehen, werden aber das bisschen, was sie kapiert haben, auch noch verlieren. 13 Darum rede ich zu anderen in Bildern: Sie sehen zwar, erkennen aber doch nichts, sie hören zu, aber kapieren überhaupt nichts. 14 Damit wird wahr, was Gott schon durch den alten Propheten Jesaja gesagt hatte: ‚Obwohl sie ihre Lauscher auf Empfang gestellt haben, verstehen sie gar nichts. Sie kriegen zwar alles mit, aber begreifen nicht, was da abgeht. 15 Denn ihnen ist mittlerweile eh alles egal, sie sind eisenhart geworden. Sie sitzen auf ihren Ohren und haben Tomaten auf den Augen. Darum sehen und hören sie nichts. Die wollen es auch gar nicht anders. Würden sie sich zu mir wenden, würde ich sie natürlich sofort heilen. Doch dann müssten sie ja ihr Leben ändern.' 16 Ihr könnt echt happy sein und euch sehr freuen, weil ihr das jetzt mit euren Augen sehen und mit euren Ohren hören könnt. 17 Versteht doch: Tausende von den Prophetentypen, mit denen Gott redet, und auch viele, die okay für

ihn gelebt haben, hätten echt sehr viel darum gegeben, das zu sehen und zu hören, was ihr jetzt sehen und hören dürft. Aber damals war einfach noch nicht die Zeit dafür."

Jesus erklärt, was er mit der Story von dem Getreide meinte

18 „Ich will euch mal erklären, was ich mit der Story von dem Typen, der
Samen aussät, klarmachen wollte. 19 Bei einem Menschen, der die Worte
von dem Reich Gottes hört, diesem Ort, wo Gott das Sagen hat, aber das
nicht wirklich schnallt, bei dem kommt der Chef des Bösen, der Satan, an
und reißt die ganzen Pflanzen wieder aus seinem Herz raus, die gerade
gewachsen waren. Das war mit dem Samen gemeint, der auf dem Weg
gelandet ist. 20 Mit dem sehr harten, steinigen Boden waren so Leute
gemeint, die die Nachricht zuerst hören und da total drauf abfahren,
21 aber wenn es Probleme gibt, weil sie gläubig geworden sind, oder die
Leute sie deswegen sogar in den Knast stecken wollen, dann war es das
bei denen auch schon mit ihrem Glauben. 22 Der Boden voller Disteln ist
wie einer, der die Worte hört. Aber er hat so viel andere Sorgen und Pro-
bleme, dass er das schnell wieder vergisst, und alles ist wieder wie vorher.
23 Mit dem guten Boden ist einer gemeint, der die Worte hört und begreift,
was sie bedeuten. Der setzt das dann auch um und geht total für Gott ab.
Der bringt dann dreißig-, sechzig- oder hundertmal von dem raus, was
gesät wurde."

Oder anders übersetzt: *Jesus erklärt, was er mit seiner Story über die Software meinte*

18 „Ich will euch sagen, was ich mit der Story von der Software meinte. 19 Jeder,
der meine Rede über den Ort, wo Gott das Sagen hat, hört, aber meine Worte
nicht ernst nimmt, bei dem kommt der Satan, der Chef von allem Bösen, und
löscht die Worte gleich wieder aus seinem Herzen. Das meinte ich mit der
Software, die auf den alten kaputten Rechner geladen wurde. 20 Ein Mensch,
der sich zuerst voll freut über das, was ich sage, ist wie der Rechner, der ganz
okay ist, bei dem aber noch viele andere Programme mitlaufen. Es funktio-
niert eine Weile, 21 aber sobald es Probleme gibt, Leute ihn ärgern, weil er
gläubig ist, dann zieht der schnell den Schwanz ein, und nichts bleibt mehr
übrig. 22 Mit Rechnern, die im Grunde ganz okay waren, aber zu viele andere
schlechte Programme auf ihrer Festplatte hatten, sind Menschen gemeint, die
am Anfang auch ganz begeistert über das sind, was ich sage, und das zum Teil
auch über Jahre umsetzen. Sobald aber die derben Sorgen abgehen, die das
Leben so mit sich bringt, oder sie durch den ganzen Luxus, der sie vielleicht
umgibt, abgelenkt werden, dann vergessen sie schnell, was ich gesagt habe,
und alles bleibt am Ende doch beim Alten. 23 Der gute Rechner, der immer in

Schuss gehalten wurde, ist jemand, der meine Worte hört, sie versteht und sofort umsetzt. Er wird lange funktionieren und viel Nutzen bringen.“

Unkraut in einem Feld wo Weizen angebaut wurde: Gott hat das letzte Wort

24 Jesus erzählte noch eine andere Geschichte: „Diesen Ort, wo Gott das
Sagen hat, kann man auch gut mit einem Bauern vergleichen, der super-
gute Weizensamen auf sein Feld streut. 25 In einer Nacht, als alle pennen,
kommt sein Erzfeind und sät einfach ganz viele Brennnesselsamen zwi-
schen die guten Weizenkörner. Danach verschwindet er wieder. 26 Die
Samen vom Weizen gehen dann irgendwann auf, aber eben auch die
Brennnesseln. 27 Irgendwann kommen die Angestellten vom Bauern an
und fragen den: ‚Sie hatten das Feld doch nur mit richtig guten Samen
bestreut, oder? Woher kommen dann die vielen Brennnesseln?‘ 28 ‚Das
muss der Typ gemacht haben, der mich nicht abkann, mein Erzfeind‘,
meint der Bauer. Da fragen seine Angestellten: ‚Sollen wir das jetzt einzeln
rausrupfen?‘ 29 Er meint: ‚Nein, dann würden Sie die guten Weizenpflan-
zen ja auch mit rausrupfen. 30 Lassen Sie mal das Feld in Ruhe wachsen,
bis Erntezeit angesagt ist. Dann sehen Sie klar den Unterschied zwischen
Unkraut und Weizen. Und dann bekommen Sie den Auftrag: Zuerst das
Unkraut entfernen und verbrennen! Und dann den Weizen ernten und ab
damit in den Vorratsraum!‘“

Kastanie oder Hefeteig

31 Jesus versuchte mit einem anderen Beispiel, das Ganze noch etwas
deutlicher zu machen: „Mit dem Ort, wo Gott das Sagen hat, ist es so wie
mit einer Kastanie. 32 Kastanien sind nicht besonders groß, aber wenn du
sie im Boden vergräbst, dann wächst daraus ein riesiger Baum, in dem
sogar Vögel wohnen können. 33 Man kann den Ort, wo Gott das Sagen hat,
auch mit einem Hefeteig vergleichen. Eine Frau will eine Pizza machen.
Sie nimmt einen Haufen Mehl und tut nur ein paar Körner Trockenhefe
dazu und noch Wasser. Sie verknetet alles. Schließlich geht der ganze Teig
voll auf. Die Hefe hat sich total ausgebreitet.“ 34 Jesus benutzte ständig
irgendwelche Beispiele und Bilder, wenn er mit Menschen redete. In kei-
ner seiner Reden durften sie fehlen. 35 Damit wurde das wahr, was die
alten Propheten schon damals vorausgesagt hatten: „Ich werde ihnen
durch Bilder und Vergleiche klarmachen, worum es geht. Was bis jetzt für
alle ein Geheimnis war, was niemand kapiert hat, davon will ich jetzt
reden.“

Jesus erklärt, was er mit der Story sagen wollte, wo es um die Samen und das Unkraut ging

36 Schließlich schickte Jesus die vielen Menschen wieder nach Hause.
Seine Freunde wollten dann aber noch was genauer wissen: „Was war da
eigentlich mit gemeint, als du von Unkraut und Brennnesseln erzählt
hast?“ 37 „Also, das ist so“, sagte Jesus, „der Typ, der Gottes Sohn ist, das
ist der Bauer, der die guten Samen aussät. 38 Das Feld ist die Welt, der
Samen sind die Leute, die mit Gott zusammenleben und die unter seinem
Einfluss stehen, und die Brennnesseln sind die Leute, die das tun, worauf
Satan Bock hat. 39 Der Erzfeind, der die Brennnesseln zwischen die guten
Samen gesät hat, ist der Satan persönlich. Die Ernte ist ein Bild für die
große Endabrechnung, wenn es mit dieser Welt zu Ende geht. Und die
Arbeiter sind Engel. 40 Genauso wie das Unkraut vom Weizen getrennt
wird und vernichtet werden muss, genauso wird es bei der letzten großen
Gerichtsverhandlung abgehen. 41 Der Auserwählte, der Menschensohn,
wird seine Engel vorbeischicken. Die werden aus diesem neuen Land, wo
Gott das Sagen hat, alle rausschmeißen, die link drauf sind und miese
Sachen fabrizieren. 42 Die werden dann in einen Riesen-Ofen geschmissen
und vernichtet. Vor Schmerz werden sie voll losheulen, wenn sie da sind.
43 Alle, die das getan haben, was Gott gut findet, werden in der neuen Zeit
gut dastehen. Sie werden strahlen wie die Sonne! Denkt mal dadrüber
nach, wenn ich euch so was erzähle!“

Alles geben für Gott, das zahlt sich aus!

44 „Das neue Land, in dem Gott das Sagen hat, kann man auch gut mit
einem vergrabenen Schatz vergleichen, den ein Typ zufällig beim Um-
graben von einer Wiese findet. Er verbuddelt den Schatz ganz schnell wie-
der. Weil er sich so sehr über das Ding gefreut hat und es so wertvoll für
ihn ist, geht er los und versteigert alles bei E-Bay, was er sonst noch
so hat. Das macht er nur um diese Wiese kaufen zu können, denn dann
gehört auch der Schatz ihm. 45 Noch 'ne andere Story: Wer Teil von dem
neuen Land sein will, wo Gott das Sagen hat, der sollte so drauf sein
wie ein Aktienhändler, der eine unheimlich gewinnbringende Aktie zum
Kauf angeboten bekam. 46 Er verkaufte sein Haus und alles andere, was er
noch hatte, nur, weil er diese eine Aktie unbedingt haben wollte.“

Der Vergleich mit einem Fischernetz

47 „Man kann das Land, wo Gott das Sagen hat, auch mit einem Netz
vergleichen, das in das Meer ausgeworfen wurde. Sehr viele unter-
schiedliche Fische waren dadrin. 48 Wenn das Netz erst mal voll ist, ziehen
die Fischer es ans Land. Dann setzen sie sich hin und sortieren aus. Die

essbaren Fische in Wannen und die ekligen in den Müll. 49 So wird es auch
am Ende der Welt abgehen. Die Helfer von Gott, die Engel, werden das
Gute vom Schlechten trennen. 50 Die Schlechten werden im Höllenofen
verfeuert. Dort werden sie heulen und rumflennen, aber niemand wird sie
hören. 51 Habt ihr das kapiert?" – „Ja, haben wir!", sagten sie. 52 Da meinte
Jesus: „Darum ist jeder, der das richtig gut verstanden hat und Menschen
davon erzählt, wie jemand, der aus seinen alten und neuen Erfahrungen
die richtigen Konsequenzen zieht und das weitergibt, was dabei rum-
kommt."

Jesus hat zu Hause nicht wirklich ein Heimspiel

53 Nachdem Jesus versucht hatte, mit diesen Vergleichen den Leuten etwas
zu verklickern, 54 ging er in seine Heimatstadt und hielt dort in der Syna-
goge an, um den Leuten etwas zu erzählen. Alle waren total baff und frag-
ten sich, wo er nur diese Ahnung vom Leben her hatte und woher die Kraft
kam, diese irren Wunder zu tun. 55 „Der ist doch der Sohn von einem Zim-
mermann aus dem Ort. Seine Mutter Maria und auch seine Brüder Jako-
bus, Josef, Simon und Judas kennen wir doch auch. 56 Seine Schwestern
haben wir erst neulich beim Einkaufen getroffen. Wie kann der denn bitte
etwas Besonderes sein?" 57 Sie waren sogar total genervt von ihm. Jesus
meinte dazu nur: „Ein Mann, der Gott reden hört, ein Prophet, ist überall
was Besonderes, aber zu Hause wird er ausgebuht, und seine Familie wird
ihm auch nicht zuhören." 58 Keiner hatte dort großes Vertrauen in Jesus,
darum konnte er auch nur wenige Wunder tun.

14

Johannes, der die Leute getauft hatte, wird umgebracht

1 Als Herodes Antipas, der damals in Judäa das Sagen hatte, mit-
bekam, was man so über Jesus redete, bekam er etwas Panik. 2 Er
sagte zu seinen Angestellten: „Das ist garantiert Johannes, der die Leute
getauft hat! Der lebt wieder, obwohl er doch eigentlich schon tot und drei
Meter unter der Erde sein müsste. Vielleicht ist er ja auch ein Zombie und
kann deshalb so krasse Wunder tun." 3 Herodes hatte Johannes einige Zeit
vorher in den Knast gesteckt – vor allem, weil Herodias, in die er voll ver-
knallt war, das unbedingt wollte. Die war allerdings eigentlich die Frau von
seinem Bruder Philippus. 4 Johannes hatte ihm ganz klar gesagt, dass das
total falsch ist. Man darf sich nicht einfach die Frau von seinem Bruder
greifen und heiraten. 5 Herodes war so sauer auf Johannes, dass er ihn am
liebsten ermordet hätte. Er traute sich aber nicht, weil er Angst vor den
Leuten in der Stadt hatte, die alle totale Fans von Johannes waren. 6 Als
Herodes Geburtstag hatte, machte die Tochter aus der ersten Ehe von sei-

ner Frau Herodias auf der Party vor allen Leuten einen Striptease. Das
gefiel dem Herodes so super, 7 dass er ihr anschließend hoch und heilig
versprach: „Du kannst von mir heute haben, was du willst!“ 8 Ihre Mutter
bequatschte sie dann, und schließlich bettelte die Tochter Herodes an:
„Ich möchte, dass du Johannes den Kopf abschlagen lässt und ihn mir auf
einem Tablett servierst!“ 9 Damit hatte Herodes nun nicht gerade gerech-
net, und eigentlich wollte er das auch gar nicht. Aber schließlich waren da
eine Menge Leute mit ihm am Tisch, die alle mitbekommen hatten, wie er
ihr dieses Versprechen abgab. Darum sagte er zu seinen Soldaten, 10 sie
sollten Johannes den Kopf abschlagen. 11 Sie servierten dem Mädchen
dann den Kopf auf einem Tablett, die ihn wiederum der Mutter übergab,
damit sie zufrieden war. 12 Die Schüler von Johannes holten die Leiche und
verbuddelten sie. Danach erzählten sie Jesus, was passiert war. 13 Jesus
war total geschockt und echt fertig. Er schnappte sich ein Boot und wollte
irgendwo hinfahren, wo er mal alleine sein konnte. Die Leute bekamen
das aber mit und verfolgten ihn am Ufer entlang.

Fünftausend bei Jesus' McDonald's

14 Jesus kam mit seinem Boot nach einiger Zeit wieder ans Land. Viele
Leute waren ihm gefolgt und wollten Hilfe. Die Menschen taten ihm leid,
und darum heilte er alle, die krank waren. 15 Abends kamen dann seine
Leute zu ihm und meinten: „Jesus, es is ganz schön spät geworden!
Außerdem ist hier auch die totale Pampa. Lass doch die Menschen gehen,
damit sie sich bei McDonald's noch was zu essen holen können!“ 16 Jesus
sagte dazu nur: „Nein, das ist überhaupt nicht nötig. Ihr könnt ihnen auch
was zu essen geben!“ 17 „Aber wir haben gerade mal fünf Brötchen und
zwei Frikadellen dabei!“, meinten die Schüler zu ihm. „Das reicht nie und
nimmer!“ 18 „Locker bleiben, her damit!“, sagte er. 19 „Setzt euch einfach
auf die Wiese“, sagte Jesus zu den Leuten. Dann nahm er die zwei Frika-
dellen und die fünf Brötchen und bedankte sich bei Gott für das Essen.
Anschließend verteilte er die Teile an seine Schüler, die es dann an alle
anderen weiterreichten. 20 Und das Unglaubliche passierte: Es reichte
dicke, und alle waren nach dem Essen pappsatt! Schließlich sammelten
sie anschließend noch die Reste ein, und da kamen sage und schreibe
zwölf volle Einkaufswagen zurück! 21 Ungefähr fünftausend Männer waren
dabei gewesen, dazu noch die Frauen und die Kinder, die man nicht mit-
gezählt hatte.

Jesus kann auf dem Wasser gehen

22 Nach diesem Essen meinte Jesus zu seinen Leuten, sie sollten jetzt in
das Boot steigen, um ans andere Ufer zu fahren. 23 Als er die Menschen

weggeschickt hatte, hatte er Lust, noch ein wenig allein mit Gott zu reden. Dazu ging er dann gegen Abend auf einen kleinen Berg in der Nähe. 24 Seine Freunde fuhren auf dem See, als plötzlich ein ganz derber Sturm aufkam. Sie bekamen ziemlichen Schiss, es war starker Gegenwind, und sie drohten zu kentern. 25 So gegen vier in der Nacht kam ganz plötzlich eine Gestalt auf dem Wasser auf sie zu: Jesus! 26 Als seine Leute Jesus da gehen sahen, ging der Punk erst richtig ab, sie hatten voll die Angst und dachten, es wäre ein Geist oder irgend so was. 27 Aber Jesus beruhigte sie gleich und rief ihnen zu: „Hey, Jungs, keine Panik! Ich bin es doch nur!“ 28 Petrus war total geplättet. Er rief zurück: „Jesus, bist du’s wirklich?! Dann sag mir, dass ich jetzt auch zu dir aufs Wasser kommen soll!“ 29 Jesus sagte nur: „Komm her!“ Gesagt, getan, Petrus stieg aus dem Boot aus, und das Unglaubliche passierte, er konnte tatsächlich auf dem Wasser zu Jesus gehen! 30 Plötzlich bemerkte Petrus aber die großen Wellen, die um ihn herum waren. Er verlor Jesus aus dem Blick und bekam plötzlich voll die Panik. „Hilfe, Jesus, ich ertrinke!“, schrie er und ging unter. 31 Jesus ging schnell zu ihm hin, packte seine Hand und zog ihn aus dem Wasser raus. Er sagte dann zu Petrus: „Hast du so wenig Vertrauen, Petrus? Ich hab’s dir doch gezeigt! Mir kannst du echt glauben!“ 32 Beide gingen dann zusammen zum Boot. Sobald sie an Bord waren, verschwand der Wind von selber. 33 Die anderen waren alle schwer beeindruckt, knieten sich vor Jesus hin und sagten: „Ganz sicher, du bist wirklich Gottes Sohn!“

Jesus macht wieder Menschen gesund

34 Sie landeten in einer Stadt namens Genezareth am Hafen und machten einen Landgang. 35 Als die Leute, die dort wohnten, spitzkriegten, dass Jesus in der Stadt war, holten sie alle kranken Menschen. 36 Und es war so, dass die sogar nur einen Zipfel von seinen Klamotten berühren mussten, dann wurden sie schon gesund!

15

Gottes Regeln müssen richtig ausgelegt werden

1 Etwas später kamen die religiösen Profis und Streber, die man Pharisäer und Schriftgelehrte nannte, bei Jesus vorbei, um ihn mal wieder auszutesten. 2 „Warum befolgen Ihre Leute nicht die Regeln, die alle, die an Gott glauben, befolgen, zum Beispiel dass man sich vor dem Essen die Hände waschen muss?“ 3 Jesus konterte nur: „Ja, und warum tut ihr mit euren Regeln, die ja angeblich von Gott kommen, genau das, worauf er eigentlich überhaupt keinen Bock hat? 4 Zum Beispiel möchte Gott, dass wir unsere Eltern gut behandeln und sie versorgen, wenn sie

alt sind! Wer aber sich nicht um sie schert und sie verkommen lässt, soll
sterben. Das ist sogar eins von den 10 besonderen Gesetzen von Gott,
und die findet ihr doch auch ganz okay, oder!? 5 Ihr deutet das dann aber
so um: Wenn jemand Eltern hat, denen es total dreckig geht, kann er sie
trotzdem links liegen lassen, solange er genug Geld für irgendwelche
wohltätigen Zwecke spendet. Das ist dann für euch total okay. 6 Dadurch
macht ihr Gottes Regeln echt lächerlich! 7 Ihr seid solche falschen Spin-
ner! Der alte Prophet Jesaja hatte total Recht, als er meinte: 8 ‚Diese Typen
können ganz groß Sprüche klopfen und sagen Gott immer, wie toll sie
ihn doch finden. Aber ihr Herz ist in Wirklichkeit meilenweit entfernt von
Gottes Herz. 9 Was sie machen, bringt überhaupt nichts: Sie wollen, dass
Gott für alle wichtig ist, und erzählen, welche Regeln er angeblich will,
dabei haben nur Menschen sich diese Regeln ausgedacht" 10 Jesus winkte
die Leute zu sich und sagte zu ihnen: „Bitte, ihr müsst mir jetzt gut zu-
hören, es ist total wichtig, dass ihr das kapiert: 11 Nicht das, was durch
deinen Mund in dich reinkommt, sorgt dafür, dass du dreckig und für
Gott nicht mehr in Ordnung bist. Nein, sondern das, was man im Schä-
del hat, die Gedanken und was dann aus dem Mund dabei rauskommt,
das sorgt dafür, dass du für Gott dreckig und nicht mehr in Ordnung
bist." 12 Schließlich nahmen die Freunde von Jesus ihn mal beiseite und
meinten zu ihm: „Hey, Jesus, merkst du nicht, dass die Pharisäer, diese
Streber, übelst angefressen sind von dem, was du sagst? Ist dir das denn
egal?" 13 Jesus sagte: „Es gibt Leute, die haben bei Gott mittlerweile ein-
fach alles verspielt, mit denen will er nichts mehr zu tun haben. 14 Lasst
die ruhig machen und kriegt keine Panik! Die meinen, sie hätten das
neuste GPS-System, eins, das genau weiß, wo's im Leben langgeht, aber
in Wirklichkeit tappen sie völlig im Dunkeln. Und alle, die ihnen nachlau-
fen, werden vermutlich irgendwann einmal richtig fies abstürzen." 15 Pet-
rus hatte das nicht so ganz kapiert und fragte noch mal nach: „Wie jetzt,
Jesus?" 16 „Oh Mann", stöhnte der, „wenn nicht mal ihr das checkt, wer
dann? 17 Es ist doch total klar, wenn du etwas isst, geht es dir durch den
Magen, bis du es auf dem Klo irgendwann wieder rauslassen musst.
18 Das, was du sagst, kommt aus dir, aus deinem Innersten, und sorgt
dafür, dass du für Gott dreckig und nicht mehr in Ordnung bist! 19 In dei-
nem Inneren, in deinem Kopf, da geht der ganze Mist los. Dort fängst du
plötzlich an Mordgedanken zu kriegen, in deiner Fantasie steigst du mit
anderen Frauen oder Männern ins Bett, beklaust jemanden oder lügst
anderen die Hucke voll. 20 Dort fängt alles an. Dadurch entfernt sich der
Mensch von Gott! Und nicht durch das Nichtbefolgen irgendwelcher
äußerlichen Regeln, wie zum Beispiel, dass man sich vor dem Essen die
Hände waschen muss oder so."

Jesus hilft einer Ausländerin

21 Schließlich wollte Jesus weiter, und er machte sich auf den Weg Rich-
tung Tyrus und Sidon. Das sind zwei kleine Städte in einem Gebiet, wo die
meisten Menschen keinen Bock auf Gott hatten. 22 Dort traf er auf eine
Frau, die ein großes Problem hatte: „Oh, großer Meister, Sie sind mein
Held, bitte helfen Sie mir!", sagte sie zu ihm. „Meine Tochter ist ganz selt-
sam unterwegs. Irgendwie ist so ein böser Geist, so ein Dämon, in ihrem
Körper drin und macht sie total fertig." 23 Aber Jesus behandelte die Frau
wie Luft. Seine Schüler waren langsam ziemlich genervt von ihr, weil sie
ihnen die ganze Zeit hinterherrief. Sie meinten zu ihm: „Schick sie bitte
weg! Die geht uns voll auf die Nerven!" 24 Schließlich sagte Jesus: „Ich soll
eigentlich nur den Israeliten helfen, die keinen Plan von Gott haben!"
25 Die Frau ließ aber nicht locker, sie legte sich platt vor ihm auf den Weg
und fing an zu weinen: „Meister Jesus, bitte helfen Sie mir!" 26 „Euer Volk
ist noch nicht dran", antwortete Jesus. „Das wäre so, als wenn man den,
der als Letzter in der Schlange vor der Supermarktkasse steht, einfach
nach vorne lässt." 27 „Sie haben ja recht", meinte die Frau, „aber alte
Omas und Kranke werden schon mal vorgelassen, oder?" 28 Jesus gab sich
geschlagen: „Du bist ganz schön hartnäckig und hast großes Vertrauen in
mich. Darum soll das jetzt auch passieren, was du von mir möchtest."
Und das total Abgefahrene passierte: Die Tochter wurde in dieser Sekunde
ganz gesund!

Jesus ist der beste Arzt weit und breit

29 Irgendwann machte sich Jesus wieder auf den Weg Richtung See Gene-
zareth. Dort schlug er sein Lager auf einem Berg auf. 30 Irre viele Leute
kamen bei ihm vorbei. Ganz kaputte Typen: einige konnten nicht mehr
gehen, andere waren blind, die nächsten konnten nicht mehr sprechen.
Es war wirklich krass, denn alle wurden durch ihn geheilt! 31 Die Leute
bekamen das nicht auf die Reihe, weil sie es live miterleben konnten, wie
Menschen, die nicht sprechen konnten, plötzlich wieder loslaberten oder
andere, die nicht laufen konnten, plötzlich mal 'ne Runde joggen gingen.
Oder auch, wie welche, die nicht sehen konnten, sich plötzlich 'ne Zei-
tung kaufen gingen. Die Menschen dankten Gott dafür und begannen für
ihn Lieder zu singen, so sehr freuten sie sich darüber.

Bei Jesus gibt es genug zu essen

32 Am Ende winkte Jesus seine Leute zu sich und forderte sie auf: „Die
Menschen, die alle gekommen sind, tun mir irgendwie leid. Sie hängen
jetzt schon drei Tage hier mit mir rum und haben noch nichts gegessen.
Ich hab ein wenig Angst, sie könnten den Rückweg vor lauter Hunger

nicht mehr schaffen. Ich bin dafür, wir organisieren was zu essen!“ 33 Die
Freunde waren da anderer Meinung: „Mann, Jesus, wie sollen wir denn so
viel zu essen her kriegen? Der nächste ‚Drive in‘ ist total weit weg, und die
Supermärkte haben alle schon zu!“ 34 „Holt mal die Sachen raus, die ihr
am Start habt“, forderte Jesus sie auf, „mal sehen, was da zusammen-
kommt.“ – „Sieben Brötchen und noch ein paar Würstchen!“, sagten sie
schließlich. 35 Jesus bat die Leute, sich einfach hinzusetzen. 36 Dann nahm
er die sieben Brötchen und die Würstchen. Er schaute in Richtung Him-
mel und bedankte sich bei Gott dafür, dann zerteilte er die Brötchen und
die Würstchen und gab die seinen Freunden, damit sie die an die Leute
weiterreichten. 37 Und etwas total Abgefahrenes passierte: Alle, die da
waren, hatten mehr als genug zu essen! Danach gingen seine Leute noch
los, um die Reste einzusammeln, und sie kamen mit sage und schreibe
sieben Einkaufswagen voller Lebensmittel zurück! 38 Und dabei waren zu
der Zeit viertausend Männer plus Frauen und Kinder da gewesen. 39 Erst
jetzt sagte Jesus den Leuten, sie sollten mal nach Hause gehen. Er wollte
aber weiter und fuhr mit einem Boot zu der Stadt Magdala.

16

„Zeig uns, was du draufhast!“

1 An einem anderen Tag schlugen wieder einmal die religiösen
Streber und politischen Schleimer, diese Pharisäer und Sadduzäer,
bei ihm auf. Die wollten ihn linken und forderten ständig, dass er irgend-
welche Wunder tun sollte, um zu beweisen, dass er wirklich von Gott kam.
2 Jesus schenkte ihnen richtig ein: „Ihr meint, ihr habt voll die Peilung,
stimmt's? Wenn die Wettervorhersage Regen ankündigt, dann checkt ihr
das ab, und wenn es stimmt, dann glaubt ihr das auch. 3 Genauso mit
schönem Wetter. Aber obwohl ihr das, was ihr heute hier erlebt, von vorne
bis hinten abgecheckt habt, begreift ihr trotzdem nicht, was tatsächlich
gerade passiert. 4 Diese Leute, die keine Ahnung von Gott haben, wollen
immer nur Beweise, Beweise, Beweise. Aber sie werden nicht mehr
bekommen als denselben Beweis, der mit Jona zu tun hat.*“ Dann ließ er
sie einfach links liegen und zog ab.

Es gibt Sachen, die sind wichtiger als Essen

5 Schließlich waren Jesus und seine Leute mal wieder mit dem Boot unter-
wegs. An Land angekommen, bemerkten die Freunde von Jesus, dass
sie nichts mehr zu essen hatten. 6 Jesus ließ noch mal einen Spruch ab,
indem er sagte: „Leute, passt gut auf! Die Pharisäer und Sadduzäer, diese

---

* Jesus hat das im 12. Kapitel in den Versen 39 und 40 noch ein bisschen genauer erklärt.

religiösen Streber und Schleimis, die ständig versuchen, Viren in euer
Hirn einzuschleusen, um eure Gedanken zu verseuchen.“ 7 Die dachten
sofort, er wollte ihnen mit diesem Spruch sagen, dass das Essen heute
irgendwie verseucht sei, warum auch immer. 8 Jesus konnte aber Gedan-
ken lesen und sich den Spruch nicht verkneifen: „Warum habt ihr schon
wieder Panik, dass ihr irgendwie hungern müsst! Traut ihr mir das echt
zu? 9 Warum begreift ihr das bloß nicht? Ihr wart doch dabei, als ich den
fünftausend Leuten auf dem Berg was zu essen besorgt hab, obwohl wir
nur fünf Brötchen dabeihatten. Und da war am Ende sogar noch richtig
viel von dem Zeug übrig! 10 Oder das Mal, als ich viertausend Leute mit
sieben Brötchen satt gekriegt habe, und auch da war am Ende noch sehr
viel von da! 11 Denkt doch nicht immer mit eurem Bauch, wozu habt ihr
eigentlich euren Kopf? Ich versuch es jetzt noch mal: Passt auf, dass die
religiösen Streber und Schleimis euch nicht einen Virus in euren Kopf auf-
spielen.“ 12 Erst jetzt kapierten sie, dass Jesus mit dem Virus die falschen
religiösen Ansichten meinte, die die religiösen Streber und politischen
Schleimer unter die Leute brachten.

Glaubenssachen

13 Als Jesus in der Gegend von Cäsarea Philippi ankam, wollte er von sei-
nen Leuten wissen: „Was glauben die Menschen eigentlich, wer ich bin?“
14 „Also, von einigen haben wir gehört, sie glauben, du wärst Johannes,
der die Leute getauft hat. Der ist ja eigentlich schon tot, aber sie den-
ken, dass er wieder lebendig geworden ist. Andere meinten, du wärst
Elija, Jeremia oder einer von den anderen alten Propheten.“ 15 „Okay,
aber was meint ihr? Was glaubt ihr, wer ich bin?“ 16 Da antwortete ihm
Petrus: „Du bist auf alle Fälle der Auserwählte, du bist der Christus!
Du wirst uns alle hier aus dem Dreck rausholen, du bist der Sohn von
dem einzigen heftigen und heiligen Gott!“ 17 „Genau! Bingo! Petrus, du
kannst dich echt freuen! Das hast du nicht kapiert, weil dir das irgendein
Mensch gesagt hat. Das konntest du nur begreifen, weil dir das mein
Papa im Himmel gezeigt hat! 18 Ich will dir jetzt was sagen: Du bist Pet-
rus, du bist wie ein Stahlbetonboden, auf dem ich meine ganze Sache
aufbauen werde. Und die wird so stabil sein, dass keine Macht, noch
nicht mal die Hölle, sie zerstören kann. 19 Ich werde dir den PIN-Code für
den Eintritt in das Reich Gottes in die Hand geben. Wenn du jemanden
auf der Erde beschuldigst, dass er Mist gebaut hat, steht Gott dahinter.
Wenn du jemandem sagst, dass der Mist, den er gebaut hat, vergeben
wurde, dann geht das auch für Gott in Ordnung!“ 20 Er wollte aber auf
keinen Fall, dass seine Leute das überall rumposaunten, dass er der Aus-
erwählte, der Christus, ist.

Jesus macht das erste Mal die Ansage, dass er bald sterben wird
21 In diesen Tagen versuchte Jesus irgendwann mal seinen Leuten klar-
zumachen, dass er noch ganz schlimme Sachen durchmachen würde:
„Wenn wir in Jerusalem sind, werden mich diese religiösen Oberprofis
und auch die obersten Chefs vom Tempel foltern und töten. Drei Tage
werde ich tot sein, aber dann kommt mein großes Comeback.“ 22 Petrus
war total fertig, als er das hörte. „Nein, oh, nein, Jesus, das darf auf keinen
Fall passieren, hörst du?!“ 23 Jesus schrie darauf in Richtung Petrus: „Hau
ab, Satan! Du willst mich nur austricksen! Du siehst die Dinge nicht so,
wie Gott sie sieht, sondern nur, wie die Menschen sie sehen!“

Jesus fordert die Leute auf, so zu leben, wie er lebt
24 Anschließend sagte Jesus noch etwas zu seinen Leuten: „Jeder, der mich
als Vorbild hat und so leben will wie ich, der darf sich selber nicht mehr so
wichtig nehmen. Er muss bereit sein, für Gott zu leben. Sein eigenes Ich
steht nicht mehr im Mittelpunkt. 25 Jeder, der nur dafür lebt, sich ein gutes,
nettes Leben zu schaffen, wird am Ende dumm dastehen. Aber jeder, der
sein Leben und seinen Besitz für mich und meine Sache einsetzt, der wird
am Ende fett absahnen! Er wird das echte Leben bekommen. 26 Denn was
hast du schon davon, wenn alle dich supergeil finden, du ein Superstar
wirst und dir alle zujubeln, aber du dafür deinen Platz im Himmel ver-
lierst? Du kannst noch so viele Millionen Euro haben, kaufen kannst du
dir diesen Platz im Himmel dafür auch nicht. 27 Denn der Menschensohn
wird irgendwann mit den Engeln vorbeikommen, und dann werden alle
mit Gottes Speziallaser gescannt werden. Alles wird dann rauskommen,
was man so im Leben getan hat. Es gibt dann eine Endabrechnung für
das, was so gelaufen ist. 28 Ich sag euch mal was: Ein paar von euch, die
jetzt hier stehen, werden es noch mitkriegen, wenn der Auserwählte, der
Menschensohn, sein Comeback feiern wird!“

17

Die Freunde von Jesus bekommen was zu sehen
1 Sechs Tage später ging Jesus mit Petrus und den Brüdern Jakobus
und Johannes auf einen hohen Berg. Keiner wohnte dort, und sie
waren ganz alleine. 2 Plötzlich passierte etwas echt Heftiges: Jesus fing vor
ihren Augen irgendwie an zu leuchten. Sein Gesicht strahlte so hell wie die
Sonne, und seine Kleidung war so weiß wie ein Blitz. 3 Und dann standen
plötzlich Mose und Elija da und quatschten ’ne Runde mit Jesus! 4 Petrus
war völlig platt und sagte: „Hey, Jesus, hier ist es echt cool, und es ist gut,
dass wir hier sind! Wenn du Lust hast, könnten wir drei Häuser hinbauen,
eins für Mose, eins für Elija und eins für dich!“ 5 Doch während er noch so

vor sich hin redete, wurden sie von einer weißen, hellen Rauchwolke ein-
genebelt, und eine Stimme sprach aus dieser Wolke: „Dieser Mann ist
mein Sohn, den hab ich sehr lieb, und ich freu ich mich unheimlich über
ihn. Ihr müsst unbedingt alles tun, was er euch sagt!" 6 Die Freunde von
Jesus hatten so die Hosen voll, dass sie sich platt auf den Boden warfen.
7 Jesus ging schnell zu ihnen und beruhigte sie: „Ihr braucht keine Angst
zu haben! Steht ruhig wieder auf!" 8 Und als sie sich trauten, wieder hoch-
zusehen, war nur noch Jesus da und sonst niemand. 9 Auf dem Rückweg
ins Tal schärfte ihnen Jesus ein: „Sagt das bloß keinem, was ihr gerade
erlebt habt, und zwar so lange, bis ich von den Toten wieder zum Leben
gekommen bin." 10 Seine Leute fragten ihn: „Warum sagen die religiösen
Profis denn immer, dass zuerst Elija kommen muss?" 11 „Das stimmt, was
die sagen", meinte Jesus, „Elija wird wiederkommen und alles wieder in
Ordnung bringen. 12 Aber eins sag ich euch: Er ist schon da gewesen, aber
keiner hat geschnallt, dass er es ist. Sie haben ihn wie ein Stück Dreck
behandelt. Genauso werden sie es auch mit dem Auserwählten Gottes
machen, dem wird es auch sehr dreckig gehen." 13 Jetzt begriffen seine
Leute, dass er Johannes meinte, der die Leute getauft hatte.

Die Freunde von Jesus bringen es nicht – Jesus bringt es voll

14 Schließlich kamen sie wieder an einen Ort, wo schon viele Leute auf sie
warteten. Da kam so ein Typ zu Jesus, legte sich flach vor ihm auf den
Boden und bettelte: 15 „Großer Meister, bitte kümmern Sie sich um mei-
nen Sohn! Der ist irgendwie krank, krampft ganz oft, neulich so schlimm,
dass er mitten ins Lagerfeuer gefallen ist, und einmal auch ins Wasser.
16 Ich war schon bei Ihren Freunden mit ihm, aber die konnten auch nichts
für ihn tun." 17 Jesus war etwas genervt: „Ihr habt doch nur voll das einge-
schränkte Denken drauf, ich pack's bald echt nicht mehr! Nun bringt den
Jungen schon her!" 18 Sie holten den Jungen sofort, und Jesus fing an, so
einen dunklen Geist, der in ihm wohnte, rauszuschmeißen. Der haute
sofort ab, und von da an war der Junge wieder gesund. 19 Abends wollten
seine Leute dann unbedingt wissen, was bei ihnen nun schiefgelaufen war.
20-21 „Ihr müsst dabei nur ganz krass auf Gott vertrauen, wenn ihr so was
macht", meinte Jesus. „Wenn euer Vertrauen nur so groß wäre wie so 'ne
kleine Kastanie, dann könntet ihr zur Zugspitze sagen: ‚Ab in die Nord-
see!', und es würde passieren. Es gibt nichts, was dann unmöglich ist!"
22 An einem anderen Tag ging Jesus mit seinen Leuten durch Galiläa. Dort
sagte er zu ihnen: „Der Auserwählte, der Menschensohn, wird bald
festgenommen werden. 23 Sie werden ihn umbringen, aber nach drei
Tagen wird er von den Toten zurückkommen und wieder lebendig sein."
Seine Leute wurden alle voll traurig, als sie das hörten.

Für wen soll man bezahlen?

24 Als sie in Kapernaum aufschlugen, kamen ein paar Steuereintreiber vor-
bei und wollten von Petrus wissen: „Wie siehst's aus? Zahlt dieser Jesus
eigentlich auch ordentlich seine Steuern für den Tempel?" 25 „Na klar!",
meinte Petrus und ging schnell zu Jesus, um mit ihm darüber zu quat-
schen. Jesus fragte ihn: „Also, was meinst du denn, Petrus? Stell dir vor,
ein Ehepaar besitzt ein Haus. Von wem würden sie dafür Miete nehmen,
von ihren eigenen Kindern oder von Fremden?" 26 „Natürlich von den
Fremden", antwortete Petrus. „Dann müssen die Kinder also nichts
bezahlen", schlussfolgerte Jesus. 27 „Aber wir wollen ja keinen Ärger mit
den Jungs, also pass mal auf: Du nimmst jetzt mal deine Angel und gehst
zum See und dann wirfst du die aus, ja?! Da wird gleich ein fetter Brocken
anbeißen, und der wird eine Goldmünze im Maul haben, die genug Kohle
abwirft, um deine und meine Steuern zu bezahlen."

18 **Gott ist anders als die Menschen**

1 Irgendwann wollten die Freunde von Jesus wissen, wer dort, wo
Gott das Sagen hat, die Nummer eins sein wird. 2 Jesus antwortet
erst mal nicht, sondern holte nur ein Kind und stellte es in die Mitte.
3 Dann sagte er in die Runde: „Eins muss euch klar sein: Wenn ihr euch
nicht ändert und so werdet wie die Kinder, dann könnt ihr nicht dorthin
kommen, wo Gott das Sagen hat. 4 Aber wer mal runterkommt und sich
auf dieselbe Stufe wie dieses Kind stellt, der wird die Nummer eins wer-
den im Reich Gottes. 5 Und wer so ein Kind bei sich zu Hause aufnimmt
und das tut, weil er mich liebt, der nimmt in Wirklichkeit mich auf."

Eine Warnung

6 „Wenn aber einer so dreist ist und das kindliche Vertrauen, was die Leute
in mich haben, irgendwie kaputt macht, der wäre besser dran, wenn er
von einer Bahn überfahren werden würde. 7 Ich warne jeden, der meine
Leute dazu verführt, Gott nicht mehr zu vertrauen! Es ist unvermeidbar,
dass man mal dazu verführt wird, Mist zu bauen. Aber ich will die Men-
schen echt warnen, die so was mit Absicht machen! 8 Darum: Wenn
irgendetwas, was zu dir gehört, dich zu etwas verführt, was Gott nicht will,
dann trenn dich radikal davon. Besser einhändig im Himmel als beidhän-
dig in der Hölle, wo man ewig getrennt ist von Gott. 9 Oder wie ist es mit
deinen Augen? Wenn dein Auge dich dazu bringt, Mist zu bauen, dann
reiß es lieber raus und schmeiß es in den Müll. Besser einäugig im Him-
mel als mit zwei Augen in der Hölle. 10 Ihr müsst sehr aufpassen, dass ihr
nicht arrogant werdet und auf andere runterguckt, die irgendwie nicht so

toll sind wie ihr. Hey, glaubt mir, deren Engel wissen den PIN-Code zur
Eingangstür, wo mein Vater im Himmel wohnt!“

Jesus ist für die Leute da, die keinen Durchblick mehr haben

11 „Der Auserwählte, der Menschensohn. ist für die da, die nicht mehr
wissen, wo es langgeht. 12 Was denkt denn ihr: Wenn jemand hundert
Meerschweinchen hat und eines büchst plötzlich aus dem Stall aus und
ist verschwunden, was macht der dann? Er wird sich doch sofort auf-
machen und seinen ganzen Garten durchsuchen, bis er das eine Meer-
schweinchen gefunden hat. 13 Und wenn er es dann endlich unter einer
Hecke findet, wird er sich voll freuen, und zwar in diesem Augenblick
mehr über das eine als über alle anderen, die sonst noch im Stall sind.
14 Genauso ist euer Papa drauf: er will nicht, dass ihm auch nur ein Ein-
ziger durch die Lappen geht, er liebt sie alle!“

Passt auf den anderen auf!

15 „Also, wenn jemand, der auch an Gott glaubt, Mist gebaut hat, dann
sprich mit ihm unter vier Augen darüber. Sag ihm, was er falsch gemacht
hat. Wenn er das dann einsieht, dann ist alles wieder in Ordnung. 16 Wenn
der aber nicht auf dich hört und das Versöhnungsangebot ablehnt, dann
nimm dir ein paar Freunde mit und versuch noch einmal, mit ihm oder ihr
zu reden. 17 Wenn es das aber auch nicht bringt, dann mach das Ding
öffentlich und sprich mit der ganzen Clique darüber. Wenn derjenige jetzt
nicht nachgibt, dann hat er selber Schuld, dann schließt ihn aus eurer
Gemeinschaft aus. Dann soll er für dich wie ein Steuereintreiber sein oder
wie einer, der mit Gott nix am Hut hat. 18 Ihr müsst wissen: Wenn ihr Leu-
ten sagt, dass alles gut ist, und ihnen die Schuld erlasst, dann ist das
Ding auch für Gott im Himmel gegessen. 19 Das andere müsst ihr aber
auch wissen: Wenn nur zwei Leute, die hier leben, sich in einer Sache total
einig sind und Gott darum bitten, dann wird er es ihnen geben, garantiert!
20 Denn immer da, wo sich zwei oder drei Leute wegen mir treffen, da bin
ich auch mitten dabei.“

Eine Story von jemandem, der nichts verzeihen konnte

21 Petrus fragte mal Jesus: „Also wie ist das, wenn einer von uns mal stän-
dig total ätzend zu mir ist, wie oft muss ich ihm denn dann verzeihen?
Reicht siebenmal?“ 22 „Auf keinen Fall“, antwortete Jesus, „nicht nur sie-
benmal. Vergeben ist grenzenlos. Du musst einfach immer vergeben, egal
wie oft. 23 Den Ort, wo Gott das Sagen hat, kann man auch gut vergleichen
mit einem Präsident, der mit seinem Finanzminister den Etat ausrechnen
wollte. 24 Da kam ein Unternehmer vorbei, der hatte beim Staat sehr hohe

Schulden, die er nicht mehr tilgen konnte, er war total pleite. 25 Weil er
seine Schulden auf keinen Fall selbst bezahlen konnte, wollte der Finanz-
minister alles, was der Unternehmer hatte, verkaufen oder versteigern
lassen. Der Unternehmer musste sogar seine Familie loswerden, um
wenigstens einen Teil von seinen Schulden zu bezahlen. 26 Der Unterneh-
mer ging in das Büro des Finanzministers, ging auf die Knie und bettelte:
‚Herr Minister, bitte geben Sie mir noch ein paar Tage Aufschub. Dann
hab ich das Geld bestimmt zusammen!' 27 Der Mann tat dem Minister voll
leid, und er unterschrieb einen Wisch, der ihm alle seine Schulden erließ.
28 Aber kaum war der Typ auf freiem Fuß, ging er zu einem seiner Ange-
stellten, der ihm noch die Kohle für ein Mittagessen schuldete, und
machte den voll an: ‚Bezahl mir sofort deine Schulden, das gehört sich
so!' 29 Der Angestellte war aber auch pleite und bettelte: ‚Bitte geben Sie
mir noch ein paar Tage Aufschub, dann hab ich das Geld zusammen, ver-
sprochen!' 30 Aber der Unternehmer war ungeduldig. Er rief die Polizei,
ließ den Mann verhaften und in den Knast stecken, bis er jeden einzelnen
Cent bezahlt hatte. 31 Das sprach sich schnell rum, und die anderen Ange-
stellten steckten das dann irgendwann auch dem Minister. 32 Da rief der
Finanzminister die Polizei und ließ ihn abführen. Vor Gericht sagte er
dann zu dem Unternehmer: ‚Mann, wie sind Sie nur drauf? Ich habe
Ihnen die gesamten Schulden erlassen, weil Sie mich darum gebeten
haben, und Sie? 33 Warum sind Sie nicht auch mal großzügig mit Ihrem
Angestellten umgegangen, so wie ich mit Ihnen, he?' 34 Supersauer ließ er
den Unternehmer abführen. Er sollte so lange unter miesesten Bedingun-
gen im Knast sitzen, bis der letzte Cent von seinen Schulden bezahlt war.
35 Genauso wird es euch auch gehen, wenn ihr euren Leuten nicht verzeiht,
falls sie was gegen euch verbockt haben."

19

Wie das ist, wenn sich ein Ehepaar trennen will?

1 Als Jesus mit seiner Rede fertig war, ging er aus Galiläa weg und
ging in das Gebiet von Judäa auf der anderen Seite vom Jordan-
Fluss. 2 Sehr viele Leute liefen ihm nach und er heilte die Leute, die krank
waren. 3 Die Pharisäer, diese religiösen Streber, versuchten wieder mal ihn
irgendwie reinzulegen. „Was denken Sie denn so zum Thema Eheschei-
dung?", wollten sie plötzlich wissen. „Ist das okay, wenn man sich aus
irgendeinem Grund von seiner Frau trennt?" 4 „Mann, lest ihr eigentlich
nicht in den alten Verträgen?", fragte Jesus zurück. „Da steht doch eindeu-
tig drin, dass Gott am Anfang Mann und Frau geschaffen hat. 5 Da steht:
‚Darum ist das jetzt so, dass ein Mann irgendwann seinen Vater und seine
Mutter verlässt und mit einer Frau zusammenzieht. Die beiden werden

dann ganz fest zusammenwachsen, sie werden wie ein Mensch sein.'
[6] Sie sind dann im Grunde nicht mehr zwei Leute, sondern nur noch eine
Person. Was Gott auf die Art zusammengeschweißt hat, sollte der Mensch
nicht wieder auseinanderreißen." [7] „Aber warum war es dann für Mose,
der ja die alten Verträge von Gott bekommen hat, okay, dass man sich von
seiner Frau trennt, sobald man ihr einen Wisch unterschreibt?" [8] „Also,
Mose hat das nur erlaubt, weil er wusste, wie link und hart die Menschen
oft unterwegs sind. Plan B sozusagen, aber Gottes ursprüngliche Idee sah
mal anders aus. [9] Ich bin der Meinung, dass jeder, der seine Ehefrau im
Stich lässt und eine andere heiratet, eine Ehe zerstört hat. Dabei gibt es
nur eine Ausnahme, nämlich wenn die Ehefrau schon vorher mit einem
anderen Mann fremdgegangen ist. Das bedeutet auch, dass jemand, der
eine geschiedene Frau heiratet, mit ihr die eigentlich noch bestehende Ehe
bricht." [10] Seine Freunde waren daraufhin ziemlich erschrocken: „Also,
wenn das so ist, dann heiraten wir lieber gar nicht erst", sagten sie. [11] „Das
begreifen aber nicht alle", sagte er, „Gott wird schon dafür sorgen, dass
jeder das kapiert, der das kapieren soll. [12] Es gibt eben Menschen, die
können normal keine Kinder kriegen, dann gibt es Menschen, die können
es nicht, weil sie mal einen Unfall hatten oder so. Und es gibt eben auch
Menschen, die verzichten ganz darauf, weil sie alles für Gott geben
wollen. Das kann nicht jeder begreifen, aber bei wem es jetzt klingelt, der
sollte auch so leben."

Jesus und die Kids

[13] An einem andern Tag brachten ein paar Eltern ihre Kids zu Jesus. Sie
wollten, dass er für sie betete und ihnen alles Gute von Gott zusprach.
Seine Leute waren davon aber gar nicht begeistert und wollten sie nach
Hause schicken: „Jesus braucht auch mal 'ne Pause", meinten sie zu den
Eltern. [14] Aber Jesus war gar nicht nach Pause zumute, als er die Kinder
sah: „Lasst sie durch, die können ruhig zu mir kommen! Denn die passen
total gut in Gottes neue Zeit rein, in die Zeit, wo er das Sagen hat." [15] Er
legte ihnen sogar seine Hand auf den Kopf und betete für sie. Erst danach
ging er weiter.

Jesus und ein Mann mit viel Kohle

[16] Ein junger Mann kam mal mit einer Frage zu Jesus: „Meister, was muss
ich denn alles Gutes tun, um im Himmel zu landen und ewig dort zu
leben?" [17] „Wieso fragst du denn mich?", fragte Jesus zurück. „Wirklich
gut ist doch sowieso nur einer, und das ist Gott. Also kannst du ewig
leben, wenn du genau das tust, was er will." [18] „Was will Gott denn von
mir?", fragte der Typ zurück. Jesus antwortete ihm: „Du sollst niemanden

töten! Du sollst deinem Ehepartner treu bleiben. Du sollst nicht klauen!
Und du sollst keinen Mist über andere Leute erzählen, irgendwelche
Sachen, die nicht stimmen. 19 Hab Respekt vor deinen Eltern und liebe die
Leute so, wie du dich selber auch liebst.“ 20 „Das hab ich alles gemacht!
Gibt es sonst noch was?“, wollte der Typ wissen. 21 „Ja“, meinte Jesus,
„wenn du wirklich auf der sicheren Seite sein willst, dann verkauf alle
deine Sachen auf dem Flohmarkt oder bei E-Bay, gib die Kohle den Ob-
dachlosen auf der Straße und dann komm und geh mit mir! Dann wirst
du dafür im Himmel fett belohnt werden!“ 22 Das war ’ne Runde zu heftig
für ihn, und er ging traurig weg, weil er selber sehr viel Geld hatte. 23 Jesus
beugte sich zu seinen Freunden und sagte zu ihnen: „Hey, eins ist ziem-
lich sicher: Ein Typ, der sehr reich ist, der hat es auch sehr schwer, mit
Gott zu leben. 24 Ich sag es noch mal anders, Leute: Es ist wahrscheinli-
cher, dass ein Schwein fliegen lernt, als dass jemand mit sehr viel Kohle in
den Himmel kommt.“ 25 „Puh, wer kann es denn überhaupt schaffen?“,
fragten seine Leute erschrocken. 26 Jesus schaute sie ruhig an und meinte:
„Für Menschen ist das eh nicht drin, aber Gott kriegt alles hin!“

So zu leben wie Jesus – das bringt es!

27 Petrus hatte mal ’ne Frage: „Jesus, wir waren doch bisher richtig radikal,
oder? Wir haben alles hinter uns gelassen und tun, was du sagst. Was
bekommen wir eigentlich mal dafür?“ 28 „Eins ist ganz klar für mich: Alle,
die mir jetzt so zur Seite stehen, werden eines Tages ganz krass absah-
nen. Ihr werdet neben mir sitzen, wenn ich den Joystick dieser Welt in der
Hand halte. Ihr werdet mit mir das Urteil sprechen über die zwölf Volks-
stämme aus Israel. 29 Jeder, der irgendwas aufgibt, seien es seine Eltern
oder seine Familie oder einfach alles, was ihm gehört, um das zu tun, was
ich von ihm möchte, der wird einmal ganz fett absahnen, und er wird als
Bonus noch das neue Leben bekommen, ein Leben, das niemals aufhört.
30 Viele Menschen, die jetzt den dicken Macker markieren und was in der
Welt zu melden haben, werden in Gottes Welt eine kleine Nummer sein.
Und viele, die jetzt die Loser sind und nichts zu sagen haben, werden
dann ganz vorne sein und in der ersten Reihe mitmischen.“

20 **Noch ’ne Story von Jesus über die Leute vom Bau**

1 „Ich will euch noch ’ne Story erzählen“, meinte Jesus. „Da war so
ein Bauunternehmer, der hatte eine große Baustelle in der Innen-
stadt. Morgens ging er zum Arbeitsamt, um ein paar Arbeiter für den Bau
anzustellen. 2 Er handelte mit den Männern die Kohle aus, die sie für ihren
Job dort kriegen sollten, und ließ sie dann arbeiten. 3 Ein paar Stunden

später ging er noch mal zum Arbeitsamt und sah da noch ein paar Leute
rumstehen, die keinen Job hatten. 4 Die schickte er dann auch auf die Bau-
stelle und versprach ihnen eine angemessene Bezahlung. 5 Gegen Mittag
und um drei Uhr ging er noch einmal dorthin und gab noch ein paar Män-
nern einen Job. 6 Als er gegen fünf beim Hauptbahnhof vorbeikam, sah er
da auch noch ein paar Leute rumstehen und fragte sie: ‚Haben Sie heute
keine Arbeit gefunden?‘ 7 ‚Keiner hatte einen Job für uns‘, sagten sie.
‚Wenn Sie wollen, können Sie auf meiner Baustelle arbeiten!‘, rief er denen
zu. 8 Abends holte er dann den Chef von der Baustelle zu sich ins Büro
und sagte ihm: ‚Hey, rufen Sie mal die Leute zusammen, die heute gear-
beitet haben, und zahlen Sie denen ihren Lohn aus.‘ 9 Zuerst bekamen die
Leute ihr Geld, die erst um fünf angefangen hatten. Die waren sehr über-
rascht, als man ihnen einen vollen Tageslohn in die Hand drückte. 10 Nun
hatten sich die anderen Arbeiter die Sache aber durchgerechnet und dach-
ten, sie würden deshalb noch mehr Kohle abkassieren, als sie vereinbart
hatten. Aber sie kriegten auch nur den Tageslohn, den sie vorher ausge-
handelt hatten. 11 Da wurden sie sauer und meinten: 12 ‚Die haben nur ’ne
Stunde gearbeitet und kriegen dieselbe Kohle wie wir? Dabei mussten wir
den ganzen Tag in der brüllenden Hitze malochen!‘ 13 ‚Entspannen Sie
sich!‘, sagte der Chef, ‚es läuft hier doch alles korrekt ab! Wir hatten genau
diesen Lohn miteinander ausgehandelt, oder?! 14 Nehmen Sie ihr Geld
und gehen Sie nach Hause! Ich gebe den anderen genauso viel Lohn wie
Ihnen. 15 Immerhin ist es ja mein Geld, und damit kann ich auch machen,
was ich will! Oder finden Sie das schlecht, dass ich großzügig bin?‘
16 Genauso werden die, die jetzt ganz vorne sind, irgendwann mal die
Loser sein, und die Loser werden mal ganz vorne sein.“

Jesus macht noch mal die Ansage, dass er bald sterben wird

17 Als sie sich dann wieder aufmachten, um nach Jerusalem zu gehen,
sagte Jesus zu seinen 12 Freunden: 18 „Wir gehen jetzt nach Jerusalem.
Da wird man mich, den Auserwählten, an die Priester und Gesetzes-
fanatiker übergeben. Sie werden mit mir kurzen Prozess machen und
mich zum Tod verurteilen. 19 Alle Menschen werden mich als Lachnum-
mer betrachten, mich brutal quälen und am Ende am Kreuz umbringen.
Aber nach drei Tagen kommt mein Comeback, ich werde wieder leben-
dig, obwohl ich tot war.“

Streit über einen „Sonderplatz auf der Ehrentribüne“

20 Irgendwann kam mal die Frau von Zebedäus vorbei, mit ihren beiden
Söhnen Jakobus und Johannes. 21 „Was willst du?“, fragte Jesus sie. Sie
legte sich platt vor ihm auf den Boden und bettelte: „Gib meinen beiden

Söhnen einen Sonderplatz auf der Ehrentribüne, gleich neben dir, wenn
diese neue Zeit da ist, in der alleine Gott das Sagen hat!“ 22 Jesus sagte zu
ihnen: „Ihr habt doch gar nicht kapiert, was das bedeutet. Könnt ihr denn
so heftige Sachen durchmachen und so leiden, wie ich das tun werde?“ –
„Ja“, meinten sie, „das können wir!“ 23 „Ja, ihr werdet auch schlimme
Sachen durchmachen müssen, das ist sicher, aber ich kann das nicht für
euch klarmachen, wer mal neben mir sitzt und wer nicht. Die Entschei-
dung liegt alleine beim Papa im Himmel.“ 24 Die anderen Freunde waren
richtig angefressen, als sie hörten, was Jakobus und Johannes von Jesus
wollten. 25 Also musste Jesus mal wieder Frieden stiften. Er holte sie zu
einem Treffen zusammen und sagte: „Ein mieser Chef herrscht über seine
Angestellten wie ein Diktator, und die Abteilungsleiter können jeden zu-
sammenscheißen, wenn sie wollen. 26 Aber so soll es bei euch auf keinen
Fall abgehen! Wer der Chef sein will, der sollte wie eine kleine Putzfrau
sein, 27 und wer ganz vorne stehen will, soll sich ganz hinten anstellen.
28 Auch der Auserwählte, der Menschensohn, ist nicht hier, um sich bedie-
nen zu lassen. Er kam, um anderen zu helfen und um ihnen zu dienen.
Er wird sogar für andere sterben und mit seinem Leben ihre Schulden be-
zahlen. So wird er viele befreien.“

Jesus macht zwei Blinde gesund

29 Als Jesus dann mit seinen Freunden aus Jericho abzog, folgten ihnen
sehr viele Leute. 30 Zwei Männer, die blind waren, hingen auf der Straße
rum. Als sie hörten, dass Jesus da war, schrien sie wie blöd: „Hallo, großer
Meister! Bitte helfen Sie uns!“ 31 Die Leute versuchten krampfhaft den
zweien das Maul zu stopfen, aber ohne Erfolg. Sie schrien nur noch lauter:
„Bitte helfen Sie uns, Herr Jesus, aus der Familie vom David, bitte helfen
Sie uns!“ 32 Schließlich blieb Jesus bei ihnen stehen und fragte sie: „Was
ist los? Was wollt ihr von mir?“ 33 „Großer Meister, wir möchten so gerne
sehen können!“ 34 Da taten die beiden Jesus voll leid. Er ging zu ihnen,
streichelte über ihre Augen, und plötzlich konnten sie sofort sehen! Von
diesem Tag an gingen sie mit Jesus mit.

21 **Jesus kommt nach Jerusalem**

1 Schließlich landete Jesus mit seinen Leuten in Betfage, einem
Vorort von Jerusalem. Als sie beim Ölberg angekommen waren,
meinte Jesus zu zweien von seinen Freunden: 2 „Hey, ihr beiden, geht
schon mal vor! Wenn ihr in den Ort reinkommt, werdet ihr am Zaun ein
neues Moped finden, das nicht angeschlossen ist. Bringt das mal bitte zu
mir! 3 Sollte jemand fragen, was ihr damit vorhabt, dann sagt einfach: Der

Chef braucht es! 4 Das alles soll so sein, damit wahr wird, was Sacharja,
einer der Propheten, schon vor langer Zeit vorausgesagt hatte. Der sagte
nämlich: 5 ‚Geh ab, freu dich! Die Leute in der Stadt Zion können anfangen
zu jubeln. Die Bewohner in Jerusalem können Party machen! Denn da ist
ein neuer Präsident am Start. Er ist total korrekt, er kann wirklich helfen
und ist dabei nicht arrogant. Er kommt nicht in einer fetten Limousine,
sondern auf einem kleinen Moped angefahren‘.“ 6 Die beiden Leute aus
seiner Clique taten genau das, was er gesagt hatte. 7 Sie brachten das Teil
zu ihm, legten ein paar Klamotten auf den Sitz und setzten Jesus darauf.
8 Als Jesus in die Stadt kam, bejubelten ihn die Menschen, als wäre er der
Superstar schlechthin. Sie legten sogar ihre Jacken vor ihm auf den Weg,
damit er da drüberfahren konnte. 9 Alle drängelten sich um ihn herum.
Sie riefen: „Da kommt er, der Superstar, einer aus der Familie vom Präsi-
denten David!! Der neue Präsident ist da! Hurra!! Er ist der Mann, den
Gott zu uns geschickt hat!! Gott ist der Beste!!“ 10 Ganz Jerusalem flippte
total aus: „Was ist denn das für ein Mann?“, fragten die Bewohner. 11 „Das
ist Jesus, der große Prophet aus Nazareth, das liegt in Galiläa“, antwor-
teten die Leute, die mit ihm gingen.

Gottes Haus wird zum Konsumtempel

12 Jesus ging erst mal in den Tempel in der Innenstadt. Das war sozusagen
das Haus von Gott, in dem auch immer die Gottesdienste gefeiert wur-
den. Dort machte er voll den Alarm. Jesus schmiss die Händler raus, die
ihr Zeug im Tempel verkaufen wollten, und kickte ihre Tapeziertische und
Stände einfach um, wo ihre Sachen draufstanden. Auch das Teil, wo man
Geld wechseln konnte, zerkloppte Jesus wütend. 13 „Gott sagt: In meinem
Haus soll gebetet werden! Ihr habt daraus ein Konsumtempel gemacht!“,
rief er. 14 Schließlich kamen die ganzen Kranken vorbei, die verkrüppelt
waren oder nicht mehr sehen konnten, und er heilte einfach alle dort im
Tempel! 15 Als die Priester und die Theologen ankamen und sahen, was da
abging, und mitbekamen, dass sogar die Kids riefen: „Wow, dieser Mann
kommt aus der Familie vom großen Präsidenten David! Der ist cool
drauf!“, da waren sie richtig angefressen. 16 Sie fragten Jesus: „Hören Sie
nicht, was die Kinder da rufen?“ Jesus antwortete: „Na klar! Habt ihr das
nie gelesen, was im alten Buch steht: ‚Selbst die Jugendlichen und auch
die kleinen Kids werden auf dich abfahren‘?“ 17 Damit ließ er sie links lie-
gen. Er verließ die Stadt, um in den Vorort Betanien zu gehen. Dort wollte
er sich einen Pennplatz suchen.

Der Pflaumenbaum, der nichts brachte

18 Am nächsten Morgen, als sie wieder nach Jerusalem kamen, hatte Jesus
ziemlichen Kohldampf. 19 Auf dem Seitenstreifen am Straßenrand stand
so ein Pflaumenbaum, und weil er Hunger hatte, wollte Jesus sich ein
paar Pflaumen pflücken. Aber da war nix außer Blättern. Jesus sagte zu
dem Baum: „An dir soll nie wieder irgendwas wachsen!" Und im selben
Augenblick war der Baum vertrocknet und tot. 20 Die Schüler von Jesus,
die das mitbekamen, waren echt fertig und fragten ihn: „Was war da denn
los?" 21 Jesus antwortete: „Also, wenn ihr wirklich an etwas glaubt und kein
bisschen Zweifel daran habt, dass es auch wirklich passiert, dann könnt
ihr noch viel krassere Sachen machen. Ihr könntet sogar zu diesem Berg
sagen: ‚Ab mit dir ins Meer!‘, und der würde glatt abheben und sich ins
Meer schmeißen! 22 Alles wird möglich sein, alles werdet ihr bekommen
können, wenn ihr dabei nur ganz fest glaubt, wenn ihr betet."

Woher oder von wem hat Jesus diese Power?

23 Schließlich hing Jesus noch ein bisschen im Tempel rum, um dort eine
Rede zu halten. Sofort waren die Priester wieder da und die Leute, die
was zu sagen hatten: „Wer hat Ihnen das Recht gegeben, hier solche
Reden zu halten? Und woher kommen überhaupt Ihre übernatürlichen
Kräfte?" 24 „Ich will mal 'ne Gegenfrage stellen", sagte Jesus. „Wenn ihr
die beantwortet, werde ich auch antworten. 25 Also: Hatte Johannes, der
die Leute getauft hat, seine Order direkt von Gott bekommen oder
nicht?" Damit fingen ihre Köpfe an zu rauchen: „Wenn wir sagen: ‚Er
bekam die Order von Gott!‘, wird er uns fragen, warum wir Johannes
dann nicht geglaubt haben. 26 Wenn wir aber sagen: ‚Er war nur ein Spin-
ner!‘, machen uns die Leute die Hölle heiß, weil er total beliebt ist und
alle glauben, dass er ein Prophet war." 27 Darum antworteten sie: „Keinen
blassen Schimmer!" Darauf sagte Jesus: „Dann werdet ihr auch nicht
erfahren, wer mir diese übernatürlichen Kräfte gegeben hat."

Die Geschichte von den zwei Söhnen

28 Jesus sprach weiter: „Mal 'ne andere Geschichte, bin gespannt, was ihr
dazu sagt: Da war mal so ein Typ, der zwei Söhne hatte. Zum ersten sagte
er: ‚Geh mal bitte in unsere Werkstatt und reparier das Auto, das dort
steht!‘ 29 ‚Ich hab aber keine Lust!‘, sagte der. Aber später tat es ihm leid,
und er ging doch hin und reparierte die Kiste. 30 Dann ging der Mann zu
dem zweiten Sohn und wollte dasselbe von ihm. ‚Klar, mach ich‘, sagte er.
Aber dann hatte er doch keinen Bock und ging einfach nicht hin. 31 Preis-
frage: Wer von den beiden hat das getan, was der Vater wollte?" – „Der
erste natürlich!" Jetzt erklärte Jesus, was er mit der Geschichte sagen

wollte: „Auf eins könnt ihr wetten: Dealer und Huren werden eher an die-
sem Ort landen, wo Gott das Sagen hat, als ihr. 32 Johannes, der die Leute
getauft hat, hatte voll den Plan: Er sagte, ihr müsst euer Leben ändern,
sonst fahrt ihr gegen die Wand. Aber ihr wolltet nichts von ihm wissen.
Die Dealer und die Nutten aber haben getan, was er gesagt hat. Und
obwohl ihr das sehr wohl mitbekommen habt, vertraut ihr mir nicht und
ändert euch nicht."

Die Geschichte von den fiesen Mietern: Die Rebellion gegen Gott geht nach hinten los

33 Jesus erzählte noch eine Story: „Ich will euch noch 'ne krasse Story
erzählen: Da war einer, dem gehörte ein großes Wohnhaus in der Stadt.
Das Haus hatte er von Grund auf renovieren lassen, mit Kabelanschluss
und allem Drum und Dran. Dann vermietete er das Teil. 34 Am Ende
des Monats wollte er durch seinen Hausverwalter die Kohle von den
Mietern einziehen, so wie es im Vertrag abgemacht war. 35 Aber alle
Mieter weigerten sich zu zahlen. Sie gingen sogar auf den Hausverwalter
los! 36 Da beauftragte der Hausbesitzer eine Firma, die bei den Mietern
anklingelte, um das Geld einzutreiben. Aber als die ankamen, wurden
die von den Mietern kurzerhand umgebracht. 37 Schließlich dachte sich
der Besitzer: Ich lass das meinen Sohn erledigen, dem werden sie
bestimmt nichts tun, den werden sie respektieren! 38 Als die Mieter vom
Balkon aus den Sohn ankommen sahen, meinten sie zueinander: ‚Da
kommt der Typ, der mal alles erben wird! Wenn wir den auch noch
töten, dann gehört das Haus uns!' 39 Gesagt, getan. Der Sohn des Ver-
mieters wurde auch noch getötet. 40 Was wird der Hausbesitzer wohl
machen, wenn er davon hört?" 41 Die Priester antworteten: „Er wird das
Haus sofort von der Polizei räumen und die Leute in den Knast stecken
lassen. Und dann wird er sich neue Mieter holen, die pünktlich ihre
Miete bezahlen, das ist doch klar!" 42 „Genau", sagte Jesus, „schon in
dem alten Buch steht: ‚Der Stein, den die Bauarbeiter für Schrott hielten
und weggeworfen haben, der ist zu dem Fundament geworden, auf dem
das ganze Haus gebaut wird.' Gott hat das gemacht, direkt vor unseren
Augen. 43 Darum: Das Land, in dem Gott das Sagen hat, das werden
solche Leute wie ihr gar nicht bekommen. Das kriegen die Leute, die
tun, was Gott von ihnen will. 44 Alle, die nicht mit Gott leben, werden
sterben, und wer nicht auf ihn baut, wird im Dreck landen." 45 Als die
Priester und die religiösen Streber kapierten, dass Jesus von ihnen
sprach, 46 hätten sie ihn am liebsten gleich festgenommen. Aber sie
hatten zu viel Angst vor den Leuten, die alle glaubten, Jesus wäre ein
großer Prophet.

22

Was abgeht auf der Party Gottes

1 Jesus war mal wieder am Storyserzählen: 2 „Wenn Gott wieder
anfängt, den Joystick der Welt komplett in die Hand zu nehmen,
und seine gute Zeit beginnt, dann ist das, als ob ein Präsident von einem
Land eine Hochzeitsparty für seinen Sohn organisiert. 3 Die ganzen VIPs
waren eingeladen, und nachdem die Vorbereitung klar war, schickte er
seine Angestellten los, um die Gäste abzuholen. Aber keiner hatte Lust zu
kommen. 4 Da schickte er seine Leute noch mal los mit der Nachricht: ‚Das
kalte Buffet ist angerichtet, der Lachs und der Hummer sind schon fertig,
alles wartet nur auf Sie, nun kommen Sie doch!‘ 5 Aber die eingeladenen
Gäste hatten einfach keinen Bock zu kommen, sie waren so mit ihrem
Leben beschäftigt, mit der Arbeit und so. 6 Ein paar waren sogar richtig
aggromäßig unterwegs und verprügelten und erschossen die Angestellten.
7 Da rastete der Präsident total aus und schickte ein paar von seiner Spezi-
aleinheit los, um die Mörder zur Rechenschaft zu ziehen. In andere Städte
schickte er sogar seine Armee und ließ alles plattmachen. 8 Dann sagte er
zu seinen Angestellten: ‚Die Vorbereitung für die Party ist fertig, aber die
eingeladenen VIPs haben es gar nicht verdient, mit dabei zu sein. 9 Gehen
Sie jetzt zum Hauptbahnhof, auf die Straßen und in die besetzten Häuser
und laden Sie alle ein, die Ihnen begegnen.‘ 10 Jetzt gingen sie los und
brachten jeden mit, den sie finden konnten: die Penner unter der Brücke,
die Junkies vom Hauptbahnhof, aber auch den Geschäftsmann aus dem
Einkaufszentrum. Und so wurde die Partyhalle total voll. 11 Als der Präsi-
dent ankam, um die Leute zu begrüßen, war da so ein Penner, der in sei-
nem dreckigen Trainingsanzug rumhing. 12 ‚Mein Freund, wie sind Sie
denn so an dem Türsteher vorbeigekommen? Sie haben ja noch nicht mal
einen sauberen Anzug an!‘ Darauf konnte der Penner nichts antworten.
13 Da meinte der Präsident: ‚Legt ihm Handschellen an und führt ihn ab in
die Einzelhaft! Dort wird er rumheulen, aber keiner wird ihm helfen kön-
nen. 14 Denn sehr viele haben ’ne Einladung bekommen, aber nur wenige
waren bereit dazu, sich dafür klarzumachen.‘“

Gott oder der Staat?

15 Den Pharisäern, diesen religiösen Strebern, wurde es langsam zu bunt.
Sie überlegten sich, wie sie Jesus aufs Glatteis führen könnten. 16 So
schickten sie ein paar von ihren Leuten und ein paar Herodesfans zu
Jesus, die ihn dann fragten: „Großer Herr, Sie wollen die Wahrheit um
jeden Preis. Und Sie wissen genau, was Gott will. Und es scheint Ihnen
dabei egal zu sein, ob die Leute das gut finden oder nicht. 17 Darum noch
’ne Frage: Findet Gott es eigentlich gut, dass wir unsere Steuern dem
Staat bezahlen, oder eher nicht?“ 18 Jesus merkte sofort, was sie eigentlich

wollten. „Ihr miesen Spinner!", sagte er. „Warum versucht ihr die ganze
Zeit mich reinzulegen? 19 Gebt mir mal 'nen Euro!" Sie gaben ihm einen.
20 „Wessen Wappen ist da hinten drauf? Was ist da eingeprägt?" 21 „Das
Staatszeichen eines Eurolandes", antworteten sie. Da sagte Jesus: „Dann
gebt dem Staat, was dem Staat zusteht, und gebt Gott, was Gott gehört!"
22 Damit hatten sie nicht gerechnet. Sie zogen sich zurück und ließen
Jesus erst mal in Ruhe.

Wie das mit dem Ehepartner ist, wenn jemand gestorben ist

23 Am Nachmittag kamen so ein paar Leute von den Sadduzäer, den politi-
schen Schleimern. Bei denen war eins ganz klar: Wenn einer stirbt, bleibt
er tot und fängt nicht wieder in irgendeiner Form an zu leben. Die hatten
auch noch 'ne Frage an Jesus: 24 „Also, Meister, Mose hat klar gesagt,
wenn ein verheirateter Mann stirbt, ohne ein Kind zu haben, dann soll
sein Bruder sich die Frau schnappen, und das erste Kind soll alles erben.
25 Wie ist denn das, wenn da nun sieben Brüder sind? Der erste heiratet
und stirbt, ohne ein Kind zu haben. Sein Bruder heiratet die Witwe, weil es
so üblich ist. 26 Dann stirbt der zweite Bruder auch schneller als erwartet,
und der nächste Bruder nimmt sie zur Ehefrau. So geht das immer weiter,
bis sie am Ende mit allen sieben Männern verheiratet war. 27 Irgendwann
stirbt die dann auch noch. 28 Wenn alle, nachdem sie gestorben sind, wie-
der in der anderen Welt lebendig werden, zu wem wird sie dann gehören?
Sie war ja mit allen sieben im Bett!" 29 Jesus antwortete darauf: „Oh,
Mann, ihr kennt weder die religiösen Texte, noch habt ihr geschnallt, was
Gott wirklich draufhat! 30 Wenn wir alle nach dem Tod zu einem neuen
Leben kommen, dann gibt es so was wie Ehe gar nicht mehr! Ihr werdet
eher wie Engel sein. 31 Wenn ihr aber nicht glaubt, dass nach dem Tod
noch was kommt, dann will ich euch gern noch mal in Erinnerung rufen,
was in den alten religiösen Text steht: 32 ‚Ich bin der Gott von Abraham,
Isaak und von Jakob.' Das bedeutet, dass Gott kein Gott für die Toten ist,
sondern für die Lebenden! Kapiert?" 33 Was Jesus da vom Stapel ließ, war
für viele der Hammer.

Was superwichtig für Gott ist

34 Als die religiösen Streber hörten, wie Jesus den Schleimis, den Saddu-
zäern, das Maul gestopft hatte, dachten sie sich eine neue Frage aus.
35 Einer von ihnen ging mit folgender Frage zu Jesus hin: 36 „Meister, was ist
das absolut wichtigste Gesetz von Gott, was will er von uns?" 37 „‚Liebe
Gott, deinen Chef, mit allem, was du hast, mit deinem ganzen Gefühl, vol-
les Rohr, entscheide dich dafür!' 38 Das ist das wichtigste Gesetz über-
haupt! 39 Und das andere, was genauso wichtig ist: ‚Liebe die Leute, die mit

dir leben, genauso, wie du dich selber auch liebst!‘ 40 Da steckt alles drin,
alle Gesetze und Forderungen und alles, was die Propheten gesagt haben.“

Ein Sohn vom Präsidenten David oder ein Sohn von Gott?

41 Jesus hatte dann auch noch ’ne Frage an die religiösen Streber: 42 „Was
für ’ne Meinung habt ihr eigentlich über diesen ‚Messias‘, wie es in Heb-
räisch heißt, oder wie die Griechen sagen, diesen ‚Christus‘, also den
Auserwählten? Der soll ja bald kommen und alles gut machen. Wessen
Sohn ist der denn?“ Da sagten sie: „Der ist ein Sohn vom Präsidenten
David!“ 43 „Aber warum hat David, als der total angezappt vom Heiligen
Geist war, ihn plötzlich ‚Chef‘ genannt? Denn David sagte: 44 ‚Gott sagte
zu meinem Chef: Setz dich auf die Ehrentribüne an meine Seite, bis ich
allen Feinden gezeigt hab, wer hier das Sagen hat!‘ 45 Wenn David also
‚Chef‘ zu ihm gesagt hat, kann er ja nicht sein Sohn sein, oder?“ 46 Da
waren sie alle einfach sprachlos und trauten sich nicht mehr, ihm irgend-
welche Fragen zu stellen.

23

Jesus warnt die scheinheiligen Theologen und Pharisäer

1 Jesus hielt mal wieder eine Rede zu den Menschen und auch zu
seinen Freunden: 2 „Die religiösen Profis und Streber versuchen
euch Sachen über die Gesetze von Gott beizubringen. 3 Tut alles, was sie
euch sagen! Aber versucht bloß nicht, sie nachzumachen, weil sie sich
selber nicht an das halten, was sie da so von sich geben. 4 Sie machen den
Menschen das Leben schwer mit irgendwelchen religiösen Regeln, die
jeder befolgen soll, aber sie selbst kümmern sich null um diese Regeln.
5 Dabei veranstalten sie voll die Gebets-Show, als wären sie total gottmä-
ßig unterwegs, und tragen von morgens bis abends nur ihre Gebetskla-
motten, damit jeder sehen kann, wie religiös sie sind. 6 Wenn irgendwo
’ne Party steigt, wollen sie immer auf der Gästeliste stehen, und im Got-
tesdienst stehen sie immer ganz vorne in der ersten Reihe. 7 Sie finden es
ganz toll, dass jeder sie auf der Straße erkennt, und geilen sich daran auf,
wenn sie von jemanden mit ‚Großer Lehrer‘ angesprochen werden. 8 So
sollt ihr nie werden, lasst euch nicht ‚Großer Meister‘ nennen! Nur Gott
ist ein echter Star und euer Meister, aber ihr seid alle gleich viel wert. 9 Am
besten nennt ihr niemanden mehr ‚Papa‘ außer eurem Papa im Himmel.
10 Ihr solltet euch auch nicht Lehrer nennen, denn ihr habt nur einen Leh-
rer, nämlich mich, Christus, den Auserwählten. 11 Wer für alle da ist und
sich nie in den Vordergrund spielt, der ist der Größte. 12 Wer sich aber für
superschlau und wichtig hält, wird der letzte Loser sein. Und wer sich aber
selbst zum Loser macht, der wird durch Gott mal groß rauskommen.

Die religiösen Streber und Profis müssen aufpassen
13 Passt bloß auf, ihr religiösen Streber und Profis! Ihr tut doch nur so
als ob! Durch euer Gelaber macht ihr Gottes Land für die Menschen un-
erreichbar. Nicht nur, dass ihr selber nicht reingeht, sondern ihr steht
denen, die reinwollen, auch noch im Weg! 14 Passt bloß auf! Ihr seid so
geil auf die Kohle der alten Omas aus dem Altenheim, aber euer Show-
beten im Gottesdienst ist doch total unecht. Gott wird euch dafür einmal
bestrafen. 15 Passt bloß auf, ihr Pseudos! Ihr gebt volles Rohr, wenn es
darum geht, jemanden von Gott zu begeistern, und wenn er sich dann
bekehrt, dann wird er durch eure Lehren noch mieser als ihr. 16 Passt bloß
auf! Ihr habt selber Tomaten auf den Augen und wollt anderen dabei den
Weg zeigen? Zum Beispiel sagt ihr: ‚Wenn ich was hoch und heilig ver-
spreche und auf den Tempel schwöre, weil da Gott drin wohnt, dann ist
dieses Versprechen wertlos, ich muss mich nicht dran halten. Aber wenn
ich auf das Gold schwöre, das im Tempel rumliegt, dann muss ich das
auch durchziehen.‘ 17 Ihr Oberblindos! Warum ist denn das Gold im Tem-
pel überhaupt so besonders und heilig? Doch gerade deshalb, weil es im
Tempel liegt und nicht irgendwo beim Juwelier. 18 Dann sagt ihr: ‚Wenn ich
was verspreche und dabei hoch und heilig auf den Altar schwöre, dann ist
der Schwur wertlos. Wenn ich aber auf ein Tier schwöre, das auf dem Altar
geopfert wird, dann muss ich mein Versprechen halten.‘ 19 Ihr Non-Che-
cker! Was ist denn wichtiger, der Altar oder das Opfertier? Das Tier wird
doch dadurch erst so besonders und heilig, indem es auf dem Altar liegt
und nicht auf der Fleischtheke im Supermarkt. 20 Wenn jemand etwas ver-
spricht, egal, woran er dabei denkt, ist er dem gegenüber auch verpflich-
tet. Wenn er beim Altar schwört, schwört er natürlich auch auf all das, was
dadraufliegt. 21 Wenn er an den Tempel denkt, schwört er eben bei dem
Tempel und bei Gott, weil der im Tempel wohnt. 22 Und wer beim Himmel
schwört, der schwört damit sozusagen auf Gottes Chefsessel und auf Gott
selbst, weil der dort draufsitzt. 23 Passt bloß auf, ihr religiösen Profis, ihr
religiösen Streber und Pseudos! Bei den unwichtigen Regeln seid ihr ganz
pingelig. Ihr gebt sogar noch zehn Prozent von jedem Keks für Gott! Aber
die wirklich wichtigen Sachen, dass wir fair und korrekt sein sollen, andere
lieben und nett mit ihnen umgehen, dass wir Gott vertrauen sollen, das
ist euch total egal! 24 Ihr lauft so blind durchs Leben! Ihr macht ein riesen
Aufstand, wenn mal eine Fliege in der Suppe ist, merkt aber nicht, dass
die Suppe aus Kotze besteht! Ihr wollt anderen sagen, wo es längsgeht,
dabei habt ihr doch selber keinen Plan vom Weg. 25 Passt bloß auf, ihr Pro-
fis, ihr Streber! Ihr alten Pseudos! Nach außen markiert ihr den Oberheili-
gen, schick rausgeputzt, aber innen drin ist alles verfault und stinkt. 26 Ihr
Blinden, macht doch erst mal bei euch innen drin sauber, dann kommt

das Äußere von selbst. 27 Passt bloß auf, ihr religiösen Profis, ihr religiö-
sen Streber! Ihr seid wie toll geschmückte Gräber auf dem Friedhof.
Äußerlich alle super gestylt, aber unten drunter stinkt es nach verwester
Leiche. 28 Ihr wollt nach außen hin als die coolen Supergläubigen daste-
hen, aber in Wirklichkeit seid ihr nur link und falsch unterwegs! 29 Passt
auf, ihr Profis und Streber! Ihr Oberpseudos! Von den Propheten macht
ihr euch ein Starschnitt-Poster und hängt es euch an die Wand. 30 Dann
sagt ihr noch: ‚Wenn wir damals gelebt hätten, wir hätten den Propheten
kein Haar gekrümmt, wie das unsere Väter ja gemacht haben!‘ 31 Immer-
hin gebt ihr damit ja zu, dass ihr aus einer Familie von Mördern stammt.
32 Und so ist das auch mit euch, genau so seid ihr auch drauf. 33 Ihr seid so
falsch, ihr vergiftet alles! Wie wollt ihr denn noch vor eurer Strafe weglau-
fen? 34 Ich werde euch noch einige schicken: Propheten und Leute, die
total schlau sind und so Leute, die sich mit religiösen Texten richtig gut
auskennen. Ein paar von denen werdet ihr umbringen. Andere werden von
euch gefoltert und verfolgt. 35 Ihr seid alle daran mitschuldig, dass das
passiert. Angefangen von Abel bis Secharja, der von euch vor dem Tempel
ermordet wurde. 36 Eins sollt ihr wissen: Die Strafe für diese Sachen wer-
den diese Leute zu spüren bekommen.“

„Ihr wolltet es so haben!“

37 „Mann, Jerusalem, was ist bloß los mit dir? In dir wurden die Propheten
ermordet. Die Leute, die ’ne wichtige Nachricht für die Menschen haben,
bringst du einfach um die Ecke! So oft habe ich versucht, deine Leute
zusammenzukriegen und sie zu beschützen, so wie ein Huhn seine Küken
unter die Flügel nimmt! Aber du wolltest einfach nicht! 38 Eh du dich ver-
siehst, wirst du kaputt sein. 39 Ich werde erst dann wiederkommen, wenn
ihr kapiert habt, wer ich wirklich bin. Dann werdet ihr mir auch zurufen
können: ‚Wie gut, da kommt der Held Gottes, der uns aus dem Dreck
rausgeholt hat!‘“

24

Was mit der Welt passieren wird

1 Schließlich gingen sie alle aus dem Tempel raus. Seine Leute
drehten sich noch mal um und wollten ihm zeigen, wie fett die
ganze Anlage war. 2 Jesus sagte aber nur: „Ja, seht euch das Teil nur
noch mal in Ruhe an! Eins ist total sicher: Irgendwann wird hier alles
verwüstet und zerstört werden.“ 3 Als sie später auf einer Wiese am
Ölberg rumhingen, wollten sie wissen: „Wann passiert das denn? Und
was wird abgehen, wenn du wiederkommst und der Countdown der Erde
abläuft?“ 4 Jesus antwortete: „Lasst euch auf jeden Fall nicht von irgend-

welchen Idioten aufs Glatteis führen! 5 Da werden so manche Spinner
ankommen und sagen: ‚Ich bin der Auserwählte!' Und einige werden voll
auf sie abfahren und sich dadurch verirren. 6 Wenn in den Nachrichten
plötzlich überall von Kriegen die Rede ist und von Demonstrationen und
Unruhen, dann passt auf, aber habt keine Panik! Das ist schon alles
okay so, das bedeutet noch nicht, dass die Erde gleich in die Luft fliegt.
7 Die großen Industrienationen und die Machtblöcke werden einen gro-
ßen Krieg gegeneinander anzetteln. Nirgendwo wird es was zu essen
geben und die Umwelt wird verrückt spielen. 8 Doch das wird erst das
Vorspiel sein, der Anfang vom Ende. So wie eine Frau krasse Schmerzen
hat, bevor sie ein Kind bekommt. 9 In dieser Zeit wird es euch an den
Kragen gehen, sie werden euch in den Knast stecken, foltern und um-
bringen. Alle werden euch hassen und euch total bescheuert finden,
nur weil ihr zu mir gehört. 10 Viele werden so tun, als würden sie nicht
an mich glauben, andere werden sich gegenseitig verraten und hassen.
11 Dann werden Pseudo-Propheten aufkreuzen, und sehr viele werden auf
sie reinfallen. 12 Und weil den Leuten total egal ist, was Gott will, wird
das Schlechte und Böse überall aus seinen Löchern rauskommen. Und
der Liebespegel wird bei vielen auf null sinken. 13 Wer aber bis zum Ende
durchhält, der wird es auch packen und gerettet werden. 14 Und überall
auf der ganzen Erde wird man die guten Nachrichten von Gott und
seinem Land hören, überall wird man es den Menschen erzählen, damit
jeder mal davon gehört hat. Und dann wird es zu Ende gehen mit der
Erde. 15 Wer diese Sachen jetzt liest, sollte seine Lauscher auf Empfang
stellen! Wenn euch irgendwie so eine Fratze im Fernsehen begegnet, die
über die heiligen Orte Witze macht und über sie ablästert, 16 dann packt
eure Siebensachen und verschwindet in die Berge, wenn ihr gerade in
Judäa seid. Daniel hat das ja auch schon vorhergesehen! 17 Wenn jemand
gerade auf der Terrasse liegt, sollte er nicht erst in die Wohnung zurück-
gehen, um gemütlich seine Sachen zu packen. 18 Wer gerade bei der
Arbeit ist, sollte nicht erst nach Hause tapern, um seine Klamotten zu
holen. 19 Voll übel wird das Ganze für die Frauen werden, die gerade
schwanger sind, und für Mütter mit Babys auch. 20 Ihr müsst jetzt schon
beten, dass das Ganze nicht im Winter passiert oder an unserem religiö-
sen Feiertag, dem Sabbat! Weil an dem dürft ihr ja nicht so viel laufen.
21 Denn dann wird es allen Menschen sehr dreckig gehen, es wird so
schlimm sein, wie es noch nie auf der Welt gewesen ist und nie wieder
sein wird. 22 Wenn Gott das ganze Programm bis zum Schluss gnaden-
los durchziehen würde, würde es keiner schaffen, gerettet zu werden!
Aber weil Gott seine Spezialleute so wahnsinnig liebt, wird das Ganze
jetzt nur verkürzt passieren."

Vorsicht vor der Fälschung!
23 „Und fallt nicht darauf rein, wenn irgendwer plötzlich sagt: ‚Hier ist der
Held, der uns da raushilft!', oder: ‚Christus war gerade da und da'. Glaubt
denen dann kein Wort! 24 Da werden so einige ankommen und den großen
Helden markieren, sie werden sich sogar als Superstars und Retter der
Erde anzeigen. Die werden sogar voll die derben Wunder machen können,
und sie werden auch versuchen, die Auserwählten von Gott auszutricksen
und hinters Licht zu führen. 25 Also vergesst bitte nicht: Ich habe euch
hiermit 'ne klare Ansage gemacht! 26 Falls also irgend so ein Heini an-
kommt und sagt: ‚Da draußen auf die Wiese, da kommt der Retter hin',
dann bleibt, wo ihr seid. Wenn sie sagen, er hält sich in der Kanalisation
versteckt, dann glaubt auch denen nicht. 27 Wenn ich wiederkomme, wer-
den es alle mitkriegen. Ich werde einen absolut krassen zweiten Auftritt
haben, das werden alle deutlich sehen. 28 Und dann wird keiner im Sessel
sitzen bleiben."

Der Rechtsanwalt und Richter in einem
29 „Kurz nach dieser üblen Zeit werden ganz plötzlich die Sonne und
damit auch der Mond kein Licht mehr ausstrahlen. Der ganze Kosmos
wird außer Kontrolle geraten, der absolute Supergau für unser Universum
steht dann bevor. 30 Plötzlich wird man das Zeichen vom Auserwählten
von Gott am Himmel sehen. Die Menschen werden überall voll die Panik
bekommen, und sie werden anfangen zu schreien und zu weinen. Alle
werden sehen, wie der Auserwählte Gottes voller Power und strahlend wie
der größte Halogenstrahler aus den Wolken rauskommen wird. 31 Aus Got-
tes P. A. wird mit einem Eine-Million-Watt-Verstärker Musik von der Band
der Engel gespielt werden, damit alle von seinen Leuten von überallher
ankommen. 32 Ihr kennt das doch vom Apfelbaum: Wenn die Blätter rich-
tig groß sind und die Blüten verblüht sind, dann kommt bald der Sommer.
33 Wenn das alles so passiert, wie ich euch jetzt erzählt hab, dann wisst ihr:
Es ist bald so weit. 34 Eins sage ich euch: Die Menschen werden nicht ver-
schwinden können, bis das alles passiert ist. 35 Der Himmel wird sich
irgendwann verabschieden, und die Erde wird mal kaputtgehen, aber was
ich sage, wird immer seine Gültigkeit behalten! 36 Niemand weiß genau,
wann das alles passieren wird, keiner kennt das Datum. Nicht mal die
Engel haben 'nen Schnall davon. Sogar der Sohn weiß es nicht, nur der
Papa im Himmel weiß das. 37 Wenn der Sohn des Menschen dann kommt,
geht es hier ähnlich zu wie damals, als Noah noch lebte und als die große
Flut alles kaputtgemacht hat. 38 Damals waren die Menschen genauso ver-
peilt. Sie dachten sich: ‚Ist doch eh alles egal, wir haben was zu essen und
zu saufen, wir haben einen Partner, was soll also das ganze Gelaber?'

39 Sogar als Noah sein Riesen-Rettungsboot fertig hatte, nämlich die
Arche, und seine Familie und die Tiere darauf einzogen, glaubten sie ihm
noch nicht. Bis das Wasser dann kam und alle ersoffen sind. So wird es
auch sein, wenn ich wiederkomme. 40 Wenn zwei Männer am Fließband
arbeiten, wird der eine dabei sein, aber der andere nicht. 41 Wenn zwei
Frauen im Büro arbeiten, wird die eine dabei sein, die andere nicht.
42 Darum müsst ihr unbedingt zu jeder Zeit total wach sein, denn ich
werde garantiert genau dann kommen, wenn ihr nicht damit rechnet.
43 Ist doch logisch: Wenn der Hausbesitzer genau wüsste, wann der Dieb
bei ihm einbrechen will, hätte er sich wohl davor geschützt. 44 Ihr müsst
auf jeden Fall immer bereit sein, denn wie gesagt, er kommt hundert-
pro genau dann, wenn ihr nicht damit rechnet."

Der zuverlässige Abteilungsleiter

45 „Wie ist das denn mit einem guten Abteilungsleiter?", fragte Jesus
seine Leute. „Er hat von seinem Chef den Auftrag bekommen, seine Mit-
arbeiter anständig zu beschäftigen und dafür zu sorgen, dass sie alles
haben, was sie so brauchen. 46 Er kann doch total froh sein, wenn der
Chef mal vorbeikommt und die Abteilung checkt und alles okay ist. 47 Eins
ist ganz klar: Einem so zuverlässigen Abteilungsleiter würde er auch den
Rest der Firma anvertrauen. 48 Wenn der Abteilungsleiter aber Mist baut
und so bei sich denkt: ‚Ist doch eh egal, solange der Alte nicht da ist',
49 und dann auch noch anfängt, seine Mitarbeiter zu mobben, und jeden
Abend voll die Partys in der Firma feiert, 50 ja, wenn dann der Chef plötz-
lich zurückkommt, dann ist Panik angesagt! 51 Der wird ihm nicht nur
kündigen, der wird ihm auch noch 'ne Anzeige an den Hals hängen und
ihn in hohem Bogen auf die Straße setzen. Da wird es dem Typen dann
total dreckig gehen, er wird voll losheulen und Depressionen kriegen,
aber er hat es nicht anders verdient."

25

Noch so ein Beispiel: Die Story von den zehn Frauen, die den Bräutigam zu seiner Hochzeit abholen wollten

1 „Dort, wo Gott das Sagen hat, wird es so abgehen, wie es bei
zehn jungen Frauen war, die nach einem alten Brauch den Mann, der hei-
ratet, von zu Hause abholen sollten. 2-4 Sie fuhren mit ihren Mopeds in
sein Dorf, aber nur fünf waren schlau genug, auch ausreichend Benzin
mitzunehmen. 5 Als der Typ aber nicht zu Hause war, mussten sie durch
den ganzen Ort gurken, um ihn zu finden. 6 Gegen Mitternacht fanden
sie ihn und wollten zurückfahren. 7 Da setzten sich alle Frauen auf ihre
Mopeds und wollten losfahren. 8 Aber die fünf ohne Ersatzkanister stellten

fest, dass ihr Tank bald leer war, und baten die anderen, ihnen doch was
abzugeben. 9 Die Schlauen rechneten aber vor: ‚Hey, wenn wir euch jetzt
noch was abgeben, dann packen wir den Rückweg auch nicht mehr. Geht
doch in den nächsten Ort, da gibt es ’ne Tanke!‘ 10 In der Zwischenzeit
waren der Mann, der heiraten sollte, und die jungen Frauen mit genug
Benzin im Tank wieder bei der Hochzeit gelandet. Dann wurde die Tür
abgeschlossen. 11 Spät in der Nacht kamen dann auch die anderen fünf an.
Sie klingelten und sprachen in die Gegensprechanlage: ‚Aufmachen, wir
sind da!‘ 12 Aber der Bräutigam sagte nur: ‚Wer seid ihr denn? Ich kenn
euch gar nicht!‘ 13 Darum macht keinen Blödsinn und seid immer bereit!
Denn ihr habt keinen blassen Schimmer, an welchem Datum und zu wel-
cher Uhrzeit ich wiederkommen werde.“

Macht das Beste aus eurem Leben

14 „Noch ’ne Story: Da war so ein Typ von einer Vermögensverwaltungs-
firma, der sich mal ’ne Auszeit nehmen wollte. Er organisierte ein Treffen
mit allen Angestellten und gab jedem die Order, mit seinem Geld das
Bestmögliche anzufangen. 15 Dem besten der drei Mitarbeiter gab er
500 000 Euro, der zweite bekam 200 000 und der dritte 100 000 Euro.
Dann nahm er den nächsten Flieger und verschwand. 16 Der mit den
500 000 Euro arbeitete viel mit dem Geld, machte eine Menge Aktien-
geschäfte und konnte den Betrag verdoppeln. 17 Auch der Zweite war recht
erfolgreich, er legte seine 200 000 Euro in Immobilien an und konnte
ebenfalls alles verdoppeln. 18 Der Dritte aber wollte auf Nummer sicher
gehen. Er packte die Kohle noch nicht mal auf sein Sparbuch, er stopfte es
in eine Socke in der untersten Schublade vom Klamottenschrank. 19 Nach
ein paar Jahren kam der Chef zurück und traf sich mit seinen Angestell-
ten im Büro, um abzurechnen. 20 Der Typ, der 500 000 Euro bekommen
hatte, brachte eine Million zurück. Er sagte: ‚Chef, Sie haben mir damals
500 000 Euro gegeben, ich hab noch mal 500 000 draufgelegt.‘ 21 Da war
der Chef natürlich total begeistert und lobte ihn sehr: ‚Sie haben es echt
gebracht! Sie sind mit dem Packen Geld sehr gut umgegangen, ich werde
Sie befördern. Wenn Sie wollen, kommen Sie heute Abend zu meiner
Gartenparty, Sie sind herzlich eingeladen!‘ 22 Dann kam der mit den
200 000 Euro und legte seinen Bericht vor. Er hatte seine Kohle auch ver-
doppelt. 23 Da war der Chef echt happy und meinte auch zu ihm: ‚Sie
haben es voll gebracht! Sie sind mit dem wenigen Geld gut umgegangen,
ich werde Sie auch befördern. Wenn Sie wollen, können Sie heute Abend
auch zu meiner Gartenparty kommen, Sie sind herzlich eingeladen!‘
24 Dann kam der Dritte mit den 100 000 Euro an die Reihe. ‚Sie sind doch
immer so streng und hart drauf‘, meinte er, ‚und wenn ich mich auch

noch so abrackere, Sie bekommen am Ende ja eh den Gewinn. 25 Und ich
hatte irgendwie Angst, dass ich das ganze Geld an der Börse in den Sand
setzen könnte. Darum hab ich es in meine Socken gesteckt, da war es
ganz sicher. Hier haben Sie es zurück!‘ 26 Da rastete der Chef voll aus:
‚Sie alter Vollidiot! Wenn Sie schon denken, ich will eh nur so viel Geld wie
möglich, 27 dann hätten Sie es doch wenigstens aufs Sparbuch legen kön-
nen! Da hätte es immerhin ein paar Zinsen gebracht. 28 Nehmt dem sofort
das Geld ab und gebt es dem, der eine Million Euro hat. 29 Die nämlich,
die das Beste aus ihrem Leben machen und aus den Sachen, die man
ihnen gegeben hat, denen kann man auch noch mehr anvertrauen. Die
aber mit dem bisschen, was sie haben, auch noch schluderig umgehen,
die werden sogar das noch verlieren. 30 Und diesen Assi, der es zu nichts
gebracht hat, den könnt ihr sofort rausschmeißen! Er soll bleiben, wo der
Pfeffer wächst, und es wird ihm dort total dreckig gehen in der Dunkelheit
ohne Licht.‘“

Der letzte Tag der Erde

31 „Wenn der Auserwählte, der Menschensohn, wiederkommt, dann wird
er eine krasse Vollmacht von Gott haben, er wird wie Feuer leuchten, und
alle Engel, die es gibt, werden seine Bodyguards sein. Er wird auf Gottes
Chefsessel Platz nehmen. 32 Dann werden alle Menschen aus allen Natio-
nalitäten auflaufen, und er wird sie in zwei Abteilungen aufteilen, fast so
wie zwei Fußballmannschaften. 33 Rechts wird die eine Mannschaft stehen
und links die andere. 34 Dann wird der Oberchef (sozusagen der Ober-
schiedsrichter) ankommen und zu den einen sagen: ‚Hey, ihr! Ihr seid gut
unterwegs gewesen, mein Vater fand euch immer super, ihr sollt die Sie-
ger sein und den ganzen Preis sollt ihr auch bekommen! Ihr sollt das Land
Gottes haben, Gott hat schon alles dafür vorbereitet! 35 Warum? Ja, als ich
Hunger hatte und nichts zu essen da war, da habt ihr mich zum Mittag-
essen eingeladen. Und als ich großen Durst hatte, da habt ihr mir ’ne
Coke angeboten. Ich war ein Ausländer für euch, aber trotzdem durfte ich
bei euch wohnen. 36 Sogar als ich total nackt war, habt ihr mir Klamotten
vorbeigebracht. Und als ich krank war und im Knast saß, habt ihr mich
besucht.‘ 37 Die werden dann komisch gucken und fragen: ‚Also, wann
warst du denn bitte schön hungrig, dass wir dir was zu essen geben konn-
ten? Und wann hattest du Durst, und wir haben dir ’ne Cola angeboten?
38 Und wann war das, als du kein Dach über dem Kopf hattest, und du
konntest bei uns pennen? Auch das mit den Klamotten, daran können wir
uns null erinnern! 39 Und wann warst du im Krankenhaus und wann im
Knast, wo wir dich angeblich besucht haben sollen?‘ 40 Dann wird der
Oberschiedsrichter antworten: ‚Immer, wenn ihr was für Leute getan habt,

die ganz unten waren, die Fertigen und Kaputten, dann habt ihr das im
Grunde für mich getan.‘ 41 Dann wird er zu denen auf der anderen Seite
sagen: ‚Haut ab, ich will euch nie mehr sehen, ihr sollt alle verbrennen, ihr
sollt da landen, wo das Böse auch landen wird, in der Hölle! 42 Ich hab von
euch nichts zu essen bekommen, als ich richtig Hunger hatte, und als ich
Durst hatte, gab’s bei euch nichts zu trinken für mich. 43 Ich war als ein
Ausländer bei euch, aber meine Not war euch total egal. Als ich Klamotten
brauchte, bekam ich von euch nur ein Achselzucken. Als es mir beschis-
sen ging, weil ich im Krankenhaus oder im Knast war, da habt ihr mich nie
besucht oder wenigstens mal ’ne Karte geschrieben.‘ 44 Und dann werden
die auch verwundert sein und fragen: ‚Hey, wann sind wir dir denn schon
mal im Leben begegnet, wo du was zu essen gebraucht hast oder einen
Pennplatz, oder wann hattest du mal keine Klamotten oder warst im
Knast, wo wir dich hätten besuchen können?‘ 45 Dann wird der Ober-
schiedsrichter antworten: ‚Wenn ihr nicht bereit wart, etwas für den
Abschaum dieser Gesellschaft zu tun, wart ihr auch nicht bereit, etwas für
mich zu tun.‘ 46 Und sie werden für immer vom Platz gestellt werden, sie
werden dafür ewig bestraft werden. Aber die das getan haben, worauf Gott
Bock hatte, die werden richtig absahnen, sie werden ewig leben.“

26 Jetzt soll Jesus umgebracht werden

1 Schließlich war Jesus durch mit seiner Ansprache. Am Ende
sagte er zu seinen Leuten: 2 „Ihr wisst ja, dass übermorgen die
Passaparty steigt. Dann wird der Menschensohn, der Auserwählte Gottes,
verraten und verkauft werden. Sie werden ihn an die Mächtigen ausliefern,
und er wird hingerichtet werden.“ 3 Zur gleichen Zeit hatten die religiösen
Führer des Landes und einige andere Staatsmänner ein Treffen in der Villa
vom Chef der Priester (der hieß Kaiphas). 4 Es ging darum, einen Plan
auszutüfteln, wie man Jesus unauffällig töten und verschwinden lassen
könnte. 5 Logischerweise war das Ding zu gefährlich, um es während des
Passafestes steigen zu lassen, denn dann würden die Leute alles mitkrie-
gen und einen Mega-Aufstand veranstalten.

Viel Kohle auf den Kopf von Jesus

6 Jesus war gerade bei Simon, der in Betanien wohnte und den er von
einer ekligen Hautkrankheit, die Aussatz hieß, geheilt hatte. 7 Beim Essen
kam plötzlich ’ne Frau mit so einem superteuren Parfüm in der Hand
rein. Mit dem Zeug fing sie dann an, ganz vorsichtig Jesus die Haare zu
besprühen. 8 Seine Leute kriegten voll den Hals und schnauzten sie an:
„Das ist doch so eine Verschwendung! 9 Dieses Zeug ist megaviel wert!

Wenn wir das bei E-Bay versteigert hätten, da wäre eine Schweinekohle bei
rübergekommen! Die hätte man dann irgendeinem Sozialhilfeempfänger
geben können." 10 Jesus bekam das mit und sagte zu den Jungs: „Warum
macht ihr jetzt diese Frau fertig? Sie meinte es doch nur gut mit mir!
11 Sozialhilfeempfänger und Penner werdet ihr immer haben, aber ich bin
bald weg. 12 Mit diesem Parfüm hat sie mich schon mal klargemacht für
meine Beerdigung. 13 Was sie jetzt für mich getan hat, davon wird man
noch Ewigkeiten sprechen, zumindest da, wo man meine gute Nachricht
verbreitet."

Wie Jesus von Judas gelinkt wird

14 Abends ging einer von seinen zwölf Freunden, und zwar war das der
Judas, zu den religiösen Führern 15 und fragte: „Wie viel Kohle haut ihr
raus, wenn ich euch Jesus ans Messer liefere?" Sie handelten einen Preis
von dreitausend Euro aus, ungefähr einen Monatslohn. 16 Ab jetzt suchte
Judas nur noch nach der nächstbesten Gelegenheit, um Jesus zu verraten.

Jesus macht noch mal 'ne Passaparty mit seinen Leuten

17 Am ersten Tag der Passaparty, wo man so ein spezielles Brot isst,
kamen seine Leute noch mal zu Jesus und wollten was wissen: „Jesus, wo
feiern wir denn unsere Passaparty?" 18 Jesus sagte: „Geht mal in die Stadt
und sagt dem Dingsda, dass der Meister jetzt kommt und dass wir bei
ihm die Passaparty feiern wollen. Dann geht das schon klar." Er nannte
ihnen auch den Namen von dem Mann, zu dem sie gehen sollten.
19 Seine Leute gingen also schon mal vor und machten alles fertig für die
Feier. 20 Abends saßen sie dann noch mal zusammen am Tisch und
waren am Essen, 21 da sagte Jesus plötzlich: „Einer von euch wird mich
verraten!" 22 Alle waren total geschockt, und jeder fragte sofort: „Du
meinst doch nicht etwa mich, oder?" 23 Jesus sagte dann: „Der mit mir
das Brot in die Sauce tunkt, der ist es. 24 Der Auserwählte, der Menschen-
sohn, wird sterben, die Ansage hab ich euch schon einmal gemacht, das
steht so auch in den alten Texten. Aber der Typ, der ihn verrät, der ist übel
dran. Es wäre besser für ihn, wenn er nie geboren worden wäre!" 25 Alle
fragen Jesus, ob sie ihn verraten würden, auch Judas: „Mann, Jesus, du
meinst doch nicht etwa mich?" – „Doch, Judas, genau dich meine ich",
antwortete Jesus. 26 Mitten beim Essen nahm Jesus plötzlich das Brot
vom Teller und dankte Gott dafür. Dann brach er sich etwas davon ab,
gab es weiter und sagte zu seinen Leuten: „Hier, esst das, das ist jetzt
wie mein Körper." 27 Danach nahm er ein großes Glas Wein, dankte in
einem Gebet Gott dafür und gab es an seine Leute weiter: „Daraus sollt
ihr alle trinken! 28 Dieser Wein ist jetzt wie mein Blut. Damit hab ich einen

neuen Vertrag abgeschlossen, einen Vertrag zwischen den Menschen und
Gott. Denn mit diesem Blut wird euer Mist vergeben, den ihr gebaut
habt, eure Rechnung ist dann bezahlt. 29 Ich mach noch mal eine Ansage,
Leute: Ab jetzt trink ich keinen Wein mehr, bis ich eines Tages im Land
von meinem Papa mit euch feiern werde." 30 Am Ende sangen sie noch
zusammen ein Lied für Gott, und dann gingen sie zum Ölberg.

Jesus warnt Petrus

31 Auf dem Weg meinte Jesus zu seinen Leuten: „Diese Nacht wird echt
schlimm für euch. Ihr werdet überhaupt nicht mehr kapieren, was abgeht,
und ihr werdet Fehler machen. Es steht ja auch schon im alten Buch,
dass Gott ihnen den Plan wegnehmen wird, und sie werden sich total
verlaufen. 32 Aber wenn ich wieder von den Toten zurückkomme, dann
geh ich gleich nach Galiläa. Dort treffen wir uns." 33 Aber Petrus sagte zu
Jesus: „Hey, Jesus, wenn auch alle keinen Bock mehr auf dich haben, ich
werde immer zu dir stehen!" 34 Da sagte Jesus nur: „Lieber Petrus, ich sag
dir mal eins: Gerade du wirst, noch bevor die Uhr fünf schlägt, dreimal so
tun, als würdest du mich noch nicht einmal kennen." 35 „Niemals! Nur
über meine Leiche!", rief Petrus, und alle anderen stimmten in den Chor
mit ein.

Heftige Gebetszeit in Gethsemane

36 Jesus ging in einen Park, der Gethsemane hieß. „Setzt euch", sagte er,
„aber haut nicht ab, sondern wartet auf mich!" 37 Nur Petrus, Jakobus und
Johannes nahm er mit. Jesus bekam plötzlich Angst. 38 Er sagte zu ihnen:
„Mann, das ist echt alles total hart für mich, ich kann das kaum aushal-
ten! Bitte lasst mich jetzt nicht alleine!" 39 Ein paar Schritte weiter warf
sich Jesus auf den Boden und rief zu Gott: „Vater! Wenn es irgendwie
geht, dann sorg doch dafür, dass ich das alles nicht durchmachen muss!
Aber nicht das, was ich will, sondern das, was du willst, soll am Ende
passieren!" 40 Als er ein Pause machen wollte, ging er wieder zu seinen
drei Freunden und musste feststellen, dass sie alle eingepennt waren. Er
klopfte Petrus auf die Schulter, um ihn aufzuwecken: „Hey, könnt ihr nicht
eine einzige Stunde mit mir wach bleiben? 41 Haltet durch und pennt
nicht ein, sonst werdet ihr die nächsten Tage auch nicht packen. Ihr seid
ja so nicht schlecht drauf, aber nur mit eurer eigenen Kraft packt ihr das
nie und nimmer! Auch wenn man es wirklich will, sind die körperlichen
Kräfte sehr begrenzt." 42 Jesus ging wieder weg, weil er weiterbeten wollte:
„Papa, wenn ich durch diese ganzen Schmerzen wirklich durchmuss,
wenn du das wirklich willst, dann ist das okay für mich, dann werde ich
es tun!" 43 Kaum war er zurück, waren seine Leute schon wieder am

Schlafen, weil sie einfach total müde waren. 44 Er ging noch mal und
sagte Gott zum dritten Mal dasselbe. 45 Schließlich kam er zurück und
weckte alle auf: „Genug geschlafen. Es ist Zeit. Jetzt wird der Sohn des
Menschen, der Auserwählte, an die Menschen ausgeliefert, die ohne Gott
leben. 46 Aufstehen, lasst uns losgehen! Der Typ, der mich verraten wird,
ist auch schon da!"

Die bezahlten Securityleute kommen und verhaften Jesus

47 Jesus hatte seinen Satz noch nicht mal zu Ende gesprochen, da war
Judas auch schon mit einer ganzen Horde von Securityleuten eingetroffen.
Die hatte der Oberpriester bezahlt. Die waren super ausgerüstet und hat-
ten sogar ihre Knarren und Schlagstöcke dabei. 48 Judas hatte mit denen
ausgemacht, dass er als Erkennungszeichen Jesus einen Kuss auf die
Wange geben wird. „Dem müsst ihr dann Handschellen anlegen und
abführen!", sagte er. 49 Judas ging auf Jesus zu und meinte: „Hey, Jesus!
Cool, dass du da bist!" Dann küsste er ihn auf die Wange. 50 Jesus sah ihn
an und meinte: „Mein Freund! Was geht? Zieh ruhig durch, wozu du her-
gekommen bist!" Sofort packten die Männer Jesus am Arm und legten
ihm Handschellen an. 51 Einer von seinen Freunden hatte ein langes Mes-
ser dabei. Blitzschnell zog er es aus dem Mantel, ging auf einen der Secu-
rityleute los und schnitt ihm im Kampf ein Ohr ab. 52 „Hör auf damit!",
sagte Jesus, „wer versucht, Sachen mit Gewalt zu regeln, wird durch Ge-
walt auch getötet werden. 53 Mann, checkst du das nicht? Wenn ich mei-
nen Vater nur darum bitten würde, könnte er sofort eine ganze Armee von
Engeln vorbeischicken, die würden hier Kleinholz aus allem machen!
54 Das ist okay so. So stand das doch schon in den alten Texten drin, es
muss so passieren, wie es da vorausgesagt wurde." 55 Dann drehte er sich
zu den Securityleuten und fragte die Typen: „Bin ich denn ein hypergefähr-
licher Top-Terrorist, so dass ihr mit Waffen und Schlagstöcken anrücken
müsst, um mich festzunehmen? Ich war doch jeden Tag im Tempel und
hab da gesprochen, warum habt ihr mich da nicht festgenommen!?
56 Aber das muss wohl so sein, denn die alten Propheten haben auch das
schon genau so vorausgesagt." Seine Freunde aber hatten voll die Panik
und rannten einfach weg.

Jesus wird ausgefragt

57 Jesus wurde schließlich in ein Haus gebracht, wo sich der Oberpriester
Kaiphas und auch die anderen religiösen Führer versammelt hatten. 58 Pet-
rus schlich der Menge aus sicherer Entfernung hinterher, bis sie im Innen-
hof vom Haus von Kaiphas angekommen waren. Dort setzte er sich zu
der Security, um zu beobachten, wie die Sache weitergehen würde. 59 Alles,

was Rang und Namen hatte, war bei der Verhandlung anwesend. Schließ-
lich suchten sie verzweifelt irgendwelche Zeugen, die gegen Jesus aussa-
gen sollten. Ihr Ziel war von vornherein klar: die Todesstrafe! 60 Aber sie
fanden niemanden, der wirklich einen Beweis für eine Straftat vorlegen
konnte, die so ein Urteil rechtfertigt. Obwohl viele falsche Zeugen aufge-
fahren wurden, kriegten sie einfach keinen richtigen Anklagepunkt auf die
Reihe. 61 Irgendwann kamen dann zwei Männer an, die sagten: „Der Jesus
hat behauptet, er könnte unseren Tempel in drei Tagen abreißen und dann
wieder aufbauen, und zwar ganz ohne Maschinen!“ 62 Die Oberpriester
fragten Jesus: „Was haben Sie dazu zu sagen? Stimmt das?“ 63 Doch Jesus
hielt den Mund und sagte nichts. Da fiel dem Oberpriester noch was ein.
Er fragte: „Sie stehen jetzt unter Eid, ist Ihnen das klar? Ich frage Sie vor
all den Leuten hier: Sind Sie der uns von Gott versprochene Auserwählte,
der Christus, der Sohn von Gott?“ 64 „Ja“, sagte Jesus, „und ab jetzt wer-
det ihr den Auserwählten, den Menschensohn, gleich neben Gott sitzen
sehen, bis er eines Tages aus dem Himmel zurück auf die Erde kommen
wird.“ 65 „Boahhh“, das war zu viel für den Oberpriester. Der war so fer-
tig, dass er alles, was er gerade finden konnte, kurz und klein schlug. Er
brüllte: „Er hat eben ganz übel über Gott gelästert! So was ist strengstens
verboten! Wir brauchen ihn gar nicht mehr weiter zu befragen, ihr habt ja
alles mitgehört. 66 Was sollen wir mit ihm machen? Wie sollen wir ihn
bestrafen?“ Da riefen die Zuhörer ganz laut: „Todesstrafe, Todesstrafe!“
67 Jetzt kamen sie bei Jesus an, spuckten ihm ins Gesicht und prügelten
mit Fäusten auf ihn ein. 68 Dann fingen sie an, auch noch Witze über ihn
zu machen: „Na, du Held, du! Du bist doch ein Prophet, oder? Dann sag
uns doch mal: Wer hat dich eben geschlagen?“ 69 Petrus war immer noch
im Innenhof. Plötzlich kam so ein kleines Mädchen zu ihm und meinte:
„Du bist doch auch in der Gruppe von Jesus gewesen? Du gehörst doch
zu ihm!“ 70 Aber Petrus schüttelte nur den Kopf: „Lass mich in Ruhe! Was
willst du von mir?“ 71 Dann ging er etwas weiter weg von dem Haus, aber
da kam ein anderes Mädchen an, das laut sagte: „Der Typ hing doch auch
immer mit Jesus rum!“ 72 Aber Petrus tat wieder so, als wüsste er von
nichts. Er sagte laut: „Ich schwör, ich kenn diesen Jesus nicht!“ 73 Kurze
Zeit später kamen noch ein paar Männer vorbei. Einer sagte: „Ey, du ge-
hörst doch auch zu seinen Freunden, erzähl mir nichts! Du redest doch
genau so wie der!“ 74 Da ging Petrus voll ab und schrie sie an: „Ich kenne
diesen Menschen nicht! Der Schlag soll mich auf der Stelle treffen, wenn
ich lüge!“ In dieser Sekunde schlug die Uhr fünfmal. 75 Da fiel Petrus wie-
der das ein, was Jesus noch morgens zu ihm gesagt hatte: „Bevor die Uhr
fünf schlägt, wirst du so tun, als würdest du mich gar nicht kennen.“ Pet-
rus war total fertig und fing voll an zu weinen.

27

Jetzt sind die Römer dran

1 Frühmorgens beschlossen die Oberpriester und die Leute aus
dem Volk, die was zu sagen hatten, Jesus an die Besatzungs-
macht, also die römischen Behörden, auszuliefern. Ihr Ziel war es dabei,
dass Jesus noch am selben Tag im Eilverfahren die Todesstrafe bekom-
men sollte. 2 Darum legten sie Jesus Handschellen an und zogen mit ihm
zum Bürogebäude des Obersten Gerichtshofes der Römer.

Judas nimmt sich den Strick

3 Judas (der Typ, der Jesus verraten hatte) bekam plötzlich große Gewis-
sensbisse, als er mitbekam, dass man Jesus die Todesstrafe verpassen
wollte. Er ging zu den Oberpriestern und knallte ihnen die ganze Kohle
auf den Tisch. 4 „Ich habe einen großen Fehler gemacht, ich hab Ihnen
einen Unschuldigen ans Messer geliefert!“, sagte er. „Das ist uns doch
egal“, meinten die nur, „nimm dein Geld und verschwinde. Wir haben
nix mehr mit dir zu tun.“ 5 Judas rannte wie ein Irrer zum Tempel, nahm
das ganze Geld und schmiss es dort auf den Boden. Und dann holte er
sich einen Strick und erhängte sich im Park. 6 Die Oberpriester sammel-
ten das Geld auf, waren sich aber unsicher, was sie damit nun machen
sollten: „Wir können die Scheine nicht im Tempel lassen, da klebt Blut
dran!“ 7 Sie bequatschten das Thema und beschlossen schließlich, eine
Stiftung zu gründen. Zweck der Stiftung war, einen Friedhof für Leute zu
finanzieren, die anderswo nicht begraben werden konnten. Sie kauften
dann das Feld von einem Grundstücksmakler. 8 Diesen Friedhof nennt
man heute noch „Friedhof, an dem Blut klebt“. 9 Und so wurde auch
wieder eine Vorhersage von dem Propheten Jeremia wahr. Der machte
die Ansage: „Sie nahmen dreitausend Euro, das war er den Leuten von
Israel wert, 10 und kauften damit ein Feld von dem Töpfer, so wie Gott
es wollte.“

Das Todesurteil

11 Schließlich brachten sie Jesus zu dem Befehlshaber der Besatzungs-
macht, Pontius Pilatus. Der fragte Jesus sofort: „Sind Sie jetzt der Präsi-
dent von den Juden?“ – „Du sagst es“, antwortete Jesus. 12 Jetzt traten die
religiösen Führer auf die Bildfläche und versuchten mit allen Mitteln,
einen guten Anklagepunkt zu finden, für den er verurteilt werden könnte.
Jesus sagte die ganze Zeit keinen Pieps. 13 „Hören Sie das nicht, was die
hier so alles gegen Sie vorbringen?“, fragte Pilatus. 14 Aber Jesus sagte wei-
ter keinen Ton. Pilatus fand das ziemlich merkwürdig. 15 Die Befehlshaber
hatten zu dieser Zeit das Recht, zur Passaparty einmal im Jahr einen
Gefangenen einfach so freizulassen, den sich die Leute aussuchen durf-

ten. 16 In diesem Jahr war noch ein anderer Mann verhaftet worden, weil er
einige Menschen ermordet hatte. Der hieß Barabbas. 17 Als sich jetzt sehr
viele Menschen in dem Gerichtsaal versammelt hatten, fragte Pilatus in
die Runde: „Wen soll ich dieses Jahr zur Feier des Tages freilassen? Barab-
bas oder Jesus, den ihr auch den Christus nennt?“ 18 Er hatte nämlich
schon längst kapiert, dass hinter der Verhaftung von Jesus nur ein Kom-
plott der religiösen Führung steckte, die neidisch auf ihn war. 19 Übrigens:
Als Pilatus gerade mitten in der Verhandlung saß, kam plötzlich ’ne SMS
von seiner Frau rein. Die schrieb: „Du musst diesen Typen in Ruhe lassen!
Er hat nichts getan! Ich hatte letzte Nacht einen Alptraum gehabt wegen
ihm!“ 20 In der Zwischenzeit hatten die Oberpriester und die religiösen
Leiter aber schon die ganze Masse aufgestachelt: Wenn Pilatus wieder-
kommt, sollten alle gleichzeitig rufen, dass Barabbas freikommen soll,
aber nicht Jesus. 21 Als der Befehlshaber Pilatus wieder mit der Frage
ankam: „Wen soll ich jetzt freilassen?“, brüllte die Menge: „Barabbas,
Barabbas!“ 22 „Und was soll ich mit Jesus machen?“ Da schrien alle wie
aus einem Mund: „Todesstrafe, Todesstrafe, Todesstrafe durch das
Kreuz!“ 23 „Weswegen soll ich ihn denn verurteilen? Was hat er denn
Schlimmes verbrochen?“, rief Pilatus etwas verzweifelt. Doch die Leute
waren alle wie im Rausch. Sie brüllten: „Todesstrafe! Todesstrafe! Todes-
strafe!“ 24 Pilatus war klar, dass er keine Chance gegen die Meute hatte,
die immer lauter wurde. Er ging zum Waschbecken, was im Saal ange-
bracht war, und wusch sich vor allen Leuten die Hände. Dann sagte er:
„Ich für meinen Teil hab mit der Hinrichtung von diesem Mann nichts zu
tun. In meinen Augen hat er nichts verbrochen. Die Verantwortung dafür
müsst ihr tragen!“ 25 Da brüllten die Leute: „Ja, wir und unsere Kinder, wir
stehen dafür gerade, die Verantwortung dafür tragen wir!“ 26 Dann entließ
er Barabbas aus der Haft, aber Jesus wurde abgeführt. Schließlich gab
Pilatus den Soldaten den Befehl, Jesus zu foltern und anschließend zu
töten. Er unterschrieb den Vollstreckungsbefehl.

Jesus wird gefoltert und fertiggemacht

27 Die Soldaten nahmen Jesus mit in den Innenhof des Regierungsgebäu-
des der römischen Besatzungsmacht. Dort traten alle Soldaten aus der
Abteilung zusammen. 28 Sie zogen ihm die Kleidung aus und legten Jesus
einen roten Umhang um die Schultern. 29 Aus Stacheldraht bog einer so
eine Krone zusammen, und die drückten sie ihm auf den Kopf. Dann
gaben sie ihm ein Eisenrohr in die rechte Hand, und fingen an, sich auch
noch über ihn lustig zu machen: „Oh, großer Meister! Du bist doch der
Chef der Juden!“ 30 Nacheinander spuckten sie Jesus ins Gesicht und
schlugen ihm mit dem Eisenrohr auf den Kopf. 31 Als sie irgendwann den

Spaß daran verloren hatten, zogen sie ihm wieder die alten Sachen an und
führten ihn ab zum Ort, wo die Hinrichtung stattfinden sollte.

Am Kreuz

32 Auf dem Weg dorthin stand gerade ein Mann am Straßenrand, der
Simon hieß und aus der Stadt Kyrene kam. Man befahl ihm, das Holz-
kreuz zu tragen, an das Jesus genagelt werden sollte. 33 Sie brachten ihn
an den Platz vor der Stadt, an dem immer die Hinrichtungen stattfanden.
Die Stelle nannte man auch Golgatha, was übersetzt „Schädelplatz“ heißt.
34 Die Soldaten wollten Jesus eine Schmerztablette andrehen, damit die
Hinrichtung nicht ganz so weh tat, aber er wollte sie nicht. 35 Nachdem sie
Jesus an das Kreuz genagelt hatten, verlosten sie unter sich seine Klei-
dung. 36 Die Soldaten setzten sich neben das Kreuz und beobachteten den
Rest der Hinrichtung. 37 Über dem Kreuz hatten sie ein Schild aufgehängt.
Da stand drauf: „Das ist Jesus, der Präsident der Juden!“ 38 Zur gleichen
Zeit fanden noch zwei andere Hinrichtungen statt, die Männer hingen
rechts und links von Jesus an ihren Kreuzen. Beides waren Diebe. 39 Die
Menschen, die vorbeigingen, rissen Witze über Jesus und machten sich
über ihn lustig: 40 „Du wolltest doch sogar den Tempel abreißen und
ihn in drei Tagen wieder aufbauen! Und nun? Kümmere dich doch erst
mal um dich selbst! Komm vom Kreuz wieder runter, wenn du wirklich der
Sohn von Gott bist!“ 41 Natürlich war die religiöse Führungsebene, die
Theologen und die Leute, die was zu sagen hatten, auch gleich da und
machte ihre Späße: 42 „Jedem hat er geholfen, aber für sich selber kriegt
er es nicht hin! Wenn du wirklich der Präsident der Juden sein willst, dann
mach dich doch los und komm runter von deinem Kreuz! Dann würden
sogar wir an dich glauben!“ 43 „Er hat ja immer sehr auf seinen Gott ver-
traut, wollen wir doch mal sehen, ob Gott sich immer noch zu ihm stellt
und ihm hilft. Er hat doch behauptet: ‚Ich bin der Sohn von Gott!‘“
44 Auch die beiden anderen Verbrecher, die neben ihm hingerichtet wur-
den, machten ihre Witze.

Jesus stirbt

45 Gegen Mittag wurde es plötzlich total dunkel. Über drei Stunden war
es überall wie Nacht. 46 Plötzlich schrie Jesus in seiner Muttersprache:
„Eli, Eli, lama asabtani?“, was so viel heißt wie: „Mein Gott, mein Gott,
wo bist du jetzt, warum bist du nicht mehr da?“ 47 Einige von den Schau-
lustigen rafften es nicht und dachten, er würde den Propheten Elija rufen.
48 Einer wollte Jesus was zu trinken geben. Er steckte einen nassen
Schwamm auf einen Stab und hielt ihn Jesus an den Mund. 49 Die ande-
ren machten dumme Sprüche: „Bleibt hier! Vielleicht kommt ja Elia und

hilft ihm.“ 50 Plötzlich schrie Jesus noch einmal laut auf, dann starb er.
51 In derselben Sekunde zerriss der Vorhang von oben bis unten, der im
Tempel vor dem allerderbsten und heiligen Bereich hing. Es gab ein total
heftiges Erdbeben und sogar einige Felsen explodierten! 52 Auf dem Fried-
hof öffneten sich Gräber und ein paar von den Leuten, die immer das
getan hatten, was Gott gut findet, wurden wieder lebendig. 53 Die gingen
sogar aus den Gräbern direkt in die Stadt, wo viele Leute sie gesehen
haben. 54 Der Chef der Armee und die Soldaten, die das Ganze bewacht
hatten, bekamen spätestens beim Erdbeben total den Schiss. Alle sagten:
„Dieser Mann war wirklich der Sohn von Gott!“ 55 Viele von den Frauen
aus der Gegend Galiläa waren auch mit in Jerusalem. Sie hatten sich
immer um Jesus gekümmert und jetzt beobachteten sie alles aus einiger
Entfernung. 56 Maria (die aus dem Ort Magdala war), eine andere Maria
(die Mutter von Jakobus) und die Frau von Zebedäus, die Mutter von
Jakobus und Johannes, waren auch da.

Jesus wird beerdigt

57 Abends kam ein sehr reicher Mann aus Arimathäa vorbei, der hieß Josef
und war auch ein Fan von Jesus. 58 Er ging zu Pilatus und beantragte die
Überführung der Leiche von Jesus. Pilatus unterschrieb den Wisch. 59 Josef
nahm die Leiche, wickelte sie in ein Tuch und übergab sie einem Leichen-
bestatter. 60 Dann wurde Jesus am selben Tag noch auf einem Friedhof
begraben, und zwar an der Stelle, wo Josef eigentlich mal beigesetzt wer-
den wollte. 61 Die beiden Marias setzten sich abends an das Grab.

Türsteher am Grab von Jesus

62 Am nächsten Morgen war Sabbat, der religiöse Feiertag der Juden. Da
kamen wieder die Oberpriester und die Pharisäer, die religiösen Streber,
zusammen zu Pilatus. 63 Sie sagten zu Pilatus: „Dieser Mann hat mal
behauptet, er würde nach drei Tagen wieder lebendig werden! 64 Es wäre
wichtig, dass Sie bis dahin ein paar von Ihren Securityleuten an das Grab
stellen, nur um auf Nummer sicher zu gehen. Sonst klauen seine Leute
noch nachts die Leiche, und dann haben wir ein Problem, weil sie das
Gerücht verbreiten könnten, er wäre tatsächlich wieder lebendig!“ 65 „Mei-
netwegen“ war seine Antwort, „zwei Leute will ich dafür abstellen. Tut,
was ihr nicht lassen könnt, und lasst das Grab bewachen!“ 66 Sie gingen
sofort dorthin, machten eine Absperrung um die gesamte Grabstelle und
stellten zwei Männer als Wache ab.

28

Jesus feiert sein Comeback und wird wieder lebendig

1 Ganz früh am Morgen am Tag nach dem Sabbat, als es gerade
hell wurde, gingen Maria Magdalena und die andere Maria auf den
Friedhof zum Grab, um zu trauern. 2 Plötzlich bebte der Boden unter ihren
Füßen, einer von Gottes Engeln erschien auf der Bildfläche und sprengte
die Erde über dem Grab mit einem Blick einfach weg. Dann setzte er sich
neben die Kuhle auf einen Stein und wartete dort. 3 Er leuchtete fast so hell
wie ein Blitz, und seine Klamotten waren weiß wie Schnee. 4 Die Männer,
die das Grab bewachen sollten, machten sich fast in die Hose vor Angst,
sie schmissen sich auf den Boden und blieben total geschockt einfach
liegen. 5 Der Engel blickte zu den zwei Frauen und sagte: „Ihr braucht keine
Angst zu haben! Ich weiß, ihr sucht Jesus, den sie hingerichtet haben.
6 Aber der ist nicht mehr hier! Genau wie er es vorhergesagt hatte, ist er
wieder lebendig geworden. Ihr könnt euch die Stelle ruhig noch mal anse-
hen, wo er vorher gelegen hat. 7 Geht also sofort zu seinen Freunden und
erzählt denen, dass Jesus nicht mehr tot ist, sondern lebt! Er wird nach
Galiläa gehen, um dort noch mal mit euch zusammen zu sein. Das sollte
ich euch ausrichten." 8 Völlig fertig rannten die Frauen vom Friedhof weg,
aber auf der anderen Seite waren sie auch superglücklich. Möglichst
schnell wollten sie seine Freunde finden, um denen zu erzählen, was sie
gerade gehört hatten. 9 Als sie um die Ecke bogen, stand plötzlich Jesus
vor ihnen. „Hallo, ihr zwei!", sagte er. Die beiden legten sich aber nur vor
ihm auf den Boden und fassten seine Füße an. 10 Jesus redete ihnen gut zu:
„Entspannt euch! Ihr braucht keine Angst zu haben! Jetzt geht erst mal zu
meinen Leuten und richtet ihnen aus, dass wir uns in Galiläa treffen! Dort
werden mich dann auch alle anderen sehen."

Die Lüge der Securityleute

11 Als die Frauen wieder verschwunden waren, rannten die Securityleute in
die Stadt und erzählten den religiösen Führern, was sie erlebt hatten.
12 Sofort wurde ein Treffen mit den wichtigen Leuten der Stadt abgehalten.
Man bestach die beiden mit Geld und befahl ihnen: 13 „Sie müssen überall
das Gerücht verbreiten: ‚Als wir eingepennt waren, kamen seine Leute vor-
bei und haben die Leiche von Jesus geklaut.'" 14 Sie boten den beiden
einen Deal an: „Wenn Pilatus das erfährt, dann decken wir euch." 15 Die
beiden nahmen das Geld und hielten sich an die Abmachung. So kam die-
ses Gerücht zustande, das sich bei vielen sehr lange gehalten hat.

Jesus trifft auf seine Leute

16 Die elf Freunde von Jesus gingen dann nach Galiläa zu dem Treffpunkt,
den sie mit Jesus ausgemacht hatten. 17 Dort angekommen, stand Jesus

plötzlich vor ihnen. Da waren alle total platt! Sie legten sich vor ihm auf den Boden und fingen an, zu ihm zu beten. Es gab aber auch ein paar, die es noch nicht so richtig glauben konnten, dass es wirklich Jesus war.

Der Auftrag von Jesus an seine Leute

18 Jesus ging zu seinen Leuten, umarmte sie und sagte ihnen: „Hey, ihr, ich
hab von Gott die uneingeschränkte Vollmacht bekommen, und zwar über
alles, was es gibt! Über das, was man sehen kann, und auch über das, was
man nicht sehen kann. 19 Darum geht jetzt los, überallhin, an alle Ecken
und Enden der Erde! Bringt die Leute dazu, so zu leben, wie ich es euch
beigebracht habe! Fangt an, mit ihnen dieses Ritual durchzuziehen, die
Taufe. Das soll ein Zeichen dafür sein, dass sie jetzt hundertprozentig zu
Gott gehören, zu unserem Vater, genauso wie zum Sohn, also zu mir, und
zu seiner besonderen Kraft, dem Heiligen Geist. 20 Bringt ihnen alles bei,
was ich euch beigebracht habe! Auf eins könnt ihr euch jetzt schon ver-
lassen: Ich werde – egal zu welcher Zeit und egal, wo ihr gerade seid –
immer bei euch sein und euch nie mehr verlassen!“

Gute Nachrichten durch Jesus Christus: ein Bericht von Markus

1 **Johannes der Täufer meint: Ändert euch!**
1 Hier geht es um eine sehr coole Sache, wirklich gute Nachrichten für
alle, es geht um Jesus Christus, den Sohn von Gott! 2 Es fing alles
genau so an, wie es der Prophet Jesaja schon im alten Buch vorherge-
sagt hatte: „Pass auf! Ich werde jemanden losschicken, der den Weg für
dich schon mal vorbereitet. 3 Der ist wie ein Megaphon, man hört ihn
schon von Weitem. Er wird in der Wüste rufen: ‚Macht den Weg frei für
den Chef! Baut eine Straße für ihn!'" 4 Dieser Ansager hieß Johannes. Er
lebte mitten in der Wüste und forderte die Leute auf, sich bei einem reli-
giösen Ritual waschen zu lassen, man nannte das Taufe. Es sollte ein
Zeichen dafür sein, dass man sein Leben ändern wollte. 5 Aus der gan-
zen Gegend kamen die Leute angereist, um sich seine Reden anzuhö-
ren. Sie gaben zu, dass sie Mist gebaut hatten, und dann taufte er sie.
6 Johannes hatte Klamotten aus Kamelhaaren und trug dazu einen Leder-
gürtel. Er aß nur Heuschrecken und Honig, so krass drauf war er. 7 Er
sagte allen Leuten: „Bald wird einer da sein, der ist total wichtig und
groß. Im Vergleich zu ihm würd ich immer den Kürzeren ziehen, ich
bin's noch nicht mal wert, mich vor ihm in den Dreck zu knien, um ihm
die Schuhe auszuziehn. 8 Ich hab euch nur mit Wasser getauft. Der wird
euch aber mit der ganz besonders krassen Kraft von Gott taufen, mit
dem Heiligen Geist!" 9 Schließlich kam Jesus, der aus der Stadt Nazareth
stammte, mal vorbei. Er wollte sich auch taufen lassen. 10 Als er nach
der Taufe aus dem Wasser wieder hochkam, öffnete sich der Himmel
ganz plötzlich über ihm. Der Geist von Gott schwebte zu ihm hinunter,
und zwar in Form einer Taube. 11 Und dann hörte man plötzlich eine
Stimme aus dem Himmel, die laut sagte: „Du bist mein Sohn, den ich
sehr liebe. Ich freue mich total über dich!"

Ab in die Wüste
12 Kurze Zeit später führte Gottes Kraft Jesus in die Wüste. 13 Vierzig Tage
verbrachte Jesus dort. Satan versuchte ihn dabei die ganze Zeit vom
richtigen Weg abzubringen. Er lebte dort mit den Tieren zusammen,
und es kamen immer mal ein paar Engel vorbei, die sich um ihn küm-
merten.

Jesus sagt: Es geht jetzt los

14 Nachdem Johannes von Herodes Antipas, der damals die Macht in
Israel hatte, in den Knast gesteckt worden war, zog Jesus nach Galiläa, um
dort allen die gute Nachricht von Gott zu erzählen. Er sagte dabei so
Sachen wie: 15 „Es geht los, Leute! Es hat eine neue Zeit begonnen, eine
Zeit, in der Gott das Sagen hat. Hört auf, Dinge zu tun, die Gott nicht will!
Setzt euer Vertrauen auf diese neue gute Nachricht!“ 16 Am See Geneza-
reth traf Jesus auf Simon und dessen Bruder Andreas. Die waren von
Beruf Fischer und gerade bei der Arbeit. 17 Jesus meinte zu den beiden:
„Hey, ihr zwei! Packt eure Klamotten und kommt mit! Ihr werdet von mir
einen neuen Beruf lernen. Anstatt Fische sollt ihr jetzt Menschen fischen,
ich will euch beibringen, wie man Menschen dazu bringt, mit Gott zu
leben!“ 18 Die zwei ließen sofort alles stehen und liegen und gingen mit
ihm mit. 19 Gleich um die Ecke hingen zwei Brüder in ihrem Boot rum und
flickten Netze: Jakobus und Johannes, die Söhne von Zebedäus. 20 Zu
denen sagte Jesus auch nur: „Mitkommen!“, und beide folgten ihm sofort.
Sie ließen ihren Vater bei den Zeitarbeitern, die auch mit im Boot waren,
zurück und gingen mit ihm. 21 Schließlich kamen sie in die Stadt Kaper-
naum. An dem besonderen religiösen Feiertag, dem Sabbat, ging Jesus
in die Synagoge, um den Leuten dort was beizubringen. In der Synagoge
wurde am Sabbat immer der Gottesdienst gefeiert. 22 Alle, die da waren,
merkten sofort, dass er es total draufhatte. Auf die Art, wie er Dinge er-
klärte und mit ihnen redete, merkte man sofort, dass er etwas Besonderes
war. Was er sagte, strahlte Kraft aus und war nicht nur so ein dünnes
Rumgelabere wie bei den religiösen Profis, diesen Schriftgelehrten. Jeder
kriegte mit, dass Gott höchstpersönlich durch Jesus zu ihnen redete. 23 In
der Synagoge war ein Typ, der hatte so einen fiesen Geist in sich, einen
Dämon. 24 Der fing voll an zu zappeln und schrie: „Was willst du, Jesus?
Bist du da, um uns Dämonen fertigzumachen? Ich weiß genau, wer du
bist. Du bist der Auserwählte von Gott !“ 25 „Halt die Klappe!“, schrie Jesus
zurück. „Verlass diesen Typen!“ 26 Der Dämon tobte in dem Typen so,
dass es ihn hin und her riss, bis er den Mann mit einem lauten Schrei ver-
ließ. 27 Den Zuschauern fiel da erst mal die Kinnlade runter, und sie waren
total geschockt! Sie steckten die Köpfe zusammen und meinten: „Was
sind das denn für krasse Sachen, die der da erzählt? Und woher hat er
diese Power? Sogar die Dämonen müssen tun, was er sagt!“ 28 Die News
verbreiteten sich wie ein Lauffeuer in ganz Galiläa. 29 Als Jesus aus der
Synagoge draußen war, wollten sie noch Simon und Andreas besuchen
gehen. Jakobus und Johannes waren auch dabei. 30 Die Schwiegermutter
von Simon war sehr krank. Sie hatte Grippe und lag mit 40°C Fieber im
Bett. Als sie Jesus das berichtet hatten, 31 ging er in ihr Zimmer und nahm

ihre Hand. Dann zog er sie aus dem Bett hoch, und im selben Augenblick
war das Fieber weg! Die Frau ging dann in die Küche und machte eine
Runde Pizza für alle.

Jesus heilt kranke Menschen

32 Abends nach Sonnenuntergang wurden alle Leute bei Jesus vorbeige-
bracht, die irgendwie krank waren oder Probleme mit Dämonen hatten.
33 Die ganze Stadt war plötzlich an der Tür und wollte was. 34 Sehr viele
Leute wurden an dem Abend von Jesus geheilt. Er bekämpfte viele Dämo-
nen erfolgreich und befahl ihnen, die Menschen zu verlassen. Jesus gab
den Dämonen immer die Order, bloß ihr Maul zu halten. Denn die wuss-
ten genau, wer ihnen da gegenüberstand. 35 Am nächsten Morgen ging
Jesus erst mal an einen Ort, wo er ganz alleine sein konnte, um zu beten.
36 Später kamen Simon und die anderen hinterher. 37 Als sie ihn gefunden
hatten, meinte einer: „Hey, Jesus, alle fragen nach dir und wollen wissen,
wo du bist!“ 38 „Wir haben eine lange Tour vor uns, ich will noch in ande-
ren Städten von Gottes Sache erzählen. Das ist mein Job, dazu bin ich
da.“ 39 Also zog er durch das ganze Gebiet von Galiläa. Er predigte in
den Synagogen, und bei vielen Leuten vertrieb er auch die bösen Geister
aus ihrem Körper. 40 Irgendwann kam ein Typ bei ihm an, der eine ganz
schlimme Hautkrankheit hatte, die sehr ansteckend war. Er kniete sich
vor Jesus hin und bettelte: „Herr Jesus! Ich weiß, wenn Sie wollen, dann
können Sie mich gesund machen!“ 41 Der Typ tat Jesus voll leid. Er fasste
ihn an und sagte: „Ist in Ordnung. Du bist jetzt gesund!“ 42 Sofort war die
Krankheit weg, und er war komplett geheilt! 43 Jesus verpasste ihm aber
erst mal einen Maulkorb: 44 „Erzähl das jetzt nicht überall rum, sondern
mach das, was in den Gesetzen von Mose steht: Geh zu einem Priester,
damit der bestätigt, dass deine Krankheit weg ist. Und zum Schluss ver-
giss nicht, für Gott so ein Opfer durchzuziehen. Damit wird auch klar,
dass du wirklich von Gott geheilt worden bist.“ 45 Aber der Typ hielt sich
nicht an die Abmachung. Völlig begeistert erzählte er jedem, den er traf,
von seiner Heilung. Dadurch wurde Jesus berühmt und konnte sich nicht
mehr überall blicken lassen. Schließlich war er nur noch an Plätzen, die
nicht so viele Leute kannten. Aber auch dort waren schnell viele Men-
schen versammelt.

2

Ein Körperbehinderter wird gesund

1 Ein paar Tage später war Jesus wieder in Kapernaum. Dass er wieder
da war, sprach sich schnell rum. 2 Es dauerte keinen Tag, da war sein
Haus schon wieder mit tausend Leuten belagert. Die Sitzplätze waren

schnell weg, nicht mal mehr vor den Fenstern und der Tür war noch was
frei. Und Jesus erzählte ihnen von Gott. 3 Plötzlich kamen vier Männer, die
einen querschnittsgelähmten Freund auf einer Trage trugen. 4 Weil es so
voll war und sie einfach nicht durchkamen, kletterten die vier aufs Dach.
Einer nahm die Ziegel runter, und dann ließen sie ihren Freund durch das
Loch mit ein paar Seilen fahrstuhlmäßig langsam runter. 5 Als Jesus be-
merkte, wie groß ihr Vertrauen auf ihn war, redete er mit dem Gelähmten:
„Hey, du, der ganze Mist, den du gebaut hast, ist jetzt vergeben und vor-
bei!“ 6 Einige von den Jungs, die viel Ahnung von den religiösen Texten hat-
ten, waren davon nicht so begeistert. 7 „Wie kann der bitte so ’ne Ansage
machen? Der macht doch Gott lächerlich! Nur Gott alleine kann unsere
Schuld vergeben, nur er kann diese Distanz zwischen ihm und uns wieder
wegmachen!“ 8 Jesus hatte schon längst bemerkt, was in denen vorging:
„Warum machen Sie sich über so was nur solche Gedanken? 9 Was ist
denn leichter? Zu dem Behinderten hinzugehen und zu sagen: ‚Dein Mist
ist vergeben und vorbei‘, oder zu ihm zu sagen: ‚Steh auf, nimm dein Zeug
unter deinen Arm und lauf wieder‘? 10 Ich werde Ihnen beweisen, dass der
Auserwählte Gottes die Vollmacht hat, den Mist zu vergeben und die
Schulden zu erlassen, die man bei Gott hat.“ Dann beugte er sich zu dem
Typen runter und meinte noch mal zu ihm: 11 „Los, steh auf, Mann! Nimm
deine Sachen und geh nach Hause! Du bist jetzt wieder gesund.“ 12 Der Typ
sprang sofort von seiner Trage runter, nahm seine Klamotten und drän-
gelte sich durch die Menschenmasse nach draußen. Da waren alle total
geplättet und dankten Gott für dieses Wunder. „So was haben wir hier ja
noch nie erlebt!“ 13 Schließlich ging Jesus wieder ans Ufer vom See. Dort
unterrichtete er viele Leute, die sich da getroffen hatten. 14 Auf dem Weg in
eine andere Gegend traf er Levi, der aus der Familie vom Alphäus kam.
Levi war Steuereintreiber und saß gerade in seinem Zollhäuschen an der
Straße. „Komm mit!“, sagte Jesus zu ihm. Das ließ der sich nicht zweimal
sagen. 15 Levi organisierte erst mal ’ne große Party. Er hatte neben Jesus
und seinen Freunden auch viele Menschen eingeladen, die in der Gesell-
schaft als Dreck galten. Dazu gehörten auch einige andere Steuereintrei-
ber, die sehr unbeliebt waren, weil sie die Menschen abzockten und den
einen oder anderen Euro in die eigene Tasche wandern ließen. Außerdem
waren dort noch andere Leute, die bisher nichts mit Gott zu tun hatten.
16 Als die religiösen Streber, diese Pharisäer, mitkriegten, mit was für Leu-
ten Jesus zusammen war, fragten sie seine Freunde: „Warum hängt der
bloß mit so einem Gesocks ab?“ 17 Jesus bekam das mit und meinte: „Die
Leute, die gesund sind, brauchen nicht zum Arzt zu gehen. Aber die Ferti-
gen und Kranken, die brauchen einen Arzt. Und für genau die bin ich ja
auch da, nicht für die, die sowieso schon mit Gott leben!“

Neue Sachen passen nicht in alte Formen
18 Die Gruppe um Johannes und auch diese religiösen Streber fasteten
öfters mal. Das heißt, sie aßen aus religiösen Gründen nichts und verzich-
teten auch noch auf andere Sachen. Irgendwann kamen ein paar Typen zu
Jesus und wollten von ihm wissen, warum die Leute von Johannes und
auch die Pharisäer fasten, aber seine Leute nicht. 19 Jesus meinte dazu:
„Wie ist das denn bei einer Hochzeit? Sitzen denn die Gäste da auch frus-
triert rum, wenn der Typ, der heiratet, noch dabei ist? Null! Sie feiern, bis
der Arzt kommt, solange der Bräutigam noch da ist. 20 Aber irgendwann
wird der verschwinden, und dann gibt es noch genug Zeit zum Traurigsein
und zum Fasten. 21 Keiner würde einen 200-PS-Porschemotor in eine alte
Ente einbauen. Das Teil würde sich bei 180 auf der Autobahn von selbst
zerlegen. 22 Genauso würde niemand, der Wein macht, den Traubensaft in
alte brüchige Flaschen einfüllen. Wenn der dann gärt und sich ausdehnt,
explodieren die Teile, und alles wäre kaputt. Genauso müssen die neuen
Ideen über Gott auch auf eine neue Grundlage gestellt werden."
Oder anders übersetzt: 21 *„Niemand würde ein neues Blech auf einen total*
verrosteten Kotflügel schweißen. Das Teil würde nicht lange halten, und das
Loch würde nur noch größer werden. Der ganze Kotflügel muss neu sein.
22 *Genauso würde niemand ein neues Betriebssystem auf einen alten Rechner*
draufladen. Dann würde die Festplatte nur abrauchen. Genauso müssen die
neuen Ideen über Gott auch auf eine neue Grundlage gestellt werden."

Am Feiertag soll man es ruhig angehen lassen
23 An dem religiösen Feiertag, dem Sabbat, gingen Jesus und seine Leute
durch die Getreidefelder spazieren. Auf dem Weg pflückten sie ein paar
Getreidekörner, um darauf rumzukauen. 24 Die religiösen Streber machten
deswegen voll den Aufstand: „Unglaublich, sehen Sie sich das mal an!
Nach unserem religiösen Gesetz ist es strengstens verboten, am Sabbat
etwas abzupflücken." 25 Jesus blieb aber ganz cool und meinte nur: „Sagen
Sie mal, haben Sie eigentlich schon mal in den alten Texten gelesen?
Unser Präsident David und seine Männer 26 haben sich, als ihnen der
Magen knurrte, auch im Haus von Gott, im Tempel, an den Sachen be-
dient, die eigentlich für die Priester reserviert waren. 27 Der Sabbat ist
doch als ein besonderer Tag für den Menschen geplant gewesen. Es sollte
kein Nervtag für ihn sein. 28 Darum hat der Auserwählte Gottes das Recht
zu entscheiden, was am Sabbat okay ist und was nicht."

3

Geht es um Regeln oder geht es um Liebe?

1 Jesus ging am Sabbat mal wieder in die Synagoge. Dort sah er einen
Mann, der eine verkrüppelte Hand hatte. 2 Die Leute, die auf Jesus
voll den Hals hatten, warteten nur auf die nächstbeste Gelegenheit, um
ihn irgendwie anzuzeigen. Es war gesetzlich verboten, an diesem Tag
kranken Menschen zu helfen, und sie wollten sehen, wie er reagieren
würde. 3 Jesus sagte zu dem Typen: „Hey, komm mal her zu mir!“ 4 Dann
fragte er in die Runde: „Sagt mal, was denkt ihr, steht Gott darauf, dass
wir an seinem besonderen Feiertag, dem Sabbat, gute Sachen machen
oder eher schlechte? Sollen einem an diesem Tag die Probleme von ande-
ren egal sein, oder soll man versuchen, Leuten zu helfen, wo es geht?“
Aber die anderen sagten gar nix dazu. 5 Stinksauer sah Jesus einem nach
dem andern in die Augen. Er konnte es einfach nicht fassen, wie hart die
Leute drauf waren, und war da total traurig drüber. Dann meinte er zu
dem Mann: „Streck mal deine Hand aus!“ Der tat es, und im selben
Augenblick war die Hand wieder in Ordnung! 6 Sofort verschwanden die
religiösen Streber aus der Synagoge und organisierten ein Treffen mit ein
paar Freunden und Fans vom Präsidenten Herodes Antipas. Sie steckten
die Köpfe zusammen und heckten einen Plan aus, wie man Jesus
schnellstmöglich töten könnte.

Jesus hat ’ne Heilungssession am See bei Genezareth

7 Jesus ging dann mit seinen Freunden wieder an den Strand vom See
Genezareth. Aber voll viele Leute kamen ihm hinterher, die Fans kamen
aus Galiläa, Judäa, 8 Jerusalem, Idumäa, aus der Gegend, die östlich vom
Jordan liegt, und sogar aus den Städten Tyrus und Sidon waren Leute da.
Die Sache, dass bei ihm voll die derben Wunder passierten, dass Leute
geheilt werden und so, das war überall die Nachricht des Tages. 9 Jesus
wurde das manchmal echt zu viel, darum bat er seine Freunde, ein Boot
zu organisieren, damit die Leute ihn nicht überrennen würden. 10 Weil er
ständig Leute gesund machte, drängelten sich immer irgendwelche kran-
ken Menschen um Jesus herum. Sie wollten ihn einfach nur mal anfassen
in der Hoffnung, dann auch geheilt zu werden. 11 Alle, die irgendwelche
fiesen Dämonen in sich hatten, schmissen sich platt vor Jesus auf den
Boden und riefen: „Du bist der Sohn von Gott!“ 12 Jesus sagte den Dämo-
nen dann, sie sollten bloß ruhig sein und nichts verraten.

Die zwölf Apostel

13 Abends ging er dann auf einen Berg, der ganz in der Nähe lag. Vorher
sagte er ein paar ausgewählten Leuten, dass sie mitkommen sollten.
14 Zwölf Leute wurden von ihm ausgesucht, damit sie mit ihm zusammen

sein und als seine Schüler von ihm lernen sollten. Ihr Aufgabe war es
auch, ab dann überall von Gott zu erzählen. 15 Diesen zwölf Freunden
übertrug er alle Vollmachten, die sie brauchten, um Dämonen auszutrei-
ben und Krankheiten zu heilen. Die wurden jetzt auch Apostel genannt.
16 Hier die Namen von den zwölf Männern, die er ausgesucht hatte:
Simon (dem Jesus den Namen Petrus gab, was so viel wie „der Fels"
bedeutet), 17 Jakobus (ein Sohn von Zebedäus), und Johannes (ein Bruder
vom Jakobus), die beiden nannte er oft auch die „Donnersöhne". 18 Dann
Andreas, Philippus, Bartholomäus, Matthäus, Thomas, Jakobus (ein Sohn
von Alphäus), Thaddäus, Simon (der Ex-Terrorist) 19 und noch Judas Iska-
riot. Das war der, der Jesus später gedisst und verraten hat.

Es gibt Ärger um Jesus

20 Als Jesus wieder nach Hause kam, waren da schon wieder total viele
Menschen. Er konnte noch nicht mal in Ruhe was essen, weil ihn alle bela-
gerten. 21 Als die Leute aus seiner eigenen Familie den Andrang mitkrieg-
ten, wollten sie ihn wieder nach Hause holen. Sie dachten nämlich, er
wäre jetzt total übergeschnappt und durchgeknallt. 22 Die religiösen Profis
aus Jerusalem vertraten die These: Er wird von Satan kontrolliert und kann
die Dämonen nur vertreiben, weil er einen noch höheren Dämon in sich
hat. 23 Jesus holte diese Pharisäer, wie man sie auch nannte, mal zu sich
und fragte sie: „Wie geht das denn bitte? Warum soll denn der Satan den
Satan rausschmeißen? 24 Wenn in einer Armee die Soldaten gegeneinan-
der kämpfen, werden sie keinen Krieg gewinnen können. 25 Wenn in einer
Partei alle gegeneinander arbeiten, würden sie keine Wahl gewinnen.
26 Warum sollte der Satan gegen sich selbst arbeiten, der ist doch nicht
blöd?! Das wäre doch sein Ende! 27 Noch ein anderes Bild: Es ist ja auch
schwer möglich, einen Einbruch in einer Villa zu organisieren, wenn der
Hausbesitzer Weltmeister in Karate ist. Erst wenn es dir gelingt, den
Mann irgendwie zu fesseln, kann man das Haus ausräumen. 28 Ich sag
euch noch mal was: Gott kann so ziemlich alles vergeben, egal, was für
einen Mist man gebaut und wie schlimm man gegen Gott abgelästert hat.
29 Aber wenn jemand bewusst den Geist von Gott, den Heiligen Geist,
beleidigt, dem kann das nicht mehr so mal eben verziehen werden, das
wird ewig zwischen Gott und ihm stehen." 30 Das war sein Kommentar zu
der „Er hat einen höheren Dämon in sich"-Behauptung.

Wer für Jesus zu seiner Familie gehört

31 Als Jesus gerade mal 'ne Rede hielt, kamen auch seine Mutter und seine
Brüder vorbei. Die wollten ihn auch mal wiedersehen und ließen ihm das
ausrichten. 32 Es waren aber gerade sehr viele Leute da. Jemand meinte zu

ihm: „Hey, Jesus, deine Familie ist draußen und will dich sehen!“ 33 Aber
Jesus fragte zurück: „Wer ist meine Mutter, wer sind meine Brüder?“
34 Dann schaute Jesus in die Gesichter der Leute, die bei ihm waren, und
meinte nur: „Schaut euch mal um. Das hier ist meine Familie! 35 Alle, die
das tun, worauf Gott Bock hat, gehören zu meiner Familie. Das sind dann
meine Brüder, meine Schwestern und auch meine Mutter.“

4

Der Vergleich mit einem Bauern

1 Jesus war am See und wollte den Menschen wieder was beibringen.
Es kamen richtig viele Leute, so viele, dass er von einem Boot aus zu
ihnen sprechen musste, damit ihn auch alle verstehen konnten. 2 Er
benutzte oft praktische Beispiele, um den Leuten klarzumachen, was er
eigentlich sagen wollte. Zum Beispiel erzählte er folgende Geschichte:
3 „Hört zu! Ein Bauer ging auf sein Feld, um Samenkörner auszusäen.
4 Einige der Körner fielen dabei auf die Straße. Sofort kamen die Vögel und
pickten sie auf. 5 Andere Körner fielen auf sehr steinigen Boden, wo wenig
Erde war. Da keimten sie zwar, 6 doch sobald die Sonne voll draufknallte,
vertrockneten die Pflanzen, weil die Wurzeln nicht tief genug in den Boden
wachsen konnten. 7 Einige fielen unter einen Brombeerbusch. Der Busch
wuchs so krass, dass die kleinen Pflanzen keine Chance hatten und auch
kaputtgingen. 8 Ein paar fielen aber auf guten Boden. Die gingen dann auf,
wuchsen wie blöd, und man konnte später eine fette Ernte einfahren. 9 Ich
hoffe, ihr habt kapiert, was ich damit sagen will!“ 10 Später war Jesus noch
mit seinen zwölf Freunden und einigen anderen zusammen. Einer wollte
von ihm wissen: „Warum erzählst du eigentlich immer in diesen Bildern
und Vergleichen?“ 11 „Ihr habt von Gott die einmalige Chance bekommen,
die Geheimnisse von diesem Ort, wo Gott das Sagen hat, zu begreifen.
Aber die anderen kapieren das nur, wenn man es ihnen mit Bildern und
Vergleichen erklärt. 12 Damit wird die Ansage aus dem alten Buch von
Jesaja Wirklichkeit: ‚Sie kriegen alles mit, was ich tue, aber sie peilen die
Bedeutung davon nicht. Sie hören, was ich zu sagen habe, aber sie kapie-
ren es einfach nicht. Darum werden sie auch nicht aufhören, Sachen zu
tun, die Gott nicht will, und ihnen wird auch nichts vergeben werden.‘
13 Leute, versteht ihr diesen Vergleich mit dem Bauern nicht? Wenn ihr das
schon nicht begreift, wie wollt ihr dann die anderen Sachen begreifen, die
ich noch zu erzählen hab? 14 Der Bauer ist ein Bild für einen, der jeman-
dem was von Gott erzählt. 15 Die Samenkörner, die auf die Straße gefallen
sind, waren ein Bild für die Leute, die die Nachricht zwar hören, aber der
Satan kommt sofort vorbei und reißt sie wieder aus ihrem Herzen weg.
16 Das mit der dünnen Erdschicht und Felsen drunter ist ein Bild für die

Menschen, bei denen zuerst glaubensmäßig voll der Punk abgeht, die am
Anfang voll begeistert sind von Gott. 17 Die Sache geht aber noch nicht so
in die Tiefe. Und sobald es Probleme gibt oder sie Ärger kriegen, weil sie
jetzt an Gott glauben, werfen sie schnell die Flinte ins Korn und geben
auf. 18 Dieses Ding mit den Brombeeren war über Menschen, die zwar die
neue Nachricht über Gott hören, 19 doch wenn der normale Alltag losgeht
und sie plötzlich total Bock auf Kohle und Luxus kriegen, dann kann dar-
aus am Ende auch nichts Anständiges wachsen. 20 Aber mit dem guten
Boden sind die Leute gemeint, die die Worte über Gott hören und auch
begreifen, was damit gemeint ist. Bei denen werden dann gute Sachen
daraus wachsen können, ihre Früchte können sich stark vermehren: drei-
ßig-, sechzig- und sogar hundertmal so viel, wie es am Anfang mal war."

Der Vergleich mit einer Lampe

21 Jesus hatte noch 'ne Frage: „Was denkt ihr, würde jemand eine Lampe
anmachen und dann einen Eimer drüberstellen oder sie so weit unters
Bett schieben, damit man das Licht nicht mehr sieht? Natürlich nicht!
Eine Lampe stellt man so auf, dass es im ganzen Zimmer hell wird.
22 Alles, was jetzt noch ein Geheimnis ist, wird irgendwann mal für alle
deutlich und sichtbar sein. Nichts von dem, was jetzt geheim ist, wird
auch geheim bleiben. 23 Passt gut auf das auf, was ich euch jetzt gesagt
habe, und denkt darüber nach! 24 Merkt euch Folgendes: Man wird euch
genauso oder sogar noch härter beurteilen, wie ihr jemand anderen beur-
teilt habt! 25 Denn die Leute, die verstanden haben, worum es geht, die
werden auch noch viel mehr verstehen. Wer es aber jetzt nicht begriffen
hat, der wird am Ende überhaupt nichts mehr begreifen. Und das, was er
mal kapiert hat, wird er auch noch wieder vergessen."

Der Vergleich, wo es um das Wachsen der Samen geht

26 Dann meinte Jesus: „Mit dieser neuen Zeit, wo Gott das Sagen hat, ist
das so, wie mit einem Typen, der Samen auf ein Feld streut. 27 Nachdem
er alles ausgesät hat, geht er pennen, und am nächsten Tag fängt alles
schon an zu wachsen, einfach so, ohne dass er was gemacht hat. 28 Die
Erde sorgt einfach dafür, dass die Dinge wachsen und sich vermehren.
Zuerst sieht es aus wie ein Grashalm, dann wächst es zu einer Ähre und
dann ist die Ähre plötzlich voller Weizenkörner. 29 Wenn alles gut gewach-
sen und die Erntezeit da ist, kommt der Typ vorbei und erntet nur noch."

Der Vergleich mit einer Kastanie

30 Irgendwann sagte Jesus: „Wie kann ich euch mit einem guten Vergleich
noch mal klarmachen, wie das mit dem Ort ist, wo Gott das Sagen hat?

31 Ich versuch es mal mit einem Vergleich zu einer Kastanie. So ein Ding
ist echt nicht sehr groß. 32 Wenn die aber irgendwo eingebuddelt wird,
dann fängt es an zu sprießen, und es wächst daraus ein Baum. Irgend-
wann ist der Baum größer als die ganzen Büsche drum herum. Er be-
kommt starke Zweige, und Vögel können dadrin sogar ihre Nester bauen."
33 Jesus benutzte oft irgendwelche Vergleiche, um den Menschen besser
klarzumachen, was er eigentlich sagen wollte. 34 In der Öffentlichkeit
benutzte er nur solche Vergleiche. Wenn er aber mit seinen Freunden
zusammen war, erklärte er ihnen genauer, was er damit sagen wollte.

Jesus hat sogar Macht über den Wind und das Wasser

35 Abends meinte Jesus zu seinen Leuten: „Kommt, lasst uns mit dem
Boot auf die andere Seite vom See fahren!" 36 Seine Freunde schickten die
Menschen nach Hause, stiegen zu ihm ins Boot und fuhren los. Ein paar
andere Boote waren auch noch dabei. 37 Plötzlich ging ein derber Sturm
los. Die Wellen waren sehr heftig, das Wasser schwappte in das Boot, bis
es schon fast vollgelaufen war. 38 Aber Jesus pennte die ganze Zeit seelen-
ruhig hinten im Boot auf einer großen Decke. Die Freunde von Jesus
bekamen voll die Panik, sie weckten ihn schließlich und schrien: „Meister,
ist dir das total egal, wenn wir hier jetzt alle ersaufen?" 39 Jesus stand auf,
stellte sich an Deck gegen den Wind und redete mit ihm: „Ich warne
dich! Hör auf, so krass zu wüten!" Sofort wurde der Wind ruhig und alles
war totenstill. 40 Zu den Schülern meinte er nur: „Sagt mal, warum habt
ihr so einen Schiss? Habt ihr denn immer noch kein Vertrauen zu Gott?"
41 Völlig verdattert flüsterten sie untereinander: „Boah, was ist das nur für
ein Typ! Sogar die Wellen und der Wind tun das, was er ihnen sagt!"

5

Jesus macht jemanden gesund, der einen Dämon in sich hat

1 Schließlich kamen sie mit ihrem Boot auf der anderen Seite des
Sees an, dort war das Land der Gerasener. 2 Als Jesus aus dem Boot
stieg, rannte ihm ein total durchgeknallter Psycho entgegen. Dieser Mann
war von einem Dämon besessen, so einem fiesen Geist, der ihn irgend-
wie kontrollierte. 3 Der Typ lebte auf dem Friedhof in irgendwelchen Grab-
höhlen. Er war so stark, dass er selbst mit Handschellen und Fußfesseln
nicht zu halten war. 4 Jedes Mal, wenn man ihn wieder anketten wollte,
riss er die Dinger ab und floh. Es gab keinen, der stark genug war, um ihn
festzuhalten. 5 Er wohnte die ganze Zeit entweder in einer Grabhöhle oder
er streunte in den Bergen herum. Manchmal schrie er irre laut und ver-
letzte sich selber mit einem Stein. 6 Als er Jesus von Weitem sah, rannte
er auf ihn zu und schmiss sich vor ihm auf den Boden. 7 Dann fing er wie

blöd an zu schreien: „Was willst du von mir, Jesus? Du bist der Sohn von
dem superheftigen Gott! Bitte, bei Gott: Mach mich nicht fertig!“ 8 Jesus
hatte dem Dämon nämlich schon gesagt, er sollte aus dem Mann ver-
schwinden. 9 Dann fragte Jesus den fiesen Geist: „Wie heißt du?“ – „Ich
bin die Legion, wir sind nicht nur einer hier drin!“ 10 Die Dämonen bettel-
ten voll rum: „Bitte, sei so nett, wir wollen wenigstens in dieser Gegend
bleiben!“, sagten sie. 11 Um die Ecke war gerade eine große Herde von
Schweinen. 12 „Bitte, lass uns wenigstens in den Schweinen wohnen!“,
bettelten die Geister. 13 Jesus sagte nur: „Okay“, und im selben Augenblick
verdünnisierten sich die Dämonen aus dem Mann und zogen in die
Schweine ein. Die drehten total durch und begingen kollektiven Selbst-
mord: Die ganzen 2000 Schweine sprangen die Klippen runter in den See
und ertranken! 14 Die Hirten waren voll geschockt und rannten sofort in
die Stadt, um das jedem zu erzählen. Viele Schaulustige kamen daraufhin
dort an, um zu sehen, was gerade passiert war. 15 Als sie dann den Typen
sahen, der vorher noch total durchgeknallt war und jetzt plötzlich mit
ordentlichen Klamotten dasaß und ganz ruhig mit Jesus laberte, kriegten
das viele überhaupt nicht auf die Kette. Es machte einigen sogar Angst.
16 Die Augenzeugen erzählten den anderen dann ausführlich, was gerade
mit dem Mann und den Schweinen passiert war. 17 Als die Leute das mit
den Schweinen hörten, bekamen sie plötzlich Angst um ihr Geschäft. Sie
erteilten ihm deswegen ein Platzverbot und wollten, dass er sofort die
Gegend verlässt. 18 Der Ex-Besessene wollte gerne auch zu Jesus ins Boot
steigen, um mit ihm zusammen zu sein. 19 Aber Jesus fand, das sei keine
so gute Idee: „Geh besser nach Hause zu deiner Familie und erzähle
allen von dem krassen Wunder, was du erlebt hast, und wie gut Gott mit
dir umgegangen ist!“ 20 Das ließ der sich nicht zweimal sagen. Sofort zog
er los und erzählte überall im „Zehn-Städte-Landkreis“ den Leuten seine
Geschichte und was Jesus mit ihm gemacht hatte. Alle, die das hörten,
staunten nicht schlecht.

Krankheit und Tod haben keine Chance gegen Jesus

21 Kaum war Jesus am anderen Ufer angekommen, waren am Strand
schon wieder sehr viele Leute bei ihm. 22 Ein Typ, der Jairus hieß, kam bei
Jesus an und warf sich vor ihm auf den Boden. Jairus war ein wichtiger
Mann, er hatte eine Leitungsposition in der jüdischen Gemeinde vor Ort.
23 „Meine Tochter liegt im Sterben!“, rief er. „Bitte legen Sie ihr die Hände
auf und beten für sie, damit sie wieder gesund wird!“ 24 Jesus war einver-
standen und ging mit. Die Fangemeinde war ihm dabei dicht auf den Fer-
sen. 25 Eine Frau in der Menge hatte seit zwölf Jahren ohne Unterbre-
chung Regelblutungen und war somit nach den religiösen Gesetzen

ständig unrein, also nicht in Ordnung. 26 Sie war damit schon bei zig Ärz-
ten gewesen und hatte ihre sämtliche Kohle dagelassen, war aber immer
noch krank. Anscheinend konnte ihr keiner wirklich helfen. Ganz im Ge-
genteil, es ging ihr sogar von Tag zu Tag immer beschissener. 27 Als sie
davon Wind bekommen hatte, dass Jesus in der Gegend war, drängelte
sie sich von hinten durch die Menge und berührte seine Klamotten. 28 Sie
hatte sich das nämlich so gedacht: „Wenn ich nur mal sein Hemd anfas-
sen kann, dann werde ich bestimmt wieder gesund." 29 Und tatsächlich:
In der Sekunde, als sie ihn berührte, war sie wieder kerngesund! Die Blu-
tungen hörten auf, das merkte sie sofort. 30 Jesus merkte, dass gerade
irgendwie Kraft von ihm abgezapft wurde. Er drehte sich zu den Leuten
um und fragte: „Wer hat gerade meine Klamotten angefasst?" 31 Seine
Freunde schüttelten nur den Kopf. „Mann, merkst du noch was? Hier
drängeln tausend Leute um dich rum, und du fragst uns: ‚Wer hat mich
gerade angefasst?'" 32 Jesus schaute sich um, weil er die Person finden
wollte, die ihn berührt hatte. 33 Da bekam die Frau Angst und zitterte am
ganzen Körper. Dann kniete sie sich vor Jesus hin und erzählte ihm die
Story. 34 Jesus lächelte sie an: „Weil du so fest dadran geglaubt hast,
darum bist du jetzt auch gesund geworden! Entspann dich, bei dir ist
jetzt alles in Ordnung!" 35 In der Zeit, wo Jesus mit ihr redete, kamen ein
paar Leute aus dem Haus bei Jairus an. „Zu spät! Deine Tochter ist tot!
Der Experte kann sich den Weg sparen!", sagten sie. 36 Jesus, der das
gehört hatte, ging zu Jairus: „Keine Panik! Du kannst mir hundert Prozent
vertrauen!" 37 Als sie beim Haus angekommen waren, sagte er den Leu-
ten, sie sollten ihn mal für einen Moment in Ruhe lassen. Dann ging er
nur mit Petrus und den Brüdern Jakobus und Johannes rein. 38 Im Haus
hatte schon die große Trauersession begonnen. Alle waren total fertig
und heulten rum. 39 „Hey, Leute, was soll das?", fragte Jesus. „Warum
heult ihr? Das Kind ist nicht tot, es schläft nur!" 40 Fassungslos schüttel-
ten die Anwesenden nur ihren Kopf, ein paar verarschten ihn sogar. Aber
Jesus schickte alle aus dem Haus, nur die Eltern und ein paar Freunde
sollten drinbleiben. Dann gingen sie zusammen zum Bett des Mädchens.
41 Er nahm die Hand von der Tochter des Jairus und sagte leise zu ihr:
„Steh auf, Mädchen!" 42 Und sofort sprang das 12-jährige Mädchen aus
dem Bett und lief im Zimmer rum! Die Eltern waren echt sprachlos vor
Glück. 43 Jesus bat sie sehr eindringlich, niemandem davon zu erzählen.
„Und jetzt geht mal mit der Kleinen was spachteln!", meinte er.

6 Der Mann, der Worte von Gott für die Menschen bekommt, hat in seiner Heimat kein Heimspiel

1 Als nächster Ort auf der Tour war seine Heimstadt Nazareth angesetzt. Seine Freunde waren mit ihm dabei. 2 Und an dem religiösen Feiertag der Juden, dem Sabbat, hing er in der dortigen Synagoge und gab ein paar Unterrichtsstunden in Sachen Glauben. Viele, die da zuhörten, kamen mit Jesus gar nicht klar. „Woher kann er so gut reden? Von wem hat er das gelernt, was er da von sich gibt? Und wie kriegt er diese derben Wunder überhaupt hin?“, waren die gängigen Fragen. 3 „Ist das nicht dieser Zimmermann, einer der Söhne von Maria?“ „Ja genau, der Bruder von Jakobus und Joses, von Judas und Simon?!“ „Wohnen nicht seine Schwestern hier um die Ecke?“ Einige reagierten echt abgegessen auf Jesus. 4 „Ein Prophet hat in seiner Heimat immer ein Auswärtsspiel“, meinte Jesus, „auch wenn er woanders noch so angesagt ist.“ 5 Er war da auch nicht in der Lage, irgendwelche Wunder zu tun, ausgenommen an ein paar Leuten, die heilte er. 6 Er kriegte das nicht auf die Reihe, dass die Menschen da so wenig Vertrauen hatten. Darum ging er dann in andere Dörfer, die in der Gegend waren, und erzählte dort von Gott.

Jesus schickt seine Leute auf Tour

7 Jesus organisierte ein Meeting mit seinen zwölf Freunden. Er teilte sie in Zweier-Teams auf und übertrug auf sie die Vollmacht, fiese Geister, Dämonen und so weiter auszutreiben. 8 Er sagte ihnen, sie sollten sich keine dicken Sachen einpacken, nur einen Wanderstock, sonst nichts. Keinen Proviant, keinen Rucksack und auch keine Kohle. 9 Auch auf eine zweite Garnitur Klamotten sollten sie verzichten. Nur ein paar Wanderboots waren akzeptiert. 10 „Wenn ihr in irgendeinem Ort seid, dann pennt nur in einer Hütte und wechselt nicht ständig den Gastgeber“, gab Jesus noch als Tipp auf den Weg. 11 „Und wenn die Menschen in einem Dorf mal keinen Bock auf euch haben oder keinen Bock auf das, was ihr zu sagen habt, dann habt ihr euren Teil getan, ab jetzt ist es Gottes Sache. Winkt ihnen noch einmal und dann tschüss. Ihr könnt sie dann ruhig ihrem Schicksal überlassen.“ 12 Ab dann zogen seine Freunde los. Überall sagten sie den Leuten: „Ihr müsst eine total neue Ausrichtung in euer Leben kriegen! Hört auf, Mist zu bauen, lebt mit Gott!“ 13 Sie befreiten viele Menschen von fiesen Geistern, die in ihnen lebten, und heilten auch sehr viele Kranke, indem sie sie mit Öl eincremten und dann für sie beteten.

Johannes, der die Leute getauft hat, wird umgebracht

14 Jesus war die News des Tages, und überall redete man von ihm und von dem, was er so draufhatte. Der Präsident Herodes bekam auch Wind

davon. „Johannes ist, nachdem er gestorben war, wieder lebendig gewor-
den!“, erzählte man ihm. „Er hat den Tod besiegt, darum kann er auch so
große Wunder tun.“ 15 Ein anderes Gerücht war, dass Jesus der Prophet
Elia sei. Und andere glaubten, Jesus sei einfach ein derber Prophet, so
von der Kategorie der alten Prophetentypen. 16 Herodes bekam Panik,
denn er hatte Johannes tatsächlich den Kopf abschlagen lassen. „Der ist
vom Tod zurückgekommen und lebt wieder!“, meinte er. 17 Herodes hatte
Johannes nämlich verhaften lassen, um sich bei Herodias einzuschlei-
men. Sie war eigentlich mal die Ehefrau von seinem Bruder gewesen,
aber Herodes hatte sie trotzdem zur Frau genommen, obwohl das gesetz-
lich verboten war. 18 Johannes hatte Herodes immer wieder belabert: „Was
du tust, ist ungesetzlich! Du darfst nicht die Frau deines Bruders heira-
ten, das ist verboten!“ 19 Herodias schob voll den Hassfilm gegen Johan-
nes. Sie hätte ihn am liebsten sofort töten lassen, aber so mal eben ohne
Erlaubnis vom Präsidenten ging das nicht. 20 Herodes hatte dagegen Res-
pekt vor Johannes. Er war der Meinung, Johannes sei gut drauf, und
glaubte, dass der immer genau das tat, was Gott wollte. Darum passte er
sehr auf ihn auf. Auch wenn Johannes ihn und seinen Lebensstil oft in
Frage stellte, hörte er ihm gerne zu. 21 Aber dann bot sich für Herodias
eine gute Gelegenheit, Johannes aus dem Weg zu räumen. Und zwar
hatte Herodes irgendwann seine große Geburtstagsparty am Start. Alles,
was Rang und Namen hatte, war eingeladen. 22 Die Tochter von seiner
zweiten Frau Herodias zeigte auf der Party eine kleine Show. Sie machte
einen voll erotischen Striptease, und alle waren total begeistert. Der Prä-
sident sagte überschwenglich zu ihr: „Das war so geil, du kannst von mir
heute haben, was du willst, 23 egal, worum du mich bittest! Und wenn du
die Hälfte von meinem Vermögen haben willst, ich würde es dir glatt
geben!“ 24 Sie ging gleich zu Mutter: „Was soll ich denn jetzt sagen?“,
fragte sie. „Sag ihm, er soll dir den Kopf von Johannes bringen!“, antwor-
tete die Mutter. 25 Das Mädchen ging zurück und sagte zu ihm: „Ich will
den Kopf vom Johannes auf einem Silbertablett von dir serviert haben!“
26 Na ja, da war der Präsident erst mal traurig, aber er wollte vor seinen
Gästen auch nicht peinlich rüberkommen. 27 Dann musste der Vollstre-
ckungsbeamte in das Gefängnis gehen, und auf Befehl des Präsidenten
wurde dem Johannes der Kopf abgeschlagen. 28 Den Kopf brachte er dann
wieder in den Saal rein, auf einem Silbertablett, wie gewünscht. Er gab
ihn dem Mädchen, und sie gab ihn an ihre Mutter weiter. 29 Die News
kam auch zu den Schülern von Johannes. Sie holten den toten Körper
dann gleich ab und beerdigten ihn.

Fünftausend Menschen bekommen fett zu essen

30 Die von Jesus ausgesandten Freunde kamen dann irgendwann aufgeregt
wieder zurück, um von ihrer Tour Bericht zu erstatten. 31 Jesus organisierte
erst mal eine kleine Freizeit für seine Jungs. „Lasst uns irgendwo hinge-
hen, wo ihr chillen könnt", meinte er. Die ganze Zeit waren massig Leute
um sie rum, die irgendetwas wollten. Oft war noch nicht mal Zeit zum
Essen übrig. 32 Sie nahmen ein Boot und fuhren damit an einen Platz, wo
sie ihre Ruhe hatten. 33 Die Leute kriegten das aber spitz, und als sie mit
dem Boot woanders anlegen wollten, wartete da schon wieder eine ganze
Meute auf sie. 34 Als Jesus aus dem Boot steigen wollte, waren schon sehr
viele Menschen da. Diese Leute taten Jesus voll leid, sie kamen ihm vor
wie Kinder ohne Eltern. Er nahm sich sehr viel Zeit für sie und brachte
ihnen eine Menge Sachen bei. 35 Am späten Nachmittag meinten ein paar
seiner Freunde: „Hier ist echt tote Hose, und es wird langsam auch spät.
36 Schick die Leute doch nach Hause, damit sie da was essen können oder
sich irgendwo was zu essen kaufen." 37 Jesus hatte aber eine andere Idee:
„Ihr könnt sie doch auch zum Essen einladen!" – „Wie jetzt, wie soll das
denn gehen? Keiner von uns hat so viel Kohle, um hier alle satt zu krie-
gen!" 38 „Checkt mal ab, wie viele Brote wir zusammenbekommen!", sagte
Jesus. Nach einer Zeit kamen sie zurück: „Fünf Brote und zwei Frikadellen,
das ist alles." 39 Jesus teilte die Menge in Gruppen auf und sagte ihnen,
sie sollten sich mal auf die fette Wiese setzen. 40 Die Gruppenstärke war
entweder fünfzig oder hundert Männer plus Frauen. 41 Dann nahm er die
fünf Brote und die zwei Frikadellen. Er sah Richtung Himmel und betete
für das Essen. Danach zerteilte er das Brot in kleinere Stücke und übergab
es seinen Freunden. Die verteilten dann die Frikadellen und das Brot unter
die Leute. 42 Alle hatten fett zu essen. 43 Anschließend wurden die Reste
eingesammelt, und es kamen tatsächlich über zwölf Eimer mit Essen
zurück! 44 Insgesamt fünftausend Männer plus die Frauen waren am Ende
pappsatt! 45 Danach sagte Jesus seinen Freunden, sie sollten schon mal
vorfahren, er wollte noch etwas bei den Leuten bleiben und sich in Ruhe
verabschieden.

„Super-Jesus" muss seinen Freunden helfen

46 Endlich war Jesus dann mal alleine. Er ging auf einen Berg, um mit Gott
zu labern. 47 Schließlich wurde es dunkel, als seine Freunde noch mit
ihrem Boot draußen auf dem Meer waren. 48 Jesus konnte vom Strand aus
sehen, wie plötzlich ein schlimmer Sturm aufkam und sie voll gegen die
Wellen kämpfen mussten, um nicht zu ersaufen. Es war wohl gegen vier
Uhr morgens, als er plötzlich auf dem Wasser an ihrem Boot vorbei-
schlenderte! 49 Als sie das sahen, kriegten die aber voll den Horror und

schrien wie blöd rum. 50 Sie dachten, sie wären wohl auf einem Horrortrip!
Aber Jesus rief ihnen sofort zu: „Keine Panik, Jungs! Ich bin es doch nur!"
51 Er kam in das Boot, und der Sturm war plötzlich auch weg. Die Männer
kriegten das alle nicht auf die Reihe, was sie da gerade mal wieder live
miterlebt hatten. 52 Obwohl sie das große Wunder mit dem vielen Essen
auf der Wiese mitbekommen hatten, hatten sie noch nicht wirklich
kapiert, dass man Jesus total vertrauen kann. 53 Als sie auf der anderen
Seite des Sees mit dem Boot anlegten 54 und ausgestiegen waren, hatte
sich die Ankunft von Jesus sofort rumgesprochen. 55 Aus jedem Kaff
kamen die Leute angeströmt, Menschen mit schwerer Körperbehinde-
rung, viele Leute, die echt krank waren. 56 Egal, wo Jesus war, ob in der
Stadt oder auf dem Land, überall brachten sie immer viele kranke Men-
schen zu ihm. Teilweise fragten sie ihn nur, ob man mal seine Klamotten
anfassen dürfte. Und wirklich jeder, der ihn berührte, wurde geheilt!

7

Was ist okay für Gott und was nicht mehr?

1 Irgendwann kamen ein paar religiöse Streber, diese Pharisäer, und
ein paar religiöse Profis aus Jerusalem vorbei, extra um mit Jesus zu
reden. 2 Währenddessen konnten sie beobachten, wie die Freunde von
Jesus frühstückten, ohne sich vorher die Hände zu waschen, wie es nach
den religiösen Regeln der Juden üblich war. 3 Die Juden und ganz speziell
die Streber waren damit nämlich immer ganz pingelig. Ganz nach alter
Vorschrift musste man sich vor dem Essen immer gründlich die Hände
waschen. 4 Auch Sachen vom Markt wurden nur gegessen, wenn man sie
vorher wenigstens kurz unters Wasser gehalten hatte. Das war nur eine
von vielen Vorschriften, die ihnen wichtig waren. Noch dazu gehörten
Sachen wie die Reinigung von Bechern, Krügen und Töpfen. 5 Die religiö-
sen Streber und Profis fragten Jesus: „Warum leben Ihre Freunde nicht
nach den alten Vorschriften, die wir schon immer hatten? Sie essen ein-
fach, ohne sich vorher die Hände zu waschen." 6 „Ihr miesen Pseudos!",
meinte Jesus nur. „Jesaja hat schon über euch Folgendes vorausgesagt:
‚Ihnen geht es nur um viel Palaver, aber ihr Herz ist meilenweit von Gott
entfernt: 7 Wenn sie beten, ist dies für den Arsch und bringt nichts, denn
sie vertauschen einfach die alten Gesetze von Gott mit ihren eigenen Leh-
ren.' 8 Ihr haltet euch nicht an die Regeln von Gott, seine Gesetze, son-
dern an eure eigenen Regeln." 9 Dann sagte er noch: „Ihr trickst dabei
ganz toll rum und hebelt die Gesetze Gottes aus, damit ihr eure eigenen
Regeln halten könnt. 10 Mose hat zum Beispiel die Ansage gemacht: ‚Es
ist wichtig, Respekt vor seinen Eltern zu haben!' Er meinte sogar: ‚Wer
seinen Vater oder seine Mutter beschimpft, hat die Todesstrafe verdient.'

11 Ihr erzählt aber, es ist total okay, wenn jemand zu seinen Eltern sagt: ‚Sorry, ihr beiden: Ich habe eben Geld gespendet. Ich brauch euch nichts mehr geben.' 12 Durch euren Einfluss lassen nun viele ihre Eltern links liegen, egal, wie dreckig es denen geht. 13 Und so habt ihr Gottes Gesetze durch eure eigenen ausgetauscht. Und das ist nur eins von vielen Beispielen!" 14 Dann sah Jesus die anderen Leute an und rief ihnen zu: „Passt mal gut auf! Versucht zu packen, was ich sage! 15/16 Menschen werden nicht dadurch dreckig, dass sie falsche Sachen essen, die irgendein Gesetz verboten hat. Dreckig wird man durch die Dinge, die in deinem Inneren ablaufen, was man denkt und was man sagt; und wie du deswegen handelst. Das macht dich echt dreckig und entfernt dich von Gott." 17 Danach ging er von den Leuten weg in ein Haus. Als er dort ankam befragten seine Freunde ihn gleich, was genau er eben damit gemeint hatte. 18 „Habt ihr das auch nicht kapiert?", fragte Jesus zurück. „Man kann alles essen, was man will! Für Gott kannst du durch so was nicht dreckig werden. 19 Denn egal, was ihr so in euch reinspachtelt, es geht in den Magen und danach ins Klo." Jesus wollte damit klarmachen, dass jedes Essen okay ist. 20 Und dann sagte er noch: „Was an Gedanken aus einem Menschen rauskommt, macht ihn dreckig. 21/22 Aus dem Innersten kommen solche bösen Sachen wie: seinen Partner zu betrügen, zu klauen, Mord, anschaffen gehen oder Prostitution, Geiz, böse und link drauf zu sein, Party zu machen, ohne Grenzen einzuhalten, Neid, über andere oder Gott ablästern, sich selber als den Größten anzusehen, Dinge zu tun, ohne das Hirn einzuschalten. 23 Alle diese linken Dinge kommen aus dem Innersten des Menschen und machen ihn dreckig."

Eine Nichtjüdin ist cool drauf

24 Jesus zog mit seinen Freunden in die Nähe von Tyrus, einer Stadt mit einem großen Hafen. Er wollte eigentlich unerkannt bleiben, aber es sprach sich wieder sehr schnell rum, dass er da war. 25 Die News war auch an das Ohr von einer Frau gedrungen, deren Tochter von einem fiesen Geist, einem Dämon, befallen war. 26 Sie fragte Jesus, ob er das Ding nicht aus ihrer Tochter rausholen könne. Diese Frau war allerdings keine Jüdin. 27 Jesus meinte zu ihr: „Hey, zuerst sind meine Leute dran, die Kinder vom Volk aus Israel. Es ist nicht okay, wenn man Kindern das Brot wegnimmt und es den Hunden zu fressen gibt." 28 Die konterte aber sofort: „Da haben Sie recht, aber kleine Hündchen bekommen doch auch die Reste ab, die vom Essen noch übrig bleiben, oder?" 29 „Das stimmt. Ist okay, ich werde Ihrer Tochter helfen. Sie können nach Hause gehen, das Ding ist schon gelaufen, der fiese Geist ist aus Ihrem Kind schon verschwunden!" 30 Und tatsächlich: Als die Frau zu Hause ankam,

lag ihre Tochter ganz gechillt im Bett. Der Dämon hatte sie verlassen,
und sie war frei.

Ein Taubstummer kann wieder sprechen und hören

31 Die nächste Station von der Tour von Jesus war dann Sidon. Und danach
ging er wieder an den See von Galiläa und in den „Zehn-Städte-Land-
kreis“. 32 Ein Typ, der taub war und so gut wie gar nicht sprechen konnte,
wurde zu ihm in die Sprechstunde gebracht. Jesus sollte mal für den
beten und ihn heilen. 33 Er ging mit ihm um die Ecke an eine Stelle, wo es
ein bisschen ruhiger war und nicht so viel Rummel abging. Dann steckte
er seinen Finger in die Ohren von dem Typen. Danach tat er etwas Spucke
auf seine Fingerspitzen und berührte damit seine Zunge. 34 Und dann sah
er in Richtung Himmel, seufzte kurz und sagte dann zu den Ohren: „Ihr
müsst jetzt funktionieren!“ 35 Und in der Sekunde konnte der Mann ganz
normal reden und hören! 36 Jesus wollte aber nicht, dass jeder das sofort
erfährt. Er befahl allen, die das mitgekriegt hatten, bloß ihren Mund zu
halten. Aber es passierte natürlich genau das Gegenteil, und es dauerte
nicht lange, da wusste jeder davon ... 37 Alle kriegten das irgendwie über-
haupt nicht auf die Reihe, was Jesus so alles brachte. „Ist das nicht voll
krass, was der so alles bringt?! Wahnsinn, sogar die Leute, die taub sind,
und die Stummen kann er wieder gesund machen!“

8

Viertausend bekommen fett zu essen

1 An einem anderen Tag waren mal wieder irre viele Leute bei Jesus.
Leider hatten die nicht genug Sachen zum Essen dabei. Darum rief
Jesus seine Freunde zu einem kurzen Meeting zusammen. 2 „Die Leute,
die hier sind, tun mir voll leid. Die sind jetzt schon drei Tage da, und wir
haben nichts zum Essen am Start. 3 Wenn ich die so nach Hause schi-
cke, krepieren die mir noch auf dem Heimweg. Einige haben noch einen
ganz schönen Weg vor sich.“ 4 „Wie sollen wir denn hier in dieser
Gegend, wo total tote Hose ist, noch was zu essen herkriegen?“, fragten
seine Freunde. 5 „Was habt ihr denn an Essen dabei?“ – „Also, sieben
Brote kriegen wir zusammen.“ 6 Jesus sagte den Leuten, sie sollten sich
mal auf den Boden pflanzen. Dann nahm er die sieben Brote, ließ ein
kurzes Dankgebet Richtung Himmel vom Stapel und gab sie an seine
Freunde weiter. Sie sollten die Essensverteilung vornehmen. 7 Und dann
waren da auch noch ein paar geräucherte Fische. Jesus betete dadrüber
und gab die auch weiter. 8 Alle hatten am Ende fett zu essen. Es war
mehr als genug für alle da, und als sie die Reste eingesammelt hatten,
kamen satte sieben Plastiktüten voller Essen zurück. 9 Ungefähr viertau-

send Leute waren dabei. Nach dem Essen sollten sie dann aber verschwinden.

Prophetentest und Hefeteig

10 Anschließend fuhr Jesus mit seinen Freunden auf einem Boot Richtung
Dalmanuta. 11 Als die religiösen Streber das spitzkriegten, kamen sie
sofort angerannt. Sie wollten den ultimativen Prophetentest mit Jesus
abziehen. „Wir wollen ein Wunder sehen!“, war ihre Forderung. 12 Jesus
stöhnte so laut, dass es alle hören konnten: „Oh, Mann, warum wollt ihr
immer nur irgendwelche Wunder sehen? Ihr werdet an eurer Wunder-
geilheit noch ersticken! Diese Art von Beweis könnt ihr vergessen!“
13 Jesus ging wieder zum Boot und schipperte über den See zum anderen
Ufer. 14 Die Freunde von Jesus hatten total vergessen, was zum Essen mit-
zunehmen. Sie hatten nur noch ein Brot dabei, das war alles. 15 Während
der Fahrt auf dem See meinte Jesus so nebenbei: „Hey, ihr müsst echt auf-
passen wegen diesen Hefeteig-Sachen, die euch die religiösen Streber und
auch der Präsident Herodes verkaufen wollen.“ 16 Seine Freunde dachten
sofort, er würde das Thema anschneiden, weil nichts mehr zu essen da
war. 17 Jesus konnte aber Gedanken lesen und war echt traurig über ihre
Sorgen: „Mann, warum habt ihr schon wieder Panik, ihr müsstet verhun-
gern? Kapiert ihr das denn echt nicht? Warum seid ihr so hart unterwegs?
Wann begreift ihr das endlich? 18 Ihr habt Augen und seid doch voll die
Blindis, ihr habt Ohren und peilt doch gar nichts. 19 Habt ihr gepennt, als
ich fünftausend Männer mit fünf Broten satt gemacht habe? Was war da
am Ende noch übrig? Hallo?“ – „Zwölf Eimer“, war die Antwort. 20 „Und
wie war das, als ich viertausend hungrige Leute mit sieben Broten satt
gekriegt habe? Was war da am Ende noch übrig?“ – „Sieben Plastiktüten“,
sagten sie. 21 „Kapiert ihr das jetzt endlich?!“

Ein Typ, der blind war, kann wieder sehen

22 Als Jesus dann in Betsaida aufschlug, brachten sie einen Mann zu ihm,
der nicht sehen konnte. 23 Jesus nahm die Hand von dem Blinden und
ging mit ihm aus dem Ort raus. Dann spuckte er ihm auf seine Augen,
legte anschließend seine Hände drüber und betete. Danach fragte er ihn:
„Na, wie isses, kannst du was sehen?“ 24 „Ja, schon ein bisschen. Ich kann
auf jeden Fall irgendetwas sehen, was sich bewegt, Menschen oder so.
Könnten aber auch Bäume sein.“ 25 Jesus ließ nicht locker und legte noch
mal seine Hände auf seine Augen. Und danach konnte er alles genau
erkennen und war komplett geheilt! 26 Jesus schickte ihn dann erst mal
nach Hause: „Geh jetzt! Aber versack nicht im Ort, geh direkt nach
Hause, ja?!“

Petrus hat verstanden, wer Jesus ist

27 Irgendwann verließen Jesus und seine Freunde Galiläa. Sie zogen auf
die Dörfer, die um Cäsarea Philippi lagen. Unterwegs fragte Jesus mal:
„Was reden die Leute eigentlich über mich?" 28 „Also einige sagen, du
wärst Johannes, der die Leute getauft hat, andere glauben, du wärst Elia,
der alte Prophetentyp." 29 „Und ihr? Was glaubt ihr, wer ich bin?" Petrus
sagte sofort: „Du bist der Auserwählte, du bist der Christus!" 30 Jesus ant-
wortete voll ernst: „Gut, aber bitte keinem weitersagen, okay?" 31 Dann
weihte Jesus seine Freunde zum ersten Mal in die Dinge ein, die bald pas-
sieren würden. Dass er bald ganz derbe Sachen durchmachen muss, dass
die Regierung und die Männer, die was zu sagen haben im Land, die
obersten Priester und die Theologen, ihn verhaften lassen werden. Und
dass sie ihn dann verurteilen und töten. Aber nach drei Tagen wird es ein
fettes Comeback geben. 32 Jesus war total ehrlich mit ihnen, aber Petrus
hatte auf das, was Jesus ankündigte, überhaupt keinen Bock. Er versuchte
ihm das in einem Gespräch von Mann zu Mann auszureden. 33 Der fand
das nicht so toll, und sagte zu ihm: „Hau ab, Satan! Das sind nicht Gottes
Gedanken, diese Idee kommt aus deinem eigenen, menschlichen Hirn!"

Alles geben, um alles zu gewinnen

34 Jesus rief seine Freunde und die Leute, die das hörten, zu sich. „Wenn
jemand so leben will wie ich, wenn er so draufkommen will, wie ich es
bin, dann ist komplette Selbstaufgabe angesagt. Nur wenn du bereit bist,
alles aufzugeben, was du bist und hast, dann kannst du mir nachfolgen.
35 Wenn jemand versucht, mit aller Kraft um sein Leben zu kämpfen und
versucht es festzuhalten, der wird es gerade dann verlieren. Wenn jemand
aber sein Leben an mich verliert und sich radikal für meine Sache einsetzt,
der hat es gerade erst gewonnen. 36 Was bringt es, wenn jemand Applaus
und die Erfolge bekommt, die man auf dieser Welt kriegen kann, aber
dafür seine Seele verliert? 37 Gibt es überhaupt etwas Wertvolleres als die
Seele? 38 Wenn es jemand mal peinlich sein sollte, dass er an mich glaubt,
und sich nicht zu den Sachen, die ich gesagt habe, stellen kann, dann wird
es mir auch peinlich sein, wenn er irgendwann mal mit den Engeln vor
meinem heiligen Papa stehen wird."

9

Der abgespacete Jesus

1 Jesus hielt mal wieder eine Rede. Er sagte: „Eins verspreche ich
euch: Ein paar von euch werden erleben, wie diese neue Zeit losgeht,
in der Gott das Sagen hat!" 2 Nach sechs Tagen nahm Jesus Petrus, Jako-
bus und Johannes mit und machte mit ihnen eine Bergtour. Als sie oben

angekommen waren, verwandelte sich plötzlich das Aussehen von Jesus total heftig. [3] Seine Klamotten strahlten wie weißer Phosphor, so ein Weiß, wie man es auf der Erde nicht kennt. [4] Und dann kamen Elia und Mose vorbei und quatschten 'ne Runde mit Jesus. [5] Petrus war völlig high. Er meinte nur: „Oh, Jesus, es ist voll schön, hier zu sein! Lass uns gleich ein Denkmal bauen, drei Häuser, ja? Eins für dich, eins für Mose und eins für Elia!" [6] Er war aber nicht ganz klar in der Birne und hatte wohl einen Adrenalinkick, weil er so eine Angst hatte, genauso wie die anderen auch. [7] Und dann kam plötzlich eine Riesenwolke über sie, und eine Stimme sprach aus dem Off: „Dieser Typ ist mein Sohn. Ich hab ihn sehr lieb. Tut, was er sagt!" [8] Im nächsten Augenblick waren Elia und Mose weg. Nur Jesus war noch da. [9] Auf dem Rückweg schärfte Jesus ihnen ein, niemandem davon zu erzählen, bis er von den Toten zurück wäre. [10] Sie hielten das Versprechen, redeten aber untereinander noch oft über das ganze Thema „Auferstehung von den Toten" und was das überhaupt wäre. [11] Irgendwann kam da die Frage auf: „Warum erzählen die Theologen, dass Elia wiederkommen muss, bevor der Auserwählte, der Messias, am Start ist?" [12] „Das mit Elia stimmt schon", meinte Jesus, „der war sozusagen die Preview vom Hauptfilm. Warum steht denn im alten Buch, dass der eine Typ, der Auserwählte Gottes, schlimme Sachen durchmachen muss, dass man ihn überall verarschen wird und so? [13] Ist doch klar, Elia war schon lange da, und sie haben mit ihm genau das gemacht, was in dem alten Buch schon vorhergesagt wurde."

Wer darf 'ne Order von Gott bekommen?

[14] Als sie zurück waren, kamen sie mitten in eine derbe Diskussion zwischen seinen Freunden und den Theologen, die von vielen Zuschauern verfolgt wurde. [15] Die Menschen waren alle total aufgeregt, als Jesus dazukam. Sie rannten ihm entgegen und sagten: „Hallo, Jesus, da bist du ja!" [16] „Worüber diskutiert ihr gerade?", fragte er. [17] Ein Typ aus der Menge sagte: „Mein Herr, ich habe gerade meinen Sohn hierhergebracht. Ich wollte Sie bitten, ihn gesund zu machen. Er kann nicht sprechen, weil ein fieser Geist in ihm ist und ihn kontrolliert. [18] Wenn der Geist richtig loslegt, dann haut er ihn einfach um, seine Spucke wird weiß, er knirscht mit den Zähnen und verkrampft total. Ich hatte ihn schon Ihren Freunden vorgestellt, aber die konnten auch nicht wirklich weiterhelfen." [19] Jesus war etwas genervt: „Oh, Mann, warum habt ihr so wenig Vertrauen in Gott? Wie lange muss ich es noch bei euch aushalten, bis ihr endlich kapiert, wie so was funktioniert? Bringt den Jungen mal her!" [20] Als der Junge gebracht wurde, legte der fiese Geist gleich richtig los, als er Jesus sah. Der Junge krampfte hoch zehn, wälzte sich auf dem Boden hin und her

und hatte gleich wieder weißen Schaum vor dem Mund. 21 „Seit wann tre-
ten diese Symptome auf?", wollte Jesus wissen. Der Vater sagte: „Schon
seitdem er klein ist. 22 Der fiese Geist hat ihn schon oft umgehauen, ihn
sogar in eine Feuerstelle und auch ins Wasser geworfen. Ich glaube, er will
ihn töten. Bitte, helfen Sie uns! Tun Sie etwas, wenn Sie dazu in der Lage
sind!" 23 „Was ist das denn für 'ne Ansage? ‚Wenn ich dazu in der Lage
bin'? Alles ist möglich für jemanden, der hundert Prozent vertraut!" 24 Der
Vater sagte dann: „Ich habe ein großes Vertrauen in Sie! Aber helfen Sie
mir dabei, Ihnen wirklich auf die Art zu glauben, wie es nötig ist!" 25 Jesus
kriegte mit, dass immer mehr Zuschauer da waren. Er bedrohte den fiesen
Geist und sagte zu ihm: „Du Geist, der Menschen stumm und taub
macht, ich befehle dir jetzt: Hau ab aus diesem Kind! Du darfst da auch
nie wieder reinkommen! Verschwinde!" 26 Der Geist brüllte los, packte den
Jungen noch einmal, warf ihn hin und her, und dann verschwand er. Der
Junge saß erst mal still da, ohne sich zu bewegen. Alle dachten, er wäre
tot. 27 Aber Jesus nahm seine Hand und zog ihn hoch, bis er stehen
konnte. 28 Nachdem Jesus sich dann mit seinen Freunden in ein Haus
zurückgezogen hatte, wollten die natürlich wissen, warum es bei ihnen
nicht geklappt hatte mit der Dämonenaustreibung und so. 29 „Es gibt so
eine Art von fiesen Geistern oder Dämonen, die kann man nur raus-
schmeißen, wenn man voll eng mit Gott lebt."

Jesus macht mal wieder 'ne Ansage, was seinen Tod angeht

30 Dann hauten sie irgendwann mal aus der Gegend ab und machten 'ne
Tour durch Galiläa. Er wollte seinen Freunden noch viel beibringen und
hielt es für 'ne gute Idee, mit ihnen dazu alleine zu sein. 31 „Der Aus-
erwählte Gottes wird von jemand verraten werden. Er wird umgebracht,
aber nach drei Tagen feiert er sein Comeback unter den Lebenden." 32 Sie
kapierten null, was er damit sagen wollte, hatten aber Angst, noch mal
nachzufragen.

Wer bei Gott groß rauskommt und wer nicht

33 In Kapernaum wohnten sie zusammen in einem Haus. „Worüber habt
ihr gerade auf dem Weg hierher gequatscht?", fragte Jesus. 34 Sie sagten
nichts, weil es ihnen voll peinlich war. Sie hatten nämlich gerade dadrüber
diskutiert, wer von ihnen wohl der Wichtigste von allen sei, auf wen man
am wenigsten verzichten könnte. 35 Jesus pflanzte sich mit den zwölf
Freunden in die Sitzecke. „Wer von euch ganz weit vorne sein will, der
sollte sich ganz hinten anstellen und den anderen dienen." 36 Er holte ein
kleines Kind in den Raum, stellte es in die Mitte und umarmte es. 37 „Jeder,
der sich um so ein Kind kümmert, weil er mit mir lebt, der kümmert sich

gleichzeitig auch um mich und meine Sache. Und wer sich um mich küm-
mert, der hat sich damit auch der Sache meines Vaters angenommen."

Wenn jemand nicht gegen uns arbeitet, dann ist er für uns

38 Johannes meinte mal zu Jesus: „Meister, wir haben im Ort so einen
Typen getroffen, der fiese Geister, so Dämonen, aus Leuten rausholt. Und
der tut das unter Verwendung von deinem Namen. Wir haben ihm das
strengstens untersagt, er gehört ja schließlich nicht zu unserer Gruppe."
39 „Das war nicht okay", meinte Jesus. „Wenn jemand unter Verwendung
meines Namens gute Sachen macht, wird er auf der anderen Seite meinen
Namen nicht in den Dreck ziehen. 40 Wenn jemand nicht gegen uns arbei-
tet, arbeitet er für uns. 41 Wenn mal einer auch nur ein Glas Wasser raus-
rückt, weil er zu mir gehört, dann wird er dafür richtig belohnt werden.
Das garantiere ich euch!"

Keine halben Sachen machen! Radikal für Gott leben!

42 „Hey, eins will ich euch sagen: Wenn irgendjemand das tiefe Vertrauen
zerstört, das ein Mensch in mich hat, für den wäre es besser, er würde mit
einem Betonklotz an den Füßen ins Meer geworfen werden! 43/44 Und
wenn dich deine Hand zu Sachen verführt, die Gott nicht gut findet, dann
säg sie lieber ab. Lieber einarmig im Himmel, als mit beiden Händen in
der Hölle. 45/46 Und wenn dein Fuß dich dazu bringt, Sachen zu tun, die
Gott nicht gut findet, dann säg ihn lieber ab. Besser einbeinig im Himmel
als zweibeinig in der Hölle. 47 Und wenn dein Auge dich dazu verführt,
Sachen zu machen, die dich von Gott trennen würden, dann reiß es lieber
raus. Besser einäugig im Himmel als mit beiden Augen in der Hölle. 48 In
der Hölle ist es total ätzend, du wirst dort ohne Ende Schmerzen haben.
49 Keiner wird um den Check seines Lebens rumkommen können, alle
müssen einmal durch dieses Feuer. Das ist die Vorbereitung, und so
bekommst du auch Auswirkung auf deine Umwelt. 50 Es ist generell gut,
Auswirkung auf seine Umgebung zu haben. Aber was geht dann, wenn ihr
nicht mehr auf andere abfärbt? Geht gut miteinander um, das ist wichtig!"

10 **Jesus sagt was über die Ehe**

1 Irgendwann zog Jesus weiter in die Richtung östlich vom Jordan.
Wie immer waren gleich voll viele Menschen um ihn herum, und er
brachte denen dann Sachen bei. 2 Einige von den Pharisäern, den religiö-
sen Strebern, kamen vorbei und versuchten ihn wieder aufs Glatteis zu
führen: „Wie ist das, dürfen sich Ihrer Meinung nach Ehepaare scheiden
lassen?" 3 „Gegenfrage: Was meinte Mose denn zu dem Thema?" 4 „Für

Mose war das okay! Er sagt dazu, man sollte seiner Frau nur ein Papier
ausstellen, und dann kann man sie rausschmeißen.“ 5 „Oh, Mann, ihr seid
so hart unterwegs, Leute! Nur darum hat Mose euch das erlaubt. 6 Gott
hatte aber ursprünglich eine andere Idee, als er Männer und Frauen ge-
macht hat. Ich zitiere: 7 ‚Deshalb wird ein Mann sich von seinen Eltern
verabschieden und sich verbindlich auf eine Frau einlassen. 8 Beide wer-
den dann total ineinander verschmelzen.‘ 9 Keiner darf sie dann mehr aus-
einanderreißen, Gott hat sie ja zusammengeschweißt.“ 10 Später, als alle
weg waren und seine Freunde mit ihm alleine waren, fragten sie noch mal
nach. 11 Seine Antwort war dann: „Also, wenn sich einer von seiner Ehefrau
trennt und sich eine neue Frau sucht und die heiratet, dann zerstört er
ihre Ehe. 12 Und wenn eine Ehefrau sich von ihrem Ehemann trennt und
wieder jemand anderen heiratet, dann zerstört sie auch die Ehe.“

Jesus liebt die Kids

13 Irgendwann brachten einmal ein paar Mütter ihre Kinder zu Jesus. Sie
wollten gerne, dass er für sie betet und sie segnet. Die Freunde von Jesus
hatten da aber keinen Bock drauf und stießen sie weg. 14 Als Jesus das
mitbekam, war er supersauer. Er brüllte sie an: „Lasst die Kinder durch!
Sie haben bei mir immer Vorzug. Menschen, die so sind wie die, denen
gehört das neue Land, wo Gott das Sagen hat. 15 Eins kann ich euch ver-
sprechen: Wer glaubensmäßig nicht so draufkommt wie so ein Kind, hat
keinen Platz in Gottes neuem Reich.“ 16 Er nahm noch ein paar Kinder
ganz fest in die Arme, knuddelte sie und betete noch ’ne Runde. 17 Gerade
als sie wieder loswollten, rannte ein Typ auf ihn zu, kniete sich vor ihm
hin und fragte: „Lieber guter Herr Lehrer! Ich habe eine für mich wichtige
Frage an Sie. Was muss ich alles tun, um in den Himmel zu kommen,
wenn ich tot bin?“ 18 „Hey, ich will, dass Gott der Vater groß rauskommt,
er alleine ist wirklich gut! Bitte nennen Sie mich nicht so. 19 Und was
diese Gesetze angeht, die kennen Sie doch auswendig, oder? Es ist nicht
okay, Leute zu töten, die Ehe kaputt zu machen, zu klauen, rumzulügen,
irgendjemanden abzuziehen. Und man soll seinen Vater und seine Mut-
ter respektieren.“ 20 „Herr Lehrer, was diese Sachen angeht, danach lebe
ich schon, solange ich denken kann!“ 21 Jesus sah den Typen total liebe-
voll an und meinte: „Eine Sache fehlt aber noch. Ziehen Sie mal los und
verkaufen Sie den ganzen Krempel, alles, was Sie haben, und spenden
Sie die Kohle an Leute, die es wirklich brauchen. Dann werden Sie im
Himmel ein fettes Bankkonto haben. Und dann lassen Sie alles stehen
und liegen und gehen mit mir.“ 22 Nach dieser Ansage war er voll entmu-
tigt und lief traurig wieder weg. Er hatte nämlich sehr viel Kohle. 23 Jesus
meinte darauf zu seinen Freunden: „Leute, die sehr reich sind, haben es

total schwer, ein Ticket für den Himmel zu kriegen." 24 Die waren total
fertig, als er das gesagt hatte. Jesus wiederholte das darum noch mal:
„Also für Menschen, die sehr reich sind, wird es monsterschwer, in den
Himmel zu kommen. 25 Es ist leichter, dass ein Pferd durch ein Schlüs-
selloch durchpasst, als dass einer, der viel Kohle hat, in den Himmel
kommt!" 26 Seine Freunde waren immer noch total fertig. „Wer kann es
denn überhaupt schaffen? Wer kriegt das denn noch hin?" 27 „Keiner kann
es schaffen, sich zu Gott hochzuarbeiten, das geht gar nicht. Aber für
Gott ist alles möglich", war seine Antwort. 28 „Und wie steht es dann um
uns, Jesus? Wir haben alles stehen und liegen lassen und sind radikal mit
dir gegangen", fragte Petrus. 29 „Eins ist sicher: Alle, die ihr Vermögen,
ihre Familie, ihre Wohnung, ihre Kinder aufgegeben haben, weil sie mit
mir gegangen sind, und das tun, was ich gesagt habe, 30 die werden
schon jetzt fett dafür absahnen. Auch wenn sie dafür Ärger kriegen, weil
sie an mich glauben. In der neuen Welt, die dann mal sein wird, da wer-
den sie ein ewig geiles Leben haben. 31 Viele Leute, die jetzt so richtig
wichtig sind, werden dann 'ne kleine Nummer sein. Und die Unschein-
baren werden dann ganz groß rauskommen."

Jesus macht zum dritten Mal die Ansage, dass man ihm bald ans Leder gehen wird

32 Auf dem Weg nach Jerusalem ging Jesus voraus. Seine Freunde beka-
men Schiss und auch die anderen, die mitgezogen waren. Jesus nahm
seine Freunde noch mal beiseite und machte folgende Ansage über das,
was ihn in Jerusalem erwarten würde: 33 „Wenn wir da in Jerusalem an-
kommen, werde ich an die obersten religiösen Leiter und an die Theo-
logen ausgeliefert werden. Man wird mich zum Tod verurteilen und an
die römische Besatzung ausliefern. 34 Dann werden sie mich verarschen,
anspucken, foltern und schließlich umbringen. Aber nach drei Tagen hab
ich mein Comeback."

Wer bei Gott gut dasteht und wer nicht

35 Jakobus und Johannes (die Söhne von Zebedäus) hatten mal 'ne Frage
an Jesus: „Jesus, wir haben eine Anfrage an dich." 36 „Um was geht es
denn?" 37 „Könntest du das organisieren, dass wir 'ne Reservierung für die
Plätze auf der Ehrentribüne bekommen, gleich neben dir, wenn wir im
Himmel sind?" 38 „Oh, Mann, ihr habt ja keine Ahnung, was ihr da gerade
beantragt habt! Glaubt ihr denn, ihr packt das? Könnt ihr die gleichen
schlimmen Sachen durchmachen, wie ich sie durchmachen werde? Könnt
ihr den gleichen Tod sterben, wie ich ihn sterben werde?" 39 „Klar, das kön-
nen wir", war ihre Antwort. „Okay", meinte Jesus, „ihr werdet tatsächlich

aus dem gleichen Becher trinken wie ich. Und ihr werdet tatsächlich mit
derselben Taufe getauft werden, wie ich getauft werde. 40 Aber ich kann
darüber trotzdem nicht bestimmen, wer neben mir sitzen wird und wer
nicht. Gott hat das schon lange geplant." 41 Die anderen Freunde hatten
das spitzbekommen, wie sich Jakobus und Johannes einschleimen woll-
ten, und waren echt sauer. 42 Jesus setzte sofort ein Meeting an: „Ihr habt
mitgekriegt, wie das hier auf der Erde so läuft. Regierungen behandeln
ihre Bürger oft wie Dreck, und die Leute, die was zu sagen haben, beuten
ihre Untergebenen nur aus. 43 Das ist bei euch aber anders, klar?! Wer bei
euch der Boss sein will, der muss bereit sein, sich ganz hinten anzustel-
len. 44 Wer bei euch der Chef sein will, soll die anderen wie ein kleiner
Angestellter bedienen. 45 Der Auserwählte, der Menschensohn, kam auch
nicht zu euch, um den Lauten zu machen. Er wollte keine Macht, sondern
er kam, um jedem zu dienen. Er ist gekommen, um mit seinem Leben
viele Menschen freizukaufen."

Ein Typ, der blind war, wird von Jesus gesund gemacht

46 Irgendwann kamen sie in Jericho an. Als sie die Stadt dann wieder ver-
ließen, war voll die große Menschenmenge hinter ihnen her. Bartimäus
war ein blinder Bettler, der auf dem Weg am Straßenrand saß und Kohle
schnorrte. Er war ein Sohn von Timäus. 47 Als der mitbekam, dass dieser
Jesus aus Nazareth in der Nähe war, fing er wie blöd an zu brüllen: „Jesus,
aus der Familie vom David, bitte hilf mir!" 48 „Maul halten!", blufften ihn
die anderen an. Aber er schrie nur noch lauter: „Sohn von Präsident
David, Jesus, bitte hilf mir!" 49 Als Jesus das mitbekam, blieb er erst mal
stehen. „Sagt ihm, er soll herkommen!" – „Trau dich!", ermunterten die
Leute den Blinden. „Er hat dich gerade gerufen!" 50 Bartimäus schmiss
seinen Mantel weg und sprang hoch, um zu Jesus zu kommen. 51 „Hey,
Mann, was kann ich für dich tun?", fragte ihn Jesus. „Großer Meister, ich
möchte so gerne sehen können!" 52 „Dann mal los, das Vertrauen, was
du in mich gesetzt hast, hat schon dafür gesorgt, dass du jetzt sehen
kannst!" Und in derselben Sekunde konnte der Typ sehen! Sofort ging er
mit Jesus mit.

11

Großer Auflauf, als Jesus in Jerusalem ankommt

1 Kurz bevor Jesus in Jerusalem ankam, durchkreuzten sie noch die
Gegend von Betfage und Betanien (das liegt beim Ölberg). Jesus
sagte zu zwei von seinen Freunden, sie sollten schon mal vorgehen.
2 „Geht schon mal in das Dorf dahinten. Gleich hinterm Ortseingang wird
so ein ganz neues Moped stehen, auf dem bis jetzt noch niemand gefah-

ren ist. Das bringt mal mit. 3 Falls jemand Fragen stellt, sagt einfach: ‚Der
Meister braucht das! Wird aber nach Benutzung wieder zurückgegeben!'"
4 Die beiden machten sich auf den Weg. Sie fanden das Moped am Stra-
ßenrand, es stand auf einem Parkplatz vor einem Haus. 5 Als sie es gerade
wegschieben wollten, fragten ein paar Leute, die das mitbekamen: „Was
soll das? Was macht ihr mit dem Moped?" 6 Sie ließen den Spruch ab, den
Jesus ihnen aufgesagt hatte, und dann war es anscheinend für die Leute
okay. 7 Sie brachten das Teil zu Jesus, banden noch einen Mantel über den
Sattel, und Jesus setzte sich drauf. 8 Auf dem Weg nach Jerusalem-City war
plötzlich voll der Menschenauflauf am Start. Die Leute legten ihre Jacken
vor dem Moped auf den Weg, als Jesus ankam! Andere nahmen Zweige
von den Palmen und pflasterten damit die Straße. 9 Vor Jesus und hinter
Jesus waren irre viele Menschen. Die Fans riefen: „Gott hilft uns endlich!
Yeah! Da kommt endlich der Mann, der uns von Gott geschickt wurde!
10 Wir freuen uns auf die Zeit, wo Gott wieder das Sagen hat! Danke Gott,
du bist gut!" 11 Auf diese Art und Weise zog Jesus in Jerusalem ein. Als
Erstes ging er dann in den Tempel. Als er abgecheckt hatte, was da so
geht, ging er mit den zwölf Freunden in den Vorort Betanien, um da zu
übernachten. Es war nämlich schon echt spät geworden.

Das Ding mit dem Apfelbaum

12 Am nächsten Morgen hatte Jesus wahnsinnigen Hunger. Auf dem Weg
nach Jerusalem 13 sah er einen Apfelbaum. Der Baum hatte nur noch ein
paar Blätter dran, es war ja noch nicht die Jahreszeit, wo Apfelernte an-
gesagt war. 14 Jesus war trotzdem sauer. Er sagte: „Von dir soll nie wieder
jemand was essen können!" Seine Freunde bekamen das mit.

Terror im Tempel

15 Als sie in das Haus von Gott, den Tempel, kamen, rastete Jesus plötzlich
total aus! Er schrie die ganzen Händler an, die da ihre Souvenirs und
Opfersachen verhökerten. Dann schmiss er die Leute einfach raus, pogte
wie verrückt rum und zertrat die Tische der Wechselstuben und die Ver-
kaufsstände der Taubenverkäufer. 16 Er protestierte lautstark gegen jede
Form von Handel, die im Tempel betrieben wurde. 17 Jesus brüllte sie an:
„In der Bibel steht: ‚Mein Haus sollte dafür da sein, dass Leute dadrin
beten.' Aber ihr habt daraus ein Einkaufszentrum gemacht!" 18 Von diesem
Text hörten dann auch die Theologen und die Priester. Ab da fingen sie an,
Pläne zu schmieden, wie man am besten einen Anschlag auf Jesus ver-
üben könnte. Sie hatten irre Panik vor ihm, denn was er sagte, hatte Hand
und Fuß und beeinflusste die Leute stark. 19 Abends hauten die Freunde
um Jesus mit ihm aus der Stadt ab.

Gott total vertrauen, mit Leuten Frieden haben, dann ist alles möglich

20 Am nächsten Morgen kamen sie wieder an dem Baum vorbei, den
Jesus verflucht hatte. Er war vertrocknet und tot. 21 Petrus hatte nicht ver-
gessen, was Jesus zu dem Baum gesagt hatte. Er rief ihn und meinte:
„Sieh dir das an, Meister! Echt derbe! Der Baum ist total vertrocknet!"
22 Jesus fragte zurück: „Sagt mal, Jungs, vertraut ihr Gott eigentlich?
23 Eins kann ich euch versprechen: Wenn ihr zu diesem Berg sagen wür-
det: ‚Ab mit dir ins nächste Meer', dann würde das auch passieren. Mör-
derwichtig dabei ist, dass ihr das auch glaubt und dadran kein bisschen
zweifelt. 24 Passt gut auf, was ich euch jetzt sage! Egal, worum ihr betet,
wenn ihr echt vertraut und daran glaubt, dass es auch passiert, dann wer-
det ihr das auch bekommen! 25/26 Wenn ihr betet, ist es aber angesagt,
vorher allen Leuten zu vergeben, gegen die ihr irgendwie die Hasskappe
schiebt. Und zwar ist das so, damit der Papa aus dem Himmel euch
auch euren Mist vergeben kann."

Wer gibt Jesus eigentlich die Kraft?

27 Mittlerweile waren sie wieder in Jerusalem angekommen. Als Jesus im
Tempel war, kamen die Theologen, ein paar von den Leuten, die was zu
sagen hatten, und die Oberpriester wieder vorbei. 28 Sie hatten mal 'ne
Frage an Jesus: „Wer gibt Ihnen überhaupt das Recht, die Händler aus
dem Tempel zu schmeißen? Was nehmen Sie sich da eigentlich raus? Wer
hat Ihnen die Vollmacht dazu ausgestellt?" 29 „Das kann ich euch gerne
sagen, aber vorher hab ich noch 'ne Gegenfrage", meinte Jesus. 30 „Diese
Taufe, die Johannes durchgezogen hat, hat er das getan, weil Gott ihm
den Auftrag dazu gegeben hat, oder war das seine eigene Idee? Ich will 'ne
Antwort!" 31 Sie steckten kurz die Köpfe zusammen. „Also, wenn wir ant-
worten, das war, weil Gott ihm den Auftrag gegeben hat, dann fragt er
bestimmt als Nächstes, warum wir dann nicht das getan haben, was
Johannes gesagt hat. 32 Wenn wir aber sagen, das war alles nur mensch-
lich, dann haben wir auch ein Problem." Sie hatten Schiss vor den Leuten
in der Stadt. Johannes hatte nämlich einen sehr guten Ruf und war be-
liebt, alle glaubten, er sei ein Prophet. 33 Also war ihre Antwort: „Wir wis-
sen es nicht!" „Dann brauch ich Ihnen auch nicht zu sagen, mit welchem
Recht und mit wessen Vollmacht ich das jetzt getan habe."

12

Die Story von dem Weinbauern

1 Jesus fing wieder an, ihnen mit Vergleichen aus dem Leben Dinge
klarzumachen: „Ein Typ wollte mal Geschäfte mit dem Weinanbau
machen. Er organisierte sich einen Weinberg, baute eine Mauer darum,

dann buddelte er eine Grube, um den Wein dadrin auszupressen, und
baute noch einen Wachturm auf das Gebiet. Er fand schließlich ein paar
Pächter für den Weinberg, und dann zog er irgendwann ins Ausland. 2 Als
Erntezeit angesagt war, schickte er einen seiner Angestellten los, um die
Kohle für seinen Anteil der Ernte einzustreichen. 3 Die Pächter waren aber
voll aggromäßig unterwegs, sie verprügelte den Angestellten so schlimm,
dass er fast gestorben wäre. Ohne einen Cent wurde er zurückgeschickt.
4 Darauf schickte der Besitzer einen anderen von seinen Angestellten los,
aber der wurde genauso verprügelt wie der erste, sie hauten ihm in die
Fresse und verarschten ihn sogar. 5 Der dritte Angestellte wurde dann
sogar ermordet! Alle, die im Auftrag vom Eigentümer ankamen, wurden
entweder halb totgeschlagen oder umgebracht. 6 Am Ende war nur noch
der Sohn vom Weinbauern übrig, den liebte er über alles! Irgendwie
dachte er, wenn er den schicken würde, den würden sie bestimmt nicht
ermorden. 7 Aber denkste. Die Weinbauern überlegten: ‚Da kommt ja der
Typ, der mal alles von dem Eigentümer erben wird. Wenn wir den um die
Ecke bringen, haben wir endlich unsere Ruhe und können das Land behal-
ten!‘ 8 Sie machten einen Überfall auf den Sohn, ermordeten ihn und war-
fen seine Leiche hinter den Weinberg auf den Müll. 9 Was meint ihr, wie
wird der Besitzer jetzt reagieren?“, fragte Jesus und beantwortete die
Frage gleich selber. „Bestimmt wird er kommen, alle umbringen und den
Weinberg an jemand anders verpachten. 10 Kommt euch das irgendwie
bekannt vor? Ich zitiere: ‚Der Maßstab, auf den die Bauarbeiter keinen
Bock hatten, ist zur ultimativen Messlatte für alles geworden. Auf ihn baut
sich alles auf, an ihm muss sich alles ausrichten.‘ 11 Das hat Gott gemacht.
Ist doch gut, oder?“ 12 Jetzt hatten die Oberpriester und die Leitungsebene
der Bevölkerung voll den Hals auf Jesus. Es war nämlich allen klar, dass
mit den Pächtern sie gemeint waren. Weil sie aber Panik hatten, die Men-
schen würden Terror machen, wenn sie ihn jetzt festnehmen würden, lie-
ßen sie die Finger davon. So konnte er wieder ungehindert weitergehen.

Was Jesus zum Thema „Steuern“ zu sagen hat

13 Irgendwann kamen dann wieder ein paar religiöse Streber vorbei und ein
paar Präsident-Herodes-Fans dazu. Sie wollten Jesus in eine Diskussion
verwickeln, um ihn dazu zu bringen, etwas Verbotenes zu sagen. Dann
hätten sie zumindest einen Anklagepunkt, um ihn festzunehmen. 14 „Meis-
ter, wir wissen, dass Sie immer total ehrlich sind und straight edge sagen,
was Sie denken. Sie haben Ihre eigene Meinung und vertreten Sie auch“,
schleimten sie erst mal rum. „Was denken Sie zum Thema ‚Steuern be-
zahlen‘? Ist es okay, dem ungläubigen obersten Präsidenten in Rom
Steuern zu zahlen, oder nicht?“ 15 Jesus schnallte aber sofort, was sie vor-

hatten. „Was soll diese linke Frage? Geben Sie mir mal eine Münze, dann wird die Antwort klar sein.“ 16 Sie gaben ihm eine, und er fragte: „Na, und wessen Bild ist auf dieser Münze drauf?“ „Das Bild vom obersten Präsidenten!“ 17 „Okay, dann geben Sie dem obersten Präsidenten mal, was ihm gehört, aber geben Sie Gott auch das, was ihm gehört.“ Mit so einer Antwort hatten sie nicht gerechnet.

Was mit uns passiert, wenn wir sterben

18 Dann kamen ein paar Jungs von der Sadduzäerpartei bei Jesus an. Die vertraten die Theologie, dass man, nachdem man stirbt, nicht wieder in einer andern Form lebendig werden kann. Man nannte das auch Auferstehung. Sie hatten folgende Frage an ihn: 19 „Meister, Mose hat uns die Gesetze gegeben, die unser Leben regeln. Dort heißt es: Wenn jemand stirbt und da noch ’ne kinderlose Ehefrau übrig bleibt, dann soll sein Bruder die Frau heiraten, damit sie noch ’ne Chance auf Nachwuchs hat. 20 Angenommen, da waren mal sieben Brüder, und der erste heiratet eine Frau und stirbt dann, und zwar ohne Kinder in die Welt zu setzen. 21 Und so geht es weiter mit dem zweiten. Der heiratet sie auch, aber als der stirbt, gibt es immer noch kein Baby. 22 So geht es bis zum siebten Bruder. Am Ende stirbt dann auch noch die Frau. 23 Mit wem ist sie denn dann im Himmel verheiratet, wenn sie dort wieder zum Leben kommt? Sie war ja mit jedem der sieben zusammen!“ 24 „Ihr kapiert überhaupt nichts, weil ihr keine Peilung von dem alten Buch von Gott habt und auch keine Peilung, wie Gott eigentlich drauf ist! 25 In der Zeit, nachdem man gestorben ist, da gibt es so was wie Heiraten gar nicht mehr. Man ist dann eher so engelmäßig unterwegs. 26 Aber noch mal zu der Frage, was passiert, wenn wir tot sind: Habt ihr nie gelesen, was Mose passiert ist, als er ein Treffen mit Gott hatte und der aus diesem Feuer über der Dornenhecke zu ihm gesprochen hat? Lange nachdem Abraham, Isaak und Jakob das Gras von unten sahen, hat Gott dort zu Mose gesagt: ‚Ich bin der Gott von Abraham, Isaak und Jakob.‘ 27 Gott ist für die Menschen da, die lebendig sind, nicht für die Toten! Ihr habt es echt überhaupt nicht gepeilt!“

Welche Regel vom jüdischen Gesetz ist die wichtigste?

28 Einer der Theologen hatte das Gespräch genau verfolgt. Er merkte, dass Jesus sich gut auskannte mit der Religion, und fragte darum: „Welche Regel von Gott, welches Gesetz ist Ihrer Meinung nach das wichtigste?“ 29 Jesus sagte dazu Folgendes: „Das allerwichtigste Gesetz ist: ‚Pass auf, Israel! Der Chef, Gott, er ist der einzige Gott weit und breit. 30 Den sollst du radikal lieben, mit deinen Gedanken, mit deinen Gefühlen, mit allem, was du tust, du sollst dich total für Gott entscheiden.‘ 31 Das zweite

Gesetz ist genauso wichtig: ‚Liebe den Menschen, der in deiner Nähe lebt,
genauso, wie du dich selber liebst.‘ Das sind mit Abstand die wichtigsten
Gesetze.“ 32 Der Theologe meinte dazu: „Gut gesprochen, mein Herr.
Dass es keinen andern Gott gibt, sehen wir genauso. 33 Mir ist auch klar,
dass es wichtig ist, Gott radikal zu lieben, mit meinen Gedanken und mei-
nen Gefühlen, und auch eine Entscheidung für ihn zu treffen. Und dass
es genauso wichtig ist, den Menschen zu lieben, der in meiner Nähe ist,
halte ich auch für richtig. Das ist wesentlich wichtiger als diese ganzen
Opferrituale, die das Gesetz vorschreibt.“ 34 Jesus hatte das Gefühl, der
Typ hatte kapiert, worum es wirklich geht. „Du bist gar nicht so weit davon
entfernt, bei Gott dabei zu sein.“ Nach diesem Gespräch traute sich kei-
ner mehr, Jesus in eine Diskussion zu verwickeln.

Was geht mit dem „Christus“, dem „Auserwählten“?

35 Im Tempel hielt Jesus dann mal wieder eine Rede. „Was haben die
Theologen noch mal gesagt, dass der Auserwählte, der Christus, aus der
Familie vom Präsidenten David kommen soll? 36 David hat gesagt, als er
mal von der Kraft Gottes angefunkt wurde: ‚Gott hat zu meinem Chef
gesagt: Setz dich auf die Ehrentribüne, gleich neben mich. Ich werde die
Leute, die schlecht zu dir waren, schon kleinkriegen.‘ 37 Wenn sogar
David ihn als Chef bezeichnet hat, wie kann er dann gleichzeitig von ihm
abstammen?“ Die Zuhörer hingen förmlich an seinen Lippen, als er das
erzählte.

Passt auf vor den Theologen!

38 Dann sagte Jesus noch: „Passt auf, was euch diese Theologen auf die
Festplatte spielen wollen! Sie stehen total dadrauf, wichtig zu sein, sie
machen voll die Show mit ihren tollen Klamotten und finden sich ganz
toll, wenn die Leute sie ehrfürchtig begrüßen! 39 Sie wollen immer einen
besonderen Sitzplatz auf der Ehrentribüne in den Synagogen haben und
auf irgendwelchen wichtigen Partys unbedingt auf der Gästeliste stehen.
40 Hintenrum zocken sie die Häuser der Witwen gerne mal eiskalt ab. In
der Öffentlichkeit veranstalten sie dabei gerne auch mal ’ne Runde Show-
beten, um so zu tun, als wären sie sonst wie fromm. Sie werden mal ein
hartes Urteil von Gott dafür bekommen.“

Eine Witwe ohne Kohle gibt viel

41 Im Tempel setzte sich Jesus dann mal in Sichtweite vom Spendenkasten
und beobachtete, wie viel Geld die Leute da reinschmissen. Einige von
den wohlhabenden Leuten schmissen eine Menge Kohle rein. 42 Irgend-
wann kam dann eine total arme Witwe an, die zwei Euros in den Kasten

warf. 43 Jesus holte seine Freunde zu sich. Er sagte zu ihnen: „Eins garan-
tier ich euch: Diese arme Frau hat mehr gegeben als alle anderen! 44 Die
anderen haben nämlich nur ein paar Scheine da reingeworfen, obwohl sie
ein Riesenvermögen besitzen. Diese Frau, die von der Stütze lebt, hat aber
alles gegeben, was sie hatte."

13

Was abgeht, wenn die Welt am Ende ist

1 Als sie wieder aus dem Tempel draußen waren, drehte sich einer
von seinen Freunden um und meinte zu ihm: „Hey, Meister, schau
dir mal das Riesenteil an, die Architektur und so, ist doch irre, oder?"
2 „Alles, was du hier siehst, wird mal plattgemacht werden! Hier wird nicht
ein Stein auf dem anderen bleiben!", antwortete Jesus. 3 Später pflanzten
sie sich auf eine Wiese beim Ölberg mit Blick auf den Tempel. Petrus, Jo-
hannes und Andreas waren mit Jesus endlich mal alleine. Die drei wollten
dann wissen: 4 „Sag mal, Jesus, wann wird das abgehen, wovon du geredet
hast, und wie wird das angekündigt werden?" 5 „Passt auf, dass ihr da nicht
gelinkt werdet!", meinte Jesus dazu. 6 „Es werden viele auftreten und be-
haupten, sie wären ich. Sehr viele werden sich verirren und verführt wer-
den. 7 Wenn in den Nachrichten aber viel von Kriegen die Rede ist, dann
lasst bloß keine Panik aufkommen. Das muss alles so passieren, ist aber
noch nicht das Ende. 8 Völker und Regierungen werden wilde Kriegserklä-
rungen abgeben. In vielen Teilen der Erde wird es zu Erdbeben kommen,
und es wird derbe Hungersnöte geben. Das ist aber nur der Anfang von
den schlimmen Sachen, die dann passieren werden. 9 Pennt nicht, wenn
das alles abgeht! Dann werden viele von euch angeklagt und verurteilt wer-
den, in den Synagogen wird man euch sogar foltern. Weil ihr an mich
glaubt, werdet ihr von der Regierung angezeigt werden und müsst euch
dafür verantworten. Das ist dann auch immer eine gute Chance, um von
mir zu erzählen. 10 Die coole Nachricht von dem neuen Leben mit Gott
muss aber davor noch allen Völkern in der Welt erzählt werden. 11 Wenn ihr
aber mal in den Knast kommt und die euch vor den Kadi zerren, habt keine
Panik wegen eurer Verteidigung. Redet einfach frei von der Leber weg, Gott
wird euch die richtigen Antworten in den Mund legen. Ihr redet dann nicht,
sondern Gott wird durch euch reden! 12 In dieser Zeit werden aber noch
andere Sachen in den Familien abgehen. Brüder werden sich gegenseitig
anzeigen und auf Todesstrafe plädieren. Väter werden ihre Kinder an die
Bullen verraten und Kinder werden gegen ihre Eltern arbeiten, sie werden
sie sogar umbringen lassen. 13 Alle werden euch hassen, weil ihr mit mir
lebt. Die bis zum Ende durchhalten, werden aber gerettet. 14 Wer das jetzt
liest: Pass gut auf! Was dann abgehen wird, ist von der übelsten Sorte.

Eine fiese Fratze wird als Gott auftreten und den heiligen Ort total versif-
fen. Sie wird an einer Stelle stehen, wo sie eigentlich nicht stehen darf.
Wenn das abgeht, müsst ihr fliehen, geht raus aus Judäa und zieht in die
Berge! 15 Wenn jemand nicht zu Hause ist, sollte er nicht mehr dahin zu-
rückgehen, um noch Sachen zu holen. 16 Wenn jemand dann bei der Arbeit
ist, sollte er auch vorher nicht mehr nach Hause gehen, auch wenn er
seine Jacke vergessen hat. 17 Schlimm wird es in der Zeit für schwangere
Frauen sein und Mütter, die ihr Baby noch stillen. 18 Betet, dass das Ganze
nicht im Winter passiert! 19 Das werden ganz fiese Tage werden, die
schrecklichste Zeit, die die Welt je erlebt hat. So schlimm wird es danach
auch nie wieder werden. 20 Und wenn Gott diese Zeit nicht verkürzen
würde, keiner würde sie überleben. Doch wegen der Leute, die Gott ausge-
sucht hat, wird er es tun. 21 Wenn irgendeiner ankommt und behauptet:
‚Seht mal, da kommt der Auserwählte, der Christus!‘, oder einer die An-
sage macht: ‚Da ist er ja!‘, dann soll euch das egal sein. 22 Es werden viele
Fake-Christusse kommen, und auch falsche Propheten werden ihren Auf-
tritt haben. Sie werden sogar übernatürliche Kräfte haben und Wunder tun
können. Man wird auf sie hören, und sie werden viele verwirren. 23 Passt
auf, Leute! Ich hab euch gewarnt! 24 Wenn diese üble Zeit vorbei ist, dann
wird die Sonne plötzlich dunkel werden, und der Mond wird nicht mehr zu
sehen sein. 25 Es werden Meteoriten aus dem Weltall auf die Erde fallen,
und das Gleichgewicht der Natur wird aus den Fugen geraten. 26 Der Aus-
erwählte Gottes wird dann sein Comeback feiern. Er wird aus dem Himmel
auf die Erde kommen, für alle sichtbar. 27 Der wird dann seinen Engeln die
Order geben, seine Leute von überall, aus allen Ecken der Erde, zusam-
menzuholen.“

Passt auf und pennt nicht!

28 „Von dem Apfelbaum kann man was lernen. Wenn seine Blätter grün
werden und die Knospen anfangen zu wachsen, dann kommt bald der
Sommer. 29 Genauso solltet ihr auch die Sachen beobachten, die um euch
abgehen, damit ihr vorbereitet seid. 30 Auf sicher: Diese Generation wird
nicht untergehen, bis das alles passieren wird. 31 Der Himmel wird mal zer-
stört sein, und diese Welt wird nicht mehr existieren, aber meine Worte
gelten für immer. 32 Keiner weiß, wann das zeitlich passieren wird, noch
nicht mal die Engel im Himmel wissen das genaue Datum. Nur der Vater
weiß das. 33 Weil ihr keinen Plan davon habt, müsst ihr halt immer darauf
gefasst sein. 34 Der Sohn von Gott und von den Menschen wird wieder-
kommen. – Man kann das gut vergleichen mit einem Typen, der sein Haus
verließ, um in Urlaub zu fahren. Er gab noch ein paar Anweisungen an
seine Angestellten raus und sagte dem Pförtner, er soll aufpassen, wann er

wiederkommen würde. 35 So sollt ihr auch aufpassen. Denn keiner weiß,
wann er genau wiederkommt, ob abends oder morgens, mitten in der
Nacht oder wenn die Sonne aufgeht. 36 Ihr müsst nur dafür sorgen, dass
ihr nicht pennt, wenn er wieder da ist. Er kommt nämlich ohne Vorwar-
nung. 37 Was ich bis jetzt nur euch beibringen wollte, das sage ich allen
ganz öffentlich: Passt auf, bleibt wach!"

14

Die Oberpriester planen ein Attentat auf Jesus

1 In zwei Tagen sollte das große Passafest steigen. In der gleichen
Woche war auch das Fest, wo die Juden nur Brot essen, was ohne
Hefe und so gemacht wurde. Die Oberpriester und die Theologen hatten
immer noch den Plan, auf Jesus heimlich ein Attentat zu verüben. 2 „Auf
keinen Fall beim Passafest, sonst gibt es großen Ärger", hatten sie dabei
beschlossen.

Für Jesus ist nichts zu wertvoll

3 Jesus war inzwischen in Betanien, dort hatte ihn Simon zum Essen ein-
geladen. Simon war durch Jesus von so was wie Krebs geheilt worden.
Beim Essen kam eine Frau in den Raum mit einer irre schönen Flasche in
der Hand. In der Flasche war ein megateures Hautpflegemittel, so ein Öl
drin. Sie öffnete die Flasche und schüttete das Öl über Jesus' Kopf. 4 Ein
paar von den Leuten, die mit am Tisch saßen, kriegten voll den Hals.
„Warum wird dieses teure Zeugs einfach so verdaddelt? 5 Sie hätte das
doch auch für viel Geld bei E-Bay versteigern können, und von der Kohle
wären bestimmt ein paar arme Schlucker satt geworden!" 6 Jesus war aber
anderer Meinung. „Das ist in Ordnung, lass sie ruhig machen! Warum
zählt ihr sie deswegen gleich an? Sie hat es nur gut gemeint. 7 Die armen
Schlucker wird es immer geben, kümmert euch um sie, wenn ich nicht
mehr da bin, okay? Ich werde aber nicht mehr lange bei euch sein. 8 Sie
hat, ohne es zu wissen, mich dadurch schon im Voraus auf mein Begräb-
nis vorbereitet. 9 Eins garantier ich euch: Was sie hier gemacht hat, davon
wird man noch lange reden, mindestens genauso lange, wie man von der
guten Nachricht reden wird, die ich verbreitet habe."

Judas verrät Jesus

10 Judas Iskariot, der zu den zwölf engen Freunden von Jesus gehörte, kam
irgendwann auf den Trichter, Jesus an die Oberpriester zu verraten. 11 Die
waren natürlich happy und versprachen ihm eine fette Belohnung, falls es
klappen sollte. Ab dem Zeitpunkt suchte Judas nur noch die nächstbeste
Gelegenheit, um Jesus abzulinken.

Die Passaparty

12 Am ersten Tag von der Passaparty werden immer in einem religiösen
Ritual Lämmer geschlachtet. Die Freunde von Jesus wollten von ihm wis-
sen, wo sie denn das Fest feiern sollten. 13 „Geht mal in die City, auf dem
Weg werdet ihr einen Typen sehen, der eine Kiste Bier auf den Schultern
trägt. Dem müsst ihr hinterhergehen“, meinte Jesus zu ihnen. 14 „Er wird
irgendwann in ein Haus einbiegen, und dem Besitzer könnt ihr dann Fol-
gendes ausrichten: ‚Unser Chef lässt anfragen, wo er ’ne kleine Passaparty
mit seinen Freunden feiern kann.‘ 15 Der wird euch dann einen großen
Raum im ersten Stock zeigen, da könnt ihr dann schon mal alles vorberei-
ten.“ 16 Die beiden machten sich auf den Weg, und tatsächlich lief alles
genau so ab, wie Jesus es gesagt hatte. Dort bereiteten sie alles vor für die
Party. 17 Abends schlug Jesus dann mit den zwölf Schülern da auf. 18 Mitten
beim Essen, als sie alle so am Tisch saßen, sagte Jesus ganz plötzlich:
„Einer von euch wird mich ablinken, einer, der mit mir hier sitzt und isst!“
19 Alle waren total fertig, als sie das hörten. „Ich doch nicht, oder, Jesus?“
20 „Der Typ, der mit mir zusammen gleich sein Brot in die Tunke dippt, der
macht es. 21 Der Auserwählte Gottes muss sterben. Das ist ganz sicher,
das steht auch schon lange im alten Buch drin. Aber dem Typen, der ihn
verraten hat, dem wird es sehr dreckig gehen. Für ihn wäre es besser
gewesen, gar nicht erst geboren zu werden!“

Der Startschuss für ein besonderes Ritual

22 Ein paar Augenblicke später nahm Jesus ein Stück vom Brot. Dann
betete er dadrüber und zerteilte es in ein paar Stücke, die er an seine
Freunde weitergab. „Hier, das ist jetzt so wie mein Körper“, meinte er
dabei. 23 Danach nahm er noch ein Glas mit Wein drin. Er betete dadrüber
und reichte das Teil dann auch an seine Freunde weiter. Einer nach dem
anderen trank dann daraus. 24 Und Jesus sagte dazu dann: „Das ist jetzt
wie mein Blut. Damit besiegeln wir einen neuen Vertrag zwischen den
Menschen und Gott. Dieses Blut muss fließen, damit der ganze Mist ver-
geben wird, den alle Menschen machen. 25 Eins ist sicher: Das ist das
letzte Mal, dass ich Wein trinke, bis ich an einem anderen Tag neu im
Reich von Gott am Start sein werde.“ 26 Dann schmetterten sie noch ein
Lied zusammen, das wie ein Gebet zu Gott war. Schließlich machten sie
sich alle auf den Weg Richtung Ölberg.

’ne Ansage, dass Petrus so tun wird, als würde er Jesus nicht kennen

27 Jesus sagte plötzlich: „Hey, ihr werdet alle irgendwann mal null geba-
cken kriegen, was bei mir gerade passiert. Das haben die Prophetentypen
auch schon vorhergesagt. Die meinten mal: ‚Ich werde der Schafherde

den Hirten wegnehmen, und dann werden sie alle total verpeilt rumlau-
fen.‘ 28 Aber nachdem ich wieder lebendig geworden bin, werde ich schon
mal vorausgehen und in Galiläa auf euch warten.“ 29 Petrus war da total
anderer Meinung: „Jesus, selbst wenn alle anderen sich verdrücken oder
dir den Rücken zudrehen, ich werde immer zu dir halten!“ 30 „Also, Pet-
rus“, antwortete Jesus, „gerade du wirst noch in dieser Nacht, bevor ein
Hahn zweimal kräht, dreimal so tun, als würdest du mich nicht kennen!“
31 „Never!“, meinte Petrus dazu. „Und wenn ich mit dir sterben müsste,
ich würde immer zu dir halten!“ Die anderen Schüler stießen in dasselbe
Horn, keiner würde sich nicht zu Jesus stellen, wenn es drauf ankommt.

Der Park Gethsemane

32 Schließlich kamen sie an den Gethsemane-Park. Jesus sagte zu seinen
Freunden: „Wartet hier auf mich. Ich geh jetzt beten.“ 33 Als Begleitung
nahm er sich noch Petrus, Jakobus und Johannes mit. Plötzlich hatte
Jesus ganz derbe Panik und Angst. 34 „Leute, ich kann bald nicht mehr. Ich
sterbe fast innerlich. Bitte lasst mich jetzt nicht alleine!“ 35 Dann ging er
ein Stück weiter weg und schmiss sich auf den Boden. Dort fragte er Gott,
ob es irgendeine Möglichkeit geben würde, dass er diesen Tod nicht ster-
ben müsste. 36 „Papa, du kannst doch alles machen, was du willst! Bitte
sorg doch dafür, dass ich das alles nicht durchmachen muss. Trotzdem
soll das laufen, was du geplant hast, nicht das, was ich möchte.“ 37 Als er
etwas später nach seinen Freunden sehen wollte, waren die glatt einge-
pennt. „Hey, Simon! Was geht? Pennst du schon wieder? Kannst du nicht
mal eine Stunde mit mir aushalten? 38 Bleibt wach und betet, ihr drei! So
werdet ihr nie durchziehen können. Denn auch wenn man ’ne gute Ent-
scheidung getroffen hat, will der Körper doch oft das Gegenteil.“ 39 Dann
ging Jesus wieder zurück und betete weiter um dieselbe Sache. 40 Als er
dann wieder ’ne Pause machen wollte und zu seinen Freunden ging,
waren die schon wieder eingepennt. Sie packten es irgendwann einfach
nicht mehr, ihre Augen offen zu halten. Sie hatten auch keine Entschuldi-
gung mehr parat. 41 Beim dritten Mal sagte Jesus: „Jetzt ist genug mit
Schlafen, das könnt ihr später noch genug. Gleich werde ich an die Leute
ausgeliefert, die sich gegen Gott stellen. 42 Lasst uns losgehen, der Ver-
räter ist auch schon da!“

Jesus wird gefangen genommen

43 Mitten im Gespräch kommt plötzlich Judas angelaufen, gefolgt von
einer bezahlten Schutztruppe, die im Auftrag der Oberpriester, der Theo-
logen und der Leiter der Gemeinde unterwegs war. 44 Judas hatte mit den
Leuten eine Vereinbarung getroffen. „Den Typen, dem ich zur Begrüßung

einen Kuss auf die Wange gebe, den könnt ihr dann festnehmen und
abführen." 45 Als sie bei Jesus waren, ging Judas auf ihn zu und sagte:
„Hallo, mein Lehrer!", und dann küsste er ihn zur Begrüßung auf die
Wange. 46 Sofort packten die Männer Jesus am Arm und führten ihn ab.
47 Einer von den Freunden von Jesus hatte ein langes Messer dabei. Er
fuchtelte damit rum und schnitt dabei ein Ohr von einem der bezahlten
Wachleute der Oberpriester ab. 48 Jesus blieb ganz ruhig und fragte nur:
„Bin ich jetzt auch noch ein Schwerverbrecher, dass ihr hier schwer
bewaffnet anrücken müsst, um mich zu verhaften? 49 Ihr hättet mich ja
schon vor Monaten im Tempel hopsgehen lassen können. Da war ich
doch jeden Tag und hab unterrichtet. Nun ja, es muss wohl alles so
abgehen, wie es schon im alten Buch über mich vorhergesagt wurde."
50 Alle seine Freunde kriegten aber voll die Panik und rannten davon.
51 Nur ein junger Mann, der bloß mit einem Tuch bekleidet war, hielt die
Stellung. Die Truppe wollte ihn dann auch noch festnehmen. 52 Als sie
versuchten, ihn zu packen, wehrte er sich, verlor seinen Umhang und
rannte nackt davon.

Jesus vor Gericht

53 Jesus wurde abgeführt und vor die Oberpriester gebracht. Alle religiösen
Führer, die Theologen und die Leiter der Gemeinde waren auch dabei.
54 Petrus schlich immer im sicheren Abstand hinterher, bis in den Hof des
Oberpriesters. Dort hatten sie eine Feuertonne aufgestellt, wo er sich
wärmte. 55 Die Oberpriester und die ganze Führungsebene der Israelis ver-
suchten nun, genug Zeugen zusammenzukriegen, um eine Anklage mit
Todesstrafe hinzukriegen. Aber vergeblich. 56 Denn viele von den Zeugen,
die ins Gericht gerufen wurden, widersprachen sich in ihren Aussagen
total. 57 Ein paar der Zeugen logen einfach das Blaue vom Himmel. Zum
Beispiel sagten sie: 58 „Wir haben mitbekommen, dass er behauptete, er
würde unseren Tempel plattmachen, und dann könnte er ihn in drei Tagen
wieder ganz neu aufbauen." 59 Aber ihre Aussagen passten immer nicht so
richtig zusammen. 60 Dann griff der oberste Priester in die Verhandlung
ein. Er stand auf und ging zu Jesus: „Haben Sie nichts zu Ihrer Verteidi-
gung zu sagen?" 61 Jesus sagte aber nichts. Der oberste Priester fragte
dann: „Sind Sie der Auserwählte, der Christus, der Sohn vom einzigarti-
gen Gott?" 62 Jesus antwortete: „Ja, genau der bin ich! Ihr werdet es alle
erleben, wie der Auserwählte, der Menschensohn, neben Gott im Himmel
sitzen wird, dem Gott, dem nichts unmöglich ist, wenn er sein großes
Comeback feiern wird!" 63 Supersauer zerfetzte der Oberpriester theatra-
lisch seinen Mantel und schrie: „Es reicht! Wir brauchen keine Zeugen
mehr zu befragen! 64 Das ist eindeutig Gotteslästerung! Das habt ihr alle

mitbekommen! Wie wird euer Urteil ausfallen?“ Einstimmig wurde be-
schlossen: „Todesstrafe!“ 65 Einige spuckten Jesus an, dann warf jemand
ein Tuch über seinen Kopf und schlug ihn mit der Faust ins Gesicht. „Na,
du Prophet du? Wer war das denn jetzt, wer hat dich gerade geschlagen?“,
verarschten sie ihn. Selbst die Wachleute prügelten auf Jesus los, als sie
ihn abführten. 66 Petrus war in der Zeit unten im Hof. Eine Frau, die vom
Oberpriester angestellt war, 67 erkannte ihn aber, als er da an der Feuer-
tonne stand und sich wärmte. Sie beobachtete ihn und meinte: „Hey, Sie!
Sie waren doch auch einer von den Freunden von diesem Jesus!“ 68 Petrus
spielte den Nonchecker. „Nö, was erzählen Sie da für ’nen Blödsinn?“,
sagte er und verdünnisierte sich aus dem Innenhof. Und dann krähte auch
schon der Hahn. 69 Draußen traf er die Frau wieder, die sofort loslegte:
„Der Typ hing auch immer mit diesem Jesus ab!“ 70 Petrus schüttelte wild
mit dem Kopf und sagte: „Nein, hab ich nicht!“ Ein paar Minuten später
sagte einer der Leute, die da rumstanden, zu Petrus: „Sie müssen doch
auch zu ihm gehören! Sie kommen doch auch aus Galiläa!“ 71 Und wieder
meinte Petrus: „Hey, Mann, ich schwör, ich weiß gar nicht, wovon Sie
reden, ich kenn den Typen überhaupt nicht!“ 72 Dann krähte in dieser
Sekunde der Hahn zum zweiten Mal. Und dann fiel Petrus wieder ein, was
Jesus zu ihm gesagt hatte: „Bevor der Hahn zweimal kräht, hast du schon
dreimal so getan, als würdest du mich nicht kennen.“ Petrus war völlig
fertig und fing voll an zu weinen.

15

Die Gerichtsverhandlung unter Pilatus

1 Am nächsten Morgen gab es ein großes Treffen. Ein Gremium
der obersten Priester, der Theologen und der Männer aus dem
Hohen Rat kam zusammen, um über das weitere Vorgehen in der „Jesus-
Sache“ zu beraten. Dann legten sie Jesus Handschellen an und führten
ihn zum Pilatus, der von der römischen Besatzungsmacht als Chef für das
Gebiet eingesetzt worden war. 2 Pilatus fragte Jesus: „Sind Sie der Präsi-
dent von den Juden?“ „Ja, Sie sagen es!“ 3 Jetzt legten die Priester los und
ließen erst mal ihre Anklageschrift vom Stapel. 4 Pilatus fragte zwischen-
drin Jesus: „Sagen Sie mal, haben Sie nichts zu Ihrer Verteidigung zu
sagen? Merken Sie nicht, was die hier gegen Sie vortragen?“ 5 Jesus sagte
aber nichts. Das konnte Pilatus echt nicht verstehen.

Die Juden wollen das Todesurteil

6 Nun war das so, dass Pilatus vor einiger Zeit auf den Dreh gekommen
war, jedes Jahr am Tag von der Passaparty jemanden aus dem Knast frei-
zulassen. Die Leute konnten sich den sogar aussuchen! 7 Unter den ver-

hafteten Verbrechern, die heute ihre Verhandlung haben sollten, war ein
Typ, der Barabbas hieß. Er war ein überführter Mörder, der im Untergrund
gegen die Besatzer gekämpft hatte. 8 Irre viele Leute standen um Pilatus
und bedrängten ihn, doch den versprochenen Gefangenen freizulassen.
9 „Soll ich euch ‚den Führer der Juden' geben?", fragte Pilatus. 10 Er hatte
nämlich schon lange kapiert, dass die religiöse Führungsebene der Juden
Jesus nur verhaften ließ, weil sie neidisch auf ihn war. 11 Die Oberpriester
machten aber Stimmung unter den Leuten, dass Barabbas freigelassen
werden sollte. 12 Pilatus war leicht irritiert. „Was soll ich denn mit dem
Typen anstellen, den ihr ‚Präsident der Juden' nennt?" 13 „Todesstrafe,
Todesstrafe!", brüllten alle. 14 „Warum denn, was hat er denn Schlimmes
getan?", fragte Pilatus. Aber die Crowd flippte bereits total aus: „Todes-
strafe, Todesstrafe!" 15 Weil sich Pilatus bei der Bevölkerung einschleimen
wollte, wurde Barabbas tatsächlich freigelassen. Jesus wurde auf seinen
Befehl ausgepeitscht. Dann übergab er ihn den Behörden zur Hinrichtung
an einem Holzkreuz.

Jesus wird gefoltert und verarscht

16 Die römischen Soldaten überführten Jesus in den inneren Bereich vom
Regierungspalast. Die ganze Truppe wurde dann zusammengerufen.
17 Einer zog Jesus einen roten Mantel über, ein anderer bastelte einen
Kranz aus einem vertrockneten Brombeerzweig, der viele Dornen dran
hatte. Diesen Kranz drückte er Jesus auf den Kopf, die Stacheln drangen
dabei voll tief in seine Kopfhaut. Jesus sollte wie ein „Olympiasieger" aus-
sehen, damit wollten sie ihn vor allen Leuten verarschen. 18 Dann machten
sie nur Witze über Jesus, in einer Tour. Sie verneigten sich total übertrie-
ben vor ihm und sagten: „Herzlich willkommen, werter Chef der Juden!"
19 Schließlich schlugen sie Jesus auch noch mit einem Eisenrohr auf den
Kopf, spuckten ihm ins Gesicht und lachten ihn dabei aus. 20 Als das
Spielchen keinen Spaß mehr machte, gaben sie ihm seine Klamotten wie-
der und führten ihn ab, zum Ort, wo die Hinrichtung stattfinden sollte.

Die Hinrichtung

21 Auf dem Weg mussten sie einen Mann zwangsverpflichten, das Kreuz
zu tragen. Zufällig kam der Simon gerade auf dem Rückweg von der
Arbeit dort vorbei (Simon stammte aus Kyrene und war der Vater von
Alexander und Rufus). Die Soldaten zwangen ihn dann, das Kreuz zu
schleppen. 22 Jesus wurde zu einem Platz gebracht, den man damals
Golgatha nannte. Das heißt übersetzt: „der Ort, wo viele Schädel liegen".
23 Um seine Schmerzen etwas weniger zu machen, wollten sie Jesus ein
Betäubungsmittel geben, Wein mit Myrrhe vermischt, aber er lehnte das

ab. 24 Dann nagelten sie Jesus an das Kreuz. Seine Klamotten wurden in
einem Würfelspiel versteigert. 25 Es war neun Uhr morgens, als das pas-
sierte. 26 Über seinem Kopf hatten sie ein Schild aufgehängt. Dort stand
immer drauf, warum jemand verurteilt wurde. Bei Jesus stand drauf: „Der
Präsident von den Juden!"

27/28 Neben Jesus, der ja wirklich nichts ausgefressen hatte, wurden noch
zwei wirkliche Verbrecher hingerichtet. 29 Die Leute, die am Kreuz vorbei-
gingen, verarschten Jesus auch noch. „Du wolltest doch den Tempel in
drei Tagen abreißen und wieder aufbauen?! Da hast du den Mund wohl
zu voll genommen, hä?! 30 Jetzt komm doch da runter und zeig, was du
drauf hast!" 31 Auch die Oberpriester und die Theologen verarschten Jesus
in einer Tour. „Anderen Menschen hast du doch auch geholfen, jetzt hilf
dir erst mal selbst!" 32 „Da hängt er also, unser toller Retter, unser Chris-
tus. Na, jetzt soll er mal zeigen, was er draufhat, und vom Kreuz runter-
kommen!"

Jesus stirbt

33 Gegen zwölf Uhr mittags gab es plötzlich eine Sonnenfinsternis! Drei
Stunden war es stockdunkel. 34 Um drei Uhr nachmittags schrie Jesus
mit aller Kraft: „Mein Gott, mein Gott, wo bist du jetzt, warum bist du
nicht mehr da?" In seiner Sprache hieß das: „Eli, Eli, lamá asabtáni?"
35 Ein paar von den Schaulustigen hatten das falsch verstanden und
behaupteten später, er hätte den Propheten Elia gerufen. 36 Ein Typ lief
plötzlich los, nahm einen Schwamm und tränkte den mit einem Ge-
misch aus Wasser und Essig. Dann steckte ihn auf eine Stange und hielt
ihn Jesus als Erfrischung hin. „Mal sehen, ob Elia vorbeikommt, viel-
leicht holt der ihn ja runter", lästerte er dabei. 37 Jesus schrie noch ein-
mal voll laut, und dann starb er. 38 Im selben Augenblick zerriss der Vor-
hang, der im Tempel vor einem superheiligen ganz besonderen Ort hing,
von oben nach unten in zwei Teile. 39 Der Hauptmann, der den Befehl
über die Hinrichtung hatte, verfolgte die ganze Szene. Als er sah, auf
welche Art Jesus gestorben war, meinte er nur: „Auf sicher, dieser Typ
war der Sohn von Gott!" 40 Einige Frauen hatten die ganze Sache aus der
Distanz miterlebt. Eine von ihnen war Maria, die aus Magdala stammte,
dann noch eine andere Maria, die Mutter vom „kleinen Jakobus", von
Josef, und Salome.. 41 Alle drei Frauen waren schon lange mit Jesus
unterwegs. Seit der Zeit in Galiläa hatten sie für Jesus gesorgt. Sie waren
mit vielen anderen Frauen zusammen mit nach Jerusalem gekommen.

Die Beerdigung

42 Abends (es war übrigens Freitag, kurz vor dem religiösen Feiertag der
Juden, den Sabbat) 43 nahm ein Typ, der Josef hieß (der kam aus Arimat-
häa), seinen ganzen Mut zusammen und ging zu Pilatus. Er fragte an, ob
die Leiche von Jesus zur Überführung freigegeben werden könnte. 44 Pila-
tus konnte zuerst nicht glauben, dass Jesus echt schon gestorben wäre.
Er fragte bei dem zuständigen Hauptmann an, 45 der seinen Tod offiziell
bestätigte. Dann erst gab er die Leiche frei. 46 Josef organisierte ein langes
Stück Stofftuch und holte die Leiche vom Kreuz runter. Dann wickelte er
sie in das Tuch und legte sie in eine Grabhöhle, die in einen Felsen ge-
hauen war. Abschließend rollte er eine große Steinplatte vor die Höhle.
47 Maria Magdalena und Maria (die Mutter von Joses) beobachteten aber
genau, wo er hingelegt wurde.

16

Wo ist die Leiche?

1 Am nächsten Abend, als der wöchentliche Sabbat-Feiertag zu
Ende war, kauften Maria von Magdala, Salome und Maria (die
Mutter von Jakobus) super teure Cremes ein, um damit die Leiche einzu-
schmieren. So was tat man damals manchmal mit ganz besonderen Leu-
ten, nachdem sie gestorben waren. 2 Kurz nach Sonnenaufgang machten
sich die drei auf den Weg zum Grab. 3 Dabei rätselten sie noch, wie sie
wohl den schweren Stein vom Eingang wegbekommen könnten. 4 Als sie
da waren, trauten sie ihren Augen kaum: Der riesengroße Stein war zur
Seite geschoben worden! 5 Sie betraten die Grabhöhle. Plötzlich saß dort
einen junger Mann. Der hatte einen ganz hellen, fast leuchtenden Anzug
an. Die drei bekamen erst mal voll den Schiss. 6 Der Typ war ein Engel,
und er sagte zu ihnen: „Ihr braucht keine Angst zu haben! Ihr seid auf der
Suche nach Jesus, der hingerichtet wurde, oder? Der ist nicht mehr hier!
Er ist vom Tod wieder neu lebendig geworden, er lebt! Hier, ihr könnt das
auch gerne checken, er lag vorher genau da! 7 Jetzt geht erst mal zu sei-
nen Freunden und sagt denen Bescheid, was passiert ist! Erzählt es auch
Petrus! Jesus ist nach Galiläa vorgegangen, dort wird er euch noch mal
treffen! Hat er doch auch schon vorher angekündigt, bevor er gestorben
ist.“ 8 Die Frauen rannten panisch davon. Sie waren voll fertig und hatten
richtig Angst, nach diesem heftigen Treffen mit dem Engel. Erstmal konn-
ten sie mit niemandem dadrüber reden.

Jesus ist wieder da!

9 Ganz früh am Sonntag wurde Jesus wieder lebendig. Als Erstes traf er
Maria von Magdala, die Frau, bei der er diese Dämonen rausgeschmissen

hatte. 10 Die rannte dann sofort zu seinen Freunden, die zu dem Zeitpunkt
noch voll depri waren und weinten. 11 Sie erzählte den Männern, dass sie
Jesus getroffen hätte und dass er lebe! Aber sie glaubten das nicht.
12 Dann traf Jesus in einer anderen Gestalt zwei seiner Freunde, als die
gerade zusammen aus Jerusalem verschwinden wollten. 13 Die gingen
sofort wieder in die Stadt und erzählten es den anderen, aber keiner
konnte sich das so richtig vorstellen. 14 Irgendwann kam Jesus dann aber
noch mal bei seinen restlichen elf Freunden vorbei, als die gerade am
Essen waren. Er war etwas sauer, dass sie den Berichten nicht geglaubt
hatten von den Leuten, die er schon vorher getroffen hatte. 15 Er machte
noch mal eine wichtige Ansage: „Ihr müsst jetzt losgehen, überallhin, in
die ganze Welt, und allen Menschen diese neuen guten Nachrichten
erzählen. 16 Alle, die ihr Vertrauen auf Gott setzen und sich taufen lassen,
werden gerettet! Wer sein Vertrauen aber nicht auf Gott setzt, wird irgend-
wann für sein Leben verurteilt werden, er ist für immer verloren. 17 Es gibt
noch ein paar Merkmale, an denen man meine Leute erkennen kann:
Dadurch, dass sie mit meiner Vollmacht abgehen, werden fiese Geister,
Dämonen und so, gehorchen müssen. Sie müssen die Leute verlassen, in
denen sie wohnen. Und sie werden durch die Kraft von Gott, durch seinen
Geist, neue Sprachen sprechen können. 18 Dann werden sie in der Lage
sein, mit Giftschlangen zu spielen, sie werden sogar Gift trinken können,
ohne dabei zu sterben. Und wenn sie für kranke Menschen beten, dann
werden sie gesund.“ 19 Nach dieser letzten Rede wurde Jesus plötzlich in
den Himmel gebeamt. Dort sitzt er jetzt neben Gott. 20 Seine Freunde
aber zogen los und erzählten überall diese neue Nachricht. Jesus war aber
immer voll dabei und bestätigte alles, was sie sagten, mit vielen heftigen
Wundern.

Die Geschichte von Jesus, so wie sie Lukas in Erinnerung hatte

1

Vorwort

1 Lieber Theophilus! Viele Leute haben schon den Versuch gestartet,
alles mal aufzuschreiben, was so bei uns in den letzten Jahren gelau-
fen ist. 2 Als Grundlage dafür gab es die Berichte von den Augenzeugen,
die das live mitgekriegt haben, wie Gott alle seine Versprechen eingehal-
ten hat. 3 Ich habe jeden dieser Berichte genau durchgelesen und kam
dann auf die Idee, dir eine ausführliche Zusammenfassung der wichtigs-
ten Ereignisse aufzuschreiben. 4 Du wirst bemerken: Alles, was man dir
erzählt hat, stimmt! Es hat sich tatsächlich so abgespielt. Es ist alles wirk-
lich wahr!

Johannes macht den Ansager für Jesus

5 Aber jetzt der Reihe nach. Die ganze Geschichte beginnt in der Zeit, wo
Herodes noch in Judäa das Sagen hatte. Damals lebte ein jüdischer Pries-
ter in der Gegend, der Zacharias hieß. Zacharias gehörte zu der Gruppe
der Abija-Priester, seine Frau Elisabeth kam aber aus der Priesterfamilie
von Aaron.
6 Beide waren hardcoremäßig mit Gott unterwegs, sie taten alles genau
so, wie Gott es wollte, und lebten streng nach den religiösen Gesetzen
und Vorschriften. 7 Sie hatten keine Kinder bekommen können, weil Elisa-
beth unfruchtbar war. Außerdem waren sie mittlerweile auch schon zu alt
dafür. 8 Eines Tages passierte dem Zacharias ein krasses Ding. Er war im
Tempel gerade bei der Arbeit, seine Gruppe hatte Schicht. 9 Wie üblich
wurde wieder ausgelost, wer in dem Tempel die Räucherkerzen und den
Weihrauch anzünden sollte. Das Los fiel diesmal auf Zacharias. 10 Drau-
ßen standen in der Zeit sehr viele Leute, um mit Gott zu reden. 11 Als
Zacharias in dem Raum gerade rechts von der Stelle stand, wo man die-
ses Rauchopfer startet, kam plötzlich eine Nachricht von Gott rein – in
Form eines Engels. Dieser Engel stellte sich rechts neben den Altar, wo
immer das Opferzeugs verbrannt wurde. 12 Zacharias gefror das Blut in
den Adern. Er kriegte voll die Panik. 13 Der Engel meinte aber gleich zu
ihm: „Hallo, Zacharias! Bleib locker, Gott hat auf dich und deine Gebete
gehört. Deine Frau, die Elisabeth, die wird für dich noch einen Sohn krie-
gen, und der soll dann Johannes heißen. 14 Dieser Sohn wird dich sehr

glücklich machen, und nicht nur dich, auch viele andere Menschen! 15 Gott
hat was mit ihm vor. Er wird radikal mit Gott leben, keine Drogen oder Alk
nehmen. Dafür wird er schon vor seiner Geburt abgefüllt sein mit einer
ganz besonderen Kraft von Gott, nämlich mit seinem Geist. 16 Und er wird
dafür sorgen, dass viele Israelis sich wieder auf ihren Gott einlassen. 17 Er
wird so drauf sein wie der Prophet Elia, und er wird alles dafür vorbereiten, dass Gott kommen kann. Er wird dafür sorgen, dass die Väter sich
wieder mit ihren Kindern vertragen. Die Leute, die weg waren von Gott,
werden Gott durch ihn wieder finden. Er soll dem Meister für seine Arbeit gut vorbereitete Menschen überlassen." 18 „Hä? Wie soll das denn
gehen?", fragte Zacharias etwas überrascht. „Ich bin schon Rentner, und
meine Frau ist auch nicht mehr die Jüngste!" 19 „Ich stell mich am besten
erst mal vor", antwortete der Engel. „Ich heiße Gabriel und bin einer der
Engel, die Gott am nächsten kommen dürfen. Er schickt mich, um dir
diese gute Nachricht zu übermitteln, das ist mein Job! 20 Aber weil du mir
das nicht glaubst, wirst du erst mal nicht mehr reden können, und zwar
so lange, bis das Baby geboren ist. Du wirst sehen, ich hab dir die Wahrheit gesagt, es wird alles genau so passieren, wenn es so weit ist." 21 Inzwischen waren draußen schon zig Leute und warteten auf Zacharias.
„Wo bleibt der nur?" 22 Als er dann endlich wieder rauskam, konnte er
nicht reden. Damit war eine Sache klar, irgendetwas war ihm dadrin begegnet. Mit Zeichensprache erklärte er ihnen, dass er gerade eine Vision
im Tempel gehabt hatte. Zacharias konnte ab da tatsächlich erst mal
nichts mehr sagen. 23 Er blieb dann noch die sieben Tage da, bis er Feierabend von seinem Priesterdienst hatte. Erst dann ging er wieder nach
Hause. 24 Nur kurze Zeit später war Elisabeth tatsächlich schwanger. Fünf
Monate blieb sie alleine auf ihrer Bude und zeigte sich niemandem.
25 „Gott hat mir so sehr geholfen", sagte sie. „Dass ich noch ein Kind
kriege, ist so genial! Nun kann mich niemand mehr von oben herab
anmachen, weil ich keine Babys bekommen kann."

**Ein Bote von Gott macht Maria die Ansage:
Dein Baby wird mal ein Präsident sein!**

26 Elisabeth war gerade im sechsten Monat schwanger, da schickte Gott
wieder den Engel Gabriel los. Diesmal sollte er nach Nazareth gehen, eine
Stadt, die in Galiläa liegt. 27 Dort lebte ein Mädchen, das noch nie mit
einem Mann geschlafen hatte, sie war noch Jungfrau. Maria, so hieß sie,
war mit Josef verlobt, der aus der Familie vom David abstammte. 28 Gabriel klopfte bei ihr an die Tür, und als er im Raum stand, begrüßte er sie:
„Hallo, Maria! Gott will dir ein Riesengeschenk machen! Er hat dich unter
Millionen von Frauen extra ausgesucht!" 29 Maria stand etwas unter

Schock. Sie überlegte schnell, was er mit dieser seltsamen Begrüßung
meinen könnte. 30 „Keine Panik!“, redete der Engel weiter. „Gott hat dich
wahnsinnig lieb, er liebt dich einfach so, und er hat etwas ganz Besonde-
res mit dir vor. 31 Du wirst bald schwanger werden, und dann wirst du
einen Sohn bekommen, der soll dann Jesus heißen! 32 Er wird ganz groß
rauskommen, man wird von ihm sagen, dass er der Sohn von Gott ist. Er
wird von Gott auf den höchsten Posten gesetzt werden, er wird ein Präsi-
dent sein, genauso, wie David einer war. 33 Er wird das Sagen haben über
ganz Israel, und seine Macht wird nie zu Ende gehen.“ 34 Maria war etwas
verwundert: „Aber wie soll das denn bitte gehen? Ich hab noch nie mit
irgendeinem Mann geschlafen!“ 35 „Also, das ist so: Der Geist von Gott
wird dir ganz nahe kommen. Gottes Kraft wird dafür sorgen, und darum
wird das Kind auch etwas ganz Besonderes sein, es wird ‚der Sohn von
Gott‘ genannt werden. 36 Pass auf, selbst Elisabeth, mit der du ja verwandt
bist, ist jetzt im sechsten Monat schwanger, und die ist schon im Ren-
tenalter. Alle Ärzte haben gesagt, dass sie unfruchtbar wäre, und jetzt
das ... 37 Für Gott ist nichts unmöglich, Maria!“ 38 „Ich will für Gott alles
geben, ich gehöre ihm, alles, was du gesagt hast, soll auch so passieren.“

Maria und Elisabeth treffen sich

39 Maria hatte dann später einmal die Idee, schnell auf Besuch bei Elisa-
beth vorbeizuschauen. Die wohnte in den Bergen von Judäa. 40 Als sie in
das Haus vom Zacharias kam, umarmte sie Elisabeth. 41 In dem Augen-
blick, als Maria „Hallo, Elisabeth“ gesagt hatte, hüpfte das Baby in Elisa-
beths Bauch wie verrückt. Und auf Elisabeth kam plötzlich die Kraft Gottes
runter, und sie sagte laut zu Maria: 42 „Du bist von Gott ganz besonders
krass beschenkt worden, mehr als alle anderen Frauen! Und das, was da
gerade in dir wächst, dein Baby, das ist erst recht von Gott voll beschenkt
und begabt worden! 43 Womit hab ich das überhaupt verdient, dass die
Mutter von meinem Oberchef, von meinem Gott, mich besuchen kommt?
44 Verstehst du? Als du mich vorhin begrüßt hast, hat das Baby in meinem
Bauch vor Freude voll rumgepogt! 45 Du kannst so froh sein, dass du Gott
geglaubt hast! Alles, was Gott dir versprochen hat, wird auch passieren!“

Maria freut sich

46 Maria war sehr froh, als sie das hörte: „Mit allem, was ich hab, will ich
dafür sorgen, dass Gott richtig groß rauskommt. 47 Alles in mir freut sich
über dich, du bist mein Gott, du hast mich gerettet! 48 Gott hat mich gese-
hen, obwohl ich nur eine stinknormale Frau bin. Alle Menschen, die in
Zukunft leben werden, werden mich einmal toll finden und mich ehren.
49 Gott hat was ganz Großes mit mir gemacht, ihm ist nichts unmöglich,

er ist ganz besonders, er ist echt heilig. 50 Er liebt uns total und diese Liebe
gilt allen Menschen, die ihn respektieren. 51 Er hat große Muskeln, er kann
Wunder tun! Menschen, die sich sonst was einbilden, wird er alt aussehen
lassen. 52 Er hat Regierungen gestürzt und Sklaven befreit. 53 Menschen,
die Hunger hatten, kriegten bei ihm was zu essen, aber Menschen, die
satt und reich waren, sind bei ihm leer ausgegangen. 54 Er hat uns verspro-
chen zu helfen, und er hat dieses Versprechen nicht vergessen. Er liebt
uns. 55 Er hat das schon vor Ewigkeiten Abraham und seiner Familie ver-
sprochen." 56 Maria blieb noch drei Monate bei Elisabeth zu Besuch, erst
dann ging sie wieder zurück nach Hause.

Er soll Johannes heißen

57 Nach neun Monaten war es für Elisabeth an der Zeit, und sie brachte
einen Jungen zur Welt. 58 Das machte schnell die Runde im Ort, und alle
Freunde und Bekannten freuten sich mit ihr, dass Gott so gut zu ihr war.
59 Acht Tage nach der Geburt gab es eine kleine Feier, wo Verwandte und
Freunde eingeladen wurden. Dort wurde so ein religiöses Ritual mit dem
Baby gemacht, bei dem man ihm die Vorhaut vom Penis abschnitt. Das
war bei den Juden so üblich. Die Verwandten waren der Meinung, der
Sohn sollte nach seinem Vater genannt werden: Zacharias der Zweite.
60 Aber Elisabeth war da anderer Meinung: „Nein, er heißt Johannes!"
61 „Was? Wo hast du den seltsamen Namen denn her? Keiner in deiner
Familie heißt so!" 62 In der Hoffnung, der Vater würde ein Machtwort spre-
chen, fragten sie ihn, wie er seinen Sohn nennen wollte. 63 Er ließ sich ein
Stück Papier und einen Stift bringen und schrieb darauf: „Sein Name ist:
Johannes!" 64 Im selben Augenblick konnte Zacharias wieder sprechen,
und als Erstes lobte er Gott. 65 Diese Story machte überall die Runde, und
alle waren total baff, als sie das hörten. 66 „Was wird wohl aus diesem Jun-
gen mal werden? Ist doch eindeutig, dass Gott etwas ganz Besonderes
mit ihm vorhat!"

Zacharias hat 'ne Vision, was mit Johannes passieren wird

67 Sein Vater Zacharias wurde plötzlich mit der Kraft von Gott abgefüllt.
Er sagte dann prophetisch: 68 „Gott von Israel, er ist der Größte! Er ist bei
uns vorbeigekommen und hat uns einen Ausweg geschaffen! 69 Er hat
aus der Präsidentenfamilie vom David jemanden ausgesucht, der uns alle
retten wird. 70 Schon die alten Propheten haben das gewusst, denen hatte
er es versprochen. 71 Er wird uns retten, wenn unsere Feinde hinter uns
her sind. Er rettet uns vor den Leuten, die uns hassen. 72 Schon zu unse-
ren Vorfahren war er gut, er hat immer zu dem ganz besonderen Vertrag
gestanden, den wir mit ihm geschlossen hatten. 73 Dieses Versprechen,

das er unserem Urvater Abraham gegeben hat, löst er jetzt ein. 74 Er holt
uns aus der Zwickmühle raus, er befreit uns von unseren Feinden, damit
wir alles für ihn geben können, ohne Angst im Nacken. 75 Wir wollen ihm
radikal dienen und tun, was er sagt, für immer! 76 Und von dir, kleiner
Junge, wird man noch einiges zu sagen haben. Man wird dich als Prophet
vom obersten Gott bezeichnen. Du wirst alles vorbereiten, damit Gott
dann richtig loslegen kann. 77 Du wirst seinen Leuten sagen, wo es lang-
geht, du wirst ihnen erklären, wie sie frei von ihren Schulden werden kön-
nen, die sie bei Gott haben. 78 Gott verzeiht uns, weil er uns so sehr liebt!
Sein Licht wird uns die Richtung zeigen. 79 Dieses Licht wird für alle Leute
da sein, die im Dunklen leben, die Angst vor dem Tod haben, die vom Tod
bedroht werden. Dieses Licht wird uns den Weg zeigen, wie wir Frieden
finden können." – 80 Je älter Johannes wurde, desto besser lernte er Gott
kennen. Schon als Jugendlicher ging er oft in die Wüste. Irgendwann fing
er dann an, in der Öffentlichkeit in Israel aufzutreten.

2

Jesus wird geboren

1 In dem Jahr machte der oberste Präsident der Römer ein neues
Gesetz. In diesem Gesetz stand, dass sich alle Menschen, die in den
von der römischen Armee besetzten Gebieten lebten, bei 'ner staatlichen
Behörde melden sollten. Dort mussten sie angeben, wie viel Kohle sie im
Monat verdienen, um daraus die neue Steuer zu berechnen. 2 So eine
Steuerschätzung hatte es zu dem Zeitpunkt noch nie gegeben. Quirinius
war gerade der Ministerpräsident von einem der besetzten Gebiete, das
Syrien hieß. 3 Alle Menschen mussten in den Ort zurückgehen, in dem sie
geboren worden waren, um sich dort in Listen einzutragen. 4 Weil Josef
aus der Familie vom David kam, musste er nach Bethlehem reisen, denn
da kam seine Familie ursprünglich her. Er machte sich also von Nazareth
(das liegt in Galiläa) nach dorthin auf den Weg. 5 Maria, seine Verlobte,
nahm er einfach mit. Die hatte da schon einen ziemlich dicken Bauch,
sie war nämlich hochschwanger. 6 In Bethlehem passierte es dann, und
sie bekam ihr erstes Kind. 7 Weil sie in den Hotels und Jugendherbergen
im Ort keinen Pennplatz mehr finden konnten, musste Maria das Kind
in einer Autogarage zur Welt bringen. Eine alte Ölwanne war das erste
Kinderbett.

Die Hirten und ein Engel

8 In dieser Nacht hatten ein paar Hirten kurz vor dem Dorf ihr Lager auf-
geschlagen, um dort auf die Schafe aufzupassen. 9 Plötzlich war da ein
riesengroßes überirdisches Wesen aus dem Himmel, das auf sie zukam.

Ein helles weißes Licht war um diesen Engel rum, ein Art von Licht, das
nur von Gott kommen konnte, so krass war es. Die Hirten bekamen voll
die Panik, [10] aber der Engel beruhigte sie. „Entspannt euch, ihr braucht
keine Angst zu haben! Ich habe gute Nachrichten für euch und auch für
alle anderen Menschen! [11] Heute Nacht ist der Mensch geboren worden,
der euch alle aus eurem Dreck rausholen wird! Das ist in der gleichen
Stadt passiert, wo auch David herkommt. [12] Ich sag euch mal, wo ihr ihn
finden könnt: Er liegt in einer alten Ölwanne, unten in einer Tiefgarage,
gut eingewickelt in Windeln!“ [13] Plötzlich tauchten neben dem einen Engel
noch Tausende anderer Engel auf. Die fingen dort gleich an, zu beten
und Gott zu sagen, wie genial er ist: [14] „Der Gott, der im Himmel wohnt,
soll groß rauskommen! Er hat all den Menschen ein Friedensangebot
gemacht, die bereit sind, dieses Angebot auch anzunehmen!“ [15] Nachdem
die Engel wieder verschwunden waren, beschlossen die Hirten, der Sache
auf den Grund zu gehen: „Lasst uns mal nach Bethlehem fahren. Mal
sehen, was dort jetzt von den Sachen passiert ist, die uns dieser Engel
gerade erzählt hat.“ [16] Sie beeilten sich sehr. Als sie im Dorf ankamen,
fanden sie tatsächlich Maria, Josef und auch das Baby, das in einer Öl-
wanne lag. [17] Nachdem die Hirten das Kind angesehen hatten, erzählten
sie von ihrem Treffen mit diesem Engel. [18] Alle, die davon Wind bekamen,
staunten nicht schlecht. [19] Maria merkte sich aber alle Einzelheiten ge-
nau und dachte ständig darüber nach. [20] Anschließend gingen die Hirten
wieder zu ihren Schafen zurück. Sie freuten sich total über Gott und über
das, was sie in dieser Nacht erlebt hatten! Alles war genauso abgegangen,
wie es ihnen vorher angekündigt worden war.

Es wird klar: Jesus ist der Retter

[21] Acht Tage später kam der Zeitpunkt, wo man dieses Beschneidungsri-
tual mit Jesus machen wollte, wo man den männlichen Babys die Vorhaut
abtrennt. Dabei wurde ihm der Name „Jesus“ gegeben. Das hatte der
Engel Maria ja schon vorher gesagt, bevor sie überhaupt schwanger war.
[22] Nach den jüdischen Gesetzen (die der Mose aufgeschrieben hatte)
sollte eine Frau nach der Geburt mal eine längere Pause machen, man
nannte das „die Zeit der Reinigung“. Als die vorbei war, brachten Josef
und Maria das Baby nach Jerusalem. Dort wollten sie den Jungen radikal
an Gott übergeben. [23] Josef befolgte damit die göttlichen Gesetze, in
denen ja steht: „Wenn das erste Kind einer Frau ein Junge ist, dann muss
es Gott ganz übergeben und ihm radikal zur Verfügung gestellt werden.“
[24] Genau nach den Vorschriften zogen sie das Opferritual durch, das bei
solchen Anlässen normal war: „Zwei Tauben einer besonderen Rasse oder
zwei junge Tauben.“ [25] In Jerusalem wohnte ein Mann, der Simeon hieß.

Er lebte ein straightes Leben mit Gott, hielt sich genau an die religiösen
Gesetze der Juden und wartete schon lange auf den Mann, der die Leute
von Israel retten würde. Die Kraft Gottes war voll auf ihm. 26 Diese Kraft
von Gott hatte ihm erzählt, dass er vor seinem Tod auf jeden Fall noch
den Auserwählten, den Retter, sehen würde, den Gott schicken will. 27 An
diesem Tag lenkte Gott ihn in den Tempel. Als er Maria und Josef dort traf
und das Kind sah, was sie Gott übergeben wollten, 28 freute er sich plötz-
lich total! Er nahm das Kind in den Arm und dankte Gott: 29 „Mein Gott,
jetzt kann ich entspannt sterben! 30 Ich hab ihn gesehen, den Retter, 31 den
du für alle Menschen hergeschickt hast. 32 Er ist wie eine große Lampe,
die allen Menschen, die Gott nicht kennen, eine Richtung vorgibt! Er wird
dein Volk Israel groß rausbringen!" 33 Maria und Josef kapierten nicht so
richtig, was er da gerade gelabert hatte. 34 Simeon betete für die beiden.
Dann sagte er zu Maria: „Dieser Junge wird von vielen Israelis gehasst
werden. An ihm werden sich die Geister scheiden. Manche werden über
ihn stolpern und hinfallen. Andere werden sich aber auch sehr über ihn
freuen und sich an ihm hochziehen. 35 Auch für dich wird es sehr hart wer-
den, es wird dich fast zerreißen. Was viele jetzt heimlich denken, wird
dann für alle öffentlich sein." 36 Mitten im Vorhof vom Tempel war eine
Frau, die Hanna hieß. Hanna war eine Prophetin, sie hatte einen engen
Draht zu Gott und hörte manchmal, was er zu den Menschen sagt.
Sie kam aus der Familie vom Phanuel, der aus dem Stamm Asser kam.
Hanna war sehr alt. Ihr Mann lebte schon lange nicht mehr, sie waren ins-
gesamt nur sieben Jahre verheiratet gewesen. 37 Nun war sie Witwe und
mittlerweile schon vierundachtzig. Sie verließ den Tempel nur noch selten.
Weil sie Gott sehr liebte, betete sie oft den ganzen Tag und die ganze
Nacht und aß dabei nichts. 38 Als Simeon mit Josef und Maria redete, kam
sie vorbei und fing plötzlich an Gott zu loben! Ab dann erzählte sie allen
Leuten von Jesus, allen, die schon lange auf die Einlösung des Verspre-
chens von Gott gewartet hatten. Dieses Versprechen hatte Gott den Leu-
ten aus Israel schon vor langer Zeit gemacht. 39 Nachdem Josef und
Maria alles das getan hatten, was nach den Vorschriften aus den religiö-
sen Gesetzen üblich war, gingen sie wieder zurück nach Nazareth in
Galiläa. 40 Jesus erlebte dort seine Kindheit. Er wurde immer größer und
stärker. Vor allem war er aber schon ganz früh total weise und schlau, er
wusste auf alle Fragen eine gute Antwort. Gott war besonders stark mit
ihm, das merkten alle.

Jesus als Teeny

41 Immer wenn das Passafest abging, reisten seine Eltern nach Jerusalem.
42 Als Jesus zwölf Jahre alt war, nahmen sie ihn dort mit hin. 43 Nach der

Feier, als sie sich wieder auf den Rückweg Richtung Nazareth machen, war
Jesus plötzlich verschwunden. Zuerst bekamen die beiden das gar nicht
mit, 44 weil sie dachten, er wäre mit einer anderen Gruppe im Treck unter-
wegs. Als er abends aber immer noch nicht bei ihnen war, machten sie
sich ernsthaft Sorgen. Überall fragten sie nach Jesus, 45 konnten ihn aber
nirgends finden. Schließlich gingen sie noch mal zurück nach Jerusalem,
um dort weiterzusuchen. 46 Endlich, nach drei Tagen, entdeckten sie Jesus
im Tempel! Er saß dort in einer Runde von Lehrern und diskutierte mit
ihnen über Fragen des Glaubens. 47 Und die Leute, die dabei waren, krieg-
ten es nicht gebacken, was für einen Schnall er von den Dingen hatte
und wie schlau er antworten konnte. 48 Seine Eltern waren davon aber
nicht so begeistert. „Junge, wie konntest du deiner Mutter so was antun?
Wir haben dich überall gesucht!“, sagte Maria vorwurfsvoll. 49 „Warum
habt ihr mich überhaupt gesucht?“, fragte Jesus zurück. „Ihr hättet euch
doch denken können, dass ich in dem Haus bin, wo mein Vater wohnt!“
50 Sie kapierten aber nicht, was er damit meinte. 51 Er ging dann erst mal
wieder mit nach Nazareth und war weiter ein netter Junge, der tut, was die
Eltern ihm sagen. Seine Mutter dachte aber noch oft über dieses Erlebnis
nach. 52 Jesus kam in die Pubertät und wurde langsam zu einem Mann.
Er lernte immer mehr dazu, wurde immer schlauer und hatte auch immer
mehr Peilung vom Leben. Gott war eindeutig auf seiner Seite, er liebte
ihn. Jesus war zu der Zeit bei allen Leuten sehr beliebt.

3

Johannes macht den Ansager

1 Wir schreiben das fünfzehnte Regierungsjahr vom obersten römi-
schen Präsidenten Tiberius. Pilatus hatte in dieser Zeit als Vertreter
der römischen Besatzungsmacht das Sagen in Judäa. Herodes Antipas
war der Chef über ganz Galiläa, sein Bruder Philippus regierte in Ituräa
und Trachonitis, und Lysanias war der Chef in Abilene. 2 Hannas und Kai-
phas hatten den Job des Oberpriesters der Juden. Johannes (aus der
Familie vom Zacharias) lebte damals in einer Gegend in Israel, wo es
sehr heiß war und wenig Sachen wuchsen, man nannte das auch Wüste.
Irgendwann bekam er direkt von Gott einen Auftrag. 3 Johannes ging des-
wegen sofort in die Gegend vom Fluss Jordan. Er zog da von Ort zu Ort
und erzählte den Leuten, sie sollten so ein religiöses Waschritual mit sich
machen lassen, das nannte man auch Taufe. Es sollte ein Zeichen dafür
sein, dass man aufhört, Sachen zu tun, auf die Gott keinen Bock hat. Mit
der Taufe wurde dieser Dreck abgewaschen. Sie sollten ab sofort eine
neue Richtung in ihrem Leben einschlagen, eine Richtung zu Gott hin.
4 Darüber hatte auch schon der Prophet Jesaja was gesagt. Der meinte

mal: „Da ist jemand in der Wüste, der ruft: ‚Aus dem Weg! Platz da! Der
Meister kommt! Räumt alles weg, damit er ungehindert loslegen kann!
5 Asphaltiert die kaputten Straßen, haut die Berge weg, die Steilkurve wird
zur flachen Straße gemacht.‘ 6 Und dann werden wir sehen, wie Gott es
hinkriegt, alles wieder gutzumachen!“ 7 Sehr viele Leute kamen zu Johan-
nes, um sich taufen zu lassen. Und das, obwohl er nicht gerade nette
Sachen zu ihnen sagte. Er meinte zum Beispiel: „Ihr linken Vögel! Wie
kommt ihr bloß auf die Idee, ihr könntet euch bei Gott mal eben so
durchmogeln? 8 Ändert euer Leben! Hört auf, ständig Mist zu bauen!
Zeigt erst mal, dass ihr es ernst meint! Ich sage euch eins: Mit eurem
‚Abraham-ist-unser-Vater‘-Gequatsche könnt ihr Gott nicht beeindrucken.
Wenn ihr glaubt, euch so in die Familie von Gott reinzumogeln, habt ihr
euch getäuscht. Wenn Gott will, kann er sich aus diesen Betonklötzen
Kinder machen! 9 Die Motorsäge ist schon warm gelaufen, sie ist bereit,
alles umzuhauen, was es nicht bringt. Das Holz kommt dann auf die
Feuerstelle und wird verbrannt!“ 10 Die Zuhörer meinten: „Und was sollen
wir Ihrer Meinung nach jetzt tun?“ 11 „Helft anderen Menschen, denen
es dreckiger geht als euch! Wenn ihr einen Obdachlosen trefft, der keine
Jacke hat, gebt ihm eine von euren zwei Jacken ab.“ 12 Auch ein paar von
den Steuerbeamten kamen bei ihm vorbei, um sich taufen zu lassen.
Die hatten die gleiche Frage: „Meister, was sollen wir Ihrer Meinung nach
anders machen?“ 13 „Knöpft den Leuten nur so viel Kohle ab, wie es
gesetzlich vorgeschrieben ist! Zockt sie nicht ab!“ 14 „Und wir, was sollen
wir anders machen?“, wollten ein paar Berufssoldaten wissen. Johannes’
Antwort war: „Plündert nicht die Besiegten aus, foltert keine Menschen
und seid mit dem Sold zufrieden, den man euch bezahlt!“ 15 Zu dieser
Zeit redeten alle über den „Auserwählten“, den Christus. Man hoffte,
dass er bald kommen und alle aus dem Dreck rausholen und auch poli-
tisch befreien würde. Nun war natürlich die Frage, ob Johannes dieser
Auserwählte sein könnte. 16 Johannes’ Antwort war aber ganz klar: „Für
meine Taufe nehme ich Wasser, aber der Typ, der nach mir kommt, der
ist viel derber und heftiger als ich! Ich bin es noch nicht einmal wert, ihm
die Schuhe zu putzen! Er kann euch die Power von Gott geben, seinen
Heiligen Geist. Dieser Geist wird wie Feuer in euch brennen. 17 Der ‚Aus-
erwählte‘ wird die Menschen auf ein Sieb werfen, und alles, was unten
durchfällt, kommt auf den Müll. Nur der Rest wird aufbewahrt und durch-
kommen.“ 18 Johannes’ Ding war es, die Leute zu warnen und ihnen
gleichzeitig Hoffnung zu machen. 19 Er protestierte auch ganz offen gegen
die herrschende Regierungsmacht. Zum Beispiel griff er den Präsidenten
Herodes öffentlich an, weil er seinem eigenen Bruder die Ehefrau ausge-
spannt und geheiratet hatte. Aber es ging auch um andere linke Sachen,

die Herodes tat. [20] Herodes toppte seine ganzen Fehler auch noch, indem
er später Johannes verhaften ließ und ihn in den Knast steckte.

Jesus lässt sich taufen

[21] Als Johannes mal wieder eine große Taufsession mit allen Leuten hatte,
kam auch Jesus vorbei, um sich taufen zu lassen. Als Jesus während der
Taufe anfing zu beten, schoben sich ganz plötzlich die Wolken auseinan-
der. [22] Dann kam die Kraft von Gott, sein Heiliger Geist, in Form von einer
Taube plötzlich für alle sichtbar auf Jesus runter. Und dann hörte man eine
Stimme von oben aus den Wolken, die sagte: „Du bist mein heißgeliebter
Sohn! Ich freu mich total über dich!"

Die Familie von Jesus – eine Geschichte

[23] Als Jesus loslegte, war er ungefähr dreißig Jahre alt. Seine Vorfahrenge-
schichte sieht so aus: Er war ein Sohn vom Josef, der Vater von Josef war
Eli, und dessen Vorfahrenreihe sieht so aus: [24] Mattat, Levi, Melchi, Jannai,
Josef, [25] Mattitja, Amos, Nahum, Hesli, Naggai, [26] Mahat, Mattitja, Schimi,
Josech, Joda, [27] Johanan, Resa, Serubabel, Schealtiel, Neri, [28] Melchi, Addi,
Kosam, Elmadam, Er, [29] Joschua, Elieser, Jorim, Mattat, Levi, [30] Simeon,
Juda, Josef, Jonam, Eljakim, [31] Melea, Menna, Mattata, Nathan, David,
[32] Isai, Obed, Boas, Salmon, Nachschon, [33] Amminadab, Admin, Arni,
Hezron, Perez, Juda, [34] Jakob, Isaak, Abraham, Terach, Nahor, [35] Serug,
Regu, Peleg, Eber, Schelach, [36] Kenan, Arpachschad, Sem, Noah, Lamech,
[37] Metuschelach, Henoch, Jered, Mahalalel, Kenan, [38] Enosch, Set. Set war
ein Sohn Adams, und Adam wurde direkt von Gott gemacht.

4

Satan versucht, Jesus von seinem Weg wegzubringen

[1] Abgefüllt mit dem Heiligen Geist, ging Jesus von der Taufsession
weg. Gottes Geist nahm ihn erst mal direkt in die Wüste, um ihn da
vierzig Tage für seinen Dienst zu trainieren. [2] In der Wüste kam das
Dunkle in Person, der Feind höchstpersönlich, bei ihm vorbei, um ihn run-
terzuziehen. Jesus hatte tagelang nichts gegessen und bekam tierischen
Hunger. [3] Der Teufel (so nannte man diesen dunklen Geist) kam bei Jesus
an und stellte ihn auf die Probe: „Hey, du, wenn du ein Sohn von Gott
bist, dann zauber dir doch aus diesen Steinen ein leckeres Sandwich!"
[4] Jesus sagte zu ihm: „In den heiligen Büchern steht: ‚Menschen brauchen
mehr als nur Nahrung, um zu überleben!'" [5] Der Teufel ließ nicht locker
und brachte Jesus auf einen hohen Berg. Von da konnte man auf alle Staa-
ten der Welt auf einmal runtersehen. [6] Er flüsterte ihm zu: „Wenn du
willst, kannst du heute der höchste Präsident von allen Ländern werden,

ich überschreibe dir alle Konten, alle Goldreserven, was du nur willst,
denn das gehört alles mir! 7 Du kannst echt alles haben, ich möchte nur
eine kleine Sache als Gegenleistung: Mach mich zu deinem Gott, bete zu
mir!" 8 Jesus holte zum Gegenschlag aus: „Niemals! In der Bibel steht:
‚Es gibt nur einen, zu dem du beten sollst, und das ist Gott, für ihn soll
man alles geben!'" 9 Plötzlich war ein Ortswechsel angesagt. Jesus war mit
dem Teufel in Jerusalem, und zwar auf der höchsten Stelle vom Tempel.
Da flüsterte er ihm zu: „Hey, du! Du bist doch der Sohn von Gott, oder?
Dann spring doch mal runter! 10 In der Bibel steht ja auch: ‚Er sagt seinen
Engeln, dass sie auf dich aufpassen sollen, dir wird nichts passieren. 11 Sie
werden ein Sicherheitsnetz aufspannen, du wirst dich nicht verletzen!'"
12 Jesus ließ sich auf keine Diskussion ein. „In der Bibel steht auch: ‚Du
sollst Gott nicht austesten!'" 13 Als der Teufel endlich damit fertig war, ver-
schwand er für eine Weile.

In Nazareth vertrauen Jesus viele gar nicht

14 Abgefüllt mit der Kraft von Gott, kam Jesus wieder in Galiläa an. Bald
wurde er überall in der Gegend zu dem Gesprächsthema schlechthin.
15 Er hielt Unterrichtsstunden in den Häusern, wo die Leute sich zum
Beten trafen, den sogenannten Synagogen, und alle waren schwer beein-
druckt von ihm. 16 Irgendwann ging Jesus mal wieder nach Nazareth, wo
er aufgewachsen war. Wie gewohnt verbrachte er den religiösen Feiertag
der Juden, den Sabbat, in der dortigen Synagoge. 17 Dann gab man ihm
das Buch aus der Bibel, das Jesaja geschrieben hatte. Als er das Buch auf-
blätterte, kam gleich die Stelle, wo Jesaja schreibt: 18 „Die Kraft Gottes
ist in mir, er hat mich dafür ausgesucht, um den Leuten, die arm sind und
nichts haben, eine gute Nachricht zu bringen. Er will von mir, dass ich
Gefangene und Süchtige befreie und Blinden die Ansage mache, dass sie
wieder sehen können. Ich soll den Unterdrückten den Weg in die Freiheit
zeigen und 19 folgende Nachricht an alle ausgeben: Ab jetzt fängt eine
gute Zeit an, eine besondere Zeit, eine göttliche Zeit." 20 Jesus klappte
das Buch wieder zusammen, gab es zurück und setzte sich. Alle sahen
gebannt auf ihn. 21 Dann fing er an zu reden und begann mit dem Satz:
„Heute geht das los, was die Propheten damals vorausgesagt haben."
22 Die ganzen Zuhörer waren anschließend schwer beeindruckt von dem,
was Jesus gesagt hatte und wie liebevoll es rüberkam. „Was geht? Wie
kann das angehen? Wo hat der das her?", fragten sie sich. „Ist das nicht
der Sohn von diesem Josef?" 23 Jesus redete einfach weiter: „Ihr kommt
jetzt bestimmt mit dem Spruch ‚Arzt, hilf dir mal selber' und wollt die
fetten Wunder sehen, die ich auch in Kapernaum gemacht habe. So nach
dem Motto: ‚Zeig uns mal, was du draufhast!' 24 Dabei ist doch jetzt

schon klar: Zu Hause haben Propheten nichts zu melden. 25 Nehmt mal
den Propheten Elia als Beispiel! Zu seiner Zeit ging es vielen Leuten sehr
schlecht. Viele Frauen waren alleine, weil ihr Mann gestorben war. Und
dann hat es auch noch dreieinhalb Jahre nicht geregnet und überall hatten
die Leute nichts zu essen und hungerten. 26 Trotzdem wurde der Elia nicht
zu einer Witwe aus unserm Volk geschickt, sondern zu einer Ausländerin,
die in Sarepta bei Sidon wohnte. 27 Oder noch ein anderes Beispiel? Elisa,
auch so ein Prophet, der ließ die vielen Aidskranken aus unserem Volk
auch mal links liegen. Aber den Ausländer, der aus Syrien kam, den
machte er gesund. Erinnert ihr euch? 28 Das war zu viel! Die Leute, die
zugehört hatten, rasteten plötzlich total aus! 29 Sie packten Jesus, schubs-
ten ihn hin und her und trieben ihn so auf einen steilen Abhang zu, der
außerhalb der Stadt lag. Ihre Absicht war, ihn dort runterzuschmeißen
und ihn so zu töten. 30 Jesus drehte sich aber um und ging einfach durch
die Menschenmenge hindurch. Die Leute wichen ihm aus, keiner traute
sich mehr ihn anzufassen."

Jesus zeigt allen, was er draufhat

31 Jesus ging von da nach Kapernaum, einer Stadt, die in Galiläa liegt.
Da hielt er dann am Feiertag, dem Sabbat, ein paar Unterrichtsstunden
über Gott in den Synagogen. 32 Auch hier waren die Leute schwer beein-
druckt von dem, was er erzählte, und der Art, wie er es rüberbrachte. Jeder
merkte, dass eine unbeschreibliche Power dahintersteckte. 33 An einem
Tag war mal so ein Typ in der Synagoge, in dem wohnte ein dunkler Geist,
so ein Dämon. Der fing plötzlich wie blöd an zu schreien: 34 „Hau ab! Was
willst du von uns, Jesus aus Nazareth?! Willst du uns kaputt machen? Ich
weiß genau, wer du bist! Du bist der Sohn Gottes!" 35 „Maul halten!",
machte Jesus ihn an, „verlass diesen Mann, sofort!" Der Dämon warf den
Typen einfach um, und dann zog er Leine. Der Mann blieb dabei unver-
letzt. 36 Alle Leute, die das mitbekamen, waren total fertig: „Was bringt
dieser Mann alles für derbe Sachen? Woher hat er die Vollmacht und diese
Power, dass ihm sogar die dunklen Geister gehorchen müssen?" 37 Diese
Story ging rum wie ein Lauffeuer, alle in der Gegend redeten darüber.

Die Mutter von Petrus' Frau wird geheilt

38 Nachdem Jesus aus der Synagoge abgehauen war, ging er noch mal in
das Haus, in dem Petrus wohnte. Die Schwiegermutter vom Petrus hatte
tierisch hohes Fieber. Jesus wurde um Hilfe gebeten, und er kam sofort.
39 Er stellte sich an ihr Bett und sagte zu dem Fieber, dass es sofort ver-
schwinden müsse. Das passierte auch sofort. Die Mutter stand auf und
machte erst mal einen Imbiss für alle klar. 40 Diese Heilung sprach sich

schnell rum. Nach Sonnenuntergang hatte Jesus Sprechstunde. Jeder im Dorf, der irgendwie krank war, kam vorbei. Und egal, was sie auch hatten, er legte den Leuten die Hände auf und alle wurden wieder gesund! 41 Es gab auch ein paar dämonisch belastete Menschen, die da ankamen. Wenn er einen Dämon rausgeschmissen hatte, brüllte der vorher immer: „Du bist Gottes Sohn!“ Er fand das aber nicht so toll und bedrohte sie, bloß ihr Maul zu halten. Die hatten sofort geblickt, dass er der Auserwählte war, dieser Christus. 42 Am nächsten Morgen stand Jesus ganz früh auf und verließ das Haus. Er wollte ein wenig alleine sein und suchte einen Ort, an dem das möglich sein könnte. Aber die Leute waren hinter ihm her und suchten ihn überall. Und als sie ihn gefunden hatten, versuchten sie ihn aufzuhalten, sie wollten unbedingt, dass er nicht wieder weggehen sollte. 43 Er musste ihnen aber eine Abfuhr erteilen: „Leute, ich hab noch einiges vor! Ich muss die Nachricht, dass eine neue Zeit begonnen hat, noch überall weitererzählen. Das ist mein Auftrag, darum bin ich hier!“ 44 Jesus zog dann weiter. Er wanderte durch ganz Judäa und sprach in den Synagogen im Land.

5

Jesus organisiert seine Ausbildungstruppe

1 Irgendwann hatte Jesus mal die Idee, eine Predigt vor mega vielen Menschen am See Genezareth zu halten. Die Leuten drängelten sich auf dem Gelände, alle wollten ihn reden hören. 2 Bevor er loslegte, sah er zwei Boote, die am Ufer festgemacht hatten. Die Fischer, denen die Boote gehörten, waren gerade am Land, um ihre Netze zu waschen. 3 Jesus stieg in eins der Boote und fragte den Besitzer (der hieß Simon), ob er ihn mit dem Boot in eine günstige Position bringen könnte, damit man ihm vom See aus besser hören könnte. Von dort redete er dann zu den Menschen. 4 Anschließend meinte er zu Simon: „Jetzt fahr mal auf den See raus und fisch noch mal ’ne Runde! Da geht heute noch was!“ 5 „Meister“, antwortete Simon, „wir haben uns letzte Nacht schon die Finger wund gefischt, und da ging gar nichts. Aber okay, weil du es sagst, probieren wir es noch mal!“ 6 Sie fuhren wieder raus, warfen die Netze aus und fingen so viele Fische, dass die Netze fast gerissen wären! 7 Schnell riefen sie andere Fischer zu Hilfe, die auch mit ihrem Boot ankamen. Beide Boote waren am Ende so voll mit Fischen, dass sie fast abgesoffen wären. 8 Als Simon (der dann auch „Petrus“ genannt wurde) kapierte, was da gerade passiert war, kniete er sich vor Jesus hin und sagte: „Meister, bitte verschwinde! Ich bin ein Loser und viel zu dreckig, ich bin es nicht wert, dass du in meiner Nähe bist.“ 9 Er war einfach total geplättet von dieser riesenfetten Beute, die sie da gerade gemacht hatten, 10 und den anderen wie Jakobus

und Johannes, den Söhnen vom Zebedäus, ging es genauso. Jesus sagte
zum Simon: „Keine Angst! Ab jetzt wirst du Menschen für mich ins Netz
holen.“ 11 Sie legten dann mit den Booten wieder an Land an und folgten
Jesus.

Ein Mann, der unheilbar krank ist, wird gesund

12 Einmal traf Jesus in einer Stadt einen Mann, dessen Körper von einer
unheilbaren Krankheit fast zerfressen war. Man nannte diese Krankheit
„Aussatz“. Als dieser Mann sah, wie Jesus vorbeikam, lief er zu ihm hin,
warf sich vor ihm auf den Boden und bettelte ihn an: „Mein Herr, bitte
helfen Sie mir! Wenn Sie wollen, können Sie mich gesund machen!“
13 Jesus beugte sich zu ihm hin und berührte ihn mit seiner Hand. „Ich will
das gerne tun. Ab jetzt bist du gesund!“ Und tatsächlich, der Aussatz ging
sofort weg! 14 Jesus sagte dem Typen, dass er das jetzt nicht an die große
Glocke hängen sollte. „Geh mal zum Priester und lass dich von ihm
durchchecken. Danach mach ein Opferritual, wie es die Gesetze von Mose
für so einen Fall vorschreiben, damit alle mitkriegen, dass Gott dich wirk-
lich geheilt hat!“ 15 Das half aber nur wenig weiter, was das Gerede über
Jesus anging. Er war die News des Tages und die Leute kamen von überall
her, um ihn reden zu hören oder um geheilt zu werden. 16 Jesus ging aber
immer wieder irgendwo hin, wo er alleine war, um dort in Ruhe mit Gott
zu labern.

Ein Körperbehinderter wird komplett gesund

17 Als Jesus gerade wieder dabei war, Dinge über Gott zu erklären, hörten
auch ein paar von den Pharisäern, den religiösen Strebern, und den
Schriftgelehrten, den religiösen Profis, zu. Die kamen mittlerweile von
überall her, aus jedem Dorf aus Galiläa und Judäa, sogar aus Jerusalem
waren welche dabei, nur um ihn einmal live zu erleben. Gottes Kraft war
so derbe mit Jesus, dass er sehr viele Leute heilen konnte. 18 Schließlich
schoben ein paar Männer einen Körperbehinderten in seinem Rollstuhl
durch die Menge zu Jesus. 19 Sie kamen aber durch die Menschenmasse
nicht durch, darum überlegten sie sich einen Trick. Die Männer kletterten
auf das Dach des Hauses, in dem Jesus war, und nahmen Stück für Stück
die Ziegel weg. Dann ließen sie ihren kranken Freund mit einem Seil
durch das Loch mitten in den Raum runter, genau vor die Füße von Jesus.
20 Jesus war sichtlich beeindruckt von dem Vertrauen, das sie in ihn hat-
ten. Darum sagte er zu dem Typen: „Was zwischen dir und Gott stand, ist
jetzt weg! Der Mist, den du gebaut hast, deine Sünde, ist dir jetzt verge-
ben!“ 21 Die religiösen Profis und Streber flüsterten sich zu: „Was für eine
unverschämte Arroganz! Was bildet er sich bloß ein? Nur Gott kann so

was machen und Sünden vergeben!“ 22 Jesus konnte aber auch Gedanken
lesen, darum fragte er gleich nach: „Welchen Schwachsinn habt ihr da
gerade in der Birne? 23 Was ist denn jetzt leichter zu sagen: ‚Deine Sünden
sind dir vergeben!‘ oder: ‚Steh jetzt auf, du kannst gehen‘? 24 Ich werde
den Beweis antreten, dass ich die Vollmacht habe, die Sünden zu verge-
ben!“ Dann beugte er sich zu dem Behinderten und sagte: „Steh jetzt auf,
pack deine Sachen und geh nach Hause!“ 25 Und der Mann stand sofort
auf, klappte den Rollstuhl zusammen, auf dem er gesessen hatte, und
ging nach Hause. Auf dem Weg sang er fröhlich Lieder und bedankte
sich bei Gott für seine Heilung! 26 Die Menschen, die das mitkriegten,
waren voll beeindruckt. „Respekt!“, meinten viele. „Heute haben wir ein
echt derbes Wunder gesehen!“

Wem es gutgeht, der braucht Gott wohl nicht

27 Als Jesus später die Stadt verlassen wollte, traf er auf dem Weg einen
Typen, der für den Zoll der Besatzungstruppen arbeitete. Diese Männer
waren sehr unbeliebt, denn sie zockten von den eigenen Leuten Zoll-
gebühren ab, die dann an die Besatzungsmacht der Römer überwiesen
wurden. Levi, so hieß der Mann, saß in seinem Zollhäuschen, als Jesus
ihn von der Seite einfach anquatschte: „Hey! Komm mal mit!“ 28 Das ließ
er sich nicht zweimal sagen. Sofort ließ er alles stehen und liegen und
ging mit Jesus. 29 Kurze Zeit später organisierte dieser Levi extra für Jesus
eine Riesenparty bei sich zu Hause. Viele andere Zollbeamte und Freunde
vom Levi waren eingeladen. 30 Das passte den oberfrommen Strebern und
Profis überhaupt nicht. „Wie können Sie es nur mit diesem dreckigen Pack
auf einer Feier aushalten?“, fragten sie die Freunde von Jesus. 31 Er antwor-
tete: „Die Menschen, denen es gutgeht, brauchen keine Hilfe, aber die
Menschen, denen es dreckig geht, die brauchen einen, der ihnen aus dem
Dreck raushilft. 32 Ich bin nicht für die Leute hier, die sowieso schon kor-
rekt für Gott leben. Ich bin für die Kaputten gekommen. Ich will dafür sor-
gen, dass die Leute ihr Leben ändern, die Mist bauen.“

Eine neue Idee vom Leben sprengt alte Strukturen

33 Die religiöse Führungsriege hatte mal wieder was zu meckern: „Ent-
schuldigen Sie, aber selbst die Schüler vom Johannes verzichten regel-
mäßig auf Essen und beten auch viel. Auch die Schüler von den religiösen
Streber machen das so. Warum halten sich Ihre Schüler nicht daran? Die
essen und trinken ja, wie sie gerade lustig sind!“ 34 Jesus antwortete mit
einer Gegenfrage: „Leute, wie ist es denn, wenn jemand heiratet? Verzich-
ten die Gäste auch auf das Essen, solange der Typ, der heiratet, noch auf
der Party ist? Null! 35 Wisst ihr, es wird der Tag kommen, da ist dieser Typ

nicht mehr da, und dann gibt es noch genug Zeit, um aufs Essen zu ver-
zichten und viel zu beten.“ [36] Dann erklärte er das noch mal mit einem
Beispiel: „Niemand von euch würde ein Stück Stoff aus einem nagelneuen
T-Shirt rausschneiden, um damit ein Loch von einem alten Shirt zu fli-
cken, was schon total zerfleddert und dreckig ist. Das neue T-Shirt könnte
man anschließend wegschmeißen, und der Flicken würde auf dem alten
Shirt sowieso total spackig aussehen. [37] Und keiner würde Traubensaft in
alte dünne Holzfässer zur Gärung abfüllen, damit daraus dann mal Wein
wird. Der Saft dehnt sich bei der Gärung aus, die alten Fässer würden
platzen, und alles wäre dann kaputt. [38] Neuer Wein gehört in neue Fässer!
Dann funktioniert das auch. [39] Übrigens: Leute, die auf alten Wein stehen,
wollen gar keinen neuen Wein haben. Die sagen dann: ‚Der alte Wein ist
doch sowieso immer noch besser zum Chillen.‘“

6

Was ist wichtiger, die Gesetze oder die Liebe?

[1] An dem religiösen Feiertag der Juden, dem Sabbat, streunte Jesus mit
seinen Schülern mal wieder durch die Kornfelder. Die Schüler pflück-
ten dabei ein paar Kornähren ab, zerrieben die zwischen den Händen und
aßen sie. [2] Einige von den religiösen Strebern sahen das und kamen sofort
mit dem Spruch an: „Das dürfen Sie nicht! Das ist verboten! Die Gesetze
schreiben vor, dass man am Sabbat nichts ernten und nicht arbeiten
darf!“ [3] Jesus konterte: „Darf ich euch mal an die Geschichte vom David
erinnern? Als er und seine Begleiter Hunger hatten, was haben sie da
gemacht? [4] Sie gingen in das Haus von Gott und nahmen sich was von
dem Brot, das nach dem religiösen Gesetz nur die Priester essen durften!
Er gab sogar seinen Freunden was davon ab! Damit haben sie auch die
Gesetze gebrochen, oder? [5] Ich darf als Auserwählter Gottes auch bestim-
men, was am Sabbat erlaubt ist und was nicht!“ [6] Ein paar Wochen später
war da so ein Mann, der hatte eine Behinderung an der Hand. Er hing in
der Synagoge rum, als Jesus dort seine Lehrstunde abhielt. [7] Die religiösen
Streber und Profis hatten alles genau im Blick. Sie warteten nur auf die
nächstbeste Gelegenheit, wo sie ihn auf frischer Tat ertappen könnten.
Wenn er jetzt jemanden heilen würde, wäre das ein guter Grund, Anzeige
gegen ihn zu erstatten. Heilen war am Sabbat nämlich verboten. [8] Jesus
konnte aber ihre Gedanken lesen. Also bat er den Mann, sich mal in die
Mitte zu stellen, damit ihn alle sehen konnten. [9] Und dann sagte er zu den
Kritikern: „Ich hab mal ne Frage an euch: Wofür ist der Sabbat ursprüng-
lich gedacht gewesen? Ist dieser Tag dafür da, gute Sachen zu machen,
oder ist dieser Tag dafür da, link drauf zu sein? Soll man an diesem Tag
lieber Menschen retten oder Menschen kaputt machen?“ [10] Jesus blickte

einem nach dem andern in die Augen. Dann meinte er zu dem kranken
Mann: „Mach deine Hand mal wieder gerade!“ Der Typ tat es, und tat-
sächlich, sie war sofort gesund! 11 Die Feinde von Jesus waren davon total
angefressen. Ab diesem Zeitpunkt begannen die Ersten, ein Attentat auf
ihn zu planen.

Jesus sucht zwölf Schüler aus

12 Kurze Zeit später zog sich Jesus auf einen Berg zurück, um ne Runde
zu beten. Er quatschte die ganze Nacht mit Gott. 13 Als die Sonne aufging,
holte er alle Schüler zusammen und wählte zwölf von ihnen in den enge-
ren Kreis. Diese zwölf Freunde nannte er ab dann auch „Apostel“ (das
heißt so viel wie „die Botschafter von Gott“). Hier sind jetzt mal ihre
Namen: 14 Simon (den er auch „Petrus“ oder „den Fels“ nannte), Andreas
(der Bruder von Simon), Jakobus, Johannes, Philippus, Bartholomäus,
15 Matthäus, Thomas, Jakobus (ein Sohn von Alphäus), Simon (der früher
mal ein Freiheitskämpfer war), 16 Judas (ein Sohn von Jakobus) und Judas
Iskariot (der Jesus später verraten wird).

Heilungssession mit Jesus

17 Als Jesus mit seinen Schülern wieder vom Berg runterkam, waren sie
auf einer großen Wiese. Mittlerweile waren hier sehr viele Menschen ver-
sammelt. Die Leute kamen nicht nur aus der nahen Umgebung, sogar aus
Judäa und Jerusalem bis hin zum nördlichen Küstengebiet von Tyrus und
Sidon waren welche dabei. Alle wollten die Reden von Jesus hören, und
viele wollten auch geheilt werden. 18 Es gab auch ein paar Leute, die von
einem bösen Geist befreit werden wollten. Und alle wurden von Jesus
gesund gemacht. 19 Zum Teil wollten sehr viele Leute ihn einfach nur mal
anfassen, weil eine ganz krasse Energie von ihm ausging und jeder dabei
geheilt wurde.

Wer nach Jesus’ Ansicht richtig glücklich ist und wer nicht

20 Irgendwann redete Jesus mit seinen Schülern und meinte zu denen:
„Richtig glücklich seid ihr Leute, die keine Kohle haben, weil euch der
Himmel auf Erden gehört. 21 Richtig glücklich seid ihr Leute, die ihr jetzt
Hunger habt, weil Gott euch fett zu essen geben wird! Richtig glücklich
seid ihr Leute, die jetzt noch voll traurig sind, denn ihr werdet bald abge-
hen vor Freude! 22 Richtig glücklich dran seid ihr, wenn man euch hasst
und ihr gedisst werdet oder man euch auslacht und über euch irgendwel-
che Gerüchte verbreitet, nur weil ihr zu mir gehört. 23 Wenn das passiert,
könnt ihr euch total freuen! Denn im Himmel wartet eine fette Belohnung
auf euch! Und vergesst dabei nicht: Den Propheten ging es kein Stück

besser. [24] Übel wird es für euch Leute, die jetzt viel Kohle besitzen. Denn ihr habt ja schon hier auf der Erde ganz fett gelebt. [25] Übel wird es auch für die Menschen, die einen prallen Bauch haben und satt sind. Ihr werdet ständig hungern müssen. Übel für die Menschen, die jetzt lachen, denn ihr werdet dann den Frust schieben, Depressionen bekommen und viel weinen. [26] Wie übel steht es um die Stars und die Berühmtheiten, die jetzt von allen Seiten umschleimt werden! Falsche Propheten waren ja damals auch schon überall beliebt."

Leute, die ätzend zu dir sind, sollst du lieben

[27] „Ich erzähl euch, die ihr mir jetzt zuhört, noch mal was", redete Jesus weiter. „Gerade die Menschen, die ätzend zu euch sind, sollt ihr lieben! Geht freundlich mit den Typen um, die euch irgendwie dissen oder hassen. Helft denen sogar, wenn sie Hilfe brauchen. [28] Betet für die Leute, die euch die Krätze an den Hals wünschen. Betet für die, die euch verletzt haben, und wünscht ihnen das Beste. [29] Wenn dir einer in die Fresse haut, sag ihm, er soll dir auch noch in den Magen treten. Wenn dir einer deine Jacke klaut, dann gib ihm deine Jeans noch dazu. [30] Wenn jemand dich um etwas bittet, dann gib es ihm. Wenn du mal angeschnorrt wirst, dann gib auch was. Wenn dir jemand etwas wegnimmt, dann fordere es nicht zurück. [31] Behandle die Leute so, wie du von ihnen auch behandelt werden willst. [32] Oder willst du auch noch ein lautes ‚Danke' dafür hören, wenn du mal nett zu jemanden warst, der vorher auch nett mit dir umgegangen ist? Das können auch die Leute, die ohne Gott leben. Die lieben jeden, der sie auch liebt. [33] Was ist daran schon so besonders toll, denen etwas Gutes zu tun, die euch auch gut behandeln? Das kann jeder, auch die Menschen, die keinen Bock auf Gott haben. [34] Was ist schon so heldenhaft dadran, jemandem Geld zu leihen, von dem man sowieso ganz sicher weiß, dass man es zurückbekommt? [35] Ihr sollt anders drauf sein. Liebt eure Feinde und seid nett zu den Menschen, die euch dumm finden. Helft denen, und zwar ohne große Erwartung, dass ihr dafür was bekommt. Von Gott könnt ihr dagegen alles erwarten, er wird euch fett dafür belohnen. Ihr gehört zu seiner Familie, ihr seid dann schließlich seine Kinder. Gott liebt sogar die miesen Typen und Leute, die es null verdient hätten."

Wie du mir, so ich dir?

[36] Jesus redete weiter: „Ihr müsst so liebevoll drauf sein wie Gott, euer Vater. [37] Hört auf, über andere abzulästern und sie zu verurteilen, damit Gott euch auch nicht verurteilt. Macht euch nicht vorschnell eine Meinung über jemand, das tut Gott auch nicht mit euch! Wenn ihr anderen ver-

zeiht, wird man euch ebenfalls verzeihen. 38 Seid locker dabei, wenn es
darum geht, Sachen zu verschenken, dann wird Gott euch auch fett
beschenken können, so viel, dass ihr mehr als genug habt." 39 Jesus
erzählte dann noch mal so ein Beispiel, was er ja oft tat: „Was bringt es
einem Blinden, wenn er von einem Blinden geführt wird? Früher oder
später werden beide in die nächste Baugrube fallen! 40 Ein Schüler kann
nur so viel lernen, wie sein Lehrer auch weiß. Selbst wenn er alles von
ihm gelernt hat, ist er nur genauso schlau wie sein Lehrer. 41 Warum regst
du dich so über ein kleines Problem von deinem Bruder auf und über-
siehst dabei, was für ein Mega-Probleme du selber hast? 42 Du sagst dann:
‚Freundchen, komm mal her! Ich will dir mal sagen, wo du überall falsch-
liegst!' Und dabei hast du überhaupt nicht kapiert, dass du selber total
daneben bist. 43 An einem gesunden Baum können keine schlechten
Früchte wachsen, oder? Und so kann ein kranker Baum auch keine gesun-
den Früchte tragen! 44 Man kann daran erkennen, ob ein Baum gesund ist
oder nicht, wenn man sich seine Früchte mal ansieht. Äpfel wachsen auch
nicht in Dornenhecken und Weintrauben nicht an Brombeerbüschen.
45 Wenn einer gut drauf ist und ein gutes Herz hat, bringt er gute Sachen.
Wenn einer link drauf ist, bringt der auch nur linke Aktionen, weil seine
Gedanken und seine Motivation schlecht sind."

Auf Jesus kann man bauen

46 „Warum sagt ihr ständig ‚Meister' und ‚Chef' zu mir, tut dann aber doch
nicht das, was ich euch sage? 47 Ich gebe noch mal ein Beispiel, wie das
abgeht bei Leuten, die das tun, was ich sage. 48 Und zwar ist das so wie
ein Mensch, der ein Haus auf einem stabilen Betonfundament baut. Wenn
es dann mal eine Überschwemmung gibt, dann können die Wellen das
Haus nicht zerstören, weil es eine feste Grundlage hat und solide gebaut
wurde. 49 Wer mir aber zuhört und dann so weitermacht wie bisher,
der ist zu vergleichen mit einem Haus, das nur auf lockerer Erde ohne
ein richtiges Fundament gebaut wurde. Wenn mal eine Flut kommt, dann
unterspült das Wasser das Haus und alles bricht zusammen. Und am
Ende bleibt nur ein Haufen Schrott übrig."

7

Fernheilung à la Jesus

1 Nach dieser langen Rede machte sich Jesus wieder auf den Weg in
Richtung Kapernaum. 2 Dort lebte ein Berufssoldat, der den Dienst-
grad eines Hauptmanns hatte. Er hatte einen Angestellten, den er sehr
mochte. Aber dieser Angestellte war todkrank und lag im Sterben. 3 Als
der Hauptmann von jemandem hörte, dass Jesus gerade in der Stadt

angekommen war, schickte er gleich ein paar angesagte jüdische Männer
mit der Anfrage zu ihm, ob Jesus seinen Angestellten nicht vielleicht
wieder gesund machen könnte. 4 Als diese Männer bei Jesus ankamen,
baten sie Jesus, dass er bitte helfen sollte: „Der Typ ist total okay, wenn
jemand Ihre Hilfe verdient hat, dann er! 5 Er liebt die jüdische Bevölke-
rung sehr und hat uns auch den Bau der Synagoge gesponsert." 6 Jesus
ging also mit ihnen. Bevor sie aber beim Haus des Hauptmanns ange-
kommen waren, kamen ihnen ein paar von den Angestellten des Haupt-
manns entgegen. Sie brachten eine Nachricht mit: „Verehrter Herr, bitte
machen Sie sich nicht die Mühe, Sie brauchen nicht bis in mein Haus
zu kommen. Das bin ich echt nicht wert! 7 Ich fühl mich noch nicht ein-
mal gut genug, um selber bei Ihnen persönlich vorzusprechen. Mein
Vorschlag ist: Bleiben Sie, wo Sie sind, und sagen Sie nur, was auch
immer Sie sagen müssen, dann wird mein Angestellter schon gesund
werden. 8 Das ist bei mir ja auch so. Ich habe Vorgesetzte, und wenn die
mir sagen, was ich tun soll, dann gehorche ich denen. Und wenn ich zu
meiner Truppe sage: ‚Abteilung Marsch!', dann ziehen die los. Und wenn
ich zu einem Soldaten sage: ‚Bringen Sie mir mal einen Becher!', tut er
das sofort." 9 Jesus war echt platt, als er das hörte. Er meinte zu den
Leuten, die mitgekommen waren: „Eins ist sicher: So ein Vertrauen ist
mir in Israel noch nicht untergekommen!" 10 Und als die Männer wieder
zurück bei ihrem Hauptmann waren, war der Angestellte tatsächlich
kerngesund.

Ein totes Kind lebt wieder

11 Kurze Zeit später ging Jesus mit seinen Freunden in die Stadt Nain.
Sehr viele Leute waren mittlerweile mit ihm dabei. 12 Als sie kurz vor
dem Ortseingang waren, kam ihnen ein Gruppe von Menschen entge-
gen, die einen Sarg mit einem Jungen zum Friedhof brachte. Der tote
Junge war der einzige Sohn von einer Frau gewesen, deren Mann auch
schon tot war. Viele trauerten mit der Witwe. 13 Als Jesus die ganze
Szene beobachtet hatte, tat ihm die Frau auch sehr leid. „Du musst jetzt
nicht mehr weinen!", sagte er ganz liebevoll zu der Frau. 14 Dann ging
Jesus zum Wagen, auf dem der offene Sarg draufstand. Der Wagen blieb
stehen. Und dann redete Jesus mit dem Jungen, er sagte zu ihm: „Hey,
du, steh auf!" 15 Und das Abgefahrenste passierte: Der Junge setzte sich
auf und begrüßte alle! Jesus gab der Mutter ihren Sohn zurück, fast so,
als hätte Jesus den Sohn aus dem Schlaf geweckt. 16 Alle, die das mit-
erlebten, waren total beeindruckt von der ganzen Sache, fast schon
geschockt. Und sie sagten zueinander: „Gott hat uns einen ganz fetten
Propheten vorbeigeschickt!", und: „Gott hat sein Volk persönlich be-

sucht!“ 17 Diese irre Story verbreitete sich sehr schnell im ganzen jüdi-
schen Gebiet, und sogar im Ausland redete man darüber.

Die Anfrage von Johannes: Bist du der Auserwählte, bist du der Messias?

18 Johannes (der die Leute getauft hat) hörte auch von den derben Wun-
dern, die bei Jesus an der Tagesordnung waren. 19 Er schickte zwei von
seinen eigenen Schülern mit einer Anfrage zu Jesus: „Sind Sie der Mann,
auf den wir schon so lange warten? Sind Sie der Auserwählte, der Mes-
sias, oder kommt der noch? Das will Johannes wissen!“ 20 Die beiden
kamen gerade mit dieser Frage, 21 als Jesus eine große Heilungssession
hatte. Viele Leute wurden wieder gesund, fiese Geister verließen Men-
schen, Blinde konnten wieder sehen und so. 22 Jesus antwortete: „Leute,
geht zurück zum Johannes und erzählt ihm, was hier bei mir abgeht.
Alles, was die alten Propheten vorhergesagt haben, passiert gerade: Blinde
können wieder sehen, Körperbehinderte werden geheilt, Gehörlose kön-
nen wieder hören, Aidskranke werden geheilt, sogar Tote werden wieder
lebendig, und den Leuten, die nichts besitzen, wird eine gute Botschaft
rübergebracht. 23 Und dann könnt ihr ihm noch sagen, dass sich alle wirk-
lich freuen können, die sich nicht über mich ärgern.“

Jesus sagt was über Johannes

24 Als die Schüler vom Johannes abgehauen waren, sagte Jesus noch was
zu den Leuten, die gerade dastanden: „Warum seid ihr eigentlich immer
zum Johannes in die Wüste gelaufen? Wolltet ihr ein Weichei sehen, das
keine eigene Meinung hat? 25 Oder dachtet ihr, da ist so ein feiner Pinkel
mit teurem Anzug? Dann hättet ihr am besten in die Villengegend und
nach Monaco fahren müssen! 26 Oder wolltet ihr einen Propheten in
Johannes finden? Bingo, ein Prophet ist er auf jeden Fall, sogar noch mehr
als das! 27 Johannes ist der Typ, von dem in den alten Schriften schon
erzählt wird: ‚Ich werde dir einen Ansager organisieren. Er wird für dich
alles vorbereiten.‘ 28 Eins ist auf sicher: Von allen Menschen, die mal
irgendwann gelebt haben, ist er der größte Prophet! Und trotzdem will ich
hier noch mal sagen, dass bei Gott egal ist, wer die dicken Sachen für ihn
gerissen hat. In seinem Land ist der Unwichtigste wichtiger als Johannes.
29 Alle, die auf Johannes hörten, haben erkannt, dass Gott ihnen eine
Chance gibt, und sie ließen sich von ihm taufen. Übrigens waren da auch
Zöllner dabei, die Steuern für die Römer eintrieben. 30 Nur die religiösen
Streber und Profis nicht, die Pharisäer und die Schriftgelehrten, die hatten
keine Lust auf dieses Angebot, sie ließen sich nicht von ihm taufen. 31 Was
soll man noch über die Menschen von heute sagen? Womit kann man sie
passend vergleichen? 32 Sie sind wie Kinder, die auf der Straße spielen und

sich bei ihren Freunden beschweren: ‚Wir haben ein cooles Lied in die
Anlage geschmissen, aber ihr habt nicht mitgetanzt. Dann haben wir
Deprimucke reingetan, und ihr habt nicht mitgeweint!‘ 33 Johannes hat oft
gefastet und auf Sachen verzichtet, er hat auch keinen Alkohol getrunken.
Da meintet ihr dann: ‚Der ist doch total durchgeknallt!‘ 34 Jetzt ist der Aus-
erwählte Gottes bei euch und isst und trinkt normal wie alle andern auch,
und ihr seid schon wieder nicht zufrieden. Dann kommen so Kommentare
wie: ‚Der ist ja fresssüchtig und Alkoholiker! Junkies und Penner sind
seine Freunde!‘ 35 Aber an solchen äußerlichen Sachen kann man nicht
erkennen, wie schlau Gott eigentlich ist. Das merkt man erst, wenn man
tut, was er sagt.“

Jesus ist sich nicht zu schade, mit einer Hure zu reden

36 Irgendwann wurde Jesus mal von einem religiösen Streber, der Simon
hieß, zum Essen eingeladen. Jesus nahm die Einladung an und setzte
sich ganz gechillt zu dem ins Wohnzimmer. 37 Plötzlich betrat eine stadt-
bekannte Hure das Haus und stürzte in das Zimmer, wo Jesus mit den
anderen saß. Sie hatte über ein paar Ecken gehört, dass Jesus bei Simon
eingeladen war, und brachte eine Dose mit wahnsinnig teurer Salbe mit.
38 Die Frau ging zu Jesus und kniete sich vor ihm hin. Dabei weinte sie so
sehr, dass seine Füße von den Tränen ganz feucht wurden. Dann trock-
nete sie die Füße erst mit ihren langen Haaren, dann küsste sie die Füße
und dann rieb sie auch sie noch mit der Salbe ein. 39 Der religiöse Streber,
der Jesus eingeladen hatte, beobachtete die Szene aus großem Abstand.
„Wenn dieser Mann wirklich Dinge checkt, die man eigentlich nicht wis-
sen kann, wenn er echt so begabt in prophetischer Hinsicht wäre, dann
müsste er doch auch wissen, dass diese Frau eine Hure ist ...!“ 40 Jesus
konnte aber seine Gedanken lesen und sagte zu ihm: „Simon, ich will dir
mal was erzählen, darf ich?“ „Ja, klar, Meister, bin ganz Ohr!“, war seine
Antwort. 41 „Also, da war mal so ein sehr reicher Mann, so ein Bonze halt,
der hatte zwei Leuten Geld geliehen. Einer hatte von ihm nen halben Rie-
sen bekommen, der andere aber fünf Riesen. 42 Beide waren aber zum
Zeitpunkt der geplanten Geldrückgabe leergelaufen. Weil das so war,
schenkte er ihnen das Geld einfach. Welcher von den beiden wird ihm
jetzt am meisten dankbar sein?“ 43 „Na, derjenige, der mehr Schulden
hatte!“, meinte Simon. „Bingo!“, sagte Jesus. 44 Und dann zeigte Jesus
auf die Hure und sagte: „Sieh dir mal diese Frau genau an. Als ich in dein
Haus gekommen bin, hast du mir da erst mal ein Fußbad angeboten?
Meine Mauken waren ganz schön versaut, weißt du. Aber sie hat meine
Füße sogar mit ihren Tränen gewaschen und nur mit ihren Haaren abge-
trocknet! 45 Und hast du mir zur Begrüßung vielleicht einen Kuss auf die

Wange gegeben, oder High Five gemacht oder so was? Sie hat mir ohne
Ende die Füße geküsst, und zwar nonstop, seitdem ich hier bin! Das ist
Respekt! 46 Du hast mir auch nicht, wie es ja bei VIP-Gästen üblich ist,
etwas Creme angeboten. Sie hat sogar eine total kostbare Myrrhensalbe
genommen und mir damit meine Füße eingecremt. 47 Ich will dir mal was
sagen, mein Freund: Weil ihr selbst auch viel Scheiße verziehen worden
ist, war sie in der Lage, auch viel zu lieben. Wem wenig verziehen worden
ist, der liebt auch wenig." 48 Und dann sagte Jesus noch mal zu der Frau:
„Alles was zwischen dir und Gott stand, ist jetzt weg, dein Sündenregister
ist jetzt gelöscht!" 49 Die Männer, die mit am Tisch saßen, flüsterten un-
tereinander: „Wie ist der denn drauf? Woher nimmt er sich das Recht
raus, die Trennung zwischen Gott und den Menschen einfach aufzuhe-
ben? Warum glaubt der plötzlich ganze Sündenregister löschen zu kön-
nen?" 50 Aber Jesus sagte zu der Frau: „Hey, weil du mir vertraust und
glaubst, bist du gerettet! Geh jetzt und hab Frieden!"

8

Jesus und die Frauen

1 Kurze Zeit später machte Jesus eine Tour durch die Städte und Dörfer
in der Gegend. Mit dabei waren seine zwölf engeren Schüler 2 und ein
paar Frauen, die von Jesus geheilt worden waren. Einige von ihnen hatte
er von einem fiesen Geist befreit. Zum Beispiel war auch Maria Magda-
lena dabei, bei ihr hatte er gleich sieben Dämonen rausgeschmissen.
3 Johanna (die mit Chuzas verheiratet war, der einen Job in der Verwaltung
beim Präsidenten Herodes hatte), Susanna und noch ein paar andere
Frauen unterstützten Jesus und seine Schüler finanziell und mit anderen
Mitteln, die sie zur Verfügung hatten.

Der Vergleich mit einem Bauern, der Weizen aussät

4 Irgendwann kamen voll viele Menschen von überall her, und alle wollten
Jesus hören. Jesus erzählte wieder so einen Vergleich: 5 „Also, da war so
ein Landwirt, der auf seine Felder Weizenkörner ausstreute. Einige fielen
dabei auf einen Weg, wo dann Leute drüberlatschten und Tauben die
Körner aufpickten. 6 Einige Körner fielen auf einen Boden, wo gleich drun-
ter eine Felsschicht lag. Die Körner keimten zwar schnell, der Boden war
aber zu trocken, und darum gingen die Pflänzchen auch schnell wieder
ein. 7 Dann gab es Körner, die fielen auf Boden, wo nebenan Disteln und
Brennnesseln wuchsen. Die wachsen ja viel schneller und breiter, sie
nahmen dem Weizen die Sonne, bis die jungen Pflänzchen erstickten.
8 Andere fielen aber auf guten Humusboden. Die Körner keimten schnell
und wuchsen wie blöd. Am Ende konnte der Landwirt hundertmal so viel

ernten, wie er gesät hatte. Passt auf und sperrt die Lauscher auf, wenn ich
euch was erzähle!“ 9 Abends wollten seine Schüler dann genauer wissen,
was er mit der Geschichte sagen wollte. 10 „Also, bei euch ist das okay,
wenn ich meine Vergleiche erkläre, ihr sollt diese Geheimnisse aus dem
Leben mit Gott und wie es bei ihm abgeht auch kapieren. Den anderen
sollen sie aber durch das Bild, das ich benutze, erst mal ein Rätsel blei-
ben. In den alten Schriften steht ja auch: ‚Sie sehen, was ich tue, aber
können es nicht einordnen, sie hören, was ich sage, aber kapieren nichts.‘
11 Der Vergleich sollte Folgendes klarmachen: Die Körner sind Worte, die
Gott zu den Menschen redet. 12 Die Körner, die auf dem Weg landen,
stehen für Menschen, die Worte von Gott hören, aber dann kommt der
Satan und nimmt sie wieder weg. Er verhindert, dass sie ihr Vertrauen auf
Gott setzen und durchkommen. 13 Die Körner, die auf dem Boden landen,
wo gleich drunter der Felsen ist, sind ein Vergleich für die Menschen, die
Worte von Gott gerne hören und alles auch sofort begeistert umsetzen.
Aber dabei ist nur oberflächlich was passiert, die Wurzeln sind nicht tief
gewachsen. Sobald es Probleme gibt, geben sie die Sache auf. 14 Die
Körner, die zwischen den Disteln und Brennnesseln gelandet sind, damit
meine ich Leute, die eine Zeitlang auf Gott gehört haben. Dann gab es
aber irgendwelche Sorgen, oder sie konnten sich plötzlich mit Geld alle
Wünsche erfüllen und waren so satt durch den Luxus, das hat ihrem Glau-
ben die Luft genommen. 15 Die Körner, die aber auf guten Boden gefallen
sind, das sind Leute, die total offen für Gott waren. Die haben auf das
gehört, was er sagt, und es auch umgesetzt. Bei denen werden viele rich-
tig krasse Sachen wachsen können, weil sie an Gott glauben.“

Der Vergleich mit einer Lampe

16 „Keiner wäre so blöd und würde über seine Nachttischlampe einen
Eimer stellen oder sie unters Bett schieben! Lampen gehören da hin, wo
sie viel Licht spenden können und wo man sie sieht. 17 Alle Sachen, die
heute noch im Dunklen und geheim sind, werden irgendwann mal raus-
kommen. Alles, wovon heute keiner was weiß, wird mal ans Licht gebracht
werden. 18 Passt gut auf, Leute, damit ihr versteht, was ich euch erzähle!
Die Leute, die sich mit meiner Lehre beschäftigen und offen sind, die wer-
den noch mehr kapieren können. Wer aber nicht zuhören will, der wird
sogar die Sachen hinterfragen, von denen er bisher geglaubt hat, er hätte
sie bereits verstanden.“

Wer gehört zur Jesus-Familie

19 Irgendwann kamen die Geschwister von Jesus und seine Mutter bei ihm
vorbei. Aber es waren so viele Leute da, dass es unmöglich war, zu ihm

durchzukommen. 20 Ein Typ meinte zu Jesus: „Ey, Meister, Ihre Mutter und
Ihre Geschwister stehen draußen und wollen mit Ihnen reden!“ 21 Jesus
antwortete: „Sieh dich um! Alle, die hier sind und hören wollen, was ich
über Gott zu sagen habe, gehören zu meiner Familie!“

Das Meer gehorcht Jesus

22 An einem Tag sagte Jesus zu seinen Schülern: „Lasst uns mal auf die
andere Seite vom See fahren!“ Sie mieteten sich ein Boot und fuhren los.
23 Jesus legte sich hinten im Boot erst mal pennen. Mitten auf dem See
kam auf einmal ein heftiger Sturm auf. Die Wellen schlugen so hoch,
dass das Boot immer mehr mit Wasser volllief und sie kurz davor waren
zu sinken. 24 Panisch weckten die Schüler Jesus auf: „Meister“, schrien
sie, „Hilfe! Wir saufen ab!“ Jesus stand ruhig auf. Dann redete er ein paar
ernste Worte mit dem Wind und den Wellen. Sofort beruhigte sich die
See, und alles wurde still! 25 „Was ist jetzt mit eurem Vertrauen?“, meinte
Jesus. Die waren aber echt nur geplättet und sagten zueinander: „Was ist
das nur für ein derber Typ! Sogar der Wind und die Wellen müssen ihm
gehorchen!“

Jesus trifft auf einen durchgeknallten Mann, der von Dämonen kontrolliert wird

26 Später kamen sie in die Gegend von Gerasa, das lag auf der anderen
Seite vom See Genezareth. 27 Als Jesus aus dem Boot gestiegen war,
rannte ihm so ein Typ entgegen, der von einem Dämonen total fernge-
steuert wurde. Er war obdachlos und lief den ganzen Tag nackig rum, weil
er seine Klamotten verloren hatte. Er lebte seit einiger Zeit nicht mehr in
einem Haus, sondern wohnte stattdessen auf dem Friedhof in irgendwel-
chen Grabhöhlen. 28 Als er Jesus ankommen sah, fing er voll laut an zu
kreischen und warf sich vor ihm auf den Boden. „Was willst du von mir,
lass mich in Ruhe, Jesus! Du bist der Sohn vom derbsten Gott schlecht-
hin! Bitte, bitte, mach mich nicht fertig!“, bettelte er rum. 29 Jesus hatte
dem Dämon nämlich schon gesagt, dass er den Typen gleich verlassen
sollte. Der Mann wurde von diesem fiesen Geist schon sehr lange kont-
rolliert. Auch wenn man ihn mit Handschellen gefesselt hatte, riss er sich
wieder los. Dieser Dämon trieb ihn dann oft in den Wald. 30 Jesus sprach
den Dämon direkt an: „Wie heißt du?“ – „Legion ist mein Name!“ Da
Legion eine Bezeichnung für eine ganze Einheit beim Herr ist, war sofort
klar: Es musste sich um mehr als nur einen Dämonen handeln! 31 Der
Dämon bettelte Jesus voll an, er wollte nicht in die Hölle zurückgehen
müssen. 32 In der Nähe kurz vor einem Bergabhang waren gerade ein paar
Schweine auf einer Wiese am Start. Da wollten die Dämonen dann gerne

rein, und für Jesus war das okay, er erlaubte es ihnen. 33 Also zogen alle
Dämonen aus dem Mann in die Schweine um. Die Schweineherde beging
daraufhin kollektiven Selbstmord, alle Viecher stürzten sich den Abhang
runter in den See und ertranken! 34 Die Männer, die auf die Herde aufpas-
sen sollten, rannten vor Angst in die Stadt und erzählten überall, was dort
gerade passiert war. 35 Jetzt kamen aus allen Ecken die Schaulustigen
angelaufen, um das Ganze mit eigenen Augen zu sehen. Sie konnten den
Typen sehen, den Jesus von seinen Dämonen befreit hatte, wie er voll
ruhig und anständig angezogen bei ihm saß und mit Jesus laberte. Viele
waren deswegen echt fertig. 36 Die Augenzeugen erzählten jedem, wie der
dämonisierte Mann frei geworden war. 37 Alle Bewohner bettelten jetzt,
dass Jesus möglichst schnell die Gegend verlassen sollte. Sie waren eben
sehr geschockt. Jesus stieg also in das Boot und zog ab. 38 Der Typ, der
von den Dämonen befreit worden war, wollte gerne bei Jesus bleiben. Aber
Jesus fand, das wäre keine so gute Idee. Er gab ihm einen anderen Auf-
trag: 39 „Geh nach Hause und erzähl den Leuten, was Gott bei dir für gute
Sachen gemacht hat!", war sein Tipp. Das tat der Mann dann auch. Er
ging durch die ganze Stadt und erzählte überall, was Jesus für ihn getan
hatte.

Ein Mädchen, das tot war, wird wieder lebendig

40 Als Jesus zum andern Ufer übergesetzt hatte, warteten da schon wie-
der irre viele Leute auf ihn. 41 Kaum war Jesus an Land, drängelte sich
ein Mann nach vorne zu ihm durch. Er hieß Jairus und leitete die jüdi-
sche Gemeinde im Ort. Jairus warf sich vor Jesus auf den Boden und
bettelte ihn an, mit zu ihm nach Hause zu kommen. 42 Seine einzige
Tochter, ein zwölfjähriges Mädchen, war todkrank und lag im Sterben.
Jesus ging also mit. Auf dem Weg dorthin drängelten sich sehr viele
Leute um ihn herum. 43 In dieser Menschenmasse war auch eine Frau,
die seit zwölf Jahren ununterbrochen ihre Tage hatte. Ihre gesamte Kohle
war schon bei zig Ärzten gelandet, aber keiner hatte ihr wirklich helfen
können. 44 Sie schlich sich vorsichtig von hinten an Jesus ran und ver-
suchte seine Jacke zu berühren. Und in dem Augenblick, wo sie den
Stoff angefasst hatte, hörten die Blutungen sofort auf! 45 „Wer hat mich
eben berührt?", wollte Jesus wissen und blieb stehen. Alle schüttelten
den Kopf, und Petrus meinte: „Mann, Jesus, stell dich nicht so an, bei
dieser Masse von Menschen kommt es halt mal vor, dass dich jemand
anfasst!" 46 Aber Jesus blieb dabei: „Irgendjemand hat mich absichtlich
berührt. Ich hab ganz deutlich gespürt, wie von mir Kraft abgezogen
wurde." 47 Als die Frau merkte, dass sie erwischt worden war, fing sie voll
an zu zittern. Dann ging sie auf die Knie und erzählte ihre Story. Sie

sagte auch, dass sie bis eben noch krank gewesen war und ihn berührt
hatte und dass sie jetzt gesund ist. 48 „Du bist wie eine Tochter für
mich“, sagte ihr Jesus, „und weil du mir so vertraut hast, bist du auch
gesund geworden! Jetzt geh, entspann dich und hab Frieden!“ 49 Mitten
in diesem Gespräch kam ein Hausangestellter vom Jairus angerannt:
„Ihre Tochter ist bereits gestorben. Sie brauchen Jesus nicht mehr zu
bemühen.“ 50 Jesus war da anderer Meinung: „Keine Angst, Jairus, ver-
trau mir! Es wird alles mit ihr gut werden.“ 51 Als sie in das Haus vom
Jairus kamen, war da schon die Trauerfeier im vollen Gange. Jesus fragte
nur Petrus, Jakobus, Johannes, den Vater und die Mutter, ob sie auch
mit in das Totenzimmer kommen wollten. 52 Im Haus weinten die Leute
überall, aber Jesus sagte zu ihnen: „Hört auf zu flennen! Das Mädchen
ist nicht tot, sie pennt nur!“ 53 Jetzt rissen einige sogar ein paar Sprüche
über ihn, weil alle es wussten: Sie war bereits mausetot! 54 Jesus nahm
die Hand von dem Mädchen und sagte laut zu ihr: „Steh auf, Kleine!“
55 Und das Abgefahrene passierte: Sie stand auf! Dann bestellte Jesus ihr
was zu essen. 56 Die Eltern waren total glücklich und kriegten sich gar
nicht wieder ein. Sie mussten Jesus aber versprechen, nicht allen Leuten
davon zu erzählen.

9

Die zwölf Schüler von Jesus gehen auf Tour

1 Irgendwann organisierte Jesus mit seinen zwölf Schülern ein Mee-
ting. Dort stellte er ihnen alle geistlichen Vollmachten aus, die es so
gibt. Sie sollten in der Lage sein, Dämonen auszutreiben und Kranke zu
heilen. 2 Und dann gab er ihnen den Auftrag, überall hinzugehen und
davon zu erzählen, dass jetzt eine neue Zeit angefangen hat, eine Zeit, in
der Gott wieder das Sagen hat. Außerdem sollten sie dort die kranken
Menschen wieder gesundbeten. 3 „Nehmt nichts mit, was euch irgendwie
belasten könnte!“, meinte Jesus. „Nehmt kein Messer mit und keinen
Rucksack, keinen Proviant und auch keine Kohle. Noch nicht mal eine
zweite Garnitur Kleidung sollt ihr einpacken. 4 Besucht die Leute in ihren
Häusern und bleibt so lange, bis ihr weitermüsst. 5 Wenn die Menschen in
einer Stadt keinen Bock auf euch haben, dann macht deutlich, dass euer
Job hier erledigt ist, und geht weiter. Ihr könnt als so ein Zeichen einfach
den Dreck von euren Schuhen abschütteln und weitergehen. Gott wird
sich in seiner letzten Gerichtsverhandlung dann schon um sie kümmern.“
6 Die zwölf Schüler von Jesus zogen los und machten eine große Tour
durch Israel. In jedem Ort erzählten sie über die gute neue Nachricht, die
es von Gott zu berichten gab. Und dann machten sie dabei auch kranke
Menschen wieder gesund.

Herodes peilt es nicht: Wer ist dieser Jesus?
7 Herodes, den man auch den Chef von Galiläa nannte, bekam es mit der
Angst, als er die Storys über Jesus hörte. Der Grund dafür war, dass einige
behaupteten, Jesus sei der Geist von Johannes. Er sei jetzt zurückgekom-
men, um sich an Herodes zu rächen. 8 Ein anderes Gerücht war, dass er
der alte Elia sei oder irgendein anderer großer Prophetentyp, der wieder
lebendig geworden war. 9 Herodes sagte dazu: „Johannes habe ich doch
höchstpersönlich den Kopf abschlagen lassen. Was ist das jetzt wieder für
ein Mann, von dem ich solche seltsamen Dinge höre?" Er wollte Jesus
deswegen unbedingt einmal kennenlernen.

Jesus macht mit wenig Essen über 5000 Leute satt
10 Als die Schüler (die man ab jetzt auch Apostel nannte) wieder zurück
waren, erzählten sie Jesus alles, was sie auf ihrer Tour erlebt hatten. An-
schließend nahm sie Jesus mit an einen Ort in der Nähe der Stadt Bet-
saida. Dort war nicht so viel los, und er wollte mit ihnen etwas alleine sein.
11 Die Leute kriegten das aber schnell spitz und folgten ihnen. Also machte
Jesus wieder ein Spontantreffen und erzählte denen über die neue Zeit, die
jetzt begonnen hatte. Außerdem heilte er alle Leute, die krank waren.
12 Gegen 18.00 Uhr gingen seine Schüler in einer Pause nach vorne, um
sich mit ihm zu besprechen. „Schick die Leute nach Hause, Jesus", sagten
sie, „die müssen alle auch mal was essen und sich noch einen Pennplatz
für die Nacht organisieren. Hier auf dem Dorf hat jetzt schon alles zu."
13 Jesus' Antwort war: „Hey, Jungs, gebt ihr ihnen doch was zu essen!" –
„Was? Wir haben gerade mal fünf Toastbrote und zwei Frikadellen am
Start!" 14 Es waren ungefähr 5000 Männer da, dazu noch die Frauen und
Kinder. „Sie sollen sich mal gruppenweise zusammentun, zu jeweils
50 Leuten", gab Jesus die Anweisung. 15 Gesagt, getan. 16 Dann nahm er
die fünf Toastbrote und die Frikadellen, die ihm die Schüler in die Hand
gedrückt hatten. Er blickte kurz Richtung Himmel, dankte seinem Vater für
das Essen, und gab die Teile Stück für Stück an die Leute weiter. 17 Nach
dem Essen waren alle pappsatt! Es reichte dicke, und es blieben sogar
noch zwölf Einkaufswagen mit Essen übrig!

Petrus hat es gerafft: Du kommst von Gott und rettest uns alle!
18 Irgendwann hing Jesus mal mit seinen Schülern allein rum, und da
fragte er sie: „Was reden die Leute eigentlich über mich? Was glauben sie,
wer ich bin?" 19 „Also, Jesus, da gibt es einige, die glauben, du bist Johan-
nes, der die Leute getauft hat. Andere halten dich für die Neuauflage vom
alten Elia. Und dann gibt es Leute, die halten dich für irgendeinen anderen

von den Propheten, der wieder lebendig geworden ist." 20 „Aha, und für
wen haltet ihr mich?" Petrus sprang sofort auf und meinte: „Du bist der
Auserwählte, du bist der Christus, den Gott zu uns geschickt hat!" 21 Jesus
wollte, dass sie das noch nicht weitersagen, das war ihm wichtig. 22 „Der
Auserwählte muss aber noch echt üble Sachen durchmachen. Die Führungsebene von Israel, die Oberpriester und die Theologen, werden sich
gegen ihn stellen und ihn töten. Aber nach drei Tagen kommt sein Comeback. Er wird den Tod besiegen und wieder lebendig werden!"

Was für Konsequenzen es hat, mit Jesus zu leben

23 Jesus hielt wieder eine Rede und sagte zu den Leuten: „Wenn jemand
zu mir gehören will, sollte er sich selbst nicht mehr so wichtig nehmen.
Wenn er so lebt wie ich, muss er ständig bereit sein, für seinen Glauben
harte Konsequenzen zu ertragen, bis dahin, dass er sogar getötet wird.
24 Die Leute, die verkrampft um ihr Leben kämpfen, werden es verlieren.
Wenn jemand aber sein Leben mir radikal zur Verfügung stellt, der wird
es für immer gewinnen. 25 Was bringt es denn, wenn einer der totale
Superstar ist und alles erreicht, was er sich vornimmt, aber der Preis,
den er dafür zahlt, das gottmäßige Leben ist, das nach dem Tod noch
weitergeht? 26 Wenn es jemand vor anderen voll peinlich ist, mit mir zu
leben, dann wird es mir auch peinlich sein, dass er zu mir gehört. Ich
werde mich für ihn schämen, wenn ich mit einer grenzenlosen Kraft
wiederkommen werde, flankiert von den großen Engeln vom Vater. 27 Ich
mach euch noch mal eine Ansage: Einige von denen, die hier stehen,
werden das noch erleben, bevor sie sterben. Sie werden noch sehen,
wie das neue Land entstehen wird, das Land, wo Gott das Sagen hat."

Jesus leuchtet

28 Ungefähr acht Tage später ging Jesus mit Petrus, Johannes und Jakobus
auf einen Berg, um 'ne Runde zu beten. 29 Plötzlich veränderte sich sein
Gesicht total, und seine Klamotten fingen an zu strahlen, so wie weiße
Sachen unter UV-Licht. 30 Und dann kamen plötzlich zwei Männer an, das
waren Mose und Elia, die laberten mit Jesus! 31 Die beiden waren auch von
diesem derben Licht umgeben. Sie unterhielten sich darüber, wie es mit
Jesus zu Ende gehe und was ihn in Jerusalem erwarte. 32 Petrus und die
anderen Schüler waren eingepennt. Aber dann wurden sie wach und
sahen Jesus mit den beiden Männern, die neben ihm standen. 33 Als sich
Mose und Elia verabschieden wollten, rief Petrus (leicht angebreitet von
der ganzen Atmosphäre): „Meister, das ist alles so superkrass hier! Ich
habe 'ne coole Idee: Wir bauen euch hier drei Häuser! Eins für dich, eins
für Mose und eins für Elia, okay?" 34 Kaum hatte er zu Ende geredet, da

kam plötzlich eine große Wolke angeflogen. Diese Wolke legte sich über
den Berg. Die Schüler bekamen Riesenpanik. 35 Aus der Wolke sprach
eine Stimme zu ihnen, und die meinte: „Das ist mein Sohn, den hab ich
unheimlich lieb! Tut das, was er euch sagt!" 36 Und dann waren die
Stimme und die Wolke genauso schnell wieder weg, wie sie gekommen
waren. Jesus stand dort wieder alleine. So schwer beeindruckt von dem
ganzen Film redeten die Schüler nicht über das Erlebte, für eine lange
Zeit.

Die Schüler bringen es nicht, aber Jesus bringt es voll

37 Als sie dann am nächsten Morgen wieder runter ins Tal gingen, kamen
ihnen unheimlich viele Menschen entgegen. 38 Da war auch ein Typ, der
Jesus gleich anbettelte: „Mein Chef, ich bitte Sie inständig, helfen Sie
meinem Sohn! Er ist mein einziges Kind! 39 Oft kommt plötzlich ein fieser
Dämon in seinen Körper. Dann schreit er laut los, wälzt sich auf dem
Boden hin und her, bis weißer Schaum aus seinem Mund kommt. Dieser
Geist lässt ihn einfach nicht in Ruhe! 40 Ich war schon bei deinen Schülern
mit ihm, aber sie konnten den Dämon nicht austreiben." 41 „Oh, Mann,
ihr seid so ungläubig und verdreht, ihr Menschen! Wie lange muss ich mir
das noch geben und so was aushalten? Bring den Jungen mal her!"
42 Schon auf dem Weg zu Jesus legte der Dämon voll los. Er packte ihn,
warf ihn zu Boden. Der Junge verkrampfte sich dabei total, das Ganze war
echt übel. Jesus nahm sich den Geist sofort zur Brust. Er befahl dem
Dämon, den Jungen in Ruhe zu lassen. So wurde er geheilt. Dann gab
Jesus ihn seinem Vater zurück. 43 Die Leute, die das mitbekamen, waren
alle total fertig und gleichzeitig voll beeindruckt, weil sie Gottes unvorstell-
bare Kraft live und zum Anfassen erlebt hatten. Während die Zuschauer
noch am Diskutieren waren, machte Jesus zu seinen Schülern eine wich-
tige Bemerkung:

Jesus kündigt an, dass er sterben wird

44 „Nehmt euch das bitte zu Herzen, was ich euch jetzt sage, ja?! Der
Auserwählte wird angezeigt, verraten und an die Behörden ausgeliefert
werden." 45 Seine Jungs kapierten das nicht ganz, wollten aber nicht blöd
dastehen, darum fragte keiner noch mal nach.

Wer bei Gott groß rauskommt und wer nicht

46 Irgendwann fingen seine Freunde an, sich dadrüber Gedanken zu
machen, wer von ihnen am meisten Einfluss habe, wer von allen die Num-
mer eins sei. 47 Jesus konnte auch Gedanken lesen und bekam alles mit.
Darum griff er sich ein kleines Kind und stellte es neben sich. 48 Er sagte

in die Runde: „Jeder, der sich um so ein Kind kümmert, weil er zu mir
gehört und mich liebt, der kümmert sich in Wirklichkeit um mich. Und
wer sich um mich sorgt, der sorgt sich auch um meinen Vater. Wer am
wenigsten bei euch zu melden hat, wer der größte Loser bei euch ist, der
ist für mich der Wichtigste von allen!" 49 Dazu meinte Johannes: „Chef,
wir haben mitgekriegt, wie einer versucht hat, einen Dämon bei jeman-
dem rauszuschmeißen, und er hat dabei deinen Namen benutzt. Wir
haben ihm das dann verboten, er gehört ja schließlich nicht zu unserer
Truppe." 50 Jesus war davon nicht so begeistert. „Lasst das! Soll er doch
ruhig auf die Art Dämonen rausschmeißen. Wenn jemand nicht gegen
uns ist, dann ist er erst mal für uns."

Jesus zieht ab Richtung Jerusalem

51 Langsam kam der Zeitpunkt immer näher, wo Jesus wieder zurück zu
Gott sollte. Darum schlug Jesus jetzt fest entschlossen die Route in Rich-
tung Jerusalem ein. 52 Auf dem Weg schickte er jemanden vor, der schon
mal einen Pennplatz auf der Strecke in dem Dorf der Samariter klarma-
chen sollte. 53 Weil Jesus nur auf der Durchreise in Richtung Jerusalem
war, hatten die Vermieter aber überall keinen Bock auf ihn und seine
Schüler. 54 Als Jakobus und Johannes das mitkriegten, kamen beide voll
aggromäßig drauf. „Jesus, sollten wir nicht für ein paar Brandbomben
vom Himmel beten und hier alles abfackeln?" 55 Jesus schimpfte sie für
diesen Spruch sehr aus: „Hallo? Schon wieder vergessen, wie ihr in
solchen Sachen drauf sein sollt? Ich bin nicht hier, um Leute kaputt
zumachen, sondern um sie zu heilen!" 56 Schließlich zogen sie weiter in
ein anderes Dorf.

Wie man radikal mit Gott lebt

57 Auf dem Weg quatschte einer Jesus von der Seite an und meinte zu
ihm: „Ich will radikal mit dir leben, ich will dahin gehen, wo du auch bist!"
58 Jesus warnte ihn: „Hunde haben ihr Körbchen und Vögel ihre Nester,
wohin sie sich zurückziehen können. Der Auserwählte hat aber keinen
Ort, wo er sich mal entspannen kann." 59 Bei einer anderen Gelegenheit
sagte Jesus zu einem jungen Mann: „Komm mit mir!" Der antwortete:
„Okay, mein Herr, ich muss aber zuerst noch mal nach Hause und mei-
nen Vater beerdigen, danach geht das los." 60 „Ich sag nur: Lass die Leute,
die eh schon wie tot sind, ihre Toten begraben. Du hast jetzt einen neuen
Job: Rede überall von der neuen Zeit, die jetzt angebrochen ist!" 61 Ein
anderer Typ sagte mal zu Jesus: „Ja, mein Chef, ich will mit Ihnen gehen,
ich muss mich aber zuerst noch von meiner Familie anständig verabschie-
den." 62 Dazu sagte Jesus: „Wer beim Fahren nach hinten guckt, landet am

Baum, und wer sich beim Arbeiten ablenken lässt, der taugt nicht für Gottes neue Zeit.“

10

Siebzig Schüler auf Tour

1 Nachdem Jesus seine zwölf Freunde losgeschickt hatte, suchte er
sich noch mal siebzig Schüler aus. Die sollten dann jeweils zu zweit
auf Tour gehen. Jesus schickte sie in die Orte und Städte, wo er später
auch noch hinkommen wollte. 2 Vorher gab er ihnen noch folgende Ansage
mit auf den Weg: „Es gibt sehr viel zu tun, Leute! Die Äpfel sind sozusagen
alle echt reif, aber es gibt zu wenig Leute, die bereit sind, diese Ernte auch
einzufahren! Bittet Gott darum, dass er noch mehr Arbeiter an den Start
bringt! Denn ihm gehört eigentlich die ganze Ernte. 3 Jetzt zieht los! Ist
echt so, als würde ich euch als ein paar kleine Mäuse zu hungrigen Katzen
schicken. 4 Ich möchte, dass ihr keine Kohle mitnehmt und auch keinen
Rucksack, noch nicht mal ein zweites Paar Schuhe. Geht ganz radikal
euren Weg und lasst euch durch nichts aufhalten! 5 Wenn ihr bei jeman-
dem zu Gast seid, dann betet für die Leute und sagt ihnen: ‚Ich wünsche
dir krassen Frieden!‘ 6 Wenn da Leute wohnen, die friedlich drauf sind,
dann wird dieser Friedensspruch von Gott auch bei ihnen wirken. Falls die
aber keinen Bock auf euch haben, dann wird dieser Spruch nicht wirken,
und der Frieden von Gott kommt auf euch zurück. 7 Ihr sollt in einer Stadt
nicht von Haus zu Haus ziehen, sondern bleibt bei einem Menschen woh-
nen und lasst euch da bedienen. Braucht euch echt nicht peinlich zu sein,
da zu wohnen, denn wer arbeitet, soll auch anständig dafür bezahlt wer-
den. 8 Wenn ihr in einer Stadt gut aufgenommen wurdet, dann esst dort
auch alles, was man euch anbietet. 9 Die Menschen, die krank sind, müsst
ihr gesund machen! Erzählt ihnen dabei, dass eine neue Zeit begonnen
hat, eine Zeit, wo der Himmel auf Erden ist, wo Gott wieder das Sagen hat.
10 Falls aber mal eine Stadt keinen Bock auf euch hat und euch ablehnt,
dann verschwindet wieder. Am Ortseingang könnt ihr dann noch einen
Spruch ablassen, so in der Richtung: 11 ‚Ihr könnt euren Dreck behalten! Ihr
seid selber schuld! Ihr sollt wissen, dass Gott euch noch nie so nahe war
wie gerade eben!‘ 12 Eins kann ich euch versprechen: Selbst so eine dre-
ckige Stadt wie Sodom wird am letzten Tag dieser Welt besser dran sein
als eine von der Sorte. 13 Mann, ihr Städte Chorazin und Betsaida, euch
wird es voll schlecht gehen! Wenn die Wunder, die ich bei euch getan habe,
in Tyrus und Sidon abgegangen wären, dann hätte sich die gesamte Bevöl-
kerung dort für Gott entschieden. Sie hätten ihre Schuld eingesehen und
das auch nach außen deutlich gemacht. 14 Tyrus und Sidon werden bei der
letzten Gerichtsverhandlung immer noch besser dastehen als ihr. 15 Und

wie sieht es mit dir aus, Stadt Kapernaum? Was ist mit den Leuten, die in dir wohnen? Werdet ihr es packen und im Himmel ankommen? Nein, du wirst in der Hölle landen, dort, wo die Toten sind.“
16 Zu seinen Schülern meinte Jesus noch: „Alle, die auf das hören, was ihr sagt, die hören dabei auch auf mich. Und jeder, der euch ablehnt, der lehnt mich auch ab. Wer mich ablehnt, zeigt damit auch, dass er keinen Bock auf Gott hat, denn Gott hat mich ja zu euch geschickt.“

Die siebzig Schüler kommen von ihrer Tour zurück

17 Als seine siebzig Schüler von ihrer Tour wieder zurück waren, erzählten sie total begeistert: „Mann, Jesus, das war echt sehr krass! Sogar die Dämonen haben uns gehorcht, wenn wir deinen Namen ausgesprochen haben!“
18 „Ich weiß“, sagte Jesus. „Als ich für euch gebetet habe, konnte ich den Satan sehen, wie er von euch immer wieder k.o. geschlagen wurde. Er ging wie ein nasser Sack zu Boden.
19 Ich habe euch alle Vollmachten ausgestellt, um den Feind zu besiegen. Ihr seid jetzt in der Lage mit lebensgefährlichen Dingen umzugehen, euch kann nichts mehr passieren. Ich habe euch die Macht über das ganze Heer vom Satan gegeben. Er kann euch nicht mehr ans Bein pinkeln, er kann euch nicht mehr schaden.
20 Trotzdem ist es nicht so wichtig, dass ihr jetzt bösen Geistern befehlen könnt. Freut euch lieber über die Tatsache, dass eure Namen auf der Gästeliste für einen Platz im Himmel bei Gott stehen!“

Jesus sagt vor allen Leuten seinem Vater danke

21 Plötzlich ging Jesus voll ab. Abgefüllt mit der besonderen Kraft von Gott, dem Heiligen Geist, sagte er: „Papa, du hast das Sagen über die Erde und über das ganze Universum! Danke, dass du den eingebildeten Menschen, die glauben, die Weisheit mit Löffeln gefressen zu haben, die Wahrheit nicht gezeigt hast. Aber den normalen Leuten, den einfachen Menschen, denen hast du es gezeigt. Ja, Papa, so bist du!“
22 Dann sagte er weiter: „Mein Vater hat mir alles übergeben, alles, was es gibt! Da ist niemand, der den Vater so gut kennt wie der Sohn, und genauso gibt es auch niemanden, der den Sohn so gut kennt wie der Vater. Es sei denn, der Sohn hat Leuten von dem Vater erzählt und ihnen den Vater vorgestellt.“
23 Als er mit seinen Schülern wieder alleine war, meinte Jesus: „Ihr könnt euch echt glücklich schätzen, dass ihr Augenzeugen dieser ganzen Geschichte seid.
24 Da waren Propheten und Präsidenten, die hätten alles dafür gegeben, in dieser Zeit zu leben und das zu hören und zu sehen, was ihr hören und sehen könnt. Konnten sie aber nicht.“

Ein Typ aus Samarien hat ein gutes Herz
25 Irgendwann kam mal einer von den Theologen vorbei, um Jesus aus-
zutesten. Er stellte ihm folgende Frage: „Herr Lehrer, was muss ich denn
Ihrer Meinung nach tun, um ein Leben von Gott zu bekommen, das nie
mehr aufhört?“ 26 Jesus antwortete: „Was steht denn zu dem Thema in
den Gesetzen, die Gott uns gegeben hat? Was kann man dazu lesen?“
27 „Du sollst deinen Gott radikal lieben“, sagte der Mann auswendig, was
in den Büchern vom Mose stand. „Mit deinen Gefühlen, mit deinen
Gedanken, mit allem, was du hast. Und die Menschen um dich rum,
deine Nachbarn, die sollst du auch lieben, genauso wie du dich selber
liebst.“ 28 „Richtig“, sagte Jesus, „das ist es! Wer das befolgt, bekommt
das Leben von Gott, das nie mehr aufhören wird.“ 29 Der Mann kam nicht
so richtig darauf klar. Er fragte noch mal nach: „Wer ist denn das konkret,
der Mensch um mich rum, mein Nachbar?“ 30 Jesus antwortete mit einer
Geschichte: „Es gab da einmal einen Mann, der gerade auf dem Weg von
Jerusalem nach Jericho war. Plötzlich kamen ein paar asoziale Hooligans
aus dem Gebüsch und verprügelten ihn mit Baseballschlägern. Sie zock-
ten seine Kleidung und seine ganze Kohle. Anschließend stießen sie ihn
in einen Graben am Straßenrand und verschwanden. 31 Zufällig kam ein
Priester vorbei, doch als der den Mann daliegen sah, wechselte er schnell
die Straßenseite und verpieselte sich. 32 Dann kam ein Angestellter von
der Kirche vorbei und sah ihn auch daliegen. Aber er wechselte auch die
Straßenseite und ging schnell dran vorbei. 33 Und dann kam noch ein Typ
aus Samarien vorbei, einer von diesen Leuten, die für euch die letzten
Penner sind. Als er den Mann daliegen sah, hatte er voll Mitleid. 34 Er
beugte sich zu ihm runter, machte eine Erste-Hilfe-Notversorgung, ver-
band seine Wunden und so weiter. Dann brachte er ihn noch in ein Hotel
in der Nähe und versorgte ihn da. 35 Am nächsten Morgen gab er dem
Hotelbesitzer 300 Euro und bat ihn, sich um den Mann zu kümmern.
‚Sollte das Geld nicht ausreichen, bezahle ich den Rest, wenn ich das
nächste Mal hier bin!‘ 36 Preisfrage: Wer von den drei Männern war jetzt
so drauf, wie es sich für einen Nachbarn gehört?“ 37 „Natürlich der Mann,
der nett zu ihm war und ihm wirklich geholfen hat!“ – „Genau“, meinte
Jesus, „also geh los und mach es genauso!“

Maria und Marta
38 Auf dem Weg nach Jerusalem kamen Jesus und seine Schüler in einen
Ort, wo sie von einer Frau namens Marta zum Essen eingeladen wurden.
39 Die Schwester von Marta hieß Maria. Die hing ständig bei ihm rum und
hörte Jesus gespannt zu. 40 Marta war die ganze Zeit in der Küche und
bewirtete die Gäste. Irgendwann war sie echt genervt und meinte zu

Jesus: „Sag mal, Chef, siehst du nicht, wie ich hier rumschufte, und meine
Schwester hängt die ganze Zeit nur rum und hilft mir kein Stück! Kannst
du ihr nicht sagen, sie soll mal in die Küche kommen und mir helfen?"
41 Jesus meinte zu ihr: „Meine liebe Marta, du machst dir ständig voll den
Kopf um alle möglichen Sachen. 42 Aber jetzt gibt es gerade nur eine
Sache, die wirklich wichtig ist. Die Maria hat sich für das Richtige ent-
schieden, und darum werde ich ihr das auch nicht verbieten!"

11

Wie man am besten mit Gott redet

1 Irgendwann hatte Jesus mal einen Stopp eingelegt, um 'ne Runde
zu beten. Als er fertig war, kam einer seiner Schüler zu ihm und
fragte: „Jesus, bitte bring uns auch bei, wie man betet! Das hat Johannes
mit seinen Schülern auch so gemacht." 2 „Also, wenn ihr beten wollt,
dann tut das am besten nach diesem Vorbild: ‚Gott, du bist unser Vater,
du sollst groß rauskommen in dieser Welt, deine Zeit soll jetzt losgehen.
3 Bitte versorge uns mit den Sachen, die wir jeden Tag zum Leben brau-
chen. 4 Verzeih uns den Mist, den wir ständig bauen. Wir wollen auch
den Leuten verzeihen, die uns verletzt haben. Bring uns nicht in Situatio-
nen, wo wir schwach und dir untreu werden könnten.'" 5 Und dann
erklärte er mit folgendem Beispiel noch mehr zum Thema Beten: „Mal
angenommen, ihr geht gegen 0:00 Uhr nachts zu einem Freund, weil
ihr ihn um drei Pakete Nudeln anschnorren wollt. Ihr erklärt ihm:
6 ‚Sorry, dass ich noch so spät anklingel. Ich hab überraschend Besuch
von einem alten Kollegen bekommen, aber ich hab nichts zu essen im
Haus.' 7 Der Freund würde ihm dann vielleicht antworten: ‚Sag mal,
spinnst du? Es ist jetzt Mitternacht durch, ich lieg schon im Bett und
die Kinder schlafen auch. Ich kann dir jetzt nicht weiterhelfen.' 8 Ich
garantiere euch: Wenn er ihm schon nicht der Freundschaft wegen aus-
helfen wird, dann tut er es trotzdem, damit der andere endlich aufhört
rumzunerven. 9 Ich mach euch mal 'ne Ansage: Wenn ihr Gott um etwas
bittet, dann werdet ihr das bekommen! Wenn ihr bei ihm nach Antwor-
ten sucht, dann wird er sie euch auch geben! Und wenn für euch etwas
verschlossen ist, dann klopft bei ihm an, und er wird die Tür für euch
öffnen. 10 Wenn jemand um etwas bittet, dann wird er es bekommen,
wenn einer was sucht, wird er es auch finden, und jeder, der an die Tür
klopft, wird auch reingelassen werden. 11 Wie ist das denn mit einem
guten Vater? Würde der seinem Sohn einen Regenwurm geben, wenn
der um einen Lolli bittet? 12 Oder wenn das Kind ein Überraschungsei
möchte, würde er ihm dann eine giftige Mottenkugel andrehen? Nie-
mals! 13 Wenn selbst die miesen Menschen so gut zu ihren Kindern sind,

wie viel mehr wird dann der Himmelspapa den Leuten seine besondere Kraft, den Heiligen Geist, schenken, wenn sie ihn darum bitten!"

Wer nicht in meiner Mannschaft spielt, ist mein Gegner

14 Irgendwann musste Jesus mal so einen bösen Geist aus jemandem rausschmeißen, der dafür gesorgt hatte, dass der Mann nicht reden konnte. Als der Geist draußen war, quatschte der Typ sofort los. Die Zuschauer waren alle total baff. 15 Es gab aber auch ein paar Kritiker, die der Meinung waren: „Jesus kann das alles nur, weil er die Macht von der dunklen Seite hat, dem Satan, dem obersten Dämon von allen!" 16 Andere wollten Jesus immer wieder austesten: „Machen Sie doch mal schnell irgendein Naturwunder am Himmel! Dann glauben wir auch, dass Sie wirklich von Gott kommen!" 17 Jesus wusste genau, was die Leute wollten. Darum sagte er zu ihnen: „Jede Regierung ist dann am Ende, wenn sie untereinander zerstritten ist. Wenn es in ihr Grabenkämpfe und Streitereien gibt, kann sie gleich einpacken. 18 Was geht da also mit dem Satan? Wenn ein Dämon gegen einen anderen Dämon kämpfen würde, dann könnte die Macht von Satan kaum lange anhalten, oder? 19 Angenommen, ich würde mit der Kraft von Satan arbeiten, mit welcher Kraft handeln dann bitte schön eure Leute? Wenn sie so was behaupten, verurteilen sie sich damit doch selbst! 20 Wenn ich Dämonen aus Menschen rausschmeiße, dann tue ich das mit der Kraft, die Gott mir gibt. Und das bedeutet, dass die neue Zeit, in der Gott das Sagen hat, schon lange angefangen hat. 21 Ist doch logisch: Solange ein Karateweltmeister, der dazu noch einen großen Waffenschrank hat, sein eigenes Haus bewacht, kann niemand bei ihm einbrechen. 22 Wenn jetzt aber jemand kommt, der stärker ist als er, und der haut ihn um und besiegt ihn, was dann? Er wird ihm die Waffen alle wegnehmen und seine Sachen an Leute verschenken. 23 Wer nicht in meiner Mannschaft spielt, ist mein Gegner. Wer nicht mit mir arbeitet, arbeitet gegen mich."

Warum Dämonen zurückkommen können

24 „Immer wenn ein fieser Geist, so ein Dämon, einen Körper verlassen hat, dann ist er ja obdachlos", erzählte Jesus weiter. „Er zieht so lange rum, bis er irgendwo ein neues Opfer gefunden hat. Wenn er keins findet, denkt er sich: ‚Ich kann's ja noch mal bei dem probieren, aus dem ich rausgeflogen bin.' 25 Wenn er dann zurückkommt, ist die alte Bude supersauber, aufgeräumt und leer. 26 Also ruft er seine Leute an und nimmt sieben andere Kollegen dazu, die noch ätzender drauf sind als er. Mit denen zieht wieder in den Menschen ein. Dem geht es dann noch viel schlechter als vorher."

Wer kann sich freuen?
27 Während seiner Rede sprang plötzlich eine Frau auf und rief: „Die Mut-
ter, die dich geboren und großgezogen hat, die kann sich echt freuen!“
28 Aber Jesus sagte: „Wirklich freuen können sich alle Leute, die Worte von
Gott hören und sie in ihrem Leben umsetzen!“

Jesus und Jona
29 Als mal wieder mega viele Leute bei Jesus waren, fing er an zu erzählen:
„Die Menschen, die heute leben, sind echt finster drauf. Sie fordern ein
Wunder nach dem nächsten, weil sie Beweise sehen wollen, aber Beweise
werden sie nicht bekommen. Wie war das denn früher mit dem Jona?!
30 Jona war ja damals auch wie so ein Beweis oder Zeichen für die Bewoh-
ner von Ninive, dass Gott es ernst meint. So ähnlich wird das, was mit
mir, dem Auserwählten passieren wird, auch zu einem Beweis für die
Menschen werden. 31 Wenn der letzte Tag dieser Welt kommt, wird es eine
riesengroße Gerichtsverhandlung geben. Dort wird auch die Präsidentin
aus dem Süden als Zeugin gegen dieses Volk antreten. Sie werden alle
verurteilt. Die Präsidentin kam von weit her, weil sie von Salomos Wissen
und von seiner Weisheit etwas abhaben wollte. Aber der Typ, der jetzt
vor euch steht, hat mehr drauf als Salomo. Trotzdem wollt ihr nichts von
ihm wissen. 32 Auch die Leute aus Ninive werden mal auf der Zeugenbank
vor Gericht Platz nehmen und ein Wörtchen zu eurer Verurteilung mit-
reden. Denn die haben damals auf Jona gehört, sie haben ihr Leben geän-
dert. Aber der Mann, der jetzt vor euch steht, hat mehr drauf als Jona.
Trotzdem wollt ihr euch nicht ändern.“

Alles, was die Sicht nimmt, muss weg
33 „Könnt ihr euch vorstellen, dass jemand seine Nachttischlampe an-
macht und sie dann unters Bett stellt oder einen Eimer drüberkippt? Nein,
er wird sie irgendwo oben hinstellen, damit er genug Licht im Zimmer
hat, wenn jemand auf Besuch vorbeikommt. 34 Dein Auge ist wie ein Fens-
ter vor deinem Innersten. Wenn es okay und sauber ist, dann kommt
genug Licht in dich rein, und es ist in dir total hell. Wenn es aber versifft
und dreckig ist, dann bleibt es auch in dir dunkel, weil kein Licht durch-
kommen kann. 35 Darum pass auf deine Augen gut auf! Sie dürfen nicht
verdreckt oder etwa blind werden, sonst wird es dunkel in dir. 36 Wenn du
voll im Licht stehst und nichts mehr an dir dunkel ist, dann ist dein Leben
so hell, als würde dich das Licht der Lampe direkt anleuchten.“

Außen oder innen sauber?

37 Jesus war mit seiner Ansprache noch nicht ganz durch, da kam eine
Anfrage von einem religiösen Streber zu einem gemeinsamen Mittages-
sen rein. Jesus ging mit, und sie setzten sich bei ihm an den Esstisch.
38 Sein Gastgeber wunderte sich etwas, dass Jesus sich nicht vor dem
Essen nach einem religiösen Ritual die Hände gewaschen hatte. So war es
nämlich üblich. 39 Jesus sagte dazu: „Mann, ihr religiösen Streber achtet
immer peinlich genau drauf, dass man den Becher und die Teller immer
äußerlich ordentlich sauber macht. Was aber in euch drin passiert, ist
alles andere als sauber, da seid ihr voll dreckig. 40 Idioten! Wohl noch nicht
kapiert, dass Gott für innen und für außen zuständig ist? Er hat beides
gemacht! 41 Ihr habt doch mehr als genug! Gebt doch mal von den vielen
Sachen, die ihr habt, etwas an die Obdachlosen ab, die auf der Straße
leben! Das findet Gott gut, so könnt ihr euch innerlich sauber machen.
42 Ihr seid so übel drauf, ihr Streber! Von jedem Furz gebt ihr zehn Prozent
an die Gemeinde ab, in dem Punkt seid ihr superpingelig, was die Befol-
gung der Gesetze angeht. Aber in Sachen Korrektheit oder in der Liebe zu
Gott, da nehmt ihr es ganz locker. Ist ja okay, die zehn Prozent Gott zu
geben, aber das, worum es ihm eigentlich geht, das dürft ihr doch nicht
unter den Tisch fallen lassen! 43 Ich warne euch, ihr Streber! Im Gottes-
dienst sitzt ihr auf den VIP-Plätzen und fahrt total dadrauf ab, wenn man
euch auch sonst als Promis behandelt. 44 Ich warne euch, ihr Streber! Die
Leute gehen bei euch ein und aus, und keiner ahnt, dass in eurem Keller
ein paar stinkende Leichen liegen." 45 Einer von den religiösen Profis sagte
zu ihm: „Chef, Sie beleidigen damit auch uns!" 46 „Klar, ich meine euch ja
auch damit! Gerade ihr, die ihr die Gesetze so gut kennt, packt irre Lasten
auf die Schultern der Leute. Aber ihr seid nicht bereit, sie selbst auch zu
tragen. 47 Ich warne euch, ihr Streber! Ihr steckt viel Kohle in die Denk-
mäler von den alten Propheten, dabei haben eure Vorfahren sie auf dem
Gewissen, sie haben sie umgebracht. 48 Damit bestätigt ihr nur die miesen
Sachen, die eure Väter gebracht haben. Sie haben die alle getötet, aber ihr
hättet es vermutlich genauso gemacht wie sie. 49 Darum hat Gott schon
früher gesagt: ‚Ich werde Propheten schicken und Apostel, aber sie wer-
den einige jagen und töten.' 50 Man wird euch zur Rechenschaft ziehen für
den Mord an allen Propheten, die es bisher gegeben hat. 51 Von Abel bis
zum Zacharias, der ja in unserem Tempel zwischen dem Altar und dem
ganz besonders krassen Raum im Tempel umgebracht worden ist. Ihr wer-
det euch für jeden dieser Morde verantworten müssen. 52 Wie übel wird
das für euch sein, weil ihr ja sogar alle Gesetze kennt! Ihr wisst eigent-
lich, wo es langgeht, aber ihr sagt es den Leuten nicht. Ihr kommt nicht
in das neue Land rein, in dieses Reich, wo Gott das Sagen hat. Und das

Schlimmste ist, dass ihr auch noch andere daran hindert, dort reinzukom-
men!“ 53 Danach ging Jesus wieder aus dem Haus. Ab jetzt waren viele
von den religiösen Strebern total angefressen auf Jesus. 54 Sie versuchten
ihn mit allen Tricks dazu zu bringen, irgendetwas Falsches zu sagen,
damit sie ihn dafür anzeigen und vor Gericht bringen könnten.

12

Sich für Gott gerade machen

1 Inzwischen waren mega viele Leute da, um die tausend Menschen
standen sich gegenseitig auf den Füßen. Jesus flüsterte noch mal
zu seinen Schülern: „Leute, passt auf, dass die religiösen Streber nicht
alle eure Gedanken mit ihrem Showbusiness und Pseudogetue verseu-
chen. 2 Alles, was jetzt noch ein Geheimnis ist, wird einmal ganz offen
verhandelt werden. 3 Darum wird alles, was ihr jemandem als Geheimnis
erzählt habt, auf der Titelseite zu lesen sein, und was ihr euch heimlich
zugeflüstert habt, können alle im Radio mithören. 4 Freunde, ihr braucht
keine Angst vor den Leuten zu haben, die euch umbringen wollen. Was
können die denn schon töten? Doch sowieso nur euren Körper! 5 Vor wem
ihr wirklich Respekt haben müsst, das ist Gott! Er hat die Macht, jeden
Menschen zu töten und ihn anschließend in die Hölle abzuschieben!
Davor solltet ihr Angst haben! 6 Was blättert man für so einen Kanarien-
vogel hin? Ein paar Euro? Trotzdem kennt Gott jeden einzelnen von ihnen.
7 Gott weiß genau, wie viele Haare ihr auf dem Kopf habt. Ihr braucht echt
keine Angst zu haben, weil ihr für Gott unendlich mehr wert seid als eine
ganze Halle voll mit Kanarienvögeln. 8 Ich schwör euch: Jeder, der sich hier
auf der Erde für mich gerade macht, für den werde ich mich auch bei der
letzten Gerichtsverhandlung vor Gott gerade machen! 9 Wenn es jeman-
dem aber vor anderen peinlich ist, zu mir zu gehören, für den wird es mir
dann auch vor den Engeln peinlich sein, dass er mal zu mir gehört hat.
10 Trotzdem kann Gott demjenigen verzeihen, der über mich ablästert.
Bloß wenn einer über den Heiligen Geist ablästert, das wird er nicht ver-
zeihen. 11 Wenn ihr irgendwann vor Gericht gezerrt werdet, wenn man
euch angezeigt hat und verhört, weil ihr mit mir lebt, dann lasst keine
Panik aufkommen. 12 Wenn ihr mit eurer Verteidigung dran seid, wird euch
der heilige Geist die richtigen Sachen eingeben, die ihr sagen müsst.“

Ein Typ mit viel Kohle ist eigentlich arm

13 Ein Mann rief jetzt dazwischen: „Meister, können Sie nicht meinem Bru-
der sagen, er soll das, was wir von unserm Vater geerbt haben, gerecht
unter uns beiden aufteilen?“ 14 „Sag mal, soll ich jetzt hier den Richter
spielen, um solche Sachen zu entscheiden?“ 15 Zu den anderen Zuhörern

sagte er: „Leute, passt auf, dass ihr nicht geil auf Kohle seid! Geld macht
nicht glücklich, Leben kann man sich nicht kaufen.“ [16] Er machte das noch
an einem Vergleich deutlich: „Einem Millionär gehörte eine große Obst-
plantage, die jedes Jahr fette Ernte einbrachte. [17] Irgendwann meinte er zu
sich selbst: ‚Ich brauch mehr Platz für die ganzen Äpfel. Was mach ich
jetzt nur? [18] Guter Plan, ich mach jetzt alle Lagerhallen platt und bau mir
doppelt so große. Ich investiere noch mal richtig viel Geld. [19] Und dann
werde ich mich zur Ruhe setzen. Ich werde zu mir selber sagen: Mein
Freund, du hast jetzt für Jahre im Voraus reichlich geschuftet. Jetzt ent-
spann dich und genieße das Leben! Fahr auf ’ne Insel, mach Party und
freu dich deines Lebens!‘ [20] Aber Gott sagte zu dem Mann: ‚Du Volltrottel!
Du wirst noch in dieser Nacht den Löffel abgeben und sterben! Was hast
du dann noch von der ganzen Kohle?‘ [21] Das wird mit jedem passieren,
der sein Leben dafür einsetzt, ein fettes Konto bei seiner eigenen Bank zu
haben, aber bei Gott mit leeren Händen dasteht.“

Gott sagt: Entspann dich!

[22] Für seine Schüler wiederholte Jesus es noch mal: „Ihr braucht euch echt
keine Sorgen zu machen, dass ihr eure Miete nicht bezahlen könnt oder
die Lebensmittel oder Kleidung, noch nicht mal um eure Gesundheit
müsst ihr euch Sorgen machen. [23] Leben besteht aus mehr als nur Nah-
rung und Kleidung. [24] Seht euch mal die Tauben an! Die arbeiten auch
nicht, sie legen sich auch keinen Vorrat an, und doch haben sie immer
genug zu essen. Und ihr seid Gott tausendmal wichtiger als irgendwelche
Vögel! [25] Könnt ihr euer Leben durch die vielen Sorgen auch nur um eine
Sekunde verlängern? Never! [26] Wenn das mit der Lebensverlängerung
durch Sorgen nicht funktioniert, warum macht ihr euch dann überhaupt
noch welche? [27] Seht euch doch mal so ’ne Rose genauer an. Die kann
auch nicht arbeiten, sie kann noch nicht mal ihr Äußeres selber bestim-
men. Und trotzdem ist sie so schön, dass kein Top-Model der Welt mit-
halten könnte. [28] Wenn Gott sich schon um solche Blumen perfekt küm-
mert, obwohl die zwar heute noch blühen, aber morgen schon wieder
vergammelt sind, dann wird er ja erst recht in der Lage sein, für euch zu
sorgen! Warum vertraut ihr ihm nicht? [29] Hört auf mit diesem ‚Was wer-
den wir nur morgen essen? Haben wir genug zu trinken?‘-Gelaber! Keine
Panik! [30] Habt ihr Bock, so zu leben wie Menschen, die nicht wissen, dass
Gott ein guter Vater ist? Er weiß genau, was wir brauchen! [31] Kümmert
euch in erster Linie um Gottes Sache. Um den Rest wird er sich küm-
mern! [32] Meine Schüler, auch wenn ihr echt wenige seid, braucht ihr keine
Angst zu haben! Es macht Gott großen Spaß, euch zu beschenken. Euch
gehört ein Stück von dem neuen Land, in dem Gott das Sagen hat. [33] Ver-

kauft am besten alles, was ihr habt, und spendet die Kohle an Leute, die
es brauchen. Wenn ihr das tut, bekommt ihr eine Art von Geld, das sei-
nen Wert nicht verliert. Ihr werdet einen Schatz im Himmel liegen haben,
den euch keiner mehr klauen kann und der seinen Wert auch nie verliert.
34 Denn die Sachen, die euch wirklich wichtig sind, bestimmen euer
Leben."

Der Vergleich von dem guten und dem fiesen Angestellten

35 „Seid immer klar im Kopf und jederzeit bereit! 36 Ihr müsst so drauf
sein wie ein Hausangestellter, der nachts auf die Rückkehr des Hausei-
gentümers warten muss. Wenn der dann klingelt, kann er ihn sofort rein-
lassen. 37 Gut drauf werden die Leute kommen, die vorbereitet sind und
seine Rückkehr erwarten. Ich schwör euch, er wird sie ins Esszimmer
bitten, sich 'ne Schürze umbinden und erst mal fett was zu essen
machen. 38 Vielleicht kommt er mitten in der Nacht, vielleicht frühmor-
gens, wenn die Sonne aufgeht. Egal, wann er kommt, glücklich können
die Leute sein, die dann bereit sind! 39 Ich will euch noch mal eine
Ansage machen: Da ist ein Typ, der eine Villa hat. Wenn er wüsste, wann
die Einbrecher kommen, dann würde er zu Hause bleiben und verhin-
dern, dass sie sein Haus durchwühlen. 40 Ihr habt aber keine Ahnung,
wann der Meister zurückkommen wird, er kommt, wenn keiner damit
rechnet." 41 Petrus fragte noch mal nach: „Meister, meinst du jetzt nur
uns damit oder redest du hier über alle Menschen?" 42 „Petrus, ich
meine damit jeden treuen Mitarbeiter, dem Gott eine Aufgabe gegeben
hat. Er trägt damit Verantwortung für sein Haus und dafür, seine Leute
zu versorgen. 43 Wenn der Meister zurückkommt und alles ist tipptopp in
Ordnung, dann wird der Mitarbeiter dafür eine Belohnung einsacken.
44 Ich verspreche euch: Der Meister wird ihm den Leitungsposten über
seinen ganzen Betrieb anvertrauen. 45 Wenn der Mitarbeiter aber denkt:
‚Das dauert noch, bis der zurückkommt!', und erst mal anfängt, Party zu
machen, die Mitarbeiter mies behandelt und sich jeden Abend die Kante
gibt, 46 na ja, dann wird der Meister ganz plötzlich und total unerwartet
vor der Tür stehen. Und dann wird er dem Angestellten sofort die Kündi-
gung in die Hand drücken und ihn hochkantig rausschmeißen. 47 An-
schließend kriegt er noch 'ne Klage an den Hals, denn er hat seinen Ar-
beitsvertrag gebrochen, und das, obwohl er genau wusste, was der
Meister von ihm wollte. 48 Menschen, die keine Ahnung davon haben,
was Gott eigentlich will, werden mit einer leichten Strafe davonkommen.
Jeder, der viel von Gott bekommen hat, muss auch viel bringen. Wem
viel gegeben wurde, von dem wird auch viel verlangt werden."

Leute werden sich streiten, weil einer an Jesus glaubt

49 „Ich bin zu euch gekommen, damit der Punk abgeht hier auf der Erde, es
soll brennen! Ich würde mich so sehr freuen, wenn das schon passiert wäre
und ich meinen Job schon erledigt hätte. 50 Auf mich wartet aber noch
etwas ganz Übles. Ich muss einen furchtbaren Tod sterben, das macht mir
echt Angst, bis ich das hinter mich gebracht habe. 51 Falls ihr gedacht habt,
ich würde den Weltfrieden organisieren, dann habt ihr euch gewaltig ge-
täuscht! Nein, wo ich bin, werden sich Menschen streiten, 52 ganze Fami-
lien werden wegen mir auseinanderbrechen, weil drei Mitglieder auf mei-
ner Seite stehen und zwei keinen Bock auf mich haben oder umgekehrt.
53 Es wird Zoff geben zwischen dem Vater und dem Sohn, zwischen der
Mutter und der Tochter.“ 54 Jetzt richtete Jesus noch mal ein paar Worte an
die Menschen, die drumrum standen: „Wenn ihr zum Himmel seht und
ein paar dunkle Wolken kommen aus einer Richtung, dann sagt ihr doch
bestimmt: ‚Gleich regnet es!‘ Das ist richtig. 55 Wenn aber die Sonne mor-
gens schon runterknallt, sagt ihr: ‚Heute wird es warm!‘ Und das stimmt
auch. 56 Ihr Pseudos! Wie das Wetter wird, könnt ihr euch leicht ausrech-
nen, aber wenn ihr seht, was in der Welt gerade abgeht, dann kapiert ihr gar
nichts! 57 Warum peilt ihr nicht, was jetzt zu tun ist? 58 Wenn du heute einen
Gerichtstermin hast und du triffst auf dem Weg zum Gericht den Typen,
der dich angezeigt hat, dann versuche, das Ding vorher zu regeln, bevor ihr
vor dem Richter landet. Sonst wirst du verurteilt und landest im Knast.
59 Und dann hängst du da so lange, bist du den letzten Cent bezahlt hast.“

13

Mit Gott wieder klarkommen oder sterben

1 In dieser Zeit erzählten ein paar Leute Jesus, dass Pilatus einige
Männer hatte abschlachten lassen, während sie gerade dabei
waren, ein Opferritual im Tempel zu machen. So hatte sich ihr Blut mit
dem Blut der Tiere vermischt, die dort geopfert wurden. 2 „Sagt mal,
Leute, glaubt ihr jetzt, dass diese Männer ganz besonders schlimme
Verbrecher waren, dass die mehr Mist gebaut haben, als andere Leute?
Denkt ihr, das war der Grund für ihren schlimmen Tod? 3 Nein, Leute, das
stimmt schon mal gar nicht! Genau das Gleiche kann jedem von euch
auch passieren, wenn ihr nicht mit dem Mist aufhört, den ihr täglich baut,
und nicht anfangt, mit Gott ganze Sache zu machen! 4 Könnt ihr euch an
die achtzehn Männer erinnern, die gestorben sind, als das Hochhaus in
Siloah plötzlich eingestürzt ist? Waren das vielleicht die schlimmsten
Menschen in Jerusalem? 5 Nein, Leute! Ich sag's noch einmal: Wenn
ihr nicht aufhört mit dem Mist und anfangt, mit Gott ganze Sache zu
machen, werdet ihr genauso sterben wie die.“

Die zweite Chance

6 Jesus erzählte dann noch mal eine Geschichte: „Ein Typ pflanzte mitten
in seinen Weinberg einen Apfelbaum. Jedes Jahr checkte er, ob er jetzt
endlich mal einen Apfel ernten könnte. Aber es passierte nichts, an dem
Baum wuchsen einfach keine Früchte. 7 Schließlich sagte er zu seinem
Gärtner: ‚Drei Jahre hab ich jetzt gewartet, und immer noch passiert da
nichts dran! Hau das Teil einfach um. Der Boden ist zu schade für einen
Baum, der nichts bringt.‘ 8 Der Gärtner meinte aber: ‚Komm, gib ihm noch
ein Jahr! Ich will mich extrem um ihn kümmern, ihn gut düngen und die
trockenen Äste raus schneiden. 9 Wenn er im nächsten Jahr wieder nichts
bringt, dann haue ich ihn um.‘“

Was ist wichtiger: der Mensch oder die Gesetze?

10 Am religiösen Feiertag, dem Sabbat, gab Jesus in der Synagoge wieder
Unterricht in Sachen Glauben. 11 In der Menge entdeckte er dabei eine
Frau, die durch einen fiesen Geist körperlich behindert war. Seit 18 Jahren
waren ihre Muskeln am Oberkörper total verkrampft, sodass sie einen
Buckel auf dem Rücken bekommen hatte. Sie war einfach nicht in der
Lage, sich gerade aufzurichten. 12 Jesus sah diese Frau, rief sie zu sich und
meinte zu ihr: „Hey du! Du bist jetzt frei von dieser Krankheit!“ 13 Er legte
seine Hände auf ihren Körper und sofort verschwand der Buckel. Die Frau
war hammerglücklich und dankte Gott für diese Heilung mit allem, was
sie hatte! 14 Der Leiter der Synagoge fand das aber ziemlich ungeil, dass
Jesus ausgerechnet am Sabbat Leute heilte. Auch ein Arzt durfte nämlich
an dem Tag nicht arbeiten. Er sagte zu den Leuten, die da waren: „Die
Woche hat doch insgesamt sechs Tage, an denen man arbeiten kann,
oder? Also kommt in der Zeit her, um euch heilen zu lassen, ja? Muss
doch nicht ausgerechnet am Sabbat sein!“ 15 Jesus war sauer: „Ihr alten
Pseudos! Was macht ihr denn, wenn ihr am Sabbat eurem Hund Futter
und Wasser hinstellt? 16 War es nicht viel wichtiger, dass ich diese Frau
wieder gesund gemacht habe und von dieser ätzenden Krankheit befreien
konnte, auch wenn wir gerade Sabbat haben?“ 17 Dazu konnten sie nichts
mehr sagen, es war jetzt schon zu peinlich für sie. Alle Leute freuten sich
aber voll über die guten Sachen, die Jesus so brachte.

Große Dinge fangen bei Gott immer klein an

18 „Wie kann ich euch klarmachen, wie das mit dem neuen Land abgeht, in
dem Gott das Sagen hat? 19 Das ist wie mit einem kleinen Kirschkern. Ein
Typ spuckte den Kern in seinen Garten und buddelte etwas Erde da drüber.
Dort keimte er dann, schlug Wurzeln und wuchs zu einem riesengroßen
Baum, in dem Vögel Nester bauen können.“ 20 Dann brachte er einen wei-

teren Vergleich: „Was für ein Beispiel fällt mir noch zu dem Thema ein,
womit kann man das ganz gut vergleichen? 21 Dieses neue Land ist wie ein
Stück Hefe, das man braucht, um 'ne Pizza zu machen. Eine Frau nimmt
ein Kilo Mehl, vermischt die Hefe mit dem Mehl, tut etwas Wasser dazu
und knetet das ganze Teil durch. Und dann ist der ganze Teig plötzlich vol-
ler Hefe und geht auf."

Warum es einige packen, zu Gott zu kommen, und andere nicht

22 Jesus war auf Tour in Richtung Jerusalem. Überall machte er Zwischen-
stopps in den Dörfern und hielt Unterrichtsstunden in Glaubensfragen.
23 Ein Mann wollte etwas von ihm wissen: „Entschuldigen Sie, ich hab da
mal 'ne Frage: Können es nur ganz wenige mit Gott schaffen? Werden nur
ein paar gerettet?" 24 Jesus' Antwort war: „Kämpft dadrum, in den Himmel
zu kommen, es ist alles andere als easy! Die Tür, wo man durchgehen
muss, ist ziemlich klein. Viele werden es versuchen und es nicht schaffen.
25 Wenn der Hauseigentümer abends die Tür abgeschlossen hat, dann ist
sie zu, und man kommt nicht mehr rein. Egal, wie viele dann draußen ste-
hen, die Klingel drücken und rumbetteln: ‚Bitte machen Sie auf!' Er wird
dann nur antworten können: ‚Wer seid ihr? Ich kenne Euch nicht!' 26 Dann
antwortet ihr: ‚Aber wir haben doch zusammen gefeiert, gegessen und
getrunken, wir waren sogar bei dir im Gottesdienst und haben deiner
Predigt zugehört!' 27 Aber seine Antwort wird sein: ‚Verschwindet! Ich hab
keine Ahnung, wer ihr seid! Mit solchen unkorrekten Typen wie euch will
ich nichts zu tun haben!' 28 Wenn ihr dann von draußen so Leute wie
Isaak, Jakob und die ganzen Prophetentypen in Gottes Land seht, werdet
ihr voll gefrustet sein, ihr werdet wütend und heulen. 29 Und dann werden
Menschen aus allen Ecken der Erde dort reinkommen und mit Gott eine
Party feiern. 30 Macht euch das klar: Die jetzt ganz hinten anstehen, die die
Letzten sind, die Unwichtigen, die werden dann groß rauskommen! Und
die Leute, die jetzt ganz vorne stehen, die den dicken Macker markieren,
die werden dann die hintersten Plätze belegen."

Jerusalem wird es übel ergehen

31 Ein paar Minuten später kamen ein paar von den religiösen Strebern
vorbei und warnten Jesus. „Verschwinden Sie besser von hier! Präsident
Herodes plant ein Attentat und will Sie töten!" 32 „Ihr könnt dem Schlau-
meier Folgendes ausrichten", sagte Jesus, „sowohl heute als auch morgen
werde ich weiter das tun, was ich die ganze Zeit gemacht habe: Dämonen
aus Menschen rausschmeißen und Leute heilen. Heute und morgen
werde ich das auch noch tun, aber nach drei Tagen wird mein Ding hier
zu Ende sein. 33 Ich muss in drei Tagen diesen Ort sowieso verlassen. Es

ist nicht angesagt, dass ein Prophet von Gott irgendwo anders getötet
wird als in Jerusalem! 34 Oh, Mann, Jerusalem, was ist bloß mit dir los? Bei
dir werden Propheten ermordet, und Menschen, die eine Nachricht von
Gott haben, werden einfach hingerichtet! Schon so oft wollte ich euch alle
zu mir ziehen, ich wollte euch so nahe sein, wie eine Henne ihren Küken
nahe ist, wenn die unter ihren Flügeln Schutz suchen, aber ihr hattet da
keinen Bock drauf. 35 Passt auf, euer toller Tempel wird bald leer sein, Gott
zieht dort aus. Ihr werdet mich nicht mehr sehen, bis ihr es selber kapiert
habt und alle bei euch sagen: ‚Hurra, dieser Typ ist der Größte! Der da
gerade kommt, wurde uns von Gott geschickt!'"

14

Und wieder: Heilen am religiösen Feiertag, ja oder nein?

1 An einem Sabbat, dem Feiertag der Juden, wurde Jesus von einem
der Chefs von dieser religiösen Streberpartei zu einem großen
Essen eingeladen. Die andern Gäste beobachteten dabei jeden Schritt von
Jesus und nahmen ihn voll unter die Lupe. 2 Plötzlich stand da ein Typ vor
ihm, dessen Arme und Beine krass dick angeschwollen waren. Er hatte
eine Stoffwechselerkrankung, die man Wassersucht nannte. 3 Jetzt hatte
Jesus mal 'ne Frage an die religiösen Profis und Streber: „Wie sieht's aus,
meine Herren, ist es gesetzlich verboten, Menschen am Sabbat zu heilen
oder eher nicht?" 4 Nachdem keiner eine Antwort hatte, berührte Jesus
den kranken Mann. Der wurde sofort gesund! Danach schickte ihn Jesus
nach Hause. 5 Jesus sagte zu den Leuten: „Wer von euch würde am Sabbat
denn nicht arbeiten, wenn Not am Mann ist? Wenn euer Sohn oder nur
euer Pferd in eine Baugrube fällt, dann würdet ihr ihn doch auch da raus-
holen, egal, ob heute Sabbat ist oder nicht?!" 6 Wieder wusste keiner, was
er dazu sagen sollte.

Wer bekommt die besten Plätze auf der Ehrentribüne im Himmel?

7 Irgendwann beobachtete Jesus, wie die Gäste beim Essen um die bes-
ten Plätze am großen Tisch kämpften. 8 Er nutzte die Situation als Bei-
spiel und sagte: „Wenn du auf eine Hochzeit eingeladen bist, dann setz
dich nicht gleich auf den besten Platz. Könnte ja passieren, dass du zum
Beispiel auf dem Sitz vom Brautvater landest. 9 Und dann würde der
Gastgeber ankommen und zu dir sagen: ‚Sorry, der Platz war für den
Vater der Braut reserviert!' Wie peinlich, dann musst du vor allen Gästen
aufstehen und dich auf den allerletzten Platz setzen, gleich neben den
Herrenklos! 10 Mein Tipp: Wenn du eingeladen bist, such dir einen Platz
in der letzten Ecke. Wenn der Gastgeber dann ankommt und dich da
sitzen sieht, wird er sagen: ‚Hallo, mein Freund! Komm doch weiter

nach vorne, wir haben bestimmt noch einen besseren Platz für dich!' So
stehst du gut vor den anderen da. [11] Jeder, der darum kämpft, besser zu
sein als der andere, wird runtergemacht werden. Wer still ist und sich
kleiner macht, als er wirklich ist, den wird Gott groß rausbringen."
[12] Schließlich sagte Jesus zu seinem Gastgeber: „Wenn du dir was zu
essen machst oder eine Party veranstaltest, egal wann, dann lade nicht
unbedingt deine Freunde ein oder deine Geschwister, irgendwelche Ver-
wandte oder die Millionäre von nebenan. Was du da bestenfalls als
Belohnung erwarten kannst, ist eine Rückeinladung, weiter nichts. [13] Bes-
ser ist es, die Obdachlosen von der Straße, die Kranken und die Behin-
derten einzuladen, nämlich Leute, die es nötiger haben als die Men-
schen, denen es sowieso gutgeht. [14] Dann hast du Leuten geholfen, die
dir das nicht wirklich zurückgeben können. Stattdessen wird Gott dir
das zurückgeben, er wird dich krass dafür belohnen, wenn du irgend-
wann in der anderen Welt nach dem Tod sein wirst."

Die letzte große Party bei Gott
[15] Einer von den Gästen hörte Jesus die ganze Zeit zu und rief dann laut:
„Wie geil muss das sein, bei der Party von Gott auf der Gästeliste zu
stehen!" [16] Jesus antwortete mit einer Geschichte: „Ein Typ organisierte
eine ganz fette Party, echt viele Leute waren eingeladen. [17] Als die Vorbe-
reitungen so gut wie abgeschlossen waren, ließ er alle geladenen Gäste
von einem Hausangestellten anrufen: ‚Ihr könnt jetzt kommen! Alles ist
fertig!' [18] Einer nach dem anderen sagte aber plötzlich ab. ‚Ich hab mir
gerade einen neuen Computer gekauft, den muss ich noch einrichten!
Tut mir leid!', sagte der Erste. [19] Der Nächste meinte: ‚Ich hab mir gerade
ein neues Auto gekauft, das muss ich heute noch unbedingt einfahren.'
[20] Der Dritte sagte: ‚Ich hab diesen Abend schon lange meiner Frau ver-
sprochen, sorry, geht echt nicht. Wir sind erst ein paar Tage verheiratet!'
[21] Der Angestellte erzählte seinem Chef von den Gesprächen und den
Entschuldigungen. Der wurde voll sauer und sagte zu ihm: ‚Dann geh
los auf die Straßen, zum Hauptbahnhof und unter die Brücken. Lade alle
Obdachlosen, Junkies, alle Kranken und Behinderten zu mir ein und
bring sie hierher!' [22] Gesagt, getan, und als er wieder da war, meinte er
zum Gastgeber: ‚Ist erledigt. Es sind aber immer noch Plätze frei!'
[23] ‚Dann geh los und lade jeden ein, der kommen will, geh auf die Stra-
ßen und in die Clubs, geh in jede Kneipe und lade alle ein, damit die
Bude voll wird! [24] Ich kann euch sagen, Leute: Keiner der Menschen, die
von Anfang an eingeladen waren, wird von den fetten Sachen, die ich
vorbereitet hatte, auch nur einen Nachtisch abkriegen.'"

Radikal mit Gott leben, das bringt es!

25 Sehr viele Leute waren jetzt mit Jesus unterwegs. Irgendwann drehte er
sich zu ihnen um und sagte: 26 „Wer mit mir leben will, muss einen radi-
kalen Schnitt mit seiner Vergangenheit machen. Sein Vater und seine
Mutter, seine Frau und seine Kinder und auch seine Geschwister müssen
ihm unwichtig werden. Er muss sich sogar selbst total unwichtig sein.
Nur wer so drauf kommt, gehört zu meinen Schülern. 27 Wer nicht bereit
ist, die heftigen Schwierigkeiten bis hin zur Todesstrafe auszuhalten, die
er bekommen wird, nur weil er mit mir lebt, der gehört nicht zu mir.
28 Wenn sich jemand ein Haus bauen will, dann rechnet er doch auch erst
mal zusammen, wie viel Kohle er dafür braucht und ob er die überhaupt
zusammenkriegt. 29 Sonst steht zwar das Fundament, aber er kann nicht
zu Ende bauen, weil das Konto leer ist. Die Leute würden ihn auslachen:
30 ‚Ein ganzes Haus wollte er bauen? Jetzt ist gerade mal ein Fundament
daraus geworden.' 31 Oder welche Regierung würde einem anderen Staat
den Krieg erklären, wenn die Minister nicht wenigstens vorher beraten
hätten, ob ihre Armee überhaupt dazu in der Lage ist, diesen Krieg zu
gewinnen? Ob sie es mit einem Flugzeugträger schaffen würden, einen
Krieg gegen ein Land mit zwei Flugzeugträgern zu gewinnen? 32 Wenn die
Rechnung nicht aufgeht, dann wird die Regierung dem Feind einen Unter-
händler vorbeischicken, um die Friedensbedingungen auszuhandeln.
33 Darum sag ich euch noch mal: Keine von euch kann mein Schüler sein,
wenn er nicht bereit dazu ist, alles aufzugeben. 34 Anderes Beispiel: Salz
ist wichtig zum Würzen von Essen, aber wenn es nicht mehr salzig ist,
kannst du es auch gleich in die Tonne drücken. Man kann Salz nicht wie-
der salzig machen. 35 Und Salz ohne Wirkung ist für nichts zu gebrau-
chen. Noch nicht mal als Dünger taugt es. Es gibt nur einen Ort, wo es
hingehört: Auf den Müll! Jeder, der mir gut zuhört, soll auch kapieren,
was ich sage!"

15

Der Vergleich mit der Kindergruppe und dem einem Kind, was abgehauen war

1 Oft kamen irgendwelche Geldeintreiber und andere Leute, die
überall total unbeliebt waren, zu Jesus, um ihm zuzuhören. 2 Die religiö-
sen Streber und die Theologen fanden es nicht so toll, dass er sich mit
solchen Ätztypen überhaupt abgab. 3 Deshalb brachte Jesus mal wieder
einen Vergleich: 4 Stell dir vor, du bist mit einer Gruppe von 100 Kindern
unterwegs und in der Innenstadt verlierst du plötzlich eins davon, mitten
am Hauptbahnhof. Du würdest doch den Rest der Truppe schnell an
jemand anderen übergeben und das eine verschwundene Kind sofort

suchen gehen, oder? 5 Wenn du es dann nach Stunden heulend an einem
Kiosk gefunden hast, wirst du dich erst mal voll freuen, es auf den Arm
nehmen und nach Hause bringen. 6 Dann am Feierabend, wenn du wieder
zu Hause bist, würdest du bestimmt sofort deine Freunde anrufen und
ihnen davon erzählen: ‚Hey, mir ist was total Schönes passiert! Ich hatte
heute bei der Arbeit mitten in der Innenstadt ein Kind verloren, aber dann
hab ich es zum Glück wiedergefunden! Cool, oder? Freust du dich mit
mir?‘ 7 Genauso freut man sich im Himmel, wenn auch nur ein Mensch
merkt, dass er Mist baut und wieder zu Gott zurückfindet. Man freut sich
über den einen mehr als über die 99 Menschen, welche okay für Gott
leben und sich deswegen nicht ändern müssen.

Der Vergleich mit dem verlorenen Geldschein

8 Noch ein anderes Beispiel: Eine Frau hatte tausend Euro gespart. Davon
verlor sie in ihrer Bude einen Hunderteuroschein, ohne dass sie es gleich
bemerkte. Wird sie nicht, wenn sie es dann feststellt, sofort alle Lampen
anmachen und ihre ganze Bude auf den Kopf stellen, nur um die hundert
Euro wiederzufinden? 9 Und wenn sie die dann wiederfindet, wird sie nicht
vor Freude total abgehen, ihre Freundin anrufen, damit die sich mit freuen
kann, weil das Geld wieder da ist? 10 Ganz genauso freut man sich im
Himmel, wenn auch nur ein Mensch, der nicht an Gott geglaubt hat,
anfängt, sein Leben zu ändern und sein Vertrauen auf Gott zu setzen.

Die Geschichte von einem Vater mit zwei unterschiedlichen Söhnen

11 Jesus erzählte mal wieder eine Geschichte: „Es gab mal einen Mann,
der hatte zwei Söhne. 12 Irgendwann sagte der jüngere Sohn zum Vater:
‚Papa, mir dauert es zu lange, bis du stirbst und ich meinen Teil von dei-
nem Geld erben werde. Ich möchte das jetzt schon ausbezahlt bekom-
men. Geht das?‘ Der Vater ließ sich drauf ein und zahlte ihm die Kohle
aus. 13 Ein paar Tage später packte der Sohn seine Sachen zusammen und
ging auf Weltreise. Er lebte in Hotels und in Spielcasinos, verzockte sein
ganzes Vermögen in irgendwelchen Bars und Clubs, bis er pleite war.
14 Plötzlich gab es in der Zeit eine große Wirtschaftskrise im Land. Die
Lebensmittelpreise stiegen immer höher und viele Menschen hatten
nichts zu essen. Auch der Sohn bekam Hunger. 15 Immerhin kriegte er
einen Job als Toilettenmann am Hauptbahnhof. Das war ein echt schlecht
bezahlter, dreckiger und total unbeliebter Job. 16 Der junge Mann war so
hungrig, dass er am liebsten die Essensreste, die Toilettenbesucher in den
Müll warfen, gegessen hätte, aber noch nicht mal das durfte er. 17 Schließ-
lich überlegte er hin und her: ‚Zu Hause bei meinem Vater bekommt jeder
Arbeiter in seiner Firma ein Mittagessen und ich sterbe hier fast vor Hun-

ger! [18] Die beste Idee ist es wahrscheinlich, wieder nach Hause zu gehen. Dann sag ich zu ihm: Papa, ich habe großen Mist gebaut, ich hab mich von dir und auch von Gott entfernt! [19] Ich hab es auch echt nicht mehr verdient, zu deiner Familie dazuzugehören. Aber kannst du mir vielleicht irgendeinen Job in deiner Firma geben?‘ [20] Also ging er wieder zurück zu seinem Vater. Als der Sohn gerade durch das Eingangstor vom Grundstück kam, sah der Vater ihn schon aus der Ferne. Mit Tränen in den Augen lief er ihm sofort entgegen, umarmte und küsste ihn. [21] Der Sohn sagte sofort: ‚Papa, ich hab großen Mist gebaut! Ich hab mich falsch verhalten dir und Gott gegenüber! Ich hab es echt nicht mehr verdient, dein Sohn genannt zu werden.‘ [22] Sein Vater hörte ihm aber gar nicht richtig zu. Er rief schnell ein paar Angestellte und beauftragte die: ‚Bringt sofort den besten Designer-Anzug her, den ich im Schrank hängen habe. Holt ein paar gute Schuhe und holt den Familienring. [23] Fahrt das beste Essen auf, die Sachen, die wir extra für einen besonderen Anlass im Lager haben! Deckt den Tisch und lasst uns eine große Party starten. [24] Es gibt nämlich einen Grund zum Feiern: Mein Sohn war schon so gut wie tot, aber jetzt ist er wieder hier und lebt! Ich hatte voll die Sehnsucht und habe jeden Tag auf ihn gewartet und jetzt ist er endlich wieder da!‘ [25] In der Zeit war der ältere Sohn noch bei der Arbeit. Als er nach Hause kam, hörte er schon von Weitem, dass da ’ne Party am Start war. [26] Er fragte einen der Hausangestellten, was da los ist. [27] ‚Ihr Bruder ist wieder da! Ihr Vater hat eine fette Party organisiert und hat das ganz besonders große kalte Büfett kommen lassen, das für die besonderen Anlässe.‘ [28] Aber der ältere Bruder war total angefressen und sauer. Er hatte überhaupt keinen Bock mitzufeiern und blieb draußen vor der Tür. Schließlich kam der Vater raus und fragte ihn: ‚Warum kommst du nicht rein, mein Junge?‘ [29] ‚Mann, Vater! Wie viele Jahre arbeite ich jetzt schon für dich? Ich hab geschuftet wie ein Blödmann, so als würde ich dafür ein fettes Gehalt bekommen. In der ganzen Zeit hab ich nicht einmal etwas getan, was du nicht wolltest. Aber von dir kamen nicht einmal auch nur ein paar Würstchen rüber, damit ich mit meinen Freunden mal einen schönen Grillabend hätte machen können. [30] Jetzt kommt dein anderer Sohn, der dein ganzes Geld mit irgendwelchen Schlampen zum Fenster rausgeschmissen hat, und du fährst hier die Sachen auf, die eigentlich nur für ganz besondere Feste gekauft wurden?‘ [31] Sein Vater sah ihn an und meinte nur: ‚Mein Lieber, du bist die ganze Zeit bei mir gewesen, wir beide sind uns sehr nahe! Alles, was mir gehört, gehört auch dir! [32] Aber lass uns heute eine große Party feiern! Dein Bruder war für uns schon gestorben, doch jetzt lebt er wieder! Wir hatten ihn schon aufgegeben, aber er hat den Weg nach Hause zurückgefunden!‘“

16

Ungewöhnliche Arten, mit Geld umzugehen

1 Jesus erzählte danach seinen Schülern noch ’ne Geschichte: „Ein
Millionär hatte einen Mann angestellt, der sich nur um die Verwal-
tung seines Vermögens kümmern sollte. Irgendwann entdeckte er Belege
von privaten Autokäufen und anderen Sachen. Es war eindeutig: Der
Mann war ein Betrüger! 2 Er orderte ihn ins Büro und stellte ihn zur Rede:
‚Sie betrügen mich! Ich möchte sofort alle Abrechnungen sehen! Außer-
dem sind Sie gefeuert!‘ 3 Der Mann überlegte sich, was er am geschicktes-
ten tun sollte. ‚Ich bin rausgeflogen, aber zu einem Job auf’m Bau bin ich
körperlich nicht in der Lage, und um mich auf die Straße zu stellen und
zu betteln, bin ich zu stolz. 4 Ich hab ’ne Idee, wie ich klarkommen könnte,
wenn ich arbeitslos bin. Dann sind die Leute, die meinem Chef Geld
schulden, bestimmt nett zu mir und lassen mich sogar bei sich wohnen.‘
5 Jetzt telefonierte er rum und traf sich mit den Leuten, die dem Millionär
noch Geld schuldeten. Zu dem Ersten sagte er: ‚Wie viel Geld schul-
den Sie ihm?‘ 6 ‚10 000 Euro!‘ – ‚Okay, dann füllen Sie bitte dieses For-
mular aus, es sind nur noch 5000!‘ 7 Dann redete er mit dem Nächsten
und fragte den auch: ‚Wie viel Geld schulden Sie meinem Chef?‘ –
‚1000 Euro!‘, war die Antwort. – ‚Okay, machen wir mal 800 draus!‘, sagte
der Mann.“ 8 Jesus fand die Idee echt gut, sich durch wirkliche Hilfe
Freunde zu machen. Er meinte, dass die ungläubigen Leute oft klüger im
Umgang mit ihren Mitmenschen sind als die gläubigen Menschen, die zu
Gott gehören. 9 Er sagte: „Nutzt eure Kohle für Gott, setzt sie schlau ein.
Helft damit anderen Menschen, das wird sich irgendwann im Himmel
auszahlen. 10 Wer mit wenigen Sachen gut umgehen kann, wird auch mit
viel gut klarkommen. Wenn ihr aber bei eher unwichtigen Sachen schon
unkorrekt arbeitet, dann wird man euch auch nie etwas Großes anver-
trauen können. 11 Wenn ihr mit Geld und den Sachen anderer Leute schon
nicht korrekt umgeht, wer wird euch dann die richtig fetten Sachen aus
dem Himmel anvertrauen? 12 Und wenn ihr mit den Sachen von fremden
Leuten nicht richtig umgeht, wer von euch wird euch da noch sein eigenes
Geld zur Verfügung stellen? 13 Niemand kann gleichzeitig in zwei unter-
schiedlichen Teams gegeneinander spielen. Er wird immer das eine has-
sen und das andere lieben. Ihr könnt nicht das tun, was Gott will, und
zugleich auch das, was das Geld von euch verlangt.“ 14 Die religiösen Stre-
ber, denen Geld superwichtig war, verarschten Jesus, als sie das hörten.
15 Darum sagte er zu ihnen: „Wenn alle zugucken, wollt ihr gut aussehen,
aber Gott weiß genau, was in euch vorgeht. Was für Menschen eine große
Sache ist, findet Gott superätzend. 16 Bis Johannes angefangen hat zu
reden, habt ihr nur auf die Gesetze vom Mose gehört und auf das, was die
Propheten gesagt haben. Jetzt wird von Gottes neuer Zeit geredet, und

alle wollen unbedingt dabei sein. [17] Ihr dürft aber eins nicht vergessen: Selbst wenn diese Welt mal explodiert und das Universum verschwindet, die Gesetze von Gott behalten bis ins kleinste Detail immer ihre Gültigkeit. [18] Wenn jetzt jemand seine Frau rausschmeißt und eine andere heiratet, der hat Ehebruch begangen. Und das gilt auch für denjenigen, der eine geschiedene Frau heiratet."

Die Geschichte mit dem reichen Mann und dem armen Lazarus

[19] „Es gab mal einen schwerreichen Mann, der trug immer nur die teuersten Klamotten von Armani und lebte im totalen Luxus. [20] Direkt vor seinem Haus wohnte ein Penner, der Lazarus hieß. Lazarus war schwer krank, hatte überall offene Geschwüre und so. [21] Lazarus ernährte sich vom Müll, den er aus der Tonne vom reichen Mann fischte. Um ihn herum lebten Hunde, die oft ankamen und seine offenen Wunden ableckten, wenn er schlief. [22] Schließlich starb der Lazarus und wurde von ein paar Engeln abgeholt, die ihn zu Abraham brachten; an einen Ort, wo alles gut wird. Auch der reiche Mann starb und wurde beerdigt. [23] Als er dann im Totenreich ankam und es ihm dort total ätzend ging, sah er ganz weit weg Lazarus, wie der sich in Abrahams Arme kuschelte. [24] Da brüllte er los: ‚Lieber Vater Abraham, bitte hilf mir! Sag doch dem Lazarus, er soll mir nur mal einen Spritzer Wasser vorbeibringen, damit ich wenigstens meine Lippen etwas nass machen kann! Ich leide hier Höllenqualen!' [25] Abraham sagte: ‚Mein Sohn, hast du schon vergessen, wie gut es dir im Leben ging? Du hattest wirklich alles, was du wolltest, Lazarus hatte aber nichts. Jetzt ist es umgekehrt, ihm geht es gut und dir schlecht. [26] Außerdem ist da ein Riesengraben zwischen uns. Keiner kann da so mal eben rüber, selbst wenn er es wollte. Umgekehrt ist es genauso.' [27] ‚Okay, Abraham, aber dann bitte ich dich inständig, Lazarus zum Haus meiner Eltern zu schicken. [28] Ich hab fünf Brüder, und ich möchte nicht, dass sie auch hier landen, an diesem üblen Ort, und sich quälen müssen, wenn sie sterben!' [29] Abraham schüttelte den Kopf: ‚Die sind schon mehr als genug von Mose und den Propheten gewarnt worden. Wenn sie sich richtig informiert hätten, wüssten sie Bescheid.' [30] Der Reiche fing an zu diskutieren: ‚Aber, Abraham, wenn sie jetzt einem Toten begegnen würden, der ihnen sagt, was Sache ist, dann würden sie bestimmt ihr Leben ändern!' [31] ‚Also, wenn sie auf Mose und die Propheten nicht gehört haben, dann wird sie ein Toter auch nicht überzeugen können.'"

17

Vergeben ohne Ende

1 An einem Tag sagte Jesus mal zu seinen Schülern: „Es wird
immer Situationen geben, wo ihr dazu verführt werdet, Sachen zu
machen, die Gott nicht will. Übel wird es nur für die Menschen werden,
die aktiv dafür sorgen, dass ihr verführt werdet. 2 Aber echt jetzt, für sol-
che Leute wäre es besser, man würde sie mit einem Betonklotz an den
Füßen ins Meer schmeißen, als dass sie Leute verführen, die wie ein
Kind an mich glauben. 3 Leute, passt auf! Wenn dein Bruder etwas gegen
dich getan und dich verletzt hat, dann sag ihm das. Und wenn es ihm
leidtut, dann vergib ihm das auch. 4 Und wenn er täglich siebenmal link
zu dir ist, es ihm aber jedes Mal am Ende leidtut, dann musst du ihm
auch vergeben."

Wenig Vertrauen reicht aus

5 Die Schüler von Jesus hatten mal eine Bitte: „Jesus, kannst du unser Ver-
trauen in Gott nicht größer machen?" 6 „Wenn euer Vertrauen nur so groß
wäre wie ein kleiner Same von einer Senfpflanze, dann könntet ihr jetzt zu
diesem Baum da sagen: ‚Du sollst dich jetzt selber rausreißen und auf
den Müllhaufen schmeißen', und genau das würde passieren!"

Was normal sein sollte

7 „Wie ist das denn bei euch?", wollte Jesus wissen. „Wenn ihr eine Putz-
hilfe angestellt habt und die mit ihrer Arbeit fertig ist, ladet ihr sie dann
direkt ein, mit am Abendbrottisch Platz zu nehmen und mit euch zu
essen? 8 Oder sagt ihr: ‚Geh duschen, zieh dich erst mal um und hilf in
der Küche. Wenn ich fertig bin, dann kannst du auch was essen und trin-
ken'? 9 Kann der Angestellte erwarten, dass man ihm besonders dankbar
ist? Er tut ja schließlich nur seinen Job. 10 Das gilt auch für euch. Wenn ihr
macht, was ich euch sage, sollte euch dabei bewusst sein, dass ihr euch
deswegen keinen Orden verdient habt. Ihr habt nur das getan, was man
von euch erwartet."

Zehn Leute mit einer fiesen Hautkrankheit werden geheilt

11 Auf dem Weg nach Jerusalem kam Jesus durch das Grenzgebiet zwi-
schen Samaria und Galiläa. 12 Als er dort in ein Dorf kam, standen zehn
Menschen rum, die eine fiese Hautkrankheit hatten, vielleicht so was wie
Lepra. 13 Sie brüllten gleich los, als sie Jesus sahen: „Jesus, großer Meister,
bitte helfen Sie uns!" 14 Er sah sie an und sagte zu ihnen: „Geht mal zum
Priester und lasst euch von dem untersuchen!" Und auf dem Weg dahin
wurden sie alle plötzlich geheilt! 15 Aber nur einer von den zehn kam zu-
rück, um sich bei Jesus und bei Gott zu bedanken. Auf dem Weg rief er

immer wieder: „Yeah, Gott! Ich bin gesund!“ 16 Er kniete sich vor Jesus hin und bedankte sich bei ihm. Dieser Mann kam aus Samarien. 17 Jesus fragte ihn dann: „Sag mal, es sind doch zehn Leute geheilt worden. Wo sind denn die anderen neun geblieben? 18 Bist du der Einzige, der zurückgekommen ist? Und das, obwohl du ein Ausländer bist und aus Samarien stammst? 19 Jetzt steh auf und geh von hier weg! Weil du so ein Vertrauen gehabt hast, bist du gesund geworden.“

Wann startet das Land, in dem Gott das Sagen hat?

20 Die religiösen Streber wollten von Jesus irgendwann mal wissen: „Wann geht das eigentlich los mit dieser neuen Zeit, in der Gott das Sagen hat?“ – „Diese neue Zeit wird nicht abgehen, dass man es jetzt irgendwie wissenschaftlich belegen könnte, dass es angefangen hat“, antwortete Jesus. 21 „Keiner wird ankommen und sagen können: ‚Da drüben ist es gerade losgegangen.‘ Aber ihr sollt ruhig wissen, dass es im Grunde schon angefangen hat. Dieses Land ist bereits da, die Zeit hat bereits begonnen.“ 22 Später ergänzte Jesus das noch mal, als er zu seinen Schülern redete: „Leute, es wird mal eine Zeit geben, da würden meine Freunde alles dafür tun, um nur noch einmal einen Tag zu erleben, wo der Auserwählte, der Menschensohn körperlich bei ihnen wäre, aber das geht dann nicht mehr. 23 Es wird in den Nachrichten gemeldet werden, dass er jetzt wieder da ist oder dass er an einem bestimmten Ort wohnen würde. Wenn solche Meldungen reinkommen, dann glaubt denen nicht. Ihr braucht auch nicht nach ihm zu suchen. 24 Denn wenn er wiederkommt, wird das mit einem Riesenknall passieren, alle werden es mitkriegen. 25 Vorher muss er aber noch etwas ganz Schlimmes durchmachen, er muss ertragen, dass wirklich alle plötzlich keinen Bock mehr auf ihn haben. 26 Es wird dann so ähnlich abgehen wie in der Zeit, als Noah noch lebte. 27 Damals waren auch alle Menschen nur damit beschäftigt, Party zu machen und den Partner fürs Leben zu finden. Bis Noah sein Schiff fertig hatte, einstieg und die Flut kam – und die ganze Welt ist ersoffen. 28 Man könnte diese Zeit auch mit der von Lot vergleichen. Damals hatte jeder normal zu essen und zu trinken, jeder hatte Arbeit, man konnte Handel betreiben, auch die Bauern hatten genug zu tun. 29 Bis zu dem Tag, an dem Lot die Stadt Sodom verlassen hatte. Da ging es dann plötzlich ab, Schwefelwolken und Lavaströme kamen von oben runter, die ganze Stadt wurde dem Erdboden gleichgemacht. 30 Genauso wird das abgehen, wenn der Auserwählte Gottes, der Menschensohn, wiederkommt. 31 Wer zu dem Zeitpunkt gerade unterwegs ist, sollte nicht kurz nach Hause gehen, um seine Sachen zu packen. Und wer gerade auf der Arbeit ist, sollte auch nicht erst nach Hause fahren.

32 Bitte vergesst nicht, was damals mit der Frau von Lot passiert ist, als
sie noch mal zurücksehen wollte! 33 Wer mit aller Kraft um sein Leben
kämpft, der wird es verlieren. Aber wer sein Leben für Gott verliert, genau
der wird ein neues Leben bekommen, ein Leben, das nie aufhört. 34 Eine
Sache sollt ihr wissen: Wenn in dieser Nacht zwei Leute in einem Bett
übernachten, kann es sein, dass der eine bei Gott landet und der andere
alleine zurückbleibt. 35/36 Wenn zwei Frauen zusammen am Fließband
stehen, ist die eine plötzlich weg und die andere bleibt da." 37 „Meister,
wo wird das passieren?", wollten seine Schüler wissen. „Wenn schwarze
Wolken aufziehen, weiß man, dass es regnen wird. Und wenn ich wieder-
komme, werdet ihr wissen, dass ich es bin."

18

Bei Gott auch mal rumnerven

1 Jesus benutzte irgendwann mal wieder einen Vergleich, um klarzu-
machen, dass man beim Beten auch mal rumnerven sollte und so
lange durchbeten, bis Gott handelt. 2 „In einer Stadt lebte ein Typ, der am
Gerichtshof den Job eines Richters hatte. Er war bekannt als harter Hund,
dem total egal war, was Gott und die Menschen über ihn dachten. 3 Eine
alleinstehende Frau, deren Mann vor einiger Zeit gestorben war, erhob
Anklage gegen jemanden, der sie betrogen hatte. Dafür kam sie immer
wieder persönlich in das Büro des Richters, um ihm zu sagen: ‚Bitte hel-
fen Sie mir, zu meinem Recht zu kommen!' 4 Der Richter schob den Fall
immer wieder beiseite. Weil die Frau aber jeden Tag auf der Matte stand
und rumnervte, sagte er sich schließlich: ‚Also, Gott und die Menschen
sind mir eigentlich total egal, 5 aber diese Alte raubt mir echt den letzten
Nerv! Ich werde ihren Fall vorziehen und schnell über die Bühne bringen,
damit sie mich endlich in Ruhe lässt!' 6 Kapiert ihr, was ich damit sagen
will?", fragte Jesus. 7 „Wenn selbst so ein ätzender Richter bereit ist, so
jemandem Recht zu verschaffen, dann wird Gott doch erst recht sofort zur
Stelle sein, wenn seine auserwählten Leute Tag und Nacht zum Himmel
schreien. 8 Ich garantiere euch, er wird sofort ankommen und für Recht
sorgen! Die Frage ist für mich also nicht so sehr, ob Gott handelt, sondern
vielmehr, wie viele Leute noch da sein werden, die dem Menschensohn,
dem Auserwählten, auf diese Art und Weise vertrauen, wenn er dann
irgendwann auf die Erde zurückkommen wird."

Noch ein Vergleich zum Thema Beten

9 Jesus erzählte mal wieder eine Geschichte. Er wollte diesmal einen Text
in Richtung der Menschen ablassen, die sich für die Coolsten überhaupt
hielten und auf alle anderen runtersahen. 10 „Also, da waren mal zwei

Leute, die im Tempel 'ne Runde beten wollten. Der eine gehörte zu den
religiösen Strebern, der andere war ein Geldeintreiber, der für die Besat-
zungsmacht die Steuern einzog. 11 Der Streber fing an zu beten und sagte
zu Gott: ‚Oh, danke, mein Gott, dass ich nicht so bin wie die anderen hier!
Ich habe niemanden bestohlen, ich bin sehr gläubig, ich habe meine Ehe-
frau nie betrogen, wie gut, dass ich nicht so bin wie dieser Geldeintreiber!
12 Ich faste ja auch zweimal die Woche und gebe immer die vorgeschriebe-
nen zehn Prozent meines Einkommens!' 13 Der Geldeintreiber blieb total
schüchtern am Eingang stehen. Er traute sich noch nicht mal, nach oben
zu sehen, als er anfing zu beten. ‚Gott, tut mir total leid, dass ich so viel
Mist gebaut habe! Bitte verzeih mir.' 14 Ich schwör euch, dieser Mann wird
sauber und, ohne irgendwelche Schulden bei Gott zu haben, wieder nach
Hause gehen können. Der eingebildete Streber aber nicht. Denn solche
arroganten Menschen, die sich selber in den Himmel loben, werden ganz
unten sein; die aber nichts von sich halten, werden am Ende groß raus-
kommen."

Jesus liebt Kinder

15 Einmal brachten ein paar Eltern ihre Kinder zu Jesus. Sie wollten, dass er
für die Kleinen betet. Die Schüler von Jesus fanden das aber nicht so toll,
weil sie meinten, Jesus hätte mal Feierabend verdient, und schickten sie
einfach wieder weg. 16 Jesus wollte die Kinder aber bei sich haben und
sagte zu ihnen: „Jungs, lasst die Kinder doch mal durch! Schickt sie nicht
weg! Denn so wie sie muss man drauf sein, um in Gottes neuem Land
dabei zu sein. 17 Habt ihr das immer noch nicht kapiert? Wenn jemand
nicht so drauf ist wie ein Kind und Gott auf diese Art vertraut, der wird nie
in Gottes Land ankommen können."

Zu viel Geld kann Gott im Weg stehen

18 Einmal fragte ein sehr angesagter und reicher Mann Jesus: „Guter Leh-
rer, können Sie mir sagen, was ich noch tun muss, um in den Himmel zu
kommen und ewig zu leben?" 19 „Wie kommst du darauf, dass ich gut bin?
Es gibt nur einen, der gut ist, und das ist Gott. 20 Aber zu deiner Frage:
Du kennst doch die Gesetze von Gott, oder? ‚Du darfst, wenn du verhei-
ratet bist, nicht mit einer anderen Frau fremdgehen, du darfst niemanden
töten, du sollst nicht jemandem was klauen, du sollst nicht über andere
ablästern, du darfst nicht rumlügen.'" 21 „Hmm, das hab ich alles befolgt,
seit ich ein Kind bin." 22 „Da gibt es noch eine Sache, die du tun kannst",
sagte Jesus zu ihm. „Verkaufe deine ganzen Sachen, gib die Kohle den
Leuten, die sie dringend brauchen, dann wirst du ein fettes Konto im
Himmel dafür bekommen. Und dann geh mit mir und mach, was ich auch

tue.“ 23 Der Typ wurde voll traurig über die Antwort, weil er sehr viel Geld
hatte. 24 Als er wieder wegging, sah ihm Jesus hinterher und meinte zu
den anderen: „Mann, Leute mit viel Geld haben es echt schwer, in das
neue Land Gottes zu kommen! 25 Wahrscheinlich ist es einfacher, einen
Strick durch ein Türschloss zu kriegen, als dass jemand in den Himmel
kommt, der an seinem Geld total hängt.“ 26 „Aber wenn es so schwer ist,
dort hinzukommen, wer kann es dann überhaupt packen?“, fragten die
Leute, die das gehört hatten. 27 „Was aus dem Blickwinkel eines Menschen
unmöglich ist, ist für Gott ein Kinderspiel!“ 28 Petrus wollte von Jesus wis-
sen: „Wir sind doch aber radikal, oder? Wir haben alles hinter uns gelas-
sen und sind mit dir gegangen!“ 29 „Ja, Petrus, und ich mach jetzt noch
mal ’ne Ansage: Wer sein Zuhause verlassen hat, wer sogar den Ehepart-
ner, die Geschwister oder die Eltern aufgegeben hat, weil Gottes Sache
wichtiger war, 30 der wird schon jetzt im Leben hier auf der Erde viel mehr
zurückbekommen. Und nach dem Leben wird er in der Welt, die dann
kommt, auch noch mal richtig absahnen, er wird ewig leben dürfen.“

Jesus erzählt seinen Schülern von den Schmerzen, die er ertragen muss

31 Jesus traf sich mit seinen zwölf Schülern und erklärte ihnen etwas: „Wie
ihr wisst, werden wir bald nach Jerusalem gehen. Dort wird das passieren,
was die Propheten über den Auserwählten, den Menschensohn, schon
vor langer Zeit gesagt hatten. 32 Er wird an die römische Besatzungsmacht
ausgeliefert werden. Man wird ihn nicht ernst nehmen, fertig machen,
schlagen, anspucken und so. 33 Sie werden ihn foltern und töten. Aber
nach drei Tagen kommt sein großes Comeback.“ 34 Seine Schüler verstan-
den aber kein Wort von dem, was er sagte. Sie kapierten einfach nicht,
was er ihnen damit sagen wollte.

Ein blinder Mann kann wieder sehen

35 Auf dem Weg nach Jericho trafen Jesus und seine Schüler einen blinden
Mann auf der Straße. 36 Der Typ hörte, dass sehr viele Leute bei ihm vor-
beizogen, darum fragte er mal nach, was da gerade abging. 37 Die Leute
sagten: „Jesus aus Nazareth kommt hier vorbei!“ 38 Da fing er sofort wie
blöd an zu schreien: „Jesus, aus der Familie vom David, bitte hilf mir!“
39 Die Leute, die um ihn rumstanden, machten ihn an: „Halt’s Maul!“ Er
brüllte aber immer lauter: „Jesus, aus der Familie vom David, bitte hilf
mir!“ 40 Jesus blieb stehen und fragte jemanden, ob der ihm den Mann
mal herbringen könne. 41 „Was willst du denn von mir?“, fragte Jesus
lächelnd. „Mein Herr, ich möchte so gerne sehen können!“ 42 „Ist in Ord-
nung, ab jetzt kannst du wieder sehen. Dein Vertrauen in mich hat dafür
gesorgt, dass das passieren konnte!“ 43 Und sofort konnte der Typ wieder

sehen! Er zog dann mit Jesus und dankte die ganze Zeit Gott für seine
Heilung. Alle, die dabei waren und das mitgekriegt hatten, sangen auch
Lieder zu Gott und bedankten sich bei ihm.

19

Die Geschichte vom Zachäus

1 Jesus kam auf seiner Reise auch durch die Stadt Jericho. 2 Da
wohnte ein Typ, der Zachäus hieß. Er war einer von den obersten
Steuereintreibern und hatte durch seinen Job sehr viel Kohle verdient.
3 Zachäus war ziemlich klein. Er wollte Jesus unbedingt auch mal sehen,
aber es standen immer irgendwelche Leute davor, die ihm die Sicht ver-
sperrten. 4 Darum suchte er sich einen Baum, auf den er raufklettern
könnte, um von da eine bessere Sicht zu haben. Der sollte natürlich auf
dem Weg liegen, wo Jesus noch vorbeigehen würde. 5 Als Jesus an dem
Baum vorbeikam, sah er ihn da oben sitzen. Er rief ihm zu: „Hey, Zach-
äus, jetzt komm mal runter da! Ich würde mich heute gern bei dir zum
Essen einladen!“ 6 Zachäus kletterte, was das Zeug hielt, eilig von dem
Baum runter und ging total aufgeregt mit Jesus zu sich nach Hause.
7 Die Leute, die das mitbekommen hatten, waren schon wieder am Läs-
tern. „Er will bei so einem Dreckskerl zu Gast sein, obwohl der offensicht-
lich nicht so lebt, wie Gott das will!“, motzten sie. 8 Zachäus stellte sich
vor Jesus hin und meinte zu ihm: „Jesus, ich werde sofort die Hälfte von
meinem Barvermögen an Obdachlose und Sozialhilfeempfänger verteilen.
Und wenn ich jemanden in Steuerangelegenheiten betrogen hab, dann
geb ich es ihm in der vierfachen Höhe wieder!“ 9 Jesus lächelte ihn an:
„Heute ist der wichtigste Tag für dich und für deine Familie! Weißt du,
warum? Weil Gott dich heute mit in seine Familie aufgenommen hat! Du
bist einer von den Söhnen vom Abraham, die verloren waren. 10 Das genau
ist meine Aufgabe. Der Auserwählte, der Menschensohn, ist gekommen,
um die Menschen wieder zurück zu Gott zu holen, die aufgegeben wur-
den oder die sich verirrt haben.“

Begabungen und wie man sie einsetzt

11 Jesus hatte mitbekommen, dass jetzt viele mit irgendwelchen deutlichen
Wundern und Zeichen rechneten, bevor sie in Jerusalem waren. Die soll-
ten ja anzeigen, dass Gottes neue Zeit sofort anfangen würde. Deswegen
hängte er gleich noch einen Vergleich hintendran. 12 „Also, ein echt reicher
Manager von einem gut laufenden Betrieb sollte einmal aus beruflichen
Gründen in ein anderes Land reisen. Dort sollte er der Chef über einen
ganzen Konzern werden. Später wollte er dann aber wieder zurückkom-
men. 13 Bevor er abhaute, organisierte er noch schnell ein Meeting mit

zehn von seinen Angestellten. Er gab jedem fünftausend Euro und sagte:
‚Nehmt das Geld und macht was draus in der Zeit, wo ich weg bin! Ich
komme auf jeden Fall wieder!‘ 14 Viele Angestellte des neuen Konzerns
waren aber total unzufrieden mit ihm. Sie organisierten eine Anti-Demo,
um ihn loszuwerden. ‚Wir wollen diesen Mann hier nicht haben!‘ 15 Trotz-
dem übernahm er den Konzern. Als er dann irgendwann wieder zurück-
kam, organisierte er ein Meeting in seiner alten Firma. Er fragte seine
Leute, was sie denn mit der Kohle angestellt hätten. 16 Der Erste, den er zu
sich bestellte, erzählte: ‚Chef, ich hab jetzt 50 000 Euro auf der Tasche!‘
17 ‚Super!‘, meinte der Typ. ‚Man kann Ihnen anscheinend was anver-
trauen. Sie haben aus wenig viel gemacht, ich werde Sie dafür reichlich
belohnen. Sie können jetzt den obersten Posten über zehn Abteilun-
gen haben!‘ 18 Der zweite Typ kam dann an und sagte: ‚Chef, ich habe
25000 Euro draus gemacht!‘ 19 ‚Supergut!‘, meinte der Meister. ‚Sie kön-
nen ab sofort die Geschäfte von zehn Firmen übernehmen, die ich noch
im Ausland habe!‘ 20 Dann kam zum Schluss noch ein dritter Mann an.
Der gab ihm genau den Betrag zurück, den er auch bekommen hatte: ‚Ich
hab das Geld in meinem Sparstrumpf versteckt, da war es sicher. 21 Weil
Sie so streng sind, hatte ich einfach Angst, ich könnte was verlieren. Sie
nehmen sich ja sowieso alles und kassieren, wo Sie nicht einmal investiert
haben.‘ 22 ‚Was für ein unqualifizierter Angestellter sind Sie denn!‘, brüllte
der Meister los. ‚Wenn Sie mich wirklich kennen würden, dann wüssten
Sie, dass ich wirklich streng bin. 23 Sie hätten das Geld ja wenigstens aufs
Sparbuch einzahlen können. Dann wären immerhin noch ein paar Zinsen
dazugekommen.‘ 24 Der Chef sagte zu seinen Leuten: ‚Nehmt ihm das
Geld sofort ab! Die 5000 Euro gebt dem Mann, der 50 000 daraus ge-
macht hat.‘ 25 ‚Aber warum denn ausgerechnet an den? Der hat doch
schon mehr als genug?‘, wollten die anderen wissen. 26 ‚Das ist richtig,
aber die Leute, die ihre Sachen optimal einsetzen, die bekommen noch
mehr als das. Die aber ihre Sachen nicht gut nutzen, denen wird das
wenige, was sie haben, auch noch weggenommen. 27 Jetzt kommen wir
noch zu den Leuten, die gegen mich den Aufstand geprobt haben, die
nicht wollten, dass ich der Chef werde: Bringt sie her, sie sollen alle hoch-
kant gefeuert werden.‘“

Großer Bahnhof in Jerusalem

28 Gleich nachdem Jesus diese Geschichte erzählt hatte, ging er vor seinen
Schülern los in Richtung Jerusalem. 29 In der Nähe der Dörfer Betfage und
Betanien gleich beim Ölberg um die Ecke schickte er zwei von seinen Leu-
ten schon mal vor. 30 „Gleich hinterm Ortseingang werdet ihr einen neues
Moped finden, auf dem bisher noch niemand gefahren ist. Das bringt mal

her. 31 Falls jemand nachfragt, dann sagt einfach: ‚Ist für den Meister, der
braucht das!'" 32 Die Schüler fanden alles genau so, wie Jesus gesagt hatte.
33 Als sie das Moped gerade wegschieben wollten, kam der Besitzer vorbei
und sagte: „Hey, was macht ihr da mit meinem Moped?" 34 „Das ist für
den Meister, der braucht das!", sagten sie. 35 Dann brachten sie das Teil
zu Jesus. Einige legten ihm eine Decke über den Sattel, damit Jesus besser
draufsitzen konnte. 36 Die Zuschauer am Weg feierten Jesus wie einen
Pop-Star, sie legten sogar ihre Kleidung vor ihm auf den Weg. 37 Als der
Zug in der Höhe vom Ölberg angekommen war, jubelten seine Freunde
wie verrückt. Sie sangen laut Lieder und freuten sich über die krassen
Wunder, die sie mit Jesus erlebt hatten. 38 „Da kommt der Superstar!
Unser Präsident!",riefen sie durcheinander. „Gott hat ihn vorbeigeschickt!
Gott will Frieden! Gott ist der Größte!" 39 Ein paar religiöse Streber fanden
das gar nicht so toll. „Sag den Leuten, sie sollen sofort damit aufhören!",
meinten sie zu ihm. 40 Aber Jesus antwortete: „Wenn es die Leute nicht
rufen würden, dann würden es die Steine tun."

Jesus weint wegen Jerusalem

41 Als Jesus den Panoramablick von Jerusalem vor sich sah, fing er plötz-
lich an zu weinen. 42 „Mann, Jerusalem, das Glück war dir so nahe, der
Frieden lag um die Ecke, aber jetzt ist es zu spät, du wirst nie Frieden fin-
den. 43 Es wird eine Zeit geben, da wirst du von Feinden umzingelt wer-
den, sie werden dich einmauern und von allen Seiten belagern. 44 Sie wer-
den dich und alle deine Einwohner plattmachen, nichts wird mehr übrig
bleiben, nur weil du deine Chance nicht erkannt hast."

Jesus räumt im Tempel auf

45 Als Jesus dann später den Tempel in Jerusalem betrat, ging der Punk ab.
Er pogte überall rum, warf die Verkaufsstände um und schmiss die Ver-
käufer im hohen Bogen raus. 46 Er brüllte sie an: „In meinem Haus sollte
gebetet werden, aber ihr habt daraus einen Konsumtempel gemacht!"
47 Jeden Tag hielt er dort Unterrichtsstunden. Den Theologen, den obers-
ten Priestern und der Leitungsebene des Volkes passte das überhaupt
nicht in den Kram. Sie versuchten die nächstbeste Gelegenheit zu finden,
um ihn töten zu lassen. 48 Aber da gab es noch keine Chance. Die Men-
schen hingen an seinen Lippen und hörten auf das, was er sagte.

20 **Wer hat Jesus so eine große Vollmacht ausgestellt?**

1 Jesus war mal wieder im Tempel, um da von den guten Sachen
über Gott zu erzählen. Die Oberpriester, die Theologen und die

Leitungsebene der Israelis kamen an, um mal wieder eine Frage loszuwer-
den: 2 „Wer hat Ihnen eigentlich diese Vollmacht dafür ausgestellt, dass
Sie die Verkäufer so mal eben aus dem Tempel rausschmeißen dürfen,
wer hat Ihnen das erlaubt?“ 3 „Ich stell mal eine Gegenfrage, ja?“, antwor-
tete Jesus. 4 „Wie war das mit der Taufe, die Johannes gemacht hat? Hat er
das getan, weil er da gerade Lust drauf hatte, oder war das Gottes Ding?“
5 Jetzt wurde erst mal beraten, was sie antworten sollten. „Wenn wir
sagen, es war Gottes Ding, dann wird er uns fragen, warum wir nicht auf
Johannes gehört haben. 6 Wenn wir aber sagen, er hat das getan, weil er
da gerade Lust zu hatte, dass alles nur seine menschliche Idee war, dann
kriegen wir richtig Ärger mit der Bevölkerung. Die werden uns dann
bestimmt lynchen, denn alle glauben, dass Johannes ein Prophet war.“
7 „Also, keine Ahnung, das wissen wir nicht“, war dann ihre Antwort.
8 „Okay, dann brauch ich ja auf die Frage auch keine Antwort geben.“

Der Vergleich mit einem Typen, dem ein Weinberg gehört

9 Jesus erzählte den Leuten wieder eine Geschichte: „Ein Mann bepflanzte
einen Berg mit Weinstöcken. Dann verpachtete er das Teil an ein paar
Weinbauern und ging für längere Zeit ins Ausland. 10 Als Erntezeit ange-
sagt war, schickte der Typ einen seiner Angestellten zu den Weinbauern,
um den abgesprochenen Gewinn aus dem Verkauf abzukassieren. Als der
Angestellte aber ankam, prügelten die Bauern ihn grün und blau und
schickten ihn ohne Geld nach Hause. 11 Der Mann schickte noch mal
jemanden los, aber der wurde genauso behandelt wie der erste. Sie ver-
prügelten ihn und lachten ihn aus, dann wurde er wieder weggeschickt.
12 Zum dritten Mal schickte er einen Angestellten von ihm los, aber es pas-
sierte wieder das Gleiche, er wurde verprügelt und rausgeschmissen.
13 ‚Was nun?‘, fragte sich der Besitzer. Schließlich kam er auf die Idee: ‚Ich
werde meinen einzigen Sohn, den ich über alles liebe, damit beauftragen.
Wenn sie den sehen, werden sie bestimmt vor ihm Respekt haben!‘ 14 Als
die Weinbauern mitkriegten, dass der Sohn vom Eigentümer gleich kom-
men würde, heckten sie einen Plan aus: ‚Da kommt der Junge, der mal
alles erben wird. Wenn wir den töten, gehört der Weinberg uns!‘ 15 Und als
der da war, jagten sie ihn vom Weinberg und töteten ihn. Was meint ihr,
wie wird der Eigentümer jetzt reagieren? 16 Ich schwör euch, er wird hier
alles plattmachen und den Weinberg an jemand anders verpachten!“.
„Oh, nein“, riefen die Leute panisch, „das darf auf keinen Fall passieren!“
17 „Was meint ihr denn, was mit dieser Bemerkung in den alten Schriften
gemeint ist, wo steht: ‚Der Stein, mit dem die Bauarbeiter nichts anfangen
konnten und den sie auf den Müll geschmissen haben, der ist als Grund-
stein und Maßstab für ein neues Haus genutzt worden‘?“ 18 Und dann

sagte Jesus abschließend: „Wer über diesen Stein stolpert, wird in den Tod stürzen, und wer von ihm getroffen wird, der wird plattgemacht und muss für immer sterben!"

Gott geben, was ihm gehört

19 Nachdem Jesus diesen Vergleich erzählt hatte, waren die Oberpriester
und die Theologen total abgefressen auf Jesus. Am liebsten hätten sie ihn
sofort verhaften lassen. Ihnen war klar, dass mit den Weinbauern in der
Geschichte sie gemeint waren. Sie hatten aber Angst vor der Reaktion der
Bevölkerung auf eine Festnahme. 20 Also suchten sie die nächstbeste
Gelegenheit, um Jesus in eine Falle zu locken. Unter anderem organisier-
ten sie ein paar Leute, die sich einfach dazustellten, wenn Jesus am Reden
war. Es ging darum, Informationen zu sammeln, die gebraucht wurden,
um eine Anklage gegen ihn bei der Besatzungsmacht zu rechtfertigen.
21 Diese Leute kamen dann bei Jesus an und fragten ihn: „Meister, wir
wissen, dass die Sachen, die Sie erzählen, gut durchdacht und richtig
sind. Ihnen ist egal, was die Leute hören wollen, Sie erzählen ganz klar die
Dinge über das Leben mit Gott. Alles, was Sie sagen, stimmt. 22 Jetzt
haben wir noch eine Frage bezüglich der Steuer: Will Gott, dass wir an
diesen gottlosen römischen Staat Steuern bezahlen, oder will er das
nicht?" 23 Jesus merkte sofort, dass er aufs Glatteis geführt werden sollte.
24 „Zeigen Sie mir doch mal eine Münze! Was für ein Typ ist dadrauf
abgebildet und wessen Name steht darunter?". „Na, der vom römischen
Präsidenten", war die Antwort. 25 „Also, dann gebt dem Präsidenten, was
ihm gehört und vergesst auch nicht, Gott das zu geben, was Gott gehört!"
26 Damit war alles gesagt. Sie schafften es nicht, Jesus vor allen abzuzie-
hen. Die waren echt sprachlos und sagten erst mal gar nichts mehr.

Zum Thema, was nach dem Tod passiert

27 Jetzt kamen ein paar Jungs von der Sadduzäer-Partei an, die nicht daran
glauben, dass man nach dem Tod bei Gott weiter lebt. 28 Die hatten auch
eine Frage an ihn: „Meister, Mose hatte uns mal diese Ansage gemacht:
Wenn ein Ehemann stirbt und eine Frau ohne Kinder hinterlässt, dann
soll sein Bruder die Frau heiraten. Auf diese Art hat er dann indirekt auch
Kinder, denen er etwas vererben kann. 29 Nehmen wir mal an, da ist einer,
der noch sechs jüngere Brüder hat. Und der stirbt, ohne ein Kind in die
Welt gesetzt zu haben. 30 Sein Bruder heiratet nun die Frau, aber er stirbt
auch plötzlich. 31 Das Gleiche passiert jetzt genauso mit den anderen Brü-
dern, bis alle sieben die Frau geheiratet haben und gestorben sind, ohne
ihr ein Kind zu machen. 32 Am Ende stirbt dann auch die Frau. 33 Jetzt
kommt unsere Frage: Mit wem wird sie dann in der Welt nach dem Tod

verheiratet sein, wenn wir alle wieder lebendig werden? Sie war ja immerhin mit sieben Männern verheiratet?“ 34 „Hier auf der Erde heiraten Leute und werden verheiratet, das ist normal“, antwortete Jesus. 35 „Aber in der Welt, die in der Zukunft mal an den Start kommt, wird das ganz anders sein. Die Leute, die es packen und die für Gott okay sind, die werden in dieser Welt leben. Und dort wird nicht mehr geheiratet, 36 weil man auch nicht mehr sterben kann. Man wird dort so einen Engelstatus haben, und man wird zu Gottes Familie gehören, die in ein neues Leben durchstartet. 37 Die Frage, ob es generell möglich ist, vom Tod wieder lebendig zu werden, hat Mose ja schon beantwortet, als er diese Erscheinung in der brennenden Dornenhecke gehabt hat. Da hat er ja Gott als den Meister von Abraham, Isaak und Jakob bezeichnet. 38 Weil Gott nur für lebendige Menschen da ist und nicht für Tote, müssen seine Vorfahren für ihn zu diesem Zeitpunkt lebendig gewesen sein.“ 39 „Gut gesprochen!“, meinten die Theologen zu ihm. 40 Jetzt hatte erst mal keiner mehr irgendeine Frage an ihn …

Wer ist der Auserwählte, wer ist der Christus?

41 Jesus stellte seinen Zuhörern eine Frage: „Wie kommt ihr eigentlich darauf, dass der Auserwählte aus der Familie vom David kommen soll? 42 David hat doch selbst in den Psalmen geschrieben: ‚Der Meister sagte zu meinem Meister: Setz dich auf die Ehrentribüne, direkt neben mich. 43 Ich werde deine Feinde demütigen, bis sie dir die Füße küssen.‘ 44 Wenn David aber ‚Meister‘ zu ihm sagt, wie kann er dann gleichzeitig sein Sohn sein?“ 45 Dann sagte er zu seinen Schülern, so dass alle mithören konnten: 46 „Checkt genau ab, was die Theologen euch erzählen wollen! Sie finden sich ganz toll, wie sie in ihren schicken Dienstklamotten umherlaufen, und lassen sich gerne von den Leuten auf der Straße grüßen. Sie wollen im Gottesdienst immer in der ersten Reihe sitzen und bei Feiern immer den Platz gleich neben dem Gastgeber haben. 47 Hintenrum ziehen sie die Frauen, deren Männer gestorben sind, ab und zocken deren Häuser. Aber nach außen veranstalten sie vor allen Leuten ein großes Showbeten. Sie werden dafür einmal hart von Gott bestraft werden.“

21

Eine arme Witwe gibt viel Geld

1 Jesus saß mit seinen Schülern im Tempel. Er beobachtete die Besucher, die Geld in den Opferkasten reinlegten. 2 Schließlich kam eine sehr arme Frau, deren Mann gestorben war, und warf zwei Euro in den Opferkasten rein. 3 Jesus kommentierte das: „Ich sag jetzt mal, diese Witwe hat mehr gegeben als alle anderen. 4 Die anderen haben im Verhält-

nis nur ein wenig von dem gegeben, was sie tatsächlich an Geld haben.
Sie hat aber alles gegeben, was sie hatte."

Was passieren wird, wenn es mit der Welt zu Ende ist

5 Einige von seinen Schülern schwärmten von der Architektur des Tem-
pels, den schönen Steinen und den teuren Gemälden, mit denen er aus-
gestattet war. Jesus meinte dazu nur: 6 „Seht euch das noch mal gut an.
Denn es wird mal eine Zeit kommen, da wird hier alles plattgemacht wer-
den, nichts bleibt, wie es ist." 7 „Wann geht das los? Gibt es irgendeine
Ankündigung davor?", fragten die Jungs. 8 „Passt nur auf, dass ihr nicht
ausgetrickst werdet! Es werden viele Pseudoerlöser ankommen, die so
tun, als wären sie ich! Die werden rumgehen und erzählen: ‚Jetzt geht es
los!' Hört nicht auf sie! 9 Wenn plötzlich in den Nachrichten überall von
Kriegen und Aufständen geredet wird, dann bekommt keine Panik. Das
muss alles so sein und wird auch noch nicht das Ende bedeuten. 10 Auf
der ganzen Welt werden sich die Länder gegenseitig den Krieg erklären,
eine Regierung wird der anderen drohen. 11 Dann wird es überall schlimme
Erdbeben geben, Hungerepidemien und Seuchen werden in der Welt
ausbrechen. Im Weltall werden unerklärliche Dinge abgehen, und alle wer-
den Angst davor haben. 12 Bevor das alles passiert, wird eine üble Zeit
kommen, in der alle, die an mich glauben, große Probleme bekommen
werden. Weil ihr zu mir gehört, wird man euch vor die religiösen und
politischen Machthaber zerren und euch den Prozess machen. 13 Das wird
eine gute Gelegenheit sein, euch auf meine Seite zu stellen und allen
Menschen von mir zu erzählen. 14 Entscheidet euch jetzt schon dafür,
nicht großartig an eurer Verteidigung vor Gericht zu basteln. 15 Ich werde
ganz nah bei euch sein und euch dabei helfen, die richtigen Sachen zum
richtigen Zeitpunkt zu sagen. Keiner eurer Gegner wird euch widerspre-
chen können. 16 Ihr werdet dann sogar von euren Eltern verraten werden.
Auch vor euren Geschwistern oder anderen Verwandten, ja noch nicht mal
vor euren Freunden seid ihr sicher. Sie werden euch verfolgen und töten.
17 Alle werden überhaupt keinen Bock mehr auf euch haben, und das alles
nur, weil ihr zu mir gehört. 18 Aber Gott passt auf euch auf. Kein Haar wird
man euch ausreißen, wenn er es nicht zulässt. 19 Werdet nicht weich,
zieht euer Ding durch, dann werdet ihr es packen und für immer leben!

Jerusalem wird plattgemacht

20 Wenn Jerusalem komplett von seinen Feinden umzingelt ist, dann wisst
ihr Bescheid. Dann geht es zu Ende mit der Stadt! 21 Die Leute aus Judäa
sollten in die Berge fliehen, und wer auf dem Weg in die Stadt ist, sollte
sofort umdrehen. 22 Denn in dieser Zeit wird Gottes Gericht abgehen, es

passiert alles, was in den alten Schriften schon angesagt wurde. 23 Die Frauen, die entweder schwanger sind oder ihre Babys noch stillen, werden eine harte Zeit haben. Es wird eine große Krise losgehen, den Menschen wird es sehr dreckig gehen. 24 Viele werden im Krieg niedergemetzelt werden, die Gefangenen werden überallhin verschleppt. Jerusalem wird besetzt und dann zerstört werden. Aber irgendwann wird die Zeit zu Ende gehen, in der die Menschen das Sagen haben, die nicht mit Gott leben."

Alles wird durcheinandergewirbelt

25 „Die Planeten im Weltall werden durcheinandergeraten, und alle werden das sehen und sich sehr erschrecken. Große Naturkatastrophen werden passieren, überall auf der Welt wird es Überschwemmungen und Tsunamis geben. 26 Viele Menschen werden vor lauter Angst wie gelähmt sein, wenn sie diese Naturkatastrophen erleben, auch das Gleichgewicht der Natur wird ausgehebelt werden. 27 Und dann wird das große Comeback vom Auserwählten, vom Menschensohn, sein. Er wird mit einem großen Knall vom Himmel zurück auf die Erde kommen, und alle werden ihn sehen! 28 Wenn das alles passiert, dann könnt ihr euch schon mal freuen, ihr könnt nach oben sehen, denn eure Befreiung ist gekommen!"

Passt auf und pennt nicht

29 Jesus nahm wieder so einen Vergleich, damit die Leute besser kapierten, was er meinte: „Seht euch mal diesen Baum an. 30 Wenn die Blätter grün sind und wachsen, dann wisst ihr, dass Frühling ist und der Sommer bald kommt. 31 Genauso könnt ihr auch die Welt beobachten, dann wisst ihr, wie weit es damit steht. 32 Ich kann euch noch mal 'ne Ansage machen: Diese Generation wird nicht vernichtet werden, bis die ganzen Sachen abgegangen sind, die ich beschrieben hab. 33 Der Himmel wird mal kaputtgehen und unsere Erde wird es irgendwann auch nicht mehr geben, aber was ich gesagt habe, das wird alles überleben."

Nicht schnarchen, besser beten!

34 „Leute, achtet aber darauf, dass ihr euch nicht ständig die Birne dicht zieht mit Alkohol oder anderen Dingen. Genauso sollt ihr euch aber auch nicht von den Sorgen über die alltäglichen Dinge ablenken lassen, damit ihr optimal vorbereitet seid, wenn der ‚letzte Tag der Welt' unerwartet kommt. 35 Denn eine Sache ist sicher: Dieser Tag wird für alle total überraschend kommen! 36 Darum sperrt die Augen auf und stellt eure Lauscher auf Empfang. Betet ohne Ende, damit ihr durch diese Zeit heil durchkommt. Dann könnt ihr eines Tages alle ohne Angst vor dem Auserwählten Gottes stehen." 37 Zu der Zeit hing Jesus jeden Tag im Tempel, um zu

unterrichten. Nachts ging er immer auf den Ölberg, um dort die Nacht über zu sein. 38 Morgens standen die Leute immer schon Schlange, um ihn im Tempel reden zu hören.

22

Die Verschwörung

1 In ein paar Tagen sollte die große Passahfestwoche starten (an den Tagen gab es nur ganz spezielles Brot, das nicht mit Hefe gemacht wurde). 2 Die obersten Priester und die Theologen planten ein Attentat auf Jesus. Allerdings hatten sie auch Angst vor den Reaktionen der Menschen. 3 Plötzlich übernahm Satan die Kontrolle über Judas, der einer der Schüler von Jesus war. 4 Judas ging zu den obersten Priestern und dem Chef der Tempelpolizei und heckte mit denen einen Plan aus, wie man Jesus am unauffälligsten festnehmen könnte. 5 Die waren ganz begeistert von Judas und beschlossen, ihm als Belohnung fett Geld dafür zu geben. 6 Sie hatten also einen Deal, und Judas' Aufgabe war es, die nächstbeste Gelegenheit zu finden, wo man Jesus ohne großen Wirbel verhaften konnte.

Ein letztes Essen mit Jesus und seinen Schülern

7 Es kam der erste Tag des Passahfestes, an dem es normal immer ganz feierlich Lamm und dieses Spezialbrot zum Abendessen gab. 8 Jesus wollte mit seinen Schülern auch feiern, darum schickte er Petrus und Johannes voraus: „Geht schon mal los und bereitet alles vor, damit wir zusammen essen können." 9 Die beiden fragten: „Wo wollen wir denn feiern, Jesus?" 10 „Also, wenn ihr in Jerusalem seid, wird ein Typ auf euch zukommen, der einen Kasten Wasser trägt. Folgt ihm bis zu dem Haus, das er betritt. 11 Dann geht ihr zu dem Besitzer und sagt ihm: ‚Der Meister möchte wissen, wo der Raum ist, der für seine Passafeier mit seinen Schülern gebucht wurde.' 12 Er wird euch im ersten Stock in einen großen Raum mit Ledersesseln führen, der ist schon so weit klargemacht worden. Fangt da schon mal mit der Vorbereitung für das Essen an." 13 Die Schüler zogen los, und es war alles exakt so, wie Jesus es beschrieben hatte. Dort trafen sie die Vorbereitung für das Passaessen.

Das besondere Abendessen: Gott macht mit den Menschen einen neuen Vertrag

14 Als es so weit war, setzten sich Jesus und seine Schüler an den großen Tisch. 15 Jesus hielt erst mal eine kleine Rede: „Liebe Leute, ich hatte schon so lange Lust dadrauf, mit euch dieses Essen zu feiern, bevor die ätzenden Sachen für mich losgehen werden! 16 Nur dass ihr Bescheid wisst: Das

wird das letzte Mal sein, dass ich mit euch hier auf der Erde dieses Fest
feiern kann. Beim nächsten Mal wird es dann in einer anderen Dimension
passieren. Dann wird das, was wir bei dieser Feier symbolisch durchfüh-
ren, für alle Realität werden.“ 17 Dann nahm Jesus ein Weinglas, bedankte
sich kurz bei Gott dafür und sagte: „Da soll jetzt jeder einmal draus trin-
ken! 18 Ich für meinen Teil werde ab jetzt keinen Wein mehr trinken, bis das
neue Land, in dem Gott das Sagen hat, wirklich da ist.“ 19 Anschließend
nahm Jesus etwas von dem Brot, redete wieder kurz mit Gott und dankte
ihm dafür. Dann zerteilte er es in kleine Stücke und gab es an seine Schü-
ler weiter: „Das ist jetzt mein Körper. Der wird für euch weggegeben.
Feiert dieses Essen ab jetzt immer wieder und denkt dabei an mich und
an das, was ich für euch getan habe.“ 20 Als alle mit dem Essen fertig
waren, nahm er noch mal ein Glas Wein und gab es auch an seine Schüler
weiter. Dazu sagte er: „Dieser Wein ist jetzt wie mein Blut, mit dem der
neue Vertrag unterschrieben wird. Dieses Blut wird für euch fließen.“

Der Verräter ist da

21 „Leute, hier am Tisch sitzt auch ein Mann, der mich verraten wird.
22 Aber Gott will das so, der Auserwählte Gottes muss sterben! Trotzdem
wird der Typ, der ihn verrät, eine üble Rechnung bekommen.“ 23 Jetzt ging
natürlich sofort das wilde Spekulieren rum, wer so was denn eigentlich
tun könnte.

Wer bei Jesus weit vorne ist

24 Und dann kamen sie plötzlich auch noch auf das Thema, wer von ihnen
der Beste und Größte sei. 25 Jesus sagte dazu: „In dieser Welt werden die
Menschen von Herrschaftssystemen unterdrückt. Und selbst ein fieser
Diktator kriegt für sein soziales Engagement noch einen Preis. 26 Bei euch
soll das anders laufen. Wer der Größte ist, soll wie der Kleinste sein und
wer ganz vorne ist, soll sich erst mal ganz hinten anstellen. 27 Normaler-
weise sitzt der Chef am oberen Tischende und seine Lehrlinge und Ange-
stellten bedienen ihn. Hier soll es aber umgekehrt laufen! Ich bin bei euch
und bediene euch auch. 28 Ihr seid mir treu gewesen in der Zeit, als ich
verfolgt wurde und in Gefahr war. Da wart ihr bei mir. 29 Darum vererbe ich
euch das Recht, in diesem neuen Land bestimmen zu können. 30 Ihr könnt
mit mir am selben Tisch essen und die gleichen Sachen trinken. Ihr wer-
det sogar mit mir Urteile fällen über die zwölf Volksstämme der Israelis.“

Simon Petrus bekommt einen Auftrag

31 „Simon! Ja, genau du! Der Satan war hinter euch her, er wollte euch tes-
ten, um das Gute vom Schlechten zu trennen. 32 Aber ich hab schon für

dich gebetet, dass dein Vertrauen nicht aufhört. Wenn du später wieder zu
mir zurückkommst, dann baue die anderen Jungs, deine Brüder, auf, ja?“
33 Petrus sagte sofort: „Mann, Jesus, ich bin bereit, für dich in den Knast
zu wandern, ich würde sogar für dich sterben!“ 34 Aber Jesus meinte nur:
„Petrus, ich versprech dir, noch vor zwei Uhr morgens wirst du dreimal so
tun, als hättest du noch nicht mal eine Ahnung, wer ich überhaupt bin.“
35 Und dann sagte er zu allen: „Erinnert ihr euch, als ich euch losgeschickt
habe, um die gute Nachricht allen Leuten weiterzuerzählen? Da solltet ihr
euch ja nichts mitnehmen, keinen Rucksack oder Kleidung und so. Habt
ihr in der Zeit irgendetwas vermisst?“ Die Jungs antworteten: „Nein,
haben wir nicht!“ 36 „Okay, aber wenn ihr jetzt losgeht, vergesst nicht,
Geld einzustecken und nehmt einen Rucksack mit. Wer keine Waffe hat,
sollte ein paar seiner Sachen verkaufen und sich von dem Geld eine
Knarre besorgen. 37 Denn jetzt geht es los. Was in den alten Schriften
steht, das passiert jetzt: ‚Er wurde zu einem Terroristen erklärt.‘ Alles, was
die Propheten über mich gesagt haben, wird jetzt passieren.“ 38 „Meister,
wir haben aber nur zwei lange Messer dabei!“, antworteten seine Schüler.
„Genug jetzt, ihr checkt es nicht“, sagte Jesus.

Im Park Gethsemane

39 Jesus und seine Schüler verließen den Raum. Wie so oft, gingen sie
auch heute zum Ölberg. 40 Als sie da waren, sagte Jesus zu ihnen: „Ihr
müsst jetzt beten, dass ihr es schafft durchzuhalten, damit ihr nicht ver-
führt werdet.“ 41 Gleich um die Ecke kniete sich Jesus hin und betete:
42 „Lieber Papa, wenn es für dich okay ist, dann organisier es, dass ich
das nicht durchmachen muss, was mich jetzt erwartet. Aber ich will das
tun, was du möchtest, nicht das, was ich will.“ 43 Plötzlich kam ein Engel
vorbei und stärkte ihn. 44 Jesus hatte sehr viel Angst. Er betete so inten-
siv, dass sein Schweiß wie Blut aus einer Wunde floss und auf die Erde
tropfte. 45 Jesus sah nach seinen Schülern und musste feststellen, dass
sie völlig depri und eingepennt waren. 46 „Warum schlaft ihr jetzt?“, rief er
ihnen zu, „kommt hoch und betet mit mir, damit ihr stärker seid als die
Versuchung!“

Jesus wird verhaftet

47 Er war noch nicht am Ende, da hörte man eine Truppe von Männern
näher kommen. Vorneweg ging Judas, einer von den zwölf Schülern von
Jesus. Er ging auf Jesus zu und begrüßte ihn mit einem Kuss auf die
Wange. 48 Jesus sagte zu ihm: „Was, Judas, du verrätst den Auserwählten
mit einem Kuss?“ 49 Jetzt hatten die andern Schüler auch begriffen, was
hier gerade abging. „Sollen wir kämpfen?“, riefen sie ihm zu. 50 Einer von

den Schülern zog sein langes Messer und griff damit einen der bezahlten
Wachleute der Oberpriester an. Im Kampf haute er ihm gleich das rechte
Ohr ab. 51 Aber Jesus hielt ihn zurück. „Genug Widerstand geleistet!“,
sagte er. Dann ging er zu dem verletzten Wachmann hin, berührte sein
Ohr, und es war sofort geheilt! 52 Danach sagte Jesus zu den obersten
Priestern, dem Befehlshaber der Wachleute und den Gruppenanführern:
„Bin ich ein Top-Terrorist? Warum müsst ihr hier gleich schwer bewaffnet
anrücken, um mich festzunehmen? 53 Warum habt ihr nicht die Chance
genutzt, als ich noch jeden Tag im Tempel war? Nun ja, jetzt ist wohl
gerade eure Zeit, heute hat die Dunkelheit die Macht.“

Petrus tut so, als würde er Jesus nicht kennen

54 Sie verhafteten Jesus und brachten ihn in das Haus vom Oberpriester.
Petrus folgte der Menschengruppe in sicherem Abstand. 55 Als die Wach-
leute eine Feuertonne im Hof angesteckt hatten, stellte sich Petrus zu
ihnen. 56 Eine Hausangestellte erkannte im Feuerschein sein Gesicht: „Du
gehörst doch auch zu diesem Jesus!“, sagte sie. 57 Petrus stritt das sofort
ab: „Mann, Alte, ich kenne diesen Typen überhaupt nicht!“ 58 Kurze Zeit
später sah ihn ein anderer Mann an und sagte: „Sie gehören doch auch zu
dem da, oder?“ – „Nein, verdammt, Sie verwechseln mich!“ 59 Ungefähr
eine Stunde später war sich ein Typ ganz sicher: „Hundertpro! Der gehörte
doch zu seinen Schülern, der kommt auch aus Galiläa, so, wie der redet!“
60 Petrus tat aber ganz entrüstet: „Wovon reden Sie eigentlich?“ Und in
dieser Sekunde schlug die Uhr zweimal. 61 Jesus sah sich nach Petrus um.
Und da erinnerte der sich, dass Jesus ihm die Ansage gemacht hatte:
„Bevor es zwei Uhr wird, hast du mich dreimal verraten.“ 62 Und Petrus
ging raus und fing voll an zu weinen.

Die Soldaten schlagen Jesus

63 Die Soldaten, die Jesus bewachen sollten, verarschten ihn und prügelten
auf ihn ein. 64 Sie verbanden ihm die Augen, schlugen Jesus mit einem
Stock und wollten dann wissen: „Na, wer war das jetzt?“ 65 Auf diese Art
folterten sie ihn eine ganze Zeit. 66 Gegen sechs Uhr morgens kamen die
Führungsriege des Volkes und die Oberpriester sowie die Theologen zu
einer außerordentlichen Gerichtsverhandlung zusammen. 67 Jesus wurde
befragt: „Sagen Sie uns, sind Sie der Auserwählte, dieser Christus?“ Aber
Jesus konterte nur: „Selbst wenn ich es euch sagen würde, glauben würdet
ihr mir eh nicht. 68 Und wenn ich euch was fragen würde, bekäme ich auch
keine Antwort. 69 Aber bald werde ich, der Auserwählte, gleich neben Gott
sitzen.“ 70 Da rasteten alle total aus: „Sie behaupten also, der Sohn von
Gott zu sein?“ Jesus antwortete: „Genau! Ihr habt es ja selber gerade

gesagt!“ 71 „Warum noch eine Zeugenbefragung? Jetzt hat er es ja selber
gesagt!“, brüllten sie durcheinander.

23 Die Gerichtsverhandlung vor Pilatus und Herodes

1 Die gesamten Mitglieder des Gerichtshofes führten Jesus ab, um
ihn vor den römischen Gouverneur Pilatus zu bringen. 2 Dort er-
statteten sie Anzeige gegen ihn: „Dieser Mann versucht gerade, eine Revo-
lution anzuzetteln. Er erzählt den Menschen, dass sie der Regierung in
Rom keine Steuern zahlen sollen. Und außerdem sagt er, er wäre der neue
Präsident, der Auserwählte, der Christus, den Gott eingesetzt hat.“ 3 „Ent-
sprechen diese Aussagen der Wahrheit?“, fragte Pilatus den Angeklagten.
„Sind Sie wirklich der neue Präsident der Juden?“ – „Genau so ist das, du
hast es kapiert!“ antwortete Jesus. 4 Pilatus sagte zu den Oberpriestern
und zu den Zuschauern: „Also, ich kann nicht sehen, dass der Mann ir-
gend ein Verbrechen begannen hat. In meinen Augen ist er unschuldig!“
5 Die waren damit aber gar nicht einverstanden: „Überall, wo der ist, gibt es
Ärger, in ganz Judäa. In Galiläa hat er damit angefangen, und er ist sogar
bis nach Jerusalem gekommen, um die Leute aufzuhetzen!“ 6 „Dieser
Mann kommt also aus Galiläa?“, wollte Pilatus wissen. 7 Als das bestätigt
wurde, orderte Pilatus sofort eine Verlegung der Verhandlung zum Präsi-
denten Herodes Antipas. Galiläa unterstand nämlich seiner Rechtspre-
chung. Herodes war über die Feiertage gerade in Jerusalem. 8 Der freute
sich übelst, Jesus endlich mal persönlich kennenzulernen. Er hatte schon
viel über ihn gehört und wollte schon immer mal ein paar Wunder von ihm
sehen. 9 Er befragte Jesus einige Zeit, aber der gab einfach keinen Mucks
von sich. 10 Schließlich standen die Oberpriester und die Theologen auf
und beschuldigten ihn volle Breitseite. 11 Jetzt fingen auch Herodes und
seine Soldaten damit an, sich über Jesus lustig zu machen. Dann zogen sie
Jesus weiße Klamotten über und schickten ihn wieder zu Pilatus rein. 12 He-
rodes und Pilatus konnten sich bis zu dem Tag auf den Tod nicht leiden,
aber ab dann waren sie plötzlich die dicksten Freunde.

Ein getürktes Urteil: Todesstrafe!

13 Pilatus rief alle in den Raum rein und hielt eine kleine Ansprache vor
den Oberpriestern, den Theologen und dem Teil Bevölkerung, der gerade
dort war: 14 „Ihr habt diesen Mann zu mir gebracht und beschuldigt ihn,
eine Revolution anzuzetteln. Nach meiner gründlichen Befragung, die ja
alle Anwesenden auch bezeugen können, kann ich keinen berechtigten
Anklagepunkt finden. 15 Herodes, der zum gleichen Ergebnis gekommen
ist wie ich, hat ihn zu uns zurückbringen lassen. Im Sinne der Anklage ist

er freizusprechen, er hat nichts getan, was nach dem Gesetz die Todes-
strafe rechtfertigen würde. 16 Darum hab ich folgendes Urteil beschlossen:
Erst kriegt er die üblichen 39 Schläge mit der Nagelpeitsche, dann kann er
wieder abhauen." 17 Nun war es so vorgeschrieben, an jedem Passa-Feier-
tag einen Gefangenen zu entlassen. 18 Aber die Menge tobte, als das
Thema angeschnitten wurde. Sie schrien alle wie verrückt: „Tod für Jesus,
Barabbas frei! Tod für Jesus, Barabbas frei!" 19 Barabbas war ein Terrorist,
der bei einem Anschlag in Jerusalem maßgeblich beteiligt gewesen sein
sollte. Außerdem saß er auch noch wegen einer Mordanklage im Knast.
20 Pilatus wollte eigentlich lieber Jesus freilassen und versuchte vergeb-
lich, die Menge umzustimmen. 21 Die waren aber nicht davon abzubrin-
gen, sie brüllten: „Todesstrafe, Todesstrafe, ans Kreuz mit ihm, ans
Kreuz!" 22 Pilatus unternahm einen dritten Versuch: „Warum denn? Was
hat er denn Schlimmes verbrochen? Ich habe keinen wirklichen Anklage-
punkt gegen ihn, der ein Todesurteil rechtfertigen würde!" 23 Aber die
Leute waren jetzt in Stimmung, sie verlangten noch lauter, dass Jesus
hingerichtet werden sollte. Sie schrien so laut, dass Pilatus sein eigenes
Wort nicht mehr verstehen konnte. 24 Also gab Pilatus klein bei und nahm
den Weg des geringsten Widerstandes. 25 Er ließ wunschgemäß den
Typen, der wegen Mord und Terrorismus einsaß, laufen und Jesus wurde
verurteilt, so wie es die Schreihälse wollten.

Auf dem Weg zur Hinrichtung

26 Als Jesus abgeführt wurde, kam gerade zufällig ein Mann vorbei, der
Simon hieß und aus Kyrene stammte. Er war gerade auf dem Weg von sei-
ner Arbeit nach Hause. Sie zwangen ihn, hinter Jesus herzugehen und das
Kreuz zu tragen. 27 Sehr viele Leute folgten dem Zug, darunter auch viele
Frauen, die laut weinten. 28 Jesus drehte sich um und rief ihnen zu: „Ihr
müsst nicht um mich weinen! Ja, ich meine euch Frauen aus Jerusalem!
Weint lieber um euch selbst und um eure Kinder! 29 Es wird mal eine Zeit
geben, da wird man der Meinung sein, dass die Frauen, die keine Kinder
haben, die noch nie eine anstrengende Geburt hatten und die noch nie ein
Baby stillen mussten, gut dran sind. 30 Den Menschen wird es so dreckig
gehen, dass sie sich darüber freuen würden, bei einer Naturkatastrophe
umzukommen, sie würden am liebsten irgendwie tot sein. 31 Wenn schon
die Menschen, die nichts verbrochen haben, so leiden müssen, was haben
dann erst die Schuldigen zu erwarten?"

Die Hinrichtung

32 Gleichzeitig mit Jesus wurden noch zwei andere Verbrecher hingerichtet.
33 Der Hinrichtungsort nannte sich „Totenschädelplatz". Dort nagelte man

Jesus an ein Holzkreuz. Die andern Verbrecher wurden links und rechts
von ihm gekreuzigt. 34 Jesus fing dabei an zu beten. Er sagte: „Papa, vergib
das diesen Menschen, sie haben überhaupt keinen Plan, was sie da tun."
Unter dem Kreuz würfelten die Soldaten um die Kleidung von ihm. 35 Es
waren viele Schaulustige da, und die Leitungsebene der Israelis riss die
ganze Zeit ein paar dumme Sprüche über Jesus: „Er hat so vielen Men-
schen geholfen, wenn er wirklich dieser Christus ist, dieser Auserwählte,
dann kann er sich jetzt mal selber helfen!" 36 Auch die Soldaten machten
da mit. Erst gaben sie ihm einen nassen Schwamm zu trinken, der mit
einem essighaltigen Mischgetränk vollgesogen war. 37 Dann riefen sie ihm
zu: „Wenn du ein Präsident bist, der Präsident der Juden, dann kannst du
dir ja auch selber helfen, oder?!" 38 Über seinem Kreuz hatte man ein
Schild aufgehängt: „Dies ist der Präsident der Juden." 39 Einer der anderen
Verbrecher, die neben Jesus hingerichtet wurden, fing auch an, Jesus zu
verarschen: „Hey, du bist der Auserwählte? Dann mach mal ein paar
deiner Zaubertricks und hol uns hier runter!" 40 Der auf der anderen Seite
stauchte ihn aber zusammen: „Sag mal, blickst du es noch?! Du hast
noch nicht einmal Respekt vor Gott, wo du kurz davor bist zu sterben!
41 Wir beide haben diese Strafe verdient, dieser Mann hier hat aber nichts
verbrochen, er ist unschuldig!" 42 Dann sah er Jesus an und fragte ihn:
„Jesus, kannst du bitte an mich denken, wenn du in deinem Land im
Himmel angekommen bist?" 43 Jesus antwortete ihm: „Eins kann ich dir
sicher versprechen: Du wirst heute mit mir im Paradies landen!"

Jesus stirbt

44 Inzwischen war es zwölf Uhr mittags. Plötzlich wurde es in ganz Israel
dunkel, und zwar drei Stunden lang! 45 Während dieser Sonnenfinsternis
zerriss plötzlich der Vorhang im Tempel in zwei Teile, hinter dem die
oberderbsten, heiligsten Dinge aufbewahrt wurden. 46 Jesus schrie noch
einmal laut auf: „Papa, ich lege mein Leben in deine Hände!" Dann starb
er. 47 Als der Hauptmann von den römischen Soldaten, der den Befehl
über diese Hinrichtung bekommen hatte, das alles sah, meinte er nur:
„Also, ich bin mir sehr sicher, dieser Mann war wirklich unschuldig!"
48 Und die vielen Schaulustigen, die das alles miterlebt hatten, schämten
sich plötzlich sehr und gingen voll betroffen nach Hause. 49 Die Freunde
von Jesus, inklusive der Frauen, die aus Galiläa mitgekommen waren,
hatten sich das alles aus der Entfernung angeschaut.

Jesus wird begraben

50 Zu dieser Zeit lebte in der Gegend ein Mann, der Josef hieß. Josef war
sehr korrekt drauf, er war auch ein Mitglied des hohen Rates, 51 hatte aber

dagegen gestimmt, als es um die Verurteilung von Jesus gegangen ist. Er kam aus der Stadt Arimathäa in Judäa, und er lebte auch in der Erwartung, dass bald eine neue Zeit beginnen würde. [52] Dieser Josef ging zu Pilatus und stellte bei ihm einen schriftlichen Antrag auf „Überführung der Leiche zwecks Bestattung". [53] Dem Antrag wurde stattgegeben. Josef nahm Jesus vom Kreuz, wickelte ihn in ein langes Stück Leinenstoff und legte die Leiche in ein neues Grab, das man aus einem Felsen rausgehauen hatte. [54] Das passierte alles am Freitagabend, kurz vor Beginn des Sabbats, des religiösen Feiertags der Juden. [55] Mit dabei waren auch noch ein paar von den Frauen, die aus Galiläa nachgekommen waren. Sie haben gesehen, wie die Leiche von Jesus in das Grab gelegt wurde. [56] Danach gingen sie wieder nach Hause. Der Plan war, die Leiche von Jesus noch mit Öl und Kräutern einzuschmieren. Dies war so ein Ritual, was man normal eigentlich nur mit ganz besonderen Menschen machte. Aber als sie die Sachen fertig vorbereitet hatten, hatte der Sabbat schon begonnen und damit war jegliche Arbeit verboten.

24

Das Grab ist leer

[1] Am Sonntag, als der religiöse Feiertag Sabbat vorbei war, gingen die Frauen ganz früh mit dem ganzen Zeug für die Einbalsamierung wieder zum Grab. [2] Als Erstes sahen sie, dass der Stein, der vor dem Grab lag, weggerollt war. [3] Vorsichtig gingen sie in die Grabkammer und bemerkten sofort: Sie war leer! [4] Verwirrt redeten sie darüber, was man jetzt tun sollte, als plötzlich zwei Männer in krass strahlend weißen Mänteln vor ihnen standen. [5] Panisch sahen sie auf den Boden, weil sie sich nicht trauten, diesen besonderen Männern in die Augen zu sehen. Einer von denen fragte sie: „Was macht ihr hier? Warum sucht ihr jemanden, der lebt, an einem Ort, wo nur Tote liegen? [6] Jesus ist nicht hier! Er ist wieder lebendig geworden! Schon vergessen, was er euch in Galiläa gesagt hat? [7] Er meinte doch: ‚Der Auserwählte muss an Leute ausgeliefert werden, die Gott dissen. Sie werden ihn töten, aber nach drei Tagen feiert er sein Comeback, er wird von den Toten auferstehen.'" [8] Jetzt kam's den Frauen wieder. [9] Sie rannten, so schnell es ging, zurück in die Stadt, um den elf Schülern von Jesus und den anderen Freunden zu erzählen, was sie gerade erlebt hatten. [10] Zu den Frauen, die dabei waren, gehörten Maria Magdalena, Johanna und Maria, die Mutter von Jakobus. [11] Den Schülern kam die ganze Geschichte aber echt strange vor. Sie konnten das einfach nicht glauben. [12] Nur Petrus ging aus dem Haus, um das Grab zu untersuchen. Er beugte sich rein und konnte auch nichts weiter als die leeren Tücher da rumliegen sehen, in denen die Leiche eingewickelt gewesen war.

Jesus trifft seine Schüler

13 Zwei von seinen Schülern waren an dem Tag auf dem Weg nach Em-
maus, das etwa zehn Kilometer von Jerusalem entfernt liegt. 14 Auf dem
Weg sprachen sie die ganze Zeit über das, was in den letzten Tagen pas-
siert war. 15 Mitten im Gespräch war Jesus plötzlich auch bei ihnen und
ging neben ihnen her. 16 Sie waren aber so verpeilt, dass sie nicht kapierten,
wer das war. 17 „Worum geht es gerade?“, fragte sie Jesus. Die beiden blie-
ben voll traurig stehen. 18 Der eine von ihnen (der Kleopas hieß) meinte zu
ihm: „Mann, Sie sind wohl der einzige Mensch in Jerusalem, der die neus-
ten Nachrichten noch nicht gehört hat?!“ 19 „Was für Nachrichten meint ihr
denn?“ – „Das, was mit Jesus passiert ist, dem Typen aus Nazareth! Er war
voll der Prophet, er kam direkt von Gott, er hat irre Wunder getan und hef-
tige Worte zu uns gesprochen. 20 Aber die Chefetage, die obersten Priester
und die anderen Leiter haben ihn an die Römer ausgeliefert. Er wurde zum
Tod verurteilt und man hat ihn an einem Kreuz hingerichtet. 21 Dabei hat-
ten wir so sehr gehofft, dass er der Auserwählte sei, der Christus, der Israel
in die Freiheit führt. Das alles ist vor drei Tagen abgegangen. 22 Heute Mor-
gen waren zwei Frauen von unserer Gruppe bei seinem Grab. Schon vor
dem Sonnenaufgang waren sie da, aber sie konnten ihn nicht mehr finden.
23 Stattdessen trafen sie dort zwei seltsame Männer, vielleicht Engel, und
die erzählten, dass Jesus lebe! 24 Ein paar von uns haben das gleich abge-
checkt. Sie sind dort hingelaufen, konnten aber auch keine Leiche mehr
finden. Es war genau so, wie die Frauen es erzählt hatten.“ 25 Jesus war
etwas fassungslos: „Mann, warum kriegt ihr das nicht gebacken? Warum
ist das so schwer vorstellbar, was die Propheten in den alten Schriften vor-
hergesagt haben? 26 Haben sie nicht die Ansage an alle gemacht, dass der
Auserwählte durch diesen ganzen Dreck durchmuss, damit Gott ihn auch
zum Meister über alles, was es gibt, machen kann?“ 27 Und dann erklärte
Jesus den beiden die ganze Geschichte, was in den heiligen Schriften über
ihn gesagt wurde, von den Büchern von Mose bis zu den Propheten-
büchern. 28 Als sie kurz vor Emmaus waren, tat Jesus so, als wollte er sich
von den beiden verabschieden. 29 Die beiden fragten ihn aber: „Wollen Sie
nicht noch hier übernachten? Es wird ja schon dunkel draußen!“ Also blieb
er noch eine Weile bei ihnen. 30 Als sie sich dann zum Essen hinsetzten,
nahm Jesus etwas von dem Brot, betete darüber, zerteilte es und gab die
Stücke an die anderen weiter. 31 Und ganz plötzlich erkannten sie, dass es
Jesus war. Aber in der Sekunde löste er sich in Luft auf und verschwand!
32 Plötzlich war alles ganz klar. „In uns drin haben wir doch voll gespürt,
dass es Jesus war, der da mit uns geredet hat, oder? Als er uns aus den
alten Schriften zitiert hat, da wurde mir ganz anders!“ 33 Sofort machten
sich die beiden auf den Weg nach Jerusalem, obwohl es schon richtig dun-

kel geworden war. Als sie bei den elf Schülern ankamen, die sich gerade
alle dort trafen, 34 kam schon gleich die Nachricht an: „Jesus ist wirklich
zurückgekommen! Petrus hat ihn getroffen!" 35 Jetzt erzählten die beiden
ihre Story, dass sie Jesus auf dem Weg nach Emmaus gesehen hatten und
dass sie das erst gepeilt hatten, als er an sie das Brot weitergab.

Jesus kommt und erklärt alles

36 Mitten im Gespräch stand Jesus plötzlich bei ihnen: „Hallo, Leute, alles
klar bei euch? Lasst es euch gutgehen!" 37 Alle hatten erst mal totale Para-
noia, denn sie dachten, es sei ein Geist oder so was, der da mit ihnen
redete. 38 Aber Jesus sagte: „Keine Angst, Leute! Ich bin es nur! Fällt euch
das so schwer zu glauben? Ist das zu strange für euch? 39 Hier, seht euch
mal meine Hände an! Oder untersucht meine Füße, wenn ihr wollt! Ich
bin es wirklich! Einen Geist kann man nicht anfassen, der hat keinen ech-
ten Körper!" 40 Dann hielt er ihnen seine Hände und Füße als Beweis hin.
41 Die konnten es aber immer noch nicht fassen, es war so eine Mischung
aus Angst und Freude. Schließlich fragte er sie: „Habt ihr mal was zu
essen da?" 42 Sie gaben ihm ein Stück gegrillten Fisch, 43 in den er dann
vor ihren Augen erst mal richtig reinbiss. 44 Danach sagte er: „Ich hab
euch doch erklärt, was Mose und die Propheten über mich geschrieben
haben und was in den Psalmen über mich steht, oder? Dass alles, was
man da lesen kann, auch so passieren muss!" 45 Ausführlich erklärte er
ihnen, wie die Sachen aus den alten Schriften gemeint waren. 46 „Da steht
doch: Der Auserwählte muss schlimme Sachen durchmachen, er wird
leiden und sterben, aber nach drei Tagen kommt er zurück! 47 Alle Men-
schen sollen das jetzt hören: Es ist möglich, seine Schulden bei Gott los-
zuwerden! Es ist möglich, wieder zu Gott zu kommen! 48 Ihr könnt das
bezeugen, denn ihr habt es miterlebt! 49 Passt auf, ich werde euch die
Kraft von Gott schicken, seinen Geist, genau so, wie mein Papa es ver-
sprochen hat. Bleibt erst mal hier in der Stadt und wartet darauf. Ihr wer-
det mit der Kraft von Gott abgefüllt werden!"

Jesus geht wieder zu seinem Papa zurück

50 Dann führte Jesus seine Schüler und Freunde an einen Ort in der Nähe
vom Dorf Betanien. Da angekommen, hob er die Hände hoch und betete
für sie. 51 Und während er das tat, wurde Jesus langsam vor ihren Augen in
den Himmel gehoben. 52 Sie warfen sich vor ihm hin, beteten zu ihm und
dankten ihm für alles, was er für sie getan hatte. Danach gingen sie wieder
nach Jerusalem und waren total glücklich. 53 Immer wieder gingen sie in
den Tempel, freuten sich über Gott und dankten ihm für die vielen guten
Sachen, die er tat.

Die Geschichte über Jesus, so wie Johannes sie aufgeschrieben hat

1

Gott redet durch Jesus Christus mit den Menschen

1 Als Erstes war das absolut richtige und total planvolle Reden da. Es
war mit Gott ganz eng verbunden, ja, es war sogar selbst Gott. 2 Von
Anfang an war es bei Gott. 3 Es hat alles gemacht, was es so gibt. Nichts
ist ohne das gemacht worden. 4 Es ist das Leben in Person. Es hat die
Menschen aus der Dunkelheit rausgerissen und ihnen die Richtung für ihr
Leben gezeigt. 5 Dieses Licht, das davon ausgeht, macht alles Schwarze
hell. Die Dunkelheit hatte keine Chance gegen sein Licht. 6 Gott schickte
einen Mann bei uns vorbei, der hieß Johannes. 7 Er sollte als Zeuge auftre-
ten, er sollte klarmachen, dass Jesus das Licht ist, damit alle ihr Vertrauen
auf ihn setzen und ihm glauben. 8 Johannes war selber nicht das Licht, er
sollte das richtige Licht nur ansagen. 9 Jesus Christus ist aber dieses
besondere Licht, es soll für alle Menschen leuchten. 10 Obwohl er die
ganze Welt gemacht hatte, hat die Welt ihn nicht erkannt, sie haben nicht
kapiert, wer er wirklich war. 11 Er kam in seine Welt, aber seine Leute woll-
ten ihn nicht akzeptieren. 12 Aber die Menschen, die sich auf ihn eingelas-
sen haben, bekamen dadurch einen Vertrag, der ihnen die Aufnahme in
Gottes Familie garantierte. 13 Den bekamen sie einfach so, ohne dass sie
Mitglied irgendeiner besonders heiligen Familie waren oder weil sie ein
superheiliges Leben geführt hatten, dieses Angebot kam einfach so von
Gott. 14 Das Wort wurde zu einem Menschen. Der einzige Sohn von Gott
ist als ein normaler Mensch zu uns gekommen. Wir waren Augenzeugen,
dass uns Gott jetzt so nahe gekommen war, dass wir ihn anfassen konn-
ten. In Jesus Christus konnten wir erst begreifen, wie derbe Gott eigentlich
ist, wie sehr der Vater uns liebt und dass man sich auf ihn hundertpro
verlassen kann, dass er nie lügt. 15 Johannes machte den Ansager, er sagte
allen: „Das ist der Mann, von dem ich euch immer erzählt habe! Ich
meinte doch: ‚Ich bin nur die Preview für den Hauptfilm; der nach mir da
ist, hat mehr zu sagen als ich! Und obwohl er nach mir kommt, war er in
Wirklichkeit schon lange vor mir da!'" 16 Er hat uns immer wieder fett
beschenkt, und zwar mit allem, was geht, mit seiner grenzenlosen Liebe.
17 Die alten Gesetze kamen von Mose. Dass Gott uns ohne Ende liebt und
immer die Wahrheit sagt, kann man aber daran erkennen, dass Jesus
Christus zu uns gekommen ist. 18 Kein Mensch hat je einen Blick auf Gott

werfen können. Aber Jesus, sein einziger Sohn, hat sogar schon mal auf
seinem Schoß gesessen, er hat uns gezeigt, wie Gott wirklich drauf ist.

Was Johannes über sich zu sagen hat

19 Ein paar Männer aus Jerusalem, die bei den Juden was zu sagen hatten,
orderten einmal ein paar Leute, die zu Johannes mit der Anfrage gehen
sollten: „Was sind Sie eigentlich für einer?" 20 Johannes hatte nichts zu
verheimlichen: „Ich bin nicht ‚der Auserwählte', ich bin nicht ‚der Chris-
tus', auf den wir alle warten!" 21 „Und wer sind Sie dann?", war sofort die
nächste Frage. „Sind Sie etwa der Elia, der alte Prophet, der jetzt von den
Toten zurückgekommen ist?" „Nein!" „Sind Sie denn vielleicht dieser
Prophet, den Mose damals schon angekündigt hat?" „Nein", antwortete
Johannes. 22 „Ja, wer sind Sie dann? Machen Sie mal 'ne Ansage, damit wir
dem Gremium Bericht erstatten können, was uns geschickt hat!" 23 Johan-
nes antwortete mit einem Zitat von dem Propheten Jesaja: „Ich bin der
Typ, der aus der Wüste die Durchsage macht: ‚Platz da! Jetzt kommt
der Boss!'" 24 Die Fans, die von den religiösen Strebern geschickt wurden,
wollten es genau wissen: 25 „Also, Sie sind nicht der Auserwählte, der
Christus, Sie sind auch nicht der Elia oder dieser andere besondere
Prophet. Wer hat Ihnen denn überhaupt die Erlaubnis erteilt, Leute zu
taufen?" 26 Johannes antwortete: „Ich taufe nur mit Wasser. Da gibt es
aber jemanden, der lebt schon inkognito bei euch, 27 der wird nach mir
kommen. Und gegen den bin ich 'ne Null, dem kann ich noch nicht mal
die Schuhe zubinden!" 28 Dieses Gespräch wurde in Betanien geführt,
in einem Dorf, das auf der anderen Seite vom Jordan liegt. Dort hatte
Johannes diese Taufe mit Menschen durchgezogen.

Johannes sagt: Jesus ist alles

29 Am nächsten Tag kam Jesus am Jordan vorbei. Als Johannes Jesus sah,
sagte er laut: „Passt auf, Leute! Da ist das Lamm, was Gott für uns opfern
wird, er wird den Dreck wegnehmen, der zwischen Gott und den Men-
schen steht! 30 Er ist der Typ, den ich meinte mit dem Hauptfilm, er ist viel
größer als ich. Er war auch schon lange da, weit bevor ich hier war. 31 Ich
kannte ihn nicht persönlich, aber ich sollte die Israeliten auf ihn vorberei-
ten. Darum hab' ich mit Wasser getauft." 32 Und dann meinte Johannes
noch: „Ich hab gesehen, wie die Power von Gott, sein Geist, wie eine
Taube auf ihn runtergesegelt kam. Und die blieb auch bei ihm! 33 Ich
kannte ihn vorher echt überhaupt nicht, aber Gott, von dem ich den Auf-
trag habe, mit Wasser zu taufen, meinte zu mir: ‚Der Typ, auf den die
Power kommt und auf dem sie auch bleibt, der ist der Typ, den du suchst!
Er wird ab jetzt mit genau dieser Kraft Leute taufen.' 34 Und, Leute, weil ich

genau das gesehen habe, kann ich euch nur das eine sagen: Dieser Mann
ist der Sohn von Gott!"

Die ersten Freunde von Jesus sammeln sich

35 Am nächsten Morgen war Johannes wieder mit zwei von seinen Leuten
an genau dieser Stelle. Irgendwann kam Jesus dort vorbei, 36 und da
meinte Johannes: „Passt auf, da ist das Lamm*, was von Gott kommt!"
37 Als die beiden das hörten, gingen sie sofort mit Jesus weiter. 38 Jesus
drehte sich um und fragte sie: „Was wollt ihr von mir?" „Großer Meister,
wir wollen wissen, wo Sie wohnen." 39 „Kommt mal mit, dann werdet ihr
es ja sehen!" Das war gegen vier Uhr nachmittags, als sie dieses Treffen
mit Jesus hatten. Und dann hingen sie den ganzen Abend zusammen.
40 Einer von den beiden hieß Andreas. Er war der Bruder von Simon Pet-
rus und war jetzt bei Jesus, weil Johannes ihm das empfohlen hatte. 41 Er
rannte sofort zu seinem Bruder Simon und erzählte ihm die ganze Ge-
schichte. „Wir haben den Auserwählten, den Christus, gefunden!"
42 Andreas nahm Simon mit zu Jesus. Als Jesus ihn kommen sah, meinte
er: „Du bist Simon, einer der Söhne vom Johannes. Ab jetzt sollen dich
alle bei uns Kephas oder auch Petrus nennen. Beides heißt übersetzt ‚der
Felsen'." 43 Am nächsten Tag traf Jesus auf dem Weg nach Galiläa Philip-
pus. Auch den quatschte er an und meinte zu ihm: „Komm mal mit!"
44 Philippus kam genauso wie Andreas und Petrus aus der Gegend Bet-
saida. 45 Philippus meinte dann mal zum Nathanael: „Hey, Nathanael, stell
dir vor, wir haben den Typen gefunden, über den schon Mose und die Pro-
pheten in den alten Büchern eine Ansage gemacht haben! Er heißt Jesus
und kommt aus der Familie vom Josef aus Nazareth!" 46 „Was, aus Naza-
reth? Da kommt doch eh nur Schrott her!", meinte Nathanael. „Nun
komm schon", rief Philippus, „du musst ihn einfach mal kennenlernen!"
47 Als sie dann bei Jesus ankamen, meinte der sofort zu ihm: „Ach, da
kommt ja ein echter Israeli aus der alten Schule, auf dessen Wort man
sich hundertpro verlassen kann!" 48 „Woher kennen Sie mich?", wollte
Nathanael wissen. „Ich hab gesehen, wie du unter einem Apfelbaum
gesessen hast! Kurz bevor Philippus dich gerufen hat", antwortete Jesus.
49 Nathanael war ganz platt. „Meister, Sie sind wirklich der Sohn von Gott!
Sie sind der Chef von ganz Israel!" 50 Jesus meinte dazu nur: „Wie jetzt?
Sagst du das nur, weil ich das mit dem Apfelbaum gesagt habe? Du wirst
noch sehr viel heftigere Sachen erleben als das!" 51 Und dann sagte er:
„Leute, eins kann ich euch versprechen: Ihr werdet sehen, wie sich der

---

* Lamm Gottes. Lämmer wurden damals in einem Ritual Gott übergeben und geschlachtet, sozusagen als Bezahlung und Wiedergutmachung für den Mist, den man getan hatte.

Himmel öffnen wird, und ihr werdet Engel dabei beobachten, die wie im
Fahrstuhl zwischen mir und Gott hin- und herfahren!"

2

Auf einer Hochzeitsparty

1 Am übernächsten Tag sollte die übelste Hochzeitsparty in dem Dorf
Kana in Galiläa gefeiert werden. Unter den Gästen war die Mutter von
Jesus, 2 und auch Jesus war mit seinen Freunden gekommen. 3 Mitten in
der Party stellte sich heraus, dass zu wenig Wein bestellt worden war. Die
Mutter ging dann zu Jesus und sagte: „Ach, Jesus, übrigens, der Wein ist
gleich alle!" 4 Jesus war sichtlich genervt. „Was soll das? Die Zeit, wo ich
solche Sachen bringen soll, ist noch nicht da!" 5 Sie blieb aber dabei und
sagte sogar zu den Servicekräften: „Egal, was er euch sagt, tut es einfach!"
6 Im Haus waren sechs riesige Fässer, die man für irgendwelche religiösen
Waschrituale brauchte. In jedes Teil passten ungefähr hundert Liter rein.
7 Jesus sagte zu den Servicekräften: „Füllt die Teile mal randvoll mit Was-
ser!" 8 Nachdem sie das getan hatten, sagte er: „Und jetzt lasst dem
Küchenchef mal 'ne Kostprobe rüberwachsen!" 9 Der Küchenchef trank
einen Schluck von dem Wasser, das jetzt Wein geworden war. Er hatte
aber keine Ahnung, woher der Wein kam, nur die Servicekräfte wussten
das. Er traf sich sofort leicht genervt mit dem Bräutigam und sagte zu
ihm: 10 „Also Entschuldigung, aber jeder normale Gastgeber bietet doch
seinen Gästen zuerst den guten Tropfen an! Und erst später, wenn alle
schon total breit sind, dann kommt der billige Fusel. Aber Sie haben ja
den besten Wein bis zum Schluss aufgehoben!" 11 Diese irre Geschichte
passierte in Kana in Galiläa. Das war das erste Mal, dass Jesus durch so
ein Wunder zeigte, dass er wirklich von Gott geschickt worden war. Und
seine Freunde glaubten ihm das. 12 Nach der Hochzeit ging er dann runter
nach Kapernaum. Mit dabei waren seine Mutter, seine Brüder und seine
Freunde. Aber dort hielt er sich nicht lange auf.

Jesus macht Stunk im Tempel der Juden

13 Kurz bevor das große Passafest in Jerusalem abging, reiste Jesus auch
dorthin. 14 Im Innenbereich vom Tempel beobachtete er die Stände, wo
irgendwelche Händler Rinder und Schafe sowie Tauben verkauften. Auch
Geldwechsler trieben sich da rum. 15 Jesus rastete plötzlich total aus. Er
bastelte sich aus Stricken eine Peitsche und ging damit auf die Leute los.
Alle wurden von ihm aus dem Tempel rausgeschmissen, inklusive der Rin-
der und Schafe. Er pogte gegen die Tische der Geldwechsler und feuerte
die Kohle auf den Fußboden. 16 Anschließend ging er zu den Typen, die

mit Tauben handelten, und sagte total scharf zu ihnen: „Raus mit dem
ganzen Dreck, sofort! Dieses Haus gehört meinem Vater, hier hat euer
Gedeale nichts verloren, macht diesen Ort nicht zu einem Einkaufszent-
rum!“ 17 Seine Freunde mussten daran denken, was schon in den alten
Schriften stand: „Die Leidenschaft für deine Hütte brennt in mir!“

Wer hat Jesus diese Vollmacht ausgestellt?

18 „Wie können Sie sich dieses Recht rausnehmen, so was hier zu brin-
gen?“, fragten ihn die Juden. „Wenn Sie dafür eine Vollmacht von Gott
ausgestellt bekommen haben, dann wollen wir die auch sehen! Ein Beweis
dafür wäre für uns, wenn Sie zum Beispiel jetzt mal ein Wunder tun wür-
den!“ 19 „Okay“, meinte Jesus nur. „Sprengt diesen Tempel, und ich werde
ihn in drei Tagen wieder aufgebaut haben!“ 20 „Was? Es hat sechsundvier-
zig Jahre gedauert, das Teil überhaupt aufzubauen! Wie wollen Sie das
denn bitte in drei Tagen hinkriegen?“ 21 Jesus meinte mit dem Tempel aber
seinen Körper. 22 Viel später, als er tot war und dann wieder lebendig ge-
worden ist, erinnerten sich seine Freunde daran. Noch ein Grund, warum
sie auf Jesus gesetzt haben und dem, was er gesagt hatte, glaubten. Es
bestätigte auch das, was schon in den alten Schriften gestanden hat.
23 Durch die krassen Wunder, die Jesus bei dem Passafest in Jerusalem
getan hatte, fingen viele Leute an, ihr Vertrauen auf ihn zu setzen. 24 Jesus
erzählte ihnen aber nicht alles, weil er die Menschen sehr gut kannte.
25 Niemand brauchte ihm was über die Menschen beibringen. Er wusste
immer Bescheid, wie ein Mensch innerlich so drauf war.

3 **Wie kriegt man ein Ticket für das Land, wo Gott das Sagen hat?**

1 Einmal kam einer von den religiösen Strebern, ein Pharisäer, im
Dunkeln zu Jesus. 2 Nikodemus, so hieß er, gehörte zu den Juden, die
in Israel was zu sagen hatten. „Meister, ich hab eine Frage an Sie. Wir
haben das alles so weit kapiert, dass Sie direkt von Gott kommen, um uns
Dinge beizubringen. Die Wunder, die Sie tun, sind eindeutig ein Beweis,
dass Gott auf Ihrer Seite steht!“ 3 „Ich sag Ihnen jetzt mal was“, meinte
Jesus, „wenn jemand nicht noch mal ganz neu geboren wird, bekommt er
kein Ticket für das neue Reich, in dem Gott das Sagen hat.“ 4 „Hä? Wie
geht das denn? Ein Erwachsener kann doch nicht ein zweites Mal in den
Bauch seiner Mutter zurückgehen, das ist doch wohl logisch!“, fragte
Nikodemus leicht verwirrt nach. 5 „Ich sag es noch mal anders: Niemand
hat eine Chance auf ein Ticket für das Land, wo Gott das Sagen hat, es sei
denn, er hat sein altes Leben komplett im Wasser der Taufe hinter sich
gelassen und durch den Geist von Gott einen echten Neustart hingelegt.

6 Wenn Menschen ein neues Leben machen, dann wird daraus ein
menschliches Baby. Wenn Gott durch seine Power ein neues Leben macht,
dann ist das eine völlig andere Art von Leben, es ist ein Leben aus seiner
Kraft. 7 Sie brauchen sich also nicht wundern über meinen Spruch, dass
alle noch mal neu geboren werden müssen. 8 Ein guter Vergleich dafür ist
der Wind. Man kann ihn hören, aber wo er genau herkommt oder wo er
gleich hinweht, kann man nicht sagen. Genauso kann auch keiner sagen,
wie das abgeht mit dieser neuen geistlichen Geburt. Aber man kann sie
trotzdem am eigenen Leben erfahren." 9 „Aber wie soll das genau funktio-
nieren?", wollte Nikodemus wissen. 10 „Mann, Sie sind ein angesagter reli-
giöser Profi mit einem guten Ruf in Israel, Sie müssten das echt wissen!
11 Eins ist garantiert: Ich erzähle euch Sachen, die ich hundertprozentig
sicher weiß, ich bezeuge euch Dinge, die ich wirklich gesehen habe, und
trotzdem glaubt ihr mir nicht. 12 Wenn ihr schon die Sachen nicht schnallt,
die hier auf der Erde abgehen, wie wird das dann erst, wenn ich euch von
übernatürlichen Sachen erzählen soll? 13 In den übernatürlichen Dingen,
die in Gottes Dimensionen abgehen, kennt sich nur einer wirklich aus,
und das ist der Auserwählte, der Menschensohn. Der kommt nämlich von
da her. 14 Sie wissen doch bestimmt, dass Mose in der Wüste einen Stab
mit einer Schlangenfigur hochgehalten hat? Jeder, der seine Augen darauf
gerichtet hat, überlebte! Genauso werden die Leute auch zum Auserwähl-
ten Gottes hochblicken. 15 Jeder, der dort auf ihn sieht und sein Vertrauen
ganz auf ihn setzt, wird für immer leben können. 16 Gott liebte die Men-
schen ohne Ende, dass er sogar bereit war, seinen einzigen Sohn für sie
wegzugeben, damit sie nicht vor die Hunde gehen. Jeder, der ihm vertraut,
hat es geschafft: er bekommt ein neues Leben bei meinem Papa, das er
nie wieder abgeben muss. 17 Gott hat seinen Sohn nicht in die Welt beor-
dert, um alle erst mal fertigzumachen und zu verurteilen. Nein, er will sie
alle durch ihn aus ihrem Dreck rausretten! 18 Wer sein Vertrauen auf ihn
setzt, muss keinen Schiss mehr vor einem Urteil bei der letzten Gerichts-
verhandlung haben. Wer ihm, dem einzigartigen Sohn von Gott, aber
nicht glaubt, der ist dadurch schon jetzt zur Höchststrafe verurteilt wor-
den. 19 Und zwar wird das mit diesem Gericht so abgehen: Ein Licht ist
auf diese Welt gekommen. Die Leute in der Welt hatten aber Lust auf das
Dunkle, sie wollten kein Licht in ihrem Leben. Sie wollten nicht, dass
jemand den ganzen Mist, den sie täglich bauen, auch noch sehen könnte.
20 Jeder, der ein schlechtes Gewissen hat, hasst das Licht, da würde er nie
freiwillig hingehen. Er will ja nicht, dass jeder seinen Dreck, den er tut,
auch noch sehen kann! 21 Wer aber das tut, was Gott will, hat keine Panik
vor dem Licht, er muss sich ja nicht schämen. Alles, was er getan hat, war
für Gott super."

Johannes' Zeit ist abgelaufen

22 Danach stattete Jesus mit seinen Freunden noch der Provinz Judäa
einen Besuch ab. Dort blieb er eine Weile mit seinen Leuten und machte
auch noch ein paar Taufsessions. 23 Johannes war in der Zeit in Änon, das
liegt in der Nähe von Salim. Da war der Fluss nämlich tief genug zum
Taufen. Sehr viele Leute kamen zu Johannes, um sich von ihm taufen zu
lassen. 24 Johannes war zu diesem Zeitpunkt nämlich noch nicht im Knast.
25 Irgendwann kam mal voll die Diskussion auf zwischen den Freunden
von Johannes und einigen Juden. Es ging dabei um die religiösen Reini-
gungsvorschriften. 26 Schließlich kamen sie alle mal bei Johannes an und
erzählten ihm: „Chef, der Mann, der damals am Jordan-Fluss bei dir ange-
kommen ist, dieser Mensch, den du als den Hauptfilm bezeichnet hast,
der tauft jetzt auch. Die laufen jetzt alle bei ihm auf, wir sind anscheinend
out!" 27 „Keiner kann so etwas so mal eben weitergeben, es sei denn, er
hat den Auftrag direkt aus dem Himmel dafür bekommen. 28 Ich hab euch
schon immer gesagt: ‚Ich bin nicht der Auserwählte, der Christus.' Ich hab
nur die Order von Gott, sein Vorprogramm zu sein, nicht mehr und nicht
weniger. 29 Da, wo die Braut sich hingezogen fühlt, da ist auch der Bräuti-
gam. Und der Freund vom Bräutigam steht daneben, hört ihm zu und
freut sich! Es ist ihm egal, wenn er dann da nur 'ne Nebenrolle spielt. Ich
raste total aus, weil ich mich so sehr da drüber freue! 30 Sein Einfluss soll
immer größer werden, ich muss mich langsam zurückziehen. 31 Er ist aus
Gottes Welt gekommen und hat dadurch voll den Überblick. Ich bin nur
von der Erde und kann auch nur über irdische Sachen reden. 32 Was er von
dort beobachtet und gehört hat, davon redet er auch. Trotzdem glaubt
ihm keiner. 33 Wer ihm glaubt, unterschreibt damit, dass Gott in allen
Punkten recht hatte. 34 Jesus Christus ist der Typ, der uns von Gott ge-
schickt wurde. Die Sachen, die er sagt, sind Worte von Gott, er gibt ihm
seine Power, und zwar ohne Ende. 35 Gott, der Vater, liebt seinen Sohn, er
hat ihm den Joystick für die Welt in die Hand gedrückt. 36 Alle, die ihr Ver-
trauen auf Jesus setzen und ihm glauben, die werden ewig leben. Aber
alle, die keine Lust auf das haben, was er sagt, werden nie ein wirkliches
gutes Leben haben können. Gott wird immer gegen sie sein."

4

Gespräch mit einer Frau beim Wasserholen

1 Irgendwann erzählte jemand Jesus, die religiösen Streber hätten
Wind davon bekommen, dass er mittlerweile mehr Leute taufte als
Johannes. 2 Wobei Jesus die Taufe nicht selber durchzog, das ließ er
immer seine Freunde machen. 3 Darum beschloss er, sich aus Judäa zu
verabschieden, und wanderte wieder zurück nach Galiläa. 4 Auf dem Weg

kam er auch durch die Gegend von Samarien. 5 Dort kam er in der Stadt
Sychar vorbei, und zwar in der Nähe von einem Feld, das Jakob vor urlan-
ger Zeit auf seinen Sohn Josef übertragen hatte. 6 Auf diesem Feld war ein
Wasserbrunnen installiert. Völlig fertig von der langen Wanderung setzte
sich Jesus da erst mal hin. Es war gerade die pralle Mittagssonne am
Himmel. 7 Irgendwann kam auch eine Frau aus der Gegend an der Stelle
vorbei, die etwas Wasser holen wollte. Jesus fragte sie: „Hallo, du, gib mir
doch bitte auch was zu trinken, ja?" 8 Seine Freunde waren gerade in die
Stadt unterwegs, um Lebensmittel einzukaufen. 9 Die Frau war etwas platt
darüber, dass Jesus sie so mal eben anquatschte. Es war nämlich für die
Juden damals total out, sich mit Samaritern abzugeben – und mit Frauen
erst recht. Darum sagte sie: „Entschuldigung, aber Sie sind doch ein Jude,
und ich bin eine Samariterin. Wie kommt es, dass Sie mich jetzt plötzlich
um einen Schluck Wasser bitten?" 10 „Wenn du nur etwas schnall davon
hättest, was für eine Chance Gott dir gerade geben will und wer hier mit
dir redet und dich um Wasser bittet, dann würdest du mich um frisches
Wasser bitten, das nicht abgestanden ist und wirklich Leben schenkt!"
11 „Also, entschuldigen Sie bitte, aber wie soll das denn gehen? Sie haben
weder einen Eimer noch ein Seil dabei, und dieser Brunnen ist sehr tief!
Wie wollen Sie denn das frische Wasser hochbekommen?", antwortete sie.
12 „Oder kommen Sie etwa aus einer höheren Liga als unser Stammvater
Jakob? Der hat diesen Brunnen nämlich mal gebaut, und seine Kinder und
seine Kühe haben früher mal da draus getrunken." 13 Jesus meinte darauf
zu ihr: „Normal wird jeder, der von diesem Wasser trinkt, irgendwann wie-
der Durst haben. 14 Wer aber von dem Wasser trinkt, was ich den Leuten
gebe, für den wird Durst ein Fremdwort werden. Das Wasser, was ich
den Menschen spendiere, wird sich nämlich in dir drin zu einer eigenen
Quelle verwandeln, einer Quelle, die ohne Ende sprudeln wird, über dein
Leben auf dieser Welt raus!" 15 „Oh, bitte, ich möchte von diesem Wasser
gerne etwas haben! Dann brauch ich nicht mehr jeden Tag her und muss
Wasser schleppen!" 16 „Okay, dann hol mal deinen Mann und kommt
beide wieder her!", sagte Jesus zu ihr. 17 „Ich bin nicht verheiratet!", war
ihre Antwort. „Stimmt", meinte Jesus, „zurzeit bist du Single, 18 du warst
aber schon mit fünf Männern vorher verheiratet, und der Mann, mit dem
du jetzt dein Bett teilst, dem hast du gar nicht dein Jawort gegeben!"
19 „Ich merk schon, das stimmt alles, Sie sind wohl ein Prophet, oder?!
20 Dann können Sie mir gleich eine Frage beantworten: Ihr Juden besteht
ja darauf, dass euer Jerusalem der einzige heilige Ort schlechthin ist, um
zu Gott zu beten. Wir Samariter beten aber immer auf diesem Berg da,
weil das unsere Vorfahren auch so gemacht haben! Wie sehen Sie das?"
21 Dazu sagte Jesus ihr: „Eins kann ich versprechen, es wird eine Zeit

geben, wo es egal sein wird, ob ihr auf irgendeinem Berg zu Gott redet, ob
ihr dazu nach Jerusalem geht oder ob ihr das irgendwo anders macht.
22 Ihr habt ja gar keine Vorstellung, zu wem ihr da überhaupt redet, wenn
ihr betet! Wir wissen genau, zu wem wir beten. Die Rettung für diese Welt
kommt aus dem jüdischen Volk! 23 Es wird aber mal so sein, also im
Grunde hat das schon angefangen, dass Menschen, egal, wo sie gerade
sind, mit Gott reden können. Es ist nur wichtig, dass man dabei von sei-
ner Kraft, seinem Geist, kontrolliert wird. Gott sucht nach solchen Leuten,
die so mit ihm reden! 24 Gott ist nämlich wie eine unsichtbare Kraft, wie
ein Geist. Und wer mit Gott reden will, muss von diesem Geist abgefüllt
werden, diesem Geist der Wahrheit." 25 Darauf meinte die Frau: „Ich hab
verstanden, dass irgendwann der Auserwählte, der Messias, da sein wird,
den man auch den Christus nennt. Wenn der da ist, dann wird er uns das
alles erklären!" 26 „Das bin ich, du redest gerade mit dem Auserwählten!",
antwortete ihr Jesus. 27 Plötzlich bogen seine Freunde um die Ecke. Sie
waren etwas überrascht, dass Jesus sich mit einer Frau unterhielt. Aber
keiner traute sich, mal nachzufragen. 28 Die Frau ließ alles stehen und
liegen und rannte ins Dorf, um jedem zu erzählen, was sie gerade erlebt
hatte. 29 „Kommt mal alle mit, da ist ein Mann, den müsst ihr kennen-
lernen! Der hat mir ins Gesicht gesagt, was ich alles getan habe! Besteht
vielleicht die Möglichkeit, dass er der Auserwählte, dieser Christus, ist?"
30 Total neugierig kamen die Leute von überall sofort bei Jesus angelaufen.
31 Seine Freunde machten sich etwas um seinen Magen Sorgen und boten
ihm was zu essen an. 32 Seine Antwort war aber nur: „Nein danke, Jungs,
ich hab eine andere Nahrung als ihr." 33 Seine Freunde fragten sich sofort:
„Hä? Wer war denn in der Zwischenzeit hier und hat ihm was zu essen
gebracht?" 34 Jesus erklärte das dann so: „Ich lebe davon, das zu tun, was
Gott möchte. Ich will seinen Auftrag erfüllen und bis zu Ende durchzie-
hen. 35 Habt ihr nicht noch vor kurzem gesagt: ‚In vier Monaten beginnt
die Erntezeit'? Leute, macht mal eure Augen auf! Seht ihr nicht, was
gerade abgeht? Die Felder können abgeerntet werden! 36 Die Leute, die
mithelfen, die Ernte einzufahren, werden fett bezahlt. Und die Sachen, die
sie ernten werden, das sind die Menschen, denen man den Weg in ein
Leben zeigt, was ewig anhält. Was wird da für 'ne Party abgehen für die
einen, die etwas gesät haben, und für die anderen, die die Ernte reinholen!
37 Ihr kennt doch diesen Spruch: ‚Einer streut Samen aus, ein anderer holt
die Ernte rein.' 38 Ich hab euch losgeschickt, um eine Ernte einzufahren,
mit der ihr vorher gar nichts zu tun hattet. Da haben andere vor euch für
geschuftet. Ihr dürft jetzt das Ergebnis ernten." 39 Sehr viele Leute, die da
lebten, setzten von da an ihr Vertrauen auf Jesus. Und zwar vor allem, weil
die Frau überall rumerzählt hatte, dass Jesus alles über sie wusste. 40 Als

sie dann bei Jesus aufliefen, fragten sie ihn gleich, ob er nicht noch länger
dableiben wollte. Das tat er dann auch, und zwar für zwei Tage. 41 So konn-
ten noch mehr Leute seinen Reden zuhören und fingen dadurch an zu
glauben. 42 Zu der Frau sagten einige: „Zuerst waren wir ja nur da, weil du
so von ihm geschwärmt hast. Aber jetzt konnten wir ihm selber zuhören
und wissen: Er ist wirklich der Retter dieser Welt."

Der Sohn eines hohen Beamten wird durch Jesus gesund

43 Zwei Tage später zog Jesus weiter Richtung Galiläa. 44 Er hatte früher
selber mal gesagt: „Ein Prophetentyp ist überall der Held, nur nicht dort,
wo er herkommt." 45 Aber diesmal nahmen ihn die Leute gut auf. Viele
waren nämlich bei der Passafeier in Jerusalem dabei gewesen und hatten
mitbekommen, was für coole Sachen er da gemacht hatte. 46 Auf seiner
Tour durch Galiläa kam er auch wieder bei Kana vorbei, wo er aus dem
Wasser Wein gemacht hatte. Nicht weit von da, in der Stadt Kapernaum,
wohnte ein Mann, der einen fetten Beamtenjob bei der Regierung hatte.
Sein Sohn war sehr krank. 47 Als ihm jemand erzählte, dass dieser Jesus
aus Judäa gerade in der Gegend war, brach er sofort Richtung Kana auf.
Dort besuchte er Jesus und fragte ihn, ob er nicht mit nach Kapernaum
kommen könnte, um seinen Sohn zu behandeln. Der war nämlich tod-
krank. 48 Jesus war etwas genervt: „Ihr wollt immer nur irgendwelche Wun-
der sehen, sonst kommt euer Glaube nicht in die Puschen!" 49 Aber der
Beamte bettelte voll los: „Bitte, bitte seien Sie so gut! Mein Kind muss
sonst sterben!" 50 „Geh nach Hause! Dein Kind ist schon gesund!", sagte
ihm Jesus. 51 Auf dem Rückweg kamen ihm schon ein paar seiner Haus-
angestellten entgegengelaufen. „Ihr Kind ist gesund!", riefen sie. 52 Auf die
Frage, seit wann es dem Kind denn besser ging, meinten sie: „Gestern
Mittag so gegen ein Uhr war das Fieber plötzlich weg!" 53 Als der Vater die
Zeit zurückrechnete, war klar: Es war genau der Zeitpunkt, als Jesus ihm
gesagt hatte: „Dein Sohn lebt!" Und der Beamte und seine ganze Familie
fingen an, ihr Vertrauen auf Jesus zu setzen. 54 Das war das zweite Wun-
der, was Jesus getan hatte, nachdem er von Judäa zurückgekommen war.

5

Ein schwer kranker Mann und ein Teich

1 An einem der jüdischen Feiertage ging Jesus mal nach Jerusalem in
die City. 2 In der Nähe vom sogenannten Schaftor lag ein ganz beson-
derer Teich, der auf Hebräisch „Betesda" genannt wurde. Um ihn herum
waren fünf große Hallen mit Säulen drin. 3 Sehr viele kranke Leute hingen
da ständig rum, Menschen, die irgendeine Behinderung hatten, Blinde,
Hautkranke und so. 4 Es gab nämlich das Gerücht, dass immer mal wieder

ein Engel da vorbeikam, und wenn der das Wasser berührte und man als
Erster dort reinsprang, würde man geheilt werden. 5 Einer von diesen
Leuten, der ständig da war, konnte schon seit achtunddreißig Jahren nicht
gehen. 6 Jesus sah den Typen dort sitzen, und einer von den Menschen,
die da waren, erzählte ihm seine Geschichte. Darum fragte Jesus ihn
dann: „Hey, willst du eigentlich gesund werden?“ 7 „Mein Herr, leider bin
ich alleine hier, und immer, wenn sich das Wasser mal bewegt, gibt es nie-
manden, der mich da reinschmeißen könnte. Ich versuch das zwar, aber
dann ist immer einer schneller als ich.“ 8 „Okay, dann pack deine Sachen
und lauf mal 'ne Runde!“, war die Antwort von Jesus. 9 Und in derselben
Sekunde war der Mann kerngesund! Er rollte seine Decke zusammen und
rannte los! Das passierte aber an dem religiösen Feiertag der Juden, dem
Sabbat. 10 Einer der Juden, die das sahen, meckerte sofort rum: „Hey, Sie,
heute ist Sabbat, da ist Deckenrumtragen verboten!“ 11 „Aber der Mann,
der mich gesund gemacht hat, meinte zu mir, ich sollte meine Decke neh-
men und 'ne Runde umherlaufen!“ 12 „Und wer war das? Wer hat das zu
Ihnen gesagt?“ 13 Der Typ, der geheilt wurde, hatte keine Ahnung, wer
Jesus eigentlich war. Jesus hatte sich mittlerweile schon wieder unter die
Leute gemischt. 14 Später traf er den Mann noch mal im Tempel und sagte
ihm: „Einen Rat hab ich noch: Lass nichts mehr zwischen dich und Gott
kommen, ja? Nicht, dass dir noch was Schlimmeres passiert als diese
Krankheit!“ 15 Danach ging der Typ zu den Juden und erzählte, dass Jesus
ihn gesund gemacht hatte. 16 Ab diesem Zeitpunkt waren die Juden hinter
Jesus her, nur weil er diese Heilung am Sabbat gemacht hatte.

Jesus sagt, warum er Leute heilt

17 Jesus' Antwort auf diese Kritik war so: „Mein Vater hat nie aufgehört,
gute Sachen für die Menschen zu tun.“ 18 Jetzt hatten die Juden erst recht
voll den Hals auf Jesus, weil ihm anscheinend nicht nur der Sabbat egal
war, er bezeichnete auch noch Gott als seinen eigenen Vater! Damit tat er
ja so, als hätte er dieselbe Stellung wie Gott. 19 Dazu meinte Jesus dann:
„Eins kann ich euch garantieren: Der Sohn alleine bringt es nicht, er kann
nur das tun, was ihm der Vater vorgemacht hat. 20 Der Vater liebt den
Sohn, er zeigt ihm alles, was er noch vorhat. Und er will euch auch noch
viel derbere Sachen zeigen, Dinge, über die ihr euch wirklich wundern wer-
det! 21 Genauso wie der Vater Tote lebendig machen kann, kann das auch
sein Sohn. 22 Und der Vater wird auch bei der letzten Gerichtsverhandlung
nicht den Vorsitz führen, das hat er dem Sohn übergeben. 23 Alle sollen
nämlich den Sohn gut finden, genauso wie den Vater. Wenn jemand keine
Lust auf den Sohn hat, dann hat er auch keine Lust auf den Vater, denn
dieser hat ihn ja geschickt. 24 Passt auf, was ich euch zu sagen habe: Wenn

mir jemand gut zuhört und sein Vertrauen auf Gott setzt, meinen Auftrag-
geber, dann wird er in der Lage sein, ewig zu leben! Er wird für seine
Schulden bei Gott nicht mehr bezahlen müssen, er hat den Sprung vom
Tod in ein echtes Leben schon geschafft. 25 Ich mach noch mal 'ne Ansage:
Es wird mal eine Zeit kommen – sie hat sogar schon angefangen –, wo
sogar die toten Leute die Stimme vom Sohn von Gott hören werden. Und
wer darauf eingeht, wird leben. 26 Gott besteht aus purem Leben, und Gott
wollte, dass sein Sohn das gleiche Leben in sich trägt. 27 Er hat ihm den
Joystick der Welt in die Hand gegeben, er soll mal der Richter sein, er ist
der Auserwählte. 28 Keine Panik, Leute! Es wird mal eine Zeit geben, da
werden die Menschen, die gestorben sind, vom Sohn Gottes gerufen
werden. 29 Dann werden alle wieder lebendig werden. Die ihr Leben gut
geführt haben, werden durchkommen und für immer leben. Die aber Mist
gebaut haben, werden in einer Gerichtsverhandlung verurteilt."

Dass Jesus Gottes Sohn ist, dafür gibt es Zeugen

30 „Ich unternehme nichts, ohne vorher den Vater zu fragen, ich richte
mich nach seinem Rat. Die Urteile, die ich fälle, sind total gerecht, sie
kommen nicht alleine von mir, sondern sie entsprechen dem, was der
Vater will. Er hat mich zu euch geschickt, ich fälle kein Urteil alleine.
31 Wenn ich in den Zeugenstand treten würde, um für mich selber auszu-
sagen, dann würde das nicht viel bringen, ich wäre total unglaubwürdig.
32 Jemand anders muss für mich als Zeuge aussagen. Und eins ist auf
sicher: Alles, was der dann sagt, ist die Wahrheit. 33 Ihr habt ein paar von
euren Leuten zu Johannes, der die Leute tauft, geschickt, damit sie mal
auschecken, was er über mich sagt. Und er hat die Wahrheit gesagt.
34 Und dabei hab ich eigentlich einen Zeugen gar nicht nötig. Nur wegen
euch hab ich Johannes als Zeugen aufgeführt, damit ihr mir vertraut und
aus euerm Dreck gerettet werdet! 35 Johannes hat eine Zeitlang wie die
Sonne gestrahlt, und ihr wolltet es euch in diesem Licht ein wenig gutge-
hen lassen. 36 Aber ich kann noch fettere Zeugen aufbringen, und das sind
die Dinge, die ich tue! Alles, was ich tue, hab ich vom Vater gesagt bekom-
men. Ich soll alles so machen, wie er es sagt, damit alle begreifen: Ich
komme von ihm. 37 So tritt Gott selber für mich als Zeuge auf. Aber ihr
sitzt auf euren Ohren und habt ihn noch nie gesehen. 38 Ihr habt die
Sachen, die er sagt, weder begriffen noch befolgt. Sonst würdet ihr mir
glauben, weil ich von ihm ausgesandt worden bin. 39 Ihr studiert die alten
Bücher, die heiligen Schriften und so, weil ihr meint, so könntet ihr wirk-
liches Leben bekommen. Und dabei verweisen die Schriften auf mich!
40 Und trotzdem habt ihr keinen Bock auf mich, ihr wollt nicht zu mir
kommen, dabei würde ich euch ein Leben ohne Ende geben! 41 Ist mir

auch echt egal, ob ihr mich jetzt toll findet oder nicht. 42 Ich kenne euch
nämlich nur zu gut, ich weiß, dass ihr keine Ahnung von Gottes Liebe
habt. 43 Ich komm ja im Auftrag von meinem Vater, aber ihr wollt mich
nicht akzeptieren. Stattdessen fahrt ihr auf jeden anderen Popel ab, auch
wenn der sich den Auftrag nur selbst erteilt hat. 44 Kein Wunder, dass es
euch so schwerfällt zu vertrauen. Ihr zögert nicht, wenn es darum geht,
euch gegenseitig zu puschen. Dabei gibt es nur einen, der euch wirklichen
Wert geben kann, und das ist Gott. Das scheint euch aber total egal zu
sein. 45 Großer Irrtum, wenn ihr glaubt, dass ich beim Vater gegen euch
Anzeige erstatten werde. Das wird euer Mose schon erledigen, gerade der,
auf den ihr euch beruft. 46 Wenn ihr nur den Worten von Mose wirklich
geglaubt hättet, dann würdet ihr jetzt auch mir glauben. Denn Mose hat
ja auch schon von mir geschrieben. 47 Und wenn ihr Mose schon nicht
glaubt, dann werdet ihr mir erst recht nicht glauben!"

6

Über fünftausend Leute werden satt

1 Kurze Zeit später ging Jesus auf die andere Seite vom galiläischen
Meer, das man auch den See von Tiberias nannte. 2 Sehr viele Fans
waren da sofort bei ihm, alle fuhren total auf die Wunder ab, die er tat,
viele Kranke wurden durch ihn wieder gesund. 3 Jesus wollte sich ein biss-
chen mit seinen Freunden zurückziehen, darum verschwanden sie auf
einen kleinen Berg. 4 Das war kurz vor dem Passafest, das jedes Jahr bei
den Juden gefeiert wird. 5 Jesus wollte mal den Ausblick genießen und
dabei sah er, wie wahnsinnig viele Leute auf der Suche nach ihm waren.
Die kamen alle schon den Berg hoch. „Hey, Philippus, hast du 'ne Idee,
wo wir genug Brot herkriegen, damit wir allen was zu essen anbieten
können?", fragte Jesus. 6 Das war ein kleiner Test für Philippus, denn er
hatte schon vorher genau geplant, was gleich abgehen würde. 7 Philippus
rechnete Jesus vor: „Also, wir bräuchten mindestens 12 000 Euro, um hier
alle satt zu kriegen!" 8 Andreas, der ein Bruder von Simon Petrus war,
schleppte einen kleinen Jungen an 9 und sagte: „Dieser Knirps hat fünf
Vollkornbrote und zwei geräucherte Forellen dabei. Das ist aber echt nur
ein Tropfen auf den heißen Stein!" 10 „Okay, sagt mal den Leuten, sie sol-
len sich irgendwo auf die große Wiese hinpflanzen!" Gesagt, getan, und
die etwa fünftausend Männer plus Frauen und Kinder setzten sich dort
auf das Gras. 11 Jesus nahm die Brote, sagte Gott danke dafür und ver-
teilte sie an die Leute. Genauso machte er es dann auch mit den geräu-
cherten Fischen. 12 Und tatsächlich: Alle, die da waren und was gegessen
hatten, wurden pappsatt! „Jetzt sammelt mal die Reste wieder ein, wir
wollen ja keinen Müll hinterlassen, und es soll ja auch nichts vergam-

meln!“, bat Jesus seine Freunde nach dem Essen. 13 Und volle zwölf Körbe
mit Essensresten kamen wieder zusammen! Und das war alleine vom
Brot übrig geblieben! 14 Als die Leute begriffen, was da gerade für ein
Wunder abgegangen war, riefen einige: „Es stimmt, dieser Typ ist wirklich
der Prophet, auf den wir schon so lange warten!“ 15 Jesus merkte schnell,
dass ihn die Leute jetzt schnell zum Superstar und am besten gleich zum
Regierungsoberhaupt machen wollten, darum flüchtete er erst mal ganz
allein in die Berge.

Jesus kann sogar auf dem Wasser gehen

16 Abends stiegen seine Freunde dann in ihr Boot, weil sie noch eine Tour
über den See nach Kapernaum geplant hatten. 17 Es war schon total dunkel
draußen, und Jesus war immer noch nicht zurück. Schließlich legten sie
einfach ab und fuhren los. 18 Plötzlich kam ein heftiger Orkan auf! 19 Die
Freunde waren schon etwa fünf Kilometer vom Ufer weg, zurückrudern
ging nicht mehr. Plötzlich sahen sie, wie ihnen Jesus höchstpersönlich auf
dem Wasser entgegenkam! Seine Freunde kriegten voll die Para, 20 aber
Jesus rief ihnen nur zu: „Keine Panik, Jungs, ich bin es nur!“ 21 Sie halfen
ihm, ins Boot zu steigen, und in derselben Sekunde waren sie plötzlich
genau an dem Zielort angelangt!

Brot, das den Hunger nach Leben stillt

22 Am nächsten Morgen trafen sich die Menschen wieder auf der anderen
Seite vom See und warteten da auf Jesus. Sie hatten mitgekriegt, dass er
mit seinen Freunden zusammen gekommen war, die dann aber alleine,
ohne ihn, mit dem Boot wieder abgehauen waren. 23 Inzwischen hatten
mehrere Schiffe aus Tiberias bei der Stelle angelegt, wo Jesus, nachdem er
gebetet hatte, so viele mit dem Brot satt machen konnte. 24 Da nun weder
Jesus noch seine Freunde dort wieder aufgetaucht waren, stieg alles in die
nächste Fähre Richtung Kapernaum. Sie wollten ihn dort suchen. 25 Und
tatsächlich fanden sie ihn da mit seinen Freunden. Einer meinte zu ihm:
„Großer Lehrer, wann sind Sie denn hierhergekommen?“ 26 „Ich weiß
genau, warum ihr hier seid!“, antwortete Jesus. „Ihr habt mich gesucht,
weil ich euch was zu essen organisiert habe und ihr satt geworden seid,
stimmt's? Ihr seid nicht hier, weil es euch um mich geht! 27 Macht euch
bloß nicht so den Kopf dadrüber, ob ihr genug zu essen kriegt! Denkt lie-
ber darüber nach, wie ihr es hinkriegt, ein Leben zu bekommen, was nie
aufhört. Das kann der Auserwählte, der Menschensohn, euch schenken,
wenn ihr wollt! Gott hat ihm die Vollmacht dazu erteilt.“ 28 „Was sollen wir
denn machen, damit Gott mit uns zufrieden ist?“, fragten sie ihn. 29 „Es
gibt nur eine Sache, die Gott von euch erwartet: Ihr sollt euer Vertrauen

auf den setzen, den er zu euch geschickt hat!“ 30 „Okay, wenn Sie wollen,
dass wir Ihnen vertrauen und an Sie glauben, dann machen Sie mal jetzt
als Beweis irgendein Wunder, ja?! Also, was zeigen Sie uns jetzt? 31 Immer-
hin haben unsere Vorfahren, als sie durch die Wüste gezogen sind, diesen
Brotersatz, das Manna, als Beweis von Gott bekommen. Steht ja auch im
alten Buch drin: ‚Er gab ihnen Brot aus dem Himmel zu essen.‘“ 32 Jesus’
Antwort war so: „Ich schwör, Mose hatte mit diesem Brot nichts zu tun,
Leute. Das Brot kam von meinem Papa, er kann euch sogar echtes Him-
melsbrot geben! 33 Und dieses Brot bin ich persönlich. Ich will der ganzen
Welt echtes, richtiges Leben schenken.“ 34 „Chef, geben Sie uns auch was
von diesem Brot, am besten täglich!“, meinten die Leute da zu ihm. 35 „Ich
selbst bin das lebendige Brot. Wer zu mir kommt, wird nie wieder Hunger
haben. Wer mir vertraut, wird keinen Durst mehr bekommen, für immer!
36 Aber ihr wollt mir nicht glauben, obwohl ihr mich sogar live gesehen
habt. 37 Alle Leute, die mir der Vater schickt, werden zu mir kommen. Ich
werde keinen draußen stehen lassen. 38 Ich bin aus Gottes Welt zu euch
gekommen, damit ich die Sachen durchziehe, die Gott von mir will. Es
geht mir nicht um mich. 39 Und Gott will von mir, dass ich keinen von den
Leuten, die er mir gegeben hat, aufgebe, nicht einen Einzigen. Am letzten
Tag dieser Welt sollen sie alle zum ewigen Leben durchstarten. 40 Denn
mein Vater will, dass alle, die blicken, dass ich sein Sohn bin, und mir ver-
trauen, für immer leben können. Die werde ich aus dem Tode rausholen,
wenn es mit dieser Welt zu Ende ist.“ 41 Ein paar von den Juden passte
das gar nicht, dass Jesus behauptete, er sei ein lebendiges Brot, das direkt
aus dem Himmel gekommen sei. 42 „Was will der denn? Ist das nicht
dieser Jesus, der Sohn vom Josef? Wir kennen doch sogar seine Eltern
ganz gut! Wie kommt der zu der Behauptung, er wäre aus dem Himmel
gekommen?!“ 43 „Warum passt euch das nicht?“, meinte Jesus. 44 „Keiner
kann mit mir was anfangen, wenn ihm der Vater nicht gezeigt hat, wo
es längsgeht. Alle Menschen, die er zu mir schickt, werde ich am letzten
Tag dieser Erde lebendig machen. 45 Die Propheten hatten auch schon
geschrieben: ‚Alle werden bei Gott wieder die Schulbank drücken müs-
sen!‘ Wenn also jemand auf Gott hört und von ihm lernt, der kommt zu
mir. 46 Damit will ich nicht sagen, dass schon mal irgendwann jemand
Gott wirklich gesehen hat. Nur einer kennt ihn wirklich, und zwar der, der
von ihm geschickt wurde. 47 Eine Sache ist ganz sicher: Wer sein Vertrauen
auf mich setzt und mir glaubt, der hat jetzt schon das Leben, was nie
aufhören wird, in der Tasche. 48 Ich bin das Brot, das euch dieses Leben
geben kann. 49 Eure Vorfahren haben dieses Manna in der Wüste geges-
sen, aber irgendwann sind sie doch alle gestorben. 50 Dieses Brot, das ihr
hier vor euch seht, kommt direkt aus dem Himmel. Alle, die davon essen,

werden nie mehr sterben! 51 Ich bin das Brot, das Leben gibt, und das
kommt aus dem Himmel. Alle, die von diesem Brot essen, werden ewig
leben. Dieses Brot ist mein Körper, der wird für euch wie ein Schuldschein
eingelöst. Das tue ich, damit diese Welt leben kann." 52 Diese Ansprache
löste voll die Diskussionen bei den Juden aus. „Will der etwa, dass wir
Kannibalismus betreiben und sein Fleisch essen, oder was?" 53 Darum
sagte Jesus noch mal: „Eine Sache ist sicher: Wenn ihr nicht von dem
Fleisch vom Auserwählten essen und auch nicht sein Blut trinken wollt,
könnt ihr das ewige Leben echt vergessen! 54 Die Leute aber, die mein
Fleisch essen und mein Blut trinken, werden ewig leben, und am letzten
Tag von dieser Erde werde ich sie alle aus ihrem Tod rausholen. 55 Mein
Körper ist die einzige echte Nahrung, die man braucht, und mein Blut das
wichtigste Getränk. 56 Alle, die mein Fleisch essen und mein Blut trinken,
sind mit mir ganz eng verbunden. 57 Ich kann nur existieren, weil die Kraft
vom lebendigen Gott in mir ist. Ich bin in seinem Auftrag unterwegs.
Genauso werden alle, die mit mir verbunden sind, aus meiner Kraft leben.
58 So ist das mit dem lebendigen Brot, das aus dem Himmel kommt.
Wer davon isst, wird nicht mehr sterben, er wird ewig leben. Anders als
eure Vorfahren, die von dem Manna gegessen haben." 59 Diese Rede
hielt Jesus in einer Synagoge in Kapernaum, wo sich die Juden zum Gebet
versammelten.

Viele Freunde verlassen Jesus

60 Viele von seinen Freunden kamen darauf nicht klar. Sie sagten: „Harte
Worte, steile Thesen, wer hat da noch Bock drauf?" 61 Jesus bekam das
natürlich mit, darum sagte er zu ihnen: „Schiebt ihr nur deswegen schon
voll den Hals? 62 Was geht dann erst bei euch ab, wenn ihr seht, wie der
Auserwählte dahin zurückgeht, wo er hergekommen ist? 63 Nur der Geist
von Gott macht Dinge lebendig! Das kriegt ihr selber nie hin! Die Worte,
die ich zu euch gesprochen habe, bestehen aus diesem Geist. Darum sind
sie in der Lage, Menschen lebendig zu machen. 64 Ein paar von euch
glauben mir aber immer noch nicht." Jesus wusste nämlich von Anfang
an, wer ihm nicht vertraute, und er wusste auch, wer ihn später verraten
würde. 65 Er sagte darum noch: „Das war der Grund, warum ich die
Ansage gemacht habe: Keiner schafft es, mich zu finden, wenn Gott der
Vater ihm nicht den Weg zeigt und ihn zu mir bringt!" 66 Nach dieser Rede
verabschiedeten sich sehr viele von seinen Freunden und gingen nicht
länger mit ihm. 67 Jesus fragte seine zwölf engsten Freunde: „Und was ist
mit euch? Wollt ihr euch auch verabschieden und mich alleine lassen?"
68 Da sagte Simon Petrus sofort: „Chef, zu wem sollten wir denn über-
haupt hingehen? Du hast Worte, die uns die Richtung zeigen zu einem

Leben, was ewig hält! 69 Wir vertrauen dir, wir haben kapiert, dass du der
Auserwählte bist, der Christus, der Sohn von Gott.“ 70 Jesus antwortete:
„Ich hab euch zwölf extra ausgesucht, trotzdem ist einer von euch mein
Feind.“ 71 Damit meinte er Judas, den Sohn vom Simon Iskariot. Er war
einer der zwölf engsten Freunde, und er linkte Jesus am Ende total ab.

7

„Zeig uns, was du draufhast!“

1 Anschließend zog Jesus weiter in Galiläa herum. In Judäa wollte er
nicht rumziehen, weil die Leitungsebene der Juden schon beschlossen
hatte, ihn bei der nächsten Gelegenheit zu töten. 2 Kurz vor dem jüdischen
Laubhüttenfest 3 drängelten seine leiblichen Brüder rum, er sollte doch die
Feiertage unbedingt woanders verbringen. „Geh doch nach Judäa, Jesus,
da kannst du noch eine kleine Wundershow für deine Freunde abziehen!“,
meinten sie. 4 „Wenn du dich immer versteckst, wirst du nie berühmt wer-
den! Wenn du wirklich so derbe Wunder tun kannst, dann musst du sie
auch allen zeigen!“ 5 Seine Brüder glaubten nämlich nicht an ihn. 6 „Also,
ich denke, dass es noch nicht an der Zeit für mich ist, da hinzugehen.
Was nicht heißen muss, dass ihr auch nicht gehen solltet. Macht es, wie
ihr wollt! 7 Ihr werdet von den Menschen nie gehasst werden, warum
auch. Aber mich hassen sie, weil ich ihnen offen ins Gesicht sage, dass sie
in einer Tour nur Sachen machen, die Gott nicht will. 8 Ihr könnt ruhig auf
die Party gehen, die da stattfindet, aber ich komme nicht mit. Es ist noch
nicht die Zeit, wo ich richtig loslegen soll.“ 9 Jesus blieb dann erst mal in
Galiläa. 10 Als seine Brüder abgezogen waren, ging Jesus dann doch noch
hinterher. Aber inkognito, damit ihn keiner erkannte. 11 Die Führungsriege
der Juden fragte überall nach ihm. 12 In der ganzen Stadt wurde über Jesus
getuschelt. Die einen waren der Meinung: „Er ist ein guter Mensch!“
Andere meinten wiederum: „Er verführt die Bevölkerung nur!“ 13 Aber
keiner hatte den Mut, öffentlich über ihn zu reden, weil sie alle Schiss vor
der religiösen Führung hatten. 14 Als das Fest gerade Halbzeit hatte, ging
Jesus noch in den Tempel, um dort Unterricht in Glaubensfragen zu
geben. 15 Die Juden, die ihm dabei zuhörten, kriegten es dabei nicht auf
die Reihe, wie gut er dadrin war. „Wie kann jemand so kompetent die
heiligen Bücher erklären, obwohl er gar nicht studiert hat?“, fragten sie
sich. 16 Jesus beantwortete die Frage: „Was ich euch hier erzähle, hab ich
mir nicht selbst ausgedacht. Es kommt alles von Gott, in dessen Auftrag
ich unterwegs bin. 17 Jeder, der das Ziel hat, nur die Sachen zu tun, die
Gott gut findet, versteht schnell, ob das, was ich sage, von Gott kommt
oder nur von mir selbst. 18 Wenn jemand seine eigenen Ideen verbreitet,
will er am Ende auch immer groß rauskommen. Wenn einer aber im Auf-

trag von jemand anders arbeitet und nur will, dass der Auftraggeber groß
rauskommt, dann kann man ihm vertrauen, er ist gut unterwegs. 19 Mose
hat euch die Gesetze gegeben, aber keiner von euch tut, was dadrinsteht.
Warum wollt ihr mich überhaupt umbringen?" 20 Einer aus der Menge rief
zu ihm: „Du bist ja total durchgeknallt! Wer will dich denn bitte töten?"
21 Jesus fuhr fort: „Warum regt ihr euch überhaupt so auf? Ich hab doch
nur einen Menschen am religiösen Feiertag geheilt, weiter nichts! 22 Ihr
sagt, das ist nach den Gesetzen verboten, und dabei arbeitet ihr auch
an diesem Tag, dem Sabbat, wenn ihr mit einem Menschen zum Beispiel
dieses Beschneidungsritual durchzieht. Mose hat dieses Gesetz ja vor-
gegeben, obwohl der Brauch sogar sehr viel älter ist als das Gesetz vom
Mose. Das kommt ja noch von den alten Stammvätern. 23 Wenn diese
Beschneidung an diesem Tag völlig legal ist, warum wollt ihr mich dann
fertigmachen, wenn ich einen Menschen am Sabbat heile? 24 Denkt mal
nach, Leute, seid nicht so oberflächlich!"

Diskussionen über Jesus

25 Ein paar von den Leuten aus Jerusalem fragten sich: „Ist das nicht der
Typ, den sie ermorden wollen? 26 Jetzt hält der hier in aller Öffentlichkeit
große Reden, und sie unternehmen nichts dagegen. Denken die jetzt viel-
leicht auch, er wäre ‚der Auserwählte', dieser Messias? 27 Das geht ja gar
nicht! Wir wissen ja schließlich genau, wo er herkommt! Wenn dieser
Auserwählte kommt, dann kommt er ganz plötzlich, dann weiß man noch
nicht mal, wo er früher überhaupt gewohnt hat." 28 Jesus bekam das
irgendwie mit und rief laut: „Klar, ihr denkt jetzt, dass ihr mich kennt, weil
ihr wisst, wo ich aufgewachsen bin. Aber ich komme nicht, um mich
selbst zu vertreten, ich vertrete jemand anders, von dem habt ihr aber
keine Ahnung. 29 Ich kenne ihn sehr gut, ich hab mal bei ihm gewohnt. In
seinem Auftrag bin ich hier." 30 Als sie das hörten, hätten sie ihn am liebs-
ten gleich weghaften lassen. Ging aber nicht, weil seine Zeit noch nicht
abgelaufen war. 31 Viele der Leute, die im Tempel saßen und seiner Rede
zugehört hatten, fingen an ihm zu vertrauen. Ihre Begründung war
schlicht und einfach: „Kann man von dem Auserwählten noch mehr Wun-
der erwarten, als dieser Mann bereits jetzt schon getan hat?" 32 Als die
Pharisäer, die religiösen Streber, hörten, was für eine hohe Meinung die
Leute über Jesus hatten, organisierten sie mit dem Segen vom obersten
Priester ein paar Wachmänner vom Tempel, um Jesus verhaften zu lassen.
33 Jesus sagte zu den Leuten: „Ich werde nur noch kurz bei euch bleiben,
dann werde ich zurückgehen, wo ich hergekommen bin. 34 Ihr werdet nach
mir suchen, aber ihr könnt mich nicht finden, und wo ich dann bin, da
kommt ihr überhaupt nicht hin." 35 Diese Ansage kapierten die Juden nicht

wirklich. „Wo will er hin? Will er vielleicht fliehen und das Land verlassen?
Vielleicht will er auch ’ne Tour ins Ausland machen? 36 Was meint er jetzt
mir diesem Spruch: ‚Ihr werdet nach mir suchen und mich nicht finden
können‘, und damit: ‚Wo ich bin, da könnt ihr nicht sein‘? Hä?“

Wer Durst nach Leben hat, kann zu Jesus kommen

37 Am letzten Tag, es war immer der Höhepunkt des Festes, stellte sich
Jesus vor die Leute hin und rief ihnen zu: „Hat hier jemand Durst? Der
soll bei mir vorbeikommen und sich was zu trinken abholen! 38 Jeder, der
sein Vertrauen auf mich setzt, aus dem wird von innen heraus lebendiges
frisches Wasser sprudeln. Da drüber kann man schon was in den alten
Schriften nachlesen.“ 39 Damit meinte er die Kraft, die von Gott kommt,
den Heiligen Geist. Alle sollten den bekommen, alle, die an Jesus glauben.
(Diesen Geist bekamen sie dann erst später, und zwar nachdem Jesus aus
dem Tod wieder zurück ins Leben gekommen war und von Gott die Macht
über diese Welt bekommen hatte.) 40 Einige von denen, die zugehört hat-
ten, waren jetzt der Ansicht: „Bestimmt ist dieser Mann ein Prophet.“
41 Andere glaubten wiederum: „Er ist der Auserwählte Gottes, der Chris-
tus.“ Die Nächsten waren da anderer Meinung: „Das geht ja gar nicht.
Wie kann der Auserwählte denn ausgerechnet aus Galiläa kommen?
42 In den alten Schriften steht doch, dass dieser Messias aus der Präsiden-
tenfamilie stammt, der vom David. Und dass er in Bethlehem geboren
werden sollte, in demselben Dorf, wo David auch geboren worden ist!“
43 Es war also voll die Diskussion im Gange. 44 Ein paar waren dafür, ihn
verhaften zu lassen, aber das traute sich irgendwie keiner. 45 Die Wach-
leute vom Tempel kamen mit leeren Händen zu den Oberpriestern und
den religiösen Strebern zurück. „Was ist los, warum haben Sie ihn nicht
verhaftet?“, wollten die wissen. 46 „Entschuldigung, aber das ging irgend-
wie nicht. Wir haben einfach noch nie einen Menschen so reden hören wie
ihn!“ 47 „Hat er euch etwa auch verführt?“, meinten die religiösen Streber
zu den Wachleuten. 48 „Glaubt auch nur einer aus der religiösen Führung
an ihn? 49 Nur diese verfluchten Leute, die sowieso nichts taugen, laufen
ihm hinterher! Alles Leute, die keinen blassen Schimmer von den alten
Büchern haben.“ 50 Da meinte Nikodemus, der selbst ein religiöser Streber
war und sich mit Jesus schon mal getroffen hatte: 51 „Ist es jetzt seit neus-
tem etwa gesetzlich vorgesehen, Leute zu verurteilen, bevor sie eine
ordentliche Verhandlung bekommen haben?“ 52 „Kommst du etwa auch
aus Galiläa?“, wollten die religiösen Streber gleich wissen. „Überprüf
doch erst mal in den heiligen Schriften, was dazu steht. Kein Prophet
kommt aus Galiläa!“ 53 Man kam bei diesem Treffen zu keiner Einigung.
Irgendwann gingen sie alle nach Hause.

8
Jesus vergibt der Frau, die sonst von allen verurteilt wird

1 Jesus ging dann aus der Stadt zum Ölberg. 2 Aber gleich am nächsten
Morgen war er wieder im Tempel. Und ziemlich schnell waren wieder
sehr viele Leute bei ihm, denen er dann Sachen über Gott beibringen
konnte. 3 Plötzlich brachten die religiösen Profis und Streber eine Frau
an, die auf frischer Tat ertappt worden war. Sie hatte mit einem Typen
geschlafen, obwohl sie bereits mit einem andern Mann verheiratet war.
Die Männer stießen die Frau in die Mitte, damit alle sie sehen konnten.
4 Dann sagten sie zu Jesus: „Herr Lehrer, diese Frau ist gerade mit einem
verheirateten Mann im Bett erwischt worden. Das ist Ehebruch! 5 Nach
den Gesetzen vom Mose müsste sie jetzt von mehreren so lange mit
Steinen beworfen werden, bis sie tot ist! Was sagen Sie zu diesem ein-
deutigen Fall?“ 6 Das war natürlich nur ein Trick. Sie hofften, sie könnten
Jesus damit in eine Zwickmühle bringen, sodass er irgendwas Verpeiltes
sagen würde, was sie dann später gegen ihn verwenden könnten. Jesus
blieb aber total cool, er setzte sich auf den Boden und schrieb irgendwas
mit seinen Fingern in den Sand. 7 Als die Typen aber weiter rumnervten,
sah er nach oben und sagte: „Okay, dann soll mal der den ersten Stein
schmeißen, der noch nie in seinem Leben Mist gebaut hat!“ 8 Dann
bückte er sich wieder und malte irgendwelche Sachen in den Sand. 9 Als
Erstes verschwanden die Älteren. Und dann folgte ihnen einer nach dem
anderen, bis Jesus zum Schluss mit der Frau alleine war. 10 Jesus stand
auf und fragte sie: „Na, wo sind denn jetzt die Leute, die ’ne Anzeige
erstatten wollten? Hat etwa keiner von denen das Urteil auch vollstreckt?“
11 „Nein, keiner, mein Herr“, antwortete sie. „Dann werde ich das auch
nicht tun. Geh jetzt mal nach Hause und pass auf, dass du nicht noch
einmal so einen Fehler machst!“

Ein Licht, das die Richtung vorgibt

12 An einem anderen Tag hielt Jesus wieder eine Rede. Diesmal sagte er:
„Ich bin wie eine Halogenlampe für diese Welt. Wer mit mir lebt, wird sich
nicht mehr verlaufen, er muss nur dem Licht hinterhergehen. Es führt ihn
in die richtige Richtung, nämlich zum Leben.“ 13 Die religiösen Streber
wollten gleich wieder ’ne Diskussion anzetteln. „Also, wissen Sie nicht,
wenn jemand keinen anderen Zeugen auffahren kann als sich selbst, dann
ist er sowieso unglaubwürdig?!“ 14 „Alles, was ich über mich sage, ent-
spricht der vollen Wahrheit, auch wenn ich mein eigener Zeuge bin. Ich
weiß, woher ich komme, und ich weiß auch, wohin ich mal gehen werde!
Aber davon habt ihr keinen blassen Schimmer. 15 Ihr verurteilt mich nach
euren eigenen menschlichen Pseudo-Gesetzen. Ich verurteile hier nieman-
den. 16 Wenn ich aber mal Menschen verurteilen werde, dann tue ich das

fair und gerecht. Ich werde das dann nicht alleine machen, mein Vater ist
dabei. Der hat mich ja auch hergeschickt. 17 Für eure Gesetze ist eine Aus-
sage vor Gericht ja erst dann akzeptabel, wenn es dafür mindestens zwei
Zeugen gibt. 18 Also, wenn ich der eine Zeuge bin, dann ist der Vater mein
zweiter Zeuge." 19 „Ja, wo ist denn Ihr Vater, bitte?", wollten sie wissen.
Jesus antwortete: „Sie haben noch nicht mal kapiert, wer ich bin, wie sol-
len Sie dann begreifen, wer mein Vater ist? Wenn Sie mich wirklich kennen
würden, dann würden Sie auch meinen Vater kennen." 20 Diese Sachen
erzählte Jesus in einem besonderen Raum in dem Tempel der Juden, der
sogenannten Schatzkammer. Sie konnten ihn aber noch nicht verhaften,
weil die Zeit noch nicht reif dafür war.

Jesus wohnte mal im Himmel

21 Später machte Jesus noch mal eine Ansage: „Ich werde irgendwann von
hier verschwinden. Dann werdet ihr mich wie blöd suchen und an eurem
Dreck ersticken. Aber da, wo ich dann bin, könnt ihr nicht hinkommen."
22 Die Juden kapierten null, was er damit meinte: „Will er vielleicht Selbst-
mord begehen? Was meint er damit: ‚Da, wo ich bin, könnt ihr nicht hin-
kommen'? Hä??" 23 Dazu sagte Jesus nur: „Eure Heimat ist hier auf der
Erde. Meine Heimat ist aber nicht hier. 24 Das war auch der Grund, warum
ich gesagt habe, ihr werdet an eurem Dreck noch ersticken. Weil ihr euer
Vertrauen nicht auf mich setzt und nicht glaubt, dass ich der Auserwählte
bin, werdet ihr an eurem Dreck ersticken!" 25 „Wer sind Sie denn über-
haupt?", wollten die jetzt wissen. Jesus meinte nur: „Rede ich mir hier
jetzt den Mund fusselig? Hab ich doch schon gesagt! 26 Es gibt noch eini-
ges, was ich jetzt über euch sagen könnte, noch viele Sachen, die bei euch
echt ätzend laufen. Ich werde aber nur das weitergeben, was er mir gege-
ben hat, und das ist auf jeden Fall die reine Wahrheit." 27 Sie hatten immer
noch nicht kapiert, dass Jesus die ganze Zeit von Gott, seinem Vater,
gesprochen hatte. 28 „Wenn ihr den Auserwählten Gottes hochgehalten
habt, dann werdet ihr kapieren, wer ich wirklich bin, und dann werdet ihr
auch kapieren, dass ich nicht meine eigenen Ideen verfolgt habe. Das sind
alles Gedanken, die mir Gott der Vater gegeben hat. 29 Er ist immer bei
mir, auf ihn kann ich mich hundertprozentig verlassen, weil ich nur das
tue, was er will." 30 Nachdem er diese Rede beendet hatte, fingen viele an,
ihr Vertrauen auf Jesus zu setzen.

Wann ist man wirklich frei?

31 Jesus sagte einmal zu den Menschen: „Alle, die das, was ich sage, für
sich als richtig akzeptieren und ihr Leben danach ausrichten, gehören
wirklich zu meinen Leuten. 32 Erst dann werdet ihr kapieren, was wirklich

wahr ist und was nicht. Und das wird euch die Möglichkeit geben, wirk-
lich frei zu sein." 33 „Aber wir sind doch aus der Familie vom Abraham",
prollten die Juden rum. „Und wir haben unser Leben auch nicht mit
irgendwelchen Knebelverträgen an jemanden übertragen! Wie kommen
Sie darauf, dass wir ‚befreit' werden müssten?" 34 „Also, eins sag ich auf
sicher", meinte Jesus, „jeder, der Dinge tut, die Gott nicht will, wird
dadurch unfrei. Er wird dadurch wie ein Angestellter, der nicht kündigen
kann. 35 Ein Angestellter ist kein Familienmitglied, er gehört zur Firma.
Ein Sohn gehört aber immer zur Familie. 36 Erst wenn der Sohn von Gott
kommt und euch da rausholt, dann seid ihr wirklich frei!"

Wer wirklich zur Familie vom Abraham gehört

37 „Ich weiß natürlich, dass ihr aus der Familie vom Abraham kommt.
Trotzdem wollt ihr mich töten, weil ihr keine Lust auf das habt, was ich
sage. 38 Ich erzähle euch nur das, was ich von meinem Vater gehört habe.
Und ihr tut nur das, was euch euer Vater gesagt hat." 39 „Abraham ist
unser Vater!", sagten sie sofort. Jesus erwiderte: „Nein, das denk ich nicht.
Denn wenn ihr seine Kinder wärt, dann wäre er auch euer Vorbild. 40 Ich
hab euch die Wahrheit gesagt. Alles, was ich sage, kommt direkt von Gott.
Trotzdem wollt ihr mich umbringen. Abraham wäre nie auf so eine Idee
gekommen. 41 Ihr dagegen seid genauso drauf wie euer Vater und tut auch
genau das, was er euch sagt." „Unsere Mutter ist keine Nutte, ja? Wir
haben nur einen Vater, und zwar Gott!", meinten sie. 42 „Wenn Gott wirk-
lich euer Vater wäre, dann würdet ihr mich lieben. Ich komme nämlich von
ihm, er hat mir die Order gegeben zu euch zu kommen. Das war nicht
meine Idee. 43 Wisst ihr, warum ihr nicht kapiert, was ich sage? Weil ihr
überhaupt nicht hören könnt, was ich euch sage! 44 Euer Vater ist nämlich
der Satan höchstpersönlich, und ihr seid so drauf wie er. Der Teufel war
schon immer ein Mörder, und er hasst die Wahrheit. Lügen gehört zu sei-
nem Charakter, er hat die Lüge erfunden. 45 Wenn ich euch die Wahrheit
erzähle, ist es total logisch, dass ihr mir nicht glaubt. 46 Wer von euch
kann mir denn beweisen, dass ich irgendwo Mist gebaut habe? Wenn ich
euch die Wahrheit erzähle, warum glaubt ihr mir nicht? 47 Wer Gott als
Vater hat, der hört auch, was er sagt. Dass ihr das nicht tut, ist ein Beweis,
dass ihr nicht seine Kinder seid." 48 Die Leute waren total sauer, als er das
sagte: „Du Missgeburt! Wir haben schon immer gesagt, dass du total
durchgeknallt bist!" 49 „Ich bin total normal, ich will bloß dafür sorgen,
dass mein Vater am Ende groß rauskommt, aber ihr macht mich nur an!
50 Es geht mir nicht da drum, am Ende der Held zu sein. Gott will, dass ihr
versteht, wer ich bin. Er wird sowieso am Ende der Richter sein. 51 Eins
kann ich euch garantieren: Wer sich an das hält, was ich sage, der wird

niemals sterben!“ [52] Die Leute sagten dazu: „Spätestens mit diesem
Spruch hast du bewiesen, dass du total durchgeknallt bist! Selbst Abra-
ham und auch die Propheten sind irgendwann gestorben. Wie kommst du
dadrauf zu sagen, wer sich an das hält, was du sagst, wird nie sterben?
[53] Meinst du, du hättest mehr Macht als unser Urvater Abraham? Selbst
der ist gestorben! Oder glaubst du, du wärst besser als die Propheten?
Die sind auch gestorben! Was bildest du dir eigentlich ein?“ [54] „Also Leute,
wenn ich hier selbst ’ne dicke Lippe riskieren würde, dann wäre alles
sowieso egal. Aber weil mein Vater hinter mir steht, ist das anders. Ihr
sagt zwar, dass er euer Gott ist, [55] dabei habt ihr überhaupt keine Ahnung,
wie der wirklich drauf ist. Ich kenne ihn aber sehr gut. Wenn ich jetzt
sagen würde, ich hätte keine Ahnung, wer Gott ist, dann wäre ich genauso
ein Lügner wie ihr. Aber ich kenne ihn und tue genau das, was er von mir
will. [56] Euer Vater Abraham hatte schon vorausgesehen, dass ich kommen
werde. Und er freute sich, als er es erlebte!“ [57] „Hä, wie geht das denn? Du
bist doch keine fünfzig, wie willst du denn den Abraham kennen?“ [58] „Ich
schwöre euch, ich war schon da, bevor Abraham überhaupt geboren
wurde!“ [59] Als er das gesagt hatte, waren die Juden total sauer und wollten
ihn sofort töten. Aber Jesus konnte gerade noch rechtzeitig fliehen.

9

Jesus heilt einen Mann, der blind ist

[1] Unterwegs traf Jesus einen Mann, der von Geburt an blind war.
[2] „Chef, sag mal, gibt es einen Grund, warum der Mann blind gebo-
ren wurde? Liegt das daran, weil von vorne herein klar war, dass er selbst
viel Mist bauen wird, oder hat das eher mit seinen Eltern zu tun?“, wollten
seine Schüler wissen. [3] „Das hatte nichts mit seinen Taten zu tun und
auch nicht mit denen seiner Eltern“, antwortete Jesus. „Er wurde als Blin-
der geboren, damit Gottes Möglichkeiten bei ihm sichtbar werden kön-
nen. [4] Ich muss den Auftrag, den Gott mir ausgestellt hat, erfüllen, und
zwar so schnell es geht. Es dauert nicht mehr lange, dann wird es dunkel
werden, und dann kann keiner mehr was ausrichten. [5] Solange ich hier bei
euch bin, werde ich der Welt Orientierung geben.“ [6] Dann spuckte Jesus
auf die Erde und machte aus dem Zeug einen Brei. Den strich er auf die
Augen von dem Blinden. [7] „Geh jetzt mal zum Siloah-Teich und wasch
dich da!“ Der Blinde machte das auch, er wusch sich das Zeug von den
Augen ab, und als er zurückkam, konnte er sehen! [8] Seine Nachbarn und
die Leute, die ihn kannten, kriegten das null auf die Reihe. „Ist das nicht
der Mann, der immer an der Straße sitzt und bettelt?“ [9] Einige glaubten es
nicht: „Das geht ja gar nicht! Der sieht dem Typen nur verdammt ähn-
lich.“ „Doch, ich bin das wirklich!“, sagte der Mann. [10] „Wie kommt das

denn, dass du plötzlich sehen kannst?“ [11] „Also, das war so“, berichtete er,
„ein Mann, der Jesus heißt, hat mir einen Brei auf meine Augen gestri-
chen. Dann hat er gesagt, ich soll mal zum Teich Siloah gehen und das
wieder abwaschen. Hab ich alles getan, und jetzt kann ich sehen!“ [12] „Und
wo ist dieser Jesus jetzt?“ „Keine Ahnung!“, war seine Antwort.

Die religiösen Streber wollen es genau wissen

[13] Irgendwann brachten sie den „Ex-Blinden“ zu religiösen Strebern.
[14] Jetzt war es so, dass Jesus den Typen am religiösen Feiertag, dem Sab-
bat, geheilt hatte, und da war arbeiten eigentlich verboten ... [15] Die Streber
wollten erst mal einen detaillierten Bericht von ihm. So erzählte er ihnen
die ganze Story: „... und dann er hat mir einen Brei auf die Augen gestri-
chen, und als ich den abgewaschen hab, konnte ich sehen! ...“ [16] Ein paar
von den Strebern meinten dann gleich: „Dieser Jesus kann gar nicht von
Gott sein, denn er hat gegen unsere religiösen Gesetze verstoßen und am
Sabbat gearbeitet.“ Eine andere Meinung war: „Aber wie kann das ange-
hen, dass so ein ganz normaler Typ solche großen Wunder tun kann?“
[17] Von dem Ex-Blinden wollten sie jetzt noch wissen: „Wie schätzen Sie
denn diesen Menschen ein, was ist das für einer?“ „Der ist auf jeden Fall
mindestens ein Prophet!“, war seine Antwort. [18] Die führenden Juden
wollten aber nicht glauben, dass er wirklich mal blind gewesen war.
Darum wurden die Eltern von ihm auch vorgeladen. [19] Die Befragung
ergab Folgendes: „Ist das Ihr Sohn? Behaupten Sie, er wäre von Geburt
an blind gewesen? Wenn diese Aussage stimmt, wie kommt es, dass er
jetzt sehen kann?“ [20] Die Eltern antworteten: „Wir können garantieren,
dass es sich hier um unseren Sohn handelt und dass er blind geboren
wurde. [21] Warum er jetzt wieder sehen kann und wie das passiert ist?
Keine Ahnung! Er ist alt genug, um für sich selbst zu sprechen. Fragen Sie
ihn doch!“ [22] Diese Aussage kam aber unter Druck zustande. Die Eltern
hatten Schiss davor, ein Ausschlussverfahren an den Hals zu kriegen und
aus der Synagogengemeinschaft rauszufliegen. [23] So kam es zu dem
Spruch: „Fragt ihn doch selbst!“ [24] Also wurde der Typ zum zweiten Mal
vorgeladen. Sie versuchten ihn unter Druck zu setzen: „Schwören Sie bei
Gott! Sagen Sie die Wahrheit und nichts als die Wahrheit! Wir wissen,
dass dieser Jesus nicht mit Gott lebt und Dreck am Stecken hat.“ [25] „Ich
hab keine Ahnung, ob dieser Jesus jetzt nun mit Gott lebt oder nicht, aber
eins weiß ich ganz sicher: Ich war mal blind und jetzt kann ich sehen!“
[26] „Aber was hat er denn mit Ihnen gemacht, wie hat er das genau ange-
stellt?“ [27] Genervt meinte der Typ: „Das hab ich Ihnen doch schon hundert
Mal erzählt! Haben Sie was in den Ohren, oder wie? Oder wollen Sie sich
etwa auch seiner Truppe anschließen?“ [28] Jetzt rasteten die religiösen

Streber wiederum aus und brüllten: „Sie gehören doch zu ihm! Wir gehö-
ren nur zu Mose! 29 Von Mose wissen wir, dass Gott mit ihm geredet hat.
Aber von diesem Typen wissen wir noch nicht mal, wo er geboren wurde!“
30 „Schon echt seltsam!!“, meinte der Mann. „Er kann immerhin meine
Augen so mal eben heilen, aber Sie haben keine Ahnung, wo der über-
haupt herkommt! 31 Wir wissen doch alle, dass Gott nicht auf das Gebet
von Leuten hört, die Dreck am Stecken haben. Nur Menschen, die so
leben, wie er das will, auf die hört er. 32 Solange sich diese Erde dreht, hat
noch nie jemand eine Heilung von einem Blindgeborenen gebracht, oder?
33 Wenn dieser Typ nicht von Gott kommt, dann ginge das doch gar nicht!“
34 Völlig sauer brüllten sie ihn an: „Was? Jetzt spielen Sie hier auch noch
unseren Lehrer?“, und dann schmissen sie ihn einfach raus.

Menschen, die sehen können, sind oft total blind

35 Jesus hörte später, dass sie den Typen aus der jüdischen Gemeinschaft
rausgeschmissen hatten. Er besuchte ihn daraufhin und fragte ihn: „Wür-
dest du dein Vertrauen auf den Auserwählten Gottes setzen?“ 36 „Ja klar!
Sag mir, wer das ist, ich würde gerne an ihn glauben!“ 37 „Er steht vor dir
und du redest gerade mit ihm.“ 38 „Ja, Meister! Ich vertraue dir hundert
Prozent!“ Dann kniete er sich vor Jesus hin. 39 „Ich bin hier auf die Welt
gekommen, um ein Urteil über sie zu sprechen. Bei mir werden sich Gut
und Schlecht voneinander trennen. Die jetzt glauben, den Durchblick zu
haben, werden dann nichts mehr verstehen, und die jetzt noch gar nichts
blicken, werden alles plötzlich verstehen können.“ 40 Die religiösen Stre-
ber, die das hörten, fragten gleich: „Haben Sie gerade uns als blind be-
zeichnet?“ 41 „Wenn ihr wenigstens blind wärt, dann könnte man euch
nichts vorwerfen“, sagte Jesus. „Aber ihr glaubt ja, den Durchblick zu
haben, darum könnt ihr euch auch nicht mehr rausreden!“

10

Jesus ist ein guter Hirte

1 „Passt mal auf, was ich euch jetzt sagen will: Wenn jemand ver-
sucht, sich hintenrum einzuschleimen, anstatt vorne geradewegs
zu sagen, was Sache ist, der hat garantiert keine guten Absichten, er will
euch nur kaputt machen und beklauen! 2 Ein Schafhirte kommt auch
immer vorne durch das Haupttor, 3 der Türsteher öffnet ihm und die
Schafe erkennen ihn an seiner Stimme. Er kennt den Namen von jedem
einzelnen Schaf, und er führt sie sicher nach draußen. 4 Wenn alle zusam-
men sind, geht er voraus, und die Schafe gehen ihm hinterher, weil sie
seine Stimme kennen. 5 Wenn irgendein Fremder sie ruft, folgen sie ihm
nicht, sie laufen sogar weg. Sie kennen seine Stimme ja auch nicht.“ 6 Die

Leute, zu denen er das sagte, kapierten nicht so ganz, was er damit sagen
wollte. [7] Darum erklärte er das dann noch mal. „Das ist wirklich so, Leute:
Ich bin das Haupttor, wo die Schafe durchmüssen. [8] Alle, die vor mir da
waren und euch die Hirtennummer vorgespielt haben, wollten euch nur
austricksen. Aber die Schafe haben nicht auf sie gehört. [9] Ich bin die einzige
Tür nach drinnen, und wer durch mich durchgeht und so zur Herde
kommt, den werde ich retten. Er wird rein- und rausgehen können, und er
wird immer die Weide finden. [10] Der Dieb will nur seinen eigenen Vorteil,
er beklaut dich und will alles kaputt machen. Ich will dagegen ein echtes,
total erfülltes Leben ermöglichen. [11] Ich bin der gute Hirte. Gute Hirten
sind deshalb gut, weil sie bereit sind, für die Schafe alles zu geben, sogar
ihr Leben. [12] Ein Hirte, der nur gegen Kohle arbeitet, macht sich aus dem
Staub, wenn es gefährlich wird, er haut ab, wenn der Wolf kommt. Er wird
alle im Stich lassen, sie gehören ihm ja auch nicht. Er handelt nach dem
Motto: ‚Nach mir die Sintflut.' Darum wird der Wolf leichtes Spiel mit den
Schafen haben. [13] Der bezahlte Hirte flieht, wenn Gefahr im Verzug ist,
weil ihm die Schafe ja an sich total egal sind. [14] Ich bin aber ein guter
Hirte. Ich weiß, wer meine Schafe sind, und sie wissen, wer ich bin. [15] Genauso
ist das auch mit meinem Vater und mir. Wir kennen uns auch
gegenseitig total gut. Ich bin bereit, für die Schafe zu sterben. [16] Es gibt
auch noch mehr Schafe, die sind jetzt noch nicht da. Die müssen auch
noch vorbeigebracht werden, die werden auch auf meine Stimme hören.
Wir werden dann eine Herde mit einem Hirten sein. [17] Gott liebt mich,
weil ich mein Leben verlieren werde, aber ich werde es zurückbekommen.
[18] Mich kann keiner wirklich töten. Aber ich tue das freiwillig. Ich habe die
Möglichkeit, mein Leben wegzugeben, und ich habe die Möglichkeit, es
mir wiederzuholen. Diese Order hat mir mein Vater gegeben." [19] Die
Juden bekamen das wieder quer in den Hals und diskutierten über diese
Ansprache wie wild. [20] Viele waren aber der Meinung, Jesus habe einen
fiesen Geist in sich, einen Dämon, und er sei total durchgeknallt. [21] Wieder
andere waren der Meinung: „So kann doch keiner reden, der einen
Dämon in sich hat! Und kann denn so ein Dämon überhaupt einen Blinden
mal eben heilen?"

Jesus diskutiert mit den Leuten

[22] Inzwischen war es Winter geworden. In Jerusalem war das Fest der
Tempelweihe im Gange. [23] Jesus war gerade im Tempel, in der Halle vom
Salomo. [24] Plötzlich umzingelten ihn die Juden und wollten von ihm wissen:
„Wie lange spannen Sie uns jetzt noch auf die Folter? Wenn Sie der
Auserwählte, der Christus, sind, dann machen sie jetzt mal 'ne Ansage!"
[25] „Wie oft soll ich es denn noch sagen, aber Sie glauben mir ja eh nicht.

Alles, was ich im Auftrag von meinem Vater getan habe, sollte Ihnen
locker reichen. 26 Aber Sie glauben mir sowieso nicht, weil Sie auch gar
nicht zu meinen Schafen gehören. 27 Meine Schafe erkennen meine
Stimme sofort, und sie hören auf das, was ich ihnen sage. 28 Ich gebe
ihnen ein Leben, was nie mehr aufhören wird. Ihnen kann nichts mehr
passieren. Niemand kann sie mir wieder nehmen. 29 Mein Vater hat
sie mir anvertraut, und der ist stärker als alles, was es so gibt. Darum
kann sie keiner mehr von meinem Vater wegnehmen. 30 Ich und der Vater,
wir gehören zusammen, denn wir sind eins."

Attentat auf Jesus

31 Wütend hoben die Juden ein paar Steine auf und wollten ihn damit
sofort umbringen. 32 Jesus sagte dann: „Ich habe viele gute Sachen bei
euch gemacht, weil mein Vater mir die Kraft dafür gegeben hat. Für welche
gute Tat wollen Sie mich jetzt hinrichten?" 33 „Nicht, weil Sie so gute
Sachen gemacht haben, sondern weil Sie die ganze Zeit über Gott abläs-
tern. Sie sind auch nur ein Mensch und behaupten trotzdem, Gott zu
sein!" 34 „Ja, aber gibt es da nicht auch eine Stelle in euren Gesetzen, wo
steht: ‚Ich hab zu euch gesagt: Ihr seid wie Götter'? 35 Gott nennt sogar
die Leute ‚Götter', mit denen er da redet. Und Sie wollen doch nicht etwa
sagen, die alten Schriften wären total egal? 36 Wie sind Sie überhaupt
drauf, wenn Sie ausgerechnet den Mann beschuldigen, der Ihnen von
Gott geschickt wurde? Was geht bei Ihnen ab, wenn Sie ihn beschuldigen,
er würde über Gott ablästern, nur weil er behauptet, der Sohn von Gott
zu sein? 37 Wenn ich nicht die Sachen mache, die Gott will, dann brauchen
Sie mir nicht zu glauben. 38 Falls ich aber das tue, was Gott will, dann
glauben Sie doch wenigstens diesen Zeichen, die ich tue. Dann könnten
Sie auch kapieren, dass mein Vater mit mir ist und ich ganz nah bei ihm
dran bin." 39 Jetzt wollten sie ihn gleich wieder verhaften, aber er schaffte
es irgendwie noch einmal, ihnen durch die Finger zu flutschen. 40 Er
wanderte rüber zum Fluss Jordan, in die Nähe von der Stelle, wo Johannes
getauft hatte. Da blieb er dann erst mal. 41 Sehr viele Menschen kamen
dort zu ihm. Alle waren der Meinung: „Johannes war zwar nicht so wun-
dermäßig unterwegs, aber seine Voraussagen über diesen Mann stimm-
ten total." 42 Viele Menschen setzten ihr Vertrauen dort auf Jesus.

11

Die Geschichte mit Lazarus

1 Lazarus, ein junger Mann, der in Betanien lebte, war sehr krank
geworden. In demselben Dorf wohnten auch seine Schwestern
Maria und auch Marta. 2 (Maria war die Frau, die Jesus bald danach mit

diesem teuren Öl die Füße einreiben und sie mit ihren Haaren abtrocknen
würde, fast so wie bei einer Beerdigung.) Weil ihr Bruder so sehr krank
war, 3 schickten sie Jesus einen Brief, in dem stand: „Lieber Jesus, dein
guter Freund Lazarus ist sehr schwer erkrankt!" 4 Jesus bekam die Nach-
richt, war aber nicht sonderlich geschockt: „Er wird an der Krankheit nicht
sterben. Gott wird dadurch aber zeigen können, was er draufhat. Und sein
Sohn wird dadurch groß rauskommen." 5 Jesus liebte Marta, Maria und
Lazarus sehr. 6 Trotzdem ließ er sich voll Zeit und blieb noch zwei Tage da.
7 Erst dann sagte er zu seinen Freunden: „Lasst uns mal wieder nach
Judäa gehen." 8 Die waren von der Idee nicht so begeistert. „Meister, ist
noch gar nicht lange her, da wollten die Juden dich da hinrichten lassen.
Und jetzt willst du wieder da vorbei?" 9 „Ich weiß genau, wann ich was zu
tun habe. Zwölf Stunden am Tag ist es hell. Solange man noch was sehen
kann, weil es eben hell ist, ist man auch in Sicherheit. 10 Nur wenn es dun-
kel ist, in der Nacht, dann kann man stolpern und auf die Fresse fallen.
Denn da ist kein Licht, was den Weg ausleuchtet." 11 Danach sagte er noch
zu seinen Freunden: „Unser Freund Lazarus pennt jetzt, ich will ihn nur
mal eben aufwecken!" 12 „Also, schlafen ist gesund, dann ist er bald wieder
okay", meinten sie dazu. 13 Die dachten nämlich, er hätte von einem nor-
malen Schlaf gesprochen. Jesus meinte aber damit, dass Lazarus schon
tot war. 14 Darum sagte Jesus: „Also, Lazarus ist schon gestorben, 15 aber
wegen euch finde ich das ganz gut, dass ich hier bei euch und nicht bei
ihm war. Jetzt könnt ihr mal sehen, was für Auswirkungen das haben
kann, wenn man Gott wirklich glaubt. Lasst uns jetzt mal da hingehen!"
16 Thomas, der auch „Zwilling" genannt wurde, meinte voll traurig zu den
anderen: „Ja, lasst uns mit Jesus gehen und mit ihm sterben." 17 Als sie in
Betanien ankamen, lag Lazarus schon vier Tage im Grab. 18 Man muss
wissen, dass Betanien nur ein paar Kilometer von Jerusalem entfernt liegt.
19 Darum waren viele von den Juden schnell gekommen, um Maria und
Marta zu trösten. 20 Als Marta mitbekam, dass Jesus auf dem Weg zu
ihnen war, rannte sie ihm schon mal entgegen. 21 Voll traurig meinte sie
zu ihm: „Herr, wenn du bloß da gewesen wärst, dann würde mein Bruder
noch leben. 22 Trotzdem bin ich mir total sicher, Gott kann dir keine Bitte
ausschlagen!" 23 „Pass auf, dein Bruder wird wieder leben!" 24 „Ich weiß",
antwortete sie, „an diesem letzten Tag, wo alle toten Menschen wieder
lebendig werden, stimmt's?" 25 „Bei mir hat der Tod keine Chance mehr,
ich sorge für echtes Leben. Alle, die ihr Vertrauen auf mich setzen und
mir glauben, die werden immer weiterleben, auch wenn sie mal sterben!
26 Jeder, der mir vertraut, der wird nie mehr sterben! Glaubst du das,
Marta?" 27 „Ja klar, mein Herr, ich glaube, dass du der Auserwählte, der
Christus, bist, das hab ich immer schon gesagt. Du bist der Sohn von

Gott, der zu uns in die Welt gekommen ist." 28 Anschließend ging sie zu
Maria zurück. Sie nahm sie auf die Seite und sagte zu ihr: „Jesus ist da,
der Meister persönlich, er will mit dir reden!" 29 Maria stand sofort auf
und rannte ihm entgegen. 30 Jesus war nicht in das Dorf reingegangen, er
wartete an dem Platz, wo er Marta getroffen hatte. 31 Die Leute, die bei der
Trauerwoche dabei waren, um Maria zu trösten, kriegten mit, wie sie es
plötzlich ganz eilig hatte und von der Feier wegging. Sie gingen ihr hinter-
her. Die Vermutung lag nahe, dass sie am Grab noch etwas heulen wollte.
32 Dann traf sie endlich Jesus. Sie kniete sich vor ihm hin und sagte zu
ihm: „Oh, mein Herr, wenn du doch bloß hättest früher kommen können,
dann wäre mein Bruder noch am Leben." 33 Jesus sah die ganzen Trauern-
den und war sichtlich abgenervt und traurig. 34 „Wo habt ihr den Lazarus
überhaupt hingelegt?", wollte er wissen. „Komm mit, das zeigen wir dir
gerne." 35 Jesus fing voll an zu weinen. 36 „Da könnt ihr mal sehen, wie
sehr er Lazarus geliebt hat", war der Kommentar von einigen Gästen.
37 Andere tuschelten rum: „Schon seltsam, jeden x-beliebigen Blinden
kann er heilen; da hätte er doch auch was machen können, dass der Laza-
rus nicht sterben muss, oder?" 38 Jetzt wurde Jesus erst richtig sauer. Er
ging zu dem Raum, in dem die Leiche aufbewahrt wurde. An der Tür war
ein fettes Schloss angebracht. 39 „Macht das sofort auf!" Aber Marta, die
Schwester von dem toten Lazarus, hatte Einwände: „Meister, er wird
bestimmt schon schlimm stinken! Er liegt da schon vier Tage drin!"
40 „Hab ich nicht gesagt, du wirst die irrsten Sachen von Gott erleben kön-
nen, wenn du nur wirklich Vertrauen in ihn hast?" 41 Also machten sie das
Schloss auf. Jesus sah noch mal zum Himmel und redete mit Gott: „Hey,
Vater, danke, dass du getan hast, was ich von dir wollte. 42 Ich bin mir
ganz sicher, dass du meine Bitten immer erhörst. Ich sag das jetzt nur
wegen der Leute, die hier sind, damit sie begreifen, dass ich von dir her-
geschickt worden bin." 43 Und dann brüllte er: „Lazarus, komm jetzt raus!"
44 Und Lazarus kam raus!!! Total eingewickelt mit Leichentüchern, sogar
sein Kopf war noch da drunter. „Nehmt ihm mal diese Tücher ab und lasst
ihn rumlaufen!", befahl Jesus.

Einer für alle

45 Sehr viele von den Juden, die dabei waren und das miterlebt hatten,
setzten ihr Vertrauen ab dann auf Jesus. 46 Ein paar andere petzten aber
die ganze Geschichte an die religiösen Streber weiter. 47 Gleich darauf
organisierten die Oberpriester und Streber, die zum Hohen Rat gehörten,
ein Meeting, um die Lage zu erörtern. „Was machen wir jetzt? Dieser Typ
tut ein Wunder nach dem nächsten. 48 Wenn der so weitermacht und wir
nichts unternehmen, dann werden ihn alle als Star anhimmeln. Sie wer-

den eine Revolution anzetteln, und dann wird die römische Besatzungsarmee ankommen und uns fertigmachen.“ 49 Schließlich ergriff Kaiphas das Wort. Er war in diesem Jahr der oberste Priester. Er sagte: 50 „Was gibt es da noch groß zu überlegen? Ist doch besser, wenn einer stirbt, als wenn alle dran glauben müssen!“ 51 Diese Ansage hatte ihm allerdings Gott aufgespielt. Dass Jesus für alle Juden sterben würde, konnte er ja gar nicht wissen. 52 So war nämlich der Plan, den Gott sich ausgedacht hatte. Jesus sollte sogar nicht nur für die Juden, sondern auch für alle anderen Menschen, die zu Gottes Familie gehörten, sterben und sie so alle zusammenbringen. 53 Ab diesem Tag war für die Leute, die bei den Juden was zu sagen hatten, klar, dass Jesus sterben muss. 54 Darum machte sich Jesus in der Öffentlichkeit etwas rar. Er ging aus Jerusalem zu einer Stelle, die in der Nähe der Wüste lag. Der Ort hieß Ephraim. Da hing er noch ein bisschen mit seinen Freunden rum. 55 Mittlerweile waren es nur noch ein paar Tage, bis das große Passafest am Start war. Sehr viele Leute aus dem ganzen Land waren deswegen in Jerusalem. Sie wollten die gesetzlich vorgeschriebenen Säuberungsvorschriften erfüllen, bevor das Fest losging. 56 Alle wollten diesen Jesus mal erleben, sogar im Tempel war er das Gesprächsthema Nummer eins: „Was meint ihr, wird er wohl kommen?“ 57 Die Oberpriester und die religiösen Streber hatten mittlerweile öffentlich die Ansage gemacht, dass jeder, der Jesus gesehen hatte, sofort bei ihnen Anzeige erstatten sollte. Sie wollten ihn dann sofort verhaften.

12

Zu teures Öl? Für Jesus ist nichts zu teuer!

1 Sechs Tage bevor die Passaparty steigen sollte, kam Jesus bei seinen Freunden in Betanien vorbei. Das war die Stadt, wo Lazarus herkam (der Lazarus, den Jesus wieder gesund gemacht hatte, obwohl er schon tot gewesen war). 2 Um Jesus was Gutes zu tun, organisierten sie ein fettes Essen mit allem Drum und Dran. Marta bediente die Gäste, Lazarus war der Tischnachbar von Jesus. 3 Plötzlich nahm Maria so eine Flasche mit irre teurem Öl und massierte damit die Füße von Jesus. Danach trocknete sie die Füße noch mit ihren Haaren. Das Öl roch voll gut, man konnte das im ganzen Haus riechen. 4 Judas, einer von seinen Freunden (der Jesus später verraten sollte), fand das nicht so toll: 5 „Mann, dieses Öl ist doch irre teuer gewesen. Um mir das zu leisten, müsste ich ein Jahr durcharbeiten, voll die Verschwendung! Man hätte es ja auch sehr gut verkaufen können und das Geld dann an Leute weitergeben, die es dringender brauchen!“ 6 Dabei waren ihm diese Leute eigentlich scheißegal. Er selber war nämlich total falsch und bediente sich immer mal wieder aus der Gemeinschaftskasse, die er verwaltete. 7 „Ist

doch okay!", sagte Jesus. „Maria hat meiner Beerdigung vorgegriffen und
mich dafür schon klargemacht. 8 Leute, die arm sind, wird es immer
geben, ich werde aber bald nicht mehr bei euch sein." 9 Als die Leute mit-
bekamen, dass Jesus da war, kamen sehr viele vorbei, nicht nur um mal
diesen Jesus zu sehen, sondern um vor allem Lazarus zu begutachten, der
von Jesus wieder lebendig gemacht worden war. 10 Jetzt beschlossen die
Oberpriester, den Lazarus auch noch zu töten, 11 vor allem, weil wegen
ihm sehr viele Leute anfingen, an Jesus zu glauben.

Großer Empfang in Jerusalem

12 Bereits am nächsten Morgen verbreitete sich die Nachricht wie ein Lauf-
feuer durch die ganze Stadt, dass Jesus auf dem Weg nach Jerusalem war.
13 Irre viele Leute sammelten sich auf der Straße, sie organisierten sich
Zweige von den Palmen, wedelten damit rum und riefen dabei: „Hurra!
Danke Gott, du bist der Beste! Da kommt der Größte! Willkommen Präsi-
dent, Präsident von Israel!" 14 Jesus nahm sich ein Moped und setzte sich
dadrauf. So wurde etwas Wirklichkeit, was schon bei den Propheten in
dem alten Buch vorhergesagt wurde: 15 „Du brauchst keine Angst zu
haben! Ihr Leute aus Israel, da kommt dein Präsident auf einem Moped!"
16 Seine Freunde kapierten das erst viel später, dass sich damit eine Pro-
phezeiung erfüllt hatte. Erst ganz am Ende, als Jesus sein Comeback
gehabt hatte, erinnerten sie sich da dran. 17 Die Leute, die mitbekommen
hatten, wie Jesus seinen Freund Lazarus aus dem Grab geholt und wieder
lebendig gemacht hatte, hatten das überall rumerzählt. 18 Das war der
Hauptgrund, warum so viele Fans da waren. Sie hatten alle von diesem
Typen gehört, der so derbe Wunder getan hat, und wollten ihn auch mal
sehen. 19 Die religiösen Streber waren natürlich nicht so begeistert: „Mist,
hat alles nichts gebracht! Alle Leute rennen ihm jetzt nach!"

Ansage, wie Jesus sterben wird

20 Auf dem Passafest waren auch ein paar Griechen. 21 Die kamen mit
einer Anfrage bei Philippus (dem aus Betsaida, Galiläa) vorbei: „Mein
Herr, wäre es möglich, dass Sie ein Treffen mit diesem Jesus organisieren
könnten?" 22 Philippus besprach sich mit Andreas, dann gingen beide zu
Jesus, um ihn direkt zu fragen. 23 Jesus' Antwort war: „Es ist sowieso Zeit,
dass der Auserwählte Gottes bald groß rauskommen wird. 24 Passt auf,
was ich jetzt sage: Wenn man ein Korn von einer Weizenpflanze nicht in
die Erde eingräbt und es damit tötet, dann kann daraus nichts Neues
wachsen. In der Erde aber keimt es, und dann wächst da draus eine neue
Pflanze, mit vielen neuen Körnern dran. 25 Jeder, der an seinem Leben auf
dieser Erde total hängt und dadrum kämpft, wird es irgendwann verlieren.

Aber wem sein Leben auf dieser Welt total egal ist, der wird ein Leben be-
kommen, was ewig anhält. 26 Wer mit mir sein will und tun möchte, was
ich sage, muss mir folgen. Da, wo ich bin, da sollte er auch sein. Und wer
das tut, was ich sage, der wird von meinem Vater einen Orden kriegen."

Jesus redet davon, dass er bald sterben wird

27 „Im Moment bin ich total traurig. Ich frag mich manchmal, ob ich jetzt
beten sollte: ‚Vater, hol mich hier raus, rette mich!' Und doch bin ich
genau deswegen ja hier. 28 Vater, sorg dafür, dass alle merken, was du
drauf hast!" Plötzlich hörten alle eine laute Stimme aus dem Off: „Ich
habe immer zu dir gestanden und werde es auch weiter tun!" 29 Die Leute,
die dabei waren, hörten nur einen Donner oder so. Einige behaupteten
auch, ein Engel habe mit Jesus geredet. 30 Jesus klärte das sofort auf:
„Diese Ansage war für euch, nicht für mich! 31 Jetzt wird die letzte große
Gerichtsverhandlung abgehen, diese Welt wird verurteilt werden. Und der
Satan, der in dieser Welt das Sagen hat, wird abgestraft werden. 32 Und
wenn ich dann von oben auf die Welt sehe, wenn ich hochgehalten werde,
dann werde ich alle zu mir ziehen!" 33 Das sagte er auch, um anzudeuten,
wie er sterben würde. 34 Die Leute, die da rumstanden, hatten noch ein
paar Fragen: „In den alten Schriften steht, dass der Auserwählte, der
Christus, nie sterben wird. Wie kommst du dadrauf, dass der Menschen-
sohn hochgehalten werden muss? Und wer ist das überhaupt?" 35 Jesus
antwortete in einem Bild: „Zurzeit ist das Licht noch bei euch. Nutzt diese
Zeit, so gut es geht. Ihr wollt doch das Ziel auch erreichen, bevor es dun-
kel wird, oder? Im Dunkeln hat keiner mehr die Peilung, wo es längsgeht,
und dann verläuft man sich. 36 Setzt euer Vertrauen auf dieses Licht,
solange es noch da ist. Dann werdet ihr zur Familie dazugehören."
Danach ging Jesus wieder weg und versteckte sich irgendwo.

Nur wenige schaffen es, Jesus zu vertrauen

37 Obwohl Jesus so viele Wunder getan hatte, vertrauten die wenigsten
ihm wirklich. 38 Genau das hatte der Prophetentyp Jesaja auch schon
gesagt: „Gott, wer hat uns schon geglaubt, wer hat verstanden, worum
es uns ging?" 39 Die Menschen blickten es einfach nicht. Jesaja sagte dazu
auch: 40 „Gott hat ihnen die Augen verbunden und ihren Verstand bene-
belt, so dass sie einfach nichts kapieren. So können sie auch nicht zu mir
kommen, damit ich sie gesund machen kann." 41 Jesaja hatte diese Pro-
phezeiung über Jesus gesagt, er hatte gesehen, wie derbe heilig er ist.
42 Sehr viele von den Leitern der Israelis begannen Jesus zu glauben. Es
war ihnen aber auch peinlich, das öffentlich zuzugeben. Sie hatten Angst,
die religiösen Streber würden sie deswegen aus der Gemeinschaft raus-

schmeißen. 43 Es war ihnen wichtiger, dass Menschen sie gut finden, als dass Gott sie gut findet.

Jesus sagt, was passiert, wenn man ihm nicht vertraut

44 Jesus rief den Leuten zu: „Hey, ihr, wenn ihr mir vertraut, dann vertraut ihr nicht nur mir, sondern auch Gott, der hinter mir steht. 45 Wenn ihr mich anseht, dann könnt ihr durch mich den sehen, der mich zu euch geschickt hat. 46 Ich bin so wie ein riesengroßer Halogenstrahler, ich soll in diese Welt reinleuchten, damit alle, die mir vertrauen, endlich was sehen können. 47 Also, wenn jemand die Sachen hört, die ich erzähle, dem das aber total egal ist, den werde ich nicht verurteilen. Das ist nämlich nicht mein Job, solange ich hier bin. Ich bin nicht dazu da, Leuten zu sagen, wie schlecht sie sind, sondern ich will sie aus ihrem Dreck rausholen! 48 Jeder, der aber keinen Bock auf die Sachen hat, die ich sage, wird am letzten Tag vor Gericht abgestraft werden. Als Grundlage dienen dabei meine Worte. 49 Ich habe hier nicht meine eigenen Ideen zum Besten gegeben, das waren alles Sachen, die mir Gott, der Vater, aufgetragen hat. 50 Ich bin mir hundertpro sicher: Alles, was er sagt, bringt es! Er zeigt uns den Weg zu einem ewig geilen Leben! Darum sag ich immer genau das, was mir der Vater gerade zuflüstert."

13

Jesus wäscht seinen Freunden die Füße

1 Am Abend vor der Passafeier war Jesus schließlich ganz klar, dass seine Zeit auf der Erde abgelaufen war. Er sollte zu Gott, seinem Vater, zurückgehen. Er wollte am Ende einfach noch mal ein Statement abgeben, wie sehr er seine Freunde liebt. 2 Seine Freunde und er saßen alle beim Abendbrot, während der Teufel den Judas (den Sohn vom Simon Iskariot) schon überredet hatte, seinen Plan in die Tat umzusetzen und Jesus zu verraten. 3 Jesus war sich total im Klaren darüber, dass Gott ihm uneingeschränkte Vollmacht über alles gegeben hatte. Ihm war bewusst, dass er von ihm auf die Erde geschickt worden war und bald zu ihm zurückgehen würde. 4 Mit dieser Tatsache im Hinterkopf stand er plötzlich auf, zog sein Hemd aus und band sich ein Handtuch um die Hüften. 5 Dann goss er etwas Wasser in einen Eimer und fing an, einem nach dem anderen seiner Freunde die Füße zu waschen. Anschließend trocknete er sie wieder mit dem Handtuch ab. 6 Simon Petrus hatte da aber nicht so Bock drauf. Als er an der Reihe war, meinte er: „Chef, warum solltest ausgerechnet du mir meine Drecksmauken waschen?" 7 „Hey, Petrus, du kapierst das jetzt noch nicht, aber irgendwann wirst du das verstehen." 8 „Never", meinte Petrus, „du sollst mir nicht die Füße waschen!"

Jesus blieb aber hart: „Wenn ich dir nicht die Füße wasche, dann gehörst
du auch nicht mehr dazu!“ 9 „Oh, Jesus, dann kannst du lieber gleich ’ne
Ganzkörperreinigung vornehmen!“, rief Petrus sofort. 10 Jesus lächelte:
„Also, wer heute Morgen geduscht hat, braucht sich auch jetzt nicht mehr
ganz zu waschen, ausgenommen die Füße. Der ist okay, so, wie er ist. Ihr
seid auch alle sauber, mit einer Ausnahme ...“ 11 Jesus wusste schon, wer
ihn verraten würde, darum meinte er: „Mit einer Ausnahme.“ 12 Nach
dieser Waschaktion zog sich Jesus erst mal wieder an. Dann setzte er sich
und fragte in die Runde: „Habt ihr begriffen, was ich euch damit klar-
machen wollte? 13 Ihr nennt mich ‚Chef‘, ‚Trainer‘ und ‚Meister‘ und das ist
auch okay, das bin ich ja auch. 14 Wenn ich das wirklich bin und euch trotz-
dem die Füße gewaschen habe, dann könnt ihr euch doch auch gegensei-
tig die Füße waschen, oder? 15 Ich wollte euch damit etwas zeigen, damit
ihr es dann nachmachen könnt. Macht es genauso wie ich! 16 Und vergesst
nie: Ein Angestellter steht nie über seinem Chef. Ein Botschafter unter-
steht immer dem, von dem er geschickt wurde. 17 Das habt ihr doch alle
verstanden, jetzt lebt auch danach, dann kommt ihr immer gut klar!“

Jetzt kommt es raus, wer Jesus verraten wird

18 „Was ich euch jetzt sage, betrifft nicht jeden. Ich kenne jeden von euch
sehr gut, ich hab euch ja extra ausgesucht. In den alten Schriften wird ja
die Ansage gemacht: ‚Der Typ, der mit mir ein Stück Brot isst, der wird
mich verraten.‘ 19 Das wird bald passieren. Ich sag euch das jetzt schon,
damit ihr alle wirklich kapiert, dass ich der Auserwählte, der Christus, bin.
20 Vergesst nicht: Wenn jemand sich um einen kümmert, der von mir
geschickt wurde, der kümmert sich in Wirklichkeit um mich. Und wer sich
um mich kümmert, der sorgt sich um die Belange meines Vaters, von
dem ich geschickt wurde.“ 21 Nachdem er diese Ansprache gehalten hatte,
wurde Jesus total traurig. „Leider stimmt das, einer von euch wird mich
verraten!“ 22 Seine Freunde sahen sich gegenseitig verstört an: Wer war
damit wohl gemeint? 23 Neben Jesus saß der Freund, den Jesus besonders
lieb hatte. 24 Petrus flüsterte dem zu: „Los, frag ihn, wen er damit meint!“
25 Also lehnte der sich zu Jesus rüber und fragte ihn: „Jesus, wer macht
denn so was?“ 26 „Der Typ, dem ich das Stück Brot geben werde, nachdem
ich es in den Dip getunkt habe, der wird es sein.“ Dann tauchte er das
Brot ein und gab es Judas, der ein Sohn von Simon Iskariot ist. 27 Ab die-
ser Sekunde hatte Satan voll Kontrolle über Judas. „Los, zieh ab, beeil
dich, Judas. Tu, was du nicht lassen kannst!“, sagte Jesus zu ihm. 28 Keiner
von den andern Jungs kapierte, was Jesus damit meinte. 29 Einige glaub-
ten, er hätte Judas losgeschickt, um noch Sachen für die Party einzukau-
fen oder vielleicht ein paar Leuten, die keine Kohle hatten, etwas Geld zu

geben. 30 Judas nahm sich noch ein Stück Brot, stand sofort auf und ver-
schwand. Draußen war es schon dunkel geworden.

Liebt euch gegenseitig!

31 Nachdem Judas abgehauen war, sagte Jesus zu seinen Freunden: „Gott
wird den Menschen jetzt klarmachen, wer der Auserwählte wirklich ist.
Dadurch werden auch alle andern Leute sehen, wie groß Gott ist und dass
er zu seinem Sohn steht. Gott ist ja auch durch ihn groß rausgekommen!
32 Wenn Gott durch ihn groß rausgekommen ist, dann wird Gott auch bei
ihm beweisen, was er wirklich draufhat. Das wird sehr bald abgehen.
33 Ihr lieben Kinder, es dauert jetzt nicht mehr lange, dann muss ich ver-
schwinden. Ihr werdet versuchen, mich zu finden, aber ich hab es ja schon
zu den Juden gesagt: Keine Chance! Da, wo ich bin, könnt ihr nicht nach-
kommen. 34 Ich will euch heute eine neue wichtige Lebensregel von Gott
mitgeben: Liebt euch gegenseitig! So wie ich euch geliebt habe, so sollt ihr
euch auch gegenseitig lieben! 35 In dem Maße, wie man das bei euch
sehen kann, dass ihr euch liebt, werden die Leute, die nicht an Gott glau-
ben, merken, dass ihr zu mir gehört."

Jesus macht Petrus die Ansage: Du wirst so tun, als würdest du mich nicht kennen

36 Petrus fragte Jesus: „Sag mal, wohin wirst du überhaupt gehen?" „Also,
Petrus, tut mir leid, aber da kannst du jetzt nicht mitkommen. Allerdings
später mal, dann wird das gehen." 37 „Aber warum denn, Jesus? Ich würde
echt alles für dich geben!", meinte Petrus. 38 Aber Jesus' Antwort war nur:
„Du würdest alles für mich geben? Hey, Petrus, noch vor Mitternacht wirst
du dreimal so tun, als würdest du mich noch nicht mal kennen!"

14

Ohne Jesus hat keiner eine Chance bei Gott

1 Jesus redete weiter zu seinen Freunden: „Keine Panik, Leute!
Wenn ihr Gott vertraut, dann vertraut jetzt auch mir! 2 Denn da, wo
mein Vater wohnt, gibt es viele Häuser, in die man einziehen kann. Ich
geh vor und mach für euch schon mal alles klar! Das hab ich euch doch
schon mal gesagt! 3 Wenn dann alles okay ist, komme ich wieder zurück,
um euch abzuholen! Dann können wir da alle zusammen sein, ihr bei mir
und ich bei euch. 4 Den Weg, wie ihr da hinkommt, habt ihr doch kapiert,
oder?" 5 „Nein, Jesus, keine Ahnung, wir haben noch nicht mal kapiert, wo
du überhaupt hingehen wirst! Wie sollen wir denn den Weg dahin fin-
den?", sagte Thomas. 6 „Ich bin der Weg dahin, über mich wirst du ihn
finden. Ich bin die Wahrheit in Person, zuverlässig hoch zehn. Ich bin das

Leben, wirkliches, gutes Leben. Keiner hat eine Chance bei Gott, wenn er
nicht über mich zu ihm kommt. 7 Wenn ihr mich kennengelernt habt, dann
habt ihr auch Gott, den Vater, kennengelernt. Ihr kennt ihn also jetzt, ihr
habt mich ja erlebt!" 8 Philippus wollte aber noch mehr: „Meister, zeig uns
doch mal den Vater, dann sind wir alle happy!" 9 „Mann, Philippus, hast
du es immer noch nicht kapiert, wer ich bin, obwohl wir uns schon so
lange kennen? Wenn du mich ansiehst, dann siehst du Gott den Vater an!
Warum willst du denn noch mehr sehen? 10 Glaubst du nicht, dass ich so
bin wie der Vater und der Vater so ist wie ich? Alles, was ich euch erzählt
habe, das kam ja nicht von mir, da hat der Vater, der in mir lebt, zu euch
geredet. 11 Bitte vertraut mir, ich bin wirklich total eins mit dem Vater und
der Vater auch mit mir. Wenn ihr damit so Probleme habt, dann glaubt es
wenigstens, weil ihr die krassen Wunder gesehen habt, die ich getan habe.
12 Eins ist auf sicher: Alle, die mir vertrauen und sich auf mich einlassen,
werden die gleichen Sachen machen können, wie ich sie getan habe.
Ja, sie werden sogar noch fettere Sachen machen, weil ich dann ja ver-
schwinde und beim Vater bin! 13 Hey, und alles, worum ihr ihn dann bitten
werdet, das bekommt ihr von mir, wenn ihr euch dabei auf mich beruft!
Denn dadurch wird allen klar, wie gut Gott ist, und er kommt am Ende
durch mich groß raus. 14 Ich sage es noch mal: Wenn ihr irgendwas
braucht und darum betet und euch dabei auf mich beruft, dann werde ich
mich da drum kümmern, ich werde es tun!"

Jesus sagt was über die Power, seinen Geist, der helfen soll

15 „Wenn ihr mich wirklich liebt, dann tut ihr auch die Sachen, die ich euch
gesagt habe. 16 Ich werde bei meinem Vater eine Anfrage starten, damit er
euch etwas schickt, etwas, was euch helfen und euch nie verlassen wird.
17 Ich rede jetzt von seiner besonderen Power, dem Heiligen Geist, der
immer die Wahrheit sagt und der weiß, wo es längsgeht. Die Leute, die
nicht mit Gott leben, kriegen diesen Geist nicht, die würden ihn auch gar
nicht richtig begreifen, und darum wollen sie den auch nicht wirklich. Ihr
kennt ihn aber, denn er wird bei euch bleiben und später sogar mal in
euch sein. 18 Nein, ich lasse euch nicht mutterseelenallein zurück, ich
komme in einer anderen Form wieder zu euch! 19 Es dauert nicht mehr
lange, dann werde ich aus dieser Welt verschwinden. Aber ich werde
durchkommen und leben! Und deshalb werdet ihr auch leben. 20 Dann
werdet ihr kapieren, dass der Vater und ich total eins sind und dass ich in
euch lebe und ihr in mir lebt. 21 Die Menschen, die wissen, was ich gut
finde, und das in ihrem Leben auch umsetzen, das sind die Leute, die
mich lieben. Und weil sie mich lieben, wird mein Vater sie auch lieben,
und ich werde sie natürlich auch lieben und ihnen weiter zeigen, wie ich

wirklich bin.“ 22 Judas (nein, jetzt nicht der Judas Iskariot, ein anderer Judas, der denselben Namen hatte) fragte ihn: „Jesus, warum zeigst du nur uns, wer du wirklich bist, warum nicht auch dem Rest der Welt?“ 23 Dazu sagte Jesus: „Alle, die mich wirklich lieben, werden sich an das halten, was ich gesagt habe. Und mein Vater wird sie dann auch lieben, und wir werden dann gemeinsam bei ihnen einziehen und bei ihnen bleiben. 24 Die Leute, die mich nicht lieben, denen wird egal sein, was ich gesagt habe. Und nicht vergessen: Wer mir zuhört, hört den Vater reden! Der hat mich ja geschickt. 25 Das sage ich euch jetzt alles noch, solange ich bei euch bin. 26 Wenn aber die Unterstützung kommt, der heilige Geist, diese ganz besondere Kraft von Gott, der wird euch dann alles beibringen, was ihr noch wissen müsst, und er wird euch an die Sachen erinnern, die ich euch gesagt habe. 27 Ich lass euch auf keinen Fall alleine, ihr bekommt als Geschenk ein Friedensangebot. Dieser Frieden, den ich euch gebe, hat nichts mit dem Frieden zu tun, den ihr in dieser Welt ohne Gott findet. Darum braucht ihr echt keine Angst mehr zu haben und auch keine Sorgen. 28 Nie vergessen: Ich habe gesagt, dass ich abhaue, aber ich werde zurückkommen, klar? Wenn ihr mich echt liebt, dann freut euch mit mir, dass ich jetzt zu Gott, meinem Vater, gehen kann. Der ist viel fetter und größer als ich. 29 Ich hab euch das jetzt alles erzählt, damit ihr mir glaubt, wenn das dann passiert. 30 Ich kann jetzt nicht mehr lange mit euch reden, weil der Typ, der die Macht hat in dieser Welt, der Satan, schon unterwegs ist. Er hat mir zwar nichts zu sagen, 31 aber alle sollen sehen, dass ich Gott, meinen Vater, total liebe und dass ich immer das tue, was er von mir will. Okay, dann lasst uns losgehen!“

15

Der Weinstock

1 „Ich bin der echte Weinstock, und mein Vater ist der Gärtner, der sich dadrum kümmert. 2 Er entfernt die Zweige, wo keine Früchte dran wachsen, und die Zweige, an denen welche wachsen, kürzt er an einigen Stellen, damit sie dann noch mehr Früchte tragen können. 3 Weil ihr mir gut zugehört habt, seid ihr schon hier und da gekürzt worden. 4 Ihr müsst immer ganz eng an mir dran sein, dann kann ich auch in euch wirken. Das ist genauso wie mit dem Zweig und den Früchten: Wenn ihr immer an mir dran seid, dann werden bei euch viele gute Früchte wachsen. 5 Ich bin der Weinstock, und ihr seid die Zweige, die dadran sind. Wenn ihr eng bei mir bleibt und ich auch bei euch bleibe, dann werden viele gute Sachen dadraus wachsen, gute Früchte. Wenn ihr aber von mir getrennt seid, dann geht gar nichts mehr. 6 Wer ohne mich leben will, wird wie ein Zweig, der es nicht bringt, einfach abgesägt werden. Die abgesäg-

ten Zweige werden auf einen Haufen geschmissen und verbrannt. 7 Wenn
ihr aber immer ganz eng mit mir verbunden bleibt und ihr die Sachen,
die ich euch gesagt habe, nicht vergesst und danach lebt, dann könnt ihr
Gott um alles Mögliche bitten, er wird es tun! 8 Mein Vater kommt so groß
raus, wenn bei euch viele gute Früchte wachsen. Und alle können daran
auch sehen, dass ihr wirklich zu mir gehört."

Die Liebe ist superwichtig

9 „Genauso wie mich Gott der Vater liebt, so liebe ich euch auch. Bleibt
immer bei mir, entfernt euch nicht von meiner Liebe. 10 Wenn ihr die
Sachen tut, die ich euch gesagt habe, dann werdet ihr nahe bei meiner
Liebe bleiben. Ich habe auch immer das getan, was Gott von mir wollte,
und seine Liebe umgibt mich. 11 Diese Ansage mach ich euch, damit ihr
die gleiche Freude kennenlernt, die ich auch habe. Ich möchte, dass ihr
mit dieser Freude total abgefüllt werdet! 12 Eine ganz wichtige Regel habe
ich für euch: Liebt euch gegenseitig genauso, wie ich euch geliebt habe!
13 Man kann seine Liebe nicht besser beweisen, als wenn man für seine
Freunde sein Leben aufgibt. 14 Und ihr seid meine Freunde, wenn ihr die
Sachen tut, die ich euch gesagt habe. 15 Ihr seid nicht meine Angestellten.
Seinen Angestellten würde der Chef ja nicht erzählen, was er vorhat. Ihr
seid wie Freunde für mich, ich hab euch echt alles erzählt, was mir Gott,
der Vater, gesagt hat. 16 Ihr könnt übrigens gar nichts dazu – ich habe
euch ausgesucht und nicht ihr mich. Ich wollte, dass sich in eurem Leben
etwas verändert und Früchte bei euch entstehen können, Früchte, die
nicht vergammeln. Ich wollte, dass der Vater euch keine Bitte, die ich
unterschrieben habe, mehr ausschlagen kann. 17 Leute, ich sag es noch
mal: Liebt euch gegenseitig!

Was in Zukunft an Problemen für Christen auftauchen wird

18 Wenn die Menschen, die nicht auf Gott setzen, euch hassen, dann denkt
daran: Mich haben sie auch gehasst! 19 Die würden euch lieben, wenn ihr
zu denen gehören würdet. Tut ihr aber nicht. Ich wollte von euch, dass ihr
was Besonderes seid, darum hassen sie euch. 20 Vergesst nicht, was ich
euch dazu mal gesagt habe: ‚Einem Angestellten geht es nie besser als
seinem Chef.' Wenn sie auf mich keinen Bock hatten, werden sie auf euch
auch keinen Bock haben. Die Leute, die das umgesetzt haben, was ich
ihnen erzählt habe, werden aber auch auf euch hören. 21 Die Menschen,
die nicht an Gott glauben, werden euch hassen, weil ihr zu mir gehört. Sie
kennen diesen Gott ja auch nicht, der mich hergeschickt hat. 22 Wenn ich
jetzt nicht zu ihnen gegangen wäre und ihnen nicht alles über Gott erzählt
hätte, dann wären sie unschuldig. War aber nicht so, jetzt können sie sich

auch nicht mehr rausreden. [23] Wenn jemand mich hasst, dann hasst er
auch meinen Vater! [24] Wenn ich jetzt nicht da gewesen wäre und sie die
Sachen nicht erlebt hätten, die ich getan hab, dann wäre ja alles okay, sie
wären unschuldig. Aber jetzt haben sie doch alles mitgekriegt und trotz-
dem mich und den Vater gehasst. [25] Steht ja auch schon im alten Buch
was drüber: ‚Sie haben mich einfach so gehasst!'* [26] Ich lass euch aber
nicht alleine, ich schicke jemanden, der euch helfen wird. Er ist die Kraft
von Gott, sein Geist, der die Wahrheit in Person ist. Er wird vom Vater
kommen und für mich als ein Zeuge auftreten. [27] Ihr sollt ja auch als
Zeugen für mich auftreten, ihr wart ja von Anfang an dabei!"

16

Gott wird seine besondere Kraft schicken, seinen Geist, und der bringt es

[1] „Ich hab euch das jetzt alles gesagt, damit ihr nicht irgendwann
im Glauben mal total durchdreht. [2] Sie werden euch nämlich Hausverbote
in den Synagogen erteilen. Es wird sogar so weit kommen, dass man
glaubt, man tut für Gott etwas Gutes, wenn man Christen tötet. [3] Die tun
das, nur weil sie gar nicht kapiert haben, wie ich und der Vater so drauf
sind, sie kennen uns einfach nicht. [4] Ihr solltet einfach vorbereitet sein,
wenn das so abgehen wird. Bisher war es noch nicht angesagt, davon zu
reden, ich war ja noch bei euch. [5] Jetzt geh ich aber. Ich geh zu dem, der
mich hergeschickt hat. Keiner von euch hat mich mal danach gefragt."
[6] „Ihr seid voll traurig über das, was ich euch erzählt habe, stimmt's?
[7] Aber glaubt mir, es ist so viel besser für euch. Denn wenn ich nicht ab-
hauen würde, dann käme auch die große Hilfe von Gott nicht zu euch,
sein besonderer Geist. Er kann nur kommen, weil ich jetzt gehe, ich sag
ihm dann Bescheid. [8] Wenn der dann da ist, dann wird er den Menschen,
die nicht auf Gott setzen, klarmachen, dass sie alle irgendwie dreckig sind
vor Gott. Er wird ihnen erklären, was Gerechtigkeit für Gott bedeutet, und
er wird ihnen klarmachen, dass irgendwann eine Gerichtsverhandlung auf
jeden Menschen zukommen wird. [9] Die Schuld der Menschen besteht
darin, dass sie ihr Vertrauen nicht auf mich setzen und mir nicht glauben.
[10] Dass Gott gerecht ist und die Menschen freisprechen will, die ihm ver-
trauen, kann man daran sehen, dass ich zu ihm gehen werde, um die
Sache für euch klarzumachen. [11] Die Gerichtsverhandlung hat schon ange-
fangen, Leute, denn der Satan, der in dieser Welt das Sagen hat, hat sein
Urteil schon in der Tasche. [12] Ich könnte euch noch viel mehr erzählen,
aber das wäre jetzt ein bisschen zu heftig für euch, ihr würdet das noch

* Steht in den Psalmen, genau im 35., Vers 19 und auch im 69., der 5. Vers.

nicht packen. 13 Wenn aber die Kraft von Gott kommt, sein Geist, der im-
mer die Wahrheit sagt, dann wird er euch wirklich alles erklären, und ihr
werdet es auch begreifen können. Der wird nicht seine eigene Meinung
sagen, sondern das rüberbringen, was er von mir gehört hat. Auch was in
der Zukunft abgehen wird, kann er euch sagen. 14 Dadurch wird er dafür
sorgen, dass am Ende ich groß rauskomme, indem er nur das weitergibt,
was er von mir hat. 15 Alles, was der Vater hat, gehört mir auch. Darum
kann ich das überhaupt sagen: ‚Alles, was er euch sagt, kommt von mir.'"

Ihr werdet mal total abgehen, weil ihr euch so freut

16 „Es dauert nicht mehr lange, dann bin ich weg. Aber kurz danach
werde ich wieder bei euch sein!" 17 Seine Freunde kapierten das nicht so
richtig: „Was meint er damit: ‚Ich bin weg und dann wieder bei euch'?
Und was war das jetzt mit dem: ‚Ich geh zum Vater'? 18 Und was meinte
er überhaupt mit: ‚Es dauert nicht mehr lange'? Verstehen wir nicht!"
19 Jesus merkte, dass sie das gerne gefragt hätten, sich aber nicht trauten.
„Ihr fragt euch jetzt bestimmt, was ich damit überhaupt gemeint habe,
stimmt's? Ich habe gesagt, dass ich bald wegmuss und eine Zeitlang
nicht bei euch bin. Aber kurze Zeit später bin ich dann wieder da! 20 Ga-
rantiert, Leute: Ihr werdet sehr traurig sein und weinen über die schlim-
men Sachen, die dann passieren werden. Die Menschen, die nicht mit
Gott leben, werden dabei jubeln! Ihr werdet voll traurig sein, aber dann
wird sich das umdrehen, und ihr werdet plötzlich ausrasten vor Freude!
21 Das wird so abgehen wie bei einer Geburt. Wenn eine Frau ein Kind
geboren hat, dann ist die Freude über das neue Baby auch viel größer als
die Schmerzen bei der Geburt. 22 Jetzt seid ihr erst mal voll traurig, aber
ich werde euch wieder sehen. Dann werdet ihr abgehen vor Freude, und
diese Freude kann euch dann keiner mehr nehmen! 23 Und wenn es so
weit ist, dann braucht ihr mich nichts mehr fragen. Auf sicher, Leute, dann
könnt ihr selbst zu Gott, dem Vater, gehen und ihn um Sachen bitten,
und er wird sie euch geben, wenn ihr das in meinem Namen getan habt.
24 Bis jetzt habt ihr Gott auch noch um nichts gebeten, was ich mit mei-
nem Namen unterschrieben hatte. Tut das jetzt mal, und ihr werdet die
Sachen auch bekommen! Und dann werdet ihr euch total freuen!"

Die Welt ohne Gott hat keine Chance

25 „Alles, was ich euch beibringen wollte, hab ich mit diesen Vergleichen
klargemacht. Es wird aber bald die Zeit kommen, wo das nicht mehr nötig
sein wird. Dann werde ich euch direkt, ohne Bilder und Vergleiche, sagen
können, wie Gott drauf ist. 26 Ab dann werdet ihr selber mit meiner Voll-
macht Gott um Sachen bitten. Dann muss ich den Vater auch nicht mehr

bitten, eure Gebete zu erhören. 27 Gott, der Vater, liebt euch, weil ihr mich
liebt und weil ihr glaubt, dass er mich zu euch geschickt hat. 28 Ich bin
vom Vater weggegangen und zu euch gekommen. Jetzt verlasse ich euch
wieder und geh zurück zum Vater." 29 Seine Freunde meinten dazu: „End-
lich sagst du uns direkt, was du meinst, ohne diese Vergleiche, die wir nie
kapiert haben. 30 Jetzt verstehen wir, dass du einfach alles weißt. Du hast
sogar gewusst, welche Frage wir dir grade stellen wollten. Darum glauben
wir, dass du von Gott kommst." 31 „Seid ihr euch da so sicher?", fragte
Jesus nach. 32 „Passt auf, es wird ein Moment kommen, im Grunde ist der
schon da, wo ihr auseinandergetrieben werdet. Jeder wird seinen eigenen
Kram machen, und ihr werdet nicht mehr bei mir sein. Zum Glück bin ich
aber nicht allein, Gott der Vater ist bei mir. 33 Ich hab euch das erzählt,
damit ihr wirklichen Frieden durch mich findet. Ihr werdet viele ätzende
Sachen durchmachen müssen in dieser Welt, aber ihr braucht keine Angst
zu haben, denn ich bin stärker als diese Welt, ich habe sie besiegt!"

17

Jesus redet mit Gott über seine Freunde

1 Nachdem Jesus mit seiner Rede am Ende war, sah er in Richtung
Himmel und fing an mit Gott zu sprechen: „Papa, jetzt ist es so
weit. Zeig allen, dass dein Sohn der Stärkste ist, damit dein Sohn dich am
Ende groß rausbringen kann. 2 Du hast ihm jede Vollmacht über alles,
was geht, ausgestellt. Du wolltest, dass alle, die zu ihm gehören, ein
Leben bekommen, das nie aufhört. 3 Und der Weg zu einem guten Leben,
zu einem Leben, das kein Ende hat, fängt so an: mit dir, dem einzigen
echten Gott zu leben und sein Vertrauen auf Jesus Christus zu setzen, der
in deinem Auftrag unterwegs ist. 4 Ich hab hier in meiner Zeit auf der Erde
allen klargemacht, dass du der Größte bist. Ich hab alles getan, was du
mir gesagt hast. 5 Aber jetzt, Papa, stell dich voll zu mir! Zeig an mir, was
du wirklich kannst! Bring mich wieder in die Position, die ich hatte, bevor
die Welt überhaupt gemacht wurde! 6 Ich hab den Menschen deutlich ge-
sagt, was bei dir alles geht, allen Leuten, die du mir vor die Füße gestellt
hast. Diese Menschen gehörten dir schon immer, und darum hast du sie
auch mit mir bekannt gemacht. Die haben sich auf deine Worte eingelas-
sen und leben danach. 7 Jetzt haben sie kapiert, dass alles, was ich von dir
habe, wirklich von dir kommt. 8 Ich hab ihnen nämlich alles weitergesagt,
was du mir zugeflüstert hast. Und sie haben alles, was ich gesagt habe,
geglaubt und verstanden, dass ich wirklich von dir gekommen bin. Sie
glauben auch, dass ich in deinem Auftrag hier bin. 9 Um die geht es mir
jetzt, um die Menschen, die du mir gegeben hast, die auch ganz zu dir
gehören. 10 Alles, was ich habe, gehört dir und alles, was du hast, gehört

auch mir. Durch meine Leute hat sich gezeigt, wie groß ich bin! 11 Ich
werde jetzt aus dieser Welt verschwinden. Ich muss sie zurücklassen, weil
ich ja zu dir gehen werde. Vater, darum bitte ich dich: Pass du jetzt auf
sie auf! Pass auf, dass sie immer nahe an dir dranbleiben und auch unter-
einander zusammenhalten. So wie wir beide auch ganz dick zusammen-
halten, wir zwei sind ja wie eins. 12 In der Zeit, wo ich noch hier war,
konnte ich ja auf sie aufpassen. Keiner von ihnen hat dabei 'ne Klatsche
abgekriegt, keiner ist uns durch die Lappen gegangen, ausgenommen der
eine, der mich verraten hat, das wurde ja schon in den alten Schriften
vorausgesagt. 13 Ich komm jetzt bald zu dir, Vater! Ich hab meinen Freun-
den das erzählt, damit sie sich mit mir darüber total freuen können. 14 Ich
hab deine Worte an sie weitergegeben. Die Menschen, die in dieser Welt
ohne dich leben, haben sie gehasst. Das liegt dadran, weil meine Freunde
ja auch nicht mehr wirklich zu ihnen gehören. Und ich gehöre ja auch
nicht zu dieser Welt. 15 Trotzdem bitte ich dich nicht, sie jetzt von hier weg-
zuholen. Aber pass bitte auf sie auf und beschütze sie vor der Macht, die
das Böse hat. 16 Die gehören im Grunde genauso wenig wie ich in diese
Welt ohne dich. 17 Hilf ihnen, dass sie dir immer ähnlicher werden. Was du
sagst, ist die Wahrheit und hilft ihnen auf diesem Weg. 18 Genauso wie du
mir die Order für die Welt gegeben hast, so gebe ich ihnen jetzt auch die
Order loszuziehen. 19 Ich gebe alles für sie, ich gebe mein Leben, damit sie
dir auch radikal gehören. 20 Und ich bete jetzt nicht nur für sie, sondern
auch für alle anderen, die durch das, was sie sagen, anfangen an mich zu
glauben. 21 Sie sollen alle total zusammenrücken, so stark, als wären sie
nur einer, genauso wie wir beiden, du und ich, eins sind. So wie wir zu-
sammen sind, du in mir und ich in dir, so sollen sie auch zusammenhal-
ten und verbunden sein. Dann werden sie die Menschen auch davon
überzeugen können, dass ich in deinem Auftrag hier war. 22 Ich habe ihnen
das Gleiche gegeben, was ich auch von dir habe. Ich wollte, dass sie total
eins sind. 23 Sie bleiben in mir, und ich bleibe in dir. So sind wir total mit-
einander verbunden. Die Welt wird so kapieren, dass du derjenige bist, der
mich hergeschickt hat. Und sie werden auch begreifen, dass du sie liebst,
genauso, wie du mich liebst. 24 Papa, ich möchte, dass die Leute, die du
mir anvertraut hast, immer ganz nah bei mir sind. Sie sollen meine Größe
mitkriegen, sie sollen sehen, wie fett das ist, was du mir gegeben hast! Du
hast mich ja immer schon geliebt, schon bevor du die Welt gemacht hast.
25 Vater, du hast den Überblick, du bist fair und gerecht. Die Welt hat keine
Ahnung, wie du bist, aber ich weiß das, weil ich dich kenne. Und meine
Freunde hier, die wissen auch, dass du mich geschickt hast. 26 Ich hab
ihnen von dir erzählt, hab ihnen gesagt, wie du heißt und wie du bist, und
das werde ich auch weiter tun. Ich tue das vor allem, weil ich möchte,

dass deine Liebe, die du zu mir hast, sich auf sie überträgt, dass ich ihnen
ganz nahe bin."

18 **Jesus wird weggehaftet**
1 Nachdem Jesus so lange gebetet hatte, ging er mit seinen Freun-
den in einen Park, wo viele Olivenbäume waren. Der lag auf der
anderen Seite vom Bach Kidron. 2 Judas, der Jesus verraten wollte, kannte
die Stelle genau, weil Jesus da oft mit seinen Freunden abgehangen hatte.
3 Die Oberpriester und religiösen Streber hatten Judas eine Security-Ein-
heit vom Tempel und ein paar Soldaten mitgegeben, um die Verhaftung
durchziehen zu können. Mit Stablampen und in kompletter Kampfaus-
rüstung marschierten die in den Park. 4 Jesus wusste schon, was gleich
abgehen würde. Er kam ihnen entgegen und fragte trotzdem: „Wen
suchen Sie?" 5 „Jesus, der aus der Stadt Nazareth stammt", war die Ant-
wort. „Das bin ich!", sagte Jesus. Judas stand dabei ganz in der Nähe, als
er die Hand hob. 6 Und als Jesus sagte: „Das bin ich!", kam da so eine
Kraft rüber, dass sich die Security-Leute und die Soldaten fast in die Hose
machten, umkippten und auf den Boden fielen. 7 Er fragte sie dann noch
mal: „Wen suchen Sie jetzt?", und wieder war die Antwort: „Jesus, der aus
Nazareth stammt." 8 „Mann, ich hab doch eben schon mal gesagt, dass
ich das bin! Wenn Sie mich suchen, lassen Sie die andern aber gehen!"
9 Damit wurde seine Vorhersage auch wahr, dass keiner von seinen Leuten
dabei 'ne Klatsche abkriegen würde. 10 Simon Petrus wurde plötzlich total
wütend. Er zog seine Waffe und fuchtelte damit wie blöd rum. Dabei löste
sich ein Schuss und traf Malchus, einen Diener vom Oberpriester, am
rechten Ohr. 11 Jesus reagierte sofort: „Petrus, steck sofort die Waffe weg!
Es gibt keine Abkürzung für mich, ich muss da durch. Gott will das von
mir!" 12 Die Soldaten und die Security-Leute legten Jesus Handschellen an
und verhafteten ihn. 13 Dann brachten sie ihn zum Hannas, dem Schwie-
gervater vom Kaiphas. Der war nach dem Rotationssystem in diesem Jahr
mit dem Job des obersten Priesters an der Reihe. 14 Kaiphas war auch der
Typ, der zu den Juden gesagt hatte: „Besser, wenn einer für alle stirbt."

Für Petrus ist es peinlich, zu Jesus zu gehören
15 Petrus und ein anderer Typ gingen mit der Truppe, die Jesus verhaftet
hatte. Dieser Typ hatte eine Connection zu den Oberpriestern und konnte
deswegen durch die bewachte Tür bis in den Innenhof vom Palast kom-
men. 16 Petrus blieb aber draußen vor dem Eingang. Schließlich kam der
Typ zurück und bequatschte die Türsteherin so lange, bis sie Petrus auch
reinließen. 17 Die Türsteherin fragte Petrus: „Gehören Sie nicht auch zu

dem engeren Freundeskreis von dem dort?" „Nein, auf keinen Fall!",
antwortete Petrus hektisch. [18] Die Security und die Soldaten hatten eine
Feuertonne angemacht, weil es langsam kalt wurde. Sie standen drum
herum und wärmten sich. Petrus stellte sich dazu, weil ihm auch ziemlich
kalt war. [19] Inzwischen hatte das öffentliche Verhör von Jesus begonnen.
Der Oberpriester stellte Fragen zum Umfeld und zur Theologie von Jesus.
[20] Jesus sagte: „Was ich erzähle, wissen alle Leute hier. Ich habe regelmä-
ßig Vorlesungen in den Synagogen und auch in unserm Tempel gehalten.
Öffentlich, nicht geheim hinter verschlossenen Türen! [21] Warum fragen Sie
mich, fragen Sie doch die Leute, die mich gehört haben! Die können Ihnen
genaue Auskunft da drüber geben!" [22] Nachdem Jesus das gerade aus-
gesprochen hatte, schlug ihm einer von den Security-Leuten vom Tempel
voll in die Fresse und brüllte: „Ist das die Art, wie man mit dem Oberpries-
ter redet, he?!" [23] Jesus antwortete: „Wenn ich Blödsinn erzählt habe, dann
tritt erst mal den Beweis dafür an, bevor du mich schlägst! Und wenn ich
die Wahrheit sage, warum schlägst du mich dann?" [24] Hannas ließ Jesus
erst mal wieder die Handschellen anlegen, und dann wurde er zu Kaiphas,
dem Oberpriester, abgeführt. [25] Petrus stand die ganze Zeit an der Feuer-
tonne, um sich zu wärmen. Wieder fragte ihn jemand: „Entschuldigung,
gehören Sie nicht auch zu den Freunden von diesem Jesus?" „Nein, da
muss eine Verwechslung vorliegen!", log Petrus rum. [26] Aber einer der
Angestellten vom Oberpriester (der mit dem Typen verwandt war, dem
Petrus ein Ohr abgeschossen hatte) fragte ihn: „Hab ich Sie nicht auch
in diesem Park mit diesem Jesus zusammen gesehen?" [27] Das verneinte
Petrus wieder, und im selben Augenblick schlug die Uhr zwölfmal.

Das Verhör durch Pilatus

[28] Das erste Verhör durch Kaiphas dauerte die ganze Nacht und endete
erst früh am Morgen. Anschließend wurde Jesus zum Amtssitz des römi-
schen Gouverneurs gebracht. Die Juden, die Anzeige erstattet hatten,
blieben draußen, weil sie sich nach ihren religiösen Richtlinien nur durch
das Betreten schon dreckig gemacht hätten. Sie hätten dann nicht an der
Passaparty teilnehmen dürfen, die zu der Zeit überall abging. [29] Aus Rück-
sicht kam Pilatus deswegen vor die Tür und fragte sie: „Also, wie lautet
jetzt die Anzeige gegen diesen Mann?" [30] „Wir hätten ihn nie und nimmer
verhaften lassen, wenn es sich nicht um einen Schwerverbrecher handeln
würde!", war die Antwort. [31] „Okay, warum führt ihr ihn dann nicht selber
ab und verurteilt ihn nach euren Gesetzen?" „Weil unsere Gesetze es
nicht gestatten, jemandem die Todesstrafe zu verpassen!" [32] Genau das
hatte Jesus ja schon vorausgesagt, er hatte ja angedeutet, wie er sterben
würde. [33] Pilatus kehrte erst mal in den Gerichtssaal zurück. Dann ließ er

Jesus wieder vorführen und fragte ihn: „Sind Sie der Präsident von den
Juden?“ 34 „Sind Sie von alleine auf die Idee gekommen, das zu fragen,
oder hat Ihnen das irgendjemand gesteckt?“, fragte ihn Jesus. 35 „Entschul-
digung, bin ich etwa ein Jude? Ihre eigenen Leute, Ihre obersten religiösen
Führer haben Sie an mich ausgeliefert! Was ist da los? Was haben Sie
Schlimmes verbrochen?“ 36 Jesus antwortete: „Das Land, in dem ich das
Sagen habe, ist auf dieser Erde nicht zu finden. Wenn es hier wäre, dann
hätten mich meine Leute bis aufs Blut verteidigt, damit ich an die Juden
nicht ausgeliefert werden könnte. Aber das Land, in dem ich das Sagen
habe, können Sie auf dieser Erde nicht finden, es ist anders.“ 37 Pilatus
fragte noch mal nach: „Also sind Sie doch ein Präsident?“ „Richtig, ich bin
ein Präsident. Ich bin geboren worden, um in dieser Welt für die Wahrheit
einzutreten. Wer bereit dazu ist, auf die Wahrheit zu hören, der wird auch
begreifen, was ich sage, und sein Leben dadrauf ausrichten.“ 38 „Was ist
das überhaupt, die Wahrheit?“, meinte Pilatus. Er ging dann aber erst mal
zurück zu den Juden, die draußen warteten. „Also, wenn Sie mich fragen,
ist der Mann da unschuldig! 39 Bei euch gibt es doch so eine Tradition,
dass ich jährlich zum Passafest einen Gefangenen freilassen kann. Wie
wäre es denn diesmal mit diesem ‚Präsident der Juden‘?“ 40 Alle im Raum
rasteten plötzlich total aus und brüllten: „Nein, bloß nicht Jesus freilas-
sen, gib uns den Barabbas!!“ Barabbas war ein Typ, der wegen ‚Raub in
Tateinheit mit schwerer Körperverletzung‘ im Knast saß.

19

Das Urteil: Tod durch Kreuzigung

1 Pilatus unterschrieb dann erst mal den Befehl, Jesus abzuführen
und auszupeitschen. 2 Die Soldaten machten aus Stacheldraht
eine Krone und drückten die Jesus auf den Kopf. Dann legten sie ihm
einen roten Samtumhang um die Schultern 3 und machten sich über ihn
lustig: „Oh, euer Majestät, der Präsident der Juden!“ Dabei schlugen sie
ihm immer wieder mit der Faust ins Gesicht. 4 Pilatus ging nach einer
Zeit wieder vor die Tür zu den Leuten. „Ich will ihn noch einmal vorführen
lassen, ich will, dass eins klar ist: Für mich ist er unschuldig!“ 5 Jesus
kam dann wieder raus, mit der Krone aus Stacheldraht auf und dem
Samtumhang auf den Schultern. Pilatus rief zu den Leuten: „Da ist er,
seht euch diesen Menschen an!“ 6 Als die Oberpriester und die bezahlten
Security-Leute Jesus sahen, fingen die sofort an zu brüllen: „Todesstrafe,
Todesstrafe!“ „Okay, das müsst ihr dann schon verantworten“, sagte
Pilatus, „für mich ist dieser Mann unschuldig!“ 7 „Nach unseren Geset-
zen hat er die Todesstrafe verdient. Er hat sich selbst als Gottes Sohn
bezeichnet!“, riefen die Juden als Antwort zurück. 8 Als Pilatus das hörte,

bekam er noch mehr Angst, als er eh schon hatte. 9 Er ging wieder zurück
in das Gerichtsgebäude und befragte dort noch mal Jesus: „Sagen Sie
mal, wer sind Sie eigentlich?“ Aber Jesus gab keine Antwort. 10 „Reden Sie
jetzt nicht mehr mit mir, oder was? Haben Sie nicht kapiert, dass ich
genug Einfluss habe, Sie zu befreien oder aber Sie hinrichten zu lassen?“
11 Dazu sagte Jesus dann: „Sie hätten überhaupt keine Macht über mich,
wenn Sie die nicht von oben zugeteilt bekommen hätten. Darum trifft
den auch mehr Schuld, der mich an Sie ausgeliefert hat.“ 12 Pilatus unter-
nahm dann noch einen Versuch, Jesus freizulassen, aber die Juden brüll-
ten nur zurück: „Wenn Sie den laufen lassen, dann haben Sie ein Problem
mit dem obersten Präsidenten. Jeder, der sich selbst zum Präsidenten
ausruft, ist ein Staatsfeind!“ 13 Als Pilatus das hörte, befahl er, Jesus vor
die Menschen zu bringen. Er setzte sich auf den Stuhl, von dem die
Gerichtsurteile immer gefällt wurden. Die Stelle, wo der stand, nannte
man auch „Steinpflaster“ oder auf Hebräisch „Gabbata“. 14 Das Ganze
war gegen Mittag kurz vor dem Passafest. Um die Zeit war die Vorberei-
tung dafür in vollem Gange. Pilatus meinte zu der Menge: „Hier, das ist
euer Präsident!“ 15 „Hau ihn weg!“, brüllten die Leute. „Hau ihn weg,
Todesstrafe, Todesstrafe!“ Pilatus fragte noch mal nach: „Soll ich wirklich
euren Präsidenten hinrichten lassen?“ „Wir haben keinen Präsidenten,
nur der oberste Präsident in Rom ist unser Präsident“, schleimten die
Oberpriester los. 16 Also gab Pilatus nach. Er unterschrieb den Voll-
streckungsbefehl: Tod durch Kreuzigung. Die Soldaten packten Jesus
und führten ihn ab.

Jesus wird hingerichtet

17 Jesus musste sein Kreuz selbst zum Hinrichtungsort tragen. Der hieß
Golgatha, was zu Deutsch „Ort, wo die Totenschädel liegen“ bedeutet.
18 Da nagelten sie Jesus an ein Holzkreuz und stellten es auf. Neben Jesus
wurden noch zwei andere hingerichtet, jeweils rechts und links von ihm.
19 Pilatus hatte ein Schild anfertigen lassen, das wurde über das Kreuz
gehängt. Auf diesem Schild stand: „Jesus aus Nazareth, Präsident von
den Juden“. 20 Der Ort der Hinrichtung war ganz in der Nähe der Stadt.
Viele Juden kamen vorbei und konnten das Schild lesen. Man hatte es
extra in allen drei gängigen Sprachen draufgeschrieben, in Hebräisch,
Lateinisch und in Griechisch. 21 Die Oberpriester der Juden waren deswe-
gen etwas angenervt. Sie verlangten von Pilatus: „Das Schild sollte geän-
dert werden. Dass dort steht: ‚Der Präsident der Juden‘, ist nicht korrekt.
Es müsste heißen: ‚Er hat behauptet, der Präsident der Juden zu sein.‘“
22 Pilatus wollte da aber nichts dran ändern. „Es bleibt da jetzt so stehen,
wie ich es geschrieben hab. Basta!“ 23 Die Soldaten, die Jesus an das Kreuz

genagelt hatten, zockten sich die Klamotten von Jesus und teilten sich die untereinander. Sie teilten alles durch vier, jeder bekam ein Kleidungsstück. Nur das T-Shirt war übrig, und wenn man das zerschneiden würde, wäre es nutzlos. [24] So wurde beschlossen, mit Würfeln darum zu spielen. Dass so was passieren würde, wurde schon in den alten Schriften vorhergesagt. Da steht nämlich: „Sie teilten meine Klamotten unter sich auf und würfelten um mein T-Shirt." Genau das passierte dort. [25] Unter dem Kreuz, an das sie Jesus genagelt hatten, waren seine Mutter und ihre Schwester sowie Maria, die Frau von Klopas, und Maria Magdalena. [26] Als Jesus seine Mutter dort sah und auch den einen Freund, den er besonders lieb hatte, sagte er zu ihr: „Er soll jetzt dein Sohn sein!" [27] Und zu seinem Freund sagte er: „Sie ist jetzt deine Mutter, okay?" Von diesem Zeitpunkt an wohnte Maria mit in dem Haus von diesem Freund.

Jesus stirbt

[28] Jesus war sich jetzt im Klaren darüber, dass er seinen Job getan hatte. Um das zu tun, was in den alten Schriften schon vorhergesagt wurde, sagte er: „Ich habe Durst!" [29] In der Nähe stand ein großer Becher mit Eistee*, da tauchte einer einen Schwamm rein, steckte ihn auf einen langen Stab und hielt ihn an den Mund von Jesus. [30] Nachdem Jesus kurz davon getrunken hatte, schrie er plötzlich: „Es ist alles getan!" Dann sackte er in sich zusammen und starb. [31] Das alles war ja einen Tag vor dem Passafest passiert. Damit die Toten nicht ausgerechnet auch noch an diesem Tag am Kreuz hängen bleiben würden, beantragte die Führungsriege der Juden bei Pilatus, den Menschen, die am Kreuz hingerichtet wurden, die Beine zu brechen. So würden sie nämlich wesentlich schneller sterben. Erst dann konnte man sie ja auch vom Kreuz runternehmen. [32] Pilatus willigte ein und beorderte Soldaten, den Männern die Beine mit einer Keule zu brechen. [33] Als sie aber bei Jesus ankamen, sahen sie, dass der schon tot war. Darum wurden seine Beine nicht zerbrochen. [34] Aber einer von den Soldaten stach mit einem langen Speer noch einmal in den Bauch von Jesus. Sofort flossen Wasser und Blut daraus, ein sicheres Zeichen, dass der Gekreuzigte bereits tot war. [35] Ich war übrigens selbst dabei und habe alles mit eigenen Augen gesehen. Alles, was ich hier erzähle, stimmt hundertprozentig. [36] Das ist alles passiert, damit die Ansage aus den alten Schriften erfüllt worden ist. „Nicht ein Knochen wird ihm gebrochen."
[37] Genauso steht da auch: „Sie werden auf einen sehen, der durchstochen worden ist."

---

* Im Original steht dort so etwas wie ein Essiggetränk. Das diente damals zur Erfrischung.

Jesus wird vom Kreuz losgemacht und beerdigt

38 Als alles vorbei war, stellte Josef, der aus Arimathäa stammte, einen
schriftlichen Antrag zur „Herausgabe und Überführung der Leiche“. Josef
war ein heimlicher Freund von Jesus, er hatte aber Angst vor den führen-
den Juden. Pilatus genehmigte den Antrag, und so ging Josef dorthin und
verfrachtete die Leiche. 39 Nikodemus, der Jesus mal einen Nachtbesuch
abgestattet hatte, kam auch vorbei und brachte ungefähr dreißig Kilo
Myrrhe und Aloe vera mit. 40 Die zwei wickelten die Leiche in ein Tuch, das
mit diesen Sachen eingerieben war. Das war bei einem echten jüdischen
Begräbnis so üblich. 41 Um die Ecke von dem Ort, wo die Hinrichtung
stattgefunden hatte, lag ein Garten. In diesem Garten war ein leeres Grab
in einem Hügel, das noch frei war. 42 In dieses Grab legten sie Jesus. Sie
beeilten sich dabei, weil der Feiertag kurz bevorstand.

20

Jesus hat gegen den Tod gewonnen!

1 Sonntag, ganz früh morgens noch vor dem Sonnenaufgang, kam
Maria Magdalena zum Grab von Jesus. Plötzlich sah sie, dass der
Stein, der vor dem Eingang gelegen hatte, weg war. 2 Voll panisch lief sie
zu Simon Petrus und dem anderen Freund, den Jesus besonders lieb
hatte. Sie erzählte ihnen: „Stellt euch vor, sie haben die Leiche vom Meis-
ter aus dem Grab geklaut. Ich hab keine Ahnung, wo sie ihn jetzt hinge-
bracht haben!“ 3 Sofort rannten Petrus und der andere Freund zum Grab.
4 Der Freund legte voll den Sprint hin und war als Erster da. 5 Er sah kurz
rein, und da lagen tatsächlich nur die Tücher rum, er ging aber nicht rein.
6 Als Petrus dann nachkam, ging er in das Grab, sah da aber auch nur ein
paar von den Tüchern, sonst nichts. 7 Das Tuch, mit dem der Kopf von
Jesus eingewickelt worden war, lag ordentlich zusammengefaltet auf der
Seite. 8 Jetzt traute sich auch der andere Freund von ihm in die Grabkam-
mer, und als er das leere Teil gesehen hatte, fing er auch an zu glauben,
dass Jesus nicht mehr tot war, sondern lebte. 9 Sie hatten es bis zu dem
Zeitpunkt nämlich noch nicht begriffen, was in den alten Schriften dazu
gestanden hatte, dass Jesus zwar sterben würde, aber dann den Tod
besiegen und in einer völlig neuen Form lebendig werden würde. 10 Dann
gingen die Freunde wieder zurück nach Jerusalem.

Jesus trifft Maria Magdalena

11 Maria war auch noch mal zum Grab gegangen, weil sie um Jesus trauern
wollte. Als sie da ankam, musste sie erst mal voll losheulen. Dabei bückte
sie sich in das Grab 12 und entdeckte plötzlich zwei Engel, komplett in
Weiß gestylt, die genau an der Stelle, wo die Leiche gelegen hatte, saßen.

Einer am Kopf- und der andere am Fußende. [13] „Was ist los, warum flennst
du?“, fragten die Engel. „Na, weil sie die Leiche von meinem Jesus ver-
schleppt haben, und ich hab kein Plan, wohin!“ [14] Als sie sich umdrehte,
stand da plötzlich Jesus, aber sie erkannte ihn nicht sofort. [15] „Was geht,
warum weinst du?“, fragte er sie. „Warum bist du überhaupt hier, wen
suchst du?“ Sie dachte zuerst: „Oh, der Gärtner ist auch da!“ „Mein Herr,
wenn Sie die Leiche weggebracht haben, dann sagen Sie mir bitte, wo sie
jetzt liegt. Dann geh ich dahin, um sie zu holen.“ [16] „Maria!“, sagte Jesus.
Da drehte sie sich um und rief erschrocken: „Mein Meister!“ [17] „Fass mich
nicht an!“, warnte sie Jesus. „Ich bin noch nicht zu Gott, meinem Vater,
zurückgegangen. Bitte richte aber meinen Freunden und Geschwistern
aus, dass ich jetzt zu meinem, also zu unserem Vater gehen werde! Ich
geh zu meinem und unserem Gott!“ [18] Maria Magdalena rannte sofort zu
seinen Freunden und erzählte denen brühwarm, was sie gerade erlebt
hatte: „Leute, ich hab gerade Jesus getroffen!“ Dann sagte sie ihnen, was
er ihr aufgetragen hatte.

Jesus, total verändert, trifft seine Freunde das erste Mal

[19] An diesem Sonntag hatten die Freunde von Jesus ein Treffen organisiert.
Weil sie große Angst hatten, von den Juden verfolgt zu werden, traf man
sich heimlich hinter verschlossenen Türen. Plötzlich stand da Jesus mitten
im Raum und sagte: „Peace, hallo, Jungs! Alles klar bei euch?“ [20] Nach
dieser Begrüßung zeigte er ihnen erst mal die Wunden an seiner Hand
und in der Rippengegend. Die Freunde rasteten total aus, sie freuten sich
so sehr, dass er wieder da war und lebte! [21] Jesus sagte noch einmal: „Frie-
den, Leute! Also, so wie Gott der Vater mich losgeschickt hat, so schicke
ich euch jetzt auch los!“ [22] Dann pustete er sie an und meinte dabei: „Hier,
nehmt das. Das ist die Kraft, die von Gott kommt, sein Heiliger Geist!
[23] Ab jetzt gilt: Wenn ihr jemandem seine Schuld verzeiht, dann ist sie
auch für Gott vergessen. Und wenn ihr sie ihm nicht verzeiht, dann klebt
sie weiter an ihm.“ [24] Thomas, einer von den zwölf engen Freunden (er
wurde auch der Zwilling genannt), war gerade nicht da, als sie dieses Tref-
fen mit Jesus hatten. [25] Später erzählten sie ihm: „Hey, Jesus war da!“ Er
konnte das aber echt nicht glauben. „Also, erst wenn ich seine Wunden
mit eigenen Augen gesehen habe und sie auch anfassen konnte und wenn
ich dann noch die Wunde an seinem Brustkorb checken kann, dann würde
ich das glauben.“ [26] Acht Tage später hingen die Freunde wieder zusam-
men, und diesmal war Thomas auch mit am Start. Plötzlich steht Jesus
mitten im Raum, und das, obwohl die Tür verschlossen war! Er begrüßte
sie: „Hey, Freunde! Ich wünsch euch Frieden!“ [27] Dann ging er zu Thomas
und meinte: „Na, dann fass mal auf diese Stelle hier und check auch noch

meine Hände. Und dann kannst du von mir aus auch noch mal meinen
Brustkorb testen. Zweifel nicht mehr, fang an zu glauben!“ 28 Thomas war
total platt und sagte nur: „Mann, Meister, du bist es ja, du bist mein
Gott!“ 29 Jesus’ Reaktion war nur: „Tja, du glaubst das jetzt, weil du das
mit deinen eigenen Augen sehen konntest. Gut drauf kommen die, die
das nicht können, es aber trotzdem glauben!“ 30 Die Freunde von Jesus
kriegten noch einige andere Wunder mit, die ich jetzt nicht in diesem
Buch alle aufschreiben konnte. 31 Aber alle Sachen, die ich hier geschrie-
ben habe, sind dafür da, dass ihr das glaubt: Jesus Christus ist wirklich
der Sohn von Gott, und nur durch den Glauben an ihn wird es möglich,
ewig zu leben!

21

Jesus trifft noch einmal seine Freunde am See Tiberias

1 Später traf Jesus seine Freunde noch einmal am See von Tiberias.
2 Simon Petrus, Thomas (den sie auch „den Zwilling“ nannten),
Nathanael (der aus Kana in Galiläa stammte), die Söhne vom Zebedäus
und noch zwei andere Freunde hingen da zusammen rum. 3 Simon Petrus
meinte dann: „Also, ich geh jetzt ’ne Runde fischen!“ „Wir sind dabei“,
sagten die anderen. Alle stiegen in das Boot und fuhren raus. Sie konnten
aber die ganze Nacht nicht einen Fisch an Deck ziehen. 4 Frühmorgens,
es wurde gerade hell, stand Jesus da plötzlich am Ufer. Die Freunde
kapierten aber nicht, dass es Jesus war. 5 Jesus rief ihnen zu: „Na, habt ihr
ein paar Fische für mich?“ „Leider nicht, wir haben keinen einzigen gefan-
gen!“, war die Antwort. 6 „Probiert es noch mal, aber diesmal auf der
anderen Seite vom Boot, dann werdet ihr auch was fangen!“, war sein
Tipp. Als sie das machten, war das Netz mega voll mit fetten Fischen.
7 Der Typ, den Jesus immer besonders lieb hatte, sagte zu Petrus: „Hey,
Mann, das ist doch Jesus!“ Als Petrus das hörte, zog er sich schnell was
über (er trug bei der Arbeit nämlich nur seine Unterhose), sprang ins Was-
ser und schwamm an das Ufer. 8 Die anderen Freunde blieben im Boot,
das noch etwa hundert Meter vom Strand entfernt lag. Sie schipperten
hinter Petrus her und zogen dabei ein prall gefülltes Netz im Schlepptau
hinter sich her!!! 9 Als sie an Land waren, war da schon ein kleiner Grill
aufgebaut, mit ein paar leckeren Fischen drauf. Auch für frisches Brot war
gesorgt. 10 „Bringt mal ein paar von den Dingern her, die ihr gerade gefan-
gen habt!“, meinte Jesus. 11 Simon Petrus ging zurück zum Boot und zog
das Netz an Land. Da waren satte hundertdreiundfünfzig große Fische
drin! Und obwohl es so sehr viele waren, hielt das Netz das aus und
zerriss nicht! 12 „Kommt endlich! Und guten Appetit!“ Keiner von den
Freunden traute sich zu fragen: „Wer bist du eigentlich?“, aber unausge-

sprochen war jedem klar: Es war ihr Jesus! 13 Jesus begrüßte sie und nahm
dann das Brot und den Fisch und verteilte es an alle. 14 Das war jetzt das
dritte Mal, dass Jesus sich seinen Freunden zeigte, nachdem er den Tod
besiegt hatte.

Eine wichtige Frage an Petrus

15 Nach diesem Frühstück sagte Jesus zu Petrus: „Simon, ja genau du!
Ich hab mal 'ne Frage an dich: Liebst du mich mehr als die anderen hier?"
„Ja klar, du weißt genau, wie lieb ich dich habe!" „Dann pass auf meine
Schafe auf!" 16 Kurze Zeit später fragte Jesus das Gleiche noch mal:
„Simon, sag mal, liebst du mich?" „Ja klar, du weißt doch genau, wie sehr
ich dich liebe!", antwortete Petrus noch mal. „Dann pass auf meine
Schafe auf!" 17 Und dann fragte Jesus noch mal: „Simon? Ja, ich meine
dich! Liebst du mich?" Petrus hatte das Gefühl, Jesus würde ihm nicht
glauben, darum wurde er sehr traurig. „Mann, Jesus, du weißt doch
sowieso alles! Und du weißt auch, dass ich dich sehr, sehr liebe!" Jesus
sagte wieder: „Dann pass auf meine Schafe auf! 18 Ich sag dir jetzt mal
was: Als du noch jung warst, da konntest du tun, was du wolltest, und
hingehen, wohin du wolltest. Aber wenn du alt bist, dann wird dich jemand anderes an der Hand führen müssen. Und zwar an einen Ort, wo
du nicht wirklich sein willst." 19 Jesus machte damit 'ne Andeutung, wie
Petrus später mal sterben würde. Selbst dabei würde Gott groß rauskommen. Und nachdem er das gesagt hatte, meinte er zu ihm: „Tu das, was
ich auch getan habe. Folge mir." 20 Petrus drehte sich um und sah hinter
sich diesen Freund sitzen, den Jesus sehr lieb hatte. Das war der Typ, der
beim letzten Abendessen neben Jesus gesessen und ihm die Frage gestellt
hatte: „Wer wird dich denn verraten?" 21 Petrus wollte von Jesus wissen:
„Und was ist mit dem da?" 22 „Das soll dir doch egal sein, Petrus! Wenn
ich das wollte, dass er so lange lebt, bis ich wieder da bin, na und! Hauptsache, du lebst mit mir und tust das, was ich von dir möchte." 23 Das war
der Grund, warum sich unter den ersten Christen das Gerücht verbreitete,
dass dieser Freund von Jesus nicht sterben würde. Aber das hatte Jesus
gar nicht gesagt, er meinte nur: „Wenn ich das wollte, dass er noch lebt,
bis ich wiederkomme, soll dir doch egal sein!" 24 Es geht hierbei nämlich
um den, der dieses Buch geschrieben hat. Er war Zeuge der ganzen Geschichte, und alles, was er geschrieben hat, ist hundertprozentig wahr.

The End

25 Da gibt es noch viele andere große Sachen, die Jesus getan hat. Ich
denke, das wäre zu viel, um das alles hier aufzuschreiben. Dafür würde
bestimmt das Papier der ganzen Welt nicht ausreichen!

Die Geschichte von den Aposteln

1 Was bei den Aposteln* so los war

1 Lieber Theophilus! Also, in meinem ersten Bericht hab ich dir ja schon
erzählt, was mit Jesus alles abging und was er so erzählt hat. 2 Und
zwar vom ersten Event an, bis er dann schließlich nach oben versetzt
wurde zu Gott. Bevor er Richtung Himmel abgezogen ist, hat er sich von
Gott noch sagen lassen, wer von seinen Leuten die Chefs werden sollten.
Das waren die Männer, die wir heute Apostel nennen. Denen hat er dann
erzählt, was für Aufgaben sie ab jetzt haben würden. 3 Genau bei diesen
Leuten ist er später noch mehrmals aufgetaucht, nachdem er fertigge-
macht wurde und gestorben ist. Damit ist eindeutig bewiesen: Er ist wirk-
lich nicht mehr tot, er lebt! Ganze vierzig Tage chillte er noch mit seinen
Freunden und redete mit ihnen über das neue Reich, wo Gott das Sagen
hat**. 4 Als sie eines Tages zusammen waren, sagte Jesus voll ernst:
„Ihr dürft auf keinen Fall aus Jerusalem abhauen! Ihr müsst hier so lange
bleiben, bis das Ereignis passiert, was Papa schon vor Ewigkeiten ver-
sprochen hat – ich habe euch schon davon erzählt und wiederhole es jetzt
noch mal: 5 Johannes hat mit euch die Taufe nur mit Wasser durchziehen
können. Aber wartet ab, bald werdet ihr mit dem Heiligen Geist, mit der
Power, die von Gott kommt, getauft werden!"

Jesus geht zu Gott dem Vater

6 Als sie da so mit ihm zusammen waren, fragten seine Leute: „Meister,
wirst du denn jetzt eine Revolution anzetteln, Israel befreien und es ganz
nach vorne bringen?" 7 „Das soll euch erst mal egal sein. Gott wird schon
das richtige Timing dafür haben", antwortete Jesus. 8 „Aber ihr werdet von
der Kraft Gottes, dem Heiligen Geist, noch richtig angezappt und abge-
füllt werden. Durch die Kraft, die er euch gibt, werdet ihr in der Lage sein,
euch für mich vor allen Leuten in Jerusalem grade zu machen. Überall
werdet ihr von mir erzählen, in Judäa, in Samarien und auch im Rest der
Welt!" 9 Nachdem er das gesagt hatte, zog er zu Gott. Eine Wolke kam auf
ihn runter, und direkt vor ihren Augen verschwand er plötzlich. 10 Als sie

---

* Apostel: So wurden die 12 Freunde von Jesus genannt, als er weg war. Sie hatten eine besondere Begabung und Power von Gott. Das Wort heißt auch „Gesandter" und könnte auch mit „Bote", „Botschafter", „Konsul" oder so ähnlich übersetzt werden.

** Der Begriff bedeutet etwas ganz Konkretes, nämlich ein Gebiet, wo alles auf Gott ausgerichtet ist. Hinter dem Begriff stand auch die Hoffnung, dass Gott eine neue Zeit anbrechen lässt, in der er das Sagen hat und alles gut wird.

da total verdattert rumstanden, tauchten plötzlich zwei Typen auf, die weiße Anzüge trugen. [11] „Hey, ihr Leute aus Galiläa, was steht ihr hier so rum und glotzt zum Himmel?", fragten sie. „Gott hat Jesus jetzt wieder zu sich nach Hause geholt. Aber keine Sorge, es wird der Tag kommen, da taucht er genau so wieder auf, wie er gerade abgehauen ist."

Es wird ein neuer Apostel gewählt

[12] Schließlich gingen sie vom Ölberg in Richtung Jerusalem, das war ca. einen Kilometer weiter weg. [13] Sie zogen sich zurück in das Haus, wo sie auch sonst immer zusammen abhingen, um gemeinsam zu beten. Mit dabei waren: Petrus, Johannes, Jakobus, Andreas, Philippus, Thomas, Bartholomäus, Matthäus, Jakobus, der Sohn von Alphäus, Simon (der Ex-Terrorist) und Judas, der Sohn von Jakobus. [14] Dann waren da auch noch ein paar Frauen dabei, Maria zum Beispiel, die Mutter von Jesus, und auch seine Brüder. [15] An einem Tag waren ungefähr hundertzwanzig Leute da, als Petrus plötzlich aufstand, um eine Rede zu halten: [16] „Liebe Freunde, liebe Geschwister! Alles, was in dem alten Buch steht, ist wirklich wahr geworden! Zum Beispiel das, was über Judas dadrinsteht, der Jesus abgezogen und an seine Feinde verraten hat! Das hatte Gott schon vor Ewigkeiten gewusst und durch David mal eine Ansage da drüber gemacht. [17] Judas gehörte zu unserer Clique und hatte dieselben Aufgaben, wie wir sie auch bekommen hatten. [18] Von der Kohle, die er dafür bekommen hatte, den Unschuldigen zu verraten, hat er sich ein Feld gekauft. Auf dem ist er dann so derbe hingefallen, dass ihm dabei sein Wampe aufgeplatzt und der Darm rausgeflogen ist! [19] Das hat sich mittlerweile in ganz Jerusalem rumgesprochen, und alle nennen dieses Feld jetzt ‚das Feld, an dem Blut klebt'. [20] Das war ja schon in dem Buch aus den alten Schriften vorhergesagt worden. In den Psalmen steht zum Beispiel: ‚Was ihm gehört, wird vergammeln, niemand wird da wohnen wollen!' Und an einer anderen Stelle steht auch: ‚Die Sachen, die er vorher gemacht hat, soll ein anderer übernehmen.' [21] Darum müssen wir für Judas einen Nachfolger finden. Es wäre cool, wenn das jemand wäre, der von Anfang an mit Jesus dabei war, [22] von der ersten Zeit, wo Jesus bei Johannes aufgetaucht und getauft worden ist, bis zu dem Tag, wo er zu Gott ging. Er sollte genauso wie wir ein Augenzeuge gewesen sein, dass Jesus wieder lebendig wurde und den Tod besiegt hat." [23] Sie organisierten eine Wahl, wo sich zwei Leute aufstellen durften. Das war einmal Josef Justus, dem man auch den Spitznamen „Barsabbas" gegeben hatte, und Matthias. [24] Anschließend sagten sie alle zu Gott: „Herr, du hast die meiste Ahnung, was Menschen angeht. Du musst uns jetzt zeigen, wen du von den beiden dabeihaben willst. Wer soll die Aufgaben machen, die Judas vorher erledigt hat?

25 Denn Judas hat es ja nicht gebracht, er hat sein Ding nicht bis zu Ende
durchgezogen. Er ist jetzt da, wo er hingehört." 26 Schließlich holte einer
eine Münze raus, Kopf oder Zahl, und am Ende war Matthias derjenige,
der von nun an zu den zwölf Aposteln gehörte.

2 Pfingsten: Jetzt geht's ab! Die Kraft von Gott, der Heilige Geist, mischt alles auf

1 Als das große Erntefest der Juden gerade losging, waren alle Freunde
von Jesus zusammen in einem Raum. 2 Plötzlich kam in dem Raum von
oben runter ein Wind auf, alle hörten ein ganz seltsames Rauschen. Es
war fast so, als hätte jemand gerade einen großen Ventilator eingeschal-
tet. 3 Dann sahen sie, wie sich plötzlich bei allen so eine Art Feuerflammen
auf die Köpfe setzte. 4 Und dann wurden alle total abgefüllt mit dem
Heiligen Geist! Einige fingen dabei an, in irgendeiner fremden Sprache zu
reden, einer Sprache, die ihnen der Heilige Geist einfach aufspielte. 5 Zu
dem Fest waren gerade mega viele gläubige Juden aus der ganzen Welt
nach Jerusalem gekommen. 6 Sehr viele Leute aus der Stadt kriegten das
mit, von überall kamen sie angerannt. Was keiner von den Ausländern auf
die Reihe kriegen konnte, war, wie die Apostel in ihrer eigenen Sprache
reden konnten! 7 „Das geht ja gar nicht!", riefen die total fertig. „Das sind
doch alles Leute aus Galiläa! 8 Das kann doch gar nicht angehen, dass
die auf einmal unsere Muttersprache draufhaben? Egal ob wir aus Persien
stammen, Meder sind oder Elamiter, 9 ein paar von unseren Männern
kommen aus Mesopotamien, Judäa, Kappadozien, Pontus und aus der
Gegend von Asien. 10 Aus Phrygien, Pamphylien und aus Ägypten, und aus
der Gegend von Kyrene in Libyen, ja sogar aus Rom sind ein paar dabei.
Wir sind Juden oder zumindest zählen wir uns zu den Leuten, die jüdisch
glauben, 11 und dann sind da noch ein paar Kreter und Araber. Und trotz-
dem hören wir jeder in unserer Sprache, wie diese Typen da von den
großen Sachen erzählen, die Gott macht!" 12 Völlig verdattert konnten sie
überhaupt nicht kapieren, was da gerade los war: „Was hat das zu bedeu-
ten?" 13 Ein paar Leute rissen aber auch ein paar dumme Sprüche und
meinten: „Die sind doch alle völlig bekifft!"

Petrus sagt allen was Sache ist, und erzählt von Jesus

14 Schließlich standen alle Apostel auf, und Petrus schrie der versammelten
Masse zu: „Hey, ihr Leute aus Judäa, hört mir alle mal zu! Auch die Leute,
die hier in Jerusalem wohnen, ich will euch erzählen, was hier gerade ab-
geht! 15 Diese Männer hier sind nicht total breit, auch wenn das einige von
euch glauben wollen. Mann, ist doch gerade mal erst neun Uhr morgens!

16 Was hier gerade passiert, hat der Prophet Joel schon vor langer Zeit vor-
ausgesagt. Er machte nämlich folgende Ansage: 17 ‚Wenn es zu Ende geht
mit der Welt, sagt Gott, dann werde ich alle Menschen mit meinem Geist
ausstatten. Eure Kinder werden meine Stimme hören und das weiterge-
ben, was ich ihnen gesagt habe. Eure Jungs und auch die Alten werden in
ihren Gedanken Botschaften und Bilder von mir aufgespielt bekommen,
durch die ich zu euch reden werde. Und auch nachts werde ich euch durch
Träume Dinge klarmachen. 18 Alle Männer und Frauen, Jungs und Mäd-
chen, alle, die mir dienen, werden mit meinem Geist ausgerüstet werden,
und sie werden für mich sprechen. 19 Am Himmel und auf der Erde werdet
ihr seltsame Zeichen sehen; Blut, Feuer und sehr viel Qualm. 20 Es wird
eine totale Sonnenfinsternis geben und der Mond wird anders aussehen,
so rot wie Blut. Und dann kommt der große Tag, das große Comeback
von Gott. 21 Und es soll so laufen, dass alle, die zu Jesus gehören und zu
ihm um Hilfe rufen, durchkommen werden!‘ 22 Passt gut auf, ihr Leute aus
Israel! Ihr habt alle mitbekommen, dass Jesus, der aus Nazareth kam,
heftige Sachen und echte Wunder bei euch getan hat. Klar, dass Gott da
seine Finger mit im Spiel hatte! 23 Jesus wurde aber auf mieseste Art ver-
raten. Ihr habt ihn sogar mit Hilfe der Römer, die überhaupt nichts von
unserem Gott wissen wollen, hinrichten lassen, indem ihr ihn an ein Kreuz
genagelt habt. Doch Gott wusste schon lange vorher, dass das so passie-
ren wird. 24 Jesus ist aber stärker als der Tod! Gott konnte durch ihn den
Tod besiegen! Er ist wieder lebendig geworden! 25 Schon der Präsident
David hat von Jesus gesprochen, als er schrieb: ‚Ich habe die ganze Zeit
meinen Gott vor der Linse, er passt auf mich auf, damit ich nicht abstürze.
26 Ich raste total aus vor Freude, ich muss das rausschreien, selbst wenn
ich sterbe, wird es mir gutgehen. 27 Denn du wirst dafür sorgen, dass ich
nicht einfach vergammel, wenn ich tot bin, ich gehöre ja zu dir! 28 Du hast
mir gesagt, wo es längsgeht im Leben, du hast mir fett Freude geschenkt,
schon alleine, weil du da bist.‘ 29 Also liebe Leute, ich will euch hier keine
Märchen erzählen! Unser Vater David ist auf jeden Fall gestorben, und wer
will, kann auch gleich noch sein Grab besichtigen gehen. 30 Gott hat ihm
aber auf sicher versprochen, dass einer aus seiner Familie, der nach ihm
lebt, mal als Präsident auf seinem Chefsessel sitzen wird. 31 Dieses Ver-
sprechen hat er mit Jesus Christus eingelöst! Er hat den Tod besiegt und
ist wieder lebendig geworden. Er meinte nämlich ihn, als er damals auf-
geschrieben hat: ‚Er wird nicht tot bleiben, und sein Körper wird nicht ver-
gammeln.‘ 32 Gott hat Jesus aus dem Tod rausgeholt! Wir haben das alle
mitbekommen und können das ganz sicher bezeugen. 33 Jetzt hat Gott
Jesus auf den Stuhl des Kapitäns des ganzen Universums gesetzt. Er
bekam von Gott alle Vollmachten ausgestellt. Von dort hat er auf uns die

Power Gottes, seinen Heiligen Geist übertragen, wie es ja schon vorher
angekündigt wurde. Das ist genau das, was ihr hier jetzt gerade abgehen
seht. 34 David selbst ist ja nicht zum Himmel hochgezogen worden, aber er
sagte ja: ‚Gott sagte zu meinem Chef: Setz dich auf die Ehrentribüne im
Himmel direkt neben mich, 35 bis alle, die gegen dich sind, geschlagen wur-
den und dir die Füße küssen.‘ 36 Niemand kann jetzt in Israel noch etwas
dagegen sagen: Der Jesus, den ihr hingerichtet habt, den hat Gott zum
obersten Chef erklärt, zu dem Typen, der uns alle aus dem Dreck rausholen
wird, zu dem Auserwählten, den Christus.“ 37 Als die Leute das hörten,
waren sie alle total fertig und wollten unbedingt wissen, was sie denn jetzt
tun sollten. 38 „Lebt nicht länger so, wie ihr jetzt lebt! Macht es anders und
lebt in Gottes Richtung!“, meinte Petrus nur. „Ihr müsst dieses neue Ritual
machen, diese Taufe. Und zwar sollt ihr auf den Namen von Jesus Christus
getauft werden. Dann gehört ihr ihm, und Gott wird euch die Sachen
vergeben, wo ihr total neben Gottes Willen gelebt habt. Und außerdem be-
kommt ihr dann die Power von Gott, den Heiligen Geist, aufgespielt.
39 Das ist euch und denen, die nach euch noch leben werden, und allen
Menschen in der ganzen Welt versprochen worden, allen, die Gott dazu-
rufen wird.“ 40 Das war nur ein Auszug aus einer von vielen Reden vom
Petrus. Immer wieder warnte er die Leute: „Diese Gesellschaft ist auf einem
voll verkehrten Weg! Lasst euch auch da rausretten!“ 41 Sehr viele von den
Leuten, die Petrus zuhörten, ließen sich anschließend sofort taufen. Unge-
fähr dreitausend kamen an diesem Tag zu der Jesus-Familie dazu!

Die erste große Christen-Familie

42 Diese allerersten Christen hingen jeden Tag zusammen, hörten den
Predigten von den Aposteln zu und lebten in einer großen WG. Sie aßen
zusammen, so wie sie es mit Jesus, kurz bevor er starb, auch getan hatten
(das nannte man ab jetzt das „Abendmahl“), und beteten auch viel mit-
einander. 43 Alle hatten großen Respekt vor Gott. Der wiederum bestätigte
die Apostel durch heftige Wunder, damit alle sehen konnten, dass sie die
Wahrheit erzählten. 44 Die Jesus-Leute hielten ganz fest zusammen, jeder
teilte alles, was er hatte, mit den anderen. 45 Wenn jemand der Besitzer
von einem Stück Land war, dann verkaufte er das Teil und gab die Kohle
den Jesus-Leuten, denen es dreckig ging. 46 Jeden Tag hingen sie im Tem-
pel ab und feierten auf ihren Buden zusammen das Abendmahl. Oft trafen
sie sich, um zusammen zu essen, was immer superfröhlich und mit einer
guten Einstellung abging. 47 Alle waren begeistert von Gott, was wohl auch
ein Grund dafür war, dass man in der ganzen Stadt gut über sie redete.
Die Gemeinde, so wie man die Jesus-Familie jetzt nannte, wurde immer
größer, vor allem weil Gott jeden Tag viele Menschen dazurettete.

3

Gott tut ein Wunder an einem Behinderten

1 An einem Tag, so um drei Uhr rum, beschlossen Petrus und Johan-
nes, zum Tempel zu gehen und 'ne Runde zu beten, wie sie es sonst
auch immer getan hatten. 2 Gleichzeitig schleppte man einen Mann an
eine der Türen vom Tempel, der seit seiner Geburt an den Beinen gelähmt
war. Sie setzten ihn an einer Tür ab, die man auch „das schöne Tor"
nannte, wo er jeden Tag Geld schnorren konnte. 3 Als Petrus und Johannes
den Tempel betreten wollten, fragte er sie auch: „Habt ihr mal 'nen Euro?"
4 Die beiden blieben stehen, sahen ihn fest an, und Petrus meinte: „Schau
uns in die Augen!" 5 Der Typ dachte gleich, die beiden würden ihm jetzt
Geld geben. 6 Petrus sagte aber zu ihm: „Ich hab keine Kohle für dich,
mein Freund, aber was ich habe, will ich dir gerne geben. Im Auftrag von
Jesus Christus, der aus Nazareth stammt: Steh auf, Alter! Geh mal 'ne
Runde um den Block!" 7 Dabei griff er nach der rechten Hand von dem
Mann und zog ihn nach oben. Und in derselben Sekunde konnte er tat-
sächlich seine Füße und Beine bewegen! 8 Er sprang hoch, ging ein paar
Schritte und folgte dann Petrus und Johannes in den Tempel. Dort ras-
tete er vor Freude total aus, pogte überall rum und schrie: „Danke, Gott!
Danke!" 9 Alle, die gerade im Tempel waren, sahen, wie er rumtanzte und
sich bei Gott bedankte. 10 Jeder kapierte sofort, dass das der Typ von der
„schönen Tür" war. Und sie kriegten das nicht gebacken, wieso der plötz-
lich gehen konnte! 11 Sehr viele kamen aus dem ganzen Tempel in die
Halle gelaufen, wo das Wunder passiert war. Das war die sogenannte
„Halle Salomos". Total aufgeregt umzingelten sie Petrus, Johannes und
den Ex-Behinderten, der die beiden nicht mehr weglassen wollte.

Petrus hält 'ne Rede im Tempel

12 Petrus sah die gute Gelegenheit, gleich auf den Punkt zu kommen, und
legte los: „Hallo, ihr Leute aus Israel! Warum kriegt ihr das anscheinend
nicht auf die Reihe, was hier gerade passiert ist? Und warum seht ihr uns
dabei die ganze Zeit so schräge an? Ihr glaubt doch nicht im Ernst, wir
hätten diesen Behinderten geheilt, weil wir so geil drauf sind oder so
besonders religiös leben? 13 Der Gott, zu dem schon Abraham und Isaak
und Jakob, unsere Vorfahren und Urväter, gebetet haben, genau der hat
das getan! Er wollte durch dieses Wunder klarmachen, dass sein Sohn
Jesus der Held ist, nur der hat so was drauf! Genau der Jesus, den ihr ver-
raten und verkauft habt, und das, obwohl der Richter Pilatus sogar auf
Freispruch plädiert hatte. 14 Den Mann, der nichts ausgefressen hatte und
der total gottmäßig drauf war, den habt ihr fertiggemacht und ermordet,
während der wirkliche Mörder freigelassen wurde. 15 Ihr habt dabei aus-
gerechnet den ermordet, der das ganze Leben mal gemacht hat! Gott war

aber stärker als der Tod, und er ist wieder lebendig geworden, das können
wir hier alle unterschreiben, wir haben es selber erlebt! 16 Weil wir zu
diesem Jesus beten und ihm vertrauen, darum ist dieser Mann gerade
gesund geworden. Ihr kennt den Typen alle sehr gut, ihr wisst, dass er
eine starke Behinderung hatte und nicht gehen konnte. Aber jetzt kann er
wieder gehen, weil das felsenfeste Vertrauen, was wir in Jesus haben,
gewirkt hat. 17 Mir ist schon klar, dass ihr damals keine Peilung hattet, was
ihr und eure Chefs da gerade anstellten. 18 Gott hatte aber dafür gesorgt,
dass das passiert, was schon die Propheten vor langer Zeit vorausgesagt
haben, nämlich, dass der Retter ganz üble Sachen durchmachen muss.
19 Heute habt ihr die Chance, euer Leben total umzukrempeln. Hört auf,
Mist zu bauen, damit Gott euch die ganzen Schulden, die ihr bei ihm
habt, heute erlassen kann! 20 Dann wird endlich eine geile Zeit für euch
anbrechen, eine Zeit, in der Gott euch zeigen kann, wer wirklich der Retter
ist, auf den ihr schon so lange wartet: Jesus! 21 Er sitzt jetzt erst mal im
Himmel, aber irgendwann wird er wiederkommen, und dann wird alles
neu gemacht. Davon hat Gott schon vor langer Zeit durch die Propheten
zu uns geredet. 22 Schon Mose hat gesagt: ‚Irgendwann wird Gott jeman-
den, der so drauf ist wie ich, zu euch schicken, und dann wird alles gut.
Auf den müsst ihr hören. 23 Wer das aber nicht tut, der fliegt raus.' 24 Auch
Samuel und die anderen Propheten, die danach da waren, haben diese
Ansage gemacht. 25 Was diese Männer gesagt haben, das ist auch für euch
wichtig. Denn auch für euch gilt derselbe Vertrag, den Gott mit euren Vor-
fahren gemacht hat. Denn Gott meinte zu Abraham: ‚Von deinen Kindern
werden alle Menschen auf der Erde mal fett profitieren.' 26 Gott hat den
Mann, der genau das getan hat, was er wollte, nämlich Jesus, bei euch
vorbeigeschickt. Durch ihn bietet er uns eine neue Chance an, indem wir
aufhören, Mist zu bauen, und unserem Leben eine neue Richtung geben,
eine Richtung zu Gott hin."

4

Petrus und Johannes werden im Knast verhört

1 Als Petrus und die anderen Apostel noch am Reden waren, kamen
plötzlich ein paar von den religiösen Führern, von den Priestern und
den Sadduzäern sowie der Chef von der Tempel-Polizei durch die Men-
schenmasse durch. 2 Sie motzten rum, weil Petrus und Johannes am Bei-
spiel von Jesus allen Leuten klarmachten, dass irgendwann alle Menschen
vom Tod wieder zurück ins Leben kommen werden. 3 Darum verhafteten
sie Petrus und Johannes und steckten die beiden erst mal in den Knast,
weil es inzwischen dunkel geworden war. 4 Trotzdem waren viele von dem,
was die Apostel erzählt hatten, total angerührt und begannen an Jesus zu

glauben. Ungefähr 5000 Leute zählten ab dann zu den Christen, und die
Frauen waren da noch gar nicht mitgerechnet! 5 Am nächsten Morgen
wurde ein Meeting am Gericht der Juden in Jerusalem abgehalten. 6 Han-
nas, der Chef der religiösen Führung, war da, dazu Kaiphas, Johannes,
Alexander und ein paar andere Jungs aus der Familie vom Hannas.
7 Schließlich wurden Petrus und Johannes vorgeführt. Als Erstes fragten
sie die beiden: „Wer hat Ihnen eigentlich die Order gegeben und dazu
auch die Vollmacht, diese Wundersachen zu tun?“ 8 Abgefüllt mit der Kraft
Gottes, dem Heiligen Geist, sagte Petrus: „Also, ihr Leiter und Älteste von
unserer Gesellschaft, 9 wir stehen hier im Gerichtssaal und wurden ange-
zeigt, weil wir nichts weiter getan haben, als einen Kranken zu heilen.
10 Wenn Sie wissen wollen, wie dieser Typ hier wieder gesund geworden
ist, dann kann ich nur eine Ansage dazu machen, und das will ich vor
Ihnen und allen Leuten in Israel gerne tun. Dass dieser Behinderte gesund
geworden ist, kommt nur durch die Kraft von Jesus Christus, der aus
Nazareth stammt. Er ist der Mann, den ihr hingerichtet habt. Aber er ist
nicht mehr tot, er ist wieder lebendig geworden! 11 Jesus ist das Beton-
Fundament, von dem schon in dem alten Buch geredet wurde. ‚Was von
den Bauarbeitern als total wertlos betrachtet wurde, darauf ist nun alles
gebaut worden.‘ 12 Nur Jesus kann die Menschen aus ihrem Dreck raus-
holen und retten. Niemand anders ist dazu in der Lage, nur er!“ 13 Die
anwesenden Leute vom Gericht waren total platt darüber, wie mutig und
frei sie ihre Sache rüberbrachten. Denn sie wussten, dass die beiden keine
gute Bildung genossen und auch nie Theologie studiert hatten. Aber es
war allen schon klar, dass beide mit Jesus unterwegs gewesen waren.
14 Dass der Typ wirklich geheilt worden war, daran bestand auch kein Zwei-
fel. Der war ja anwesend und stand aufrecht vor ihnen. 15 Sie wollten sich
erst mal alleine beraten und ließen die zwei wieder abführen. 16 „Was
machen wir jetzt bloß mit diesen Jesus Freaks?“, fragten sie sich. „Sie
haben echt ein Wunder getan, dagegen können wir nichts mehr sagen.
Wir sind ja sogar Augenzeugen davon. 17 Vielleicht sollten wir den beiden
einfach unter Strafe verbieten, dass sie weiter in der Stadt von Jesus
reden, damit sie nicht noch mehr Schaden anrichten können.“ 18 Dann
riefen sie die Apostel wieder in den Saal und verboten ihnen unter Strafe,
noch einmal irgendwo was über Jesus zu erzählen. 19 Petrus und Johannes
meinten dazu nur: „Sie glauben doch nicht im Ernst, dass wir Ihnen mehr
gehorchen als unserm Gott? 20 Das geht gar nicht, dass wir nichts darüber
erzählen, was Gott für gute Sachen gemacht hat! Wir haben es ja selber
erlebt!“ 21 Schließlich kamen sie mit einer Verwarnung davon. Sie hatten
einfach keinen richtigen Anklagepunkt und der Richter hatte auch Panik,
es würde sonst eine Riesendemo geben. Denn alle Leute in Jerusalem

waren total begeistert von Gott, der durch Petrus und Johannes so ein gei-
les Wunder getan hatte. 22 Der Behinderte, der geheilt wurde, war immer-
hin schon vierzig Jahre alt und seit seiner Geburt gelähmt gewesen.

Die Jesus-Familie betet zusammen

23 Nachdem Petrus und Johannes entlassen worden waren, rannten sie
sofort zu den anderen Christen und erzählten, was mit den Oberpriestern
und den Ältesten der Stadt abgegangen war. 24 Sie fingen sofort an zu
beten und riefen gemeinsam zu Gott: „Meister, du hast den ganzen Him-
mel und die Erde und das Meer gemacht, und dazu alles, was sonst noch
lebt. 25 Du hast schon vor langer Zeit durch unseren Urvater David, der dir
gedient hat, unter Mithilfe vom Heiligen Geist, zu uns gesagt: ‚Warum
machen die Leute, die nichts von Gott wissen wollen, so einen Aufstand?
26 Die Mächtigen dieser Welt rüsten auf und alle tun sich zusammen, um
gegen Gott zu kämpfen und gegen seinen Christus*.‘ 27 Und genau das
passiert hier gerade, in dieser Stadt! Herodes, Pilatus und die ganze
Bande haben sich zusammengetan, um deinem besonderen Sohn Jesus,
den du auserwählt hast, den Kampf anzusagen! 28 Und was sie jetzt tun,
hast du auch schon lange vorher gewusst und beschlossen. 29 Jetzt, Gott,
achte auf das, was sie uns androhen, und gib jedem von uns die Freiheit,
die wir brauchen, um den Leuten das zu sagen, was du von uns willst!
30 Zeig jetzt, was du draufhast! Sorg dafür, dass Leute gesund werden und
dass derbe Wunder passieren durch den Namen von deinem Sohn Jesus.“
31 Als sie das gebetet hatten, gab es plötzlich ein Erdbeben unter dem
Haus, in dem sie sich getroffen hatten! Alle wurden augenblicklich total
abgefüllt mit der Kraft Gottes, dem Heiligen Geist! Sie zogen los und
erzählten, ohne Angst zu haben, überall von Gott.

Die Jesus-Familie geht ab

32 Alle Leute, die zur Jesus- Familie gehörten, waren total eng befreundet.
Es gab keinen, der das, was ihm gehörte, als seinen privaten Besitz be-
trachtete, irgendwie gehörte alles allen. 33 Total begeistert sprachen die
Apostel überall darüber, dass Jesus nicht mehr tot ist, sondern lebt. Alle
erlebten hautnah, wie sehr Gott die Menschen liebt. 34 Keiner kam in der
Gemeinschaft zu kurz. Die Leute, die ein Haus oder ein Grundstück besa-
ßen, verkauften es. 35 Die Kohle, die sie dafür bekamen, gaben die Apostel
dann an die Leute weiter, die es nötiger hatten. 36 Einer der Leute, die viel
Geld gaben, war Josef. Der kam ursprünglich aus Zypern und war aus dem
israelischen Stamm der Leviten. Die Apostel hatten ihm auch den Spitz-

---

* Christus: Siehe Kommentar im 2. Kapitel, Vers 36

namen Barnabas gegeben, was so viel heißt wie „einer, der die Leute tröstet“. Dieser Josef hatte seinen Grundbesitz verkauft und das ganze Geld den Aposteln gegeben.

5 Hananias und Saphira versuchen Gott zu bescheißen

1 Ein Typ, den sie Hananias nannten, verkaufte mit seiner Frau Saphira
ein Grundstück. 2 Das Geld, was er dafür bekam, gab er dann nur zum
Teil bei den Aposteln ab, seine Frau wusste aber davon und war einver-
standen. 3 Petrus hatte aber den Durchblick und sprach ihn darauf an:
„Hananias, warum bist du nur auf den Satan reingefallen? Warum hast du
versucht, den Heiligen Geist abzulinken? Warum hast du nur einen Teil
von der Kohle zurückgebracht und so getan, als wäre es alles, um den
Rest selber einzusacken? 4 Keiner hat dich gezwungen, das Land zu ver-
scherbeln! Du hättest mit der Kohle machen können, was du willst. Wie
bist du bloß so draufgekommen? Du hast nicht nur versucht Menschen
zu belügen, du betrügst Gott damit!“ 5 Petrus hatte gerade das letzte Wort
ausgesprochen, da sackte Hananias in sich zusammen und starb. Alle, bei
denen das die Runde machte, waren echt fertig, als sie das hörten. 6 Einige
der jungen Leute trugen die Leiche raus, nachdem sie ein Tuch drüberge-
legt hatten, um ihn unter die Erde zu bringen. 7 Drei Stunden später kam
seine Frau Saphira vorbei. Sie hatte keinen blassen Schimmer von dem,
was da gerade passiert war. 8 Petrus fragte sie: „Ist das hier alles gewesen,
was ihr für euer Grundstück bekommen habt?“ – „Ja“, war ihre Antwort,
„das war alles.“ 9 „Wie konntet ihr nur so draufkommen, dass ihr dachtet,
man kann mit dem Heiligen Geist solche Spielchen spielen?“, sagte Pet-
rus. „Die Männer, die gerade deinen Ehemann beerdigt haben, werden
dich auch gleich abholen.“ 10 Sofort brach auch sie tot zusammen. Als die
Jungs sie dort liegen sahen, nahmen sie Saphira auch mit und beerdigten
sie neben ihrem Mann. 11 Die ganze Gemeinde und auch alle anderen
waren echt platt, als sie davon hörten.

Gott bestätigt fett seine Apostel

12 Durch die Apostel passierten heftige Wunder bei den Menschen, die
dort lebten. Die ganze Gemeinde hing oft im Tempel in der Halle von
Salomo rum, sie hielten ganz fest zusammen durch ihren gemeinsamen
Glauben an Jesus. 13 Einige hatten Schiss, sich ihnen anzuschließen, aber
alle hatten großen Respekt vor den Jesus-Leuten. 14 Immer mehr Leute
fingen an mit Jesus zu leben, Männer wie auch Frauen. 15 Da gab es so
Szenen, da schleppte man die Betten und Isomatten mit Menschen auf
die Straße, damit wenigstens der Schatten von Petrus über die Kranken

streifen würde. 16 Selbst aus den Dörfern um Jerusalem herum kamen die
Leute angelaufen. Sie brachten die kranken Menschen vorbei und die
Leute, die fiese Geister in sich hatten, und wirklich alle wurden gesund!

Die Apostel müssen wieder in den Knast

17 Der Oberpriester und seine Parteifreunde von den Sadduzäern waren
total eifersüchtig auf den Erfolg der Jesus-Leute. Darum beschlossen sie,
etwas dagegen zu unternehmen. 18 Sie ließen ihre Beziehungen spielen
und sorgten so dafür, dass die Apostel wieder verhaftet und in den
Knast gesteckt wurden. 19 Nachts kam aber ein Engel von Gott vorbei,
der heimlich die Gefängnistür aufmachte und sie da wieder rausholte.
20 Der Engel sagte zu ihnen: „Ihr müsst wieder in den Tempel gehen und
dort allen die Nachricht erzählen, dass man mit Jesus ein neues Leben
anfangen kann.“ 21 Frühmorgens machten sich die Apostel sofort auf die
Socken und sprachen im Tempel ganz öffentlich über Jesus. Zeitgleich
saßen die Oberpriester mit ihren Leuten zusammen im jüdischen
Gerichtshof. Dort hatten sie mit den Leitern des Volkes ein Meeting.
Schließlich wollten sie die Apostel zum Verhör reinholen. 22 Die Apostel
waren ja aber schon lange nicht mehr da. Die Angestellten von den
Oberpriestern, die geschickt worden waren, kamen also wieder zurück
und machten Meldung: 23 „Die Gefangenen sind ausgebrochen. Die
Stahltür war zwar vollkommen zu und auch nicht kaputt, und auch die
Wachen waren alle an ihrem Platz. Aber als wir nachgesehen haben, war
keiner mehr da.“ 24 Die Tempelpolizei und die Oberpriester waren alle
total fertig, als sie das hörten. „Was geht da ab? Wie soll das enden?“
25 Plötzlich stürmte jemand in den Raum rein und meldete: „Die Typen,
die Sie in den Knast gebracht haben, die sind schon wieder im Tempel
und erzählen von Jesus!“ 26 Sofort zog der Obermacker der Tempel-
polizei mit seiner Abteilung zum Tempel und holte die Apostel wieder
ab. Diesmal taten sie das aber, ohne Gewalt anzuwenden, weil sie Angst
hatten, die Menschenmenge würde sie sonst verprügeln und mit Stei-
nen nach ihnen schmeißen. 27 Die Apostel wurden in den Gerichtssaal
gebracht, wo sie der Oberpriester wieder verhören wollte. 28 „Ich habe
Ihnen doch mit allen Mitteln untersagt, jemals wieder von diesem Jesus
in der Öffentlichkeit zu reden! Mittlerweile redet die ganze Stadt Jerusa-
lem nur noch von ihm! Und wegen Ihnen sind sie alle sauer auf uns und
wollen uns sogar lynchen, weil sie uns für den Tod von Jesus verantwort-
lich machen wollen.“ 29 Petrus und die anderen Apostel sagten dazu nur
eins: „Wir denken, es ist besser, das zu tun, was Gott von einem will,
als das zu tun, was Menschen von einem wollen. 30 Der Gott, zu dem
die Generationen vor uns schon gebetet haben, hat Jesus, den ihr am

Kreuz hingerichtet und ermordet habt, wieder lebendig werden lassen.
31 Gott hat ihn durch die uneingeschränkte Vollmacht, über die er ver-
fügt, zum obersten Chef gemacht, zu dem, der alles wiedergutmachen
wird. Er hat dafür gesorgt, dass sich alle Menschen aus Israel total
ändern können und dass der Mist, den sie gemacht haben, vergeben
werden kann. 32 Wir haben das alles erlebt, bezeugen es und stehen
dafür grade. Und seine Power, sein Heiliger Geist, bestätigt das ja auch.
Gott hat ihn jedem zur Verfügung gestellt, der das tut, was Gott will."
33 Diese Rede sorgte dafür, dass die Mitglieder vom Gerichtshof total
angefressen auf die Apostel waren. Sie beschlossen, die so bald wie
möglich umzubringen.

Gamaliel hat eine gute Idee

34 Schließlich stand Gamaliel in dem Meeting auf. Er war ein Pharisäer,
ein religiöser Streber, und kannte sich in der Bibel voll gut aus. Die Leute
hielten große Stücke auf ihn. Er befahl, die Apostel mal eben vor die Tür
zu verfrachten, 35 und dann redete er zu der gesamten Versammlung: „Ihr
Leute aus Israel, passt bloß auf und strengt euer Hirn an, was auch immer
ihr gegen diese Männer unternehmen wollt. 36 Vor einiger Zeit gab es
schon andere Typen, die glaubten irgendwie special zu sein. Erinnert ihr
euch an Theudas? Vierhundert Fans hatte er in kurzer Zeit zusammen.
Aber er wurde irgendwann umgebracht und seine Anhänger sind in alle
Winde zerstreut, kein Schwein redet heute mehr über ihn. 37 Zu der Zeit,
als wir Volkszählung hatten, da war so ein Typ, der hieß Judas, der kam
aus Galiläa, glaub ich, und versuchte auch eine kleine Revolution anzuzet-
teln. Viele Leute fanden ihn total gut und sind ihm nachgelaufen. Aber er
ist auch umgebracht worden, und heute redet keiner mehr von ihm.
38 Darum mein Tipp: Lasst diese Leute in Ruhe! Wenn sie ihren eigenen
Ideen hinterherlaufen und sich dafür einsetzen, werden sie irgendwann
scheitern. 39 Wenn aber das Ganze wirklich Gottes Ding ist, dann könnt
ihr sowieso nichts dagegen machen. Oder habt ihr Lust, gegen Gott zu
kämpfen?" 40 Das traf den Nagel auf den Kopf. Die Apostel wurden wieder
reingeführt, und nachdem man sie noch mal mit einer Peitsche mehrfach
geschlagen hatte, verbot man ihnen einfach, weiter über Jesus in der
Öffentlichkeit zu reden. Dann wurden sie freigelassen. 41 Super drauf ver-
ließen die Apostel den Gerichtssaal! Sie fühlten sich von Gott ernst
genommen, weil sie dafür, dass sie zu Jesus gehörten, Verachtung und
Schmerzen ertragen mussten. 42 Und ab jetzt gingen sie erst recht jeden
Tag in den Tempel, und auch in privaten Häusern in der Stadt erzählten
sie überall, dass Jesus der Retter der Menschen ist, auf den sie schon so
lange gewartet hatten.

6 Sieben Sozialarbeiter werden gewählt

1 Die Gemeinschaft wuchs in dieser Zeit wahnsinnig schnell. Irgend-
wann gab es mal Probleme zwischen den Gemeindemitgliedern, die
Aramäisch sprachen, und denen, die aus Griechenland kamen. Die grie-
chischen Juden beschwerten sich darüber, dass die alleinstehenden
Frauen bei der Essensausgabe, die jeden Tag organisiert wurde, zu kurz
kamen. 2 Darum machten die Apostel erst mal ein Meeting und sagten:
„Es ist nicht okay, wenn wir das ganze Essenszeug auch noch verteilen
sollen, anstatt diese Sachen von Gott zu erzählen, was ja unsere eigent-
liche Aufgabe ist. 3 Wir haben da eine Idee: Lasst uns aus der Gemeinde
sieben Leute aussuchen, die sich nur für diese Aufgabe zur Verfügung
stellen, Männer, denen ihr vertraut und die ihren Lebensjoystick voll in die
Hände des Heiligen Geistes gegeben haben. Die sollen das dann regeln.
4 Wir wollen uns voll weiter auf das Gebet stürzen und von Gottes Dingen
erzählen.“ 5 Alle fanden diese Idee sehr geil. Zuerst wählten sie den Ste-
phanus, einen Mann, der einen Glauben wie eine Eiche hatte und total
abgefüllt war mit dem Heiligen Geist. Dann kamen noch Philippus, Pro-
chorus, Nikanor, Timon, Parmenas und Nikolaus aus Antiochien dazu
(der war erst zum jüdischen Glauben gewechselt und danach Christ
geworden). 6 Diese sieben wurden dann ganz offiziell den Aposteln vor-
gestellt. Die beteten für die Truppe, legten ihnen die Hände auf und seg-
neten sie. 7 Die neue Nachricht von Gott breitete sich überall aus. Vor
allem in Jerusalem wuchs die Menge der Jesus-Leute immer mehr. Auch
viele von den jüdischen Priestern wurden Christen und fingen an, das zu
tun, worauf Gott Bock hat.

Stephanus wird vor den Kadi gezerrt

8 Stephanus war superheftig unterwegs, er tat durch Gottes Kraft irre
Wunder bei den Menschen, weil Gott sehr stark an seiner Seite war.
9 An einem Tag verstrickten ihn ein paar Mitglieder von einer jüdischen
Gemeinde in eine derbe Diskussion. Mit dabei waren Leute von den soge-
nannten „Freigelassenen“, neben Leuten aus Kyrene, Alexandria, Zilizien
und aus der Provinz Asien. 10 Keiner von den Männern konnte aber mit
den powervollen Argumenten mithalten, die Stephanus direkt vom Heili-
gen Geist aufgespielt bekommen hatte. 11 Schließlich mischten die religiö-
sen Führer ein paar Leute unter die Menge, die das Gerücht verbreiten
sollten, Stephanus hätte totalen Blödsinn über Mose und auch über Gott
geredet. „Wir haben das gehört“, behaupteten sie. 12 Sie verbreiteten die-
ses Gerücht überall, so dass die Leute und auch die Leiter der Gemeinde
und die Lehrer, die sich mit dem jüdischen Gesetz auskannten, super-
sauer auf Stephanus waren. Sie ließen ihn verhaften und schleppten ihn

vor den Gerichtshof. 13 Für die Verhandlung organisierten sie falsche Zeu-
gen, die für Kohle gegen Stephanus aussagten: „Dieser Typ erzählt die
ganze Zeit totalen Blödsinn über Gott, und er macht Witze über den heili-
gen Tempel und auch über die Gesetze von Gott. 14 Wir haben ihn dabei
belauscht, wie er sogar sagte: ‚Jesus aus Nazareth wird den Tempel ab-
reißen, und er wird gegen die Gesetze kämpfen und sie ändern, die wir
mal von Mose bekommen haben.'" 15 Alle im Gerichtssaal starrten voll
gespannt auf Stephanus. Dessen Gesicht leuchtete in diesem Augenblick
wie ein Scheinwerfer, er war so hell, wie ein Engel leuchten würde.

7 **Stephanus' Rede vor den Priestern**

1 Die Obersten der Priestersippe befragten Stephanus: „Entspricht
das der Wahrheit, was hier von Ihnen gesagt wird?" 2 Und dann legte
Stephanus los: „Hört mal gut zu, liebe Geschwister und liebe Väter! Gott,
der große Held, der allen Applaus abbekommen soll, der ist ja schon bei
unserm Urvater Abraham in Mesopotamien aufgekreuzt. Das war, bevor
Abraham nach Haran abgezogen ist. 3 Gott machte die Ansage: ‚Geh mal
mit deiner Familie aus deinem Vaterland raus, ich zeig dir, wo du hinge-
hen sollst!' 4 Abraham zog dann los und wohnte erst mal in Haran, bis
sein Papa gestorben war. Dann hat Gott ihn hierhergebracht, dahin, wo ihr
jetzt wohnt. 5 Aber Gott gab ihm keinen Zentimeter von dem Land, obwohl
er ihm mal versprochen hatte, dass seine Kinder oder die Kinder seiner
Kinder alles mal besitzen sollten. Zu diesem Zeitpunkt hatte Abraham
noch gar keine Kids! 6 Gott meinte zu ihm: ‚Deine Kinder und die Kinder
deiner Kinder werden Ausländer in einem fremden Land sein. Vierhundert
Jahre wird man sie bluten lassen, sie werden viele Probleme kriegen.'
7 Aber Gott machte Abraham auch die Ansage: ‚Die Leute, die eurem Volk
so derbe mitspielen, werden von mir volle Breitseite kriegen. Dann wer-
den deine Kinder aus Ägypten abhauen, und sie werden hier für mich da
sein.' 8 In der Zeit machte Gott einen Deal mit Abraham, und als Zeichen
für diesen Vertrag kürzen wir bis heute die Vorhaut der Jungs mit einem
Messer. Isaak war als Erster dran. Als er geboren wurde, schnitt sein Vater
ihm die Vorhaut ab und zog diesen Deal damit durch. Auch Isaak und
auch sein Sohn Jakob taten das, genauso wie die zwölf Söhne von Jakob,
die ja unsere Ur-Stammväter sind. 9 Weil die Söhne von Jakob obernei-
disch auf ihren kleinen Bruder Josef waren, haben sie ihn dann als Sklaven
nach Ägypten verhökert. Gott stand aber auf Josef, er hielt zu ihm.
10 Immer wenn es ihm richtig dreckig ging, war Gott am Start. Josef
konnte sich sogar beim ägyptischen Obermacker einschleimen, dem
Pharao. Weil Josef in allen Dingen den Überblick hatte, machte er Karriere

in seinem Betrieb und stieg irgendwann sogar zum obersten Verwalter-
posten über das ganze Land Ägypten auf. 11 Dann kam eine Zeit, wo es
nichts zu essen gab und alle mega Hunger hatten. Die Situation war so
krass, dass selbst unsere Leute nichts zu essen hatten. 12 Als Jakob davon
Wind bekam, dass es in Ägypten noch viel Getreide gab, sagte er seinen
Söhnen, sie sollten sich mal dort hinbegeben. 13 Später machten sie dann
noch einen zweiten Besuch, und dann kapierten sie auch so allmählich,
dass Josef ihr Bruder war. Und auch der Obermacker, dieser Pharao,
kapierte nun langsam, aus welchem Land Josef eigentlich kam. 14 Josef
holte seine ganze Familie, seinen Vater und alle Verwandten nach Ägyp-
ten, das waren insgesamt fünfundsiebzig Leute. 15 Das war der Grund,
warum Jakob und seine Leute in Ägypten gelebt haben, und dort sind sie
auch gestorben. 16 Später wurden die Leichen nach Sichem überführt und
dort unter die Erde gebracht, und zwar in genau das Grab, was Abraham
von der Familie von Hamor gekauft hatte. 17 Irgendwann war es dann so
weit, dass Gott seinen Teil des Deals, den er mit Abraham gemacht hatte,
erfüllen wollte. Die Familie von Josef war mittlerweile in Ägypten sehr groß
geworden. 18 Schließlich war irgendwann ein neuer Pharao am Start, der
Josef nicht mehr kannte. 19 Er unterdrückte und folterte unsere Leute, für
den war nichts zu schlimm. Er befahl sogar, dass die Kinder ausgesetzt
werden mussten. So sind viele von denen gestorben. 20 Genau in dieser
Zeit wurde dann Mose geboren. Mit ihm hatte Gott einen ganz besonde-
ren Plan. Seine Eltern versteckten das Baby drei Monate in ihrem Haus.
21 Als sie ihn dann doch weggeben mussten, wurde er aber zum Glück von
der Tochter des Pharaos gefunden. Sie behandelte ihn wie ihren eigenen
Sohn und zog ihn auf. 22 Mose bekam die beste Ausbildung, er studierte
an der Uni und wurde von den besten Wissenschaftlern unterrichtet.
Alles, was Mose tat, kam total gut an. Und er hatte Einfluss durch die
Dinge, die er tat. 23 Mit seinem vierzigsten Lebensjahr begann Mose sich
mehr und mehr um seine Leute, das Volk der Israeliten, zu kümmern.
24 An einem Tag wurde er Augenzeuge, wie ein Ägypter einen Israeliten
verprügelte. Superwütend packte er sich den Typen und polierte dem so
die Fresse, bis der tot war. 25 Mose dachte irgendwie, seine Leute müssten
langsam peilen, dass Gott ihn ausgesucht hatte, um das Volk Israel zu
befreien. Aber sie kapierten das irgendwie nicht. 26 Am nächsten Morgen
bekam Mose mit, wie sich zwei Israelis voll in der Wolle hatten. Er ging
hin, um den Streit zu schlichten. Er sagte zu den zweien: ‚Hey, was macht
ihr? Ihr spielt doch im selben Team? Warum habt ihr Stress miteinander?‘
27 Der aber den Streit angefangen hatte, stieß ihn zurück und rief: ‚Warum
machst du hier überhaupt den Lauten? 28 Willst du mich etwa auch töten,
wie du es mit dem Ägypter gestern gemacht hast?‘ 29 Mose war total fer-

tig, als er das hörte. Er verschwand erst mal sofort aus Ägypten und ging
nach Midian, wo er Asyl beantragte. Da bekam seine Frau zwei Söhne.
30 Vierzig Jahre später passierte dann am Berg Sinai etwas total Heftiges.
Er hatte dort ein Treffen mit einem Engel von Gott. Der sprach durch ein
Feuer mit ihm, was in einer Hecke mit Dornen brannte. 31 Mose kriegte
das erst nicht gebacken, als er diese brennende Hecke sah. Dann sah er
sich das Ganze mal aus der Nähe an, und als er das tat, hörte er, wie Gott
plötzlich zu ihm redete. 32 ‚Ich bin der Gott von deinem Vater und dem
Vater deines Vaters, der Gott von Abraham, Isaak und Jakob.' Mose war
erst mal voll fertig und hatte große Angst, genauer hinzusehen. 33 Aber
Gott redete weiter mit ihm: ‚Zieh deine Schuhe aus, das Land, auf dem du
gerade stehst, ist was ganz Besonderes, es ist heilig. 34 Ich hab alles mit-
bekommen, was da mit euch abgeht und wie schlecht man euch behan-
delt. Ich habe auch zugehört, als sie zu mir gebetet haben. Darum bin ich
jetzt hier, um sie da rauszuholen. Geh wieder zurück nach Ägypten!'
35 Gott suchte sich also sogar einen Typen zum Helden aus, mit dem seine
Leute vorher nichts zu tun haben wollten. Sie hatten ja zu ihm gesagt:
‚Warum machst denn gerade du hier den Lauten?' Gerade den hatte Gott
dafür ausgesucht, seine Leute aus dem Dreck zu holen. Das tat er, als
er mit ihm durch den Engel geredet hat. 36 Und Mose zog dann los mit
seinen Leuten, raus aus Ägypten. Wo er war, passierten die heftigen Wun-
der. In Ägypten, am Roten Meer und auch in den vierzig Jahren in der
Wüste. 37 Mose war auch der Typ, der zu dem Volk ging und die Ansage
machte: ‚Irgendwann wird euch Gott einen Propheten vorbeischicken,
einen, der auch aus eurem Volk stammt.' 38 Mose wurde so was wie der
Klassensprecher, der zwischen unsern Leuten und dem Engel vermitteln
musste – diesem Engel, der ihm auf dem Berg Sinai die großen Regeln
Gottes, seine Gesetze, übergab. Mose hatte die Aufgabe, unseren Leuten
zu sagen, worauf Gott Bock hat und worauf nicht. Denn nur dadurch
werden wir gut leben. 39 Aber unsere Väter hatten oft keinen Plan und
gehorchten den Gesetzen nicht. Sie fingen sogar an, sich wieder nach
Ägypten zu sehnen, und einmal wollten sie sogar eine Revolution gegen
Mose anzetteln, als der gerade mal wieder auf dem Berg Sinai war. 40 Und
von seinem Bruder Aaron wollten sie sogar, dass er ihnen so ein paar
unechte ‚Plastikgötter' basteln sollte, damit sie zu denen beten könnten.
‚Die können wir dann vor uns hertragen, wenn wir irgendwo hingehen, sie
werden uns führen. Mose hat uns bequatscht, Ägypten zu verlassen, aber
jetzt weiß ja niemand, wo der überhaupt geblieben ist …' 41 Sie sammelten
ihr ganzes Gold zusammen und bauten sich daraus eine kleine Kuh. Das
sollte jetzt ihr neuer Gott sein. Als sie damit fertig waren, machten sie vor
Freude erst mal 'ne kleine Opferparty. 42 Gott war total traurig und drehte

sich erst mal um. Sollten sie ihren Scheiß doch alleine machen. Das Volk
fing sogar an, zur Sonne, dem Mond und zu den Sternen zu beten. Genau
so hatte es ja später der Prophetentyp Amos ausgedrückt. Gott sagte
durch ihn: ‚Haben die Leute aus Israel in den vierzig Jahren, wo sie durch
die Wüste gewandert sind, etwa einmal 'ne Party für mich gefeiert?
43 Nein, aber ihr habt mit den selbst gebastelten falschen Göttern Moloch
und Räfan gefeiert und zu denen gebetet. Darum werdet ihr alle unfrei
sein, und zwar werdet ihr in dem Gebiet jenseits von Babylon festsitzen.‘
44 Die ganze Zeit, als unsere Väter durch die Wüste marschiert sind, tru-
gen sie ein Zelt mit sich rum, das für sie wie ein Tempel war. Gott hatte
ihnen gesagt, sie sollten sich so ein Zelt bauen, und zwar genau nach dem
Schnittmuster, wie Gott es Mose gezeigt hatte. 45 Die nächste Generation
erbte dann dieses Zelt, und als Josua später das ganze Land einnahm und
die Leute, die dort gewohnt hatten, da rausgeschmissen hatte, war das
Zelt die ganze Zeit dabei. Und es ist auch noch da gewesen, als der Präsi-
dent David am Start war. 46 Präsident David war irgendwie ein Liebling von
Gott. David war auch der Typ, der bei Gott anfragte, ob er nicht dieses
fette Haus für Gott, diesen Tempel, bauen dürfte. 47 Aber erst Salomo
zog das dann durch. 48 Der fetteste und größte Gott wohnte aber nicht in
vier Wänden, die ihm irgendwelche Menschen gebaut hatten. Schon der
Prophet Jesaja meinte einmal: 49 ‚Der Himmel ist mein Chefsessel, und
die Erde ist mein Kuschelkissen, auf das ich meine Füße legen kann. Was
für ein Haus wollt ihr mir da eigentlich noch bauen? 50 Ich habe schließlich
das ganze Universum gemacht!‘ 51 Ihr Spießer und Nonchecker, immer
wieder tut ihr das, worauf Gottes Geist überhaupt keinen Bock hat! Ihr
seid genauso drauf wie eure Vorfahren. 52 Nennt mir nur einen einzigen
Propheten, den eure Väter nicht fertiggemacht haben! Sie haben sie alle
ermordet, alle, die die Ansage gemacht haben, dass einer vorbeikommen
wird, der uns aus dem ganzen Dreck rausholt. Ihr habt diesen Mann, der
alleine richtig und total gut war, umgebracht! 53 Gott hat euch durch sei-
nen Engel klare Anweisung gegeben, aber euch war das scheißegal.“

Stephanus wird gesteinigt

54 Diese Rede, die Stephanus gehalten hatte, war zu krass für die Zuhörer.
Alle waren sehr sauer auf ihn. 55 Stephanus, der abgefüllt war mit dem Hei-
ligen Geist, sah nach oben und konnte dort plötzlich Gott sehen, wie der
voll von Licht und Wärme strahlte. Neben Gott aber stand Jesus! 56 „Ich
kann in den Himmel sehen!“, rief Stephanus, „und da sehe ich Jesus, als
den Chef der Menschen, wie er auf der Ehrentribüne sitzt, auf dem Chef-
sessel gleich neben Gott!“ 57 Jetzt flippten sie alle total aus, sie hielten sich
die Ohren zu, um seine Worte nicht mehr hören zu müssen. Schließlich

packten sie ihn bei seinen Klamotten 58 und schleiften ihn vor die Orts-
grenze. Dort schnappten sie sich ein paar große Steine und bewarfen ihn
damit so lange, bis er tot war, und die Leute, die als Zeugen gegen Ste-
phanus ausgesagt hatten, legten ihre Jacken bei einem jungen Typen
namens Saulus ab. 59 Und während sie Stephanus mit Steinen bewarfen,
betete der dabei laut: „Jesus, hier hast du meine Seele!" 60 Dann kniete er
sich hin und schrie: „Gott, verzeih den Leuten, dass sie das jetzt tun!"
Das waren seine letzten Worte, bevor er starb.

8

Die Christen aus Jerusalem werden gejagt und fertiggemacht

1 Saulus verfolgte diesen Mord an Stephanus und war mit allem ein-
verstanden. Am gleichen Tag begann die große Jagd in Jerusalem auf
alle, die sich zu den Christen zählten. Die ganze Gemeinde floh in das
Umland in die Dörfer in der Gegend von Judäa und Samarien. Nur die
Apostel blieben in der Stadt. 2 Stephanus wurde von ein paar der ganz
gläubigen Männer beerdigt. Alle waren total traurig über seinen Tod.
3 Saulus war weiter sehr aggromäßig unterwegs, er wollte um jeden Preis
die Christen vernichten. Er überfiel ganze Familien, ließ die Frauen und
Männer verhaften und in den Knast werfen. 4 Die Christen, die aus Jerusa-
lem abgehauen waren, erzählten aber überall von der guten neuen Nach-
richt, die es über Jesus zu erzählen gab. 5 Einer von denen war ein Typ, der
Philippus hieß. Der hing in der Stadt Samaria rum und erzählte dort allen
von Jesus. 6 Die Leute, die da wohnten, waren total offen für das, was er
zu sagen hatte. Sie hörten ihm zu und konnten sehen, was für fette Wun-
der er tat. 7 Viele, die Probleme mit dreckigen Dämonen hatten, wurden
davon befreit. Die Dämonen verschwanden mit einem Schrei aus den
Leuten, wenn er für sie betete. Auf dieselbe Art wurden auch viele Behin-
derte total gesund. 8 In der Stadt freuten sich alle da drüber.

Gottes Power ist nicht käuflich

9 In Samaria lebte so ein Ober-Esoteriker, der Simon genannt wurde, der
konnte fette Wunder tun. Viele waren deshalb sehr beeindruckt von ihm.
Dieser Typ hielt sich auf alle Fälle für was Besseres. 10 Jeder, der ihn in
Aktion erlebte, sagte: „Der ist voll von einer übernatürlichen großen Kraft,
die von Gott kommen muss!" 11 Sehr viele waren echt abhängig von ihm,
da er ihnen schon seit so langer Zeit was vorgezaubert hatte. 12 Weil sie
jetzt aber an Jesus glaubten, so wie es Philippus ihnen beigebracht hatte,
wollten alle getauft werden, Männer und Frauen. 13 Sogar dieser Simon
wurde Christ und ließ sich taufen. Danach hing er noch mit Philippus ab
und konnte es gar nicht auf die Reihe kriegen, was für heftige Wunder der

tat. 14 Die Apostel hörten irgendwann von den Geschichten, die in Samaria passierten. Darum schickten sie Petrus und Johannes los. 15 Als sie da waren, beteten die zwei erst mal dafür, dass alle vom Heiligen Geist angezappt werden. 16 Diese Erfahrung hatte nämlich noch keiner von ihnen gemacht, obwohl sie auf den Namen von Jesus getauft worden waren. 17 Die Apostel legten anschließend ihre Hände auf sie, und – zwosch! – wurden die auch gleich mit der Kraft von Gott abgefüllt. 18 Simon fuhr da drauf total ab. Immer wenn die Apostel den Leuten ihre Hände auf den Körper legten, wurden die vom Heiligen Geist abgefüllt. Deshalb knallte er den Aposteln ziemlich viel Kohle auf den Tisch und schlug ihnen einen Deal vor: 19 „Machen Sie doch bitte, dass wenn ich den Leuten die Hände auf den Körper lege, der Heilige Geist auch in sie reinkommt, ja?“ 20 Petrus war davon total angefressen und meinte nur: „Ihre Kohle soll mit Ihnen zur Hölle fahren. Gott ist nicht käuflich. 21 Diese Kraft gehört Ihnen nicht und wird Ihnen auch nie gehören, weil Sie Ihre Denke nicht ändern wollen. 22 Hören Sie auf, so einen Blödsinn zu glauben, und bitten Sie Gott, dass er Ihnen diese ätzenden Gedanken vergibt. 23 Ich kann in Ihrem Herzen so viel Gift erkennen und dass Sie eigentlich noch total link drauf sind.“ 24 Simon war echt fertig. „Bitte beten Sie für mich. Ich will nicht, dass das passiert, was Sie gerade gesagt haben!“ 25 Als sie ihren Predigtjob erledigt hatten, verdünnisierten sich Petrus und Johannes wieder Richtung Jerusalem. Auf dem Weg ließen sie keine Gelegenheit aus, in jedem Dorf die gute Nachricht zu verbreiten, dass nämlich Jesus der Sohn von Gott ist und jeder durch ihn frei werden kann.

Philippus trifft auf den Finanzminister von Äthiopien

26 Irgendwann redete mal ein Engel von Gott mit Philippus: „Geh mal bitte die Straße von Jerusalem nach Gaza Richtung Süden.“ 27 Philippus tat es sofort. Auf dem Weg wurde er beim Trampen von so einem Typen aus Äthiopien mitgenommen, der war dort Finanzminister von der äthiopischen Königin Kandake. In seinem Land hatte er ganz schön was zu sagen. 28 Weil er einen eigenen Fahrer hatte, saß er gemütlich hinten im Wagen und las gerade in dem alten Teil von Gottes Buch ein Kapitel aus Jesaja. 29 Der Geist von Gott flüsterte zu Philippus: „Geh mal zu diesem Wagen und pflanz dich mal da hin.“ 30 Gesagt, getan – Philippus lief hin und bekam dabei mit, wie der Typ laut aus Jesaja vorlas. Darum fragte er ihn: „Kapieren Sie überhaupt, was Sie da lesen?“ 31 „Keine Chance, es sei denn, ich finde jemanden, der mehr Peilung hat als ich!“ Dann fragte er Philippus, ob er nicht Lust hätte, ihm Gesellschaft zu leisten. 32 Es ging gerade um die Sätze: „Wie ein Schaf, das geschlachtet werden soll, genau so hat man ihn abgeführt. Und wie ein Lamm, das sich einfach nicht

wehrt, wenn man es schert, so hat er alles mit sich machen lassen. [33] Er
wurde fertiggemacht, er bekam ein ungerechtes Urteil. Wer wird von
seinen Kindern was erzählen können? Keiner. Denn man hat sein Leben
auf diesem Planeten vernichtet." [34] Der Finanzminister fragte Philippus:
„Von wem redet der da? Von sich selbst oder von jemand anderem?"
[35] Philippus legte sofort los und erklärte ihm die ganze Sache mit Jesus. Er
nahm diese Stelle aus dem Buch als Hilfe dafür. [36] Irgendwann kamen sie
an einer Wasserstelle vorbei. „Da ist Wasser! Warum können Sie mich
nicht gleich auch taufen?", fragte ihn der Typ. [37] „Wenn du voll und ganz
überzeugt bist, dann lass rocken", lachte Phillipus. „Ich glaube jetzt hun-
derprozentig, dass Jesus Christus der Sohn von Gott ist!", antwortete der
Finanzminister. [38] Jetzt sagte er zum Chauffeur, er sollte mal 'ne Pause
machen. Beide stiegen aus und gingen ins Wasser. Und dann taufte Phil-
ippus den Typen. [39] Nachdem sie aus dem Wasser raus waren, wurde
Philippus plötzlich durch Gottes Geist weggebeamt. Der Äthiopier konnte
ihn nicht mehr sehen, aber er war jetzt total happy und reiste vergnügt
weiter. [40] Philippus wurde in Aschdod gesichtet. Er machte von da aus 'ne
Tour, besuchte jede Stadt bis hin nach Cäsarea und erzählte überall von
der guten neuen Sache mit Jesus.

9

Saulus ändert sein Leben und wird Christ

[1] Saulus hasste die Christen immer noch wie blöd. [2] Er ließ sich von
den zuständigen Behörden jede Vollmacht ausstellen, die ihm
erlaubte, die Jesus-Leute, Männer und Frauen, sofort zu verhaften und
nach Jerusalem abführen zu lassen. [3] Als er nach Damaskus zu Fuß unter-
wegs war, passierte etwas voll Heftiges: Wie ein 1000-Watt-Halogenstrah-
ler leuchtete es plötzlich mitten aus dem Himmel auf ihn runter. [4] Er warf
sich sofort platt auf den Boden, als er plötzlich eine Stimme aus dem Off
hörte, die zu ihm sagte: „Hey, Saulus, warum bist du hinter mir her?"
[5] „Wer redet da mit mir?", fragte er mit zitternder Stimme zurück. „Ich bin
es, Jesus. Der Jesus, den du verfolgst! [6] Steh auf und geh in die Stadt. Da
wird man dir sagen, was jetzt passieren soll." [7] Die Leute, die mit Saulus
unterwegs waren, kriegten auch voll den Schock. Sie hatten die Stimme
zwar auch gehört, aber niemanden gesehen. [8] Saulus stand dann wieder
auf, konnte aber ab dem Zeitpunkt nichts mehr sehen. Seine Kollegen
mussten ihn wie einen Blinden nach Damaskus führen. [9] Drei Tage lang
war das so. Er wollte in dieser Zeit auch nichts essen oder trinken, so fer-
tig war er. [10] In Damaskus lebte ein Christ, der Hananias hieß. Bei dem
kam Gott auch vorbei und gab ihm eine Vision. Er hörte, wie Gott seinen
Namen sagte: „Hananias?" – „Ja, ich bin da", antwortete er. [11] „Geh in die

Gerade Straße in das Haus von Judas. Da musst du nach Saulus fragen,
der aus Tarsus kommt. Der ist da gerade beim Beten. 12 Er hat eine Vision
gehabt von einem Typen, der Hananias heißt und der zu ihm kommt.
Dann hat er in der Vision gesehen, wie der ihm die Hände auflegt und er
wieder sehen kann." 13 „Ja, aber von diesem Saulus hab ich schon ganz
miese Geschichten gehört. Der hat deine Leute in Jerusalem fertigge-
macht. 14 Und wir haben auch gehört, dass er von höchster Ebene die Voll-
macht hat, jeden in den Knast zu stecken, der dir vertraut." 15 Aber Gott
antwortete nur: „Nun mach mal alles so, wie ich es dir gesagt habe, okay?
Ich hab einen besonderen Plan mit diesem Typen, er soll allen Menschen
auf der Erde, sogar den Oberchefs, und auch den Leuten aus Israel meine
Sache klarmachen. 16 Ich werde ihm auch sagen, wie viel er für mich noch
durchmachen muss." 17 Hananias gehorchte Gott. Er ging in das Haus,
legte Saulus die Hände auf und sagte zu ihm: „Lieber Bruder Saulus, ich
komm von Jesus, der mit dir schon unterwegs geredet hat. Du sollst wie-
der sehen können und abgefüllt werden mit dem Heiligen Geist." Und
dann legte er ihm noch die Hände auf den Kopf. 18 Im selben Augenblick
war es so, als würde jemand die Rollläden bei Saulus hochziehen, und er
konnte wieder sehen. Sofort stand er auf und ließ sich gleich taufen.
19 Nachdem er erst mal was gefuttert hatte, ging es ihm gleich besser.
Er blieb dann noch ein paar Tage bei den Leuten von Jesus in Damaskus.

Aus dem (Christen-)Jäger wird der Gejagte

20 Sofort, nachdem er getauft worden war, begann er in den Synagogen
loszulegen. Er hielt überall große Reden und erzählte den Leuten, dass
Jesus der Sohn von Gott ist. 21 Die Zuhörer konnten es einfach nicht
begreifen. Sie fragten sich gegenseitig: „Ist das nicht der Typ, der noch vor
kurzem die Christen gnadenlos fertiggemacht und in den Knast geworfen
hat? Ist er nicht genau deswegen sogar hierher gekommen, um die zu ver-
haften und an die Oberpriester auszuliefern?" 22 Saulus konnte in seinen
Reden aber voll gut argumentieren und den Beweis erbringen, dass Jesus
der lang erwartete Retter ist, den sie den „Messias" nannten. Er tat das so
gut, dass keiner was dagegen sagen konnte. 23 Darum verabredeten sich
ein paar Leute, um Saulus umzubringen. 24 Als der das spitzbekam,
beschlossen er und die andern Christen, es wäre besser für ihn zu ver-
schwinden. Weil überall Wachen aufgestellt waren, 25 wurde er heimlich in
einem Korb an der Stadtmauer runtergelassen.

Saulus hängt bei den Christen in Jerusalem ab

26 Saulus ging erst mal nach Jerusalem und plante sich da den Jesus-
Leuten anzuschließen. Die hatten aber alle voll Angst vor ihm. Keiner

wollte ihm das wirklich abkaufen, dass er jetzt Christ geworden war.
27 Barnabas gab ihm schließlich 'ne Chance und kümmerte sich um ihn.
Er organisierte ein Meeting mit den anderen Aposteln und erzählte denen,
was auf der Reise von Saulus in Damaskus mit ihm abgegangen war.
Dass er dort Jesus auf dem Weg getroffen hatte und seitdem radikal allen
Leuten erzählte, dass Jesus ab sofort das Sagen hat. 28 Erst dann wurde
Saulus von den Christen in Jerusalem akzeptiert. Ab da zog er in Jerusa-
lem um die Häuser und erzählte überall die coolen Sachen über Jesus.
29 Mit den Juden, die Griechisch sprachen, führte er dabei große Dis-
kussionen. Die schmiedeten irgendwann Pläne, wie sie ihn am besten
umbringen könnten. 30 Als das durchsickerte, brachten ihn seine Jesus-
Geschwister nach Cäsarea, weil er da erst mal sicher war. Von dort aus
zog er dann los in seine Heimatstadt Tarsus. 31 Den Jesus-Leuten in Judäa,
Galiläa und Samarien ging es sehr gut. Sie wurden total stark und wuch-
sen in ihrem Vertrauen zu Gott, sie lebten radikal für Jesus. Und durch die
Wirkung vom Heiligen Geist wurden sehr viele neue Leute auch Christen.

Petrus ist in der Stadt Lydda

32 Petrus fuhr jetzt ständig überall rum. Dabei kam er auch mal bei den
Jesus-Leuten in Lydda vorbei. 33 Er lernte da einen Typen kennen, der
Äneas hieß. Äneas war seit acht Jahren querschnittsgelähmt und musste
den ganzen Tag im Bett liegen. 34 Petrus ging zu ihm rüber und meinte:
„Hey, Äneas, Jesus Christus hat's echt drauf und will auch dich heilen! Du
kannst jetzt aufstehen und dein Bett machen!" Und das Übelste passierte,
er stand auf und konnte sofort wieder gehen! 35 Die Leute aus Lydda und
auch aus den anderen Dörfern, die um die Ecke lagen, kapierten so lang-
sam, was da gerade passiert war. Alle, die das mitkriegten, wurden Chris-
ten und setzten ihr Vertrauen auf Jesus. 36 In Joppe war zu der Zeit eine
Christin, die Tabea hieß. Der Name heißt so viel wie „Reh" oder „Gazelle".
Tabea war super drauf und half vielen Leuten, besonders denen, die keine
Kohle hatten. 37 In der Zeit, in der Petrus in Lydda war, wurde sie plötzlich
sehr krank und starb. Die Leiche wurde auf den Dachboden gelegt, um
dann in Ruhe das Begräbnis vorzubereiten. 38 Joppe war so was wie 'ne
Nachbarstadt von Lydda. Die Christen aus Joppe schickten zwei Leute zu
Petrus mit der Bitte: „Du musst sofort nach Joppe kommen!" 39 Petrus
machte sich gleich auf den Weg. Als er da war, ging er in den Raum, wo
die Leiche lag. Dort waren gerade total viele Frauen, deren Männer schon
gestorben waren und denen Tabea korrekt viel geholfen hatte. Sie flennten
vor Petrus rum, zeigten ihm die Kleider, die Tabea für sie genäht hatte und
so weiter. 40 Petrus war etwas genervt und schmiss alle erst mal raus.
Dann kniete er sich hin und redete mit Jesus über die Angelegenheit.

Schließlich laberte er die Tote einfach an: „Tabea! Aufstehen!" Sofort öff-
nete sie ihre Augen, sah Petrus an und versuchte aufzustehen. 41 Petrus
gab ihr die Hand und half ihr dabei. Na, und dann rief er die anderen
Christen und die Witwen rein. 42 Das war natürlich die Meldung des Tages!
Alle redeten darüber in Joppe, und viele begannen deswegen ihr Vertrauen
auf Jesus zu setzen. 43 Danach blieb Petrus noch 'ne ganze Weile dort und
wohnte bei einem Schuster, der Simon hieß.

10

Ein Offizier von der römischen Armee wird Christ

1 In dem Ort Cäsarea war so ein Typ, der in der römischen Armee
ein hohes Tier war. Der hieß Kornelius und war der Chef von der
sogenannten „Italienischen Truppe". 2 Er war total gläubig, seine ganze
Familie war das. Er half oft kaputten Leuten finanziell weiter. Und er redete
auch viel mit Gott. 3 Dieser Typ hatte am Nachmittag plötzlich ein Treffen
mit einem Engel. Der redete mit ihm und sagte: „Hey Kornelius!" 4 Voll
panisch sah Kornelius den Engel an und fragte zurück: „Was willst du?"
Na, und der antwortete ihm: „Gott hat ein Ohr für dein Anliegen. Er hat
mitbekommen, dass du gut drauf bist und Leuten hilfst, das ist nicht an
ihm vorbeigegangen! 5 Darum befiehl ein paar von deinen Leuten, mal
nach Joppe zu wandern. Wenn sie da sind, sollen sie mal die Lauscher
aufmachen und rauskriegen, wo Simon Petrus wohnt. 6 Der hat ein Zim-
mer in einem Haus am Strand gemietet. Der Typ, dem das gehört, heißt
übrigens Simon, der ist von Beruf Schuster. Dieser Petrus soll mal bei dir
vorbeikommen!" 7 Sofort nachdem der Engel abgedampft war, holte er
sich zwei von seinen Angestellten und einen Soldaten, der auch offen für
Gott war und zu seinen Leibwächtern gehörte. 8 Er erzählte ihnen, was für
'ne derbe Sache ihm gerade passiert war, und dann schickte er sie los
nach Joppe.

Petrus hat einen Traum von Gott

9 Als die drei am nächsten Tag schon kurz vor der Stadtgrenze waren,
hatte Petrus in der Zeit plötzlich Bock auf Beten. Er suchte sich einen
ruhigen Platz dafür auf dem Flachdach vom Haus. 10 Die Uhr ging gerade
auf zwölf, da bekam Petrus tierischen Kohldampf. Als die im Haus schon
am Kochen waren, hatte er plötzlich einen Traum von Gott. 11 Petrus sah
dadrin, wie irgendwas aus dem Himmel runtergelassen wurde. Und zwar
lag das auf einem großen weißen Tuch, das an jeder Ecke an eine Schnur
geknotet war. 12 In dem Tuch waren viele Sachen, die für die Juden total
eklig waren, zum Beispiel Schweine, aber auch Schlangen und so – alles
Sachen, die man als Jude nicht essen darf. 13 Und dann hörte er eine

Stimme aus dem Off, die zu ihm sagte: „Guten Appetit, Petrus, bedien
dich!“ 14 „Never! Vergiss es, Gott!“, sagte Petrus, „ich hab noch nie was
gegessen, was für dich dreckig und nicht in Ordnung ist, da mach ich
heute auch keine Ausnahme!“ 15 Aber die Stimme ließ nicht locker: „Was
soll das? Was für Gott okay ist, sollte für dich auch okay sein.“ 16 Von dem
Film gab es drei Wiederholungen. Am Ende wurde das Tuch wieder in
den Himmel gezogen. 17 Petrus schnallte null, was Gott ihm damit sagen
wollte. Plötzlich klingelte es an der Tür. Die Jungs von Kornelius waren da!
18 „Hier soll so ein Typ wohnen, der Simon Petrus heißt, stimmt das?“
19 Petrus war immer noch am Grübeln darüber, was dieser seltsame Traum
nun bedeuten sollte, als schließlich der Geist von Gott zu ihm redete. Er
sagte: „Hey, Petrus, da stehen gerade drei Typen vor deiner Haustür.
20 Düse mit denen nach Cäsarea. Du brauchst keine Angst zu haben, denn
die Jungs kommen direkt von mir.“ 21 Petrus ging runter zur Tür und
begrüßte sie: „Ihr wollt zu mir? Was geht?“ 22 „Der Hauptmann Kornelius
hat gesagt, wir sollen uns bei dir melden. Der Kornelius ist wirklich gut
drauf, er glaubt ganz fest an Gott, das sagen sogar alle Juden die da woh-
nen. Vor einiger Zeit hatte er ein Treffen mit einem Engel. Der hat gesagt,
er soll dich mal einladen und genau das machen, was du ihm sagen
wirst.“ 23 Petrus holte die Männer erst mal rein und gab ihnen ein Zimmer
zum Wohnen. Am nächsten Morgen machte er sich aber sofort auf den
Weg. Einige Christen aus Joppe kamen mit ihm. 24 Kornelius hatte schon
ein Meeting angesetzt, seine Verwandten und Freunde waren alle da und
warteten gespannt. 25 Bevor Petrus überhaupt zur Tür reinkam, hatte sich
Kornelius bereits demütig auf die Knie begeben. 26 Petrus hatte da nicht
so Bock drauf: „Stehen Sie auf, ich bin nicht besser als Sie!“, sagte er und
streckte ihm die Hand hin. 27 Schließlich gingen sie ins Haus rein. Da hin-
gen sehr viele Leute rum, die auf ihn gewartet hatten. 28 Also legte Petrus
gleich los: „Ihr wisst hoffentlich, dass ich total Ärger kriegen würde, wenn
das rauskommt, weil es für einen Juden streng verboten ist, sich mit
Nichtjuden abzugeben, geschweige denn bei ihnen zu wohnen. Aber Gott
hat mir klar gemacht, dass ich niemanden diskriminieren darf. 29 Darum
bin ich auch sofort losgezogen und zu euch gekommen, als ihr die
Anfrage gestartet hattet. Aber was genau wollt ihr denn nun von mir?“
30 Kornelius erzählte dann erst mal seine Geschichte: „Vor vier Tagen hatte
ich eine Gebetszeit in meiner Hütte. Ungefähr gegen drei, also genau wie
heute um dieselbe Zeit, stand plötzlich ein Typ in meinem Zimmer, der
hatte Klamotten an, die leuchteten wie Phosphor. 31 Und dann redete er
mit mir und sagte: ‚Kornelius, Gott will das tun, worum du ihn gebeten
hast. Er weiß, dass du gut drauf bist. 32 Darum will er von dir, dass du ein
paar deiner Jungs nach Joppe schickst, die sollen diesen Petrus suchen

und zu dir bringen. Er wohnt in einem Haus am Strand, das dem Schuster
Simon gehört. Seinem Befehl sollst du gehorchen.‘ 33 Darum hab ich ein
paar von meinen Untergebenen sofort losgeschickt. Ich freu mich sehr,
dass Sie jetzt da sind! Wir sind jetzt alle da, Gott ist da, und alle warten
nur darauf, dass Sie loslegen. Wir wollen hören, was Gott uns zu sagen
hat.“ 34 Petrus legte los: „Ich hab jetzt erst richtig begriffen, dass Gott
Bock auf jeden Menschen hat, egal, aus welcher Familie er kommt, aus
welcher Schicht, Religion oder sonst woher. 35 Er liebt einfach jeden, der
sein Leben und sein Vertrauen auf ihn setzt und das tun will, was er
möchte. 36 Ihr habt von dem Friedensangebot gehört, das Gott allen Leu-
ten durch Jesus gemacht hat, erst mal den Israelis und jetzt allen Leuten.
Und Jesus ist ja der Chef von allem! 37 Ihr habt auch davon gehört, was in
Judäa abgegangen ist, als Johannes, der die Leute getauft hat, allen gesagt
hat, sie sollten ihr Leben ändern. 38 Jesus, der aus der Stadt Nazareth
kommt, war auf Tour. Er ist überall rumgezogen und hat viele geile Sachen
gemacht. Er hat viele Dämonen aus Leuten rausgeschmissen und dadurch
Leute befreit. Seine Power kam dabei direkt von Gott. Sie war sehr stark
in ihm. 39 Wir, die Apostel, sind Augenzeugen davon, wir haben das alles
mitbekommen und gesehen, was er in Jerusalem bei den Juden alles
gerissen hat. Die haben dann aber Jesus getötet, indem sie ihn an ein
Kreuz genagelt haben. 40 Drei Tage später kam dann aber sein fettes
Comeback! 41 Er ist wieder lebendig geworden und hing noch eine Weile
mit seinen Leuten zusammen. Wir sind Zeugen davon, wir haben sogar
mit ihm noch was gegessen und getrunken. 42 Er gab uns dann die Order,
dass wir allen Menschen erzählen sollen, dass Gott ihn zum Oberchef
erklärt hat und dass jeder, egal ob tot oder lebend, sich eines Tages vor
ihm für sein Leben verantworten muss. Er wird wie ein Richter dann ein
Urteil fällen. 43 Schon die alten Propheten haben das gewusst und die
Vorhersage gemacht, dass alle, die ihr Vertrauen auf Jesus setzen, heil
davonkommen werden. Der ganze Mist, den sie gemacht haben, wird
ihnen verziehen, wenn sie an ihn glauben.“

Zum allerersten Mal werden Nichtjuden mit in die Familie von Gott aufgenommen

44 Petrus war noch nicht mal mit seiner Rede ganz fertig, da kam die Kraft
von Gott plötzlich auf das ganze Meeting runter. Alle wurden abgefüllt mit
dem Heiligen Geist! 45 Die Juden aus der Gemeinde, die mit Petrus da
waren, kriegten das überhaupt nicht auf die Reihe. Dass Nichtjuden den
Geist von Gott bekamen, das war echt abgefahren! 46 Sie hörten, wie die
Leute Gott sagten, wie cool er ist und wie sehr sie ihn liebten, und zwar
auf die gleiche Art und Weise, wie das mit ihnen Pfingsten auch passiert

war. Petrus sagte sofort: 47 „Hey, wer soll jetzt noch was dagegen haben, wenn ihr auch getauft werdet? Ihr habt genau wie wir dieselbe Kraft von Gott, seinen Heiligen Geist, bekommen!“ 48 Und sofort organisierte er eine riesen Taufsession. Alle, die sich dort in dem Haus von Kornelius getroffen hatten, wurden auf den Namen von Jesus Christus getauft. Anschließend fragten sie Petrus, ob er noch ein paar Tage bei ihnen bleiben könnte.

11

Petrus sagt, warum es okay ist, auch Nichtjuden zu taufen

1 Schließlich bekamen die anderen Christen und auch die Apostel spitz, dass jetzt auch Menschen, die nicht aus dem jüdischen Volk kamen, das tun wollten, worauf Gott Bock hat. 2 Als Petrus wieder in Jerusalem ankam, machten die jüdischen Christen voll den Aufstand: 3 „Du hast dich mit Heiden zusammengetan, du hast sogar mit ihnen gegessen?!“ 4 Petrus erklärte ihnen also erst mal der Reihe nach, was in Joppe passiert war: 5 „Als ich da angekommen bin, hatte ich beim Beten plötzlich eine Vision. Ich konnte ein riesiges Tuch vor meinem inneren Auge sehen, das wurde von vier Ecken aus dem Himmel runtergelassen. 6 Da drinnen lagen voll eklige Tiere drin, Schlangen, Regenwürmer, wilde Tiere, alles so ein Zeugs, was wir nach unseren Gesetzen nicht essen dürfen. 7 Ich hörte dann eine Stimme aus dem Off, die befahl mir: ‚Guten Appetit, Petrus, bedien dich!‘ 8 ‚Never‘, hab ich dann zu Gott gesagt, ‚in meinen Mund sind noch nie Sachen gekommen, auf die du keinen Bock hast, und das wird auch so bleiben.‘ 9 Trotzdem sagte die Stimme noch mal: ‚Wenn Gott sagt, es ist okay, wer bist du, dass du sagst, es wäre nicht okay?‘ 10 Der Film lief dreimal hintereinander. Am Ende wurde das Tuch samt Inhalt wieder zum Himmel gezogen. 11 Im selben Augenblick kamen drei Typen bei meinem Haus an. Die waren aus Cäsarea von jemandem geschickt worden. 12 Der Heilige Geist sagte zu mir, ich sollte keine Angst haben und mit den Männern losziehen. Ich nahm mir noch diese sechs Freunde mit, zur Sicherheit. Schließlich kamen wir bei der Hütte von dem Typen an, der die Männer geschickt hatte. 13 Der erzählte uns dann eine ganz irre Geschichte: Er hätte ein Treffen mit einem Engel gehabt. Der hätte ihm befohlen, er sollte ein paar seiner Jungs losschicken, um mich zu holen. 14 Die Ansage war: ‚Dieser Petrus wird dir sagen können, wie du zu Gott kommen kannst – und das gilt auch für alle Leute aus deinem Haus.‘ 15 Als ich gerade dabei war, ihnen was zu erzählen, da kam ganz plötzlich die Kraft Gottes, sein Geist, auf sie runter, und zwar genauso, wie er es damals Pfingsten bei uns auch gebracht hat! 16 In dieser Sekunde wurde mir plötzlich klar, was Jesus damit gemeint hat, als er mal sagte: ‚Johan-

nes hat mit Wasser getauft, ihr sollt dafür mit dem Heiligen Geist, der
Kraft Gottes, getauft werden.‘ 17 Weil diese Typen, die keine Juden waren,
auch an Jesus Christus glauben, hat Gott wohl beschlossen, ihnen das
gleiche Geschenk zu machen wie uns. Was nehme ich mir da raus, wenn
ich glauben würde, Gott Vorschriften machen zu müssen?!“ 18 Diese Rede
von Petrus hatte gesessen. Alle waren total aufgeregt und begeistert von
Gott. Sie sagten: „Gott hat beschlossen, allen Menschen die Möglichkeit
zu geben, ihr Leben in eine neue Richtung zu leben. Auf dem einzigen
Weg, der zum Leben führt: Jesus!“

In der Stadt Antiochia startet eine Jesus-Gemeinde

19 Die Jesus-Leute bekamen überall Ärger und wurden verfolgt. Nachdem
Stephanus gesteinigt worden war, wurde es immer gefährlicher, und sie
mussten von dort fliehen. Darum zogen sie über Phönizien, Zypern und
über Antiochia umher, und überall, wo sie waren, erzählten sie die gute
Nachricht, was mit Jesus so abgeht. Das taten sie aber nur den Juden
gegenüber. 20 Nur ein paar Leuten aus Zypern und Kyrene, die mit ihnen
mitgekommen waren, erzählten den Nichtjuden, die in Antiochia lebten,
auch die obergeile Neuigkeit, was Jesus für alle getan hatte. 21 Gott war
aber bei ihnen voll dabei, und sehr viele Leute fingen an, Jesus zum Chef
ihres Lebens zu machen. 22 Als die Gemeinde in Jerusalem das mitkriegte,
was in Antiochia abging, schickten sie Barnabas vorbei. 23 Und als der in
der Stadt war und alles mitbekam, was Gott da getan hatte, rastete er vor
Freude echt aus! Barnabas feuerte die Leute an, sie sollten weiter mit Gott
durchziehen und ganz fest bei Jesus bleiben. 24 Barnabas war ein echtes
Vorbild für viele, er wurde ganz stark vom Heiligen Geist gebraucht, und
sein Glaube war enorm. Auf diese Art und Weise begannen damals viele
Menschen mit Jesus Christus zu leben. 25 Von Antiochia machte sich Bar-
nabas auf, um nach Tarsus zu reisen, weil dort Saulus war. 26 Zusammen
trampten sie dann zurück nach Antiochia. In dieser Stadt hingen sie noch
ein volles Jahr mit den Leuten ab und zeigten ihnen, was wichtig ist, wenn
man mit Jesus lebt. In Antiochia war es auch das erste Mal, dass man sie
„die, die zu Christus gehören“ oder eben „Christen“ nannte. 27 Zur selben
Zeit kamen auch ein paar Prophetentypen aus Jerusalem vorbei. 28 Als sie
zusammen ein Treffen hatten, wo es vor allem darum ging, Zeit mit Gott
zu verbringen, hatte Agabus ein Wort von Gott im Ohr. Er sagte, es würde
bald eine schlimme Zeit kommen, wo viele großen Hunger hätten. Diese
Zeit würde überall in der Welt abgehen. Das hatte ihm der heilige Geist
geflüstert. Das passierte dann auch tatsächlich später, nämlich als der
oberste Präsident Claudius das Sagen hatte. 29 Darum war es sofort mehr-
heitsfähig, dass man den Christen in Judäa helfen sollte. Alle legten

ordentlich Kohle zusammen, 30 und der gesamte Betrag wurde von Barna-
bas und Saulus an die Leiter der Gemeinde in Jerusalem überwiesen.

12

Petrus kommt in den Knast, aber wird dort von Gott wieder rausgeholt

1 Zur selben Zeit war der Präsident von Jerusalem voll aggro gegen
die Christen. Er steckte viele von ihnen in den Knast und ließ sie dort
foltern. 2 Jakobus, dem Bruder von Johannes, ließ er sogar den Kopf
abschlagen. 3 Weil Herodes mitkriegte, dass er dadurch bei den jüdischen
Leitern angesagt war, ließ er während eines religiösen Festes, dem Passa,
Petrus auch noch festnehmen. 4 Sie warfen den Apostel in den Knast und
stellten ein paar Spezial-Wachen ein, die rund um die Uhr auf ihn aufpas-
sen sollten, mit Schichtwechsel alle sechs Stunden. Herodes wollte Petrus
medienwirksam nach der Passafeier in einer öffentlichen Verhandlung
fertig machen. 5 Die Jesus-Leute in Jerusalem hingen aber Gott damit per-
manent in den Ohren, dass der ihn beschützen sollte. 6 Eine Nacht vor der
Verhandlung schlief Petrus seelenruhig in seiner Knastzelle. Zwei Solda-
ten, an die er mit Ketten gefesselt war, lagen neben ihm, ein dritter hielt
vor der Tür Wache. 7 Plötzlich kam ein Engel mitten in die Zelle! Es war so
derbe viel Licht da, als hätte jemand einen 1000-Watt-Halogenstrahler
angemacht. Der Engel weckte Petrus auf und sagte ihm: „Hey, Petrus,
schnell, steh auf!“ In derselben Sekunde wurden die Handschellen aufge-
sprengt! 8 „Zieh deine Klamotten an, nimm deine Jacke, und geh mir
nach“, sagte der Engel zu ihm. 9 Petrus ging hinter ihm langsam aus der
Zelle raus, aber es kam ihm die ganze Zeit so vor, als würde er immer
noch pennen und das Ganze nur träumen. 10 Sie gingen, ohne dass
jemand was mitbekam, einfach durch die Wachleute durch, einer nach
dem anderen, bis sie schließlich an ein schweres Eisentor kamen. Das
öffnete sich von alleine, sie gingen durch und landeten auf einer engen
Straße. Und zack, war der Engel auch schon wieder verschwunden. 11 Jetzt
schnallte Petrus erst, was da gerade abgegangen war. „Ich habe nicht
geträumt! Gott hat tatsächlich einen Engel vorbeigeschickt, um mich hier
rauszuholen! Die Juden können lange warten, bis ich hingerichtet werde!“
12 Petrus machte erst mal einen Plan, was er jetzt als Nächstes tun sollte.
Dann ging er zu dem Haus, in dem Maria wohnte, die Mutter von dem
Johannes Markus. Dort waren gerade viele Christen aus der Gemeinde
und beteten zusammen. 13 Petrus klingelte an der Tür, und ein Mädchen,
das Rhode hieß, kam an, um zu sehen, wer da war. 14 Sie erkannte Petrus
sofort an seiner Stimme und freute sich wie verrückt! Dabei vergaß sie
glatt die Tür aufzuschließen, sie rannte zurück und rief laut: „Es ist Petrus!

Wie geil! Petrus steht vor der Tür!“ 15 „Schwachsinn!“, blökten die anderen
nur rum. „Das geht gar nicht, du spinnst!“ Sie blieb aber dabei. Jetzt ging
das große Spekulieren los. Einige meinten: „Ist bestimmt ein Engel.“
16 Petrus klingelte weiter ständig an der Tür. Endlich machte Rhode ihm
auf. Als die anderen ihn dann erkannten, rasteten alle erst mal total aus,
weil sie sich so sehr freuten. 17 Petrus machte nur eine Geste mit der
Hand, und dann hörten ihm alle ruhig zu. Er erzählte allen die Geschichte
von seiner Befreiung aus dem Knast. „Ihr müsst diese Sache auch unbe-
dingt Jakobus und auch den anderen weitererzählen!“ Danach verschwand
Petrus erst mal, er ging aus Jerusalem raus, um sich irgendwo zu verste-
cken. 18 Am nächsten Morgen waren die Soldaten na klar total verstört, als
sie sahen, dass Petrus unbemerkt abgehauen war. Es war einfach nicht zu
erklären. 19 Herodes war angefressen deswegen, und nachdem der Gefan-
gene nicht aufzufinden war, machte er kurzen Prozess mit den Wachen,
nachdem er sie längere Zeit polizeilich verhört hatte. Danach verschwand
Herodes aus Judäa und ging für einige Zeit nach Cäsarea.

Herodes' Zeit ist abgelaufen

20 Herodes schob voll den Hass auf die Städte Tyrus und Sidon, jeder
wusste das. Bevor er gegen sie Krieg führen konnte, schickten die ein paar
Botschafter zu ihm. Diesen Leuten gelang es, den Finanzverwalter von
Herodes, der Blastus hieß, auf ihre Seite zu bringen. Sie wollten unbe-
dingt eine Lösung der Krise, denn die Lebensmittel, die sie brauchten
kamen von Herodes. 21 Nachdem die Verträge klar waren, zog Herodes
seinen spitzen Anzug an und hielt von seinem Chefsessel aus eine Rede
an alle. 22 Die Menschen waren anschließend völlig aus dem Häuschen,
sie sagten: „So kann nur Gott zu uns reden, so redet kein Mensch!“
23 Aber in dieser Sekunde kam plötzlich ein Engel vorbei und gab ihm die
Rechnung dafür. Weil er sich als Gott anbeten ließ, kamen plötzlich von
überall Würmer her und zerfraßen ihn. Er starb einen schlimmen und
ätzenden Tod. 24 Und immer mehr Leute vertrauten auf das, was Gott den
Menschen klarmachen wollte.

Paulus und Barnabas machen die Düse. Sie werden Botschafter für Gottes Sache

25 Barnabas und Paulus gingen dann, nachdem sie ihr Ding in Jerusalem
durchgezogen hatten, wieder zurück nach Antiochia. Johannes Markus
war dabei auch am Start.

13 1 In der Gemeinde in Antiochia waren ein paar Propheten und
auch Lehrer am Start. Dazu gehörten Barnabas, der Afrikaner
Simon, Luzius aus Kyrene, Manaën (der als Jugendlicher mit dem
Präsidenten Herodes zusammen exklusiven Privatunterricht genossen
hatte) und Saulus. 2 Diese Leute hatten eine intensive Gebetssession, und
währenddessen sprach der Heilige Geist zu ihnen: „Ich möchte, dass
Saulus und Barnabas radikal für mich arbeiten und Dinge tun, für die ich
sie ausgesucht und begabt habe." 3 Daraufhin fasteten sie erst mal und
beteten viel. Schließlich schickten sie Barnabas und Saulus los, damit sie
vielen Leuten von Jesus erzählen sollten. Man nannte das ab dann auch
den „Missionsdienst".

Auf Zypern geht der Punk ab

4 Nachdem sie direkt vom Heiligen Geist die Order bekommen hatten
loszuziehen, zogen Saulus und Barnabas zuerst nach Seleuzia, um von
dort mit einem Boot nach Zypern zu schippern. 5 Sofort nach der Landung
legten sie in den Synagogen los und erzählten überall die gute Nachricht
über Jesus. Johannes Markus war als Lehrling auch dabei. 6 Als sie am
anderen Ende der Insel angelangt waren, trafen sie einen Typen, der ein
Jude war und ganz übel okkulte Sachen am Start hatte. Er wurde Barjesus
genannt und hatte sich dazu selber noch den Titel „Prophet" verliehen.
7 Dieser Typ hing viel mit dem Gouverneur Sergius Paulus ab, der als
ziemlich intelligent galt. Der Gouverneur lud Saulus und Barnabas ein,
mal auf Besuch bei ihm vorbeizukommen, weil er mit ihnen über Gott
labern wollte. 8 Der okkulte Zaubertyp, der sich auch „Elymas" nannte
(das bedeutet „Magier"), wollte um jeden Preis verhindern, dass der
Gouverneur Christ wird. 9 Saulus, der sich übrigens inzwischen Paulus
nennen ließ, war total vom Heiligen Geist erfüllt und sah dem Typen nur
ganz fest in die Augen. 10 Dann sagte er zu ihm: „Du Missgeburt, du Sohn
vom Satan, du redest nur Dünnsinn und bist mies unterwegs! Hör endlich
auf damit, Gottes gute Sache zu verdrehen und schlecht zu machen!
11 Gott wird mit dir abrechnen: Du wirst für einige Zeit nichts mehr sehen
können." Sofort war der Typ blind! Völlig fertig tapste er durch die Ge-
gend, er brauchte sogar Hilfe beim Gehen. 12 Total beeindruckt von der
Power Gottes wurde der Gouverneur Christ, er fing an, sein Vertrauen auf
Jesus zu setzen.

In Antiochia und Pisidien werden viele Leute Christen

13 Schließlich verdünnisierten sich Paulus und seine Jungs von da. Von
Paphos aus fuhren sie mit einem Schiff nach Perge in Pamphylien. Dort
trennten sie sich von Johannes Markus, der wieder nach Jerusalem ging.

14 Barnabas und Paulus zogen aber noch weiter in Richtung Antiochia in
Pisidien. Am Sabbat, dem religiösen Feiertag der Juden, gingen sie zum
Gottesdienst in die Synagoge. 15 Nachdem dort, wie es normal war, auch
Sachen aus dem Buch vom Mose und von den Propheten vorgelesen wur-
den, schickten die Synagogenchefs ihnen eine Nachricht: „Hallo, Brüder!
Wenn ihr Lust habt, könnt ihr nachher auch noch was sagen, wenn es uns
irgendwie glaubensmäßig nach vorne bringt." 16 Das ließ sich Paulus nicht
zweimal sagen. Er stand auf, hob einmal die Hand und legte los: „Hallo,
Leute aus Israel, hallo, alle anderen, die ihr auch an denselben Gott
glaubt, hört mir mal eben zu! 17 Der Gott von den Israeliten hat unser Volk
schon vor Ewigkeiten zu etwas ganz Besonderem gemacht. Er hat dafür
gesorgt, dass wir uns in Ägypten voll krass vermehrt haben. Durch seinen
Einfluss und seine Power konnte unser Volk dann aus diesem Land flie-
hen. 18 Dann hingen sie erst mal vierzig Jahre in der Wüste rum. 19 Und
erst als Gott die Völker in Kanaan fertiggemacht hatte, konnten wir dieses
Land einnehmen. 20 Nach ungefähr vierhundertfünfzig Jahren organisierte
er Richtertypen, der letzte davon war Samuel. Samuel war voll ein Prophet
von Gott. 21 Das Volk wollte irgendwann unbedingt einen Präsidenten
haben. Also gab ihnen Gott Saul, der ein Sohn von Kisch war und aus der
Familie von Benjamin stammte. Saul hatte vierzig Jahre das Sagen. 22 Gott
hatte irgendwann keinen Bock mehr auf ihn, und David, der Sohn von
Isai, zog das große Los: ‚David ist gut drauf, er wird tun, was ich von ihm
will.' 23 Ein Ur-ur-ur-und-so-weiter-Enkel von David war dann Jesus. Er ist
der Typ, der uns von Gott mal versprochen wurde, der uns Israelis aus
dem ganzen Dreck rausholen soll. 24 Er tauchte auf, nachdem Johannes
alle Leute gewarnt hatte, sie sollten nicht länger rumsündigen und sich
stattdessen taufen lassen. 25 Johannes hat sein Ding durchgezogen und
dabei immer die Ansage gemacht: ‚Ich bin nicht der, für den ihr mich hal-
tet. Da kommt noch jemand nach mir, der bringt es noch viel mehr als
ich, dem kann ich noch nicht mal den Koffer tragen.' 26 Hey, ihr Leute, die
ihr aus dieser Familie von Abraham kommt, die ihr auf Gott setzt und ihn
toll findet, das Ding gilt für euch! 27 Die Einwohner von Jerusalem und die
Mächtigen in der Stadt haben nicht kapiert, wer Jesus überhaupt ist. Und
damit tun sie genau das, was die Propheten schon ewig vorher wussten
und was an jedem Sabbat im Gottesdienst vorgelesen wird. 28 Sie haben
ihn hingerichtet, obwohl keine der Anklagen bewiesen werden konnte.
Sie verlangten von Pilatus, dass Jesus sterben muss. 29 Das war aber alles
genau nach Plan, die alten heiligen Bücher hatten das schon vorausge-
sagt. Sie haben ihn dann von dem Holzkreuz runtergenommen und ihn
beerdigt. 30 Gott hat ihm aber ein fettes Comeback organisiert, er wurde
wieder lebendig! 31 In den Tagen darauf hat er noch oft mit seinen Freun-

den und Schülern abgehangen. Sie sind Zeugen dafür, dass Jesus der
Sohn von Gott ist. 32 Wir erzählen euch jetzt diese gute Nachricht weiter!
Das Versprechen, was Gott unseren Leuten vor Ewigkeiten gegeben hat,
33 das hat er jetzt eingelöst, dadurch dass er Jesus wieder lebendig ge-
macht hat. Schon im zweiten Psalm steht: ‚Du bist mein Sohn. Heute
werde ich dich zum Chef machen.‘ 34 Gott hatte ja schon in der alten heili-
gen Schrift die Ansage gemacht, dass Jesus nicht lange tot sein wird, dass
er nie vergammeln würde. Er sagt da: ‚Ich werde voll zu euch stehen, so
wie ich es David versprochen habe.‘ 35 In einer anderen Bibelstelle steht
sogar: ‚Du wirst es nicht zulassen, dass dein Auserwählter vergammeln
wird.‘ 36 Damit konnte nicht der Präsident David gemeint sein. Er ist ja
abgekratzt, nachdem er seinen Job für Gott getan hatte. Er wurde begra-
ben und ist jetzt nur noch Erde. 37 Der, der tot war und den Gott dann
wieder lebendig gemacht hat, ist nicht vergammelt! 38 Und damit ist
bewiesen, Kollegen, dass Jesus der Typ ist, der in der Lage ist, euren Mist
zu vergeben. 39 Jeder, der sein Vertrauen auf ihn setzt, muss für seinen
Mist nicht mehr bezahlen. Das alte Programm von Mose, sein Gesetz,
konnte das nicht leisten. 40 Passt auf, dass ihr nicht so draufkommt, wie
die Propheten das beschrieben haben: 41 ‚Ihr miesen Lügner! Kommt aus
eurer Total-egal-Haltung raus, es geht um euer Leben! Denn in eurer Zeit
werde ich die derbsten Sachen tun, Dinge, die ihr kaum nachvollziehen
könnt.‘“ 42 Nachdem Paulus und Barnabas aus dem Gottesdienst abge-
hauen waren, bekamen sie eine Anfrage, ob sie am nächsten Sabbat noch
mal die gleiche Rede halten könnten. 43 Viele von den Juden, aber auch
andere Leute, die zu der Zeit in der Synagoge abhingen, gingen mit Pau-
lus und Barnabas. Die Apostel machten ihnen klar, dass sie auf jeden Fall
bei der Sache bleiben müssen und diese Chance, dass Gott sie so liebt
und annimmt, nicht an sich vorbeiziehen lassen sollten.

Ärger mit den Juden

44 Am nächsten Sabbat waren alle Leute aus der Stadt wieder am Start,
um zu hören, was Gott zu sagen hat. 45 Als die Juden mitkriegten, was für
einen Erfolg die Christen hatten, wurden sie voll neidisch. Sie versuchten
Paulus zuzulabern und rissen dabei ein paar schlechte Witze. 46 Aber
Paulus und Barnabas blieben ganz locker. Sie sagten zu ihnen: „Ihr Juden
seid eigentlich als Erste an der Reihe gewesen, die Message von Gott zu
hören. Weil ihr aber keinen Bock drauf hattet und damit auch klarwurde,
dass euch das neue unendliche Leben total egal ist, darum reden wir ab
jetzt auch zu den anderen Völkern. 47 Gott hat uns diese Order gegeben:
‚Ich hab dafür gesorgt, dass du die Richtung vorgibst für alle Völker, die
auf der Erde leben, damit du ihnen sagst, wo es langgeht.‘“ 48 Als die

Leute, die keine Juden waren, das hörten, freuten sie sich total und
bedankten sich bei Gott für diese Neuigkeit! Und alle, die schon vorher
von Gott dafür ausgesucht wurden, fingen an, ihr Vertrauen auf ihn zu
setzen. 49 So sprach sich die Message von Gott überall rum, weit über die
Grenzen der Stadt hinaus. 50 Die Juden kriegten es aber hin, so lange
gegen Paulus und Barnabas abzulästern, bis alle Frauen und Männer, die
in der Stadt was zu sagen hatten, keinen Bock mehr auf die beiden hatten.
Sie organisierten so einen Dauerstress, dass die beiden schließlich die
Stadt verließen. 51 Nachdem Paulus und Barnabas klargemacht hatten,
dass sie den Leuten in der Stadt nichts mehr schuldig waren, verschwan-
den sie in Richtung Ikonium. 52 Die Jesus-Leute, die in Antiochia blieben,
waren aber alle total abgefüllt mit dem Heiligen Geist.

14

Ab nach Ikonium

1 In Ikonium hingen Paulus und Barnabas erst mal wieder in der
Synagoge rum. Dort hielten sie so derbe Reden, dass viele von den
Juden und den Griechen anfingen zu glauben. 2 Diejenigen Juden, die
überhaupt nicht offen für die neue Nachricht von Gott waren, verbreiteten
dagegen voll die Gerüchte über die neue Christen-Familie. 3 Paulus und
Barnabas war das aber ziemlich schnurz, sie blieben noch einige Zeit da
und redeten ohne Angst von Jesus zu allen Leuten. Gott stellte sich zu
dem, was die beiden sagten, indem er fette Wunder durch Paulus und
Barnabas geschehen ließ. 4 Die Leute in der Stadt bildeten zwei Parteien.
Die einen waren auf der Seite der jüdischen Leitung, die anderen hielten
zu den Aposteln. 5/6 Irgendwann wurde es ihnen aber zu bunt. Als klar-
wurde, dass sowohl Juden wie Nichtjuden in Zusammenarbeit mit den
Behörden entschlossen waren, die nächste Gelegenheit zu nutzen, um sie
kaputt zu machen und zu töten, verdünnisierten sie sich aufs Land in
das Gebiet von Lykaonien. 7 Sie bauten ihr Lager in den Städten Lystra und
Derbe auf, um von dort die ganze Gegend mit der neuen guten Nachricht
bekannt zu machen. 8 In Lystra wohnte so ein Typ, der mit einer Behin-
derung geboren wurde, er hatte steife Fußgelenke. Noch nie hatte er auch
nur einen Schritt zu Fuß gehen können. 9 Dieser Mann war bei einer Rede
vom Paulus dabei. Paulus bemerkte sofort, dass er genug Vertrauen hatte,
geheilt zu werden. 10 Er rief zu ihm rüber: „Hey, steh auf! Komm schon!“
Und der Typ sprang auf und konnte gehen! 11 Die Leute, die das mitbe-
kamen, waren voll angerührt. Sie quatschten in ihrer Muttersprache mit-
einander und sagten: „Die Götter sind als Menschen auf Besuch bei uns!“
12 Sie gaben Barnabas den Spitznamen „Zeus“, und Paulus nannten sie
„Hermes“, weil er die großen Reden schwang. Beides Namen von griechi-

schen Göttern. [13] Die Priestertypen von dem Tempel, wo Zeus angebetet
wurde (der lag außerhalb der Stadt), kamen mit einem Stier vorbei und
ein paar Blumen, weil sie für die Apostel gleich so ein religiöses Opfer-
ritual durchziehen wollten. [14] Als Paulus und Barnabas bemerkten, was da
abging, waren sie total fertig, zerrissen ihre Klamotten vor ihren Augen
und versuchten sie davon abzubringen, diesen Mist zu veranstalten.
[15] „Was soll der Blödsinn, Leute! Wir sind auch nur Normalos, genauso
wie ihr! Das ist genau das Gegenteil von dem, was wir von euch wollten!
Ihr müsst diesen toten Göttern den Rücken zudrehen und anfangen, mit
dem lebendigen Gott zu leben, dem Gott, der alles gemacht hat, diese
Erde, das Meer, das Universum! [16] Bis heute hat er die Menschen machen
lassen, was sie wollten. [17] Trotzdem hätten alle kapieren können, dass er
existiert, weil er so viele gute Sachen tut. Er sorgt dafür, dass es genug
regnet, dass wir genug zu essen haben. Alles, was gut ist, kommt von
ihm!“ [18] Diese Ansprache hatte so gerade eben den Effekt, dass die Leute
mit diesem beknackten Opfern aufhörten. [19] Kaum war das erledigt, ka-
men die Juden aus Antiochia und Ikonium. Sie veranstalteten so eine
Hetzkampagne gegen die Apostel, dass Paulus auf der Straße so lange
mit Steinen beschmissen wurde, bis er fast tot war. Weil die Leute dach-
ten, er wäre gestorben, schleiften sie dann seine „Leiche“ aus der Stadt
raus. [20] Als die Jesus-Leute sich aber um ihn stellten, wachte er auf und
ging wieder in die Stadt. Am nächsten Tag zog er mit Barnabas weiter
nach Derbe.

Paulus und Barnabas gehen noch mal nach Antiochia, das in Syrien liegt

[21] Nachdem die Apostel in Derbe überall die gute Nachricht verbreitet
hatten und viele dort Christen geworden waren, machten sie wieder die
Düse und gingen zurück nach Antiochia. [22] Da angekommen, bauten
sie erst mal die Christen auf, die noch nicht so lange dabei waren. Sie
ermutigten sie, mit Gott voll durchzuziehen. Sie erinnerten sie auch noch
einmal dadran, dass der Weg, der in das Land führt, in dem Gott das
Sagen hat, echt hart ist und auch viel Schmerzen mit sich bringen kann.
[23] Paulus und Barnabas bestimmten in jeder Gemeinde ein paar Chefs, die
dort Christen geworden waren. Für diese Leute beteten sie mit allem,
was sie hatten. [24] Anschließend reisten sie durch das Gebiet von Pisidien
und Pamphylien. [25] In der Stadt Perge erzählten sie die guten Nachrichten
von Jesus vielen Leuten. [26] Von der Hafenstadt Attalia segelten sie dann
wieder nach Antiochia. Dort hatte man für sie gebetet, bevor sie losgezo-
gen waren, und ihnen die Order gegeben, die sie gerade erledigt hatten.
[27] Gleich nachdem sie angekommen waren, veranstalteten sie ein Meeting
mit der Gemeinde. Die Apostel erzählten von den coolen Sachen, die Gott

während ihrer Reise getan hatte, und wie Gott jetzt auch mit den Nicht-
juden glaubensmäßig am Start war. 28 Paulus und Barnabas blieben noch
eine Weile bei den Christen in Antiochia.

15 Eine schwere Entscheidung und die „Aposteltagung" in Jerusalem

1 Irgendwann kamen ein paar Jesus-Leute aus Judäa bei den
Gemeinden in Antiochia an und machten voll den Lauten. Sie
stellten die steile These auf: „Wer sich nicht, wie bei den Juden Tradition,
die Vorhaut abschneiden lässt, ist nicht mehr dabei." 2 Paulus und Barna-
bas hatten da eine total andere Meinung, und während die großen Dis-
kussionen abgingen, beschloss die Leitung der Gemeinde, dass Paulus
und Barnabas mit ein paar anderen zu den Aposteln und den anderen
Führern der Gemeinde in Jerusalem gehen sollten, um diese Sache klar-
zukriegen. 3 Nachdem sie abgehauen waren, zogen sie durch die Gegend
von Phönizien und Samarien. Egal, wo sie gerade waren, überall erzähl-
ten sie davon, wie auch die Nichtjuden einen Draht zu Gott gefunden
hatten, und alle fanden das total geil. 4 In Jerusalem freute man sich sehr,
als die beiden endlich da waren. Die Apostel und die anderen Leiter
waren alle vor Ort. Auch denen erzählten sie brühwarm, was für geile
Sachen Gott mit den Nichtjuden gebracht hatte. 5 Aber auch hier gab es
ein paar von den Christen (vor allem, die früher mal zu den superfrom-
men religiösen Strebern gehört hatten), die meinten: „Sie müssen sich
auch die Vorhaut abschneiden, und sie müssen auch einen Schwur auf
das alte Buch, die Gesetze von Mose, ableisten!"

Für Gott ist das längst abgeklärt

6 Schließlich trafen sich die Apostel und die Leiter der Gemeinde zu einem
Meeting, um das Ding zu klären. 7 Alle waren heftig am Diskutieren, bis
irgendwann Petrus aufstand und ein Machtwort sprach: „Liebe Geschwis-
ter! Euch ist hoffentlich klar, dass Gott mir schon vor einiger Zeit gesagt
hat, ich sollte auch zu den Leuten gehen, die keine Juden sind, und ihnen
die gute neue Nachricht von Jesus erzählen. Denn auch sie sollten davon
hören. 8 Gott, der jeden Menschen ganz genau kennt, hatte da anschei-
nend Bock drauf. Er hat ja die Nichtjuden genauso wie uns mit seiner
besonderen Kraft, dem Heiligen Geist, abgefüllt. 9 Gott ist es anscheinend
total egal, ob du ein Jude bist oder nicht, er befreit jeden von seinem
Dreck, der ihn von Gott trennt. Und zwar, sobald man anfängt, das Ver-
trauen auf ihn zu setzen. 10 Wollt ihr Gott jetzt herausfordern, oder warum
ist es euch so wichtig, den Leuten von Jesus noch ein paar Regeln aufzu-
drücken, die noch nicht einmal wir oder unsere Vorfahren wirklich gepackt

haben? 11 Wir sind uns ganz sicher: Nur weil Gott uns liebt, können wir es
schaffen! Er ist einfach total gnädig mit uns." 12 Alle hatten die Lauscher
auf und hörten Barnabas und Paulus gut zu, als sie von den Wundern
erzählten, die Gott unter den Nichtjuden durch die beiden getan hatte.
13 Irgendwann wurde es still, und Jakobus nutzte die Gelegenheit, um was
zu sagen: „Also, Leute, hört mal gut zu! 14 Simon Petrus hat uns gerade
erzählt, wie Gott höchstpersönlich gerade dabei ist, sich aus den anderen
Völkern, die keine Juden sind, eine Truppe zusammenzustellen. 15 Die Pro-
pheten hatten da ja schon mal 'ne Ansage dazu gemacht: 16 ‚Anschließend
werde ich wieder Zeit haben für meine Leute. Das kaputte Haus von David,
und alles, was noch zerstört ist, werde ich wieder in Ordnung bringen.
17 Alle, die überlebt haben, sollen sich auf die Suche nach Gott machen,
auch alle, die nicht zu meinem Volk gehören, alle Heiden. 18 Das sagt Gott,
der das Ding schon vor langer Zeit beschlossen hat.' 19 Darum ist meine
Meinung folgende: Wir sollten es den Nichtjuden, die mit Jesus leben
wollen, nicht noch unnötig schwermachen. Unsere jüdischen Gesetze
müssen sie nicht befolgen. 20 Sie sollten schon die Finger davon lassen,
irgendwelchen anderen Götter zu dienen, außerdem sollten sie in Sexsa-
chen okay leben und sich an die eine Essensregel halten: Nur Fleisch von
Tieren essen, was nach unsern Vorgaben geschlachtet wurde, und sie sol-
len auch kein Blut zu sich nehmen. 21 Das sind ja die Teile, von denen eh
jeder weiß, und daran haben sich sowieso alle schon gehalten. Die werden
ja auch an dem wöchentlichen Feiertag, dem Sabbat, immer in der Syna-
goge vorgelesen."

Abstimmung mit 2/3-Mehrheit

22 Als sie mit der Thematik durch waren, beschlossen die Apostel und die
Ältesten mit der ganzen Jesus-Familie noch ein paar Leute auszuwählen,
die mit Paulus und Barnabas nach Antiochia gehen sollten. Bei der Ab-
stimmung wurden Judas, den sie auch „Barsabbas" nannten, und Silas
ausgewählt. Beide waren für alle glaubensmäßig weit vorne und hatten
einen guten Ruf. 23 In dem Brief, den sie dann mitbekamen, stand Folgen-
des: „Hallo, liebe Leute aus Antiochia, Syrien und Zilizien, die ihr keine
Juden seid, aber jetzt zu Jesus gehört! Wir, die Apostel und Leiter aus
Jerusalem, grüßen euch ganz herzlich. 24 Uns ist zu Ohren gekommen,
dass es da ein paar Typen gibt, die – ohne dass wir es wollten, geschweige
denn was davon gewusst hätten – euch komische Sachen erzählt haben
über das Leben mit Gott und ihr darum ganz unsicher geworden seid.
25 Darum haben wir einstimmig beschlossen, euch mit unseren lieben
Brüdern Barnabas und Paulus noch zwei weitere Leute vorbeizuschicken.
26 Beide sind gut drauf und haben ihr Leben voll der Sache von Jesus

Christus, der unser Chef ist, verschrieben. 27 Es handelt sich um Judas und
Silas. Sie werden euch auch erzählen, was wir in den Diskussionspunkten
beschlossen haben. 28 Wir haben uns vom Geist Gottes zeigen lassen,
dass es am coolsten wäre, euch keine weiteren Regeln zu geben, um euch
das Leben nicht schwerer zu machen. 29 Wir fänden es nicht so geil, wenn
ihr Fleisch von Tieren essen würdet, das für irgendwelche okkulten Göt-
zenrituale benutzt wurde. Außerdem sollt ihr die Finger von Tieren lassen,
die nach dem Schlachten nicht richtig ausgeblutet sind, und ihr sollt auch
kein Blut essen oder trinken. Passt auf, dass ihr nicht mit Nutten ins Bett
steigt und auch so sexmäßig okay lebt. Wenn ihr so lebt, ist alles prima.
Bis dann und schöne Grüße!" 30 Paulus, Barnabas, Judas und Silas wurden
von den Leuten der Gemeinde in Jerusalem noch zur Tür gebracht und
verabschiedet. Als sie in Antiochia ankamen, wurde erst mal ein Treffen
mit der Gemeinde angesetzt, wo der Brief vorgelesen werden sollte. 31 Als
das passiert war, waren alle total happy und voll ermutigt. 32 Judas und
Silas, die beide auch oft Eindrücke von Gott hatten, bauten die Gemeinde
durch ihre Reden voll auf. 33 Sie hingen noch eine Weile in Antiochia, bis
sie sich dann aber irgendwann wieder verabschieden mussten, Richtung
Jerusalem. 34 Silas wollte noch ein bisschen dableiben, 35 und auch Paulus
und Barnabas hatten da Bock drauf. Sie redeten in dieser Zeit echt viel
und erklärten den Leuten die Sachen aus der Bibel, auf die Gott steht.

Paulus und Barnabas gehen weiter auf Tour

36 Nach ein paar Tagen meinte Paulus zu Barnabas: „Wäre es nicht 'ne
geile Idee, mal zu den ganzen Orten hinzugehen, wo wir den Leuten die
gute Nachricht über Jesus erzählt haben? Es wäre doch cool, mal abzu-
checken, was da jetzt so geht?" 37 Barnabas war begeistert und wollte noch
Johannes Markus mit dabeihaben. 38 Da hatte Paulus aber überhaupt
keinen Bock drauf, vor allem, weil der Typ die beiden in Pamphylien im
Stich gelassen hatte. Er war einfach abgehauen und hatte sie mit der
Arbeit alleine gelassen. 39 Die beiden kriegten sich darüber total in die
Wolle. Irgendwie ging da dann nichts mehr, und sie beschlossen getrennte
Wege zu gehen. Barnabas ging mit Markus Richtung Zypern, 40 Paulus
suchte sich mit Silas einen neuen Lehrling. Durch eine fette Gebetszeit
mit der Gemeinde wurden sie total aufgebaut, dann zogen sie schließlich
los. 41 Zuerst ging es durch Syrien und Zilizien, wo sie die Jesus-Leute voll
aufbauen konnten.

16 **Timotheus wird von Paulus angestellt**
[1] Irgendwann kam Paulus auch mal nach Lystra, nachdem er in
Derbe zu Besuch war. Dort hing er viel mit Timotheus rum, einem
jungen Christen. Seine Mutter, die auch mit Jesus lebte, war Jüdin, der
Vater aber ein Grieche. [2] In den Gemeinden in Lystra und Ikonion hatte
Timotheus voll den guten Ruf. [3] Paulus fragte ihn deswegen, ob er nicht
Lust hätte, ihn auf seinen Reisen zu begleiten. Weil es bekannt war, dass
der Vater von Timotheus zwar ein Grieche war, seine Mutter aber Jüdin,
machte Paulus mit ihm ein jüdisches Ritual, indem er seine Vorhaut
abschnitt. Er tat das aus Rücksicht auf die Juden. [4] In jeder Stadt, wo sie
vorbeikamen, informierten sie die Leute über den Beschluss der Apostel
und der Leiter aus Jerusalem, wonach sich die Christen dann richten
sollen. [5] Die Gemeinden wurden immer stabiler in ihrem Glauben, und
jeden Tag kamen neue Leute dazu.

Der heilige Geist sagt: „Ab nach Mazedonien!" – Ein Reisebericht
[6] Nachdem sie in Lystra eine Zeit abgehangen hatten, zogen sie weiter
durch die Gegend von Phrygien und Galatien. Der Heilige Geist zeigte
ihnen dann aber, dass in der Provinz Asien die gute Nachricht von Gott
noch nicht angesagt war. [7] Als sie nach Mysien gingen und dann weiter
Richtung Norden ziehen wollten, um in der Provinz Bithynien zu landen,
machte der Heilige Geist auch dort ganz klar, dass er das nicht wollte.
[8] Darum zogen sie weiter durch Mysien, bis sie in Troas, einer Hafenstadt,
ankamen. [9] Während Paulus nachts pennte, hatte er dort einen Traum von
Gott. Er sah darin einen Typen, der eindeutig aus Mazedonien kam. Der
sagte zu ihm: „Komm nach Mazedonien! Hilf uns!" [10] Damit war das Ding
ganz klar: Gott hatte wohl Bock drauf, dass wir in Mazedonien die guten
Nachrichten weitererzählen! Sofort organisierten wir eine Fähre.

In Philippi wird die erste Christengemeinde in Europa an den Start gebracht
[11] Im Hafen von Troas nahmen wir die nächste Fähre und fuhren damit
auf kürzestem Weg zur Insel Samothrake. Am nächsten Tag ging es dann
weiter nach Neapolis, [12] um dann zu Fuß nach Philippi, der bedeutendsten
römischen Kolonie in diesem Teil von Mazedonien, zu wandern. [13] Am Sab-
bat* verdünnisierten wir uns aus der Stadt, um an den Strand vom Fluss
zu gehen. Wir vermuteten, dass zu dieser Zeit dort eine kleine jüdische
Gemeinde war, um zu beten. Wir pflanzten uns zu ihnen und quatschten

---

* Sabbat war der religiöse Feiertag der Juden (noch mal zur Erinnerung ...). Siehe auch Erklärungen dazu in dem Bericht vom Matthäus 12

'ne Runde mit den Frauen, die gerade da waren. [14] Eine von denen hieß
Lydia, die vor einiger Zeit zum jüdischen Glauben gewechselt hatte.
Sie kam ursprünglich aus Thyatira und dealte mit special Purpurstoffen.
Irgendwie sorgte Gott dafür, dass sie ihre Ohren richtig aufsperrte und
verstand, dass Paulus ihr was Wichtiges zu sagen hatte. Sie fing dort an,
ihr Vertrauen auf Jesus zu setzen, [15] und ließ sich mit ihrer ganzen Familie
gleich taufen. Anschließend lud sie uns alle zum Essen zu sich nach Hause
ein. „Wenn ihr wirklich glaubt, dass ich Christin geworden bin, dann
müsst ihr mich auch besuchen!", nervte sie so lange, bis wir einwilligten.

Paulus und Silas kommen in den Knast

[16] Als wir losgingen, um uns mit den anderen zum Beten zu treffen, trafen
wir auf eine Sklavin, die ganz schlimm drauf war. Irgendeine dunkle Macht
hatte ihr die Fähigkeit gegeben, die Zukunft vorauszusagen. Klar, dass
sie dadurch zu einem gewinnträchtigen Unternehmen für ihren Besitzer
geworden war. [17] Die Frau latschte die ganze Zeit hinter uns her und
brüllte wie blöd: „Diese Leute gehören zu dem größten Gott überhaupt!
Sie haben die Peilung, wo es längsgeht!" [18] Irgendwie hatte sie 'ne
Schramme auf der Platte und wiederholte das Ding ständig und jeden Tag.
Paulus ging das voll auf die Nerven, und irgendwann rastete er aus. Er
ging zu ihr hin und befahl der dunklen Macht in ihr, diesem Dämon:
„Im Auftrag von Jesus Christus: Hau ab aus dieser Frau!" In derselben
Sekunde war das Ding erledigt und die Sklavin war von dem Dämon
befreit. [19] Als die Besitzer das mitkriegten, dass sie so mit ihr ja keine
Kohle mehr verdienen konnten, griffen sie sich Paulus und Silas und
schleppten die beiden auf den Marktplatz. Hier sollten sie polizeilich ver-
hört werden. [20] „Diese Typen machen voll den Alarm in unserer Stadt",
war dann die Anklage. „Außerdem sind es Juden! [21] Sie wollen, dass wir
alle so leben wie sie, und sie verlangen, dass wir mit unsern guten alten
römischen Traditionen brechen!" [22] Die aufgehetzte Meute war total von
der Rolle. Die Oberchefs rissen Paulus und Silas die Kleidung runter und
peitschten sie erst mal aus. [23] Nachdem man sie so brutal misshandelt
hatte, warf man die beiden auch noch ins Gefängnis und gab den Wärtern
die Order, auf die beiden ganz besonders aufzupassen. [24] So wurden sie
also in den Sicherheitstrakt eingesperrt und zusätzlich noch mit einer
Fußschelle gefesselt. [25] Gegen Mitternacht fingen Paulus und Silas an,
eine ganz fette Gebetssession zu starten. Sie sagten Gott danke, sangen
ihm Lieder, und alle anderen Gefangenen hörten dabei zu. [26] Plötzlich
gab es ein heftiges Erdbeben. Das ganze Gefängnis inklusive der Grund-
mauern fing an zu wackeln, alle Türen sprangen auf, und die Ketten der
Gefangenen explodierten förmlich.

Der Gefängnisaufseher wird Christ

27 Der Gefängniswärter wachte auf, und als er sah, dass die Zellentür
sperrangelweit offen stand, war er total fertig. Weil er Schiss hatte, dass
die beiden geflohen wären, wollte er mit einem Messer sofort Selbstmord
begehen. 28 „Mach keinen Blödsinn!", rief Paulus laut. „Wir sind alle
immer noch hier!" 29 Der Wärter holte sich eine Lampe und leuchtete in
die Gefängniszelle. Dann schmiss er sich völlig fertig erst mal platt auf
den Boden vor Paulus und Silas. 30 Schließlich führte er die beiden aus der
Zelle raus und fragte währenddessen: „Was muss ich tun, um ein Christ
zu werden?" 31 „Du musst dein Vertrauen ganz auf Jesus setzen und an
ihn glauben, dann werden du und deine Familie gerettet sein", antworte-
ten sie. 32 Paulus und Silas erzählten seiner ganzen Familie die Geschichte
von Jesus und wie er jeden aus seinem Dreck rausretten kann. 33 Der
Gefängnisaufseher nahm Paulus und Silas mit zu sich, versorgte ihre
Wunden, und dann ließ er sich und mit ihm seine ganze Familie taufen.
34 Dann lud er die beiden noch zu sich auf seine Bude zum Essen ein. Er
und seine Leute warten total froh, Jesus gefunden zu haben. 35 Frühmor-
gens schickten die römischen Justizbeamten die Gerichtsdiener zu ihm
mit der Order: „Lass die Leute laufen!" 36 Der Gefängnisaufseher über-
brachte die Nachricht gleich Paulus und Silas: „Die Stadträte lassen euch
jetzt laufen. Ihr könnt jetzt ohne Angst die Stadt verlassen." 37 Aber Paulus
hatte da keinen Bock drauf: „Erst machen sie uns in der Öffentlichkeit an,
sperren uns in den Knast, ohne dass wir überhaupt ein faires Gerichts-
verfahren gehabt hätten, peitschen uns aus, obwohl ich einen römischen
Pass habe, und jetzt wollen sie uns ganz plötzlich möglichst schnell
loswerden, oder wie? Aber nicht mit mir! Die Leute, die dafür die Verant-
wortung tragen, sollen höchstpersönlich ankommen und uns aus dem
Gefängnis entlassen!" 38 Mit dieser Ansage kamen die Gerichtsdiener
wieder bei den Richtern an. Als die hörten, dass sowohl Paulus als auch
Silas einen römischen Pass hatten, kriegten sie etwas die Paranoia 39 und
liefen sofort zum Gefängnis. Tausendmal baten sie die beiden um Ent-
schuldigung und schleimten ein bisschen rum, ob sie jetzt vielleicht die
Stadt verlassen würden. 40 Die beiden gingen aber erst mal in das Haus
von Lydia. Dort war ein Treffen von der ganzen Gemeinde. Die Apostel
bauten alle total auf und sagten, sie sollten stabil und fest bleiben in
ihrem Glauben an Jesus.

17 **Paulus und Silas sind in Thessalonich**
1 Paulus und Silas düsten dann über Amphipolis und Apollonia
nach Thessalonich. In der Stadt gab es auch eine Synagoge. 2 Wie

normal auch, ging Paulus erst mal dort hin und laberte an drei aufeinan-
derfolgenden Sabbattagen mit den Leuten. 3 Er erklärte ihnen aus der
Bibel, was die Propheten vorausgesehen hatten, nämlich dass der Auser-
wählte, der Messias, übel leiden muss, aber nach drei Tagen den Tod
besiegen würde: „Und dieser auserwählte Retter, dieser Messias, ist Jesus,
von dem ich euch erzählt habe." 4 Ein paar von den Juden begriffen das
und standen hinter Paulus und Silas. Dazu gesellten sich auch noch ein
paar Griechen, die zum jüdischen Glauben übergewechselt waren. Außer-
dem kamen noch ein paar der angesagtesten Frauen dazu. 5 Dieser Erfolg
passte einigen Juden null, sie waren superneidisch. Sie organisierten mit
ein paar Schlägertypen von der Straße eine Prügelei und sorgten auch
dafür, dass in der Stadt alle voll verpeilt waren. Schließlich zogen sie vor
das Haus von Jason, in dem Paulus und Silas wohnten, und brachen dort
ein. Sie hatten geplant, die beiden vor allen Leuten fertigzumachen. 6 Die
Apostel waren aber gerade unterwegs, darum schnappte man sich Jason
und ein paar von den Christen, die gerade da waren, und schleppte sie vor
den römischen Verwalter der Stadt. „Diese Mistkerle bringen überall alles
durcheinander!", schrien sie. 7 „Und jetzt sind sie auch noch bei uns und
pennen bei Jason. Alles, was der oberste Präsident sagt, ist ihnen total
egal, und sie behaupten, ein anderer hätte jetzt das Sagen, und der heißt
Jesus." 8 Die Menschenmenge und die verantwortlichen Beamten rasteten
völlig aus, als sie das hörten. 9 Erst nachdem Jason und die anderen eine
hohe Kaution bezahlt hatten, ließ man sie wieder laufen.

Probleme in Beröa

10 Noch in dieser Nacht organisierten die Christen in Thessalonich die
Abreise von Paulus und Silas nach Beröa. Als sie dort waren, marschierten
die beiden pauschal erst mal in die Synagoge. 11 Die Juden in Beröa waren
offen für die Worte von Gott, mehr als die Juden in Thessalonich. Sie hör-
ten den beiden genau zu und checkten alles, was Paulus und Silas sagten,
mit der heiligen Schrift ab. 12 Viele von ihnen fingen an, ihr Vertrauen auf
Jesus zu setzen. Nicht nur einige Juden, auch viele von den angesagten
griechischen Frauen und Männern taten das. 13 Irgendwann bekamen die
Juden aus Thessalonich mit, dass Paulus jetzt auch in Beröa am Start war
und allen von der Sache mit Gott erzählte. Darum gingen sie auch in
diese Stadt und verbreiteten üble Gerüchte über die Apostel. 14/15 Die
Christen in Beröa passten aber auf und schickten Paulus sofort aus der
Stadt. Sie brachten ihn dann über die Küste bis nach Athen. Silas und
Timotheus blieben aber noch da, sollten aber „... so schnell es geht nach-
kommen!", ließ Paulus durch seine Begleiter ausrichten. Die hatten sich
in Athen von ihm abgeseilt und waren wieder nach Beröa zurückgekehrt.

Paulus ist in Athen

16 Während Paulus in Athen auf Silas wartete, kriegte er voll den Hass auf
die zig Götter aus Holz und Metall, die dort überall rumstanden. 17 Er
hielt in der Synagoge eine Rede vor den Juden und auch vor den zum
jüdischen Glauben übergewechselten Griechen. Außerdem redete er täg-
lich auf dem Marktplatz zu allen Menschen, die gerade dort waren. 18 In
so einer Situation gab es einmal voll den Streit mit ein paar Philosophen
aus der Richtung der Epikuräer und Stoiker. Einige vertraten die Ansicht,
er wäre nur so eine Labertasche, einer, der nur Blödsinn erzählt. Andere
sagten: „Der erzählt eben von einer anderen Religion!" Denn Paulus hatte
von Jesus erzählt und dass der den Tod besiegt hat und wieder lebendig
geworden ist. 19 Die Philosophen waren echt angezeckt von dem, was er
sagte, und wollten unbedingt mehr wissen. Darum nahmen sie ihn zu
einem Treffpunkt mit, der mitten in der Stadt lag, dem sogenannten Areo-
pag. „Erzähl uns mehr davon", 20 meinten sie, „wir finden es voll interes-
sant, was du zu sagen hast, und wollen alles wissen!" 21 Das war in dieser
Stadt schon normal, alle, die da lebten, und auch die Gäste waren immer
sehr offen für irgendwelche neuen Ideen, um darüber zu diskutieren.
22 Paulus ließ sich das nicht zweimal sagen und redete zu der versammel-
ten Mannschaft auf dem Rathausplatz: „Hey, Leute aus Athen! Ich hab
schon mitbekommen, dass ihr hier ganz besonders auf religiöse Sachen
abfahrt. 23 Vor der Stadt stehen ja Tausende von kleinen Altären, wo man
Göttern etwas geben kann. Auf einem davon stand drauf: ‚Für den Gott,
den keiner kennt.' Und genau von dem will ich euch jetzt berichten, von
dem Gott, den ihr nicht kennt und zu dem ihr trotzdem betet. 24 Das ist
nämlich der Gott, der diese Erde und alles, was dadrauf ist, gemacht hat.
Dieser Chef vom ganzen Universum und von dieser Erde, der passt nicht
in so einen kleinen Tempel rein, den irgendwelche Menschen gebaut
haben. 25 Das geht auch gar nicht, dass man ihm irgendwelche Sachen
opfert oder sogar was zu essen hinstellt oder so, das hat er gar nicht
nötig. Er hat schließlich das ganze Leben entstehen lassen und jedem
Leben das gegeben, was es braucht. 26 Er hat aus einem Menschen ganze
Volksgruppen und Nationen entstehen lassen, die jetzt auf der Erde
leben. Er hat auch festgelegt, wo und wie lange die Menschen leben sol-
len. 27 Er hat das alles so organisiert, weil es sein Plan war, dass die Men-
schen sich auf die Suche nach ihm machen würden. Und dass sie die
Möglichkeit haben, ihn auch zu finden. Hey, auch jetzt ist er uns wirklich
ganz nahe! 28 Weil er wirklich so drauf ist, können wir überhaupt erst
leben! Einige von euern Rappern haben ja schon einen Song dadraus
gemacht: ‚Wir sind alle seine Kinder.' 29 Weil Gott also unser Vater ist, ist
es totaler Schwachsinn zu glauben, dass wir Gott mit solchen Statuen

und Bildern, egal ob aus Gold oder Silber, gut rüberbringen können. Die
basteln wir ja nur mit unseren begrenzten Begabungen und Vorstellun-
gen, anders kriegen wir es nicht hin. 30 Bis jetzt hat das noch niemand so
richtig geschnallt, und Gott hat viel Geduld mit den Leuten. Jetzt macht
er aber zu allen Menschen eine neue Ansage: ‚Ändert euer Leben total!‘
31 Denn das Date, wo wir alle für unser Leben zur Verantwortung gezogen
werden, ist schon festgemacht. Wer dann unser Richter sein wird, steht
auch schon ohne Zweifel fest. Den hat er vom Tod wieder lebendig wer-
den lassen.“ 32 Als Paulus dieses Thema von der Auferstehung der Toten
anschnitt, fingen einige sofort an, gegen ihn abzulästern. Andere aber
ließen sich nicht in die Karten schauen und meinten nur: „Ist schon okay,
wir werden dir später, wenn's wieder mal klappt, unser Ohr leihen.“
33 Paulus haute dann von der Versammlung auf dem Rathausplatz wieder
ab. 34 Einige der Typen aber, die der Rede von Paulus zugehört hatten,
fingen an, ihr Vertrauen auf Jesus zu setzen, und gingen mit ihm. Diony-
sius, der am Gericht angestellt war, eine Frau, die Damaris hieß, und
noch ein paar andere waren auch dabei.

18

In Korinth geht es ab!

1 Kurze Zeit später verschwand Paulus aus Athen und ging in die
Stadt Korinth. 2 Dort lernte er Aquila kennen, einen Juden, der aus
der Gegend von Pontus kam. Er war erst vor einiger Zeit mit seiner Frau
Priszilla aus Italien nach Korinth gezogen, weil der oberste Präsident
Claudius alle Juden aus Rom rausgeschmissen hatte. 3 Paulus wohnte bei
ihnen, zumal er und Aquila denselben Job hatten, sie waren nämlich
beide von Beruf Zeltmacher. 4 Am Wochenende redete Paulus immer in
der Synagoge, und echt viele von den Juden und den Griechen wurden
von dem, was er sagte, überzeugt. 5 Als dann Silas und Timotheus aus
Mazedonien dort ankamen, kündigte Paulus seinen Job und arbeitete full-
time als Redner. Er wollte den Juden klarmachen, dass Jesus der Retter ist,
den Gott ihnen schon lange versprochen hatte. 6 Die Juden fingen aber
immer die derben Diskussionen an und verarschten ihn sogar. Irgend-
wann hatte Paulus keinen Bock mehr dadrauf: „Ich habe euch jetzt schon
einige Zeit die gute Botschaft von Gott erzählt, aber ihr habt sie nur abge-
lehnt. Ich hab keine Schuld mehr daran, wenn ihr euer Leben verbockt.
Ab jetzt werde ich nur noch den Völkern, die keine Juden sind, also den
Heiden, von Gott erzählen.“ 7 Ab da wohnte er bei Titius Justus zur Unter-
miete. Dieser Typ vertraute Gott, auch wenn er kein Jude war. Sein Haus
lag direkt neben der Synagoge. 8 Irgendwann kam dann sogar Krispus, der
Chef von der Synagoge, inklusive seiner ganzen Familie zum Glauben an

Jesus. Andere Korinther, die Paulus ebenfalls reden gehört hatten, fingen
auch an mit Jesus zu leben und ließen sich taufen. 9 In einer Nacht hatte
Paulus einen Traum, in dem Gott zu ihm sprach: „Hab keinen Schiss,
rede weiter! Raus damit! 10 Ich stehe voll hinter dir, niemand kann dir was
anhaben, niemand wird dich verprügeln können. Da sind noch viele Leute
in der Stadt, die zu mir gehören.“ 11 Darum hing Paulus noch anderthalb
Jahre in Korinth ab und redete viel von der neuen Nachricht über Jesus.
12 Als irgendwann Gallio der Gouverneur von Achaja wurde, nutzten die
Juden die Gelegenheit, um Paulus anzuzeigen und vor den Kadi zu zerren.
13 Ihre Anklage lautete: „Dieser Mann missbraucht die Menschen. Er ver-
sucht ihnen ein Leben mit Gott schmackhaft zu machen, und zwar so,
dass es im krassen Gegensatz zu unserem Gesetz steht.“ 14 Bevor Paulus
überhaupt eine Antwort geben konnte, meinte Gallio zu den Juden: „Wenn
es sich um einen Gesetzesverstoß oder um ein Schwerverbrechen han-
deln würde, das mit unseren Gesetzen geahndet werden könnte, wäre es
ja okay, das hier zu verhandeln. 15 Da es aber nur um irgendwelche religiö-
sen Streitfragen bei euch geht, kann ich euch auch nicht helfen. Das
müsst ihr schon selber klarkriegen, ich halte auf jeden Fall meine Finger
da raus!“ 16 Und dann schickte er alle wieder aus dem Saal. 17 Aber die
fingen dann sofort an, den neuen Synagogenchef Sosthenes zu belabern,
bis sie ihm schließlich total aufgebracht sogar vor Ort noch die Fresse
polierten. Gallio war das aber egal, er kümmerte sich einfach nicht weiter
darum.

Wieder in Antiochia

18 Paulus hing noch ’ne Weile in Korinth ab. Dann verabschiedete er sich
aber von den Christen und schipperte mit Priszilla und Aquila in Richtung
Syrien. Vorher hatte er sich noch in Kenchreä ’ne Glatze rasieren lassen
und dann einen Schwur bei Gott abgeleistet. So war das bei den Juden
normal. 19 Nachdem sie in Ephesus angekommen waren, blieben Priszilla
und Aquila in der Stadt, während Paulus in die Synagoge ging. Dort redete
er mit den Juden. 20 Obwohl sie ihn darum baten, noch etwas länger da-
zubleiben, musste er irgendwann gehen: 21 „Wenn Gott Bock drauf hat,
werde ich später noch mal wiederkommen.“ Dann verschwand er aus
Ephesus mit einem Schiff. 22 Von Cäsarea aus zog er weiter Richtung Jeru-
salem. Dort stoppte er kurz, um die Gemeinde da mal zu besuchen.
Schließlich ging es dann weiter nach Antiochia. 23 Aber hier hielt ihn auch
nichts lange fest, er ging quer durch Galatien und Phrygien und besuchte
alle Christengemeinden, um sie aufzubauen und sie in ihrem Glauben
anzufeuern.

Die dritte Tour vom Paulus beginnt

24 In der Zwischenzeit war Apollos, ein Jude aus Alexandria, nach Ephesus
gekommen. Er war Fachmann in Sachen Gottes Wort und hatte in Rheto-
rik ’ne Eins. 25 Von der Sache mit Jesus hatte er schon gehört und sprach
voll geflasht überall von ihm. Und das, obwohl er nur die Taufe von Johan-
nes erlebt hatte. 26 Apollos redete sehr mutig in den Synagogen von Jesus.
Dabei hörten ihm auch Priszilla und Aquila zu. Die luden ihn dann mal
zum Essen ein und erklärten ihm noch genauer, wie es sich mit der Sache
von Jesus verhielt. 27 Als Apollos vorhatte, nach Achaja in Griechenland zu
fahren, organisierten die Christen ihm ein nettes Empfehlungsschreiben.
In Achaja konnte Apollos mit seiner Redebegabung den Christen ein
große Hilfe sein. 28 Denn in öffentlichen Diskussionen konnte er sehr
geschickt die Argumente der Juden widerlegen und bewies unter Verweis
auf die heiligen Schriften, dass Jesus der versprochene Retter, der Aus-
erwählte, ist.

19

Paulus ist in Ephesus

1 Während Apollos in Korinth am Start war, machte Paulus ’ne
Tour durch das kleinasiatische Hochland und kam so nach Ephe-
sus. Dort traf er ein paar Schüler, die damals durch Johannes, der die
Leute getauft hat, Christen geworden waren. 2 „Habt ihr eigentlich auch
schon den Heiligen Geist, die Power von Gott, bekommen?“, wollte er von
denen wissen. „Nö“, sagten sie. „Was ist das denn, der ‚Heilige Geist‘?
Nie was davon gehört!“ 3 „Wie ist denn damals dieses Ritual bei euch
durchgezogen worden, diese Taufe?“ „Wir sind auf die Art von Johannes
getauft worden“, antworteten sie. 4 „Wer die Taufe von Johannes gemacht
hat, wollte damit nur ein Statement abgeben, dass er einen Neustart mit
Gott hinlegen will“, erklärte Paulus. „Johannes hat aber immer die Ansage
gemacht, dass er erst die Vorschau vom Hauptfilm ist, dass man auf den
sein Vertrauen setzen soll, der nach ihm kommt. Und das war Jesus!“ 5 Als
sie das gehört hatten, ließen sie sich sofort auf Jesus taufen. 6 Und als
Paulus für sie betete und ihnen die Hände dabei auf den Kopf legte, kam
die Kraft von Gott, der heilige Geist, auf sie runter. Sie redeten plötzlich in
einer fremden Sprache, die Gott ihnen aufspielte. 7 Es waren insgesamt an
die zwölf Männer dabei.

Was Paulus noch in Ephesus getan hat

8 Paulus ging von da an oft in die Synagoge. Drei Monate erzählte und
sprach er dort volles Rohr über die Sache von Gott. 9 Einige Leute hatten
aber überhaupt keinen Bock darauf, die waren überhaupt nicht offen dafür.

Sie lästerten sogar über die Sache total ab. Irgendwann verließ Paulus mit
den anderen Christen die Synagogen. Ab dann redete er jeden Tag in
einem Lehrsaal, der einem Typ mit dem Namen Tyrannus gehörte. 10 Das
ging über zwei Jahre, so lange, bis alle, die in der Provinz Asien lebten,
egal ob es Juden oder Griechen waren, irgendwie mal die Botschaft von
Jesus gehört hatten. 11 Gott tat wirklich derbe Sachen durch Paulus!
12 Manchmal legten die Leute sogar Handtücher und Klamotten von Pau-
lus auf die kranken Menschen, damit sie gesund und die fiesen Geister
aus ihnen rausgeschmissen wurden. Und es funktionierte.

Spiritisten heilen Menschen durch den Namen von Jesus

13 Ein paar nicht sesshafte jüdische Spiritisten versuchten fiese Geister so
aus den Menschen zu vertreiben, indem sie den Namen von Jesus dazu
als Hilfe benutzten. Zum Beispiel sagten sie dann: „Verschwindet! Im
Auftrag von Jesus, über den der Paulus immer redet!" 14 Die Typen, die das
so machten, waren die Söhne eines jüdischen Oberpriesters, der Skevas
hieß. 15 Doch der Dämon verarschte sie nur: „Jesus? Den kenn ich! Pau-
lus? Von dem hab ich mal gehört! Aber wer seid ihr denn, bitte schön?!"
16 Danach warf sich der Typ, in dem der Dämon steckte, auf sie, haute sie
um und zerriss ihre Klamotten, bis sie alle nackend und mit blauen Fle-
cken am ganzen Körper fluchtartig das Haus verlassen mussten. 17 Diese
Story sprach sich schnell in ganz Ephesus rum. Bald wussten alle, Juden
und Griechen, was da abgegangen war. Alle kriegten Riesenrespekt vor
Gott, als sie davon hörten, und viele sagten, dass der Name von Jesus voll
geil sei. 18 Viele von den Christen standen jetzt plötzlich ganz offen zu den
ätzenden Sachen, die sie früher so verbockt hatten. 19 Einige brachten
okkulte Zauberbücher, die mega teuer gewesen waren, und verbrannten
sie in aller Öffentlichkeit. 20 So wurde klar, was für eine Kraft in den Worten
von Gott steckte, und immer mehr Leute fingen an, Jesus zu vertrauen.
21 Irgendwann beschloss Paulus, weiter über Mazedonien und Achaja nach
Jerusalem zu ziehen, um sich dann in Richtung Rom abzusetzen. 22 Er
schickte zwei seiner Mitarbeiter vor, und zwar Timotheus und Erastus. Er
selbst wollte noch ein bisschen in der Provinz Asien arbeiten.

Probleme in Ephesus mit dem Silberschmied Demetrius

23 Ungefähr in derselben Zeit gab es in Ephesus voll den Aufstand wegen
den Sachen, die Paulus überall erzählt hatte. 24 Es fing alles mit einem
Typen an, der Demetrius hieß, der hatte einen Job als Silberschmied vor
Ort. Er fertigte Mini-Tempel an, die so aussahen wie der Tempel von der
griechischen Göttin Artemis. Er war damit nicht alleine, viele Händler
verdienten fett Kohle damit. 25 Irgendwann veranstaltete er ein Meeting

mit den Kollegen und sagte: „Ihr wisst genauso gut wie ich, dass wir alle
eine Schweinekohle mit den Mini-Tempeln aus Silber verdienen. 26 Ver-
mutlich habt ihr auch schon gehört, dass dieser Paulus jetzt die Ansage
macht, alle von Menschen gemachten Götter kann man in die Tonne
drücken. Das erzählt er nicht nur in Ephesus, nein, überall im Land ver-
breitet er diese Sache, und viele Leute hören auf ihn. 27 Jetzt besteht ja
nicht nur die Gefahr, dass unser Job voll den schlechten Ruf dadurch
kriegt, auch der Tempel von unser großen Göttin Artemis, die man ja
nicht nur in Kleinasien, sondern überall verehrt, wird damit lächerlich
gemacht!" 28 Supersauer schrien die Zuhörer: „Artemis ist die Größte!"
29 Plötzlich war die ganze Stadt auf den Beinen. Alle trafen sich im Frei-
lufttheater und schleppten Gajus und Aristarch, die beide auch mit Pau-
lus unterwegs waren, gleich mit. 30 Paulus wollte selber im Freilufttheater
alle Fragen beantworten, aber seine Jesus-Geschwister verhinderten das.
31 Auch ein paar von den Beamten von höchster Stelle, die mit Paulus
befreundet waren, warnten ihn sehr, sich der Öffentlichkeit zu stellen.
32 Bei diesem großen Treffen war das totale Chaos am Start, einer schrie
irgendetwas wie blöd, der andere wieder was anderes. Viele hatten über-
haupt keinen Schnall, worum es überhaupt ging. 33 Die Juden versuchten
nun Alexander ins Spiel zu bringen. Als der versuchte, mit einem Hand-
zeichen die Menge zum Schweigen zu bringen, 34 rasteten die Leute
noch mehr aus, weil sie merkten, dass er auch ein Jude war. Darum
schrien sie über zwei Stunden die ganze Zeit: „Groß ist Artemis aus
Ephesus!" 35 Der höchste Beamte am Ort schaffte es schließlich, alle ein
bisschen runterzuholen. Er rief: „Liebe Leute aus Ephesus! Jeder in der
Stadt weiß doch, dass wir auf den Tempel der großen Artemis aufpassen
und auf ihr Bild, das vom Himmel gefallen ist. 36 Daran gibt es nichts
zu rütteln, dem wird auch keiner widersprechen. Darum sag ich nur:
Ruhig Blut, Leute, checkt die Sachen vorher genau ab, bevor ihr irgend-
was tut. 37 Diese Männer haben weder den Tempel ausgeraubt noch
unsere Göttin in den Dreck gezogen. 38 Wenn Demetrius und seine Kol-
legen irgendwas gegen sie in der Hand haben, sollen sie ganz ordentlich
Anzeige erstatten. Dafür haben wir schließlich einen Gerichtshof und
die Polizei. Dort soll die Sache geregelt werden. 39 Und wenn ihr noch
irgendetwas anderes habt, was über so 'ne Anzeige hinausgeht, dann
muss das in einer ganz ordentlichen Volksversammlung vorgetragen
werden. 40 Ich hab ein wenig Schiss, dass die Römer uns sonst wegen
einer unangemeldeten Demo ans Bein pinkeln. Und wir können auch im
Ernst keinen wirklichen Grund für diese Demo nennen."

20 Paulus verschwindet aus Ephesus und startet seine Tour durch Mazedonien und Griechenland – ein Reisebericht

1 Nachdem die Demo abgeblasen war, holte Paulus die ganze
Gemeinde noch mal zusammen, um sie etwas aufzubauen. Als er sich
dann schließlich verabschiedet hatte, düste er Richtung Mazedonien ab.
2 Auf dem Weg schaute er mal bei den ganzen neuen Christengemeinden
vorbei und nahm sich viel Zeit, um sie glaubensmäßig starkzumachen
und ihnen zu sagen, wo es längsgeht. 3 So kam er dann nach Griechen-
land, wo er dann über drei Monate wohnte. Als er gerade dabei war, sich
für die Schiffsfahrt nach Syrien klarzumachen, erzählte man ihm, dass
die Juden vorhatten, ihn auf der Reise zu ermorden. Darum beschloss er,
über Land nach Mazedonien zurückzufahren. 4 Mit dabei waren einmal
Sopater (der Sohn von Pyrrhus), der aus Beröa stammte, Aristarch und
Sekundus aus Thessalonich, Gajus aus Derbe, Timotheus und dann
noch Tychikus und Trophimus, die aus der Provinz Asien kamen. 5 Die
waren alle schon vorher losgegangen und wollten in Troas auf uns war-
ten. 6 Der Rest von uns haute erst nach der Passafete aus Philippi ab
und kam per Boot fünf Tage später in Troas an. Dort sind wir dann eine
Woche geblieben.

Eutychus wird wieder lebendig

7 Sonntagabend hingen wir noch ein bisschen zusammen und feierten
„das Abendessen" (oder „das Abendmahl", dieses Essen, was Jesus uns
vor seinem Tod vorgemacht hatte). Paulus hielt noch 'ne lange Rede.
Weil er schon am nächsten Tag weiterwollte, nahm er sich sehr viel Zeit
und laberte bis nach Mitternacht durch. 8 Der Raum, in dem wir zusam-
men abhingen, war im dritten Stock, und wegen der vielen Kerzen war
die Luft schon sehr schlecht geworden. 9 Ein Jugendlicher, der Eutychus,
saß die ganze Zeit auf der Fensterbank. Nachdem Paulus schon eine
ganze Weile am Reden war, wurde Eutychus voll müde und pennte
immer wieder ein. Plötzlich verlor er das Gleichgewicht, fiel nach hinten
durch das offene Fenster drei Stockwerke tief und knallte auf dem Beton-
boden auf. Die Männer, die dann sofort zu ihm hinliefen, konnten nur
noch seinen Tod feststellen. 10 Paulus rannte auch runter. Er beugte sich
über den toten Jungen und nahm ihn ganz fest in die Arme. Dann sagte
er zu den Leuten: „Keine Panik! Er ist okay!" 11 Paulus ging wieder nach
oben, und dann wurde zusammen „das Abendessen" gefeiert. Er nahm
sich noch viel Zeit für die Leute, und erst als die Sonne schon aufging,
haute er irgendwann wieder ab. 12 Alle waren aber total happy, denn Euty-
chus war wieder quicklebendig und gut drauf.

Paulus fährt nach Milet

13 Wir anderen waren inzwischen auf das Schiff gegangen und nach Assos
gesegelt. Paulus wollte unbedingt zu Fuß dahin latschen. 14 In Assos nah-
men wir ihn dann mit auf das Schiff und segelten Richtung Mitylene. 15 Die
nächsten Tage schipperten wir über Chios und Samos rüber nach Milet.
16 Weil Paulus unbedingt Pfingsten in Jerusalem am Start sein wollte,
sparte er sich die Reise nach Ephesus.

Paulus sagt: „Auf Wiedersehen, Ephesus“

17 In Milet schickte Paulus einen Typen los, der in Ephesus schon mal ein
Meeting mit den Leitern der Gemeinde klarmachen sollte. 18 Als sie zu-
sammen dort in einem Raum waren, sagte er: „Ihr habt alle mitbekom-
men, was ich bei euch gerissen hab, vom ersten Tag an bis heute. 19 Dass
ich ohne Rücksicht auf Verluste radikal für Jesus gelebt habe, oft mit Ärger
und Verfolgung an den Hacken. 20 Ihr wisst auch, dass ich nie mein Maul
halten konnte, ich hab immer alles rausgehauen und euch erklärt, wie
man jesusmäßig lebt, in der Öffentlichkeit, aber auch bei euch privat zu
Hause. 21 Egal ob das nun Juden oder Griechen waren, ich hab allen Leu-
ten eine klare Ansage gemacht, dass sie nicht so weiterleben können wie
bisher und dass sie ihr Vertrauen auf Jesus Christus setzen sollen. 22 Ich
hab jetzt aber das Gefühl, der Heilige Geist will, dass ich nach Jerusalem
gehe. Was da dann abgehen wird, hab ich keinen blassen Schimmer.
23 Ich weiß aber mittlerweile, dass die mich dort mit Sicherheit in den
Knast stecken werden und dass es mir dreckig gehen wird. Der Heilige
Geist hat nämlich durch Propheten in allen Gemeinden, in denen ich war,
so eine Ansage gemacht. 24 Mein Leben ist dabei echt egal, solange ich
es hinkriege, die Order, die Jesus Christus mir gegeben hat, auszuführen.
Er will nämlich von mir, dass ich die gute Nachricht davon verbreite, dass
Gott alle Menschen wahnsinnig liebt und ihnen ihre Schuld verzeihen will.
25 Ich weiß von Gott, dass keiner von euch mich wiedersehen wird, und
damit mein ich die Leute, die meine Message gehört haben und bei denen
ich gelebt habe. 26 Ich will, dass ihr das unbedingt begreift: Ich bin dafür
nicht mehr verantwortlich, wenn einer von euch wieder vom Glauben
abkommt! 27 Ich hab euch alles erklärt, was ich weiß, ich hab euch die
ganze Sache von Gott erzählt und davon, wie er es geplant hat, alle Men-
schen aus ihrem Dreck rauszuholen. 28 Ab jetzt müsst ihr auf euch selbst
aufpassen und auf die ganze Gemeinde. Ihr seid für die wie ein Trainer,
der vom Heiligen Geist angestellt wurde. Ihr sollt auf die Gemeinde auf-
passen wie auf ein Team. Sie sind für euch von Gott teuer eingekauft
worden, sein Sohn hat mit seinem Leben dafür bezahlt! 29 Ich warne euch
jetzt schon: Sobald ich hier weg bin, kommen irgendwelche komischen

Spacken an, die euch Lügen erzählen werden. Die sind wie Agenten, die
euch mit Knebelverträgen abwerben wollen. 30 Sogar unter eurer Truppe
wird es Männer geben, die sich bei den Jesus-Leuten einschleimen wollen
und Halbwahrheiten unters Volk bringen. 31 Passt irre auf, Leute! Vergesst
nicht, ich habe drei Jahre tagsüber und auch nächtelang mit allem, was
ich hatte, bis zur Schmerzgrenze euch genau erzählt, wie man mit Gott
lebt. 32 Jetzt bleibt mir nur noch, euch Gott zu überlassen und zu glauben,
dass er auf euch aufpassen wird. Er hat die Möglichkeiten dazu. Er kann
dafür sorgen, dass eure Beziehung zu Gott weiter wächst und kann die
Erbschaft ausbezahlen, die euch als seinen Kindern zusteht. 33 Ich wollte
nie von euch dafür irgendwie Kohle oder andere Bezahlung sehen. 34 Ihr
habt mitbekommen, dass ich für alles, was ich zum Leben brauchte, und
auch für die Leute, die mit mir waren, selber gejobbt habe, um mir den
Unterhalt mit meinen eigenen Händen zu verdienen. 35 Ich wollte euch
damit klarmachen, dass man arbeiten muss, um mit dem Geld Armen zu
helfen. Das hat Jesus uns so beigebracht, er sagte immer: ‚Leuten was
zu geben macht mehr Spaß, als nur zu bekommen.‘ 36 Ich fände es cool,
wenn wir uns jetzt noch alle hinknien und 'ne Runde mit Jesus reden
würden.“ 37 Für viele klang das wie eine Abschiedsrede. Sie küssten Paulus
zum Abschied und umarmten ihn, und viele fingen voll an zu weinen,
38 weil er ihnen gesagt hatte, sie würden sich nicht mehr wiedersehen.
Dann brachten sie ihn noch auf das Schiff.

21

Reisebericht: Paulus fährt nach Jerusalem

1 Nach der intensiven Verabschiedung verschwanden wir aus Ephe-
sus und fuhren mit dem Schiff Richtung Kos weiter. Am nächsten
Tag landeten wir in Rhodos und danach in Patara. 2 Von da aus ging es
weiter mit einem anderen Schiff, das nach Phönizien unterwegs war.
3 Irgendwann konnte man auf der Fahrt schon die Insel Zypern sehen, wir
fuhren aber an der Nordseite daran vorbei und schipperten in Richtung
der syrischen Hafenstadt Tyrus, wo die Ladung des Schiffes gelöscht
wurde. 4 In Tyrus hingen wir dann noch mit den Jesus-Leuten eine Woche
ab. Die Christen von da warnten Paulus davor, nach Jerusalem zu gehen,
das hatten sie vom Heiligen Geist so gezeigt bekommen. 5 Trotzdem nah-
men wir doch das Schiff Ende der Woche. Die ganze Gemeinde, inklusive
der Frauen und Kinder, begleitete uns bis vor die Stadt. Am Strand knieten
wir uns noch einmal alle hin und hatten eine heftige Gebetszeit. 6 Nach
der Verabschiedung gingen wir auf das Schiff, die anderen gingen wieder
zurück in die Stadt. 7 Unsere weitere Reise ging dann über Tyrus nach
Ptolemais. Dort hingen wir auch noch einen Tag bei den Christen. 8 Von

Ptolemais ging es weiter zu Fuß Richtung Cäsarea. Da wohnten wir in der
Hütte vom Philippus, der voll die Begabung hat, Menschen zu Jesus zu
führen. Er war einer von sieben Leuten, die damals in Jerusalem den Job
gehabt hatten, Menschen besonders zu dienen, man nannte das auch
,Diakon'. 9 Er hatte vier Töchter, die allesamt nicht geheiratet hatten. Die
Töchter hatten alle die geistliche Begabung, Worte von Gott zu bekom-
men, also prophetisch zu reden. 10 Als wir schon ein paar Tage bei Philip-
pus waren, kam der Agabus vorbei. Agabus stammte aus Judäa. Er war
voll der Prophet, bekam Einsichten und Worte direkt von Gott aufgespielt.
11 Einmal nahm der sich plötzlich den Gürtel von Paulus und fesselte sich
damit seine Hände und Füße. Und dann meinte er: „Der Heilige Geist
sagt dir: Der, dem der Gürtel gehört, wird in Jerusalem von den Juden
gefesselt und dann so an die Römer abgegeben werden." 12 Als uns klar
war, was er damit sagen wollte, redeten wir und die anderen wie blöd auf
Paulus ein, er sollte auf keinen Fall nach Jerusalem fahren. 13 Er war aber
nicht davon abzubringen und sagte nur: „Leute, heult nicht rum, damit
macht ihr es nur noch schwerer für mich, als es eh schon ist. Ich bin zu
allem bereit, egal, ob sie mich in Jerusalem abführen, in den Knast werfen
oder ermorden, solange es nur für Jesus Christus ist." 14 Wie sie ihn auch
belaberten, er war nicht umzustimmen. Also sagten sie schließlich: „Was
Gott will, soll auch passieren!"

Paulus soll beweisen, wie straight er die Regeln der Juden befolgt

15 Kurz darauf fuhren wir alle Richtung Jerusalem. 16 Ein paar aus der Chris-
ten-Familie aus Cäsarea waren auch dabei. Die brachten uns zu einem
Typen, der Mnason hieß und einer der ersten Christen war. Er kam aus
Zypern und hatte ein fettes Haus, wo wir pennen konnten. 17 Die Christen-
Familie in Jerusalem begrüßte uns superfreundlich. 18 Am Tag nach unse-
rer Ankunft ging Paulus zu Jakobus, wo auch die anderen Leiter aus der
Gemeinde waren. 19 Paulus begrüßte erst mal alle und dann erzählte er
ausführlich, was Gott gerade mit den anderen Völkern am Start hatte und
was da so passierte. 20 Alle freuten sich sehr über diese News und bedank-
ten sich bei Gott dafür. Dann meinten sie aber: „Bruder, du weißt hoffent-
lich, dass auch Tausende von den Juden jetzt mit Jesus leben und sich
Christen nennen, und die befolgen immer noch superstreng die Gesetze,
die Mose aufgestellt hat. 21 Es gibt das Gerücht, du würdest den Juden, die
nicht in Israel leben, sagen, sie können diese Regeln links liegen lassen.
Sie brauchen zum Beispiel den jungen Männern nicht mehr die Vorhaut
abschneiden zu lassen, und auch die anderen Gesetze wären jetzt
wurschtegal. 22 Was sollen wir jetzt deiner Meinung nach tun? Die kriegen
das auf jeden Fall spitz, dass du hier bist. 23 Wir haben da eine Idee

gehabt. Und zwar sind hier diese vier Männer, die müssen ein Versprechen, was sie Gott gegeben haben, einlösen. [24] Zieh mit denen los und erfüll diese ganzen geforderten Regeln, die Waschrituale, dass man sich die Haare abrasieren muss und so weiter. Übernimm am besten auch die Kosten, die da anfallen, und zwar für euch alle. Damit könntest du den Leuten das Maul stopfen, die behaupten, die Gesetze der Juden wären dir egal. [25] Wie die Christen leben sollen, die keine Juden sind, das haben wir ja alles schriftlich festgehalten. Wir hatten damals gesagt, sie sollen die Finger von Fleisch lassen, das für bestimmte Opferrituale von irgendwelchen Göttern benutzt wurde. Außerdem sollen sie kein Blut essen und auch nichts von Tieren, die nach dem Schlachten nicht richtig ausgeblutet sind. Und natürlich müssen sie sich sexmäßig korrekt verhalten."

Paulus kommt in Jerusalem in den Knast

[26] Paulus willigte in den Vorschlag ein. Am nächsten Tag ging er mit ein paar Leuten in den Tempel. Es ging darum, eine Meldung zu machen, dass sie jetzt die Sachen machen würden, die für die Juden wichtig waren, ein Opfer zu bringen und so. [27] Die sieben Tage, die dafür vorgeschrieben sind, waren schon fast vorbei, als ein paar von den Juden aus Kleinasien Paulus im Tempel erkannten. Sie machten sofort voll den Aufstand und hetzten ein paar Leute gegen ihn auf. Sie griffen ihn am Ärmel und schrien wie blöd: [28] „Wir brauchen Hilfe! Das ist der Mann, der die ganze Welt gegen uns hetzt, gegen unsere Religion, sogar gegen unseren Tempel! Aber das Schlimmste ist: Er hat sogar ein paar von den dreckigen Griechen in den Tempel mitgebracht, damit ist hier ja alles verunreinigt!" [29] Sie hatten Paulus nämlich mit dem Griechen Trophimus, der aus Ephesus kam, in der Stadt gesehen. Jetzt glaubten sie, Paulus habe ihn auch mit in den Tempel genommen. [30] Die ganze Stadt Jerusalem war völlig durch. Sie schnappten sich Paulus und schubsten ihn aus dem Tempel raus. Hinter ihm wurden die Türen sofort verschlossen. [31] Die Menschenmasse war drauf und dran, Paulus zu ermorden, bis der Kommandant der römischen Armee 'ne Meldung bekam: „Die ganze Stadt macht Krawall!" [32] Der schickte dann sofort eine Abteilung von seiner Truppe los, Richtung Tempelplatz. Als die Menschenansammlung die Soldaten sah, ließen sie Paulus sofort los. [33] Paulus wurde verhaftet und mit Handschellen abgeführt. Der Kommandant führte anschließend eine Befragung unter der Bevölkerung durch, wer dieser Typ überhaupt war und was er verbrochen haben sollte. [34] Die Leute waren aber alle so durch, der eine schrie das, der andere jenes, dass er letztendlich am Ende genauso schlau war wie vorher. Darum befahl er, Paulus erst mal in die Kaserne zu bringen. [35] Als die Männer Paulus abführten und zur Kaserne brachten, mussten sie ihn teil-

weise sogar tragen, weil die Masse so einen Alarm machte und ihn sonst
gelyncht hätte. 36 Die Menschen brüllten wie blöd: „Tötet das Schwein,
weg mit ihm!". 37 Kurz bevor Paulus mit dem Kommandanten in der
Kaserne angekommen war, fragte er: „Kann ich kurz mit Ihnen reden?" –
„Sie sprechen Griechisch?", meinte der total überrascht. 38 „Dann sind Sie
also gar nicht dieser Ägypter, der auf unserer Fahndungsliste steht, weil
er 'ne Revolte mit viertausend Leuten angezettelt hat? Der sammelt sich
gerade mit seinen Leuten in der Wüste." 39 „Nein", sagte Paulus, „ich bin
ein Jude und komme ursprünglich aus Tarsus. Mein Pass wurde in Zilizien
ausgestellt, von der Gegend haben Sie bestimmt schon gehört. Bitte
geben Sie mir 'ne Chance, ich will gerne zu den Leuten sprechen!" 40 Der
Kommandant erlaubte es ihm. Also postierte sich Paulus auf der obersten
Treppe und hob seine Hand, damit er was sagen konnte. Nach 'ner Weile
wurden alle etwas ruhiger, und dann fing er mit seiner Rede an, und zwar
hielt er sie in Hebräisch.

22

Paulus sagt den Juden, warum er so drauf ist

1 „Liebe Leute, bitte hört mir jetzt mal zu, ich möchte mich gerne
verteidigen." 2 Als die Juden mitkriegten, dass Paulus sogar ihre
Sprache draufhatte, wurden sie mucksmäuschenstill, und er konnte in
Ruhe weiterreden. 3 „Ich bin ein Jude, wurde in Tarsus geboren, einer
Stadt, die in Zilizien liegt. Aufgewachsen bin ich aber hier in Jerusalem.
Ich war ein Schüler von Gamaliel, der mir beigebracht hat, total genau
nach unseren Gesetzen zu leben, die uns von unseren Vorfahren übermit-
telt wurden. Ich war radikal dadrin, nur das zu tun, was Gott will. 4 Das
war auch der Grund, warum ich diese neue Religion, die von diesen Leu-
ten ins Leben gerufen wurde, aufs Schlimmste bekämpft habe. Egal, ob es
Männer oder Frauen waren, ich hab jeden, den ich kriegen konnte, fertig-
gemacht und ins Gefängnis werfen lassen. 5 Dafür gibt es genug Zeugen
von den Oberpriestern und auch vom Hohen Rat. Ich hatte mir von denen
sogar eine schriftliche Vollmacht für die jüdische Gemeinde in Damaskus
geben lassen. Ich wollte dafür sorgen, dass alle Christen, die in der Stadt
waren, in Handschellen abgeführt, nach Jerusalem gebracht und bestraft
würden. 6 Nun war ich gerade unterwegs Richtung Damaskus, als ich ganz
unerwartet ein einschneidendes Erlebnis hatte, kurz bevor ich dort ange-
kommen bin. Und zwar war es so gegen Mittag, als ich plötzlich von
einem sehr hellen Licht angestrahlt wurde. 7 Ich fiel flach auf den Boden
und war total geschockt. Und dann redete auch noch eine Stimme mit mir,
die sagte: ‚Saul, Saul, warum bist du hinter mir her?' 8 Völlig fertig fragte
ich zurück: ‚Wer sind Sie, mein Herr?' Die Antwort kam prompt: ‚Ich bin's,

Jesus, der aus Nazareth stammt. Der Mann, dem du die ganze Zeit hinterherjagst und den du zerstören willst.‘ [9] Die Leute, die mit mir unterwegs waren, konnten nur das Licht sehen, die Stimme hörten sie aber nicht. [10] ‚Was soll ich denn jetzt machen, Gott?‘, fragte ich zurück. Die Antwort war dann: ‚Steh auf und geh nach Damaskus. Dort wirst du weitere Instruktionen über deine zukünftige Aufgabe erhalten.‘ [11] Das Licht war so hell, dass ich davon total geblitzt war und nichts mehr sehen konnte. Die Jungs, die bei mir waren, mussten mich an der Hand nach Damaskus führen. [12] Da hab ich dann den Hananias kennengelernt. Hananias ist ein gläubiger Mann und radikal mit Gott unterwegs, er tut immer genau das, was der von ihm will. Er hat bei allen Juden in Damaskus einen sehr guten Ruf. [13] Dieser Typ ging auf mich zu und sagte: ‚Mein lieber Kollege Saul, ab jetzt sollst du wieder den Durchblick haben!‘ Und sofort konnte ich wieder sehen. [14] Danach hat er mich erst mal voll getextet. Er sagte: ‚Der Gott, an den schon die Generationen vor uns geglaubt haben, hat dich ausgesucht. Du sollst begreifen, was er will, du sollst seinen Sohn erkennen, du sollst auch in der Lage sein, seine Stimme zu hören. [15] Du wirst jedem Menschen klarmachen können, dass Jesus lebt, weil du ihn selber erlebt und gehört hast. [16] Und darum sag ich nur: Jetzt geht's los! Lass dich sofort taufen! Dadurch, dass du vor Jesus deinen ganzen Mist bekennst, den du verbockt hast, wird der Dreck von dir abgewaschen. Dann bist Du okay!‘ [17] Dann ging ich wieder zurück nach Jerusalem. Eines Tages hing ich im Tempel ab, um zu beten, als ich plötzlich eine Vision vor meinem inneren Auge hatte. [18] Gott redete da mit mir und sagte: ‚Geh schnell weg aus Jerusalem, hier gibt es nichts zu holen für dich, keiner wird dir glauben.‘ [19] ‚Aber, Boss, hier wissen doch alle, dass ich früher die Christen in den Knast gesteckt und in den Synagogen hab auspeitschen lassen. [20] Erinnerst du dich? Ich hab sogar den Stephanus, der immer radikal für deine Sache eingestanden ist, töten lassen. Dabei hab ich auch noch genüsslich zugesehen und auf die Sachen von seinen Mördern aufgepasst.‘ [21] Doch Gott sagte nur: ‚Mach dich auf den Weg, ich will dich bei den nichtjüdischen Völkern, den Heiden, benutzen.‘“

Paulus bringt seinen römischen Pass mit ins Spiel

[22] Bis zu diesem Zeitpunkt hatten alle Paulus noch zugehört. Doch jetzt gingen sie total ab: „Macht den Typen kaputt! Er soll sterben!“ [23] Sie fingen sogar an, ihre Klamotten zu zerreißen und wirbelten dabei voll den Staub auf. [24] Schließlich erteilte der Kommandant den Befehl, Paulus in den Knast zu bringen und ihn dort erst mal auszupeitschen und zu verhören. Er wollte irgendwie rauskriegen, warum die Leute so sauer auf Paulus waren und unbedingt seinen Tod wollten. [25] Als sie ihm bereits

Handschellen angelegt hatten und gerade anfangen wollten, Paulus aus-
zupeitschen, meinte er beiläufig: „Herr Offizier, sagen Sie, seit wann ist
es eigentlich bei Ihnen erlaubt, Leute mit römischem Pass ohne eine
ordentliche Verhandlung einfach auszupeitschen?" 26 Leicht geschockt lief
der Offizier sofort zum Kommandanten: „Der Typ ist römischer Bürger!
Was machen wir jetzt?" 27 Der Kommandant konnte das kaum glauben
und frage Paulus selber: „Stimmt das? Sind Sie römischer Bürger?" „Yo,
das ist richtig", sagte Paulus. 28 „Unglaublich, ich hab sehr viel Geld für
dieses Bürgerrecht abgedrückt", sagte der Kommandant. „Ich wurde da
einfach reingeboren", meinte Paulus trocken. 29 Sofort banden die Sol-
daten ihn wieder los. Der Kommandant hatte Angst, er würde richtig
krass Ärger kriegen, weil er Order gegeben hatte, einen römischen Bürger
auspeitschen zu lassen.

Paulus vor Gericht

30 Der Kommandant wollte wissen, was die Juden Paulus eigentlich vor-
zuwerfen hatten. Darum setzte er am nächsten Tag ein Meeting an, wo die
Oberpriester und das Gericht zusammenkommen sollten. Paulus wurde
dazu aus dem Knast geholt, man nahm ihm die Handschellen ab und
brachte ihn dorthin.

23

Paulus vor Gericht

1 Total cool sah Paulus die Leute vom obersten Gerichtshof an
und begann seine Story zu erzählen: „Verehrte Zuhörer! Was
meine Person betrifft, kann ich mit ruhigem Gewissen nur versichern,
dass ich bis heute immer nur das getan habe, was Gott gut findet."
2 Hananias, der Oberpriester, wurde wütend und befahl seinen Leuten,
Paulus aufs Maul zu hauen. 3 Da rief Paulus laut: „Sie mieser Schleimer,
Gott wird Ihnen dafür schon die Rechnung präsentieren! Sie tun so, als
würden Sie sich immer nach den Gesetzen, die Gott aufgestellt hat, rich-
ten, und dabei brechen Sie sie selber, indem Sie mich hier schlagen las-
sen!" 4 Einige kriegten das nun gar nicht auf die Reihe: „Wie kannst du es
wagen, den Oberpriester zu beleidigen!" 5 „Sorry, Leute", sagte Paulus,
„ich wusste nicht, dass er hier der Chef und Oberpriester ist. Schon klar,
dass in den heiligen Büchern steht: ‚Du sollst den Chef von deinen Leuten
nicht beleidigen.'" 6 Weil Paulus wusste, dass unter den Anwesenden
sowohl Vertreter der Sadduzäer-Partei als auch der Pharisäer, der religiö-
sen Streber, waren, versuchte er die beiden gegeneinander auszuspielen.
„Brüder, ich gehöre ja zu den Pharisäern wie viele aus meiner Familie, und
jetzt werde ich hier verklagt, weil ich daran glaube, dass die Toten wieder

lebendig werden!" 7 Durch diese Ansage wurde 'ne große Diskussion ins
Rollen gebracht, und die Leute spalteten sich in zwei Lager. 8 Denn im
Gegensatz zu den Pharisäern glaubten die Sadduzäer nicht, dass ein
Mensch nach seinem Tod wieder lebendig wird, und sie glaubten auch
nicht an Engel oder an Geister. 9 Die Diskussion wurde immer lauter.
Völlig von der Rolle sprangen ein paar von den Theologen der Pharisäer-
Partei auf und schrien: „Der Mann ist total in Ordnung! Es gibt keinen
Grund, ihm irgendwas anzuhängen. Vielleicht hat ja wirklich ein Geist
oder ein Engel mit ihm gesprochen!" 10 Die Diskussion wurde immer lau-
ter und drohte umzukippen. Der römische Kommandant hatte Angst, er
könnte bald nicht mehr für den Schutz von Paulus garantieren. Darum
befahl er seinen Soldaten, Paulus wieder abzuführen und in den Knast zu
bringen. 11 In der nächsten Nacht hatte Paulus dort ein Treffen mit Gott:
„Du brauchst keine Angst mehr zu haben, Paulus. So wie du mich in Jeru-
salem vertreten hast, wirst du es auch in Rom tun."

Attentat auf Paulus

12 Am nächsten Morgen trafen sich heimlich ein paar Juden. Sie machten
einen Vertrag miteinander, dass sie nichts mehr essen und trinken wür-
den, bis einer von ihnen Paulus ermordet hätte. 13 Über vierzig Leute hat-
ten da unterschrieben. 14 Danach gingen sie zu den Oberpriestern und
zu den Leitern des Volkes und sagten denen: „Wir haben einen Vertrag
unterzeichnet, dass wir nichts mehr essen wollen, bis wir Paulus ermordet
haben. 15 Ihr müsst dafür sorgen, dass wir ihn irgendwie noch mal vor die
Flinte kriegen. Organisiert noch ein Verhör beim Kommandanten. Ihr
könnt ja behaupten, es ginge noch einmal um ‚ein genaueres Verhör in
der Sache Paulus'. Den Rest machen wir. Wir sorgen dafür, dass er gar
nicht erst ankommt." 16 Ein Neffe vom Paulus bekam aber Wind von dem
geplanten Attentat. Er rannte zum Gefängnistrakt und erzählte Paulus
alles, was er gehört hatte. 17 Paulus rief einen von den Offizieren zu sich
und fragte den: „Können Sie diesen Jungen mal bitte beim Kommandan-
ten vorsprechen lassen? Er hat eine wichtige Mitteilung für ihn!" 18 Der
Offizier führte den Jungen zum Kommandanten und machte Meldung:
„Der Gefangene Paulus hat mich rufen lassen, Sir. Er hat darum gebeten,
dass ich diesen jungen Mann bei Ihnen vorsprechen lasse, Sir. Er hat eine
Nachricht für Sie, Sir." 19 Der Kommandant schnappte sich den Jungen
und fragte ihn: „Und, was hast du mir zu erzählen?" 20 „Die Juden haben
einen Plan gegen Paulus ausgeheckt. Sie werden bald ankommen und
eine einstweilige Verfügung einreichen. 21 Sie dürfen nicht darauf hören,
ja? Da gibt es nämlich vierzig Männer, die nur darauf warten, ihn zu töten.
Sie haben einen Vertrag unterschrieben, dass sie nichts essen und trinken

wollen, bis Paulus tot ist. Sie warten nur noch auf Ihre Anweisung, dann
legen sie los.“ 22 Der Kommandant redete auf ihn ein, er sollte auf keinen
Fall irgendjemandem von der Sache erzählen. Dann verpieselte sich der
Junge wieder aus dem Gefängnis.

Paulus wird nach Cäsarea gebracht

23 Sofort rief der Kommandant zwei Offiziere zu sich. Er gab ihnen fol-
gende Order: „Stellt für heute Nacht eine Truppe von zweihundert Sol-
daten bereit. Dazu noch siebzig Reiter und zweihundert Soldaten mit
leichten Waffen. 24 Organisiert auch Transportmittel für den Gefangenen,
und dann bringt ihr ihn sicher nach Cäsarea zum Gouverneur Felix.“
25 Dazu gab es noch einen Brief mit folgendem Inhalt: 26 „Sehr geehrter
Herr Gouverneur Felix, 27 dieser Mann wurde von einigen Juden festge-
nommen. Als sie ihn gerade umbringen wollten, kam ich noch rechtzeitig
dazwischen und habe ihn unter Anwendung von Gewalt befreit. Grund:
Es war mir zu Ohren gekommen, dass der Festgenommene im Besitz
eines römischen Passes ist. 28 Zum Zweck eines Verhörs, da ich den
Grund der erfolgten Festnahme eruieren wollte, brachte ich ihn vor den
Untersuchungsausschuss am Gerichtshof. 29 Dort stellte sich heraus,
dass der Angeklagte keine Straftat begangen hat, die eine Verurteilung
zum Tod rechtfertigen würde. Es wurde sogar festgestellt, dass die Ver-
haftung seitens der Behörden ohne gesetzliche Grundlage erfolgt ist. 30 Da
mir ein Informant die Nachricht zukommen ließ, dass ein Mordanschlag
gegen diesen Mann bereits in Planung ist, hielt ich es in diesem Fall für
angebracht, ihn sofort zu Ihnen zu bringen. Ebenfalls wurde die Seite der
Ankläger von seiner Verlegung unterrichtet und schriftlich aufgefordert,
ihre Anzeige gegen den Mann bei Ihnen einzureichen. Hochachtungsvoll,
Klaudius Lysias.“ 31 Die Soldaten brachten Paulus noch in derselben Nacht
nach Antipatris. 32 Am nächsten Tag gingen die Soldaten, die zu Fuß
waren, wieder nach Jerusalem. Die Soldaten auf Pferden blieben aber
noch beim Paulus. 33 In Cäsarea übergab man den Brief und den Gefange-
nen an den Gouverneur. 34 Der Gouverneur fragte Paulus, nachdem er
den Brief gelesen hatte, aus welcher Gegend er denn stammen würde.
„Ich bin Zilizianer“, antwortete Paulus. 35 „Sobald die Seite der Ankläger
eingetroffen ist, beginnen wir mit der Verhandlung“, entschied der Gou-
verneur Felix. Auf seinen Befehl wurde Paulus dann in den Gefangenen-
trakt im Palast des Präsidenten Herodes verlegt.

24 Paulus wird angeklagt und verbringt viel Zeit mit Felix, dem Gouverneur

1 Fünf Tage später trabten dann der Oberpriester Hananias, ein paar wichtige Leute, die was zu sagen hatten, und der Staatsanwalt Tertullus an. Sie erhoben Anklage gegen Paulus. 2 Nachdem Paulus in den Gerichtssaal geführt wurde, begann Tertullus mit dem Verlesen der Anklageschrift: „Sehr geehrter Herr Felix! Voller Dankbarkeit erkennen wir Juden an, dass wir durch Euer Gnaden endlich ein Leben in Frieden führen können und dass Sie viele Dinge nur zu unserem Wohl geschaffen haben. 3 In diesem Punkt sind wir Ihnen zu tiefstem Dank verpflichtet, geehrter Herr Felix. 4 Ich möchte Ihnen heute nicht allzu lange zur Last fallen, darum fasse ich mich kurz. 5 Dieser Mann ist auf unerträgliche Weise wie eine ansteckende Krankheit bei uns eingefallen und hat überall im Römischen Reich Leute mit seinen widerwärtigen Lehren krank gemacht. Er hat eine Revolution unter den Juden angezettelt. Er ist selber ein Anführer dieser neuen Nazarener-Sekte. 6 Als er vor kurzem versucht hat, unseren heiligen Tempel zu beschmutzen, haben wir ihn festgenommen und wollten ihn sofort nach unseren Gesetzen verurteilen. 7 Zu diesem Zeitpunkt kam der Kommandant Lysias dazwischen und ließ ihn von seinen Soldaten abführen. 8 Sein anschließender Befehl lautete dann, die Anklage direkt bei Ihnen einzureichen. Wenn Sie ihn verhört haben, werden Sie feststellen, dass unsere Aussage der Wahrheit und nichts als der Wahrheit entspricht.“ 9 Die andern Juden unterstützten die Anklage in allen Punkten und bestätigten ihren Wahrheitsgehalt.

Paulus verteidigt sich selber vor Felix

10 Auf ein Zeichen des Gouverneurs stand Paulus auf und sagte: „Da ich weiß, dass Sie seit vielen Jahren bereits das Amt eines Richters für diese Leute haben, will ich gerne was zu meiner Verteidigung sagen. 11 Sie können ohne weiteres überprüfen, dass es nicht mehr als zwölf Tage her ist, seit ich nach Jerusalem gegangen bin, um dort im Tempel mit Gott zu reden. 12 In dieser Zeit habe ich weder in den Synagogen noch generell irgendwelche Diskussionen mit Menschen in der Öffentlichkeit geführt, geschweige denn eine Demonstration oder eine Revolte angezettelt. 13 Darum gibt es auch keine Beweise für die Anklagepunkte, die gegen mich vorgebracht werden. 14 In einer Sache bekenne ich mich allerdings in jedem Punkt für schuldig: Mein Leben gehört dem Gott, an den unsere Vorfahren schon geglaubt haben, und ich lebe meinen Glauben in der Art und Weise, wie sie mir hier als sektenmäßig vorgeworfen wird. Ich bin überzeugt von alldem, was in dem Regelwerk, den Gesetzen von Mose, steht, und auch an die ganzen Sachen, die von den Propheten geschrie-

ben wurden, glaube ich ganz fest. 15 Genauso wie die Leute, die mich
hier angezeigt haben, hab ich die Hoffnung, dass alle Menschen, egal ob
sie das getan haben, was Gott will, oder eben nicht, irgendwann nachdem
sie gestorben sind, einmal aus ihrem toten Zustand wieder herausgeholt
werden. 16 Dafür übernehme ich die volle Verantwortung, da hab ich mir
auch nichts vorzuwerfen. 17 Ich war nun die letzten Jahre im Ausland
unterwegs und bin extra nach Jerusalem zurückgekommen, um mit einer
Geldspende meinem Volk zu helfen und um Gott, wie unsere Religion
es vorsieht, ein paar Opfer im Tempel zu bringen. 18 Ich war gerade dabei,
ein spezielles Reinigungsopfer zu machen, da erkannten mich ein paar
Juden, die aus der Provinz Asien stammen. 19 Sie müssten jetzt eigentlich
hier mit auf der Anklägerseite stehen, wenn sie nur tatsächlich irgendet-
was vorzubringen hätten. 20 Sonst können Sie sich ja wenigstens von den
Leuten, die jetzt hier sind, erzählen lassen, was mir alles dort vor dem
jüdischen Gerichtshof vorgeworfen wurde. 21 Es kann sich eigentlich nur
um diesen einen Satz handeln: Ich glaube daran, dass die Toten irgend-
wann mal wieder lebendig werden. Darum werde ich hier und heute
angeklagt!" 22 Felix, der sich mit der neuen christlichen Religion schon
ganz gut auskannte, vertagte daraufhin erst mal die Sitzung auf morgen.
„Wenn der Kommandant Lysias hier ist, werde ich ein Urteil fällen!"
23 Paulus blieb erst mal weiter im Knast. Aber Felix ordnete an, die Haft-
bedingungen zu erleichtern. Außerdem durften Angehörige und Freunde
Paulus besuchen kommen.

Felix macht es sich nicht leicht, Paulus zu verurteilen

24 Nach ein paar Tagen ließen Felix und seine Frau Drusilla (die Jüdin war)
den Gefangenen Paulus zu sich holen. Sie waren superneugierig gewor-
den und wollten mehr über das Leben mit Jesus hören. 25 Als Paulus dann
aber von der radikalen Seite des Christseins sprach, davon, dass man
nicht mehr mit jedem rummachen soll und dass wir uns alle irgendwann
einmal für das, was wir tun, verantworten müssen, geriet er etwas in
Panik. Er brach das Gespräch ab und meinte: „Es reicht fürs Erste! Wenn
ich mehr Zeit habe, will ich noch mal mehr von Ihnen hören." 26 Eigentlich
hatte er gehofft, noch ein bisschen Bestechungskohle von Paulus abzock-
en zu können. Darum ließ er ihn auf jeden Fall öfters mal holen. 27 Nach
zwei Jahren wurde Felix dann abberufen, und Porzius Festus wurde der
neue Gouverneur. Um den Juden am Ende noch einen Gefallen zu tun,
überließ er den Gefangenen Paulus seinem Nachfolger.

25

Gerichtsverhandlung mit Festus
1 Drei Tage nachdem Festus sein Amt angetreten hatte, fuhr er
von Cäsarea nach Jerusalem. 2 Kaum war er da, kamen schon die
Oberpriester und die „Richtig-wichtig-Juden“ an, um Paulus dort anzu-
zeigen. 3 Um Festus indirekt die Gelegenheit zu geben, sich mit ihnen gut
zu stellen, fragten sie, ob Paulus nicht nach Jerusalem überführt werden
könnte. Ihr Plan war aber, auf dem Weg dahin einen Überfall zu starten
und Paulus dabei zu ermorden. 4 Festus kapierte aber sofort, was sie vor-
hatten, und lehnte ab. Er sagte: „Paulus bleibt in Cäsarea, und ich selbst
fahre sowieso demnächst zurück. 5 Wenn er sich wirklich etwas zuschul-
den hat kommen lassen, können die Leute, die die Anzeige erstattet
haben, ja mitkommen und ihn da verklagen.“ 6 Nach ungefähr acht bis
zehn Tagen setzte er einen neuen Verhandlungstermin an. 7 Als sie Paulus
in den Saal gebracht hatten, drängelten sich die Juden aus Jerusalem um
Paulus und beschuldigten ihn, sehr schlimme Sachen gemacht zu haben.
Aber Beweise dafür konnte keiner bringen. 8 Paulus verteidigte sich, so
gut er konnte. „Ich habe weder gegen das Gesetz der Juden verstoßen,
noch habe ich den Tempel verdreckt oder irgendein staatliches Gesetz
gebrochen.“

Paulus legt Berufung beim obersten Präsidenten ein
9 Festus wollte sich auch bei den Juden etwas einschleimen. Darum fragte
er Paulus: „Geht das für Sie in Ordnung, wenn wir die Verhandlung unter
meiner Leitung in Jerusalem weiterführen?“ 10 „Für mich ist sowieso ein
Gerichtsurteil vom obersten Präsidenten in Rom notwendig. Sie wissen
genauso gut wie ich, dass ich gegen das jüdische Gesetz nicht verstoßen
habe. 11 Wenn ich gegen irgendein Gesetz verstoßen habe, worauf die
Todesstrafe steht, dann bin ich bereit dafür zu sterben. Ist das aber nicht
der Fall und bin ich zu Unrecht von den Juden angeklagt worden, dann
darf ich auch nicht an sie ausgeliefert werden. Ich bestehe darauf: Ich
möchte, dass meine Angelegenheit vor dem obersten Gerichtshof direkt
vom obersten Präsidenten in Rom verhandelt wird!“ 12 Nach einer kurzen
Beratung mit den Beisitzern verkündete Festus: „Sie haben sich auf den
obersten Präsidenten berufen, Sie werden vor den obersten Präsidenten
gebracht werden!“

Festus hat ein Meeting mit dem Präsidenten Agrippa über den Fall Paulus
13 Ein paar Tage später kam Agrippa mit seiner Schwester Berenike nach
Cäsarea, um sich mit Festus zu treffen. 14 Während dieser Zeit quatschte
Festus mit dem Präsidenten auch über den Fall Paulus. „Ich hab da von
meinem Vorgänger so einen Mann als Gefangenen übernommen. Das

Urteil wurde noch nicht gefällt. 15 Gleich nachdem ich nach Jerusalem
gekommen war, kamen die Oberpriester vorbei und die Leiter der Juden.
Sie pochten auf eine Verurteilung. 16 Ich machte ihnen klar, dass wir
Römer nach unserm Strafrecht erst jemanden verurteilen, wenn er sich
einem ordentlichen Gerichtsverfahren unterzogen hat, um sich auch
verteidigen zu können. 17 Ich hab dann sofort nach ihrer Ankunft einen
Verhandlungstermin angesetzt. Dort hab ich den Gefangenen vorführen
lassen. 18 Ich hatte mir das schon vorher gedacht, ich konnte ihm beim
besten Willen kein Verbrechen anhängen, nichts, was die Anklageseite
befriedigt hätte! 19 Es geht in der Sache lediglich um Fragen, die ihr reli-
giöses Gesetz betreffen, und um irgendeinen Jesus, von dem Paulus
behauptet, er wäre am Leben. 20 Ich bin auf dem Gebiet dieser Religion
absoluter Laie, darum hab ich Paulus vorgeschlagen, er sollte einen Ver-
handlungstermin in Jerusalem beantragen. 21 Paulus wollte aber die Sache
gleich direkt vor dem obersten Präsidenten in Rom klären. Er beantragte
das offiziell, darum hab ich ihn erst mal in Untersuchungshaft genom-
men, bis ich ihn zum obersten Präsidenten bringen kann." 22 „Diesen
Herrn würde ich gerne einmal kennenlernen!", sagte Agrippa. „Das kön-
nen wir gleich morgen organisieren", antwortete Festus. 23 Am nächsten
Tag spazierten der Präsident Agrippa und seine Schwester Berenike in den
Gerichtssaal. Eskortiert wurden sie von ein paar Offizieren mit höchstem
Dienstgrad, und ein paar feine Pinkel aus der Stadt waren auch dabei. Auf
ein Zeichen von Festus wurde Paulus in den Saal geführt. 24 Festus legte
los: „Sehr verehrter Präsident! Verehrte Anwesende! Vor Ihnen steht der
zurzeit meistgehasste Mann in Jerusalem. Alle wollen seinen Tod. 25 So
wie ich die Sache sehe, hat er aber nichts verbrochen, was ein Todesurteil
rechtfertigen würde. Er hat Berufung beim obersten Präsidenten eingelegt,
und darum werde ich ihn jetzt auch nach Rom bringen lassen. 26 Ich hab
allerdings keine Ahnung, was ich dem obersten Präsidenten als Anklage
vorlegen soll. Darum hab ich diesen Mann zu Ihnen, Präsident Agrippa,
geschickt, weil ich Ihre Hilfe bezüglich der Formulierung dringend benö-
tige. 27 Es wäre ja totaler Unsinn, einen Gefangenen zum obersten Präsi-
denten vorzuladen, ohne sagen zu können, was gegen ihn vorliegt."

26

Paulus verteidigt sich vor dem Präsidenten

1 Agrippa forderte Paulus schließlich auf: „Sie dürfen jetzt etwas zu
Ihrer Verteidigung sagen!" Paulus machte ein Zeichen und begann
seine Rede: 2 „Ich bin sehr froh, verehrter Präsident Agrippa, dass ich
mich gegen die von den Juden vorgebrachten Anschuldigungen hier und
heute verteidigen kann. 3 Besonders freut mich, dass Sie ein guter Kenner

der jüdischen Bräuche und Traditionen sind. Ich bitte um etwas Geduld,
damit meine Ausführungen vollständig vorgebracht werden können.
4 Es ist allgemein bekannt, dass ich sehr genau und von Kind auf an nach
den Regeln meines Volkes in Jerusalem unterwegs gewesen bin. 5 Ich
bin dort seit Ewigkeiten bekannt als einer der Radikalsten unserer Glau-
bensrichtung, der, solang ich denken kann, als religiöser Streber gelebt
hat. 6 Ich bin hier heute angeklagt, weil ich daran glaube, dass Gott die
Versprechen, die er unserem Volk einmal gegeben hat, einlösen wird.
7 Ein Versprechen, auf das unser Volk mit seinen zwölf Stämmen jeden
Tag hofft, wofür es kämpft und arbeitet. Weil ich dieselbe Hoffnung habe,
darum bin ich heute hier von den Juden angeklagt worden. 8 Warum
können Sie sich nur so schwer vorstellen, dass Gott in der Lage ist, Tote
wieder lebendig zu machen? 9 Sie müssen wissen, dass ich lange Zeit
selber auf der Jagd nach diesen Leuten war, ich war gegen alles, was die-
ser Jesus aus Nazareth an den Start gebracht hatte. 10 Selbst in Jerusalem
habe ich viele der ausgewählten Leute verhaften und einsperren lassen,
nachdem ich mir alle Vollmachten von den Oberpriestern besorgt hatte.
Selbst wenn es darum ging, sie zu töten, war ich immer ganz vorne dabei.
11 In den Synagogen folterte ich sie und zwang sie unter Gewaltandrohung,
ihren Jesus lächerlich zu machen. Ich war so voll Hass, dass ich sie sogar
bis ins Ausland verfolgt habe. 12 Während einer Reise, in der ich mit Papie-
ren, vom Oberpriester höchstpersönlich unterzeichnet, auf dem Weg nach
Damaskus war, 13 passierte etwas total Heftiges mit mir. Herr Präsident,
stellen Sie sich vor, am helllichten Tag kam plötzlich ein ganz helles Licht,
ein Licht, was heller war als die Sonne, plötzlich auf mich und meine
Reisebegleitung runter! 14 Wir legten uns alle platt auf den Boden. Plötz-
lich hörte ich eine Stimme aus dem Off zu mir reden, die sagte: ‚Saul,
Saul, warum willst du mich fertigmachen? Du wirst es nicht hinkriegen.‘
15 Ich sagte nur: ‚Wer sind Sie, mein Herr?‘ Die Stimme antwortete nur:
‚Ich bin Jesus, den du versuchst kaputtzumachen. 16 Steh jetzt auf. Ich bin
dir deswegen erschienen, damit du ein Vertreter und Zeuge von mir wirst,
dadurch dass du mich hier und heute gesehen hast. 17 Ich habe dich aus-
gesucht aus deinem Volk, ich will dich zu den Menschen in der Welt
schicken. 18 Du sollst ihnen sagen, wo es längsgeht. Sie sollen eine neue
Richtung für ihr Leben bekommen. Nicht mehr in die Richtung der Dun-
kelheit sollen sie leben, sondern in eine Richtung, wo es hell ist. Sie sollen
aus dem Einfluss des Bösen rauskommen, sie sollen von Gott beeinflusst
werden. Der vergibt ihnen den ganzen Mist, den sie verbockt haben, er
hat mit ihnen noch sehr viel vor. Er hat sogar etwas, das er an sie vererben
will, und zwar an alle, die ihr Vertrauen auf mich setzen.‘ 19 Ihr müsst ver-
stehen, verehrter Präsident Agrippa, da musste ich einfach gehorchen.

20 Ich fing also an, zuerst in Damaskus, dann in Jerusalem und anderswo,
den Menschen zu erzählen, dass sie ihr Leben ändern müssen. Sie müs-
sen ihr Leben in Ordnung bringen und eine neue Richtung für sich ein-
schlagen, eine Richtung zu Gott hin. 21 Darum haben die Juden mich in
unserem Tempel festnehmen lassen, und darum haben sie versucht, mich
umzubringen. 22 Nur weil Gott mir so sehr geholfen hat, bin ich jetzt in
der Lage, hier und heute von den Sachen zu erzählen, von denen schon
die Propheten und auch Mose geredet haben. 23 Nämlich dass es dem
Auserwählten, dem Christus, dreckig gehen würde, dass er aber der Erste
ist, der vom Tod wieder lebendig werden würde. Dadurch wird es hell bei
uns, hell für das jüdische Volk genauso wie für alle anderen Völker." 24 An
dieser Stelle fiel Festus Paulus völlig entnervt ins Wort: „Das ist ja der
totale Schwachsinn, den Sie da erzählen, Herr Paulus! Haben Sie vom
vielen Nachdenken nicht mehr alle Tassen im Schrank?" 25 Paulus blieb
aber ganz cool: „Ich bin nicht durchgeknallt, Herr Festus! Alles, was ich
sage, hat Hand und Fuß. 26 Der Präsident, dem ich das hier ganz locker
erzähle, kann das doch eigentlich alles bestätigen. Ich bin mir ganz sicher,
Sie haben von der ganzen Story schon vor einiger Zeit gehört. Ist ja
schließlich nicht heimlich in irgendeinem Kuhdorf passiert. 27 Wie steht es
denn mit Ihrem Vertrauen auf das, was die Propheten geschrieben haben?
Sie glauben ihnen, stimmt's? Da bin ich mir ganz sicher!" 28 „Wenn Sie so
weitermachen, dann überreden Sie mich im Handumdrehen auch noch
dazu ein Christ zu werden!", meinte Agrippa. 29 „Mann, ich bete wie ver-
rückt dafür, dass genau das passiert – und nicht nur bei Ihnen, sondern
ich wünsche mir auch für alle anderen hier, dass sie genauso draufkom-
men wie ich, bloß eben ohne die Handschellen." 30 Schließlich standen
der Präsident, der Gouverneur und Berenike von ihren Plätzen auf.
31 Nachdem sie sich über den Fall besprochen hatten, waren sie einstim-
mig der Meinung: Dieser Mann ist in allen Punkten freizusprechen. Er
hat die Todesstrafe nicht verdient, noch nicht mal eine Haftstrafe. 32 „Wir
könnten diesen Mann heute entlassen", sagte Agrippa zum Festus, „aber
weil er sich jetzt auf den obersten Präsidenten berufen hat, geht das leider
nicht mehr."

27

Reisebericht: Auf dem Weg nach Rom

1 Nachdem es beschlossene Sache war, dass wir nach Italien
segeln sollten, wurde Paulus mit einigen anderen Häftlingen
dem Offizier Julius übergeben, der aus einem Regiment direkt vom
obersten Präsidenten in Rom stammte. 2 Wir gingen auf ein Schiff, das
aus Adramyttium kam und das auf seiner Fahrt noch ein paar kleinere

Häfen in Kleinasien ansteuern sollte. Als das Schiff ablegte, war noch
Aristarch aus Thessalonich (das lag in Mazedonien) mit am Start. 3 Am
nächsten Morgen legten wir mit dem Schiff in Sidon an. Der Offizier Julius
war superfreundlich zu Paulus. Er erlaubte ihm sogar, seine Freunde zu
besuchen. Die brachten ihm alles für die Reise mit an Bord. 4 Weil der
Wind aus einer total ungünstigen Richtung kam, segelten wir in der Nähe
der Küste, immer im Windschatten der Inseln Zypern. 5 Als wir dann
schließlich vor Zilizien und Pamphylien kreuzten, erreichten wir über das
offene Meer Myra, das in der Provinz Lyzien liegt. 6 Dort entdeckte unser
Offizier ein Schiff aus Alexandria, das zufällig auch nach Italien segelte.
Mit diesem Schiff trampten wir dann weiter. 7 Es ging dann nur sehr lang-
sam vorwärts. Wir brauchten ewig, um nach Knidos zu kommen. Wir
hatten die ganze Zeit voll den Gegenwind und konnten so nur südlich
Richtung Kreta segeln. Erst mal hielten wir auf das Kap Salmone zu.
8 Entenmäßig schipperten wir an der Küste längs, bis wir in einer Bucht
Halt machten, die „Guter Hafen" hieß und in der Nähe von Lasäa lag.
9 Es dauert echt ewig. Mittlerweile war es schon fast Oktober durch, und
die Seefahrt wurde immer gefährlicher. Paulus warnte die Seeleute schon:
10 „Hey, Leute, wenn wir wirklich weitersegeln, dann passiert ein Unglück!
Ich hab den Eindruck von Gott, dass Riesenärger auf uns wartet. Prob-
leme nicht nur für das Schiff, sondern auch für alles, was da jetzt drauf ist,
inklusive unser Leben." 11 Der Offizier hatte aber keinen Bock, auf Paulus
zu hören. Für ihn war die Einschätzung des Kapitäns glaubwürdiger, und
auch der Besitzer vom Schiff wollte unbedingt weiterfahren. 12 Zudem war
der Hafen auch nicht so der Hit, um da den Winter zu verbringen. Darum
waren die meisten Leute dafür weiterzufahren. Es sollte versucht werden,
auf jeden Fall bis Phönix zu kommen. Dort könnte man ja dann sein Lager
über den Winter aufschlagen. Dieser Hafen auf der Insel Kreta war näm-
lich total gut, was die Windbedingungen anging. Er war nur nach Nord-
westen und Südwesten offen, darum war man dort besser geschützt.

Eine ganz derbe Schifffahrt im Sturm

13 Als Südwind aufkam, hatten alle noch mehr Bock drauf, endlich weiter-
zufahren. Sie holten den Anker ein und segelten los, blieben dabei aber
dicht an der Küste von Kreta. 14 Kurz darauf änderte sich das Wetter aber
ganz plötzlich. Es kam der berüchtigte Nordwind auf, 15 der das Schiff
immer weiter auf das offene Meer rausdrängte, obwohl die Mannschaft
alles gab, um den Kurs zu halten. Wir konnten nichts dagegen machen,
der Wind und das Meer hatten uns in ihrer Gewalt. 16 Als wir etwas durch
die Insel Kauda geschützt wurden, versuchten wir das Rettungsboot ein-
zuholen, was wir so gerade eben hinbekamen. 17 Um den vorderen Teil des

Schiffes zu verstärken, organisierten die Seeleute ein paar Seile, die um
den Rumpf gebunden wurden. Dann warfen sie den Treibanker aus,
der das Schiff abbremste, weil sie Schiss hatten, auf eine Sandbank vor
der afrikanischen Küste aufzulaufen. [18] Der Sturm wurde so heftig, dass
die Besatzung am nächsten Tag Teile der Ladung ins Wasser schmiss.
[19] Am nächsten Tag folgte sogar die Schiffsausrüstung. [20] Tagelang krieg-
ten wir weder Sonne noch Sterne zu sehen. Der Orkan war so heftig,
dass keiner mehr daran glaubte, irgendwie gerettet werden zu können.
[21] In der ganzen Zeit hatte niemand Lust auf Essen. Paulus sagte dann zu
der Besatzung: „Hey, Leute! Ich will ja nichts sagen, aber wenn ihr auf
mich gehört hättet und wir in Kreta geblieben wären, hätten wir uns den
ganzen Mist ersparen können. [22] Aber jetzt kann ich euch echt nur ermuti-
gen. Gebt nicht auf! Niemand wird etwas passieren! Nur das Schiff wird
wohl kaputtgehen. [23] Denn letzte Nacht hatte ich ein Treffen mit einem
Postboten von Gott, einem Engel. Der kam von dem Gott, in dessen
Mannschaft ich spiele, für den ich alles gebe. Und der hat Folgendes zu
mir gesagt: [24] ‚Hab keine Angst, Paulus. Du wirst noch beim obersten
Präsidenten in Rom landen. Gott wird das tun, worum du ihn gebeten
hast. Und den anderen wird auch nichts passieren. Nicht einer wird eine
Schramme abkriegen.‘ [25] Darum, Leute, habt keine Angst, Gott hat alles
unter Kontrolle, ich vertrau ihm voll und ganz. Es wird genau so passie-
ren, wie er es mir gesagt hat. [26] Wir werden auf einer Insel landen."
[27] Vierzehn Nächte trieben wir jetzt schon im Adriatischen Meer im Sturm.
Gegen Mitternacht meinte ein Matrose, er habe das Gefühl, die Küste
würde immer näher kommen. [28] Man nahm ein Messgerät und stellte fest,
dass zu dem Zeitpunkt das Wasser noch vierzig Meter tief war. Aber kurz
darauf nur noch dreißig. [29] Jetzt bekamen sie Panik, man werde auf Grund
laufen. Hinten wurden deshalb vier Anker ausgeworfen. Alle warteten
darauf, dass es endlich hell werden würde. [30] Frühmorgens versuchten die
Matrosen, einfach heimlich abzuhauen. Mit der Ausrede „Wir müssen
vorne noch mal eben am Anker was checken!" versuchten sie, das Ret-
tungsboot klarzumachen. [31] Paulus redete aber dem Offizier und den Sol-
daten ins Gewissen: „Wenn die Besatzung nicht vollständig auf dem
Schiff bleibt, werdet ihr alle draufgehen." [32] Also schnitten die Soldaten die
Taue durch und ließen die Boote einfach ins Wasser plumpsen. [33] Als die
Sonne langsam aufging, meinte Paulus zu den Leuten: „Ihr habt jetzt vier-
zehn Tage nichts gegessen. [34] Wenn ihr hier überleben wollt, dann esst
jetzt endlich was! Ihr könnt euch echt entspannen. Keiner wird auch nur
'ne Schramme abkriegen, versprochen!" [35] Nachdem Paulus zu Ende gere-
det hatte, nahm er ein Brot in die Hand, dankte Gott so laut dafür, dass
alle es mitkriegten, und dann fing er an zu essen. [36] Irgendwie waren

dadurch alle ermutigt und nahmen sich auch was zu essen. 37 Insgesamt
waren zweihundertsechsundsiebzig Leute auf dem Schiff. 38 Als alle fertig
waren, wurde der Rest an Getreidesäcken, der noch auf dem Schiff war,
rausgeschmissen, um das Schiff etwas leichter zu machen.

Die Rettung!

39 Am nächsten Morgen wusste keiner der Seeleute, was für eine Küste da
vor ihnen lag. Sie sahen aber eine Bucht mit einem flachen Strand. Das
war jetzt das nächste Ziel. 40 Sie schnitten alle Taue los und versuchten,
ohne Anker das Steuerruder klarzumachen. Schließlich wurde das Vorse-
gel gehisst, mit dessen Hilfe man unter dem aufkommenden Wind auf
das Land zusteuern konnte. 41 Kurze Zeit später war das Schiff dann auf
eine Sandbank aufgelaufen. Da der vordere Teil im Sand festsaß, wurde
der hintere Teil von den Wellen zerdrückt. 42 Jetzt wollten die Soldaten alle
Gefangenen töten. Sie wollten verhindern, dass irgendeiner an Land
schwimmen und fliehen konnte. 43 Der Hauptmann Julius stellte sich aber
dazwischen, um Paulus zu retten. Zuerst befahl er den Leuten, die
schwimmen konnten, ins Meer zu springen, um das Ufer zu erreichen.
44 Die Nichtschwimmer sollten sich ein paar Bretter schnappen und so
versuchen, ans Land zu kommen. So wurden am Ende alle gerettet.

28

Auf Malta

1 Als wir uns ins Trockene gebracht hatten, wurde klar, dass wir
auf Malta gelandet waren. 2 Die Leute, die dort wohnten, waren
voll korrekt zu uns. Sie machten sofort ein Feuer, und wir konnten sogar
bei ihnen pennen. Es fing auch schon wieder an zu pissen, und es war
auch saukalt. 3 Paulus sammelte für das Feuer trockene Zweige und Holz
zusammen und warf sie ins Feuer. Durch die Flammen aufgescheucht,
schnellte eine Giftschlange aus einem Büschel und biss sich an seiner
Hand fest. 4 Die Leute von der Insel kriegten voll die Panik, als sie die
Schlange an seiner Hand sahen. Sie schrien: „Der Typ hat es bestimmt
verdient zu sterben, er ist ein Mörder. Zuerst überlebt er den fiesen Sturm,
und jetzt rächen sich die Götter doch noch an ihm!“ 5 Aber Paulus
schmiss das Teil ins Feuer und machte einfach weiter, so als wenn nichts
geschehen wäre. 6 Die Einwohner starrten ihn alle gespannt an: Wann
würde er endlich einen dicken Arm kriegen und tot umfallen? Als aber
auch nach Stunden nichts mit ihm passierte, schlug die Meinung plötzlich
ins Gegenteil um. „Er ist ein Gott!“, war die einhellige Ansicht. 7 Ganz in
der Nähe der Küste war das Grundstück des obersten Regierungsbeamten
von Malta. Der Typ hieß Publius. Er nahm uns sehr freundlich auf, und wir

konnten uns drei Tage bei ihm aufhalten. [8] In der Zeit bekam der Vater
von Publius heftiges Fieber und erkrankte an der Ruhr. Paulus ging zu ihm
hin, redete mit Jesus, legte die Hände auf seinen Körper, und dann war er
wieder fit. [9] Das machte sofort die Runde, und alle möglichen Kranken der
Insel kamen vorbei, um sich heilen zu lassen. [10] Die Leute machten uns
superviele Geschenke, und bei der Abfahrt gaben sie uns alles mit, was
wir so brauchten.

Endlich in Rom

[11] Nach drei Monaten segelten wir endlich weiter. Wir bekamen eine Mit-
fahrgelegenheit in einem ägyptischen Schiff, das aus Alexandria kam
und den Winter über in Malta lag. Vorne am Schiff war eine Galionsfigur
angebracht, die die griechischen Zwillings-Schutzgötter der Schifffahrt
darstellte. [12] Wir liefen Syrakus an und blieben dort drei Tage. [13] Entlang
der Küste schipperten wir von da dann weiter nach Rhegion. Von dort ging
es schneller vorwärts, mit dem günstigen Südwind im Rücken erreichten
wie Puteoli in nur zwei Tagen. [14] Dort trafen wir geilerweise auf ein paar
Christen. Die haben uns dann eingeladen, noch 'ne Woche bei ihnen zu
bleiben, was wir gerne taten. Aber dann ging es ab Richtung Rom! [15] In
Rom hatte sich unsere Reise unter den Christen schon rumgesprochen.
Einige kamen uns schon beim Appiusmarkt und den „Drei Kneipen“ ent-
gegen. Als Paulus die Leute sah, war er wieder gut drauf und bedankte
sich bei Gott.

Paulus in Rom

[16] In Rom durfte Paulus sogar in einer eigenen Wohnung leben, mit
einem Wachmann vor der Tür, der auf ihn aufpassen sollte. [17] Drei Tage
nachdem er angekommen war, organisierte er ein Treffen mit einigen
Leitern der jüdischen Gemeinde bei sich zu Hause. Als alle da waren,
sagte Paulus: „Hallo, ihr lieben Geschwister! Ich will hier nur noch mal
eins klarmachen: Ich hab nichts gegen unser Volk, und ich steh auch
total auf die Sachen, die wir von unseren Vätern schon vor Ewigkeiten
übernommen haben. Trotzdem wurde ich in Jerusalem verhaftet und an
die römischen Behörden übergeben. [18] Die Römer haben mich polizeilich
verhört, fanden aber nichts, weswegen sie mich zum Tod verurteilen
konnten. Darum wollten sie mich freilassen. [19] Die Juden hatten aber
was dagegen. Darum musste ich beim obersten Präsidenten in Rom in
Berufung gehen. Es geht mir nicht darum, mein Volk irgendwie in den
Dreck zu ziehen. [20] Ich wollte das hiermit einfach klarstellen, darum wur-
det ihr heute eingeladen. Ich trage diese Handschellen, weil ich an den
Retter glaube, den Messias, auf den ja alle in Israel total die Hoffnung

setzen.“ 21 Die Juden meinten zu Paulus: „Bisher hat niemand schlecht
über Sie geredet. Wir haben auch keinen bösen Brief von irgendjeman-
dem bekommen, auch nicht von den Leuten aus dem Hohen Rat. 22 Wir
sind aber heiß drauf, von Ihnen zu hören. Denn überall wird zurzeit über
diese neue Religion kontrovers diskutiert.“ 23 Sie machten eine Veranstal-
tung klar, und viele Juden kamen in die Bude vom Paulus. Dann erklärte
er ihnen ausführlich, wie man von Gott ein neues Leben bekommen und
so aus dem Dreck gerettet werden kann. Ohne Ende, von morgens bis
abends, hielt er Reden über Jesus und warum er überhaupt da war. Er
erklärte auch, wie das mit den alten Büchern von Mose zusammenhängt
und dass die Propheten das schon vor Jahren vorausgesagt hatten. 24 Ein
paar von den Leuten fanden das voll gut, was er erzählte, andere aber
auch nicht. 25 Was sie total durcheinanderbrachte und voll die Diskussion
anstieß, war der Spruch: „Die Kraft von Gott, sein besonderer Geist,
hatte es ja schon immer gewusst. Schon euren Vorfahren ließ er durch
den Propheten Jesaja ausrichten: 26 ‚Los jetzt, geh zu diesen Leuten und
rede mit ihnen: Sie werden dir zuhören, aber nichts kapieren, sie werden
zusehen, aber blind bleiben. 27 Denn diese Leute sind innerlich hart
geworden. Sie sind augen- und ohrenmäßig nicht auf Empfang geschal-
tet, sie wollen bloß nichts hören und bloß nichts sehen. Sonst würden
sie ihr Leben ändern, sie würden in meine Richtung gehen, und ich
könnte sie gesund machen.‘ 28/29 Eins muss Ihnen klar sein: Die gute
neue Sache, diese Rettung, die durch Gott jetzt möglich wird, die wird
auch anderen Völkern angeboten werden. Und die werden sie dankbar
annehmen!“ 30 Der Apostel Paulus war noch weitere zwei Jahre in seiner
Wohnung. Jeder, der Lust hatte, konnte ihn dort besuchen. 31 Er konnte
in dieser Zeit machen, was er wollte. Darum sprach er überall und ohne
Hemmung von der neuen Zeit, die durch Jesus angebrochen war. Und
dass Jesus der Chef von allem, der Oberboss schlechthin, ist.

Ein Brief von Paulus an die Christen, die in Rom leben

1

Anschrift und Grüße

1 Absender: Paulus, der voll zu Jesus Christus gehört und der alles für
Jesus gibt. Gott hat mit seinem Finger auf mich gezeigt und gesagt:
Du bist jemand, durch den ich meine guten Nachrichten weiterleiten
kann, du bist ein Apostel. 2 Diese Nachricht wurde schon vor Ewigkeiten
angekündigt, und zwar durch seine Botschafter, die Propheten. Die
haben schon im alten Buch da drüber eine Ansage gemacht. 3 Es geht
hier um Jesus, den Sohn von Gott. Er wurde als Mensch geboren und
gehörte zu der Familie vom David. 4 Dass er der große Held und Sohn
von Gott ist, der über allen steht, wurde schon alleine dadurch klar, dass
er durch die derbe Kraft, die direkt von Gott kommt, den Gegner „Tod“
ausgeschaltet hat. 5 Durch Jesus Christus habe ich die Chance und den
Auftrag erhalten, ganze Nationen umzukrempeln durch das, was ich von
ihm erzähle! Alle sollen anfangen, ihr Leben auf Gott zu schmeißen und
das zu tun, was er von ihnen möchte. 6 Das betrifft auch euch, liebe
Leute aus Rom, die ihr jetzt ja alle zur Familie gehört, zu den Leuten, die
jetzt mit Jesus Christus leben. 7 Gott hat euch voll lieb! Er hat das immer
schon gewollt, dass ihr bei ihm seid. Ich wünsche euch, dass ihr ver-
steht, wie sehr Gott euch mag und dass ihr abgefüllt seid mit dem Frie-
den, den Gott in euch installiert!

Ich wäre jetzt voll gerne bei euch

8 Zuerst möchte ich Gott einmal Danke dafür sagen, dass es jeden Einzel-
nen von euch gibt. Überall in der Welt redet man darüber, dass ihr Chris-
ten geworden seid. 9 Gott ist mein Zeuge, ich bete ohne Ende für euch! Ich
tu alles für ihn, ich verbreite die richtig gute Nachricht von seinem Sohn,
wo ich nur kann. 10 Hey, ich bete wie blöd darum, endlich bei euch zu sein,
wenn Gott nur Bock dadrauf hätte! 11 Ich brenne darauf, euch endlich mal
richtig kennenzulernen! Ich würde euch supergerne mit den Begabungen
helfen, die mir Gott gegeben hat, um euer Vertrauen in ihn zu stärken.
12 Ich glaube aber, das Ermutigen wird auf beiden Seiten abgehen: Ich
werde durch euch gut draufkommen und ihr auch durch mich. 13 Also, ihr
Lieben, bitte glaubt mir, ich hatte schon ewig vor, endlich auch mal bei
euch aufzuschlagen, aber bis jetzt ist immer was dazwischengekommen.

Ihr sollt auch mal von den Sachen profitieren können, die ich bei anderen Völkern an den Start gebracht habe. [14] Ich will den Griechen und auch den Leuten, die von woanders her kommen, die guten News von Gott erklären. Genauso wie zu den schlauen Leuten, die sehr viel gelernt haben, möchte ich auch zu denen gehen, die eher nicht so intelligent sind, ich will einfach jeden erreichen. [15] Darum hab ich schon lange vor, mal zu euch nach Rom zu kommen, um euch diese supergeile Nachricht noch mal ausführlich zu erklären.

Wie man vor Gott wieder klarkommt

[16] Diese Sache ist mir übrigens null peinlich! Die neue Nachricht von Gott ist das powervollste was geht, sie ist in der Lage, wirklich jeden aus seinem Dreck rauszuholen, wenn er sie nur glaubt. „Jeden" meint wirklich jeden. Gott hat aber zuerst bei den Juden angefangen, diese Nachricht rüberzubringen – logisch, ist ja sein erwähltes Volk – aber jetzt gilt sie für jeden Menschen der ganzen Welt. [17] Sie macht ganz deutlich, wie man mit Gott wieder klarkommen kann. Und zwar nur dadurch, dass man sein Vertrauen auf Gott setzt. Es steht ja schon in dem alten Buch: „Wer sein Vertrauen auf Gott setzt, wird leben." [18] Gott wird ein vernichtendes Statement abgeben, er wird klarmachen, was er über den ganzen Mist denkt, über die Ungerechtigkeit und darüber, dass viele keinen Bock auf die Wahrheit haben. [19] Und dabei kann sich keiner rausreden: Das, was man von Gott begreifen kann, hätten schon alle Leute seit langem begreifen können, wenn sie ihre Augen mal richtig aufgemacht hätten. [20] Auch wenn Gott unsichtbar ist, so wird er doch sichtbar durch die Natur, die er gemacht hat. Daran können auch alle erkennen, wie er drauf ist. Und deshalb kann sich am Ende auch keiner rausreden. [21] Obwohl jeder wusste, dass Gott existiert, hatten sie keinen Bock, ihm die Ehre dafür zu geben und ihm mal danke zu sagen. Stattdessen kamen sie auf echt durchgeknallte Ideen, und sie wurden total benebelt und verrückt. [22] Und dabei ließen sie noch den Weisen raushängen, obwohl sie total irre waren. [23] Anstatt dem einzig echten Gott zu sagen, wie gut er ist, hatten sie nichts Besseres zu tun, als mit irgendwelchen toten Göttern zu labern, die wie Menschen aussehen oder noch besser wie Vögel, Schlangen oder irgendwelche anderen Tiere, die ja irgendwann mal sterben müssen! [24] Darum hat Gott sie schließlich sich selbst überlassen. Die sind dann total abgegangen mit ihrem ätzenden dreckigen Lebensstil, verloren sich in heftige Leidenschaften, in ungute Sexsachen und so. [25] Irgendwann fing man an, nicht mehr Gott anzubeten, sondern Dinge, die er gemacht hatte. Manchmal schnitzte man sich einen Götzen aus einem Stück Holz, man verehrte die Sonne oder

betete einen Menschen als Gott an. Das war ganz schön verpeilt, denn
Gott hatte diese Dinge ja alle selbst geschaffen. So ist es und nicht
anders [Amen]! Dadurch wurde etwas Richtiges gegen etwas völlig Fal-
sches ausgetauscht. 26 Deshalb hat Gott sie irgendwann ihren ätzenden
Leidenschaften überlassen – und damit sich selbst. Frauen fingen an mit
Frauen rumzumachen. 27 Auch Männer hatten keinen Bock mehr auf
Frauen, wie es normalerweise ja der Fall ist. Stattdessen waren sie nun
total scharf auf andere Männer. Dadurch, dass sie es dann miteinander
trieben, ging es ihnen letztendlich auch total beschissen. Das ist, als
wenn sie dafür schon jetzt eine angemessene Strafe bekommen würden.
28 Sie hatten offensichtlich keinen Bock auf Gott, darum hat Gott sie sich
selbst und ihren ganz schrägen Gedanken überlassen. So kam es dazu,
dass sie das tun, was nie beabsichtigt war und was auch nicht okay ist.
29 Was sie alles so bringen, ist einfach zum Kotzen, sie sind link zu
anderen, wollen Kohle scheffeln, bis der Arzt kommt, sie sind supernei-
disch, streiten sich ständig, ermorden Menschen, betrügen und lügen
was das Zeug hält. Sie reden hinterm Rücken schlecht über andere.
30 Sie stehen nicht zueinander, sie hassen Gott, sie sind großkotzig,
stolz, riskieren in einer Tour 'ne dicke Lippe, verpassen keine Gelegen-
heit, um Mist zu bauen, und ihre Eltern sind ihnen egal. 31 Sie sind starr-
sinnig, machen sich nicht gerade, sie halten ihre Versprechen nicht ein,
sie sind total lieblos und ohne Herz. 32 Sie haben längst kapiert, dass
das total uncool ist und dass Gott auf so was überhaupt keinen Bock
hat (er wird ihnen sogar dafür die Todesstrafe verpassen, das hat er klar
gesagt). Trotzdem finden sie es ganz toll, wenn andere genauso krank
draufkommen wie sie.

2

Keiner kann sich mal eben eine reine Weste besorgen

1 Es gibt echt keinen, der sich da irgendwie rausreden könnte. Wenn
du andere für ihre Sachen kritisieren und verurteilen willst, dann ver-
urteilst du dich damit auch selber, denn du bist genau so wie die, über
die du gerade ein Urteil fällst. 2 Gott wird für jeden ein gerechtes Verfah-
ren anzetteln, das ist mal sicher. 3 Du Mensch glaubst doch nicht im
Ernst, Gott wird nur andere für ihr Leben zur Rechenschaft ziehen – und
du, der genauso wie die lebst, willst ohne Konsequenzen davonkom-
men? 4 Ist dir das egal, wie lieb Gott mit dir umgeht und mit wie viel
Geduld er sich um dich kümmert? Kapierst du nicht, dass Gott mit
seiner Liebe dich dazu bewegen will, dein Leben zu ändern? 5 Du bist
so verpeilt, du willst um jeden Preis so weitermachen wie bisher. Und
dadurch trägst du dazu bei, dass Gott immer mehr den Hals kriegt.

Am letzten Tag bei der großen Abrechung wird er über die ganze Welt
ein Urteil fällen. 6 Alle Leute müssen sich für ihr Leben verantworten.
7 Die, die immer getrieben davon waren, so zu sein, wie Gott es will, und
die durchgezogen haben, die werden ewig leben können. 8 Die Leute,
die immer nur ihr eigenes Ding gemacht haben, die Gottes Worten (der
Wahrheit) nicht geglaubt haben, die stattdessen lieber Lügen glauben
und link sind, die werden von Gott ganz übel einen draufkriegen. 9 Panik
und Angst wird das Lebensgefühl der Leute sein, die das tun, worauf
Gott keinen Bock hat. Zuerst gilt das für das Volk der Juden, dann aber
auch für alle anderen Menschen. 10 Diejenigen, die gute Sachen machen,
werden von Gott fett belohnt werden, sie werden gut drauf sein und
groß rauskommen. Auch das gilt zuerst für die Juden, dann aber auch
für alle anderen Menschen. 11 Denn Gott ist nicht wie ein bestechlicher
Schiedsrichter, der die einen bevorzugt und die anderen linkt. 12 Wer
Scheiße baut, ohne die Regeln von Gott zu kennen, die er damals den
Israelis gegeben hatte, bekommt trotzdem ein schlechtes Gewissen –
und deswegen wird er von Gott verurteilt werden. Erst recht aber werden
die, die die Regeln von Gott kannten, nach diesem Gesetz verurteilt.
Fazit: Alle, also Juden und Heiden, sind für Gott nicht okay. 13 Es ist nicht
genug, nur seine Regeln zu kennen. Um für Gott okay zu sein, muss
auch danach gelebt werden. 14 Es ist doch so, dass viele Menschen
irgendwie automatisch wissen, was gut ist und was nicht. Sie tun genau
das, was die alten Regeln vorschreiben. 15 Weil sie so leben, kann man
doch ganz klar sehen, dass diese Regeln irgendwie unbewusst auf ihre
Festplatte geschrieben wurden. Wenn sie irgendwas machen, schlägt das
Gewissen sofort an und bestätigt oder verklagt sie. 16 Irgendwann wird
einmal abgerechnet werden, und alles, was so abgegangen ist, ob ganz
geheim oder für jeden sichtbar, kommt auf den Bildschirm. Das passiert
an dem Tag, an dem Jesus Christus die große Gerichtsverhandlung für
alle Menschen steigen lässt. Darum geht es mir, das sind die Dinge, die
ich den Menschen erzählen soll.

Juden haben keinen Vorsprung

17 Wenn du ein Jude bist, dann verlässt du dich doch auf die alten Gesetze
und findest dich besonders gut. 18 Du denkst, du hast einen ganz beson-
deren Draht zu Gott, weil du seine Regeln in- und auswendig kennst und
weißt, was man tun darf und was nicht. 19 Und deshalb kennst du den
richtigen Weg und kannst ihn auch anderen zeigen, die sich verirrt haben.
20 Du glaubst echt, du könntest denen 'ne Anleitung zum Leben geben,
die es nicht geschnallt haben. Du willst den Kindern sagen, wo es längs
geht. Denn du hast die alten Regeln verstanden und weißt, was die Wahr-

heit ist. 21 Also, wenn du ein Lehrer für Leute sein willst, warum lässt du
dich nicht selbst auch belehren? Du hältst nur große Reden. Du sagst, es
ist nicht okay, zu klauen, aber dabei bist du selber wie blöd am Klauen.
22 Du sagst, man soll seiner Frau treu sein, aber bist du denn selber auch
treu? Du sagst, es ist total verkehrt, anderen Göttern zu dienen, bedienst
dich aber ungeniert an den Sachen, die dabei für dich abfallen. 23 Du sagst
Leuten, es gibt nichts Geileres, als Gottes Gesetze zu kennen, und auf
der anderen Seite ziehst du seine Gesetze in den Dreck, weil sie dir offen-
sichtlich selber total egal sind! 24 Schon im alten Buch kann man lesen:
„Weil ihr so seid, macht die ganze Welt Witze über den Namen Gottes."
25 Dieser jüdische Brauch, dass kleinen Jungs die Vorhaut abgeschnitten
wird*, bringt nur dann was, wenn du auch das tust, was in den Gesetzen
von Gott steht. Wenn du das nicht tust, ist es total egal, ob du beschnitten
bist oder nicht. 26 Jemand, der diesen Brauch nicht kennt, aber trotzdem
genau nach den Regeln Gottes lebt, der ist doch auch bei Gottes Familie
dabei, oder etwa nicht? 27 Hey, es wird sogar so weit kommen, dass solche
Leute über die Juden Urteile fällen werden, denn sie haben ja die Gesetze
von Gott und richten sich danach, euch sind sie aber offensichtlich total
egal. 28 Denn ein wirklicher Jude wird man nicht durch seinen Stamm-
baum und auch nicht durch irgendwelche religiösen Rituale. 29 Nein, ein
echter Jude ist jemand, der in seinem Herz jüdisch drauf ist, und das
bedeutet, dass sein Verhältnis zu Gott okay ist. Er will nicht von Men-
schen gelobt werden, sondern von Gott.

3

Gott tut, was er sagt

1 Jetzt fragst du dich vielleicht: Was bringt es denn eigentlich noch,
ein Jude zu sein? Was soll denn dieses Beschneidungsritual über-
haupt noch? 2 Nun, es hat viele Vorteile, Jude zu sein, vor allem aber kann
man sich darüber freuen, dass Gott den Juden seine Worte anvertraut hat.
3 Und glaub bitte nicht, nur weil einige Juden untreu waren, wird Gott jetzt
auch nicht mehr treu zu ihnen stehen. 4 So ist Gott nicht! Gott ist cool
unterwegs, er steht hundertprozentig zu den Sachen, die er mal gesagt
hat – ganz im Gegenteil zu den Menschen. Es steht ja schon in dem alten
Buch: „Gott, du wirst gut dastehen, du wirst recht behalten, egal, was man
dir vorwirft, du wirst der Sieger sein." 5 Dann könnte man ja eigentlich
sagen: Wenn also der Mist, den wir bauen, erst richtig zeigt, dass Gott
total gut und gerecht ist, dann ist es doch ziemlich ungerecht, wenn er

* Die Juden haben so ein Ritual, wo den kleinen Jungen die Vorhaut abgeschnitten wird. Das ist die Beschneidung.

uns noch dafür bestraft, oder? 6 Nein, totaler Quatsch! Wenn Gott nicht
gerecht ist, wer dann? Wer sollte sonst über die Welt eine Gerichtsver-
handlung abhalten können? 7 Manche Leute sagen immer wieder: „Eigent-
lich tu ich Gott ja sogar einen Gefallen, wenn ich die Dinge mache, die er
nicht gut findet. Denn damit gebe ich ihm ja die Chance, noch viel besser
dazustehen. Und dann ist es doch total ungerecht, dass er mich dafür ver-
urteilt.“ 8 Hey, wer so denkt, könnte genauso gut sagen: „Ich kann ja so
viel Mist bauen, wie ich will, es wird ja am Ende doch was Gutes dabei
rumkommen!“ Wer so einen Schwachsinn redet, wird zu Recht von Gott
eins auf die Mütze kriegen. Das wird auch denen passieren, die mir so
eine Aussage zuschieben wollen.

Vor Gott haben alle Menschen Dreck am Stecken

9 Wie ist das denn jetzt? Haben wir Juden einen Freifahrtschein von Gott
bekommen? Ich sage: Nein! Ich hab gerade klargemacht, dass alle Men-
schen (egal ob sie nun Juden sind oder nicht) unentwegt Mist bauen und
auch gar nicht anders können, ob sie es nun wollen oder nicht. 10 Im alten
Buch steht schon drin, ich zitiere: „Es gibt keinen Menschen, der es auf
die Reihe kriegt, nicht einen einzigen.“ 11 „Es gibt keinen Menschen, der so
viel Grütze im Kopf hat, dass er sich auf die Socken macht, um mich
wirklich zu suchen. 12 Keiner packt es wirklich, niemand kann Gottes
Ansprüche zufrieden stellen.“ 13 „Sie labern nur Dünnsinn, es stinkt nach
Leiche, wenn sie den Mund aufmachen, man kann ihnen nicht vertrauen.“
„Ihre Worte sind wie Zyankali.“ 14 „Aus ihrem Mund kommen nur Flüche
und miese Intrigen.“ 15 „Sie sind sofort dabei, wenn es darum geht, Men-
schen zu töten. 16 Wo sie stehen und gehen, alles wird kaputt gemacht.
17 Sie haben überhaupt nicht verstanden, wie sich Frieden überhaupt
anfühlt.“ 18 „Ihnen ist alles egal, sogar Gott.“ 19 Wir wissen ganz genau,
dass alles, was in den alten Gesetzen steht, für alle Leute gilt, für die es
geschrieben wurde. Keiner kann sich jetzt noch rausreden, auch ihr Juden
nicht. Es beweist ganz klar: Alle Menschen auf dieser Welt haben Dreck
am Stecken, alle brechen die Gesetze irgendwo, alle sind schuldig.
20 Keiner wird sich bei Gott damit rausreden können, er hätte die Regeln
alle befolgt, wie Gott es will. Das ist nämlich noch keinem gelungen und
wird auch keinem gelingen. Diese Regeln, die Gesetze, sind dazu da, dass
wir begreifen, wie weit wir von Gott entfernt sind.

Wer wird von Gott für seinen Mist freigesprochen?

21 Gott hat jetzt aber eine neue Möglichkeit geschaffen, einen Weg, wie
wir – unabhängig von den Regeln – für Gott okay werden können. Dieser
Weg ist durch das alte Buch, durch die Sachen, die die Propheten gesagt

haben und die in den Gesetzen von Mose stehen, klar beschrieben wor-
den. 22 Gott löscht nämlich alle Schulden, er vergibt den Mist, den man
verbockt hat, wenn wir unser Vertrauen auf Jesus Christus setzen. So
kann ausnahmslos jeder überleben! 23 Alle Menschen haben irgendwie
Mist gebaut, und alle haben dadurch das Recht verloren, mit Gott
zusammen zu sein. 24 Was keiner verdient hätte, das tut Gott einfach so,
umsonst. Er akzeptiert uns, weil wir durch Jesus wieder okay für ihn
sind. 25 Gott hat Jesus zu uns geschickt, damit er für unsere Schulden
die Rechnung bezahlt. Wir werden von Gott angenommen, wenn wir
daran glauben, dass Jesus für uns am Kreuz verblutet ist. Weil Gott
Geduld mit den Menschen hatte, hat er sie bis zu diesem Zeitpunkt
noch nicht bestraft. 26 Das gilt auch für die, die schon vorher Mist
gebaut haben. Er ist auch heute gut zu uns, er reißt für jeden, der an
Jesus glaubt, den Schuldschein in lauter kleine Schnipsel. 27 „Also, kön-
nen wir jetzt den Dicken raushängen lassen und uns ganz toll fühlen?",
kommt jetzt bestimmt ... Nein, Leute, auf keinen Fall! Das hat ja alles
nichts damit zu tun, was wir für tolle Sachen getan haben, damit Gott
uns auch akzeptiert. Wie geht das denn nun? Vielleicht durch Gottes
Regeln, durch seine Gesetze? Dass wir von ihm akzeptiert werden, weil
wir die geforderte Leistung bringen? Nein! Nur durch ein Geschenk,
nämlich dadurch, dass wir Gott vertrauen können. 28 Ich fasse noch ein-
mal zusammen, was jetzt für jeden Menschen gilt: Meine Schulden
bei Gott sind bezahlt, weil ich auf Jesus vertraue und nicht, weil ich so
toll lebe und mich genau an die Gesetze halte, die Mose früher einmal
aufgeschrieben hat. 29 Und gilt das jetzt nur für die Juden? Oder gilt
dieses Angebot auch allen andern Menschen? – Natürlich gilt das für
alle, Gott ist ja schließlich für alle Menschen da! 30 Es existiert nur ein
Gott. Und es gibt auch nur einen Weg, wie man zu ihm kommen kann,
wie man von ihm akzeptiert wird. Nur weil wir an ihn glauben, spricht er
die Menschen von ihren Schulden frei, egal, ob man Jude ist oder nicht.
31 Wenn wir das Vertrauen auf Gott nun so betonen, sagen wir damit,
dass wir die alten Regeln und Gesetze in die Tonne kloppen können?
Auf keinen Fall! Dadurch, dass wir Gott vertrauen, wird das Gesetz ja
nur bestätigt.

4

Abraham war cool unterwegs

1 Nur um das noch klarer zu machen: Wie ist das denn mit unserem
Urvater Abraham? Wie ist das denn bitte gekommen, dass der geret-
tet wurde? 2 Hat er sich bei Gott eingeschleimt, weil er so viele gute
Sachen gemacht hat? Garantiert nicht! Denn sonst würde er sich ja was

darauf einbilden können. Aus Gottes Perspektive gab es dafür echt keinen Grund. 3 Im alten Buch steht drin: „Abraham vertraute felsenfest auf Gott, und Gott machte klar, dass Abraham okay ist.“ 4 Wenn Menschen malochen, bekommen sie die Kohle dafür nicht als Geschenk, sie haben sie sich durch ihre Arbeit verdient. 5 Dass jemand für Gott okay ist, kann man sich aber nicht mit Taten verdienen, allein das Vertrauen zählt bei ihm. 6 Der Präsident David hat in einem Lied schon mal dasselbe Thema gehabt. Da geht es darum, dass jemand total darauf abgeht, dass Gott ihn ohne irgendeine Gegenleistung angenommen hat. 7 „Gut drauf kommt, wer freigesprochen wird, obwohl er gegen die Regeln verstoßen hat. 8 Gut drauf kommt, wer seine Schulden bei Gott nicht mehr bezahlen muss!“ 9 Meint er damit ausschließlich die Juden oder meint er auch andere damit? Wir hatten ja festgestellt, dass Abraham okay für Gott war, weil er ihm vertraut hat. 10 Wie ist das denn genau abgegangen? Wie hat ihm sein Vertrauen geholfen? Passierte das, als er dieses Beschneidungsritual hinter sich hatte oder noch davor? Die Antwort ist klar: Für Gott war Abraham okay, bevor er das gemacht hatte. 11 Dieses Ritual war ja im Grunde nur ein äußeres Zeichen für etwas, was in Abrahams Herz schon vorher passiert war, nämlich dass er Gott vertraute und Gott ihn angenommen hatte. Damit ist Abraham zum Vorläufer für alle geworden, die ihr Vertrauen auf Gott setzen, ohne dieses Beschneidungsritual gemacht zu haben. Gott nimmt sie an, wie sie sind, weil sie ihm vertrauen. 12 Abraham ist natürlich auch der Vater von den ganzen Leuten, die dieses Ritual mal gemacht haben und Gott genauso vertrauen, wie das Abraham auch getan hat.

Die Regeln Gottes und das Vertrauen

13 Gott hatte Abraham ein großes Versprechen gegeben, nämlich dass seiner Familie mal die ganze Erde gehören sollte. Die Grundlage dafür war aber nicht ein bedingungsloser Kadavergehorsam gegenüber den Regeln, die Gott aufgestellt hatte. Sie beruhte alleine auf der Tatsache, dass Abraham für Gott okay war, weil er ihm vertraut hatte. 14 Wenn dieses Versprechen nur für Leute gilt, die strikt nach den Regeln von Gott leben, dann kann das ja folgerichtig nur heißen, dass das Vertrauen, das man auf Gott setzt, total wertlos ist und nichts bringt. Und außerdem ist damit auch Gottes Versprechen, das ja auf Vertrauen aufbaut, nicht mehr gültig. Gott hätte sich damit ja selbst ausgetrickst. 15 Wenn nämlich jemand gegen die Regeln verstößt, ist Gott voll sauer, wenn es aber keine Regel gibt, kann auch nicht gegen sie verstoßen werden. 16 Darum gibt das Vertrauen den Ausschlag, denn nur so wird das Ganze zu einem Geschenk, das man sich nicht verdienen kann. Dieses Geschenk

gilt für jeden, der – genau wie Abraham – sein Vertrauen auf Gott setzt.
Er ist das große Vorbild in Sachen Vertrauen. 17 Im alten Buch steht ja
auch: „Ich habe dich zum Vorbild und zu einem Vater für viele Men-
schen gemacht.“ Das ist alles abgegangen, weil Abraham seinem Gott
vertraut hat, dem Gott, der in der Lage ist, Tote wieder lebendig zu
machen. Jetzt gehören auch Menschen, die vorher nicht dabei waren,
zu seinen Leuten. 18 Als Gott Abraham die Ansage machte, er würde ein-
mal zu einem Vorbild und Vater für sehr, sehr viele Menschen werden,
glaubte ihm Abraham und ließ sich durch nichts davon abbringen,
obwohl seine Situation mehr als hoffnungslos war. Gott hatte gesagt:
„Deine Familie wird echt giga-groß werden.“ 19 Abrahams Vertrauen auf
Gott war sehr fett, und das, obwohl er mit fast hundert Jahren schon
echt alt war. Zudem war seine Frau Sara eigentlich unfruchtbar, sie hat-
ten keine Kinder bis dahin. 20 Abraham ließ sich durch nichts davon
abbringen, auf Gottes Versprechen zu setzen. Sein Vertrauen war gigan-
tisch und wurde in dieser Situation sogar noch größer! Das fand Gott
total gut! 21 Er war sich ganz sicher: Gott hält, was er verspricht. 22 Weil
Abraham dieses Vertrauen hatte, machte Gott eins klar: „Du bist okay!“
23 Und das hat Gott nicht nur zu ihm gesagt. 24 Diese Zusage wurde
durch das alte Buch auch an uns weitergegeben. Wir sind für Gott auch
okay, wenn wir unser Vertrauen auf Jesus setzen, der tot war und dann
durch Gott wieder lebendig gemacht wurde. 25 Wegen dem Mist, den wir
gemacht hatten, musste Jesus sterben, damit wir mit Gott im Leben
wieder klarkommen können. Gott hat Jesus wieder lebendig gemacht,
damit wir total cool relaxed sein können, wenn Gott sein letztes großes
gerechtes Gerichtsverfahren über jeden Menschen eröffnet. Wer an
Jesus glaubt, kriegt dann in jedem Fall einen Freispruch.

5

Mit Gott ist alles okay

1 Wenn wir keine Schulden mehr bei Gott haben, weil wir unser Ver-
trauen auf ihn setzen, ist der Weg jetzt ja frei! Wem haben wir das zu
verdanken? Jesus! 2 Durch ihn haben wir den PIN-Code für das Türschloss
zum Himmel, auf diesen abgefahrenen Augenblick können wir uns jetzt
schon voll freuen! 3 Auch jetzt können wir uns schon freuen, sogar wenn
man versucht, uns ans Bein zu pinkeln, wenn es Probleme gibt und so.
Denn jedes Problem wird zur Herausforderung, wir können dadurch ler-
nen, eine Sache durchzuziehen. 4 Wer so entspannt ist, hat auch eine gute
Art, mit Dingen anders umzugehen. Und wer mit Dingen anders umge-
hen kann, hat auch immer die Hoffnung, bei Gott okay zu sein. 5 Und wer
bei Gott okay ist, der wird nie enttäuscht werden. Eins ist für uns hundert-

prozentig sicher: Gott liebt uns! Sonst hätte er uns nicht den Anschluss
an seine Kraft, den Heiligen Geist*, spendiert. Wenn der in uns ist, dann
sind wir abgefüllt mit seiner Liebe! 6 Jesus, der Auserwählte**, kam ja bei
uns vorbei, als wir noch hoffnungslos im Dreck steckten. Und er ist für
uns gestorben, als Gott uns noch total egal war. 7 Mal ehrlich, wer hat von
uns denn schon Bock, bloß für einen einzigen guten Menschen zu ster-
ben? 8 Gott ist aber noch derber drauf als das, er starb für uns, obwohl wir
sogar total dreckig und schlecht waren. 9 Wir brauchen keinen Schiss
mehr vor Gott und seiner Verurteilung zu haben, er ist nicht mehr sauer
auf uns! Durch den Tod von Jesus ist alles bezahlt! 10 Wir waren seine
Feinde, aber damit ist es jetzt vorbei. Das war nur möglich, weil sein Sohn
für uns gestorben ist. Und jetzt sind wir sogar seine Freunde, und weil
Jesus lebt, können wir auch leben. 11 Wir rasten alle total aus, wenn wir
uns darüber klarwerden, dass wir wieder mit Gott befreundet sein können!
Das ist alles erst durch Jesus möglich geworden.

Adam brachte den Tod, Jesus das Leben

12 Adam, der erste Mensch, war auch der Erste, der die Sache mit Gott
verbockt hat. Und die Menschen nach ihm waren nicht besser. Deswegen
müssen alle Leute irgendwann mal sterben. Jeder hat nämlich in seinem
Leben schon mal Mist gebaut. 13 Diese Trennung war schon da, bevor Gott
die Regeln aufgestellt hatte. Ohne Regel gibt es allerdings keine Regel-
verstöße, die bestraft werden müssten. 14 Der Tod war die ganze Zeit wie
eine unsichtbare Macht überall da und hatte alles im Griff. Von Adam bis
Mose, alle mussten irgendwann mal sterben, auch wenn sie nichts gegen
Gott getan hatten. Adam hatte allerdings wirklich Dreck am Stecken. Er
ist übrigens ein Hinweisschild für Jesus gewesen. 15 Der Vergleich Jesus/
Adam hinkt natürlich, denn Jesus hat uns ja den Weg zu Gott freige-
sprengt. Trotzdem: Durch den Fehler und die Sünde*** von einem Typen
wurden wir quasi alle zum Tod verurteilt. Und durch den einen Jesus ist

---

* Der Heilige Geist ist eine andere Form von Gott, so wie Wasserdampf eine andere Form von Wasser ist. Er gehört zu Gott dem Vater genauso wie Jesus. Der O-Ton benutzt für ihn auch Worte wie „Kraft“ oder „Energie“. Darum wurde in der Volxbibel der Heilige Geist mal als Power, dann wieder als Kraft, dann wieder als Geist übersetzt, je nachdem, wie es im Zusammenhang Sinn machte.

** „Der Auserwählte“ ist in Anlehnung an den Film „Matrix“ als Begriff gewählt worden. „Christus“, wie es im Text heißt, war damals ein stehender Begriff, unter dem sich die Leute was ganz Konkretes vorgestellt hatten, einen Retter, auf dem die Hoffnung lag, dass er alle Menschen aus ihrem Dreck rausholen würde.

*** Sünde kommt von dem Wort „Sund“, was im alten Deutsch so was wie „Graben“ heißt. Sünde ist also der ganze Mist, alles, was zwischen Gott und Menschen steht, ein Graben zwischen uns, über den Jesus eine Brücke gebaut hat.

uns das total geile Geschenk gemacht worden, dass wir wieder mit Gott in
Kontakt treten und leben können. Und dieses Geschenk ist viel größer als
alles, was Adam getan hat. 16 Und mit diesem Geschenk ist das nicht so,
wie es mit der Bestrafung war, die durch den einen Typen kam, der Mist
gebaut hatte. Die Folgen der Trennung von Gott (bewirkt durch die ätzen-
den Sachen, die die Menschen verbockt hatten) hätten für uns nämlich
den richtigen ewigen Tod bedeutet, einen Tod, der niemals aufhört. Jetzt
werden wir aber, obwohl wir genauso viel Mist gebaut haben, von Gott
gerettet. Ohne dass wir es verdient haben, übernimmt er die Schulden für
uns! 17 Dadurch, dass ein Mensch Mist gebaut hat, bekamen wir alle die
Todesstrafe. Doch durch einen anderen Menschen, nämlich Jesus Chris-
tus, werden alle wieder richtig leben können! Und das gilt für jeden, der
dieses Geschenk seiner giga-großen Liebe angenommen hat. Er wird über
den Dingen stehen können durch Jesus. 18 So wie durch den Mist, den
einer gebaut hat, alle verdammt wurden, so wurden alle wieder durch die
gute Aktion von einem anderen okay gemacht. Und das bedeutet, dass wir
wirklich leben können. 19 Nur weil einer keinen Bock auf das hatte, was
Gott will, wurden alle von Gott getrennt. Und weil wiederum ein anderer
Bock drauf hatte. zu tun, was Gott will, sind wir wieder mit Gott verbun-
den. 20 Die Regeln, waren im Grunde nur dafür da, damit jeder merkt,
dass er von Gott getrennt ist. Als der Berg zwischen Gott und den Men-
schen immer größer wurde, wurde auch die Gnade und Liebe von Gott
immer größer. 21 Anstelle der Trennung, die zwischen Menschen und
Gott bestand und damit alles beeinflusste, gibt es jetzt eine Beziehung zu
Gott, die uns einfach so geschenkt wurde. Durch Jesus wird Gottes Liebe
für alle ganz deutlich sichtbar.

6 Wie Christen mit ihrem Mist am besten umgehen

1 Wie ist das jetzt? Können wir jetzt einfach weiter rumsündigen und
Dinge tun die Gott nicht will, weil ihm das sowieso nur wieder die
Gelegenheit gibt, zu beweisen, wie sehr er uns liebt? 2 Schwachsinn! Wir
sind für das Thema Sünde einfach nicht mehr zu haben. Warum sollten
wir uns diesen Mist wieder ans Bein binden? 3 Ist euch klar, dass ihr mit
der Taufe zeigt, dass ihr ganz zu Jesus gehört? Und dass ihr deshalb auch
was davon habt, dass er für euch gestorben ist? 4 Ihr seid im Grunde
dadurch mit ihm unter die Erde gebracht worden, Exitus. Und genauso
wie Jesus durch die große Power von Gott wieder lebendig wurde, so sind
wir jetzt auch in der Lage, ein anderes Leben zu führen. 5 Weil wir glau-
ben, sind wir mit seinem Tod verbunden, und darum werden wir auch mit
ihm wieder lebendig werden. 6 Was wir früher waren und gemacht haben,

ist mit Jesus zusammen abgestorben. Nur so konnte der Einfluss, den
dieser ganze Mist auf unser Leben hatte, gestoppt werden. Jetzt müssen
wir keinen Mist mehr bauen, wir sind frei! [7] Gegen Tote kann man näm-
lich keine Anzeige erstatten, die sind frei. [8] Wenn wir mit Jesus gestorben
sind, das auf sicher, werden wir auch mit ihm zusammenleben. [9] Wir wis-
sen, dass Jesus Christus tot war und dann wieder lebendig geworden ist.
Er wird nie mehr sterben. Der Tod hat gegen ihn verloren, für immer!
[10] Jesus ist gestorben, damit diese Trennung und die Macht, die hinter der
Sünde steht, ein für alle Mal besiegt wurde. Und Jesus ist für Gott wieder
lebendig geworden. [11] Macht es genauso! Ihr könnt jetzt einfach davon
ausgehen, dass wir für die schlechten Sachen, die Sünde, einfach nicht
mehr zu erreichen sind. Lebt einfach nur noch für Jesus, lebt für Gott!
[12] Die Sünde, diese Kraft, die euch von Gott trennt, hat in euerem Leben
nichts mehr zu melden. Macht das auch deutlich! [13] Eure Körperteile soll-
ten nicht vom Satan, vom Bösen, benutzt werden können, damit irgend-
was zwischen euch und Gott kommen kann. Ihr seid Menschen, die tot
gewesen waren und wieder lebendig geworden sind! Stellt euch deswegen
voll Gott zur Verfügung, mit allem, was ihr habt, damit er euch benutzen
kann, um selber groß rauszukommen. [14] Die Sünde, diese trennende
Macht zwischen Gott und euch, hat ihre Kraft verloren. Ihr gehorcht jetzt
nicht mehr dem Regelwerk, den alten Gesetzen, ihr seid jetzt der Liebe
von Gott unterstellt. [15] „Wie jetzt, können wir einfach weiter Mist bauen,
weil nur noch die Liebe zählt und nicht mehr die Gesetze?“ – Auf keinen
Fall! [16] Versteht ihr nicht, dass ihr immer das tun müsst, was der Chef
euch sagt, wenn ihr irgendwo angestellt seid? Ihr könnt wählen, ob die
Sünde euer Chef sein soll oder ob ihr das tun wollt, was der Chef sagt,
der euch Gerechtigkeit verspricht. [17] Danke, Gott! Früher wart ihr noch so
unterwegs, dass ihr der Sünde (dieser Macht, die euch von Gott getrennt
hat) gehorchen musstet. Aber zum Glück seid ihr jetzt frei davon, ihr seid
in der Lage, das zu tun, was euch von Gott beigebracht wurde. [18] Ihr seid
frei und müsst nicht mehr so leben, ihr seid jetzt von der guten Seite
angestellt. [19] Ich nehme dieses Bild mit dem Angestellten, weil es leicht
zu verstehen ist. Früher wart ihr in einer andern Firma angestellt, hattet
echte Knebelverträge und musstet ätzende Sachen tun, die Gott total
uncool findet. Jetzt habt ihr euch für einen neuen Chef entschieden, für
ein Leben, das gut und in Ordnung ist. [20] Früher wart ihr bei der Firma
Sünde angestellt, ihr hattet keine Ahnung, was gut ist und was nicht.
[21] Und was hat euch das gebracht? Ihr habt Sachen getan, die euch jetzt
superpeinlich sind, und die Folge von alldem war letztendlich der Tod.
[22] Jetzt seid ihr aber von dieser Macht befreit! Ihr könnt als Angestellte bei
Gott viele gute Sachen machen, die euch helfen werden, ein sauberes

Leben zu führen, eins, wo Gott drauf steht. Und die Hauptsache ist: Ihr
werdet als Gratiszugabe obendrauf für immer leben können. 23 Denn das,
was dabei rumkommt, wenn man die Sachen macht, die Gott nicht gut
findet, ist der Tod. Gott aber schenkt ein ewig geiles Leben durch Jesus
Christus, der unser Chef ist.

7

Wie Gottes Regelprogramm funktionieren sollte und wie nicht
1 Liebe Leute! Also, ihr kennt doch das alte Programm (unsere Ge-
setze) des Lebens ganz gut. Eigentlich müsstet ihr doch schon längst
kapiert haben, dass dieses Programm nur so lange funktioniert, wie man
lebt. 2 Mit einer Frau ist es doch beispielsweise so, dass sie durch das
Gesetz vom Staat nur so lange mit ihrem Mann verheiratet ist, wie der
lebt. Stirbt ihr Mann, ist sie nicht mehr an das Gesetz gebunden und kann
wieder heiraten, wen sie will. 3 Wäre diese Frau in der Zeit der Ehe mit
einem anderen fremdgegangen, würde man sie zu Recht als Ehebrecherin
beschimpfen. Ist ihr Mann aber gestorben, ist sie frei, sie muss sich nicht
mehr an das Ehegesetz halten. Keiner würde sie Ehebrecherin nennen,
wenn sie jetzt einen anderen Typen heiraten würde. 4 So ungefähr läuft das
bei euch auch ab. Ihr seid wie an einen „Ehemann" eigentlich an das alte
Programm verschrieben, das sind die Gesetze, nach denen ihr ticken
müsstet. Aber dadurch, dass Christus am Kreuz für euch gestorben ist,
seid ihr frei davon. 5 Als wir Christus noch nicht kannten, lief es bei uns
noch voll nach dem alten Schema ab. Das alte Programm bestimmte
unser Leben, wir waren total unfrei und bauten in einer Tour nur Mist, was
uns am Ende total kaputt gemacht hat. 6 Aber jetzt müssen wir nicht mehr
nach diesem Schema leben, wir sind frei, denn dieses Programm ist ein
für alle Mal abgestürzt. Jetzt können wir durch den Heiligen Geist mit
Gott in einer total anderen Dimension leben, nicht mehr so, wie es das
alte Programm vorgeschrieben hatte.

Der Mensch und die Gesetze oder das Lebensprogramm von Gott
7 Will ich damit sagen, dass das alte Programm Gottes zwischen mir und
Gott steht? So ein Quatsch! Ohne das alte Programm, was mir gesagt
hat, was Gott geil findet und was nicht, hätte ich nie erfahren, worauf er
wirklich Bock hat, und hätte auch nicht erfahren, was mich von ihm
trennt. Wenn dort nicht stehen würde: „Du sollst nicht ständig hinter
irgendwas her sein", wäre mir nie klargeworden, dass Gott das nicht will
und das nicht gut für mich ist. 8 Diese Sachen, die uns von Gott tren-
nen, werden fast wie kleine nimmersatte Monster in uns. Wenn es die-
ses alte Programm nicht gäbe, wüssten wir gar nichts von dieser negati-

ven Macht. 9 Früher haben wir ganz ohne irgendein Programm gelebt.
Erst seitdem wir das Programm mit all seinen Regeln kennen, wurde in
uns der Drang, Mist zu bauen, so richtig lebendig. 10 Wir dagegen waren
so mies unterwegs, dass wir praktisch tot waren. So hat uns das, was
Gott eigentlich von uns wollte und was uns zu einem wirklichen coolen
Leben führen sollte, letztendlich den Tod gebracht. 11 Denn was uns von
Gott trennt, wurde wie ein Monster in uns, das uns betrügen wollte und
uns umbrachte, anstatt uns Leben zu geben. 12 Das alte Programm ent-
spricht zu 100 Prozent Gottes Willen. Jedes einzelne Gebot geht voll und
ganz in Ordnung. 13 Kann denn das, was eigentlich voll in Ordnung ist,
uns den Tod bringen? Nein, natürlich nicht! Es ist das Schlechte, das
uns umbringt – die Sünde. Da mir die Regel aber zeigt, was gut ist und
was nicht, beweist das alte Programm, dass ich schuldig bin, denn es
macht deutlich, wie ätzend es ist, nicht das zu tun, was Gott vorge-
schrieben hatte. 14 Das alte Programm ist von Gottes Geist geschrieben
worden, das wissen wir genau. Ich bin aber ein Mensch und meinem
Menschsein total ausgeliefert, ich muss einfach irgendwie Mist bauen.
15 Ich kapier oft selber nicht, was da in mir abgeht: Die guten Sachen, die
ich eigentlich tun will, tu ich nicht. Stattdessen mach ich bloß das, wo-
rauf ich eigentlich überhaupt keinen Bock habe. 16 Wenn ich aber dabei
zugebe, dass es totaler Mist ist, den ich ständig baue, dann gebe ich ja
damit auch zu, dass das Programm Gottes gut ist. 17 Das würde aber
bedeuten, dass nicht ich wirklich den Mist verbocke, sondern das, was
mich von Gott trennt, diese Macht in mir, die mich dazu treibt. 18 Ich bin
mir schon im Klaren darüber, dass der Mensch von Natur aus nicht gut
drauf ist. Darum kann ich tun, was ich will, am Ende kommt nichts
Gutes dabei rum. 19 Ich will zwar immer wieder das Gute tun, aber dann
baue ich doch wieder Mist. Das, worauf ich eigentlich total keinen Bock
habe, genau das mach ich. 20 Wenn ich also immer wieder das tu, was
ich eigentlich nicht will, ist das doch eindeutig diese negative Macht,
das, was mich von Gott trennt, diese Sünde, die mich zum Schlechten
verführt. 21 So was passiert mir andauernd: Das, was gut ist, will ich
eigentlich tun, aber stattdessen bau ich nur Mist. 22 Ich selber in mir
drin möchte das tun, was Gott von mir will. 23 Und doch handle ich nach
einem anderen Programm, das bei mir abläuft. Ich bin total darin gefan-
gen, ich bin nicht frei davon. 24/25 Ich fass es noch einmal zusammen:
In mir drin will ich das tun, was Gott will, ich will nach seinem Pro-
gramm und seinen Gesetzen leben. Aber so wie ich lebe, tu ich genau
das Gegenteil und mach genau das, was mich von Gott fern hält. Hilfe!
Wer wird mich aus dieser Zwickmühle befreien? Danke, Gott!! Jesus
Christus hat uns da schon rausgeholt!

8

Leben nach Gottes Programm

1 Wer nun zu Jesus Christus gehört, der ist bei Gott niemals für immer
raus. 2 Denn für ihn stimmt dieses Programm nicht mehr: Wenn einer
Mist baut, ist er für immer unten durch und hat es verdient zu sterben.
Ab jetzt läuft eine neue Programmversion, eine ganz neue Software, das
Programm von Gottes Geist, das dir durch Jesus Christus hilft zu leben.
3 Denn das alte Programm, das Gesetz, konnte uns nicht dazu bringen,
so zu leben, wie Gott es gut findet. Es war nicht in der Lage, gegen das
schlechte alte Leben anzukommen. Deswegen schickte Gott seinen Sohn
vorbei, der das alte Programm hackte und es umschrieb, indem er den
ganzen Dreck auf sich nahm und auch die Strafe dafür bezahlte. 4 Jetzt
läuft das neue Programm Gottes in uns und nicht mehr die alte mensch-
liche schlechte Software. Deshalb können wir unserem Leben eine völlig
neue Richtung geben. 5 Denn wer nach dem menschlichen Programm
tickt, bleibt letztendlich im Dreck stecken, wer aber durch das neue Pro-
gramm von Gott bestimmt wird, der will auch das tun, was Gott gut
findet. 6 Das alte sündige Programm machte uns nur fertig und bringt uns
den Tod; das neue Programm aber bringt uns Frieden und Leben. 7 So wie
wir Menschen von Natur aus drauf sind, haben wir eigentlich keine Lust
auf Gott. Das liegt auch da dran, weil wir nicht so leben können, wie Gott
es von uns will. Und irgendwie wollen wir das auch gar nicht. 8 Weil wir
so sind, kann Gott eigentlich keinen Bock mehr auf uns haben. 9 Jetzt läuft
allerdings Gottes neues System auf eurer Festplatte, ihr müsst keinen
Mist mehr bauen. Wer aber nicht mit Gottes Software – seinem Geist –
lebt, gehört auch nicht zu ihm. 10 Wenn ihr also mit Jesus Christus lebt,
dann ist euer Körper zwar wegen dem Mist, den ihr verbockt habt und
auch immer weitertun werdet, wie tot. Durch das neue Programm wird
euch aber ein neues Leben geschenkt, weil er euch in seine Familie mit
aufgenommen hat. 11 Läuft das Programm Gottes in euch, durch dessen
Kraft auch Jesus aus dem Tode rausgeholt wurde, wird er damit auch
euren Körper, der irgendwann tot sein wird, wieder lebendig machen
können. Denn die Kraft Gottes, sein Geist, lebt ja auch in euch. 12 Darum,
liebe Leute, müssen wir nicht länger nach unserem alten Wahn leben,
der dem alten Programm gefolgt ist. 13 Denn eins ist klar: Wer so lebt,
wird sterben! Wenn ihr aber durch seinen Geist in der Lage seid, auf die
Stimme Gottes zu hören, und tut, was er euch sagt, wird das alte Pro-
gramm gelöscht. Das war dafür verantwortlich, dass ihr ständig Mist
gebaut habt. 14 Alle, die nach dem neuen Programm leben, haben das
Ticket in der Tasche, um in Gottes Familie dabei zu sein. 15 Denn das neue
Programm zwingt euch zu nichts und macht euch nicht abhängig, nein,
es sorgt dafür, dass ihr freiwillig in die Familie Gottes aufgenommen wer-

det. Jetzt könnt ihr ohne Angst zum großen Gott kommen, ihr könnt ihn jetzt sogar Papi nennen, wenn ihr wollt. 16 Durch Gottes Geist in uns sind wir uns hundertprozentig sicher, dass wir Teil seiner Familie sind. 17 Weil wir zu seiner Familie gehören, will uns unser Vater auch beschenken. Es kann zwar durchaus passieren, dass man uns heftige Schwierigkeiten macht, weil wir jetzt zu Jesus gehören, aber zum Schluss werden wir mit ihm ganz groß rauskommen. 18 Ich bin mir ganz sicher, dass die ganzen Schwierigkeiten, durch die wir jetzt gehen müssen, ein Witz sein werden gegenüber der riesengroßen Party, die wir dann irgendwann am Ende feiern. 19 Die Natur ist schon ganz heiß auf den Tag, an dem Gott seine Kinder groß rausbringen wird. 20 Ohne dass sie was dafür kann, ist die gesamte Natur mit den Tieren und Pflanzen zum Tod verurteilt. Aber es gibt Hoffnung. 21 Denn sie wird auch ein großes Comeback feiern, sie wird befreit werden von dem Zwang sterben zu müssen. Genauso wie Gott seine Leute vom Tod befreit hat für ein neues, wunderbares Leben. 22 Wir sehen ja, wie die Tiere und Pflanzen voll leiden und die ganze Natur im Grunde depressiv schon lange auf einen Neustart wartet. 23 Auch wir, die wir als Erstes mit seiner Power – seinem Geist – ausgerüstet worden sind, können es kaum abwarten, dass Gott uns als Teil seiner Familie zu sich holt und auch unseren Körper so neu macht, dass der nicht mehr kaputtgehen kann. 24 Doch darauf können wir erst mal nur hoffen und warten. Hoffen heißt aber, dass wir es noch nicht haben, denn was man schon hat, darauf braucht man auch nicht mehr zu hoffen. 25 Obwohl wir aber auf etwas hoffen, das wir noch nicht sehen können, sind wir dennoch total sicher, dass wir es auch bekommen. 26 Gottes Geist – seine besondere Power – hilft uns dabei: nämlich da, wo wir zu schlaff sind. Wenn wir zum Beispiel nicht beten können, wie es eigentlich angesagt wäre, dann hilft uns diese Kraft und betet für uns auf eine Art, wie wir es mit unseren eigenen Worten nie könnten. 27 Gott aber, der uns in- und auswendig kennt, versteht, worauf der Heilige Geist hinauswill. Der legt nämlich für uns ein gutes Wort ein. 28 In einem sind wir uns aber ganz sicher. Für alle, die Gott lieben, gilt: Alles muss letzten Endes immer zum Besten laufen, denn Gott will das so und hat uns dazu auch ausgesucht. 29 Wen Gott in sein Team berufen hat, auf den hat er vorher auch schon ein Auge geworfen und der soll auch seinem Sohn ähnlich werden, dem ersten Bruder neben vielen anderen Brüdern. 30 Und wen Gott dazu ausgesucht hat, den hat er auch dazu gerufen, mit ihm für immer zusammen zu sein und abzuhängen. Wen er aber dazu berufen hat, mit ihm abzuhängen, den hat er auch von seinem Dreck befreit. Und wen er von seinem Dreck befreit hat, der weiß schon jetzt sicher, dass er mal ganz groß rauskommen wird. 31 Was kann man dem noch hinzufügen? Wenn Gott in unserer Mannschaft

spielt, wo sind die Gegner? 32 Gott, der sogar für uns seinen Sohn hat
abschlachten lassen, warum sollte er uns nicht alles schenken? 33 Wer will
es wagen, die Familie Gottes noch irgendwie anzuzählen? Gott hat sich
auf ihre Seite geschlagen und sie freigesprochen! 34 Wer will es wagen, uns
fertigzumachen? Niemand, denn Jesus ist für uns ermordet worden! Er
hat dann später sogar den Tod besiegt und lebt heute bei Gott, wo er ein
gutes Wort für uns bei ihm einlegt. 35 Was kann dann überhaupt noch
zwischen uns und die Liebe von Jesus Christus kommen? Probleme?
Depressionen? Dass Leute uns verfolgen und in den Knast stecken wol-
len? Nichts zu essen? Keine Kohle? Panikattacken oder Mord? 36 Bestimmt
nicht! Es steht ja schon im alten Vertrag: „Ja, deinetwegen werden wir
gekillt, werden behandelt wie Kühe, die man abschlachtet." 37 Trotzdem
gilt: Wir werden den fetten Sieg einfahren, weil Jesus Christus uns so
geliebt hat. 38 Denn eins steht für mich fest: Weder Tod noch Leben, ob es
Engel oder Monster aus der Hölle sind, ganz egal, ob etwas gerade jetzt
abgeht oder später abgehen wird, auch nicht irgendwelche spirituellen
Mächte, 39 weder Himmel noch Hölle, noch sonst irgendetwas, kann zwi-
schen uns und Gottes Liebe kommen! Er hat sie uns bewiesen durch das,
was er durch Jesus Christus – unseren großen Chef – für uns gebracht hat.

9

Israel ist für Gott ein ganz besonderes Volk

1 Leute, ich schwör, und Jesus ist mein Zeuge! Ich erzähl euch keinen
Blödsinn! Die Power von Gott, sein extremer Geist, ist da total einig
mit mir. 2 Ich bin oft total fertig und kann darüber nur heulen, 3 wenn ich
an meine Leute denke, meine jüdischen Geschwister. Ich wäre bereit dazu,
von Gott gedisst zu werden, wenn ich dadurch erreichen könnte, dass sie
gerettet werden! 4 Die Israelis sind sein ganz besonderes Volk, Gott hat
fett Bock auf sie, er hat sich ihnen ganz besonders gezeigt. Er hat mit
ihnen Spezial-Verträge gemacht, er hat ihnen sein Programm – sein Ge-
setz – gegeben. Sie waren auch die Einzigen, die ihn richtig angebetet
haben, und er hat ihnen ganz derbe Sachen versprochen. 5 Ihre Vorfahren
waren diese Berühmtheiten wie Abraham, Isaak und Jakob. Und auch
Jesus Christus stammt aus diesem Volk. Er ist jetzt unser Gott, er hat das
Sagen über alles und wir wollen, dass er immer und überall groß raus-
kommt, er ist der Held! Yo, so isses [Amen]!

Wer gehört dazu und wer nicht?

6 Was Gott gesagt hat, stimmt immer noch. Nicht alle, die in eine jüdi-
sche Familie reingeboren wurden, sind automatisch wirkliche Juden.
7 Abraham hat ja auch nicht alle seine Kinder als Erben eingesetzt. In dem

alten Buch steht: „Nur wer von deinem Sohn Isaak abstammt, ist ein
Nachkomme von dir und soll auch dazugehören.“ 8 Damit ist gemeint,
dass die leiblichen Nachkommen von Abraham nicht auch gleich Kinder
von Gott sind. Die wirklichen Kinder von Abraham sind nämlich nur die,
die Gott Abraham versprochen hatte, und ihre Nachkommen auch. 9 Gott
hatte nämlich Abraham gesagt: „Nächstes Jahr um diese Zeit rum werde
ich wiederkommen, und dann wird deine Sara einen Sohn kriegen.“
10 Und das ist nicht nur bei Sara so abgegangen, auch Rebekka ist noch
von unserem Urahnen Isaak mit Zwillingen schwanger geworden. 11 Schon
bevor die Kinder überhaupt geboren wurden, also bevor sie überhaupt
Mist bauen oder irgendwas Gutes machen konnten, hatte Gott Rebekka
’ne Ansage gemacht. Das war so, weil Gott da einfach Bock drauf hatte,
er hatte sich dafür so entschieden. 12 Das hatte nichts damit zu tun, dass
sie so toll gelebt haben oder so. Er sagte zu Rebekka: „Die Kinder deines
älteren Sohnes werden von den Kindern deines jüngeren Sohns irgend-
wann mal angestellt werden.“ 13 In dem alten Buch steht: „Auf Jakob bin
ich voll abgefahren, auf Esau hatte ich null Bock.“ 14 Was soll man dazu
jetzt noch sagen? War das ungerecht von Gott? Nein, null! 15 Er hat ja
schon zu Mose gesagt: „Ich suche mir aus, mit wem ich ’ne Beziehung
haben will. Ich weiß schon, mit wem ich besonders viel Mitleid habe.“
16 Es kriegt also nicht jeder von Gott einen Garantieschein. Es hängt von
Gott ab, von seiner Entscheidung, von seiner Liebe, wen er haben will.
17 Im alten Buch steht, dass Gott zu dem Chef der Ägypter, dem Pharao,
gesagt hat: „Ich habe vor, an deiner Person beispielhaft klarzumachen,
was ich draufhabe. Ich will, dass dadurch mein Anliegen deutlich wird
und dass man in der ganzen Welt darüber redet.“ 18 Daran kann man gut
beweisen, dass Gott in der Lage ist, die Entscheidungen eines Menschen
zu beeinflussen. Die einen sehen dann Sachen sofort ein, andere wieder
null. 19 Jetzt kommt bestimmt gleich das Argument: „Warum ist Gott
dann überhaupt noch sauer auf die Menschen, wenn es sowieso unmög-
lich ist, etwas zu tun, was er nicht will?“ 20 Gegenfrage: Wie kommst du
überhaupt dazu, diese Frage zu stellen? Du bist nur ein kleiner Mensch
und glaubst, du musst dich mit Gott anlegen? Seit wann kann sich denn
das Brot beim Bäcker beschweren: „Warum hast du mich so gemacht?“
21 Wenn ein Töpfer aus Ton eine Schüssel formt, ist es nicht seine Sache,
was er daraus macht? Ist es dann nicht seine Entscheidung, ob er jetzt
’ne Schüssel für die feinste Party macht oder nur eine für den Haus-
gebrauch? 22 Genauso wollte Gott an den Ägyptern seine Wut und auch
seine Power zeigen. Und dabei hatte er noch voll Geduld mit denen
gehabt, was letztendlich dann ja umsonst war. 23 An den Israeliten wollte
Gott ganz klarmachen, was er alles so kann und wie liebevoll er eigentlich

ist. 24 Und diese Einstellung hat Gott auch uns gegenüber, den Juden und
den Menschen aus dem Rest der Welt. 25 Gott hatte ja schon durch den
Propheten Hosea die Ansage gemacht: „Ich werde die adoptieren, die
nicht zur Familie gehört haben, ich werde die lieben, die ich vorher noch
nicht lieben konnte.“ 26 Bei Hosea steht auch noch das: „Früher hat man
zu euch gesagt: ‚Ihr gehört nicht dazu.‘ Doch jetzt sagt man zu euch: ‚Ihr
seid aufgenommen in die Familie vom lebendigen Gott.‘“ 27 Jesaja hat
über Israel gesagt: „Selbst wenn es so viele Israelis gäbe, wie Sandkörner
am Strand liegen, wird doch nur eine kleine Anzahl gerettet werden.
28 Gott lügt nie, er wird es durchziehen, aber er wird nicht ganz streng
durchgreifen.“ 29 Woanders im alten Buch steht noch bei Jesaja: „Wenn
Gott nicht ein Auge zugedrückt hätte, wären alle dabei kaputtgegangen,
so wie in den Städten Sodom und Gomorra.“

Der falsche Weg zu Gott

30 Was bleibt mir noch zu sagen? Die Leute aus den anderen Völkern kön-
nen für Gott okay werden, wenn sie ihr Vertrauen auf Jesus setzen und
ihm glauben. 31 Die Juden aber, die durch ein striktes Leben genau nach
dem Programm vor Gott cool dastehen wollten, haben ihr Ziel nicht
erreicht. 32 Warum das nicht? Weil sie versucht haben, durch ihre eigenen
guten Taten Gott zu beeindrucken, indem sie nach dem alten Programm
gelebt haben, anstatt alleine auf ihn zu vertrauen. Darum sind sie über
Jesus auch ins Stolpern geraten. 33 Dazu sagt das alte Buch ja auch: „Ich
lege in Jerusalem einen Stein auf den Weg, über den viele Menschen
stolpern und auf die Fresse fallen werden. Aber wer sein Vertrauen auf ihn
setzt, wird cool draufkommen.“

10

Jesus hat das alte Programm geknackt

1 Liebe Freunde in Rom, ich hab so eine derbe Sehnsucht danach
und bete wie verrückt dafür, dass mein Volk den richtigen Weg zu
Gott findet! 2 Ich schwör, die sind alle voll auf der Suche nach dem Weg,
sie dienen Gott mit allem, was sie haben, sie haben es bloß noch nicht
geschnallt, wie man zu ihm kommt! 3 Sie haben noch nicht kapiert, wie
das geht, dass Gott die Menschen in Ordnung bringt. Stattdessen gehen
sie ihren eigenen Weg, sie versuchen, Gott zu beeindrucken, indem sie
nach seinem Regelprogramm leben. Doch damit liegen sie total dane-
ben. 4 Denn durch Jesus Christus ist dieses Programm überholt worden.
Wer sein Vertrauen auf Jesus setzt, der ist für Gott in Ordnung. 5 Mose
hat ja beschrieben, wie man in Ordnung kommen kann, wenn man nach
dem alten Programm lebt: „Der Mensch, der sich danach richtet, wird

gut leben können.“ 6 Durch das Vertrauen auf Gott durch Jesus wird
man aber anders von ihm angenommen. Dann kann man sagen: „Du
brauchst dich nicht mehr in den Himmel hocharbeiten, um mit Jesus zu
leben.“ 7 Und man kann behaupten: „Du brauchst nicht in die Unterwelt
einzutauchen, um da Jesus zu finden.“ 8 Denn das alte Buch sagt: „Gott
hat eine gute Nachricht für dich und die hängt auch nicht in einer Warteschleife, sie ist in deinem Mund und in deinen Gedanken.“ Das ist die
Nachricht, dass wir aus unserem Dreck gerettet werden, weil wir unser
Vertrauen auf Jesus setzen. 9 Wenn du dich öffentlich dazu stellst, dass
Jesus der Chef vom Ganzen ist, und wenn du in dir drin ganz sicher
bist, dass er wirklich existiert und dass Gott ihn wieder lebendig
gemacht hat, dann bist du dabei! Dann bist du in Sicherheit! 10 Wenn du
das glaubst, bist du für Gott okay. Wenn du öffentlich dazu stehst, wirst
du von ihm gerettet. 11 Im alten Buch kann man auch nachlesen: „Wer
sein Vertrauen auf ihn setzt, dem kann nichts mehr passieren.“ 12 Das
stimmt für alle, sowohl für Juden wie Nichtjuden. Er ist für alle Gott,
und er macht es für jeden möglich, mit ihm zu labern. 13 Um noch einmal den Propheten Joel zu zitieren: „Denn jeder, der ihn persönlich
kennt und einen Hilferuf an seine Adresse abschickt, der wird am Ende
gerettet werden.“

Die Israelis nehmen dieses Angebot von Gott nicht an

14 Wie sollen denn die Menschen mit Gott reden können, wenn sie nicht
an ihn glauben? Und wie sollen sie an ihn glauben, wenn sie nie von
ihm gehört haben? Und wie sollen sie überhaupt von ihm hören, wenn
da keiner am Start ist, der es ihnen erzählt? 15 Und wie sollte jemand zu
ihnen hingehen und ihnen die Sache von Gott erzählen, wenn keiner den
Auftrag dazu erhalten hat? Das war übrigens damit gemeint, wenn im
alten Buch steht: „Es ist so cool, zu erleben, wenn da Leute sind und
die gute Message verbreiten!“ 16 Aber nicht alle akzeptieren diese neue
Ansage, das hat ja der Prophet Jesaja auch schon gewusst, ich zitiere:
„Gott, wer hat unseren Reden geglaubt?“ 17 Und doch schafft man es
erst, sein Vertrauen auf Gott zu setzen, wenn man diese Worte auch
gehört hat. Und diese Worte kommen von Jesus, dem Auserwählten.
18 Was geht denn nun mit den Juden ab? Haben die denn die Einschläge
nicht gehört? Doch, haben sie, ich zitiere noch mal was: „Die Nachricht
spricht sich überall rum, überall reden sie da drüber!“ 19 Haben sie es
auch wirklich gerafft? Ja, das haben sie. Schon Mose hat getextet: „Ich
will, dass mein Volk voll eifersüchtig wird, ich will Leute zu mir lassen,
die bisher außen vor standen, und ihr werdet sauer sein auf die Menschen, die bisher noch keine Ahnung von mir hatten.“ 20 Und Jesaja setzt

noch einen drauf: „Ich habe dafür gesorgt, dass Menschen mich finden,
die gar nicht nach mir gesucht haben. Ich hab mich den Leuten vorge-
stellt, die gar nichts von mir wissen wollten." 21 Und über das Volk Israel
meinte Gott: „Den ganzen Tag stand ich mit offenen Armen vor ihnen,
aber sie wollten nicht auf mich hören, sie wollten ihr eigenes Ding
durchziehen."

11 1 Eine Frage hab ich noch: Was meint ihr, hat Gott kein Bock mehr
auf sein Volk? Null, auf keinen Fall! Hey, ich bin ja auch Jude, ich
komm aus der Familie vom Abraham, aus der Sippe von Benjamin.
2 Gott hat auf jeden Fall viel Bock auf sein Volk, schließlich hat er sie ja von
Anfang an für was Besonderes ausgesucht. Denkt doch mal an das Buch,
das über Elia geht! Da reicht der 'ne Beschwerde über sein Volk bei Gott
ein: 3 „Gott, sie haben deine Propheten ermordet, haben deine Häuser
abgerissen. Ich bin der Einzige, der noch übrig ist. Und jetzt wollen sie
mir auch noch ans Leder." 4 Und was hat Gott dazu gesagt? Er antwortete:
„Du bist nicht alleine! Ich hab noch siebentausend andere gesehen, die
sich nicht vor dem ätzenden Götzenbild von Baal hinschmeißen!" 5 Heute
haben wir dieselbe Situation. Es werden noch einige von den Israelis
gerettet, weil Gott sie so sehr liebt. 6 Wenn er das aber tut, weil er sie so
sehr liebt und gnädig mit ihnen ist, dann tut er das eben nicht wegen ihrer
guten Lebensführung. Es ist ein freies und unverdientes Geschenk von
ihm. 7 Was soll das jetzt heißen? Die Juden sind bei Gott unten durch,
obwohl sie es mit allen Mitteln versucht haben. Nur die, die von Gott aus-
gesucht wurden, haben es gepackt. Doch der Rest zeigt Gott die kalte
Schulter. 8 In den alten Büchern steht auch passend dazu: „Gott hat ihnen
wohl Valium verpasst, sie sind zu tranig, um ihn zu sehen, sie sitzen auf
ihren Ohren und hören bis heute nicht, was er zu sagen hat." 9 Und der
Präsident David meinte mal: „Sie handelten frei nach dem Motto: Bloß
kein neues Programm aufspielen, wenn das alte noch irgendwie läuft.
Und damit haben sie das Beste verpasst. Sie haben sich selber in eine
Falle begeben und sind dort gefangen. 10 Mach, dass sie es einfach nicht
schnallen, und lass sie unter den Gesetzen leiden."

Passt auf, dass ihr nicht großkotzig werdet

11 Hat Gott dieses Volk denn jetzt aufgegeben, weil er ihnen den Rücken
zugedreht hat? No, never! Aber weil dieses Volk nicht auf Gott gehört hat,
wurde es erst möglich, allen anderen Völkern die coole Nachricht zu
bringen, dass man mit Gott leben kann. Das sollen ihnen die Israelis jetzt
mal nachmachen. 12 Wenn man sich das mal reinzieht, was das Versagen

des Volkes Israel für gute Sachen für andere Völker gebracht hat, wie geil
wird es erst dann, wenn sie jetzt selbst auch noch anfangen würden, mit
Jesus zu leben! 13 Ihr, die ihr ja keine Juden seid, sollt das wissen. Ich habe
von Gott einen Auftrag für euch bekommen. Ich betone das nur, 14 um die
Juden neidisch auf euch zu machen. Ich möchte versuchen, so viele es
geht zu retten. 15 Wenn man sich reinzieht, dass ihre verpasste Chance zu
einer Riesenchance für die ganze Welt wurde, mit Gott wieder Frieden zu
schließen, was wird dann erst gehen, wenn sie die Chance auch nutzen
werden? Dann werden sehr viele Menschen, die im Grunde tot waren,
wieder lebendig werden. 16 Denn wenn die Wurzel des Baums gut ist, dann
ist auch der Rest gut. 17 Wenn aber einige Zweige abgeschnitten und
stattdessen neue Zweige eingepfropft wurden, leben die neuen von den
Wurzeln des alten Baums, sie versorgen sich mit Nährstoffen und Kraft.
18 Mach also nicht den Lauten gegen den Baum! Vergiss nicht, dass du nur
eingepflanzt wurdest, du wirst nur getragen von der Wurzel. 19 Vielleicht
wirst du jetzt dagegen sagen: „Die Zweige sind ja extra abgeschnitten
worden, damit ich dort rankann!" 20 Das stimmt, sie sind tatsächlich
abgeschnitten worden, weil sie Gott nicht mehr vertraut haben. Und ihr
seid da jetzt, weil ihr euer Vertrauen auf Gott gesetzt habt. Trotzdem
solltet ihr besser Respekt haben. 21 Wenn Gott die natürlichen Zweige
nicht verschont hat, kann er es mit dir genauso tun.

Danke, Gott! Es gibt Hoffnung für Israel!

22 Versteht ihr, wie Gott drauf ist? Er geht streng mit den Leuten um,
denen egal ist, was Gott will. Und er geht liebevoll mit den Leuten um,
die sich auf seine Liebe verlassen. Wenn du das nicht tust, bist du bei ihm
unten durch. 23 Sobald die Juden endlich anfangen, Gott zu vertrauen, sind
sie auch wieder dabei. Gott kann sie wieder in den Baum einpfropfen.
24 Wenn das schon möglich ist, dass von einem fremden Baum etwas dort
reingepflanzt werden kann, dann doch noch viel eher mit einem Zweig,
der sogar ursprünglich von dem Baum stammte.

Gott hält, was er verspricht

25 Freunde, ich möchte, dass ihr dieses Geheimnis kapiert, damit ihr nicht
arrogant werdet. Viele Juden peilen das Ganze noch nicht, aber das wird
nur so lange gehen, bis die Menge der Leute aus anderen Völkern für
Jesus klargemacht wurde. 26 Und dann wird das ganze Volk der Israelis
gerettet werden. Diese Ansage kann man auch bei den Propheten nach-
lesen: „Ein Held wird aus Jerusalem kommen, und er wird ganz Israel aus
dieser Situation rausholen, dass sie von Gott getrennt sind. 27 Dann wer-
den neue Verträge gemacht, ich werde ihren ganzen Dreck wegnehmen."

28 Viele Juden haben zwar überhaupt keinen Bock auf diese neue Nach-
richt, das ist für euch nur gut, denn so seid ihr ja überhaupt erst dazu
gekommen. Aber weil Gott den Stammvätern Abraham, Isaak und Jakob
das versprochen hat, sind sie nach wie vor Gottes besonderes Volk.
29 Denn die Sachen, die Gott einmal schenkt, die nimmt er nicht wieder
weg. Und wenn er jemanden für etwas ausgesucht hat, dann bereut er
das nicht, das gilt für immer. 30 Früher war euch total egal, was Gott von
euch wollte. Doch weil die Juden nichts mit Jesus zu tun haben wollten,
habt ihr jetzt 'ne Chance bei ihm bekommen. 31 So sind jetzt die Juden
diejenigen, die sich gegen Gott entschieden haben, weil er sich für euch
entschieden hat. Aber irgendwann werden sie mit Gott wieder klarkom-
men. 32 Gott hat nämlich erst mal alle Menschen, egal ob Jude oder nicht,
sich selbst überlassen, aber jetzt hat er für jeden das gleiche Angebot
seiner Liebe parat. 33 Wie cool ist Gott doch unterwegs! Wie gigantisch
groß sind seine Möglichkeiten! Wie rätselhaft seine Entscheidungen! Es
ist unmöglich, wirklich voll zu checken, warum er bestimmte Sachen
einfach tut. 34 „Wer kann schon wirklich seine Denke durchschauen? Wer
sollte sein Lehrer werden können? Wer ist eingeweiht in seine Pläne?
35 Wer hat Gott schon mal zu viel gegeben, dass der Schulden bei ihm
hätte?" 36 Absolut alles ist von ihm gemacht worden, alles kann auch nur
existieren, weil es ihn gibt, und alles existiert nur, damit er dadurch groß
rauskommt. Er soll den Applaus bekommen, jetzt und immer wieder
neu! Yeah! So soll es ablaufen [Amen]!

12

Alles, was ihr tut, sollte für Gott sein

1 Weil Gott euch so total und ohne Ende liebt, sage ich euch das
jetzt: Setzt euch auch radikal für Gottes Sache ein! Es sollte so
laufen, dass ihr euch total Gott zur Verfügung stellt, dass ihr so lebt, dass
Gott sich darüber freut! Das ist doch nur eine normale Sache, Gott jetzt
radikal zu dienen, oder? 2 Orientiert euch nicht an dem, wie die Welt drauf
ist, und daran, was die für richtig und falsch hält, sondern lasst euch von
Gott eine neue Denke geben. Dann könnt ihr auch kapieren, was er von
euch will, was gut ist und worauf er Bock hat. 3 Mit der Vollmacht im Hin-
tergrund, die ich von Gott bekommen habe, warne ich euch: Überschätzt
euch nicht, bleibt bescheiden und markiert in Glaubenssachen nicht den
dicken Macker! 4 Euer Körper hat viele Körperteile, und da hat jedes Teil
seine eigene Funktion. 5 Genauso ist das auch mit der Familie von Jesus.
Wir gehören alle zum selben Körper, weil wir zu Jesus gehören, aber jeder
hat eine andere Aufgabe. Und weil wir alle zu Jesus Christus gehören,
brauchen wir auch einander. 6 Gott hat durch seine Power einfach jedem

eine andere Begabung gegeben. Einer kann zum Beispiel voll gut prophe-
tische* Worte von Gott hören; das sollte er nutzen, wenn er sicher ist,
dass diese Worte auch echt von Gott kommen. 7 Jemand anderes hat viel-
leicht die Begabung, anderen ganz praktisch zu helfen, also soll er das
tun. Kann einer gut geistliche Sachen erklären, dann los damit. 8 Und
wenn jemand eine Begabung darin hat, Leute zu ermutigen, sollte er auch
damit durchstarten. Wer kohletechnisch fett gesegnet ist, sollte davon
abgeben – aber sich bloß nichts darauf einbilden. Wenn jemand gut
organisieren kann, sollte er sich mit dieser Gabe voll für die Gemeinde
einsetzen. Und wer kranken und alten Menschen hilft, sollte dabei immer
gut gelaunt bleiben.

So draufkommen, dass Gott durch einen wirken kann

9 Leute, so eine Pseudoliebe ist doch total ätzend. Auf gute Sachen sollt
ihr ruhig abfahren, aber auf böse Sachen sollt ihr kotzen. 10 Liebt euch
gegenseitig, tut das ehrlich und ohne dabei zu lügen. Freut euch, dass
ihr euch überhaupt kennt, und respektiert den anderen. 11 Ihr sollt nicht
schlaff werden, wenn es ums Beten geht, lasst euch von Gottes Kraft
abfüllen. Und macht euch immer gerade für Gott. 12 Freut euch auf Gottes
Sache, auf die Dinge, die er noch für euch hat. Entspannt euch, wenn es
mal derbe zugeht. Und vor allem gilt: Nie aufhören, mit Gott zu labern,
ja?! 13 Wenn andere Jesus-Leute Probleme kriegen, dann seid parat und
helft ihnen. Und lasst auch mal Leute bei euch pennen oder ladet sie
zum Essen ein. 14 Wenn ihr selbst mal in Schwierigkeiten kommt, weil ihr
Christen seid, dann schiebt keine Hasskappe gegen die, die hinter euch
her sind. Betet für sie, segnet sie! 15 Wenn Leute gut drauf sind, dann
freut euch mit ihnen. Und wenn sie depressiv sind, dann weint mit ihnen.
16 Streitet euch nicht und versucht euch nicht vor anderen in den Chefses-
sel zu flezen, sondern macht auch mal den Abwasch. Und glaubt nicht, ihr
habt die Weisheit mit Löffeln gefressen. 17 Wenn jemand mies zu euch war,
gebt die Rachegedanken auf. Versucht, immer gut zu sein, wo das geht.
18 Was eure Seite angeht, versucht mit allen Leuten Frieden zu haben,
soweit das euch möglich ist. 19 Liebe Freunde, versucht alles, was ihr tun
könnt, um mit den anderen Menschen klarzukommen. Und wenn jemand
link zu euch war, dann überlasst es Gott, die Rechnung zu bezahlen. In
den alten Büchern steht dazu: „Überlasst mir die Rache, ich werd die
Rechnung begleichen", sagt Gott. 20 Stattdessen seid besser voll nett zu
diesen Leuten. Da steht nämlich auch: „Wenn dich jemand total blöd fin-

* Prophetische Worte sind Worte, die Gott auf übernatürliche Art zu Menschen redet. Es gibt Leute, die eine besondere Begabung dazu haben. Die nennt man in der Bibel „Propheten".

det, dann bring ihm was zu essen, wenn er Hunger hat. Und wenn er
Durst hat, bring ihm was zu trinken. Und dann wird es ihm voll leidtun,
was er dir angetan hat.“ 21 Das Miese soll keine Chance gegen dich haben,
schlag das Böse mit dem Guten!

13 **Wie sich Jesus-Leute dem Staat gegenüber verhalten können**
1 Was die Regierung sagt, solltest du auch tun. Die ist nämlich
nicht umsonst da, Gott hat schließlich dafür gesorgt, dass sie im
Amt ist. 2 Wer die Gesetze von einem Land bricht, der ist auch Gott
gegenüber unkorrekt und wird nicht so mal eben davonkommen. 3 Wer
immer richtig lebt und die Gesetze befolgt, braucht auch keinen Schiss
vor den Bullen zu haben. Das musst du aber, wenn du dich nicht an die
Regeln hältst. Darum: Mach, was für die in Ordnung geht, und du wirst
einen guten Ruf bei denen haben. 4 Die Bullen sind letztendlich auch nur
für Gott da, und jeder hat was davon, dass es sie gibt. Wenn du aber
Gesetze brichst, musst du Angst davor haben, dass man dich verfolgt und
bestraft. Die Bullen sind dann im Grunde wie ein verlängerter Arm Gottes,
um die zu bestrafen, die Mist bauen. 5 Es gibt also zwei Gründe, das zu
tun, was die Regierungen beschließen. Einmal, um einer eventuellen
Strafe zu entgehen. Zum anderen, damit du keine Schuldgefühle haben
musst. 6 Das ist auch der Grund, warum es cool ist, Steuern zu bezahlen.
Denn der Staat braucht ja die Kohle, damit es im Land nicht drunter und
drüber geht. Bezahlt alles, wo jemand was für euch arbeitet. Zahlt auch
eure Steuern. 7 Jeder soll das kriegen, was ihm gehört, ob das nun das
Finanzamt oder der Zoll ist. Respekt steht jedem in der Gesellschaft zu.

Einander lieben ist das Wichtigste, wo gibt
8 Schulden sollt ihr immer zurückzahlen. Nur in einer Sache werdet ihr
dem anderen immer was schuldig bleiben, das geht gar nicht anders: in
der Liebe. Davon kann man nie genug geben. Wer andere liebt, hat begrif-
fen, worum es Gott eigentlich geht. 9 Alle Gesetze sind in dem einen Ding
enthalten. Nicht die Ehe zerstören, keine Leute ermorden, nicht klauen,
nicht neidisch sein, das ist alles zusammengefasst in dem Befehl von
Gott: „Liebe jeden, der in deiner Nähe ist, genau so, wie du dich selber
liebst.“ 10 Die Liebe will dem anderen keinen Schaden zufügen. Alle Regeln
von Gottes Programm sind in der Liebe zusammengefasst.

Immer so leben, als wäre heute der Tag der Abrechnung
11 Seid immer so drauf, als wenn morgen der Tag der großen Abrechnung
kommen würde. Scheiß-egal-Haltung ist echt nicht mehr angesagt. Jesus

Christus feiert bald sein großes Comeback, dann sind wir endlich ganz frei.
[12] Nach jeder Nacht kommt der Tag. Am Tag sind alle Sachen zu sehen, die
wir lieber nur im Dunkeln machen würden, wo keiner zugucken kann. Also
sollen wir jetzt immer so leben, dass es ruhig Tag werden kann und wir uns
nicht für unser Leben und die Sachen, die wir so tun, schämen müssen.
[13] Wir sollten so leben, dass andere uns als Vorbilder nehmen wollen, ehr-
lich sollten wir natürlich auch immer sein. Auf Partys, wo gesoffen und
rumgedrogt wird, sollten wir uns nicht blicken lassen. Wir müssen unseren
Ehepartnern ganz treu sein und sexmäßig nicht dreckig abgehen. Und geht
auch unnötigem Streit aus dem Weg, lasst euch nicht auf irgendwelche
Eifersuchtsgeschichten ein. [14] Bleibt straight bei Jesus Christus, er ist der
Boss. Er soll auf dem Chefsessel in eurem Leben sitzen. Lasst euch nicht
gehen, passt auf, dass eure Wünsche keine Macht über euch haben und ihr
nicht von eurer Geilheit kontrolliert werdet.

14

Zusammenhalten ist angesagt

[1] Kümmert euch um die Leute, die geistlich schwach auf der Brust
sind. Bringt sie nicht durch irgendwelche Diskussionen auch noch
schräge drauf. [2] Wenn einer zum Beispiel glaubt, es wäre für Gott okay,
alles zu essen, worauf man Bock hat, meint der andere wieder, das würde
er gewissenstechnisch gar nicht auf die Reihe kriegen. [3] Jeder soll den
anderen so akzeptieren, wie der ist, und ihn nicht gleich peinlich finden.
Gott ist ja genau so unterwegs und akzeptiert euch, so wie ihr seid. [4] Was
ist los, dass du meinst, du könntest über einen anderen urteilen und über
die Sachen, die er tut? Er muss sein Leben eh allein vor Gott klarkriegen!
Darum lass Gott das mal machen, das ist nicht dein Ding. Gott ist auch in
der Lage, dem anderen zu zeigen, wo es längsgeht. [5] Es gibt Leute, für die
bestimmte Tage eine bestimmte Bedeutung haben. Für andere ist das
wieder total egal. Das kann jeder machen, wie er Bock drauf hat. [6] Wenn
jemand sich einen speziellen Tag aussucht, um da mit Gott ganz viel zu
reden, dann soll er das für Gott tun. Wenn jemand mal aufs Essen ver-
zichtet, um sich total aufs Beten zu konzentrieren, soll er das auch für
Gott tun. Und wenn jemand ganz normal essen will, kann er das auch mit
einer dankbaren Haltung machen. [7] Ist doch klar: Unser Leben dreht sich
nicht mehr um uns selbst – und unser Tod auch nicht. [8] Wir leben nur
noch für Jesus und sterben tun wir auch nur für ihn. Egal, wie du es auch
drehst, wir haben unser Leben radikal an Gott verschrieben. [9] Jesus Chris-
tus, unser Held, ist ja gestorben und dann wieder lebendig geworden,
damit er die Regler von allen Menschen in die Hände bekommt – und
zwar von allen, den toten und den lebendigen Menschen. [10] Was machst

du, wenn du andere disst? Wie kommst du dazu, arrogant auf andere runterzugucken? Wir werden bei der großen letzten Gerichtsverhandlung alle mal auf der gleichen Ebene vor Gott stehen! 11 In den alten Büchern steht die Ansage: „Irgendwann werden sich alle mal vor mir hinschmeißen müssen, und jeder wird dann sagen: ‚Du bist der Gott!'" 12 Auf sicher, jeder wird mal mit Gott 'ne Abrechnung für sein Leben machen müssen.

Sich für den anderen grademachen

13 Darum hör auf, über die anderen zu lästern oder sie zu verurteilen, und fass dich an die eigene Nase! Lebe so, dass du niemanden dabei behinderst, wenn er seinen Weg mit Gott geht. 14 Ich bin mir hundertprozentig sicher, dass alles, was Gott geschaffen hat, auch cool für die Menschen ist. Nur wenn jemand von sich aus etwas als nicht okay für Gott einstuft, dann ist es auch nicht okay für ihn. 15 Wenn du aber irgendwas öffentlich tust, das für jemanden anderen ein Verstoß gegen die Gesetze wäre, dann bringst du ihn ja schlecht drauf. Du tust das mit einer miesen Motivation, wenn du weißt, dass es den andern stört, und es trotzdem tust. Muss ja nicht sein, dass wegen dir jemand auch noch Mist verzapft. Jesus ist für denjenigen genauso da, wie er für dich da ist. 16 Passt einfach auf, dass nicht durch solche piddeligen Kleinigkeiten die ganze Sache in den Dreck gezogen wird. 17 Es geht alleine um die neue Zeit*, die jetzt angebrochen ist. Und außerdem geht es um das, was jetzt mit Gott abgeht. Essen und Trinken sind da nicht so wichtig. Gott hat Bock auf alle Menschen. Jeder, der bei ihm ankommt, kann abgefüllt werden mit seiner Kraft, mit einem inneren Gefühl von Frieden und mit Freude bis zum Abwinken! 18 Wenn du so lebst und das tust, was er möchte, dann hat Gott auch viel Freude mit dir. Und auch die Leute um dich rum werden dich respektieren. 19 Lass uns also versuchen, so peacig wie möglich mit den anderen Menschen umzugehen und zu versuchen, uns gegenseitig im Leben mit Gott anzufeuern! 20 Religiöse Essensregeln sind blöd und bringen nur alles durcheinander. Da musst du aufpassen. Es stimmt zwar immer noch, dass nichts verboten ist, aber wie gesagt, wenn dein Handeln jemand gewissenstechnisch schlecht draufbringt, dann lass es sein. 21 Es ist okay, kein Fleisch zu essen, keinen Wein zu trinken oder auf irgendwas anderes zu verzichten, wenn das jemand von der Jesus-Familie nicht abkann. 22 Vertraust du Gott? Dann bleib dabei und lebe so, wie du glaubst, dass es für ihn okay ist, und leg

* Die neue Zeit, in der Gott das Sagen hat (auch Reich Gottes genannt), war ein stehender Begriff, mit dem die Leute damals was Bestimmtes verbanden. Wenn Gottes Reich an den Start kommt, dann hat eine neue Zeit begonnen, dann gibt es einen Machtwechsel. Jesus hat oft darüber geredet. Der Begriff wird in der Volxbibel oft durch „die Zeit/das Reich, in dem Gott das Sagen hat" ersetzt.

nicht den gleichen Maßstab bei anderen an wie bei dir selbst. Gut drauf
kommen die Leute, die nur das tun, was sie vor sich selbst verantworten
können, und sich wegen nichts selber fertig machen. 23 Wenn jetzt aber
einer was isst, wo er glaubt, dass er es nicht essen sollte, und isst es trotz-
dem mit schlechtem Gewissen, dann tut er nicht mehr das, was von sei-
nem Glauben her richtig ist. Und etwas zu tun, was dem nicht entspricht,
trennt einen von Gott, denn man vertraut ihm nicht mehr.

15

Jesus ist unser Held und Vorbild

1 Gerade wir, die voll den engen Draht zu Gott haben, sollten Rück-
sicht auf die Unsicherheit von den anderen Jesus-Leuten nehmen,
die noch nicht so leben wie wir. 2 Wir sollten so leben, dass es anderen
hilft und dass wir ein Vorbild für die anderen sind. 3 Jesus Christus hat
ja auch nicht den Egofilm gefahren. In den alten Büchern steht: „Wenn
Leute ätzend zu dir sind, sind sie auch zu mir ätzend.“ 4 Das hat einer
vor sehr vielen Jahren aufgeschrieben, damit wir davon lernen können.
Es sollte uns Hoffnung geben und ermutigen, damit wir mit Gott durch-
ziehen und nicht auf halber Strecke schlappmachen. 5 Gott ist immer ent-
spannt, und er feuert euch an. Er wird euch dabei helfen, gut miteinander
klarzukommen, so wie Jesus euch das auch beigebracht hat. 6 Ihr könnt
dann wie mit einer Stimme Gott zusammen Danke sagen, könnt ihm
sagen, wie geil er ist, und ihn loben. 7 Akzeptiert euch gegenseitig, so wie
Gott euch auch akzeptiert hat. Das zeigt, wie klasse er ist. 8 Nicht verges-
sen: Jesus Christus ist nicht als der Mega-Held in Glanz und Gloria zu
den Juden gekommen, sondern als kleines Licht. Er wollte damit die Vor-
hersagen aus den alten Büchern erfüllen. Wieder ein Beweis, dass Gott
jedes Versprechen, das er mal gegeben hat, auch erfüllt. Man kann sich
hundertpro auf ihn verlassen. 9 Gott ist durch Jesus noch mal bei uns
vorbeigekommen, um die anderen Menschen, die keine Juden sind, aus
ihrem Dreck rauszuholen. Dadurch ist mal wieder bewiesen, dass er eben
alle liebt. 10 Mose hat gesagt: „An alle Völker, die nicht zu Israel gehören:
Freut euch!“ 11 Einer von den Typen, die die Psalmen geschrieben haben,
meinte ja auch schon: „Nicht nur die Israelis, sondern alle Völker sollen
Gott loben.“ 12 Der Prophetentyp Jesaja meinte auch: „Der Auserwählte
wird aus der Familie von Isai sein. Er wird die Vollmacht bekommen über
alle Menschen, auch über die, die keine Juden sind. Alle setzen ihre Hoff-
nung auf ihn.“ 13 Ich rede mit Gott darüber und bitte ihn darum, dass ihr
durchhaltet, dass ihr dabei immer durch euren Glauben fröhlich seid.
Dann werdet ihr fett gesegnet sein, immer voll Hoffnung haben können,
weil die Power von Gott, sein Geist, in euch wirkt.

Warum ich euch überhaupt schreibe

14 Leute, wenn ich euch so ansehe, bin ich mir hundertpro sicher, dass ihr
das alles kapiert habt! Ihr habt verstanden, worum es geht, und ihr seid
auch in der Lage, euch gegenseitig zu sagen, wo es längsgeht. 15 Ich habe
mich in diesem Brief hier und da ein bisschen krass ausgedrückt, damit
ihr die wichtigsten Sachen auch kapiert. 16 Weil Gott mich wohl so sehr
mag, darf ich nicht nur alles für ihn geben, ich darf sogar sein ganz beson-
derer Botschafter sein, der zu allen Menschen reden darf. Ich erzähl euch
eine sehr gute Nachricht, und das tu ich, so gut ich nur irgend kann. Ich
möchte, dass ihr durch seine Kraft anders und anständig lebt, damit sich
Gott darüber freuen kann. 17 Es gibt für mich so monstermäßig viele
Gründe, stolz zu sein, schon alleine weil Jesus Christus mich für seine
Sache so sehr benutzt hat. 18 Ich würde es nicht wagen, auf irgendetwas
anderes so abzugehen, nur auf Jesus. Er hat mich dazu benutzt, andere
Völker mit Gott in Kontakt zu bringen. 19 Das ist mir vor allem darum so
gut gelungen, weil ich mit seiner Kraft echt irre Wunder getan habe. Das
war sein Beweis für die Leute, dass ich keinen Scheiß rede und dass Gott
dahintersteht. Und so hab ich das Ding überall durchgezogen, von Jerusa-
lem bis nach Illyrien. 20 Ich wollte dabei immer dort sein, wo noch nie-
mand vorher was von Jesus Christus gehört hatte und wo auch noch keine
Gemeinde war. 21 Ich hab mich dabei an die Worte von Jesaja gehalten, der
meinte: „Gerade die sollen dabei sein, die keine Einladung bekommen
hatten. Die noch nie was von Gott gehört haben, werden es verstehen."

Paulus auf Tour

22 Weil ich damit total busy war, hab ich es leider noch nicht geschafft,
mal bei euch reinzuschneien. 23 Jetzt bin ich aber mit meinem Ding hier
endlich durch und kann nach all den Jahren auch noch mal bei euch auf-
schlagen. Da freu ich mich total drauf! 24 Ich plane gerade 'ne Spanien-
Tour und werde auf dem Weg dahin in Rom einen Zwischenstopp ein-
legen. Und wenn wir erst mal eine richtig entspannte Zeit zusammen
hatten, könnt ihr mich ja irgendwann wieder weiterschicken. Ich werde
euch voll genießen! 25 Erst mal muss ich aber noch nach Jerusalem, um
den Jungs dort etwas unter die Arme zu greifen. 26 Die Christen in Grie-
chenland haben eine Spendensammlung veranstaltet für die Leute in
Jerusalem, die keine Kohle haben. 27 Sie hatten das Gefühl, es wäre mal
„Pay-back-Time" angesagt! Schließlich haben sie ja durch die Leute aus
Jerusalem das erste Mal von Jesus gehört. Darum geht das voll in Ord-
nung, wenn sie denen jetzt finanziell unter die Arme greifen. 28 Sobald ich
genug Geld zusammen hab und das überweisen kann, mach ich mich auf
den Weg nach Spanien und komme auf der Tour bei euch vorbei. 29 Und

eins verspreche ich euch: Wenn ich komme und wir uns treffen wird es
voll jesusmäßig abgehen. 30 Bitte, Leute, wenn euch was an mir liegt, dann
steht voll hinter mir und unterstützt mich, wo ihr nur könnt! Betet für
mich, damit ich durchhalte in dem Kampf, den ich kämpfen muss. 31 Betet
auch dafür, dass ich in Judäa beschützt werde vor den Leuten, die mich
fertig machen wollen. Und dass ich eine coole Zeit in Jerusalem mit den
Jesus-Leuten dort habe. 32 Dann werde ich total abgehen, wenn ich endlich
bei euch bin! Und wir werden eine gute Zeit zusammen haben, verspro-
chen! 33 Gott, der für Frieden sorgt, soll bei euch immer am Start sein!
Genau [Amen]!

16 1 PS: Die Frau, die euch diesen Brief geben wird, ist auf jeden
Fall okay. Sie heißt Phöbe und arbeitet in der Gemeinschaft von
Kenchreä mit. 2 Bitte kümmert euch um sie, wie es normal sein
sollte, wenn man zu Jesus Christus gehört. Steht hinter ihr und gebt ihr,
was sie so braucht. Sie war mir immer eine große Hilfe. 3 Schöne Grüße
an Priska und Aquila, meine Kollegen im Auftrag von Jesus! 4 Die haben
alles für mich riskiert, sogar ihr Leben. Dafür kann ich ihnen nie genug
danken, und so geht es auch den anderen Gemeinden. 5 Schöne Grüße
auch an die Hauskreisgemeinde und an meinen Freund Epänetus. Er war
der erste Typ, der in Kleinasien zum Glauben an Jesus gekommen ist.
6 Grüße an Maria, die immer viel für euch tut. 7 Und Andronikus und
Junia, die genau wie ich Juden sind und mal mit mir zusammen im Knast
waren. Die beiden haben unter den Aposteln voll den guten Ruf. Beide
waren auch schon vor mir Christen. Die müsst ihr auf jeden Fall auch
noch grüßen. 8 Ja, dann noch den Ampliatus, mit dem ich mich durch
Gottes Liebe voll eng verbunden fühle, 9 Urbanus, der auch für Gott unter-
wegs ist, und den lieben Stachys nicht zu vergessen. 10 Apelles, der Gott
immer treu ist, und den Leuten aus dem Haus von Aristobul müsst ihr
auch noch Hallo von mir sagen. 11 Hey Herodion, du bist auch ein Jude
wie ich! Hallo an alle aus dem Haus von Narzissus, die Jesus vertrauen!
12 Grüße an Tryphäna und Tryphosa, die was für Gott reißen, Persis, die
ich sehr mag und die auch viel für Gott schuftet! 13 Grüße an Rufus, ein
ganz besonderer Typ für Gott. Und an seine Mutter auch – die ist für mich
zu so was wie ’ner Ersatzmutti geworden. 14 Grüße an Asynkritus, Phle-
gon, Hermes, Patrobas, Hermas und die Leute, die bei ihm abhängen.
15 Gebt auch noch Grüße weiter an Philologus und Julia, Nereus und seine
Schwester, an Olympas und all die anderen ganz besonderen Christen.
16 Geht gut miteinander um und umarmt euch mal gegenseitig. Alle
Gemeinden, die mit Jesus am Start sind, grüßen euch. 17 Noch ein paar

Worte zum Schluss: Passt auf, wenn irgendwelche Typen anfangen, komi-
sche Lehren zu verbreiten, und dadurch zum einen die Gemeinschaft aus-
einandertreiben und zum anderen auch das Vertrauen in Gott dadurch
anzecken. Sie erzählen euch was total anderes als das, was ihr beigebracht
bekommen habt. 18 Solche Typen sind total schräge unterwegs, mit netten
Argumenten und ganz tollen Beispielen versuchen sie, die einfachen
Menschen zu verführen. Die tun nicht das, was Jesus will. 19 Es hat sich
überall rumgesprochen, wie cool ihr mit Gott unterwegs seid, dass ihr
sehr straight lebt, genau wie Gott es möchte. 20 Gott, der immer Frieden
will, wird euch bald einen fetten Sieg geben über Satan, den Chef vom
Bösen. Gott liebt euch und verzeiht euch alles, das stimmt für immer.
21 Ich soll noch Grüße ausrichten von Timotheus, der bei mir angestellt
ist. Auch von Luzius, Jason und Sosipater, ebenfalls Landsleuten von mir,
soll ich euch grüßen! 22 Auch ich, Teritus, schreibt hier noch ein paar
Grüße hin. Ich hab diesen Brief für euch sauber abgetippt. 23/24 Gajus, bei
dem ich zurzeit penne und in dessen Haus die Jesus-Leute abhängen,
grüßt euch auch. Erastus, der Finanzbeamte der Stadt, lässt euch auch
schön grüßen, genauso wie Quartus, der auch an Jesus glaubt.

Gott soll groß rauskommen

25 Gott soll groß rauskommen! Er kann uns durch diese neue Nachricht
immer wieder voll ermutigen. Diese Sache macht deutlich, wie Gott
eigentlich drauf ist. Das haben die Menschen bisher noch nie so gehört.
26 Aber jetzt ist das anders. Sie hören davon, wie es die Prophetentypen
schon vor langer Zeit vorhergesagt hatten. Gott wollte es so, er will, dass
alle Menschen das wissen, damit sie ihr Vertrauen auf Jesus Christus
setzen. 27 Gott weiß alles! Er hat den Überblick! Er soll groß rauskommen
durch Jesus Christus! Genau so ist es [Amen]!
Euer Paulus

Der erste Brief an die Christen aus Korinth

1
Adresse und Einleitung
1 Absender: Paulus, Apostel. In sein Amt als Botschafter durch Gott ein-
gesetzt. Sowie Sosthenes, ein Mitarbeiter. 2 An: die Familie von Jesus-
Leuten in Korinth. Hallo ihr! Eins erst mal vorweg, Gott hat euch ganz
speziell ausgesucht! Er hat genau euch gemeint, als er euch gerufen hat!
Ihr gehört jetzt zu ihm! Gott hat mit euch was Bestimmtes vor, genauso
wie mit jedem anderen, der zu Jesus betet, egal, wo der auch auf der Welt
gerade abhängt. 3 Ich wünsche euch alles Gute, dass ihr mit Gott peacig
unterwegs seid und dass ihr versteht, wie sehr er euch liebt. Von ihm,
dem väterlichen Gott, und von Jesus Christus, dem Chef, kommt echt
alles Gute! 4 Ich kriege jedes Mal voll den Flash, wenn ich anfange, Gott
dafür zu danken, was für coole Sachen er mit euch durch Jesus gemacht
hat! 5 Von ihm seid ihr fett beschenkt worden, einmal durch die guten
Sachen, die euch beigebracht wurden, zum anderen auch dadurch, dass
ihr sie überhaupt verstehen konntet. 6 Die Nachricht von Jesus Christus
hat bei euch voll eingeschlagen. 7 Ihr seid mit allen geistlichen Begabun-
gen fett beschenkt worden. Und ihr lebt total in der Erwartung, dass Jesus
bald wieder zurück auf die Erde kommt. 8 Jesus wird euch die nötige Kraft
geben, um bis zum Schluss durchzuziehen. Wenn er wieder bei uns auf-
taucht, wird nichts zwischen euch und ihm stehen. 9 Gott ist treu! Man
kann sich auf ihn verlassen. Er hat euch dazu ausgesucht, mit ihm und
seinem Sohn, der unser Chef ist, zusammen zu sein. 10 Liebe Leute aus
der Familie von Gott, ich hab eine dringende Bitte an euch: Achtet darauf,
dass ihr euch durch nichts auseinanderbringen lasst! Spaltung ist ätzend!
Versucht Einigkeit zu kriegen in euren Zielen und auch in dem, wie ihr so
gemeinsam unterwegs seid. 11 Ihr Lieben, von Verwandten der Chloë habe
ich gehört, dass bei euch immer derbe Diskussionen abgehen und ihr
euch über theologische Sachen streitet. 12 Es wird erzählt, dass einige
sagen: „Ich steh auf Paulus!“, andere aber sagen, sie fänden Apollos gei-
ler, und Dritte sagen wieder, sie würden auf Petrus abfahren. Und die ganz
Frommen sagen dann noch: „Ich steh nur auf Christus!“ 13 Ich frage euch
im Ernst, Leute: Was soll das? Wollt ihr Christus wie einen Kuchen zer-
schneiden? Und bin ich, Paulus, denn für euch hingerichtet worden, oder
wie? Oder wurde irgendeiner von euch auf meinen Namen getauft? 14 Ich

bin im Nachhinein total froh, dass ich, mal abgesehen von Krispus und
Gajus, keinen von euch getauft habe! 15 So kann wenigstens keiner mehr
sagen, er wäre auf meinen Namen getauft worden. 16 Ach ja, die Familie
vom Stephanas, die hab ich auch noch getauft, das war es aber auch
schon, mehr war da nicht, garantiert! 17 Ich hab von Jesus Christus nicht
die Order bekommen, Leute zu taufen. Von mir möchte er vor allem, dass
ich über die Nachricht rede, dass man sein Leben mit Gott wieder in
Ordnung bringen kann. Allerdings nicht mit supergelehrten Worten, so
dass alle vor mir einen Riesenrespekt haben, denn es kommt nicht auf
mich an, sondern auf Jesus. 18 Mir ist schon klar, dass diese Nachricht von
der Hinrichtung eines Jesus Christus an einem Kreuz total schwachsinnig
klingen muss für die, die es einfach nicht raffen und verloren gehen. Für
uns, die wir dadurch gerettet wurden, ist sie aber ein Beweis für Gottes
totale Kraft geworden. 19 Gott hat schon früher mal zu dem Thema gesagt:
„Für mich ist es wurscht, wie intelligent einer ist, und selbst wenn jemand
glaubt, die Weisheit mit Löffeln gefressen zu haben, da steh ich drüber!"
20 Was sollen die schlauen Leute, die Professoren und die Philosophen
dazu noch sagen? Gott hat sie furchtbar alt aussehen lassen, ihre Intelli-
genz bringt ihnen letztendlich überhaupt nichts. 21 Obwohl man überall
sehen kann, wie genial Gott eigentlich ist, konnten sie ihn mit ihrem Hirn
nicht begreifen. Gott hat eine Lektion, die allen total schwachsinnig er-
scheint, dazu benutzt, um alle zu retten, wenn sie nur daran glauben wür-
den. 22 Die Juden gehen auf Wunder total ab. Die Griechen wollen eine
Antwort auf alle Fragen durch die Philosophie. 23 Wir behaupten aber
einfach, dass der Sohn von Gott, Christus, für alle Menschen sterben
musste! Egal, ob das jetzt für die Juden eine Gotteslästerung ist und für
die Griechen einfach nur Blödsinn. 24 Die Leute aber, die von Gott aus-
gesucht wurden, für die steckt in dem am Kreuz hingerichteten Jesus die
radikale Power Gottes und seine Weisheit obendrauf. 25 Was Gott da getan
hat, übersteigt das menschliche Vorstellungsvermögen! Was bei ihm als
schwach rüberkommt, ist in Wirklichkeit der Megablow schlechthin.
26 Seht euch doch selber mal an, Leute! Die wenigsten von euch können
auf eine gute Schulbildung oder eine fette Karriere verweisen, bevor sie
Christen geworden sind. 27 Gott hat Bock auf die Leute, die aus der Sicht
von Nichtchristen keine besondere Stellung in der Welt haben. Er will die
Leute alt aussehen lassen, die meinen, sie wären die Intelligenz schlecht-
hin. Er hat die Loser gewählt, um den Siegern 'ne Niederlage zu verpas-
sen. 28 Er hat Bock auf das, worauf die Welt keinen Bock mehr hat. Die
Leute, auf die von allen runtergeguckt wird, sind ihm wichtig. Er will damit
die Machtstrukturen auf den Kopf stellen. 29 Niemand sollte mehr in der
Lage sein, aufgrund seiner Stellung in der Welt vor Gott den Lauten

machen zu können. 30 Gott hat die Möglichkeit geschaffen, dass ihr mit
Jesus zusammenleben könnt. Er hat aus Jesus die schlaueste Geschichte
überhaupt werden lassen! Durch ihn werden wir wirklich frei, durch ihn
sind wir okay für Gott trotz unserem Dreck, und durch ihn kommen wir
mit Gott überhaupt erst wieder klar. 31 In dem alten Buch steht ja auch
schon was dadrüber. Ich zitiere: „Wer sich was einbilden will, soll sich auf
das was einbilden, was Gott gemacht hat!“

2

Was Paulus sagt, das stimmt

1 Also, ihr Lieben, als ich neulich bei euch gewesen bin, hab ich ja nun
echt nicht den weisen Macker markiert oder versucht, euch mit guter
Rhetorik die Sachen von Gott zu erklären. 2 Mir war vor allem wichtig, nur
von Jesus zu reden und warum er an einem Kreuz hingerichtet wurde.
3 Und dabei war ich echt mies drauf und hatte auch echt Panik. 4 Was ich
euch dann gesagt habe, war ziemlich einfach. Ich habe nicht versucht,
euch mit rhetorischen Mitteln weichzuklopfen. Was bei euch funktioniert
hat, war die Kraft, die durch den Heiligen Geist gekommen ist. 5 Ich habe
das absichtlich gemacht, denn ich wollte nicht, dass eure Beziehung zu
Gott auf menschliches Gelaber gebaut ist. Ihr solltet euer Vertrauen auf
Gottes Power setzen. 6 Jeder, der ein bisschen von Gott geschnallt hat,
wird verstehen, wie gut diese Nachricht von Gott ist, auch wenn die Mäch-
tigen in der Welt davon nichts wissen wollen. Diese Welt wird mit ihren
ganzen Weisheiten aber irgendwann in der Tonne enden! 7 Aber die Weis-
heit, von der wir hier reden, ist eine Weisheit, die direkt von Gott kommt!
Sie war lange Zeit topsecret. Keiner wusste davon, bis Gott beschlossen
hat, sie aufzumachen, damit wir wieder in Kontakt mit ihm kommen. 8 Die
Leute, die was zu sagen haben, haben null kapiert, worum es dabei geht.
Logisch, sonst hätten sie Jesus nie hingerichtet. 9 Es ist aber genauso pas-
siert, wie es in dem alten Buch schon drinstand: „Was niemand für mög-
lich gehalten hat, was keiner voraussehen konnte, das hat Gott am Start
für alle, die ihn lieben.“ 10 Wir dürfen das alles verstehen, weil Gott es uns
durch seinen Geist erklärt. Sein Geist hat die Peilung von allem, und er
erlaubt uns einen tiefen Einblick in Gottes Geheimnisse. 11 Genauso wie
jeder nur seine eigenen Gedanken wirklich kennt, so ist Gott auch der Ein-
zige, der seine eigenen Gedanken wirklich beurteilen kann. 12 Gott hat uns
nicht die Einstellungen verordnet, die man in der Welt so vorfindet. Er will,
dass wir durch seine Kraft in der Lage sind zu verstehen, was er uns alles
geschenkt hat! 13 Alles, was wir euch beigebracht haben, konnten wir euch
nicht etwa deshalb beipulen, weil wir so geil drauf sind und so gut reden
können. Es war immer so, dass Gott uns durch seinen Heiligen Geist die

Worte aufgespielt hat. 14 Leute, die keine Ahnung von Gottes Kraft und
seinem Geist haben, können so was gar nicht kapieren. Bei denen kommt
nur Dünnsinn rüber. Nur die Menschen, die sich von Gott führen lassen,
verstehen auch die Sachen, die Gott sagen will. 15 Wenn Gott uns durch
den Geist führt, lernen wir zu unterscheiden, und wir werden dabei total
unabhängig von dem, was andere über uns sagen. 16 Jesaja hat ja schon
mal die Ansage gemacht: „Wer kapiert überhaupt, wie Gott drauf ist, wer
könnte ihm Unterricht geben?“ Wir sind aber so drauf wie er, wir haben
auch seine Kraft in uns.

3

Passt auf vor Spaltung, jeder braucht jeden!

1 Ihr Lieben, als ich bei euch zu Besuch war, konnte ich nicht so mit
euch umspringen, wie ich es mit Leuten tue, die schon ein bisschen
länger mit Jesus am Start sind. Es war eher die „Baby-Nummer“, die ich
bei euch durchgezogen habe. 2 Ich habe euch eher mit Milch versorgt als
mit Schwarzbrot, denn davon hättet ihr nur Bauchschmerzen bekommen.
Und jetzt sieht's auch noch nicht viel besser aus. 3 Ihr seid echt so drauf,
als würdet ihr Jesus noch gar nicht kennen und immer noch euer eigenes
Ding machen. Dass ihr euch immer wieder streitet und eifersüchtig auf
den anderen seid, ist für mich der Beweis. 4 Wenn einer erklärt: „Ich bin
ein Paulus-Fan“, und der Nächste sagt: „Ich steh auf Apollos“, dann seid
ihr echt so drauf wie Leute, die keine Ahnung von Jesus haben. 5 Wer ist
denn bitte schon Apollos? Und wer ist übrigens Paulus? Wir sind doch nur
Angestellte von Gott, durch die ihr Christen geworden seid, weiter nichts.
6 Meine Aufgabe bestand darin, Samen in euer Herz zu streuen, Apollos
hat Wasser darüber gegossen, aber Gott hat es alles wachsen lassen, das
war nicht unser Ding. 7 Ist eigentlich egal, wer jetzt den Samen in die Erde
gebracht hat und wer ihn begossen hat, wichtig ist nur, dass Gott euer Ver-
trauen in ihn wachsen lässt. 8 Derjenige, der gesät hat, und auch der Typ,
der Wasser darübergegossen hat, ziehen ja beide am selben Strang! Jeder
wird irgendwann mal seine Bezahlung für seinen Job kriegen. 9 Wir haben
bei uns so was wie Teamwork. Ihr seid sozusagen das Ackerfeld von Gott
und ihr seid damit seine Arbeit, nicht unsere. 10 Weil Gott so gut zu mir ist,
durfte ich bei euch ein Fundament gießen. Das habe ich so schlau ange-
stellt, wie es eben ging. Jetzt bauen aber andere auf diesem Fundament
weiter und jeder, der dabei ist, muss aufpassen, dass er so gut weiterbaut,
wie es geht. 11 Keiner kann ein geileres Fundament abgeben als Jesus
Christus selbst. Überhaupt ist er das einzige Fundament, was man sich
vorstellen kann, wenn man glaubensmäßig irgendetwas reißen will. 12 Jetzt
kann natürlich jeder so bauen, wie er Bock hat, um weiter in diesem Bild

zu sprechen. Man kann zum Beispiel richtig cooles Material nehmen,
Gold oder Silber oder Diamanten, aber auch Sachen wie Stroh oder Holz
kann man verwenden. [13] An dem Tag, an dem die letzte große Abrechnung
abgehen wird, muss sich alles in einem Feuer beweisen. Das Feuer wird
dann zeigen, was eine gute Bauweise ist und was schrottig ist. [14] Was im
Feuer nicht verbrennt, dafür wird man fett absahnen. [15] Wenn ein Lebens-
werk aber im Feuer verkohlen sollte, wird das ganz schön ätzend sein,
auch wenn man selbst noch mit dem Leben davonkommt. [16] Habt ihr
nicht geschnallt, dass ihr so was wie eine Kirche für Gott seid? Ihr seid wie
seine Bude und sein Geist wohnt in euch drin. [17] Wenn jemand die Woh-
nung von Gott versifft, dann wird er von Gott auch versifft werden. Denn
da, wo Gott wohnt, ist kein Platz für ätzende Sachen, er ist perfekt. Und
Gott wohnt in euch, Leute! [18] Linkt euch doch nicht selber ab! Falls sich
jemand für besonders schlau hält, dann muss er erst mal dumm werden,
damit Gott ihn auf seine Art richtig schlau machen kann. [19] Denn das,
was die Welt für besonders intelligent hält, ist aus Gottes Sicht totaler
Schwachsinn. Zitat: „Gott schlägt die Leute, die meinen, die Weisheit mit
Löffeln gefressen zu haben, mit ihren eigenen Waffen." [20] An einer ande-
ren Stelle aus dem alten Buch heißt es: „Gott weiß genau, was in den
Gedanken der Schlaumeier vorgeht, und er lacht darüber." [21] Keiner soll
den Lauten machen, wenn er sich mit andern vergleicht. [22] Egal, ob er jetzt
Paulus heißt oder Apollos oder Petrus. Alles liegt euch zu Füßen, die
ganze Welt, das Leben und der Tod, die Vergangenheit und die Zukunft!
[23] Ihr gehört zu Jesus Christus und gehört damit zu Gott!

4

Die Apostel müssen sich vor Gott gerade machen

[1] Ich würde mir wünschen, dass wir Apostel für euch so was wie
Angestellte von Jesus sind, die die Aufgabe von ihm haben, Aufklä-
rungsarbeit für seine Sache zu betreiben. [2] Von einem Angestellten wird
hundertprozentige Zuverlässigkeit erwartet. [3] Wie ist das bei mir? Also,
mir ist es ehrlich gesagt total egal, was Leute über mich denken. Außer-
dem finde ich, dass ich mich nicht in eigener Sache beurteilen sollte. [4] Ich
hab zwar ein reines Gewissen, aber auch das ist nicht entscheidend. Was
Gott über mich denkt, darauf kommt es letztendlich an! [5] Niemand hat
das Recht, das Leben von jemandem zu bewerten, bevor Jesus wieder-
kommt und den Maßstab festlegt. Gott weiß, was in einem so abgeht, er
kennt die geheimen Gedanken und Motive, warum wir bestimmte Sachen
so und so gemacht haben. Und dann wird Gott jeden so loben, wie es
angesagt ist. [6] Freunde, ich wollte am Beispiel von mir und Apollos noch
mal klarmachen, worum es geht und wie man so herausfindet, was Gott

will. Es geht mir echt auf die Nerven, wenn ihr versucht, uns gegeneinander auszuspielen. 7 Wer sorgt denn dafür, dass man besser ist als jemand anderes? Alles, was du hast, hast du doch von Gott geschenkt bekommen. Da hast du gar keine Aktien drin und kannst da auch gar nicht stolz drauf sein! 8 Mann, ihr seid so lasch geworden, ihr glaubt, ihr hättet schon alles, was geht. Und das, so glaubt ihr, habt ihr alles ganz ohne unsere Hilfe erreicht. Schön wär's ja, dann hätten wir ja unser Ziel erreicht, müssten nicht mehr kämpfen und hätten das Sagen in dieser Welt. 9 Ich bin allerdings der Meinung, dass Gott für uns Apostel einen anderen Platz vorgesehen hat. Nämlich ganz hinten, kurz vor dem Tod. Wir machen uns für viele Leute echt zum Hampelmann in dieser Welt, für Menschen, aber auch für Engel. 10 Weil wir so radikal mit Jesus leben, reißen die Leute Witze über uns. Ihr tut aber so, als hättet ihr die Weisheit mit Löffeln gefressen. Wir sind die Blödmänner und ihr die Schlaumeier. Ihr gehört zur High Society, wir zum Abschaum der Welt. 11 Selbst heute haben wir nichts zu essen im Haus, wir haben Durst, und unsere Klamotten reichen noch nicht mal für die Altkleidersammlung. Wir werden ständig verprügelt und leben wie die letzten Penner. 12 Wir sind uns nicht zu schade, für unser Essen auch noch zu arbeiten. Wenn Leute uns verarschen, segnen wir sie, wenn man uns übel mitspielt, lassen wir es mit uns machen. 13 Wir sind nett zu den Menschen, die über uns ablästern. Und trotzdem behandelt man uns wie den letzten Dreck, die Leute kotzen sich über uns aus. 14 Ich will ja nicht, dass euch das jetzt oberpeinlich ist. Aber ich muss euch mal auf die richtige Spur setzen, ihr Lieben, passt auf! 15 Selbst wenn ihr zehntausend Lehrer hättet, die euch Sachen über Jesus Christus beibringen würden, 'nen geistlichen Vater habt ihr nur einen. Ich bin für euch so was wie ein Vater durch Jesus Christus, weil ich der Erste war, der euch die neue Nachricht über Gott erzählt hat. 16 Darum hab ich eine Bitte an euch: Folgt meinem Beispiel! 17 Ich habe jetzt den Timotheus zu euch geschickt, damit er euch dabei hilft. Timotheus hat es voll drauf, und ich liebe ihn sehr. Er kann euch daran erinnern, was für Ansagen ich euch und auch den anderen Gemeinden gemacht habe. Dafür hat mir ja Jesus Christus den Auftrag erteilt. 18 Ich habe gehört, es gibt ein paar Spacken bei euch, die sich ziemlich aufplustern, weil sie nicht damit rechnen, dass ich demnächst bei euch vorbeikomme. 19 Ich komme bald vorbei, sobald Jesus es mir erlaubt. Ich bin gespannt, ob die Kritiker bei euch nur dumme Sprüche machen können oder ob auch was dahinter ist. 20 Denn da, wo Gott das Sagen hat, geht es derbe ab, dort zählen powervolle Zeichen und nicht nur dünnes Gelaber. 21 Ihr könnt euch ja überlegen, was ihr wollt. Soll ich mit einem Maßnahmenkatalog bei euch aufkreuzen und euch bestrafen oder soll ich nett und liebevoll mit euch umgehen?

5 **Was die Korinther mit jemandem tun sollen, der laufend Mist baut**
1 Leute, ich hab es zuerst null auf die Reihe gekriegt, als man mir
von den ätzenden Sachen erzählt hat, die bei euch abgehen! So
ätzende, eklige Sachen, so was geht ja noch nicht mal bei den Nicht-
christen! Ich hab gehört, dass bei euch in der Gemeinde ein Typ ist, der
mit seiner Stiefmutter Sex hat. Was geht denn da bitte ab? 2 Und ihr
lasst dabei noch voll den Geistlichen raushängen ... Es sollte euch total
peinlich sein, dass so was bei euch passiert! Warum habt ihr diesen
Typen nicht aus eurer Jesus-Familie rausgeschmissen? 3 Ich bin jetzt ja
nicht körperlich bei euch, aber in Gedanken hab ich mit dem Typen
schon verhandelt. 4 Wenn ihr das nächste Mal mit Jesus abhängt, dem
Chef dieser Welt, dann werde ich in Gedanken bei euch sein. Und Got-
tes Power ist dann auch voll dabei. 5 Dann solltet ihr den Typen aus der
Gemeinde kicken und ihn damit dem Bösen schutzlos ausliefern. Da-
durch wird er zur Vernunft kommen und so hoffentlich gerettet werden
an dem Tag, wo wir alle einmal Rechenschaft für unser Leben ablegen
werden. 6 Ist schon echt schlimm, dass ihr auf der einen Seite geistlich
so abgeht und stolz darauf seid und auf der anderen Seite solche
Sachen bei euch passieren. Merkt ihr nicht, dass so etwas immer alle
angeht, auch wenn nur einer von euch Mist baut? 7 Kegelt diesen Typen
raus, damit er die Atmo bei euch nicht verseuchen kann! Ihr habt
doch reine Luft zum Atmen, weil Jesus durch seinen Tod die Luft rein
gemacht hat. 8 Geht dem Dreck in dieser Welt aus dem Weg, ernährt
euer Hirn nicht von dem Zeug, was die Welt anbietet, sondern ernährt
euch von den guten, reinen, wahren Sachen, die Gott euch anbietet. 9 Ich
hab euch schon vor einiger Zeit mal geschrieben, dass ihr den Leuten,
die mit allem und jedem im Bett landen, aus dem Weg gehen solltet.
10 Ich habe damit nicht die Leute gemeint, die eh nicht mit Gott leben,
die sowieso ohne Hemmungen mit jedem ins Bett steigen, die legal
oder illegal nur hinter Kohle her sind, die ihre Karriere oder das Auto
oder auch den Partner zu ihrem Gott gemacht haben! Wenn ihr solchen
Menschen aus dem Weg gehen wollt, dann müsstet ihr ja auf den Mond
ziehen! 11 Was ich meinte, war, dass ihr so Leute aus eurer Gemeinschaft
pfeffern solltet, die sich als Christen bezeichnen, aber doch nur hinter
der Kohle her sind oder irgendwelche ätzende Sexsachen am Start
haben, die in okkulten Sachen drinstecken, ständig betrunken sind oder
andere aus der Gemeinschaft abzocken. Mit solchen Leuten solltet ihr
euch echt nicht abgeben. 12 Ist jetzt zwar nicht unser Ding, Leute zu ver-
urteilen, die nicht zur Gemeinde gehören, trotzdem seid ihr ganz klar
dafür verantwortlich, gegen solche Leute, die bei euch mitmachen und
solche Sachen bringen, auch vorzugehen. 13 Die, die sowieso nicht dazu-

gehören, wird sich Gott am Ende eh vorknöpfen. Aber schon im alten Buch steht, ich zitiere: „Die miesen Typen solltet ihr bei euch rausschmeißen.“

6

Es ist nicht okay, einen aus der Jesus-Familie vor den Kadi zu zerren

1 Wie kann das angehen, dass ihr als Christen eure Probleme nicht
alleine geregelt kriegt und dafür sogar eine Gerichtsverhandlung mit
einem Richter braucht, der noch nicht einmal Jesus kennt? 2 Habt ihr nicht
geschnallt, dass wir Christen irgendwann die Gerichtsverhandlung für den
Rest der Welt organisieren werden? Mann, da müsstet ihr doch allemal in
der Lage sein, eure Probleme selber zu regeln, oder? 3 Euch ist vermutlich
gar nicht bewusst, dass wir irgendwann sogar ein Urteil über die Engel
fällen müssen!? Da muss doch was gehen, wenn wir hier auf der Erde mal
einen Streit haben! 4 Aber ihr geht mit solchen Sachen gleich zum Anwalt
und erstattet Anzeige bei der Polizei! 5 Ich schreibe das hier, damit euch
das mörderpeinlich ist! Gibt es wirklich keinen bei euch, der genug Pei-
lung hat, um so was zu regeln? 6 Stattdessen zerrt ihr euch gegenseitig vor
den Kadi, sogar die Nichtchristen kriegen das mit. 7 Schlimm genug, dass
ihr euch überhaupt streitet! Warum könnt ihr nicht so drauf sein, dass es
euch egal ist, wenn Christen mies mit euch umgehen, ja euch sogar abzo-
cken? 8 Ihr rächt euch, indem ihr mit den Geschwistern genau dasselbe tut
wie sie mit euch! 9 Habt ihr schon wieder vergessen, dass Leute, die nicht
gerecht mit andern umgehen, im Land, wo Gott das Sagen hat*, nichts zu
suchen haben? Darauf könnt ihr wetten, Leute, keiner, der sexmäßig Mist
baut, der irgendwelche Dinge oder Ideen zu seinem Gott macht, der
fremdgeht, Stricher, 10 Diebe, Leute, die nur hinter Kohle her sind, Drogen-
süchtige, Alkis, Menschen, die ständig ablästern oder Banken überfallen,
keiner von denen wird bei Gott im Paradies dabei sein, wenn er so weiter-
lebt. 11 So waren einige von euch früher mal drauf, jetzt ist der ganze Dreck
aber von euch abgewaschen worden. Gott hat euch gerufen, er hat euch
frei gemacht, durch Jesus Christus und durch den Geist Gottes seid ihr
jetzt mit Gott unterwegs.

Auch unser Körper gehört Gott

12 „Wir dürfen alles“ ist so ein Spruch, den man von euch hört. Das
stimmt ja auch, aber trotzdem tut euch nicht alles gut. Dieser Spruch „Wir

* Gottes Reich oder Reich Gottes. Ein religiöser Fachbegriff, mit dem die Menschen damals ganz konkrete Erwartungen verbunden haben. Es ging um eine Zeit, in der Gott das Sagen hat, wo alles dufte ist. Dieses Reich breitet sich da aus, wo Christen sind, weil Jesus dann mitten dabei ist.

dürfen alles“ darf nicht dazu missbraucht werden, dass dich irgendetwas
plötzlich kontrolliert und du davon süchtig wirst! 13 Bei euch gilt die
Ansage: „Essen ist für den Magen und der Magen ist für das Essen da,
und irgendwann wird beides mal vergammeln.“ Stimmt, das heißt aber
noch lange nicht, dass wir mit unserem Körper jetzt rumsündigen kön-
nen. Auch unser Körper ist für uns von Gott gemacht worden. Darum ist
es Gott eben nicht egal, was wir damit machen! 14 Gott wird mit seiner
irren Power jeden von uns aus dem Tod rausholen. Hat er ja mit Jesus
auch gemacht. 15 Habt ihr nicht kapiert, dass euer Körper jetzt zu Jesus
Christus gehört? Habt ihr wirklich Bock darauf, dass dieser Körper versifft
wird durch den Sex mit einer Nutte? Never! 16 Oder habt ihr das noch gar
nicht verstanden, dass, wenn man mit einer Nutte schläft, man mit ihr
verschmilzt und eins wird? In dem alten Buch kann man ja auch nachle-
sen: „Beide werden ineinander verschmelzen!“ 17 Wenn ihr mit Jesus lebt,
dann verschmilzt euer Wesen auch mit ihm und seinem Geist. 18 Darum
kann ich euch echt nur warnen: Passt auf mit Sexsachen, die für Gott
nicht okay sind! Damit ist nicht zu spaßen, denn keine Sünde hat so sehr
was mit deinem Körper zu tun wie die! Ihr handelt damit im Grunde direkt
gegen euch selbst, gegen euren Körper. 19 Habt ihr vergessen, dass euer
Körper wie eine Kirche für die Power von Gott, seinen Heiligen Geist, ist?
Ja genau, der Geist, der jetzt in euch eingezogen ist, der euch geschenkt
wurde! Ihr habt ihm euer Leben gegeben, ihr gehört euch nicht mehr
selbst! 20 Gott hat fett bezahlt, damit das so ist. Er hat alles für euch gege-
ben! Hey, geht mit eurem Körper so um, dass Gott dabei groß rauskommt
und er sich darüber freut.

7

Soll man heiraten oder Single bleiben?

1 Jetzt noch mal zu den Fragen, die ihr mir in dem Brief geschrieben
habt. Also: Klaro ist es für einen Mann besser, nicht zu heiraten und
auf Sex ganz zu verzichten. 2 Weil aber mit Sexsachen so viel Mist passiert,
sollte besser jeder Mann eine Frau haben und jede Frau einen Mann.
3 Wenn ein Typ verheiratet ist, sollte er mit seiner Frau schlafen, auch
wenn er zu diesem Zeitpunkt keinen Bock auf Sex hat. Das gilt natürlich
auch umgekehrt! 4 Die Ehefrau und auch der Ehemann haben das Recht
an ihrem Körper an den anderen abgetreten. 5 Beide sollten nicht „Nein“
sagen, wenn einer mal Lust auf Sex hat. Ausgenommen, sie haben sich so
abgesprochen, dass sie für eine Zeit abbeten wollen und Sex sie dabei nur
ablenken würde. Danach solltet ihr aber wieder miteinander schlafen,
sonst werdet ihr nur gigascharf und Satan hat leichtes Spiel mit euch,
verführungstechnisch. 6 Das ist jetzt nur ein Tipp von mir, damit ihr es

leichter habt, kein Befehl. 7 Ich fänd es sehr geil, wenn alle, ohne zu heiraten, so leben könnten, wie ich es tue. Wir sind aber nicht alle gleich, und für einige ist es eine gute Sache, verheiratet zu sein, für andere besser, ohne Partner zu bleiben. 8 Die jetzt keinen Partner haben, auch die, bei denen der Ehepartner gestorben ist, denen würde ich aber echt raten, Single zu bleiben. 9 Wenn die es aber sexmäßig nicht auf die Reihe kriegen, sollten sie besser heiraten. Verheiratet zu sein ist immer noch besser, als den ganzen Tag an Sex zu denken und davon kontrolliert zu werden.

Wenn Eheleute Probleme miteinander haben

10 Für die Leute, die verheiratet sind, hab ich 'ne Ansage, die nicht von mir, sondern von Jesus selbst kommt: Eine Frau soll sich von ihrem Typen nicht scheiden lassen. 11 Wenn sie ihn aber trotzdem verlässt, soll sie auf keinen Fall wieder heiraten. Am besten, sie verträgt sich wieder mit ihrem Ex. Ein Ehemann soll seine Frau auch nicht rausschmeißen! 12 Jetzt kommt noch mal 'ne Ansage von mir, die ist nicht von Jesus: Wenn ein Christ eine Ehefrau hat, die nicht mit Jesus lebt, und für sie sein Glaube okay ist, dann darf er sie auch nicht in den Wind schießen. 13 Wenn umgekehrt eine Christin einen Typen als Mann hat, der nicht mit Jesus lebt, er das aber okay findet, dass sie mit Jesus lebt, dann darf sie ihn auch nicht wegschicken. 14 Ihr braucht keine Angst zu haben, dass ein Nichtchrist seine christliche Frau irgendwie runterzieht. Ganz im Gegenteil, die Frau färbt dann eher auf den Mann ab. Umgekehrt gilt das natürlich auch für einen christlichen Mann und seine nichtchristliche Frau. Das ist wichtig, weil sonst eure Kinder auch außen vor ständen, doch dadurch sind eure Kinder automatisch auf eurem Level. 15 Falls aber der Ehepartner, der nicht an Jesus glaubt, darauf besteht, sich scheiden zu lassen, dann gebt dem auch nach. Der Christ in der Ehe muss dann nicht krampfhaft daran festhalten – Gott will nicht, dass ihr deswegen Stress mit anderen Menschen habt. 16 Es kann ja keine Frau dafür garantieren, dass sich ihr Ehemann auch irgendwann für Jesus entscheidet. Und die Ehemänner wissen das genauso wenig von ihren Ehefrauen. 17 Wenn ihr verheiratet wart, als ihr Christen geworden seid, dann bleibt verheiratet. Und wenn ihr Single wart, lebt als Single weiter. Das ist meine Order an alle Gemeinden. 18 Das Gleiche gilt übrigens auch für dieses Beschneidungsritual*. Ist das bei jemandem abgegangen, bevor er gläubig geworden ist, wäre es Quatsch, das wieder rückgängig machen zu wollen. Wenn jemand auf der anderen Seite noch nicht beschnitten war, bevor er Christ geworden ist, dann soll

* Dieses Ritual wurde bei den Juden mit jedem Jungen durchgezogen. Man schnitt ihm die Vorhaut ab, um ihn so okay für Gott zu machen.

das auch so bleiben. 19 Es ist letztendlich total egal, ob jemand beschnit-
ten ist oder nicht. Wichtig ist, dass du das tust, worauf Gott Bock hat!
20 Ihr braucht eure Lebensumstände nicht dick zu verändern, nachdem ihr
Christen geworden seid! 21 Also, wenn du vorher ein Sklave warst, dann
mach dir keinen Kopf deswegen. Wenn du aber die Chance hast freizu-
kommen, dann nutz die auch. 22 Ist doch klar, wenn du ein Sklave warst
und Gott dich gerufen hat, dann bist du aus Gottes Perspektive jetzt ein
total freier Mensch. Ja, und wenn du vorher ein freier Mensch warst, dann
bist du jetzt irgendwie ein Sklave von Jesus, oder? 23 Gott hat derbe viel für
euch bezahlt, es hat ihn alles gekostet, deshalb werdet jetzt nicht abhän-
gig von Menschen, sondern nur abhängig von Gott. 24 Darum, Leute,
bleibt an dem Ort, wo ihr gewesen seid, bevor ihr angefangen habt, mit
Gott ganze Sache zu machen. Genau dort sollt ihr für ihn am Start sein.
25 Was die Singles angeht, da hat Gott mir keine genaue Order gegeben.
Aber ich hab einen guten Tipp für sie. Also, ihr könnt mir schon vertrauen,
schließlich hab ich ja von Gott 'ne Menge Schnall. 26 Da bald große Prob-
leme auf uns zukommen, glaub ich, es wäre keine gute Idee, jetzt zu
heiraten. 27 Wenn du schon 'ne Frau hast, dann steh zu ihr. Wenn du noch
keine hast, dann such dir auch keine. 28 Wenn du dich jetzt aber doch dazu
entschließt, zu heiraten, ist das total okay für Gott. Und wenn ein Mäd-
chen heiratet, ist das auch okay. Ich fände es allerdings schon besser,
wenn ihr den Problemen, die dadurch entstehen, aus dem Weg gehen
könntet. 29 Ihr Lieben, eins sag ich euch auf sicher: Wir haben nicht mehr
viel Zeit! Darum wäre es cooler, wenn die Männer durch die Ehe nicht von
dem Wichtigsten abgelenkt werden. 30 Egal, ob dir nach Heulen zumute
ist oder ob du gerade super drauf bist, ob du fett in Kohle schwimmst
oder nicht: Absolut nichts soll uns davon abhalten können, für Gott zu
leben! 31 Fahrt nicht ab auf Sachen, die aus dieser Welt kommen! Nicht sie
sollen euch beherrschen, sondern ihr sie. Diese Welt wird bald kaputt und
am Ende sein. 32 Ich wünsche mir, dass ihr, egal was bei euch abgeht, total
frei seid von dem, was an ätzenden Sachen in der Welt so passiert. Wenn
jemand unverheiratet ist, kann er sich voll auf die Sachen von Gott kon-
zentrieren, er kann sich voll darüber 'nen Kopf machen, wie er Gott 'ne
Freude machen kann. 33 Für einen verheirateten Mann ist das viel schwe-
rer. Er muss sich auch um seine Frau kümmern und für sie sorgen, er
kann sich so nur mit halber Kraft für Gott gerade machen. 34 Eine Frau,
die nicht geheiratet hat, kann radikal und frei alles für Gott geben. Wenn
sie aber verheiratet ist, will sie ja auch ihrem Mann gefallen. 35 Hey, es geht
mir nicht darum, jetzt irgendwelche Gesetze aufzustellen, ich will euch
nur helfen, Entscheidungen zu treffen. Ich möchte, dass ihr ein cooles
Leben habt, das für Gott auch okay ist, und dass ihr euer Ziel nicht aus

den Augen verliert, nämlich radikal für Gott zu leben. 36 Also, wenn je-
mand glaubt, er sollte seine Verlobte besser heiraten, weil es ihm sonst
schwerfallen würde, keinen Sex mit ihr zu haben, dann soll er das machen,
es ist okay. 37 Wenn er aber den Drive dazu hat, Sachen in der Regel auch
durchzieht und meint, Heiraten sei nicht angesagt für ihn, dann soll er
das machen. 38 Wenn also jemand heiraten will, ist das eine gute Entschei-
dung. Wenn jemand nicht heiraten will, ist es die bessere Entscheidung.
39 Eine Frau ist so lange mit ihrem Typen verheiratet, bis der stirbt. Wenn
er stirbt, kann sie sich einen neuen Mann suchen. Es sollte aber eine Ehe
sein, die für Gott cool ist, er sollte schon Christ sein! 40 Wenn die Frau
mich fragen würde, ich müsste ihr raten, alleine zu bleiben. Das ist jetzt
meine persönliche Meinung, aber ich hab schließlich Gottes Vollmacht für
so 'ne Ansagen bekommen.

8

Über den Umgang mit Fleisch, das vorher bei einem Opferritual für Götzen benutzt wurde

1 Jetzt nun noch mal zum Thema, ob es als Christ okay ist, Fleisch zu
essen, das für irgendwelche Götzenopfer benutzt wurde. Ehrlich, ich trau
euch zu, dass ihr da voll den Schnall habt und dass ihr das deshalb so
machen könnt, wie ihr das für richtig haltet. Aber Wissen kann dafür
sorgen, dass man arrogant wird. Nur Liebe baut die Leute wirklich auf.
2 Wenn jemand behauptet, er habe für alles eine schlaue Antwort parat,
hat er kaum geschnallt, worauf es wirklich ankommt. 3 Nur wer Gott so
richtig liebt, hat es wirklich verstanden! 4 Also, wie ist das jetzt mit dem
Opferfleisch für solche Plastikgötter, die sich Menschen selbst gemacht
haben? Geht das in Ordnung, davon zu essen, oder nicht? Hey, ist doch
kein Geheimnis, dass diese Teile nur Pseudogötter sind. Es gibt nur einen
wirklichen Gott! 5 In der Phantasie von den Menschen existieren viele
„Götter", die im Himmel wohnen oder auf der Erde. Es gibt ja auch tat-
sächlich viele spirituelle Kräfte und geistige Mächte in dieser Welt. 6 Wir
wissen aber, dass es nur einen einzigen echten Gott gibt! Den Vater, der
alles gemacht hat und für den wir alles geben! Und es gibt auch nur einen
echten Chef, Jesus Christus, durch den Gott alles machen konnte. Nur
durch ihn leben wir überhaupt! 7 Das ist allerdings nicht allen Christen
klar. Die sind noch etwas unsicher und haben das noch nicht so begriffen.
Die dachten irgendwie die ganze Zeit, es gibt auch noch andere Götter
neben Gott. Wenn die jetzt von diesem speziellen Fleisch essen, kommen
die schlecht drauf und kriegen ein schlechtes Gewissen. 8 Total richtig,
wenn ihr dagegenhaltet. Wir könnten Gott mit unserem Essverhalten eh
nicht beeindrucken. 9 Trotzdem wäre es cool, wenn ihr darauf achten wür-

det, mit eurem Verhalten nicht die Leute runterzuziehen, die dadurch ein
schlechtes Gewissen kriegen würden. Ihre Beziehung zu Gott würde da-
runter leiden, und das wäre blöd. 10 Es könnte ja passieren, dass dadurch
ein Christ, der im Glauben noch etwas schwach auf der Brust ist, mit-
kriegt, wie du in einem Götzentempel abhängst und da in Ruhe Mittag
isst. Für dich kann das ja total okay sein, aber die könnten es als Versu-
chung empfinden und gegen ihr Gewissen dann auch was von dem Zeug
essen. 11 So kann es kommen, dass diese Freiheit, die du dir damit raus-
nimmst, dass du deinen eigenen Glauben auf diese Art auslebst, deinen
schwächeren Bruder schlecht draufbringt. Dabei ist Jesus Christus auch
für ihn genauso gestorben wie für dich. 12 Wenn du das Gewissen von dei-
nem Glaubensbruder verletzt, dann verletzt du auch Jesus. 13 Ich fass noch
mal zusammen: Wenn die Chance besteht, dass durch mein Verhalten
jemand dazu verführt wird, Mist zu bauen, weil ich ohne nachzudenken
Opferfleisch esse, dann will ich lieber für den Rest meines Lebens auf
Fleisch ganz verzichten, als ihm das anzutun!

9

Paulus verzichtet auf sein Recht, Kohle für seinen Job zu kriegen

1 Um mal mich als Beispiel zu nehmen: Leute, ich bin immerhin ein
Apostel*! Ich hatte eine derbe Begegnung mit Jesus, konnte ihn mit
eigenen Augen sehen! Und alles, was bei euch mit Jesus geht, ist ein
Ergebnis meiner Arbeit! 2 Auch wenn andere mich nicht für einen Apostel
halten, für euch bin ich auf jeden Fall einer. Ihr seid ja der Beweis dafür,
dass ich von Gott so eine Berufung habe. 3 Meinen Kritikern kann ich
echt nur das sagen: 4 Meine Mitarbeiter und ich haben bei dem, was wir
malochen, doch eigentlich echt einen Anspruch dadrauf, von der Jesus-
Gemeinschaft wenigstens unsere Spesen bezahlt zu bekommen! 5 Hätten
wir nicht sogar einen Anspruch dadrauf, unsere Ehefrauen auf Kosten der
Gemeinschaft auf unsere Tour mitzunehmen? Die anderen Apostel tun
das, die Brüder von Jesus auch, genauso Petrus. 6 Warum müssen Barna-
bas und ich eigentlich für unseren Unterhalt auch noch selber sorgen? 7 Es
gibt ja auch keinen Soldaten, der sich selber den Lohn auszahlt. Und ein
Bauer kann auch seine eigenen Früchte ernten. Und ein Hirte kann auch
von seinen Tieren die Milch trinken, das ist doch wohl logisch. 8 Das ist
übrigens nicht nur allgemein so üblich, Gott hat in den alten Schriften
schon ’ne Ansage dazu gemacht. 9 In den Gesetzen von Mose steht zum

---

* „Apostel“ heißt übersetzt so viel wie „Gesandter“, „Postbote“, jemand, der eine Botschaft hat. Es war ein stehender Begriff für ein paar wenige Christen, die eine spezielle Begabung und Berufung von Gott bekommen hatten. Siehe auch „Was bei den Aposteln so los war“, Apostelgeschichte 1,1.

Beispiel: „Der Ochse, der dir bei der Feldarbeit hilft, sollte auch was zu
fressen kriegen!" Glaubt ihr, Gott hatte dabei nur an Ochsen gedacht, als
er das gesagt hat? [10] Meinte er damit nicht vielleicht auch uns? Natürlich
meinte er uns, er sagt da ja auch, dass alle, die beim Ernten helfen, was
von der Ernte abkriegen sollen. [11] Wir haben bei euch die geistlichen
Samen ausgestreut, indem wir über Gott geredet haben. Ist doch nicht zu
viel verlangt, wenn ich euch um was zu essen und ein paar Klamotten
bitte, oder? [12] Ihr spendet ja auch für andere Leute, die euch von Gottes
Sachen erzählen, und das ist auch okay. Trotzdem haben wir erst recht
einen Anspruch dadrauf. Wir haben von diesem Recht bisher nie Ge-
brauch gemacht, vor allem weil wir keinen Bock darauf hatten, dass Kohle
und solche Sachen der guten Nachricht von Jesus im Weg stehen könn-
ten. [13] Wisst ihr eigentlich nicht, dass alle, die im Tempel arbeiten, was von
dem Geld bekommen, das der Tempel einnimmt? Und die Priester, die am
Altar zu tun haben, dürfen sich lebensmitteltechnisch an den Opfersachen
bedienen. [14] Gott hat genauso die Order rausgegeben, dass die Leute, die
für Gottes coole Nachricht arbeiten, auch anständig dafür bezahlt werden.
[15] Ich hab aber von dieser Möglichkeit nie Gebrauch gemacht, nur um das
noch mal klarzustellen. Ich schreib das jetzt auch nicht, weil ich euch jetzt
irgendwie hintenrum dazu auffordern will. Lieber sterbe ich, als mir den
Orden, dass ich mich gerade mache, ohne Kohle dafür zu verlangen, wie-
der klauen zu lassen! [16] Dass ich die coole Nachricht von Gott überall
erzähle, ist kein Grund für mich, den Dicken raushängen zu lassen. Ich
kann gar nicht anders, ich muss das tun, sonst geht es mir mies! [17] Wenn
ich das tun würde, weil ich mich aus freiem Willen dazu entschlossen
habe, dann wäre es okay, Kohle dafür zu verlangen. Aber ich wurde von
Gott extra dafür ausgesucht! Er wollte das von mir, ich konnte gar nicht
anders. [18] Wie krieg ich denn jetzt meine Bezahlung? Die besteht dadrin,
dass ich die Nachricht von Gott den Leuten weitererzähle, und zwar kos-
tenlos. Und sie besteht auch dadrin, dass ich auf mein Recht verzichte.

Radikal ohne Ende

[19] Ich bin frei und total unabhängig, obwohl ich mich auf der anderen Seite
zum Hampelmann für alle gemacht habe. Ich wollte einfach so viele Men-
schen wie möglich erreichen. [20] Damit ich die Juden für Jesus begeistern
kann, lebe ich radikal nach den Regeln eines Juden, obwohl ich das eigent-
lich gar nicht mehr muss. Ich möchte sie eben für Jesus begeistern.
[21] Wenn ich aber bei Leuten abhänge, die diese religiösen Gesetze nicht
kennen, dann lebe ich so wie sie, weil ich auch sie für Jesus begeistern
möchte. Das heißt jetzt nicht, dass mir dann die Gesetze von Gott völlig
egal sind. Ich lebe strikt nach den Sachen, die Jesus gesagt hat. [22] Bin ich

bei Leuten, die noch nicht so lange mit Jesus leben und glaubensmäßig
noch etwas schwach auf der Brust sind, dann pass ich sehr darauf auf,
sie nicht zu verwirren. Bei wem ich auch gerade bin, ich stell mich immer
wieder neu auf die Situation ein, um möglichst viele für Jesus zu retten.
[23] Das tue ich, um mich für Gottes Sache gerade zu machen, damit mög-
lichst viele davon hören. Ich nehme so Anteil dadran, und das finde ich
cool. [24] Habt ihr schon mal so einen 10 000-Meter-Lauf in einem Stadion
beobachtet? Es gibt da immer nur einen, der am Ende ganz oben auf dem
Siegertreppchen steht! So müsst ihr auch drauf sein. Lauft so, dass ihr am
Ende da oben steht! [25] Wenn einer in einem Wettrennen der Sieger sein
will, muss er alles dafür geben! Ein Sportler verzichtet auf alles Mögliche,
nur um am Ende zu siegen. Und dabei vergisst man so einen Sieger nach
ein paar Tagen schon wieder. Wir sind aber bei einem Rennen am Start,
wo der Preis unvergesslich ist! [26] Ich hab einen genauen Plan, wofür ich
kämpfe. Ich laufe nicht wie blöd irgendetwas hinterher. Wenn ich kämpfe,
dann geht es richtig ab. Ich bin dann fast wie ein Boxer, der nie daneben
haut. [27] Ich konzentriere mich wie ein Leistungssportler voll auf das Ziel.
Ich zwinge dabei auch meinen Körper, mir unbedingt zu gehorchen. Ich
habe nämlich keinen Bock anderen zu erzählen, wie man radikal als Christ
leben kann, und dann selber nur lasch rumzuhängen.

10

Warum die Israelis schlecht draufgekommen sind

[1] Ihr Lieben, ich möchte nicht, dass ihr verdrängt, was unsere Vor-
fahren alles mit Gott in der Wüste erlebt haben. Er ging damals
immer in einer Wolke vorweg. Er führte sie ganz sicher, sogar durch das
Rote Meer hat er sie gebracht. [2] Das ganze Volk wurde dort auf dem Weg
durch das Meer auf Mose eingeschworen, er war ihr Führer. [3] Alle aßen in
der Zeit auch dieselben Sachen, die Gott ihnen auf übernatürliche Art
anlieferte. [4] Auch mit Getränken wurden sie von Gott versorgt, durch die-
sen Felsen, aus dem Wasser sprudelte. Dieser Felsen, dessen Wasser sie
am Leben erhielt, ist übrigens ein erstes Zeichen für Jesus gewesen.
[5] Trotzdem hatte Gott keinen Bock auf ihren Lebensstil, die meisten von
ihnen sind in der Wüste verreckt. [6] Das ist eine fette Warnung für uns!
Wir sollten uns auf falsche Sachen nicht einlassen! [7] Wir sollten auf keinen
Fall zu irgendwelchen linken Göttern beten! An dem Punkt sind die ja
auch gescheitert. Ich zitiere noch mal die alten Schriften: „Das Volk feiert
derbe Partys, nach dem Motto: Saufen und spachteln, bis der Arzt
kommt.“ [8] Das Gleiche gilt für ätzende Sexsachen. Lasst bloß die Finger
davon, das haben einige von denen auch gebracht! Dadurch sind nach
den alten Berichten an nur einem einzigen Tag dreiundzwanzigtausend

Menschen gestorben. 9 Wir sollten mit Gott auch keine Spielchen spielen,
das haben sie damals auch gemacht, und dann sind sie von Schlangen
gebissen worden und gestorben. 10 Rebellion gegen Gott ist echt nicht
angesagt, Leute. Gott hat die Menschen, die damals so drauf waren, mit
einem Todesengel um die Ecke gebracht. 11 Diese ganzen Geschichten
sollen uns was beibringen. Sie wurden für uns aufgeschrieben, damit wir
gewarnt sind. 12 Alle, die meinen, sie hätten es drauf, sollen aufpassen,
dass ihnen nicht die gleichen Sachen passieren. 13 Hey, alles, was eure
Beziehung zu Gott bisher auf die Probe gestellt hat, war doch noch voll im
Rahmen! Auf Gott kann man sich auf jeden Fall verlassen. Er ist nicht link.
Die ganzen Prüfungen, durch die ihr durchkommen sollt, werden machbar sein, versprochen. Wenn er euch mal testet, dann wird es immer eine
Möglichkeit geben, den Test auch zu bestehen.

Die Götzen soll man in die Tonne kloppen

14 Also, Freunde, passt auf, dass ihr nicht irgendwelchen Göttern dient, ja?
15 Als Christen wisst ihr doch, worum es eigentlich geht. Rede ich nur
Blödsinn, oder ist das wahr, was ich sage? 16 Wenn wir zusammen so ein
Essen veranstalten, wie das Jesus mit uns gemacht hat, dieses „besondere Abendessen“, dann sind wir ja alle irgendwie bei Jesus angeschlossen. Wir erinnern uns dann daran, dass unsere Schulden bei Gott einfach weg sind, weil Jesus für uns gestorben ist. Indem wir aus dem Becher Wein trinken und das Brot zusammen essen, werden wir Teil von Jesus und
seinem Körper. 17 Bei diesem Abendessen spachteln wir alle vom selben
Brot, um deutlich zu machen, dass wir ganz eng zusammengehören. 18 Als
Beispiel kann man dafür auch gut das Volk der Israelis nehmen und was bei denen im Gottesdienst abgeht. Alle, die da zusammen von den geopferten Tieren essen, hängen zusammen auch mit Gott ab. 19 Was will
ich damit sagen? Vielleicht, dass es andere Götter gibt, die doch irgendeine Bedeutung haben, und dass es was bringt, denen zu opfern? 20 Null!
Ganz im Gegenteil! Aber man opfert da eben nicht Gott, sondern irgendwelchen Dämonen. Und ich hab echt null Bock dadrauf, dass ihr
irgendwas mit Dämonen zu tun habt! 21 Ihr könnt euch nicht gleichzeitig
bei Gott bedienen und bei Dämonen. Ihr könnt auch nicht gleichzeitig mit Gott essen und sein Abendessen feiern und gleichzeitig mit Dämonen
dasselbe machen. 22 Oder wollen wir Gott vielleicht eifersüchtig machen,
so wie es das Volk Israel auch gebracht hat? Oder glauben wir vielleicht,
wir wären stärker als er? 23 Ihr lebt nach dem Motto: „Alles ist für Gott
okay!“ Dazu gehört meiner Meinung nach: „Es ist aber nicht alles gut für
mich!“ 24 Fahrt nicht die ganze Zeit nur den Egofilm, denkt auch mal da
dran, wie es den anderen geht und was man für die machen kann, sodass

es ihnen auch gut geht. 25 Mein Tipp, was diese Opfersache angeht: Kauft
einfach auf dem Markt das Fleisch ein, so wie ihr Bock habt, und fragt
nicht extra nach, ob es von so einem Ritual kommt oder nicht. Dann
braucht ihr euch auch keinen Kopf drüber zu machen und euer Gewissen
zu belasten. 26 Denn, ich zitiere: „Die Erde und alles, was auf ihr so lebt,
gehört Gott.“ 27 Also, wenn ihr mal ’ne Einladung zum Essen bekommt,
dann könnt ihr sie ruhig annehmen. Esst einfach los, ohne euch den Kopf
drüber zu machen, woher das Fleisch jetzt kommt, das ist dann okay.
28 Wenn aber jemand die Ansage macht, das Fleisch käme von einem
Opferritual für Götzen, dann lasst die Finger davon, vor allem aus Rück-
sicht auf die Leute, die euch gewarnt hatten. 29 Für euch wäre das wahr-
scheinlich kein großes Ding, aber für andere schon, und darum geht es
mir. Warum soll ich meine persönliche Freiheit einschränken, nur weil
jemand gewissenstechnisch ein Problem damit hat? 30 Wenn ich Gott für
ein Essen voll dankbar bin und es auch mit dieser Haltung genüsslich
verspeise, wo liegt da das Problem für andere Leute? 31 Egal, bei welcher
Frage, und egal, was ihr tut, wichtig ist nur, dass wir es tun, damit Gott
dabei groß rauskommt. 32 Darum versucht so zu leben, dass die Men-
schen, egal ob Juden oder Christen, sich nie über euch ärgern müssen, ja?
33 Ich lebe auch nach diesem Motto. Ich versuche so zu leben, dass ich
überall beliebt bin. Dabei geht es mir nicht darum, der coole Macker zu
sein, ich will, dass möglichst viele Menschen durch Jesus Christus gerettet
werden.

11 Das Verhalten beim Gebet soll den gesellschaftlichen Regeln entsprechen

1 Nehmt mich als Vorbild, so wie ich auch Jesus als Vorbild habe.
2 Ich finde es richtig geil, Leute, dass ihr mich nicht vergessen habt und
dass ihr weiter versucht, alles durchzuziehen, was ich euch beigebracht
habe. 3 Das gilt hoffentlich auch für eine Sache, die ich euch noch sagen
will: Ein Mann ist von Jesus abhängig, eine Frau ist wie heute allgemein
üblich vom Mann abhängig, und Jesus ist von Gott abhängig. 4 Wenn ein
Typ öffentlich zu Gott redet oder ein Wort von Gott weitergibt, und sich
dabei so schminkt, wie es manche Frauen bei euch tun, schadet er dem
Image von sich und Jesus. 5 Dagegen ist das bei einer Frau so: Wenn sie
öffentlich zu Gott redet oder ein Wort von Gott weitergibt, und sich dabei
übelst auftakelt, schadet sie dem Image von sich und dem Mann und
Jesus. Sie könnte sich gleich so wie eine Hure aufstylen. 6 Echt jetzt! Wenn
eine Frau nuttig rumläuft, könnte sie gleich nackt durch die Gegend spa-
zieren. Das wäre echt peinlich für sie! Darum sollen Frauen sich normal

anziehen. 7 Noch mal: Ein Mann soll sich nicht so auftakeln wie eine Frau.
Denn erstens: Er ist immerhin Gott ähnlich geschaffen. Die Frau ist aber
dem Mann ähnlich gemacht. 8 Zweitens: Als Gott den Menschen gemacht
hat, hat er erst den Mann gemacht und dann die Frau. 9 Und drittens: Die
Frau wurde damals gemacht, damit sie für den Mann da ist und weil er
sie braucht. 10 Darum soll die Frau irgendwas tragen, das zeigt: Ich gehöre
zu einem Mann. Auch wegen der Engel soll sie das tun. 11 Voll wichtig ist
aber, dass der Mann und die Frau auf derselben Stufe stehen! Gott hat es
so im Sinn gehabt, dass der Mann die Frau braucht, so wie auch die Frau
den Mann braucht. 12 Denn so wie damals, als Gott den Menschen gebas-
telt hat, die Frau aus dem Material vom Mann gemacht wurde, wird heute
jeder Mann von einer Frau geboren. Aber beide sind letztendlich von
Gott! 13 Was meint ihr? Glaubt ihr, es ist okay, wenn eine Frau so aufgestylt
mit Gott redet, als wolle sie gleich auf den Strich anschaffen gehen?
14 Empfindet ihr das nicht auch als total ätzend, wenn Männer sich wie
Frauen anziehen? 15 Bei Frauen sehen die Klamotten aber gut aus. Denn
sie schützt die Frau davor, dass man sie für eine billige Schlampe hält.
16 Wenn jemand jetzt große Lust dazu verspürt, aus dem Thema eine
derbe sinnlose Diskussion vom Stapel zu brechen, dann sollte er vorher
wissen, dass so was bei uns nicht üblich ist. Die anderen Gemeinden
handhaben diese Sache übrigens genauso wie wir.

Regeln für das Abendessen

17 Jetzt zum nächsten Punkt, nämlich dem Thema Gottesdienst. Ich hab
das Gefühl, eure Gottesdienste ziehen euch eher runter, als dass sie euch
aufbauen. 18 Erst mal hat man mir erzählt, ihr würdet bei euch voll die Cli-
quenwirtschaft haben, und um ehrlich zu sein, ich glaube das auch. 19 So
wie ihr drauf seid, ist das auch kein Wunder. Dadurch kann man erkennen,
wer es begriffen hat und wer nicht. 20 Ich werde das Gefühl nicht los, dass
euer „besonderes Abendessen“ gar kein echtes Abendessen ist, so wie
Jesus das wollte. 21 Man hat mir erzählt, dass bei euch eher so ein Picknick
veranstaltet wird. Jeder bringt seinen eigenen Kram mit, und am Ende
sind einige pappsatt, nämlich die, die viel Kohle und sich ’ne Menge zum
Spachteln mitgebracht haben. Andere haben noch Hunger, und ein paar
von euch sind sogar total besoffen. 22 Stimmt das echt? Könnt ihr denn
nicht zu Hause was spachteln? Warum müsst ihr die Leute schlecht aus-
sehen lassen, die nicht so viel Kohle haben? Soll ich das auch noch geil
finden? Tut mir leid, da komm ich nicht mit. 23 Die Order, die der Chef
Jesus selber gesagt hat, war anders. In der Nacht, in der er verraten
wurde, nahm er das Brot, 24 bedankte sich bei Gott dafür und zerteilte es.
Dabei sagte er: „Das ist mein Körper, der wird für euch hingerichtet und

zerstört. Dieses Abendessen müsst ihr immer wieder tun, um euch daran
zu erinnern." 25 Danach nahm er noch das Weinglas und sagte: „Dieses
Glas ist wie ein neuer Vertrag, den Gott mit den Menschen abgeschlossen
hat. Er wurde mit meinem Blut unterschrieben. Das müsst ihr immer tun,
um euch daran zu erinnern." 26 Jedes Mal, wenn ihr von diesem Brot esst
und wenn ihr von diesem Wein trinkt, dann ist das wie eine Ansage, dass
Jesus für die Menschen gestorben ist. 27 Wenn das Abendessen also zu so
einem Picknick verkommt, dass sich da der eine oder andere sogar mit
Alk breithaut und pappsatt nach Hause geht, während andere noch hung-
rig sind, Leute, das geht nicht! Wenn jemand auf diese Weise, ohne drüber
nachzudenken, von dem Brot isst und aus dem Glas von Gott trinkt, der
tut so, als würde der Tod von Jesus für ihn total egal sein. 28 Darum kann
ich jedem nur raten, sich selbst genau abzuchecken, bevor er an diesem
Abendessen teilnimmt. 29 Denn wer sich davon bedient, ohne geschnallt
zu haben, dass es hier um den Körper von Jesus geht, der liefert sich da-
mit gleich selbst an das Gericht von Gott aus. 30 Das ist auch ein Grund,
warum viele von euch so schwach auf der Brust sind. Einige sind deswe-
gen ständig krank, gar nicht zu reden von denen, die schon abgekratzt
sind. 31 Wenn wir uns selber aber immer wieder abchecken, dann brauchen
wir auch keinen Schiss vor der Gerichtsverhandlung mehr haben. 32 Wenn
uns Gott aber bestraft, dann tut er das als Erziehungsmaßnahme. Er will
nicht, dass wir mit dem Rest der Welt dumm dastehen bei der letzten
großen Gerichtsverhandlung. 33 Darum meine Bitte, ihr Lieben, wartet auf-
einander, wenn ihr euch trefft, um das Abendessen zu feiern. 34 Wenn ihr
echt mördermäßigen Hunger habt, dann esst vorher was zu Hause.
Sonst bringt euch dieses special Erinnerungsessen nichts Gutes, es han-
delt euch eher Probleme ein. In den andern Fragen will ich euch erst
'ne Ansage machen, wenn ich live bei euch bin, okay?

12

Gott gibt seinen Leuten unterschiedliche geistliche Begabungen

1 Und jetzt, ihr Lieben, will ich noch ein wenig über die besonderen
Fähigkeiten schreiben, die der Geist von Gott uns schenkt. 2 Ihr
habt hoffentlich nicht vergessen, dass ihr als Nichtchristen noch wie blöd
dazu getrieben wurdet, mit den toten Götzen rumzumachen. 3 Auf diesem
Hintergrund möchte ich euch noch mal klarmachen, wie man auseinan-
derhalten kann, was von Gott kommt und was eben nicht. Also niemand,
der den Geist von Gott hat, ist in der Lage zu sagen: „Jesus soll verflucht
sein!" Auch kann niemand die Ansage machen: „Jesus ist der Chef über
allem!", wenn ihm das nicht der Heilige Geist gezeigt hätte. 4 Es gibt nun
verschiedene geistliche Begabungen, trotzdem werden sie alle von dem

einen Heiligen Geist zugeteilt. 5 Genau so sind uns die unterschiedlichen
Aufgaben, die in der Gemeinde am Start sind, alle von einem Gott zuge-
teilt worden, dem Gott, dem wir gehören. 6 Gott handelt auf unterschiedli-
che Art und Weise an uns, es ist trotzdem immer derselbe Gott. 7 Jeder
bekommt irgendeine Fähigkeit von Gott, die allen in der Gemeinde helfen
kann. 8 Der eine bekommt von Gott die Begabung, besonders gute Rat-
schläge zu geben. Ein anderer bekommt Peilung von dem, was Gott ge-
nau von einem will. 9 Einer bekommt die Begabung, voll viel Glauben zu
haben, der Nächste die Fähigkeit, Kranke zu heilen – und alles kommt
vom selben Geist! 10 Ein anderer bekommt von ihm special Kräfte, um
fette Wunder zu tun, und dann bekommt wieder jemand anderes die
Fähigkeit, prophetische Worte zu empfangen. Der Nächste kriegt vielleicht
die Fähigkeit abzuchecken, ob das, was da gesagt wurde, von Gott kommt
oder nicht. Kann auch sein, dass einer die Begabung bekommt, in frem-
den Sprachen Sachen von Gott zu sagen, und ein anderer versteht das
auch und kann es übersetzen. 11 Diese ganzen unterschiedlichen Sachen
kommen aus ein und derselben Kraft, nämlich von seinem besonderen
Geist. Er verteilt die Gaben so, wie er Bock drauf hat. 12 Um mal in einem
Bild zu sprechen: Der Körper von einem Menschen hat viele Teile und
Organe. Trotzdem gehört alles zusammen zu einem Menschen. Genauso
ist das bei der Familie von Jesus Christus auch. 13 Einige von uns sind
Juden, andere Nichtjuden, ein paar sind Sklaven, andere wieder sind frei.
Trotzdem haben wir alle dieselbe Kraft, denselben Geist, von Gott bekom-
men. Wir gehören zur selben Familie, durch die Taufe sind wir sogar ein
Teil vom Körper von Jesus geworden. 14 Ein Körper besteht ja auch aus vie-
len verschiedenen Teilen, nicht nur aus einem. 15 Angenommen, der Fuß
könnte reden, er würde doch nicht sagen: „Hallo, ich gehöre nicht dazu,
ich bin ja nicht die Hand!“, oder? Er gehört dazu, ob er will oder nicht.
16 Oder wenn das Ohr jetzt seine Unabhängigkeit ausrufen würde: „Ich
gehöre nicht dazu, ich bin ein Ohr und kein Auge!“, würde es trotzdem
dazugehören. 17 Jetzt stellt euch mal vor, euer ganzer Körper besteht nur
aus Augen, wie könnt ihr dann noch hören? Oder anders, der ganze Kör-
per besteht nur noch aus Ohren, was geht dann noch mit Riechen? 18 Gott
hat uns aus unterschiedlichen Teilen zusammengesetzt und jedem Teil
seine Aufgabe gegeben, so wie er Bock drauf hatte. 19 Das wäre ja auch
voll der seltsame Körper, wenn er nur aus einem Körperteil bestehen
würde! 20 Er hat uns so gebaut, dass ein Körper aus vielen Teilen besteht.
21 Das Auge kann nicht zur Hand gehen und sagen: „Ich brauch dich
nicht!“ Und der Kopf kann auch nicht zum Fuß sagen: „Ich hab keinen
Bock auf dich!“ 22 Tatsächlich sind die eher nicht so prallen Körperteile
genau die, die so wichtig sind. 23 Was bei unserem Körper eher ungeil aus-

sieht, das verstecken wir ganz gerne. Über die Teile, die nicht so schön
sind, ziehen wir irgendwas drüber. 24 Andere Körperteile haben das wieder
null nötig. Gott hat den Körper so zusammengestellt, dass die Teile, die
hintenanstehen, besonders viel Applaus abkriegen. 25 So halten die Teile
besser zusammen und streiten sich nicht ständig. 26 Geht es einem Kör-
perteil mies, dann leiden alle mit. Wenn ein Teil gelobt wird, dann freuen
sich auch alle anderen Teile mit ihm. 27 Ich wollte euch damit klarmachen,
dass ihr alle zusammen wie ein Körper von Jesus seid, jeder von euch ist
dabei und gehört dazu. 28 Gott hat jedem seinen von ihm bestimmten
Platz und seine Aufgabe gegeben. Einer ist ein Apostel, der Nächste wie-
der ein Prophet, der Dritte ein Lehrer. Dann gibt es Leute, die Wunder tun
können, andere haben die Begabung, Menschen zu heilen, und dann gibt
es wieder welche, die eine Begabung haben, Menschen zu helfen. Beson-
dere Leitungsbegabung oder in fremden Sprachen Sachen von Gott zu
reden sind auch noch zwei Begabungen, die Gott gibt. 29 „Wie jetzt, ist
jeder ein Apostel?“ Nein, natürlich nicht! „Ist jeder denn ein Prophet?“
Nein! „Sind alle Lehrer? Hat jeder diese Power, Wunder zu tun? 30 Haben
nicht alle die Begabung, Menschen zu heilen? Haben nicht alle die Bega-
bung, in einer fremden Sprache Sachen von Gott zu reden? Können die
nicht alle auch auslegen?“ Nein, natürlich nicht! 31 Bemüht euch aber auf
jeden Fall um die fetten Begabungen von Gott! Zu einer Sache, die noch
viel wichtiger ist als die, komme ich jetzt:

13

Ein Lied über das Wichtigste: die Liebe

1 Ohne Liebe geht gar nichts! Selbst wenn ich perfekt alle Spra-
chen, die es auf der Welt gibt, sprechen könnte, auch die Sprache
der Engel, aber in alldem, was ich darin reden würde, wäre keine Liebe,
dann wären meine Worte wie Müll, sie wären ohne Bedeutung, hohl und
leer. 2 Selbst wenn ich in einer Tour prophetische Worte von Gott bekom-
men würde, wenn er mir alle geheimen Fragen über die Welt beantwortet
hätte und ich so ein Vertrauen auf Gott haben würde, dass Berge auf mein
Gebet hin verschwinden, aber ich würde all das ohne Liebe tun, dann wäre
das immer noch nichts, es würde nichts bedeuten. 3 Und selbst wenn ich
alles, was mir gehört, an Obdachlose und Penner verschenken würde, ja
selbst wenn ich mein Leben für andere riskieren und dabei sterben würde,
aber ich würde das nicht aus Liebe machen, es wäre für die Tonne und
umsonst. 4 Liebe ist entspannt, sie mag Menschen, sie ist nett zu Leuten.
Neid ist für sie ein Fremdwort, sie sieht nicht von oben auf andere runter,
angeben hat sie nicht nötig und sie markiert auch nie den dicken Macker.
5 Liebe will Leute nie fertigmachen, und sie will auch nicht das fetteste

Stück vom Kuchen haben. Die Liebe lässt sich nicht so schnell aus der
Ruhe bringen, und sie verzeiht, wenn man link zu ihr war. 6 Sie hat keinen
Bock drauf, wenn jemand abgelinkt und ungerecht behandelt wird. Sie
feiert, wenn die Wahrheit siegt und alles korrekt zugeht. 7 Die Liebe ist
nicht totzukriegen, sie hört nie auf zu vertrauen, sie verliert nie die Hoff-
nung, sie übersteht jede Krise. 8 Prophetische Worte von Gott, die Fähig-
keit in fremden Sprachen zu reden, das Wissen – das alles wird mal vorbei
sein. Aber die Liebe wird nie zu Ende sein, sie hält durch und gibt nicht
auf. 9 Bis jetzt haben wir nur wenig kapiert, und auch unsere Fähigkeit,
prophetische Worte zu bekommen, ist sehr begrenzt. 10 Wenn es aber
abgeht und Gottes neue Zeit voll da ist, dann wird es keine halben Sachen
mehr geben. 11 Als Kind war ich auch in meiner Denke ein Kind, ich beob-
achtete und bewertete die Welt aus dieser Perspektive. Als ich dann aber
erwachsen wurde, wollte ich kein Kind mehr sein. 12 Aus jetziger Sicht ist
uns vieles noch total unklar, wir verstehen Sachen nicht, fast so, als wären
wir benebelt. Aber irgendwann werden wir Gott deutlich vor uns sehen
und dann wird uns vieles klar werden. Was ich bis jetzt verstanden hab, ist
unvollständig, dann werde ich aber den totalen Durchblick haben, so wie
Gott jetzt schon über mich den totalen Durchblick hat. 13 Die Sachen, die
immer bleiben werden, sind der Glaube, die Hoffnung und die Liebe. Am
fettesten kommt aber die Liebe, sie steht über allem.

14

Gott hat Bock auf Klarheit

1 Liebe soll bei euch allen höchste Priorität haben! Aber seid auch
heiß auf die besonderen Begabungen, die Gott durch den Geist
geben möchte! 2 Wenn jemand zum Beispiel diese Sprachenbegabung
auslebt, dann redet er ja dabei nicht mit Menschen, er spricht mit Gott.
Ist doch klar, keiner kapiert, was er da ablabert, aber Gott versteht es!
3 Das ist aber bei der Prophetenbegabung anders. Wenn jemand die hat,
dann hilft er ja damit den anderen, im Glauben weiterzukommen. Er
bringt sie gut drauf und baut sie damit auch auf. 4 Wenn jemand die Spra-
chenbegabung hat, dann wird er dadurch vor allem selber geistlich auf-
gebaut. Bei der prophetischen Begabung ist das allerdings anders, damit
wird ja die ganze Gemeinschaft ermutigt. 5 Ich fände es supercool, wenn
jeder von euch diese Sprachenbegabung von Gott hätte, wichtiger wäre
aber für mich, dass ihr prophetisch reden könntet. Diese Begabung, pro-
phetische Worte zu bekommen, ist superwichtig, es bringt einfach mehr,
als nur in fremden Sprachen reden zu können. Ausgenommen natürlich,
jemand ist am Start, der diese Sprache übersetzen und auslegen kann.
Dann haben alle was davon. 6 Leute, mal im Ernst, was würde das brin-

gen, wenn ich jetzt bei euch wäre, und ich würde in einer fremden Sprache
losbrabbeln? Was doch viel mehr geht, ist, wenn ich euch Sachen ver-
ständlich beibringen würde, wenn ich Dinge erzähle, die Gott mir gezeigt
hat, was er mit euch vorhat oder so. 7 Ein guter Vergleich dazu sind Musik-
instrumente. Eine Flöte oder ein Klavier muss man beherrschen können.
Wenn man nicht dadrauf spielen kann, kommen nur schräge Töne dabei
rüber. 8 Wenn ein Trompeter von einer Armee nicht gut und laut trompe-
ten kann, wird es keiner rallen, wenn er den Startschuss zum Angriff gibt.
9 Das stimmt auch für eure Situation. Wenn ihr in einer Sprache zu Leuten
redet, die sie null verstehen, wie sollen die denn schnallen, was ihr sagen
wollt? Dann könnt ihr genauso gut mit der Wand reden. 10 Es gibt irre viele
Sprachen auf der Welt, und jede Sprache ist dafür da, dass man sich in ihr
unterhalten kann. 11 Ich kann die meisten davon aber nicht verstehen, und
darum kann ich auch nicht mit jedem labern. Und die verstehen mich
natürlich auch nicht. 12 Weil ihr ja so heiß auf diese übernatürlichen Be-
gabungen seid, fragt doch mal bei Gott an, ob er nicht die bei euch an
den Start bringt, von denen alle was haben. 13 Und wer in einer anderen
Sprache reden kann, sollte bei Gott auch anfragen, die Fähigkeit zur Über-
setzung der Sprache gleich mitzubekommen. Damit kann er dann das
Gesagte auch erklären. 14 Wenn ich nämlich so bete, dann redet der Geist
von Gott in mir. Ich kann das nicht mit meinem Verstand regeln. 15 Was ist
also zu tun? Am besten beides! Ich bete in einer fremden Sprache, und ich
bete normal, sodass mich jeder versteht. Ich singe in einer Sprache, die
Gott durch seinen Geist mir aufspielt, und dann singe ich wieder so, dass
mich alle verstehen können. 16 Hey, wie sollte denn sonst jemand am Ende
von deinem Gebet ehrlich dazu „Amen“ sagen können, wenn er null ver-
standen hat, wofür du Gott gerade Danke gesagt hast? 17 Das Gebet kann
dann noch so supergeistlich klingen, es bringt den anderen nichts. 18 Ich
bin Gott voll dankbar, dass ich mehr als ihr alle diese Begabung auslebe
und in einer anderen Sprache mit Gott laber. 19 Aber wenn die ganze Ge-
meinde zusammenkommt, rede ich lieber fünf verständliche Worte, die
Leuten helfen, als zehntausend Worte in einer fremden Sprache, die keiner
versteht. 20 Liebe Leute, seid bitte nicht kindisch, ihr versteht doch mein
Anliegen, oder? Ihr könnt kindlich bleiben, wenn es um fiese Sachen geht,
aber in solchen Dingen schaltet mal euren Verstand ein und regelt das wie
Erwachsene! 21 In den alten Schriften kann man auch was zu dem Thema
nachlesen. Da sagt Gott: „Ich habe vor, mit meinen Leuten in anderen
Sprachen zu reden. Doch sie werden nicht auf mich hören.“ 22 Daran kann
man auch erkennen, dass diese Begabung ein Zeichen für Leute ist, die
nicht an Gott glauben. Die Begabung, prophetische Worte von Gott zu
kriegen, ist vor allem für die Jesus-Leute gedacht. 23 Wenn jetzt allerdings

mal jemand in euren Gottesdienst kommt, der nicht an Gott glaubt, und er hört euch alle in einer fremden Sprachen brabbeln, der wird doch denken, ihr seid total durchgeknallt! [24] Wenn jetzt allerdings mal der Fall eintritt, dass bei euch prophetische Worte im Gottesdienst ausgesprochen werden, und irgendein Nichtchrist kommt gerade zufällig rein – also, dann würde den das Wort vielleicht umhauen, es würde ihn total treffen können. [25] Die Sachen, bei denen er sich immer selber einen vorgemacht hat, würden ihm plötzlich deutlich werden, und er würde auf die Knie gehen und zu Gott beten. Er würde bestimmt sagen: „Gott ist bei euch voll dabei!"

Wie es im Gottesdienst abgehen sollte (und wie nicht)

[26] So, Freunde, jetzt werden wir noch mal praktisch. Wenn ihr also zusammen einen Gottesdienst macht, dann kann jeder seinen Teil dazu beitragen. Einige könnten einen Song zum Besten geben, andere machens mündlich und bringen den anderen was über Gott bei, dann hat vielleicht jemand eine Prophetie, wieder jemand redet in einer anderen Sprache, und ein anderer hat die Übersetzung und legt es aus. Alles aber so, dass ihr gut draufkommt. [27] Wenn jetzt jemand in einer anderen Sprache was von Gott hat, soll er es sagen, aber höchstens zwei oder drei Stück von der Sorte, und bitte nacheinander. [28] Einer sollte dann in der Lage sein, die Sachen auch zu übersetzen und zu deuten. [29] Auch was die Prophetennummer angeht, würde ich sagen, so zwei bis drei pro Gottesdienst sind okay. Die anderen sollten das Gesagte dabei dann abchecken. [30] Wenn jemand zwischendrin ein prophetisches Wort von Gott kriegt, sollten die anderen erst mal den Mund halten. [31] Auf die Art ist jeder mal an der Reihe, aber eben nacheinander. So werden alle ermutigt und können was davon lernen. [32] Wenn jemand prophetische Worte von Gott bekommt, hat er immer volle Kontrolle da drüber. Er kann also auch abwarten, bis er an der Reihe ist. [33] Gott hat keinen Bock auf ein totales Durcheinander, er steht auf Frieden, und so geht er auch mit den anderen Jesus-Gemeinden im Land um. [34] Frauen sollten im Gottesdienst nicht im Hintergrund rumpalavern wie beim Kaffeklatsch. Sie sollten sich beim Mitmachen im Gottesdienst unter Kontrolle haben und bereit sein, auf Gott zu hören – wie es auch der alte Vertrag sagt. [35] Wer noch Fragen hat, soll sie später mit jemand besprechen, der sich auskennt. Im Gottesdienst wird aber nicht dazwischengequasselt! [36] Oder glaubt ihr, ihr in Korinth hättet da mehr Schnall von Gott als andere Christen? Dünnsinn! [37] Jeder, der von sich sagt, er wäre ein Prophet, oder generell glaubt, in einer besonderen Weise vom Heiligen Geist angezappt zu sein, muss das verstehen, was ich euch geschrieben hab. Es ist eine Order direkt von Gott! [38] Jeder, der

keinen Bock auf diese Order hat, auf den hat Gott auch keinen Bock mehr.
39 Also, ihr lieben Geschwister, kämpft darum, die Begabungen von Gott
zu bekommen, besonders die der Prophetie, und verbietet niemandem, in
fremden Sprachen zu reden. 40 Aber passt auf, dass alles in geregelten
Bahnen abläuft.

15 **Jesus ist nicht mehr tot, er lebt!**
1 Leute, die coolste Nachricht, die Grundlage, auf der euer Glaube
steht, die will ich euch jetzt noch mal klarmachen! Was ich euch
damals schon erzählt habe und worauf ihr auch total abgegangen seid,
darum geht es. 2 Durch diese Nachricht werdet ihr es packen, ihr werdet
am Ziel Gottes ankommen, so wie ich es euch erzählt habe. Es war doch
nicht alles umsonst, oder? 3 Ich hab euch die Sachen ausgerichtet, die
einfach superwichtig waren und die mir auch jemand mal erzählt hat.
Jesus Christus ist für unseren Dreck gestorben. Genau so, wie es in dem
alten Buch gesagt wurde. 4 Man hat ihn in eine Grabhöhle gebracht, aber
nach drei Tagen ist er wieder lebendig geworden. Er hat jetzt ein ganz
neues Leben bekommen, das stand auch schon im alten Buch drin. 5 Pet-
rus hat ihn gesehen, die zwölf Apostel auch. 6 Anschließend haben ihn
noch mal fünfhundert von der Jesus-Familie gesehen, die meisten leben
noch heute. Ein paar sind davon aber auch schon tot. 7 Später hatte er
noch ein Treffen mit Jakobus und dann auch mit den anderen Aposteln.
8 Und der Letzte, der ihn gesehen hat, war ich, und das, obwohl ich es null
verdient hatte. 9 Ich bin nämlich der allerletzte von allen Aposteln, eigent-
lich hab ich diesen Titel echt nicht verdient, weil ich ja die Christen früher
gejagt und verfolgt habe. 10 Was jetzt aus mir geworden ist, hab ich echt
nur Gottes Liebe und seiner Gnade zu verdanken. Und ich habe versucht,
ihm alles zurückzugeben, ich hab mich krumm gemacht wie blöd, viel
mehr als die anderen Apostel. Das ging aber auch nur, weil Gott mir die
Kraft dazu gegeben hat, einfach so, weil er mich so liebt. 11 Ist völlig egal,
ob jetzt die anderen Apostel oder ich die Sachen erzählen. Wichtig ist,
dass ihr so zum Glauben an Jesus gekommen seid.

Auferstehung, was ist das?
12 Sagt mal, wie kommen einige von euch darauf, dass wir nicht von den
Toten wiederauferstehen? Wir haben euch doch genau das Gegenteil
beigebracht! 13 Wenn diese Sache mit der Auferstehung nicht funktioniert,
dann müsste Christus ja auch immer noch tot sein! 14 Und wenn der
immer noch tot ist, dann war doch alles, was wir erzählt haben, und auch
euer Vertrauen auf Gott für den Arsch!? 15 Also genau genommen haben

wir Apostel euch dann wohl einen Bären aufgebunden, oder was? Unsere
Ansage war doch immer, dass Jesus Christus von Gott aus dem Tod raus-
geholt wurde und ihn ein für alle Mal besiegt hat. Das kann dann ja nur
gelogen sein, wenn das mit der Auferstehung nicht funktioniert. 16 Ich sag
es noch mal, wenn die Toten nicht wiederauferstehen, dann geht das mit
Christus ja auch nicht, oder? 17 Wenn dem so ist, dann habt ihr euch die
ganze Zeit was eingebildet, und dann seid ihr auch immer noch schuldig,
was Gott angeht. 18 Wenn das stimmt, haben wir alle keine Chance mehr,
dann war's das. Und für die aus der Jesus-Family, die schon gestorben
sind, gilt das erst recht. 19 Wenn unser Glaube nur auf den Jesus gebaut
hat, der uns im Hier und Jetzt hilft, dann sind wir die Ober-Loser schlecht-
hin. 20 Jesus Christus hat es aber als Erster gepackt, er hat den Tod besiegt
und ist wieder lebendig geworden! 21 Genauso wie mit einem Menschen
der Tod in die Welt kam (ich meine jetzt den Adam), so kam durch einen
Menschen, Jesus Christus, der Durchbruch in Sachen Auferstehung.
22 Die Menschen müssen alle mal sterben, weil sie mit Adam verwandt
sind. Und mit Christus werden alle wieder lebendig gemacht, die mit ihm
eine echte Beziehung haben. Sie bekommen eine neue Chance zu leben.
23 Das geht aber alles hübsch der Ordnung nach. Den ersten Schritt hat
Christus gemacht. Wenn der dann wieder da ist, kommen die Leute an die
Reihe, die zu ihm gehören. 24 Und dann wird es zu Ende sein mit der Welt.
Er wird seinem Vater den Joystick für diese Welt in die Hand drücken,
er übergibt ihm jede Vollmacht, die er vorher von ihm bekommen hat.
Dann wird alles niedergemacht werden, was sich gegen ihn gestellt hat.
25 In einem Psalm aus dem alten Buch steht ja auch drin, dass er so lange
da sein wird, bis alle Feinde niedergemacht wurden. 26 Der letzte Feind
wird dann nur noch der Tod selber sein, der wird dann auch noch ver-
nichtet. 27 Ich zitier noch mal: „Christus bekommt jede Vollmacht über
alles ausgestellt." Wenn er jetzt über alles das Sagen hat, dann schließt
das Gott den Vater nicht ein. Der steht immer noch über allem, denn er
hat ihm ja die Vollmacht ausgestellt. 28 Wenn Jesus Christus also der Chef
von allem ist, dann wird er sich als Sohn dem Vater Gott unterstellen.
So hat Gott am Ende über alles das Sagen. 29 Ich hab gehört, dass einige
von euch sich stellvertretend für ihre toten Freunde taufen lassen? Das
würde es doch gar nicht bringen, Leute, wenn die nicht wieder auferweckt
würden! 30 Und wieso bin ich eigentlich so bescheuert und setz mich
jeden Tag Todesgefahren aus, wenn ich nicht wüsste, es gibt eine Auf-
erstehung? 31 Ehrlich, Freunde, kein Witz, es vergeht kaum ein Tag, wo ich
nicht mein Leben riskiere! Aber ihr seid die Belohnung für den ganzen
Ärger, wenn ich sehe, was Jesus bei euch gemacht hat. 32 In Ephesus hab
ich mich voll in Lebensgefahr begeben! Das konnte ich nur, weil ich davon

wusste, dass es ein Leben nach dem Tod gibt. Wenn dem nicht so wäre,
könnten wir ja nach dem Motto weiterleben: „Lass uns ohne Ende Party
machen und uns breithauen, morgen sterben wir sowieso!“ 33 Wenn je-
mand so drauf ist, macht einen Bogen um ihn! Da kann man nur antwor-
ten: „Mit solchen Leuten abzuhängen bringt dich schlecht drauf.“ 34 Hört
endlich auf mit dem Mist, mit Sünde ist nicht zu spaßen! Es wird euch
megapeinlich sein, aber es gibt ein paar bei euch, die wissen überhaupt
nicht, wie Gott drauf ist.

Wie es mit der Auferstehung abgehen wird

35 Jetzt kommt bestimmt bei euch gleich die Frage auf: „Wie geht das
denn ab bei der Auferstehung? Wie wird unser Körper dann aussehen?“
36 Dummbatz! Das wird so sein wie mit Samenkörnern. Die sterben auch
erst mal, bevor sie dann aufgehen und wachsen. 37 Wir legen ja nicht eine
fertige Pflanze in den Boden, es sind ja nur kleine Körner, Weizen zum
Beispiel oder anderes Saatgut. 38 Aus jedem Korn lässt Gott eine neue
Pflanze wachsen, ganz nach seinem Plan. 39 Genau wie es unterschied-
liche Samen und Pflanzen gibt, so gibt es auch Unterschiede im Äußeren
von Menschen und Tieren oder Vögeln und Fischen. 40 Auch die Planeten
sind ganz anders gemacht worden als die Pflanzen oder Tiere, jedes Ding
ist unvergleichlich schön. 41 Die Sonne leuchtet ganz anders als der Mond,
und jeder Stern sieht irgendwie anders aus, sie strahlen irgendwie anders.
42 Genauso könnt ihr euch das auch vorstellen, wenn die Toten wieder
auferstehen. Unser Körper ist wie ein Samenkorn, das irgendwann mal
vergammeln wird. Wenn er aber wieder aufersteht, dann wird er für immer
existieren. 43 Unser Körper ist zurzeit ja eher nicht so perfekt, aber wenn
wir dann wieder anders lebendig werden, dann wird er voll derbe schön
werden! 44 Unser menschlicher Körper kommt unter die Erde, aber wenn
wir auferstehen, werden wir mit einem Körper am Start sein, der mit Gott
abgefüllt ist. Ist doch klar, wenn wir einen Körper hier auf der Erde haben,
werden wir dort auch einen besitzen. 45 In den alten Büchern kann man
auch nachlesen, dass „der erste Mensch Adam zu einem lebendigen
Wesen wurde“. Aber Jesus Christus, die erste Ausgabe eines nagelneuen
Modells, sorgt für eine neue Form von Leben. 46 Von Natur aus hat man
erst mal einen normalen Körper, dann aber einen geistlichen. 47 Der erste
Mensch, also Adam, wurde ja aus einem Klumpen Erde gemacht. Der
zweite aber, Christus, ist direkt aus dem Himmel. 48 Jeder Mensch hat
einen normalen Körper, so einen, wie Adam auch hatte. Dann haben wir
aber einen geistlichen Körper, so wie Jesus ihn auch hat seit seiner Auf-
erstehung. 49 Zurzeit kann man bei uns einen Körper sehen, der mal
vergammeln wird, der genau so ist wie der von Adam. Aber irgendwann

werden wir so aussehen wie Jesus. 50 Was ich damit sagen will, ist Folgen-
des: Ihr Lieben, unser Körper, alles, was aus Fleisch und Blut ist, hat keine
Chance, ewig bei Gott leben zu können. 51 Ich verrate euch jetzt mal ein
Geheimnis, was Gott uns gesagt hat: Nicht alle von uns werden sterben,
aber Gott wird jeden von uns total verwandeln. 52 Das wird ganz plötzlich
abgehen, von einer Sekunde auf die nächste werden wir durch ein lautes
Signal Bescheid wissen, dass Jesus als der Chef über die ganze Welt zu-
rückgekommen ist. Dieses Signal wird so laut sein, dass man es überall
hören kann. Dann werden alle Toten aufgeweckt werden und auch wir, die
leben, werden plötzlich einen neuen Körper haben. 53 Das muss sein, denn
alles, was mal vergammeln wird, muss ausgetauscht werden gegen etwas,
was nicht mehr vergammeln kann.

Vorfreude auf den Tag, wo wir den Tod überleben werden

54 Wenn das mit uns abgegangen ist, diese Verwandlung von einem Kör-
per, der vergammelt, zu einem guten neuen Körper, der unverwüstlich ist,
dann ist die Ansage aus den alten Schriften erfüllt worden. Da heißt es
nämlich: „Das Leben hat den Tod besiegt!" 55 „Tod, was ist nun mit dei-
nem Sieg? Und Tod, wie willst du uns jetzt noch Angst machen?" 56 Denn
der Mist, den wir bauen, die Sachen, die uns von Gott fernhalten, die
sorgen dafür, dass wir sterben. Und die Regeln aus dem alten Buch sor-
gen dafür, dass sich die Power vom Tod schon jetzt in unserem Leben
breitmacht, weil wir daran merken, dass wir die Dinge tun, die für Gott
nicht okay sind. 57 Danke, Gott! Durch Jesus ist uns der Sieg über dieses
Problem sicher! 58 Darum, Leute, bleibt dabei und lebt euren Glauben
radikal aus! Gebt alles für die Sache von Jesus! Eins ist sicher: Nichts von
dem ist umsonst getan!

16

Spendensammlung für die Jesus-Leute in Jerusalem

1 Ich möchte zum Schluss noch was zum Thema Spenden für die
Christen in Jerusalem sagen. Und zwar fände ich es am besten, ihr
würdet euch an die Aufforderung halten, die ich auch den Christen in
Galatien gegeben habe. 2 Und zwar sollte immer sonntags jeder von euch
so viel Kohle, wie gerade geht, zurücklegen, um sie dafür bereitzuhalten.
Dann braucht ihr mit der Spendensammlung nicht erst loslegen, wenn ich
da bin. 3 Sobald ich da bin, sollten dann ein paar von euren Männern, auf
die hundert Prozent Verlass ist, die Steine nach Jerusalem bringen. Die
erforderlichen Papiere bekommen sie von mir. 4 Wenn es sein muss, bin
ich auch bereit mitzufahren.

Wo Paulus noch hinreisen will

5 Ich bin dann bei euch, sobald ich mit den Gemeinden in der Gegend
von Mazedonien fertig bin. Ich will da nicht allzu lange bleiben, 6 damit
ich länger bei euch abhängen kann, vielleicht sogar den ganzen Winter?
Wenn ihr Lust habt, könntet ihr mich danach ja noch zu meinem nächsten
Reiseziel begleiten. 7 Ich will nicht wie letztes Mal nur kurz bei euch rein-
schneien, um mich dann gleich wieder zu verpieseln. Diesmal will ich eine
ganze Zeit bei euch bleiben, wenn Gott da auch Bock drauf hat. 8 Erst mal
bleibe ich bis Pfingsten noch in Ephesus. 9 Gott hat mir hier irre Möglich-
keiten gegeben, mega vielen Leuten die guten Nachrichten von Jesus zu
erzählen. Es sind aber auch viele Menschen hier, die da überhaupt keinen
Bock drauf haben. 10 Wenn Timotheus bei euch aufschlägt, seid nett zu
ihm! Er schuftet auch wie blöd für Jesus, genauso wie ich. 11 Niemand soll
ihn dissen oder unterschätzen, nur weil er noch so jung ist! Passt auf ihn
auf, er soll gut wieder bei uns landen, wenn er zurückkommt. Wir freuen
uns schon auf ihn! 12 Jetzt noch zu unserem Freund Apollos. Ich hab ihn
schon zigmal gebeten, mal bei euch reinzuschneien, aber er meint, dass
das grad nicht so angesagt ist. Sobald sich das ändert, wird er aber kom-
men, versprochen. 13 Passt auf, Leute, seid stabil und cool unterwegs in
eurem Glauben. 14 Egal was ihr macht, Hauptsache, euer Grundmotiv ist
die Liebe. 15 Ihr habt alle von Stephanas und seiner Familie gehört? Sie
waren die Ersten, die bei euch in der Gegend Christen geworden sind. Sie
leben jetzt alle echt hardcoremäßig für Jesus und geben alles, damit es
den anderen Christen gutgeht. 16 Bitte richtet euch nach solchen Leuten,
die sich grademachen für Gott, nehmt sie als Vorbild. 17 Ich freu mich
schon voll auf Stephanas und Fortunas und auch Achaikus, die ihr Bestes
geben, euch zu ersetzen. 18 Die haben uns schon so oft wieder gut drauf-
gebracht, vermutlich genauso wie euch. Nehmt solche Leute ernst!
19 Schöne Grüße soll ich euch von der Gemeinde hier in der Provinz Asien
ausrichten! Auch Aquila und Priska, die hier so 'ne Art Hauskirche gestar-
tet haben, richten Grüße aus. 20 Die anderen Christen von hier haben mich
gebeten, auch Grüße auszurichten, was ich hiermit tue. Nehmt euch zur
Begrüßung mal in den Arm! 21 Und jetzt schreibe ich noch mal was mit
meiner eigenen Klaue. 22 Wer keinen Bock auf Jesus hat, der soll bleiben,
wo der Pfeffer wächst – von mir aus in der Hölle. Jesus, komm bitte bald
wieder! 23 Die grenzenlose Liebe, die Jesus für uns hat, soll euch immer
begleiten! 24 In dieser Liebe sind wir für immer connected!

Euer Paulus

Der zweite Brief, den Paulus an die Christen in Korinth schrieb

1

Absender, Adresse, Grüße

1 Absender: Paulus, der durch Jesus zum Apostel gemacht worden ist,
und Timotheus, ein Mitarbeiter vom Paulus. An die Gemeinde in
Korinth und alle anderen Christen bei euch in der Gegend. 2 Hallo ihr!
Leute, Gott steht voll hinter euch, denn er hat Frieden mit euch geschlos-
sen! Er ist wie ein Vater für uns, und Jesus Christus ist unser Chef. 3 Gott
ist der Allergrößte! Der Vater von Jesus Christus ist die Quelle totaler
Liebe, er ist der Gott, der uns tröstet, wenn es uns beschissen geht. 4 Egal,
wie derbe die Probleme auch sind, er ist immer da und ermutigt uns. Da-
durch sind wir auch in der Lage, andere zu trösten. Wenn andere Leute
Probleme haben, können wir sie so aufbauen, wie Gott uns auch mal auf-
gebaut hat. 5 Eins ist sicher: Je mehr ätzende Sachen wir durchmachen
müssen, weil wir Christen sind, desto mehr wird er auch für uns da sein
und uns helfen. 6 Wenn wir auch durch die vielen Probleme deprimäßig
draufkommen, werden wir dann aber immer wieder von Gott voll ermu-
tigt. Weil wir euch das vorleben, könnt ihr von uns lernen, wie man in
ätzenden Situationen entspannt bleibt. 7 Wir sind uns sehr sicher, dass
Gott euch hilft bei den schlimmen Problemen, die gerade bei euch abge-
hen! 8 Ihr Lieben, wir haben hier in der Provinz Asien auch gerade üble
Probleme am Start! Wir waren noch vor kurzem völlig fertig und am Ende,
im Grunde haben wir sogar damit gerechnet, zu sterben. 9 Das Ding war
schon so gut wie in Tüten, wir standen auf der Abschussliste und wären
fast gestorben. Das ist wohl passiert, damit wir nicht auf unsere Fähig-
keiten bauen, sondern auf Gott setzen, der in der Lage ist, Tote auferste-
hen zu lassen. 10 Und tatsächlich hat er uns diesmal aus einer lebensge-
fährlichen Situation befreit! Er wird das immer wieder tun, auf sicher! 11 Ihr
betet ja schließlich auch für uns, das heißt, nicht nur wir alleine freuen
uns über diese Rettung, sondern wir alle danken Gott dafür, stimmt's?!

Paulus' Motive sind korrekt

12 Leute, ich kann mit gutem Gewissen sagen, dass mein Lebensstil voll
auf Gottes Linie ist. Wir haben euch da keine Geschichten erzählt, nur
dass das klar ist. Ich tue das nicht, weil ich der Oberheld bin, sondern weil
Gott mir das geschenkt hat. 13 Wenn ich euch Briefe geschrieben hab,

waren die immer korrekt und ohne Hintergedanken. Ich hoffe sehr, dass
ihr das irgendwann auch checken werdet. [14] Einige von euch wissen das ja
auch. Wenn Jesus dann mal wiederkommt, können wir uns gegenseitig
auf die Schulter klopfen. [15] Weil ich wusste, wie ihr drauf seid, hab ich
gehofft, ich könnte euch mit meinen zwei Besuchen eine doppelte Freude
machen. [16] Ich hatte geplant, auf dem Weg nach Mazedonien und auch
auf dem Rückweg jeweils einmal bei euch aufzuschlagen. Dann hätten ein
paar von euch mir noch Gesellschaft während der Tour leisten können.
[17] Jetzt fragt ihr euch bestimmt, warum das doch nicht geklappt hat. Hab
ich mal wieder den Mund zu voll genommen? Oder gehöre ich zu den
Typen, die alles abnicken, aber dann doch nichts durchziehen können?
[18] Gott ist mein Zeuge, dass ich alles, was ich sage, in der Regel durch-
ziehe, ich rede keinen Scheiß! [19] Jesus, der Sohn von Gott, war auch nicht
so drauf. Wir (also Silvanus, Timotheus und ich) haben euch von ihm
erzählt. Er sagte nie „ja" und meinte damit „nein". Jesus hat immer gehal-
ten, was er versprochen hat. [20] Die ganzen Versprechen, die Gott gegeben
hat, wurden durch Jesus erfüllt. Er wird es auch zu Ende bringen, damit
Gott ganz groß rauskommt. [21] Gott hat dafür gesorgt, dass wir auf Jesus
Christus bauen können, und von ihm haben wir auch einen Auftrag erhal-
ten. [22] Er hat uns seine Unterschrift dazu gegeben, indem er uns seine
besondere Kraft, den Heiligen Geist, geschenkt hat. Das ist fast wie ein
Garantieschein, dass er uns sogar noch mehr schenken wird! [23] Gott ist
mein Zeuge, ich erzähl euch keinen Mist! Ich bin nur deswegen nicht nach
Korinth gekommen, weil ich euch sonst ganz hart rangenommen hätte.
[24] Ich will jetzt nicht den dicken Macker raushängen lassen und euch
sagen, wie genau ihr euren Glauben ausleben sollt. Unser Ziel ist, dass
wir gemeinsam erarbeiten, wie ihr mehr Freude in eure Gemeinde kriegt.
Dass ihr stabil seid im Glauben, davon geh ich jetzt erst mal aus.

2 [1] Ich hab mir darum vorgenommen, nicht noch einmal bei euch rein-
zuschneien. Ich wollte nicht, dass ihr durch mich schlecht drauf-
kommt. [2] Wenn ich euch schon so runterziehe, wer ist dann noch
übrig, der mich dann gut draufbringen kann? [3] Darum hab ich mir gesagt:
„Schreib noch mal einen Brief." Da können mich die Sachen aus der
Distanz nicht mehr so berühren, wie sie es tun würden, wenn ich bei euch
wäre. Eigentlich müsstet ihr mich ja super draufbringen. Ihr freut euch
doch hoffentlich auch, wenn ich mich freue, oder? [4] Der letzte Brief, den
ich euch geschrieben habe, ist mir echt schwer von der Hand gegangen.
Ich hatte richtig Herzschmerzen beim Schreiben und musste voll abheu-
len. Ich wollte euch auf keinen Fall verletzen, sondern es sollte rüberkom-
men, wie sehr ich euch liebe. [5] Ich lehn mich jetzt nicht zu weit aus dem

Fenster, aber wenn bei euch einer Probleme macht, dann hat er ja nicht mir, sondern vor allem euch weh getan! [6] Dieser Typ, um den es da ging, hat dann ja auch einiges einstecken müssen, lasst es damit mal gut sein. [7] Jetzt müsst ihr ihm einfach vergeben und ihn wieder aufbauen, damit er keine Depressionen kriegt, von denen er sich nicht mehr erholt. [8] Ich möchte, dass ihr ihm jetzt zeigt, dass alle ihn lieb haben. [9] Durch meinen Brief wollte ich auch testen, ob ihr das auch umsetzt, was ich euch sage. [10] Wenn ihr diesem Typen vergeben habt, werde ich es auch tun – wenn es überhaupt etwas gibt, das ich zu vergeben habe. Ich stehe dabei vor Gott, [11] damit der Satan euch nicht übers Ohr hauen kann. Wir wissen genau, wie seine Taktik funktioniert. [12] Als ich in Troas aufgeschlagen bin, hatte ich alle Hände voll zu tun. Es gab mega viele Möglichkeiten, die Sache von Jesus Christus Leuten zu erzählen. [13] So richtig locker bin ich aber nie geworden, weil ich die ganze Zeit auf Titus gewartet habe, der mir von euch erzählen sollte. Darum hab ich mich dann von da verpieselt und bin in Richtung Mazedonien aufgebrochen, damit ich ihn dort treffen würde. [14] Ich bin Christus so superdankbar, dass wir seine Siege miterleben und mit ihm feiern! Egal wo wir hinkommen, wir erzählen überall die gute Nachricht von dem neuen Leben mit Jesus! Das ist so, als ob einem ein richtig guter Duft in die Nase steigt. Stellt euch mal vor, jemand schmeißt eine Gartenparty und wirft ein paar Holzfällersteaks auf den Grill. Für die meisten ist das echt ein guter Geruch. [15] Bei uns kommt dieser köstliche Geruch durch unser Leben mit Jesus zustande. Und Gott steht total dadrauf! Aber nicht alle finden diesen Duft gleich toll. [16] Wenn ein Schwein, das sich hinterm Zaun im Schlamm wälzt, den Geruch von Holzfällersteaks in die Nase kriegt, ist das ein Zeichen, dass es bald selbst als Kotelett in der Pfanne enden wird. Genauso riecht dieser Duft, den wir als Christen verbreiten, für manche richtig nach Tod. Und für die Leute, denen Jesus die Rettung bedeutet, ist das wie ein schöner Frühlingsgeruch, der klarmacht wo das Leben längs geht. [17] Also, wir scheffeln auf jeden Fall nicht – wie viele andere – die dicke Kohle durch unseren Talkingjob. Wenn wir reden, machen wir das superehrlich und mit der Power, die Jesus Christus uns gegeben hat. Wir tun das auch immer mit dem Bewusstsein, dass Gott uns dabei zusieht.

3 [1] Machen wir – also der Timotheus und ich – jetzt eigentlich voll den Lauten? Bräuchten wir etwa irgend 'ne Referenz von jemandem, so wie das andere anscheinend nötig haben? [2] Die einzige Referenz, die wir euch bieten können, die seid ihr selber! Dass es euch gibt, müsste eigentlich als Referenz reichen. So wie ihr drauf seid, das ist für uns wie ein Zeugnis, das in unser Herz geschrieben wurde. Jeder, der will, kann

das gerne lesen. 3 Um mal in dem Bild zu bleiben, ihr seid im Grunde ein
Jesus-Brief, den wir geschrieben haben. Und zwar nicht mit Kugelschrei-
ber, sondern mit der Power vom heftigen Gott wurde der geschrieben, und
auch nicht auf Papier, sondern in das Herz von Menschen. 4 Was das an-
geht, sind wir so supersicher, weil wir durch Jesus einfach ein derbes Ver-
trauen in Gott haben. 5 Wir glauben echt nicht, dass wir es jetzt nun so
großartig bringen würden. Alles, was bei euch gegangen ist, hat letztend-
lich Gott gemacht. 6 Nur durch ihn sind wir in der Lage, euch von dem
neuen Vertrag zu erzählen, den Gott mit den Menschen geschlossen hat.
Dieser Vertrag beruht nicht mehr auf schriftlich verfassten Gesetzen, son-
dern auf der Kraft, die von Gott kommt. 7 Die alten Gesetze hätten das
Todesurteil für uns bedeutet, obwohl sie so einen derben Start hingelegt
haben. Erinnert euch: Als Mose diese Gesetze von Gott seinen Leuten
brachte, leuchtete sein Gesicht so stark, dass ihn keiner ansehen konnte!
Aber wie schnell war dieses Leuchten wieder futsch! 8 Das Leuchten von
der Kraft Gottes, also seinem Geist, muss dann ja noch viel derber sein,
oder? 9 Wenn schon die alten Verträge, die uns ja letztendlich zum Schei-
tern verurteilt haben, so derbe abgingen, wie wird das dann erst mit dem
neuen Vertrag sein? Durch den neuen Vertrag werden wir sogar von unse-
ren Schulden freigesprochen! 10 Verglichen mit dem neuen supergeilen
Vertrag ist der alte echt ein Joke! 11 Ich wiederhole es noch mal: Wenn der
alte Vertrag, der ja schon gegessen ist, so viel Power hatte, wie viel hefti-
ger wird dann der neue Vertrag sein?! 12 Dieser neue Vertrag gibt uns un-
heimlich viel Vertrauen in die Zukunft, wegen ihm brauchen wir ab jetzt
keine Angst mehr zu haben. 13 Wir müssen nicht wie Mose ein Tuch über
den Kopf ziehen, der das damals getan hat, damit das Volk der Israelis
nicht mitkriegte, wie das Leuchten langsam nachließ. 14 Dieses Tuch, so
scheint mir, hat Gott da irgendwie liegen gelassen. Die sind so blind und
schnallen es einfach nicht. Immer wenn aus den alten Schriften vorgele-
sen wird, kapieren sie nur Bahnhof. Dieses Tuch kann echt nur durch den
Glauben an Jesus Christus weggenommen werden. 15 Das ist ja bis heute
noch so. Immer wenn aus dem Buch vom Mose vorgelesen wird, haben
sie Tomaten auf den inneren Augen. 16 Wenn sie aber anfangen, sich auf
die Suche nach Gott zu machen, dann würde dieses Tuch auch verschwin-
den, so wie Mose sich auch das Tuch vom Kopf zog, wenn er mit Gott
redete. 17 Mit Gott ist hier jetzt die Power von Gott gemeint, sein Geist.
Wenn der in uns wohnt, haben die alten Gesetze nichts mehr zu sagen.
18 Als Christen sind wir so eine Art Spiegel für dieses Leuchten von Gott.
Und seine Power sorgt dafür, dass man dieses Leuchten bei uns immer
besser sieht.

4 Wenn es jetzt auch ätzend ist, wir werden am Ende fett absahnen

1 Gott und niemand sonst hat uns die Order gegeben, diesen Job zu
tun. Darum kommen wir auch nie so schlecht drauf, dass wir den
Mut verlieren. 2 Wir haben null Bock auf irgendwelche Psychotricks, wir
wollen auch niemanden mit tollen Argumenten überzeugen oder nur 'ne
halbe Sache über Gott erzählen. Was wir sagen, ist die reine Wahrheit!
Jeder, der nicht link drauf ist, kann das auch bestätigen! 3 Gottes coole
Nachricht kann nur von den Leuten nicht begriffen werden, die eh ver-
loren sind. 4 Satan, der ja in dieser Welt das Sagen hat, kann die Gedanken
von den Leuten die Gott nicht vertrauen, total verwirren. Er hat dafür
gesorgt, dass sie überhaupt nicht begreifen, wie toll Gott ist. So können
sie überhaupt nicht begreifen, was abgeht, wenn wir von unserer super-
neuen Neuigkeit reden, dass Jesus wirklich Gott ist, der zu uns auf die
Erde runtergekommen ist. 5 Es dreht sich nicht um uns, wenn wir reden,
sondern alleine um Jesus Christus, er ist der Chef! Wir wollen hiermit nur
noch mal klarmachen, dass wir uns für euch echt den Arsch aufreißen,
weil wir euch so mega lieb haben! 6 Gott hat das mal befohlen: „Im Dun-
kel soll es hell werden.“ So hat er es auch in unseren Gedanken hell
gemacht. Deshalb können wir jetzt kapieren, wie toll und groß Gott ist
und dass Jesus wirklich sein Sohn ist.

Ohne Gott würde Paulus abschmieren

7 Diesen derben Schatz haben wir in uns armselige Würstchen hinein-
gelegt bekommen, in einen Körper, der so leicht zu zerstören ist. So merkt
jeder, dass alles Gute, was von uns kommt, eigentlich von Gott ausgeht.
8 Alle wollen was von uns, überall gibt es Probleme, aber wir halten das
aus. Wir wissen oft nicht mehr, wo es längsgeht, und geben trotzdem
nicht auf. 9 Menschen jagen uns, aber Gott ist immer für uns da und
beschützt uns. Wir werden fertiggemacht, aber wir rappeln uns wieder
auf. 10 Weil wir uns jeden Tag für Gott gerademachen, durchleben wir das-
selbe, was Jesus auch durchlebt hat. Wir kapieren, was der Tod für ihn
bedeutet hat. Und so erfahren wir auch körperlich, welche Konsequenzen
es hat, mit Jesus zu leben. 11 Ja, Leute, so sieht's aus. Weil wir für Jesus
alles geben, sind wir auch ständig Todesgefahren ausgesetzt. Aber ge-
nauso wird an uns auch deutlich, dass Jesus den Tod besiegt hat. 12 Wir
leben also immer im Bewusstsein, jederzeit sterben zu können. Bei euch
haben wir aber für einen Durchbruch zu einem echten neuen Leben ge-
sorgt! 13 Trotzdem werden wir nie aufhören, weiter Reden über Gott zu hal-
ten. Wir sind nämlich genauso drauf wie einer von den Typen, die die Psal-
men geschrieben haben. Der sagt ja: „Ich vertraue Gott, darum muss ich
davon erzählen.“ 14 Wir sind uns total sicher, dass Gott – genauso wie er

Jesus aus dem Tod rausgeholt hat – uns da auch mal rausholen wird. Und
dann werden wir alle zusammen bei Gott abhängen. 15 Die ganzen ätzen-
den Sachen, die wir jetzt durchmachen müssen, ertragen wir für euch.
Denn je mehr Leute anfangen, mit Jesus zu leben, desto fetter wird die
Anzahl der Leute, die Gott dann laut Danke sagen und ihn groß raus-
kommen lassen! 16 Darum sind wir nicht kleinzukriegen! Klaro, das Ganze
geht nicht spurlos an mir vorbei. Aber wenn ich auch körperlich immer
schwächer werde, wirkt das Leben, was ich jetzt in Gott habe, jeden Tag
neu und erfrischend für mich. 17 Die ganzen Probleme, die wir jetzt durch-
machen müssen, werden ein Witz sein im Vergleich zu der ewig geilen
Party, die wir mit Gott feiern werden! 18 Darum lassen wir uns von den
Sachen die gerade ätzend laufen, nicht runterziehen. Wir sehen lieber
nach vorne auf das, was vor uns liegt, auch wenn das noch weit entfernt
scheint! Denn die ganzen Probleme werden bald vorbei sein, unsere
Freude wird aber ewig anhalten.

5

Paulus freut sich auf den Himmel

1 Es ist echt sicher, dass die Tage für uns hier auf dieser Welt gezählt
sind. Wenn unser Leben hier zu Ende ist, dann ist das so, als ob wir
aus einem alten löcherigen Zelt ausziehen und in einem neuen festen
Haus wohnen, einem Haus im Himmel, das nie abgerissen werden kann.
2 Wir haben jetzt schon voll Bock, dort zu sein! Dieses ganze kaputte
Leben auf der Erde nervt, wir wollen endlich den neuen Körper anziehen,
der im Himmel gemacht wurde. 3 Dort werden wir nämlich nicht nackt
sein, wir werden einen neuen Körper bekommen, einen Körper von der
Marke „Himmel“. 4 Jetzt sind wir genervt von unserem menschlichen Kör-
per, wir würden am liebsten sofort umziehen und stattdessen den ewigen
Körper haben. 5 Wir werden da aber noch hinkommen, denn Gott hat
schon alles dafür klargemacht. Er hat uns schon eine Anzahlung dafür
gegeben: nämlich seine Kraft, seinen Geist. 6 Nur deswegen bin ich in der
Lage, meinen Job durchzuziehen. Ich weiß zwar: Solange ich in diesem
Körper lebe, bin ich von Gott getrennt. 7 Noch leben wir ja in der Zeit, wo
wir vertrauen und glauben müssen, ohne dass wir es so richtig erleben
könnten. 8 Ich bin auf jeden Fall gut drauf, ich würde am liebsten jetzt
schon meinen Körper verlassen und bei Jesus sein, dann wäre ich endlich
at home! 9 Aber egal, ob ich jetzt schon bei ihm bin oder nicht, ich will auf
jeden Fall radikal das tun, worauf Gott Bock hat. 10 Jeder muss irgendwann
mal zur großen Gerichtsverhandlung vor Gott antreten. Da kommt alles
raus, auch die geheimen Sachen. Und dann kriegt jeder das Urteil für sein
Leben, was er verdient hat – je nachdem, wie er hier auf der Erde drauf war.

Gott hat den Menschen durch Jesus Christus ein Angebot gemacht
11 Weil ich weiß, dass ich mich vor Gott irgendwann für mein Leben
verantworten muss, ist es mein Ziel, viele Leute für ihn zu gewinnen.
Gott weiß, dass wir nicht rumlügen. Und wenn ihr ehrlich seid, wisst ihr
es eigentlich auch. 12 Versuch ich jetzt schon wieder, den Dicken raus-
hängen zu lassen? Nein, null! Ich will euch nur ein paar Argumente in
die Hand geben gegen die Leute, die nur auf Äußerlichkeiten abfahren,
aber im Herzen total unehrlich drauf sind. So könnt ihr denen sagen,
warum ihr stolz auf uns seid. 13 Wenn ich mal total abdrehe, also sozu-
sagen im siebten Himmel schwebe und mich Gott ganz nah fühle (so
was kommt auch bei mir mal vor), dann geht das nur Gott etwas an.
Wenn ich bei euch war, dann war ich aber immer ganz klar in der Birne!
Ich hab zu euch nur ganz entspannt und klar geredet. 14 Alles, was wir
an Start bringen, machen wir nur, weil die Liebe von Jesus Christus uns
dazu treibt. Ich will nie vergessen, dass einer für alle gestorben ist.
Und weil Jesus stellvertretend für alle gehandelt hat, sind auch alle
gestorben. 15 Er ist für jeden Menschen gestorben, damit jeder, der an
ihn glaubt, ein neues Leben von ihm bekommt. In diesem neuen Leben
sollen wir nicht unser Ding durchziehen, sondern wir sollen für Jesus
leben, der extra dafür gestorben ist und dann wieder auferstanden ist.
16 Ich kann jetzt auch bei niemandem mehr einen ganz normalen
menschlichen Maßstab anlegen. Auch wenn ich das früher bei Jesus
gemacht habe, geht das jetzt nicht mehr. 17 Wenn jemand mit Jesus
Christus ein neues Leben angefangen hat, dann geht wirklich was total
Neues los. Der ganze alte Schrott ist weg, es hat ein neues Leben
angefangen! 18 Diese neue Chance haben wir alleine von Gott bekom-
men, er hat uns durch Christus zu sich zurückgeholt. Und Gott möchte,
dass wir auch andere Menschen zu ihm bringen, damit ihr Verhältnis
mit Gott wieder in Ordnung kommt. Das ist jetzt unser Job. 19 Ja, das
ist doch genau die Message: Durch Jesus Christus hat Gott eingegriffen,
er hat sich mit den Menschen wieder vertragen. Er hat ihnen ihren Mist
verziehen und alle Schulden bezahlt. Das ist die supergeile Nachricht,
um die es sich dreht: Gott verträgt sich wieder mit den Menschen!
Diese Nachricht dürfen wir weitererzählen. 20 Wir sind die Vertreter für
Jesus Christus in dieser Welt und Gott benutzt uns, er spricht durch
uns zu den Menschen. Und in seinem Auftrag sagen wir allen: „Bleibt
keine Feinde von Gott! Lehnt das Friedensangebot nicht ab!“ 21 Gott hat
Jesus verurteilt, obwohl wir eigentlich das Urteil verdient hätten. Jesus
hatte keine Schulden bei Gott, er hatte nichts ausgefressen und starb
trotzdem für unsern Mist, damit wir durch ihn mit Gott klarkommen
können.

6 **Wir haben unseren Auftrag von Gott durchgezogen**
1 Als Leute, die in Gottes Team spielen, haben Timotheus und ich
noch eine wichtige Ansage für euch: Passt auf, dass diese voll gute
Tatsache, nämlich dass Gott euch ohne Ende liebt, auch zu Konsequen-
zen in eurem Leben führt! 2 Gott hat mal gesagt: „Es wird eine Zeit geben,
da höre ich auf deine Gebete, einen Tag, da werde ich dir meine Liebe
zeigen." Und dieser Tag ist heute: Gott hat Bock, euch hier und heute zu
helfen. 3 Wir versuchen, so zu leben, dass sich keiner unnötig aufregen
muss, damit kein schlechtes Licht auf die Sache von Gott fällt. 4 Wir sind
in einer Dienstbeziehung zu Gott, wir bleiben entspannt bei den ganzen
Problemen, die man uns so macht, und ziehen unser Ding einfach durch.
5 Man hat uns schon verprügelt und in den Knast geworfen. Wir standen
einmal hilflos einer aufgehetzten Meute gegenüber. Wir haben malocht
bis zum Umfallen, nächtelang nicht gepennt und nix gegessen. 6 Trotz-
dem haben wir immer durchgezogen. Wir hatten nie irgendwelche Hinter-
gedanken, wir haben die Sache mit Jesus wirklich verstanden, wir waren
nett zu allen Leuten, haben die Menschen auch echt geliebt, wir waren
geduldig und immer gut drauf. Und das ging nur, weil Gottes Kraft, seine
echte Liebe, in uns gewirkt hat. 7 Wir haben nichts als die Wahrheit ge-
sagt, und die Power von Gott war immer dabei. Deshalb waren wir über-
haupt in der Lage, die gute Nachricht von Jesus weiterzusagen. 8 Wir zie-
hen unser Ding durch, egal ob Leute uns toll, crazy oder peinlich finden,
ob man uns lobt oder Witze über uns macht. Selbst wenn Menschen be-
haupten, wir wollten nur ablinken: Wir haben es immer ehrlich gemeint.
9 Für die Menschen sind wir Nobodys, aber Gott kennt unsere Namen.
Wir haben oft unser Leben riskiert und sind trotzdem quicklebendig. Wir
wurden derbe verprügelt, aber wir sind wieder aufgestanden. 10 Man po-
liert uns die Fresse, und wir sind trotzdem voller Freude, wir haben keine
Kohle und machen trotzdem andere Menschen oberreich, wir besitzen
nix – und trotzdem gehört uns irgendwie alles.

Wir lieben euch!
11 Also, liebe Freunde aus Korinth, wir haben uns gerade echt vor euch
geöffnet und euch gezeigt, wie sehr wir euch lieben. 12 Das beruht wohl
nicht auf Gegenseitigkeit, aber ihr habt auf sicher einen Platz in unseren
Herzen! 13 Ich rede mit euch so, als wärt ihr meine leiblichen Kinder. Bitte
vertraut mir! 14 Zieht nicht am selben Strang mit Leuten, die Gott nicht
kennen! Es gibt keine Gemeinsamkeiten zwischen den Leuten, die ihr
Leben mit Gott in Ordnung gebracht haben, und den Leuten, für die Got-
tes Regeln total egal sind. Das ist wie Feuer und Wasser: Das geht einfach
nicht zusammen. 15 Es gibt ja auch keine Gemeinsamkeiten zwischen

Jesus Christus und dem Satan, oder? Was hat denn jemand, der sein Ver-
trauen auf Gott setzt, mit einem gemeinsam, der Gott nicht vertraut?
16 Welche Gemeinsamkeiten kann es überhaupt geben, wenn man an den
Ort denkt, wo Gott angebetet wird, und ihn vergleicht mit dem Ort, wo zu
Pseudogöttern gebetet wird? Hey, Leute, in uns wohnt der lebendige Gott!
Er hat mal die Ansage gemacht: „Ich werde bei ihnen sein und bei ihnen
leben. Ich will ihr Gott sein, und sie sollen zu mir gehören.“ 17 Und dann
hat Gott zu seinen Leuten gesagt: „Passt auf, dass niemand schlechten
Einfluss auf euch ausübt. Macht euch dann sofort aus dem Staub. Mit
solchem Dreck sollt ihr nichts zu tun haben. Ich will mit euch zusammen
sein. 18 Ich werde euer Vater sein, und ihr seid meine Kinder!“ Das sagt
Gott, dem nichts unmöglich ist.

7 1 Ihr Lieben, weil Gott uns diese fetten Versprechen gegeben hat, wol-
len wir uns von ätzenden Sachen fernhalten, damit wir unsere Gedan-
ken und unseren Körper nicht mit irgendeinem Mist total versiffen.
Wir haben echt großen Respekt vor Gott und wollen deshalb so leben, wie
er es von uns möchte. 2 Bitte, Leute, vertraut uns! Wir haben niemanden
von euch abgelinkt, wir haben auch keine Verwirrung gestiftet oder jeman-
den bevorzugt. 3 Ich will euch ja nicht fertigmachen, ich hab ja schon ge-
schrieben, dass wir total Bock auf euch haben und euch sehr lieben. Wir
gehören zusammen, ganz egal, was da noch kommt. Versprochen! 4 Ich
glaube fest an euch, ich bin stolz auf euch und rede auch nur gut über die
Gemeinde. Ich bin gut drauf, und das trotz dieser Mega-Probleme. 5 In
Mazedonien hatten wir eine schlimme Zeit. Alle Leute wollten was von
uns, es gab ständig Ärger, und wir waren auch innerlich nicht gut drauf.
6 Aber Gott hilft immer, wenn man das Gefühl hat, es geht nicht mehr wei-
ter. Als Titus bei uns aufgeschlagen ist, waren wir voll froh. 7 Schon seine
Anwesenheit hat uns echt ermutigt. Aber als er mir dann erzählt hat, was
bei euch so abgeht, wie sehr ihr mit mir fühlt und wie sehr ihr euch für
mich einsetzt, das hat echt gutgetan. Und auch, dass ihr euch auf meinen
Besuch freut, und wie leid es euch tut, was passiert ist, das war einfach
total gut zu hören! 8 Mir tut es auch nicht mehr leid, dass ich euch diesen
ersten Brief geschrieben hab, obwohl es am Anfang schon ’ne Zeit lang so
war. Mir war klar, dass es erst ätzend für euch sein würde, das alles zu
lesen. 9 Jetzt bin ich aber froh, dass ich ihn doch abgeschickt habe. Nicht,
weil er euch weh getan hat, sondern weil er am Ende dafür gesorgt hat,
dass ihr euer Leben ändern konntet. 10 Gott kann sogar ätzende Gefühle
benutzen, damit wir unser Leben ändern und wieder alles gut wird. Nur
die ätzenden Gefühle, die uns nicht dazu bringen, unser Leben zu ändern,

die bringen uns irgendwann um. 11 Überlegt doch mal, was bei euch dann
abgegangen ist! Auf einmal habt ihr Ernst gemacht, ihr habt plötzlich
durchgezogen und hattet voll Bock auf Gottes Sache. Die Sehnsucht, die
ihr nach mir hattet, und die ganze Begeisterung, die plötzlich aufkam –
das lag daran, dass ihr euch wieder zu Gott umgedreht habt. Und auch
dass derjenige bestraft wurde, der bei euch Mist gebaut hat, das kam alles
daher. Ihr habt diese Sache damit aus der Welt geschafft, sehr geil! 12 Ich
hab euch übrigens nicht geschrieben, um festzustellen, wer da jetzt nun
Schuld hat und wem Unrecht getan wurde. Ich wollte nur, dass ihr ein kla-
res Statement bei Gott abgeben könnt, dass ihr auf meiner Seite steht.
13 Dass dies nun klar ist, hat uns echt gutgetan. Außerdem hat es uns echt
gutgetan, zu sehen, wie Titus bei euch aufgenommen wurde. Er ist durch
euch wieder voll gut draufgekommen! 14 Ich hatte ihm gesagt, wie stolz ich
auf euch bin, und ihr habt mich echt nicht enttäuscht. Danke! Meine
Lobeshymnen haben sich also bewahrheitet, wie ich auch euch immer die
Wahrheit gesagt habe. 15 Er liebt euch wie blöd, weil er mitbekommen hat,
mit wie viel Respekt ihr ihn aufgenommen habt. 16 Ich freu mich sehr, dass
man sich hundertpro auf euch verlassen kann!

8

Spendenaufruf für die Christen in Jerusalem

1 Also, ihr Lieben, ich will euch noch kurz erzählen, was für geile
Sachen Gott in den Gemeinden in der Provinz Mazedonien auf die
Beine stellt. 2 Obwohl sie echt fiese Probleme hatten, sind sie voll gut
drauf. Und obwohl sie selbst auch keine Kohle haben, haben sie eine
Menge gespendet. 3 Ich bin Zeuge, sie haben echt weit mehr als das gege-
ben, was sie eigentlich entbehren konnten. Und das total freiwillig, ohne
Druck. 4 Die haben mir das Geld förmlich aufgedrängt, sie fanden, es wäre
geradezu ein Privileg, sich an dieser Spendensammlung für die Jesus-
Leute in Jerusalem zu beteiligen. 5 Die haben sogar weitaus mehr getan,
als wir eigentlich erwartet hatten. Sie haben sich einfach radikal an Gott
verschrieben, sie gaben sich Gott hin – und auch an uns. 6 Nach dieser
guten Erfahrung mit dem Spendensammeln hab ich Titus gesagt, er sollte
das bei euch auch mal bringen. Er hat damit ja schon angefangen und
wird das bestimmt auch bis zum Ende durchziehen. 7 Ihr seid in so vielen
Dingen fett gesegnet worden, in der Art eures Glaubens und mit euren
Leuten die euch die Bibel erklären. Und dass ihr so viel von Gott ge-
schnallt habt, ist auch ein echter Segen. Es wäre cool, wenn ihr von die-
sem Segen jetzt was an die Christen in Jerusalem zurückgeben könntet.
8 Ich will euch zu nichts zwingen, ja? Wenn man sich aber die Bereitschaft
reinzieht, die andere Gemeinden in Sachen Spenden an den Tag legen,

wäre das eine echte Chance zu beweisen, wie groß eure Liebe für die ande-
ren ist. 9 Seid so drauf wie Jesus. Er war megareich, aber wegen euch ist er
bettelarm geworden, nur damit ihr dadurch fett gesegnet werdet! 10 Also,
wenn ihr mich fragt, dann fangt mit der Spendensammlung gleich heute
an und bringt sie diesmal auch zu Ende (nicht so wie letztes Jahr ...). Die
Idee dazu kam ja schließlich von euch. 11 Es soll ja nicht immer bei den
Vorsätzen hängen bleiben, gebt also so viel wie geht, ja? 12 Wenn eure Ein-
stellung dabei okay ist, dann ist es eigentlich egal, was am Ende bei rum-
kommt. Gott weiß genau, wie viel Kohle ihr habt, und er wird den richtigen
Maßstab für jeden ansetzen. 13 Es wäre nicht gut, wenn ihr dadurch finan-
zielle Probleme bekommt. Es geht mir nur um eine gerechtere Verteilung.
14 Zurzeit habt ihr ja mehr als genug und könnt locker was an die anderen
abgeben. Das nächste Mal können die sich dann vielleicht bei euch revan-
chieren. So kriegt jeder, was er braucht. 15 Erinnert ihr euch, was zu dem
Thema in dem alten Buch bei Mose steht? „Der viel hatte, hatte nicht zu
viel, und der wenig hatte, hatte nicht zu wenig."

Titus ist gut drauf

16 Ich bin total froh über Titus! Er hat von Gott die gleiche Begeisterung
bekommen über das, was bei euch abgeht, wie ich sie auch habe. 17 Er
war sofort bereit, wieder bei euch vorbeizukommen, ich musste ihn gar
nicht groß darum bitten. 18 Dazu haben wir noch einen Typen als Beglei-
tung geschickt, der auch bei vielen Gemeinden voll den guten Ruf hat, weil
er sehr gut über Gottes Sachen labern kann. 19 Er wurde uns von der Ge-
meinde aufgedrückt, als Begleitung und Schutz für den Geldtransport
nach Jerusalem. Wir wollten das auch, vor allem damit Gott am Ende groß
rauskommt und 20 keiner glauben könnte, wir wollten die Kohle irgendwie
abzocken. Ist immerhin ein ganz schöner Batzen! 21 War uns einfach wich-
tig, dass alles in Ordnung und korrekt abgeht, vor Gott und auch vor den
Menschen. 22 Ein anderer Typ ist auch noch dabei, den haben wir gründlich
abgecheckt, auf ihn könnt ihr euch echt verlassen. Er freut sich dadrauf, zu
euch zu kommen, er vertraut euch total. 23 Wenn jemand Fragen zu Titus
hat, könnt ihr sagen, er gehört zu mir und wäre mein Mitarbeiter, er will
euch helfen. Die Begleiter wurden von den Gemeinden hier aus der Ge-
gend geschickt, und sie stehen auch total auf Jesus. 24 Seid nett zu ihnen
und zeigt damit, dass es richtig war, euch so derbe zu loben.

9
1 Über die Spendenaktion für die Jesus-Leute in Jerusalem muss ich
nichts Dickes mehr sagen, oder? 2 Mir ist schon klar, dass ihr immer
Bock darauf habt zu helfen. Das hab ich auch schon den Freunden in

Mazedonien erzählt. Hab denen gesagt, dass ihr schon seit einem Jahr
förmlich heiß drauf seid – und das hat andere wieder voll motiviert. 3 Die
Leute, die ich jetzt vorbeischicke, können das dann ja auch abchecken. Sie
sollen bezeugen, dass ich keinen Blödsinn geredet hab, als ich von eurer
großen Spendenbereitschaft erzählt habe. 4 Es wäre superpeinlich, sowohl
für mich als für euch, wenn das jetzt nicht klappen würde. Peinlich auch
vor den Leuten aus Mazedonien, wenn ich denen erzählen müsste, ich
hätte in diesem Punkt wohl zu sehr den Lauten gemacht. 5 Darum dachte
ich, es wäre vielleicht eine gute Idee, die Jungs vorzuschicken, um so
dafür zu sorgen, dass die versprochene Spende auch wirklich da ist. Ich
möchte auf jeden Fall, dass ihr die Kohle freiwillig spendet, nicht weil ihr
euch unter Druck gesetzt fühlt. Und am besten ist es, wenn ihr dabei nicht
so geizig seid, sondern ordentlich was springen lasst.

Geld spenden macht Freude

6 Eins ist echt sicher: Wenn jemand nur ein paar Samen auf ein Feld sät,
dann wird er auch nur ein paar Pflanzen daraus wachsen sehen. Wenn
jemand aber fett Samen ausstreut, der wird auch eine fette Ernte ein-
fahren. 7 Jeder bei euch soll echt selber entscheiden, was er spenden
möchte. Spendet nichts, wenn ihr nicht wirklich wollt oder nur weil ihr
manipuliert wurdet. Gott steht auf Leute, die einfach so spenden, weil
sie es gerne tun. 8 Er wird euch sowieso mit allem, was ihr braucht,
reichlich versorgen. Ihr werdet sogar was übrig haben, womit ihr ande-
ren wieder 'ne Freude machen könnt. 9 Im alten Buch steht ja auch
schon was zu dem Thema: „Er hat gesät, er hat den Leuten, die keine
Kohle haben, was gegeben, er ist immer fair." 10 Gott gibt einem Bauern
genug Samen und versorgt ihn. Und genauso wird er auch euch genug
geben. Er wird dafür sorgen, dass eure Spendenbereitschaft sich fett
auszahlen wird. 11 Ihr werdet immer genug haben, um Sachen dann auch
weitergeben zu können. Und wenn wir dann eure Spende an Leute
weitergeben, die es brauchen, werden sie sich bei Gott voll dafür bedan-
ken. 12 Eure Spende würde dann zwei Fliegen mit einer Klappe schlagen.
Sie würde den Menschen helfen, die die Kohle dringend brauchen, und
außerdem würden viele Gott dafür Danke sagen. 13 Weil ihr so fett
gegeben habt, werden die Empfänger Gott loben, weil ihr die Sache mit
der neuen Nachricht von Jesus Christus ernst genommen und allen
geholfen habt, ohne an euch selbst zu denken. 14 Die beten da auch sehr
für euch und haben voll die Sehnsucht, euch mal wieder zu treffen,
weil man bei euch Gottes totale Liebe so spüren kann. 15 Danke Gott!
Du hast uns echt so fett gesegnet!

10

Nachtrag: Zu den Leuten, die über mich ablästern

1 Ich will auf diesem Weg noch mal eine persönliche Sache mit euch
abklären. Ich hoffe sehr, dass wir das friedlich und entspannt regeln
können, ganz nach dem Vorbild von Jesus Christus. Man wirft mir vor, ich
würde nur laff drauf sein, wenn ich bei euch bin. Sobald ich aber wieder
weg bin, käme ich immer voll hart bei euch rüber. 2 Bitte zwingt mich nicht
dazu, die harte Schiene mit euch durchzuziehen, wenn ich bei euch bin!
Ich werde den Leuten auf jeden Fall volle Breitseite geben, die mir irgend-
welche falschen menschlichen Motive und Verhaltensweisen unterstellen.
3 Natürlich bin ich auch nur ein Mensch, aber es geht mir null darum, hier
nur mein Ding durchziehen zu wollen! 4 Die Mittel, mit denen ich arbeite,
sind wie Waffen, die Gott mir gegeben hat. Ich benutze sie, um mensch-
liche, das heißt falsche Vorstellungen zu bekämpfen. 5 Wir können damit
alles weghauen, was sich in den Köpfen mancher Menschen an Lügen
über Gott und seine Wahrheit aufgebaut hat; einfach alles, was die Betref-
fenden davon abhält, zu schnallen, wie Gott drauf ist! Mit dieser Waffe
kriegen wir es hin, dass Jesus Christus alle Gedanken gefangen nimmt,
die sich gegen ihn richten. 6 Ich bin fest entschlossen, diejenigen von
euch, die nicht spuren, zur Verantwortung zu ziehen – allerdings erst
dann, wenn der Rest von euch gelernt hat, Gott zu gehorchen.

Ein Wort zu den Kritikern

7 Passt mal auf, ist doch klaro, dass wir genauso zu Jesus gehören wie die
Leute bei euch, die das auch von sich behaupten. 8 Vielleicht denkt ihr ja
auch, ich lass zu sehr meine Vollmacht raushängen, die Gott mir gegeben
hat. Hey, diese Power hat Gott mir für euch gegeben, damit ihr weiter-
kommt im Glauben! Nicht um euch fertigzumachen oder so. Aber ich
werde nicht zulassen, dass meine Arbeit bei euch kaputt gemacht wird.
9 Ich will euch jetzt keinen Schiss mit diesem Brief machen. 10 Denn wie
gesagt, einige haben ja behauptet: „Per Brief macht Paulus den Lauten,
aber wenn er hier ist, dann ist er total laff unterwegs!“ 11 Den Leuten kann
ich jetzt nur sagen, sie werden sich umgucken, wenn ich da bin. 12 Ich
würde niemals wagen zu behaupten, dass ich so wichtig bin wie die Ty-
pen, die das immer wieder von sich sagen. Die haben anscheinend einen
Wichtig-Wettbewerb am Start, voll peinlich! 13 Timotheus und ich schätzen
uns und unsere Stellung realistisch ein, nicht so wie die. Wir wollen nur
so bewertet werden, wie Gott uns sieht, und dazu gehört auch, dass wir
einen Auftrag für euch hatten und den erfüllt haben. 14 Deshalb sind wir
keine durchgeknallten Spinner, wenn wir behaupten, ihr hättet von der
Sache mit Jesus zuallererst von uns gehört. Denn das stimmt ja wirklich.
15 Wir wollen kein Applaus für irgendetwas, was wir nicht getan haben.

Wir hoffen aber, dass ihr stabil im Glauben werdet und wir dadurch noch
mehr Möglichkeiten bekommen, Sachen für Gott zu machen. 16 So könn-
ten wir dann noch mehr Leuten von der coolen Nachricht von Jesus erzäh-
len, Menschen, die noch weiter weg wohnen und wo noch niemand das
vorher tun konnte. Wir reißen uns auch überhaupt nicht darum, irgendwo
zu arbeiten, wo schon jemand da gewesen ist, um uns dann mit fremden
Federn zu schmücken. Dann kann auch niemand behaupten, er wäre
schon vor uns da gewesen. 17 Im alten Buch steht dazu: „Wenn jemand
den Lauten macht, soll er das nur mit den Sachen tun, die Gott gemacht
hat." 18 Wenn jemand allen Leuten erzählt, wie toll er ist, kannst du es eh
echt vergessen. Wenn aber Christus den Leuten erzählt, wie toll jemand
ist, das bringt es total!

11 **Paulus verteidigt sich gegen ein paar Pseudoapostel**
1 Ich hoffe, ihr könnt das ab, wenn ich jetzt noch ein wenig Schwach-
sinn laber. 2 Ich hab euch nämlich total lieb und bin genauso eifer-
süchtig wie Gott. Ihr seid wie eine Jungfrau, die ich nur einem Typen ver-
sprochen habe, nämlich Jesus. 3 Zurzeit habe ich aber voll Schiss, das
irgendwas dazwischenkommen könnte, dass ihr von der coolen und ge-
sunden Art, mit Jesus zu leben, wieder wegkommt, dass ihr genauso ver-
führt werdet, wie Eva von der Schlange verführt worden ist. 4 Ihr scheint
so drauf zu sein, dass ihr ohne großes Nachdenken alles glaubt, was euch
die Leute so erzählen – selbst wenn sie völlig verrückte Sachen über Jesus
erzählen. Auch wenn sie versuchen, euch mit einem anderen Geist abzu-
füllen als dem, den ihr damals bekommen hattet, nämlich der Power von
Gott selbst, scheint es euch egal zu sein. 5 Ich finde, ich bin null weniger
wert als diese ganzen „Mega-Apostel", vor denen ihr so fett Respekt habt.
6 Vielleicht hab ich nicht so die Rhetorik drauf wie die, aber ich weiß,
wovon ich rede, und das hab ich euch mehr als einmal auch beweisen
können. 7 War es vielleicht ein Fehler, dass ich so demütig drauf war und
euch kostenlos die gute Nachricht gepredigt habe? 8 Andere Gemeinden
mussten finanziell voll bluten, damit ich bei euch gratis am Start sein
konnte. 9 Als ich bei euch war und mir die Kohle ausging, um Essen zu
kaufen, hab ich nicht rumgenervt. Die Geschwister aus Mazedonien
haben mich in der Zeit versorgt, ich hab keinen Cent von euch bekom-
men, und das will ich auch in Zukunft so halten. 10 So sieht's aus, Leute.
Und was ich in eurer Gemeinde geleistet habe, macht mir bei euch in der
Gegend so schnell keiner nach! 11 Ihr fragt jetzt vielleicht, warum ich das
tue? Womöglich, weil ich euch nicht liebe? Hey, Leute, Gott ist mein
Zeuge, ich liebe euch total! 12 Trotzdem werde ich auch in Zukunft keine

Kohle von euch annehmen. Ich will einfach keinem die Gelegenheit zu der
Behauptung geben, er wäre so drauf wie ich! 13 Diese Jungs sind total link
und sie tun, als ob sie echte Apostel von Jesus wären. Dabei sind sie voll
die Pseudoapostel. 14 Mich kann eh nichts mehr schocken. Schließlich
verkauft sich ja sogar Satan als guter Engel. 15 Ist also kein Wunder, wenn
seine Truppe ihm das nachmacht und sich als Leute von Jesus tarnen.
Wenn alles vorbei ist, werden sie die Rechnung dafür bekommen.

Paulus zieht durch, egal wie mies es ihm geht

16 Ich wiederhole das noch mal: Glaubt bitte nicht, ich wäre jetzt total
durchgeknallt, wenn ich euch das sage. Und selbst wenn, dann hört mir
trotzdem zu, vielleicht so, wie ihr auf jemanden hört, der Schwachsinn
labert, um ein wenig anzugeben. 17 Gott hat keinen Bock auf Angeber,
aber ich tue jetzt einfach mal so, als wäre ich total behämmert, okay?!
18 Wenn andere die Angebertour fahren, dann will ich das jetzt auch mal
tun. 19 Ihr seid ja so schlau, dass ihr jeden Schwachsinn glaubt, den man
euch erzählt. 20 Ist ja anscheinend total okay für euch, wenn sie euch
ausbeuten und ein paar Knebelverträge aufdrücken, man muss bei euch
nur selbstbewusst auftreten und euch nebenbei noch auf die Fresse
hauen. 21 Tut mir leid, aber so was bring ich einfach nicht. Aber weil ich
jetzt ja hier den Dicken raushängen lassen wollte, sag ich dazu Folgen-
des: 22 Die sagen, sie kämen aus dem Volk von Gott? Das bin ich auch!
Die sagen, sie hätten einen israelischen Pass? Den hab ich auch! Die
sagen, sie wären aus der Familie vom Abraham? Das bin ich auch! 23 Die
sagen, sie geben alles für Jesus? (Ich weiß, das hört sich echt bescheuert
an, was ich jetzt hier mache.) Ich habe viel mehr gegeben als sie! Ich
hab alles gegeben, wurde öfter in den Knast geworfen, man hat mich
öffentlich ausgepeitscht, mein Leben stand oft auf der Kippe. 24 Fünfmal
haben die Juden mich zu neununddreißig Schlägen durch die Peitsche
verurteilt. 25 Dreimal wurde ich mit Stöcken verprügelt, einmal haben
Leute versucht, mich mit Steinen zu töten. Dreimal habe ich einen
Unfall mit einem Schiff überlebt. Eine ganze Nacht und einen Tag hab
ich auf einem Stück Holz auf dem Meer überlebt. 26 Viele derbe Reisen
liegen hinter mir, und sehr oft hatte ich mit Problemen zu kämpfen, ob
nun durch eine Flut oder weil Ganoven mich überfallen wollten. Egal,
ob es jetzt meine Landsleute waren oder Ausländer, ob in der Stadt oder
auf dem Land oder auf dem Meer, das ist mir überall passiert. Manch-
mal waren es sogar Typen, die sich als Jesus-Leute ausgaben. 27 Es gab
Situationen, wo ich echt total durch, kaputt und alle war, wo mir alles
weh tat und ich nicht mal pennen konnte. Oft hab ich Kohldampf
geschoben und hatte Durst. Ich habe freiwillig nichts gegessen, um

stattdessen zu beten. Es gab Nächte, wo ich in Eiseskälte pennen
musste. 28 Und das ist noch lange nicht alles. Jeden Tag mach ich mir
tierische Sorgen um die Gemeinden, die ich betreuen darf. 29 Sagt mir
jemanden, der jesusmäßig schlecht drauf ist, dann betrifft es mich auch.
Sagt mir jemanden, der verführt wurde, ätzende Sachen zu machen, und
ich bin sofort auf 180. 30 Wenn ich mich schon mal selbst gut darstellen
will, dann sag ich immer nur, wie schwach ich eigentlich bin. 31 Gott ist
mein Zeuge, nur er hat das Recht auf jeden Applaus, der Vater von Jesus
ist der Größte! 32 Als ich in Damaskus festsaß, hatte der Bürgermeister
(der direkt von Präsident Aretas beauftragt wurde) die Order gegeben,
die ganze Stadt dichtzumachen, damit sie mich weghaften könnten.
33 Mir gelang jedoch die Flucht durch ein Fenster in der Stadtmauer.
Dort haben mich Freunde in einem großen Korb runtergelassen.

12

Gott kommt groß raus, wenn wir es nicht bringen

1 Dieser Angeberfilm ist echt flach, trotzdem will ich damit weiter-
machen. Hab ich schon von meinen Visionen geredet, von den
Sachen, die ich direkt von Gott bekommen hab? 2 Vor vierzehn Jahren bin
ich mal in eine andere Dimension, in den dritten Himmel, versetzt
worden. Keine Ahnung, ob das nur in einer Vision war oder ob ich auch
körperlich dort gewesen bin. Allein Gott weiß das genau. 3 Ich weiß auch
nicht, wie ich da überhaupt hingekommen bin, aber Gott weiß das. 4 Aber
ich bin mir ganz sicher, dass ich im Paradies war und dass ich dort irre
Worte gehört habe, Dinge, die Menschen normalerweise gar nicht sagen
können. 5 Mit dieser Geschichte könnte ich bestimmt Eindruck schinden,
aber das werde ich gar nicht erst versuchen. Ich bin nur stolz drauf,
eigentlich nichts draufzuhaben. 6 Ich hätte echt viele Gründe abzuheben,
und es wäre noch nicht mal dumm – es würde ja der Wahrheit entspre-
chen. Aber ich will das nicht. Ich möchte nicht, dass ihr besser von mir
denkt. Ihr solltet mich beurteilen nach dem, was ich rede und wie ich
lebe. 7 Gott hat dafür gesorgt, dass ich mir nichts einbilde auf diese irre
Vision, die ich hatte. Und ich hab da auch so ein Problem, das mir echt
zu schaffen macht. Ist fast so, als würde ein Bote vom Satan mir ständig
in die Fresse hauen, damit ich nicht total abspacke. 8 Dreimal hab ich
Gott schon gebeten, mir dieses Problem wegzunehmen. 9 Er sagt dann
aber immer: „Alles, was du brauchst, ist in meiner Liebe zu dir vorhan-
den. Ich kann am besten durch Leute wirken, die wissen, dass sie mich
brauchen." Wenn ich also mit irgendwas angebe, dann damit, dass ich
nichts gebacken kriege, wenn ich auf mich allein gestellt bin. Denn das
bedeutet, dass Jesus mir mit seiner Kraft hilft. 10 Darum gefällt es mir,

wenn ich schwach bin, wenn man mich schlägt, wenn es Probleme gibt, man mich verarscht oder verfolgt. Denn wenn ich schwach bin, kann Gott wirklich zeigen, was er draufhat.

Ich wünsch mir so sehr, dass ihr mich liebt

11 Jetzt habt ihr dafür gesorgt, dass ich wie ein Blödmann vor euch stehe,
weil ich mich selbst so derbe gelobt hab. Ich sollte besser mein Maul
halten und darauf warten, dass ihr mich lobt. Ich weiß natürlich, dass
ich im Vergleich zu den Hyper-Aposteln die letzte Wurst bin, trotzdem
kann ich – da bin ich mir echt sicher – voll gut mithalten mit dem, was
ich so tue. 12 Als ich bei euch war, hab ich doch bestimmt klargemacht,
dass ich ein echter Apostel bin, der seinen Auftrag von Gott bekommen
hat. Das wurde schon durch die vielen heftigen Wunder deutlich, die ich
bei euch getan habe. 13 Es gibt nur eine Sache, worin mein Besuch bei
euch sich von den Besuchen in anderen Gemeinden unterscheidet. Und
das ist, dass ich euch kohletechnisch nicht auf der Tasche gelegen hab.
Das müsst ihr mir wohl noch „vergeben" ... 14 Bald komme ich zum
dritten Mal vorbei – wieder kostenlos. Eurer Geld ist mir echt egal, es
geht mir um euch! Außerdem versorgen in der Regel nicht die Kinder
die Eltern, sondern umgekehrt. 15 Für euch würde ich echt alles geben!
Sogar mein Leben, wenn es sein muss! Ich find das ziemlich strange: Je
mehr ich euch liebe, desto weniger Liebe kommt von euch zurück. 16 Ist
auch egal! Ich hab von euch auf jeden Fall keinen Cent bekommen! Hab
ich euch denn vielleicht irgendwo anders ausgetrickst? 17 Wie soll ich
das denn bitte angestellt haben? Hat irgendeiner von den Typen, die ich
geschickt habe, euch abgelinkt? 18 Als Titus mit diesem andern Bruder
bei euch war, hat der euch vielleicht betrogen? Nein, auf keinen Fall!
Leute, unser Herz schlägt doch für dieselbe Sache, ja derselbe Geist
wirkt in uns, und wir arbeiten für dasselbe Ziel.

Paulus hofft, dass die Korinther noch die Kurve kriegen

19 Vermutlich denkt ihr jetzt, wir schreiben diesen Brief, um uns zu verteidigen. Null, das wollen wir echt nicht! Als Christen sind wir nur Gott
Verantwortung schuldig. Und vor ihm steht fest: Wir wollen euch mit
alldem nur Mut machen, damit es in eurer Gemeinde gut läuft! 20 Ich
hab halt einfach Angst, ich komme zu euch und ihr habt euch in der
Zwischenzeit irgendwie verändert, ihr seid anders drauf als letztes Mal.
Und dann werdet ihr von meiner Reaktion genauso enttäuscht sein. Hoffentlich ist dann nicht Streit, Eifersucht oder Egoismus und Lästerkram
am Start – eben ein großes Durcheinander. 21 Ich hab echt Angst, ich
muss vielen Leuten einen reindrücken. Leuten, die von ihrem ätzenden

Lebensstil keinen Abstand genommen haben, die sich durch ihr haltloses, unreines Leben von Gott entfernen und nicht bereit sind, wieder auf ihn zuzugehen.

13 **Ein Wunsch zum Schluss und Grüße**
1 Ist jetzt ja das dritte Mal, dass ich bei euch auflaufe. Im alten
Buch steht: „Durch die Aussage von zwei oder drei Zeugen soll
jede Sache entschieden werden.“ 2 Ich hatte schon die Ansage gemacht,
dass die mit Konsequenzen rechnen müssen, die bei euch Mist bauen.
Wenn ich wieder da bin, werde ich das auch durchziehen. 3 Ich werde allen
beweisen, dass Jesus Christus durch mich redet. Das tut er sehr krass
und völlig ohne Wischiwaschi. 4 Obwohl Jesus total schwach war, als er
am Kreuz hingerichtet wurde, lebt er jetzt durch die Power Gottes. Wir
sind auch schwach drauf, haben aber Gottes Power, und das wird Gott
euch beweisen. 5 Checkt euch selber, wie stark ist euer Glaube? Wenn ihr
wirklich nicht mehr sagen könntet, dass Jesus Christus bei euch lebt, dann
wärt ihr ja durchgefallen. 6 Hoffentlich kapiert ihr, dass ich die Prüfung auf
jeden Fall bereits bestanden habe. 7 Wir, also Timotheus und ich, bitten
Gott, dass ihr keinen Mist baut. Und das tun wir nicht, weil wir jetzt gut
dastehen wollen, sondern weil wir wollen, dass ihr das Richtige tut, selbst
wenn wir dadurch schlechter aussehen. 8 Was Gott gesagt hat, steht so-
wieso felsenfest, da können wir eh nix gegen machen. Aber wir können
seine Sache gut nach außen vertreten. 9 Ist für uns okay, wenn wir es nicht
bringen, Hauptsache ist, dass ihr es packt! Und dafür beten wir auch,
dass ihr euer Leben vor Gott klarkriegt. 10 Ich hab euch diese ganzen
Sachen jetzt als Vorbereitung auf mein Kommen geschrieben. Ich habe
nämlich keine Lust, erst mal nur rummeckern zu müssen, wenn ich da
bin. Gott hat mir, wie ihr wisst, eine Riesen-Vollmacht ausgestellt. Und die
will ich nicht dazu nutzen, um euch runterzumachen, sondern um euch
aufzubauen! 11 Noch ein paar Sätze zum Abschluss: Ihr habt echt ’nen
Grund, euch zu freuen, also tut das auch!! Hört auf, Mist zu bauen!
Nehmt die Sachen ernst, die ich euch geschrieben habe! Ihr müsst zu-
sammenhalten! Und vertragt euch gut miteinander! Dann wird Gott, der
die Liebe in Person ist und der peacig unterwegs ist, immer bei euch sein!
12 Bei der Begrüßung könnt ihr euch mit einem besonderen Kuss Hallo
sagen! Schöne Grüße von allen Jesus-Leuten! 13 Ich wünsche euch, dass
ihr wisst, dass Jesus Christus euch angenommen hat, er ist unser Chef!
Und dass Gottes Liebe bei euch ist, und dass ihr zusammenkommt durch
die Kraft von Gott, seinen Heiligen Geist.
Euer Paulus

Brief an die Christen, die in Galatien wohnen, auch bekannt als „Galaterbrief“

1
Absender, Empfänger, Grüße
1 Absender: Paulus, in seiner Funktion als Apostel, der von Jesus Chris-
tus ausgesucht wurde – nicht von irgendwelchen Menschen – und
damit auch von Gott, dem Vater, der Jesus ein für alle Mal aus dem Tod
rausgeholt und wieder lebendig gemacht hat, 2 sowie alle Mitarbeiter, die
gerade bei mir sind. An: die Jesus-Leute in Galatien. 3 Hallo, Leute! Ich
wünsche euch Frieden und die Liebe, die man von Gott durch Jesus Chris-
tus bekommt. Der steht über allem! 4 Jesus hat sich für uns abschlachten
lassen; er ist für den ganzen Dreck gestorben, der uns von Gott trennt.
So wollte es Gott, der unser Vater ist. Sein Plan war, dass wir dadurch aus
dieser Welt gerettet werden können, in der wir zurzeit leben und die mit
Gott nichts zu tun haben will. 5 Dass er das getan hat, ist einfach nur geil,
dafür kann man ihm nie genug Danke sagen! Auf sicher [Amen]!

Es gibt nur einen Weg zu Gott
6 Leute, ich kriege es echt nicht gebacken, dass ihr euch von den Sachen,
die ich euch erzählt habe, anscheinend so schnell wieder abgewendet
habt! Gott hat euch die Möglichkeit geschenkt, wieder mit ihm klarzukom-
men. Aber kaum dreht man sich um, wechselt ihr eure Theologie wie ein
altes Hemd! 7 Diese neue Lehre, von der ihr erzählt, klingt ja erst mal ganz
toll, aber sie ist echt Müll! Sie kommt von Leuten, die euch schräg drauf-
bringen wollen, indem sie die gute Lehre über Jesus Christus völlig um-
drehen. Leute, man kann sich die gute Nachricht von Jesus doch nicht
einfach so zurechtbasteln, wie man's gerne hätte. Es gibt nur eine einzige
gute Nachricht! 8 Wer auch immer euch etwas anderes erzählen will als
den Weg zu Gott, den wir euch beschrieben haben, selbst wenn es irgend-
welche Engel aus dem Himmel wären oder sogar wir selbst: Der wird
schon seine Strafe bekommen! 9 Ich schreib das jetzt noch mal, weil es so
wichtig ist: Derjenige, der euch eine andere Lehre erzählt als die, die ihr
für euch akzeptiert habt, der soll die Krätze kriegen! 10 Hey, Leute, schreibe
ich das jetzt nur, damit mich Menschen anschließend ganz toll finden?
Null, es geht mir nur darum, dass Gott mich toll findet! Wenn ich dafür

leben würde, Applaus von Menschen zu bekommen, dann wäre ich nicht
bei Jesus angestellt und würde ihm nicht dienen.

Wie Paulus zu Jesus gekommen ist

11 Freunde, eins ist sicher: Die gute Nachricht, die ich von Gott erzähle,
hab ich mir nicht selbst ausgedacht. 12 Sie wurde mir übrigens auch nicht
von irgendwelchen Leuten beigebracht. Nein, Jesus Christus selber hat sie
mir erzählt! 13 Ich hoffe, ihr habt nicht vergessen, dass ich als Hardcore-
Jude unterwegs war. Ich habe sogar wie blöd alle Christen gejagt, ich
wollte sie um alles in der Welt kaputt machen. 14 Ich war so drauf, dass ich
in jedem religiösen Wettbewerb den ersten Platz gemacht hätte. Ich tat
alles dafür, um so zu leben, wie es die alten Gesetze vorschreiben, nach
denen schon unsere Vorfahren gelebt haben. 15 Gott hatte aber einen ande-
ren Plan mit mir, schon lange bevor ich überhaupt geboren wurde. 16 Ich
durfte seinen Sohn Jesus kennenlernen. Er wollte, dass ich allen Men-
schen erzähle, wie man durch Jesus ein neues Leben bekommen kann. Ich
habe seinen Plan sofort durchgezogen, ohne mich da vorher beraten zu
lassen. 17 Ich bin nicht gleich zu den Aposteln hingegangen, die damals in
Jerusalem waren, um mich mit denen zu beraten. Stattdessen bin ich erst
mal nach Arabien gezogen und ging dann wieder nach Damaskus zurück.
18 Nach drei Jahren bin ich dann nach Jerusalem gegangen, um den Petrus
zu treffen und mit ihm Zeit zu verbringen. Ich bin damals zwei Wochen
bei ihm geblieben. 19 Von den anderen Aposteln hab ich bisher keinen ken-
nengelernt, außer Jakobus, der ein Bruder von Jesus ist. 20 Alles, was ich
hier schreibe, ist die volle Wahrheit und nichts als die Wahrheit, Gott ist
mein Zeuge. 21 Nachdem ich Petrus besucht hatte, bin ich dann Richtung
Norden weitergezogen, in die Gebiete Syrien und Zilizien. 22 Die Jesus-
Leute in Judäa kannten mich noch nicht persönlich. 23 Die hatten nur das
Gerücht gehört: „Der Typ, der uns Christen früher polizeilich verfolgt hat
und uns vernichten wollte, der erzählt jetzt überall von Jesus!" 24 Alle
haben Gott sehr für die Sachen gedankt, die bei mir abgegangen sind.

2

Paulus hat 'ne Talkerlaubnis von den anderen Aposteln bekommen

1 Erst vierzehn Jahre später bin ich wieder nach Jerusalem zurück-
gegangen, diesmal in Begleitung von Barnabas und Titus. 2 Gott hatte
mir vorher persönlich gesagt, dass ich das machen sollte. Dort erzählte
ich dann meine ganze Geschichte und was ich den Menschen, die keine
Juden sind, über Jesus sage. Ich wollte einfach sichergehen, dass nicht
alles umsonst ist, was ich tue, und dass die anderen Apostel hinter mir
stehen. 3 Alle Verantwortlichen waren mit meiner Arbeit einverstanden. Es

wurde nicht einmal verlangt, dass mein Freund Titus, der aus Griechen-
land kommt, dieses Beschneidungsritual durchziehen musste. 4 Diese
ganze Diskussion über diese „Beschneidung“ wäre vermutlich gar nicht
erst aufgekommen, wenn nicht ein paar Pseudos aufgekreuzt wären. Die
schleimen sich zuerst mal richtig ein, um uns dann mit ihren Lehren die
Freiheit wieder zu klauen, die wir in Jesus gerade bekommen haben. Sie
wollen nur, dass wir uns ihren religiösen Gesetzen total unterwerfen. 5 Wir
sind aber unserer Linie treu geblieben und haben diesen Leuten keine
Sekunde nachgegeben. Wir wollten, dass alles bei euch weiter so bleibt,
wie es der guten Nachricht entspricht, die ich euch erzählt habe. 6 Alle, die
in Jerusalem was zu sagen haben (unabhängig davon, was sie früher mal
waren, das ist für Gott eh egal), waren mit den Sachen einverstanden,
die ich so erzähle. 7 Ja, mehr noch, sie waren sich sogar einig, dass Gott
mir einen Spezial-Auftrag gegeben hat, nämlich den Menschen, die keine
Juden sind, die gute Nachricht von Jesus Christus zu verklickern. Ganz
im Gegensatz zu Petrus, der von Gott zwar den gleichen Job bekommen
hat – aber eben für die Juden. 8 Es war für alle offensichtlich, dass Gott
mich zu den nichtjüdischen Völkern schickt, wie er Petrus zu den Juden
geschickt hat. 9 Als Petrus, Johannes und Jakobus klar wurde, dass Gott
höchstpersönlich mich für diesen Job besonders begabt hat, umarmten
sie mich und Barnabas. Dann wurde verabredet, dass sie sich nach wie
vor darum kümmern sollen, die gute Nachricht von Jesus unter den Juden
weiterzuerzählen, und wir das bei den andern Nationen tun. 10 Nur eine
Sache war ihnen noch wichtig: dass wir uns auch um die Jesus-Leute in
Jerusalem kümmern, die keine Kohle haben. Das tu ich auch, so gut ich
kann.

Diskussion mit Petrus über den Zusammenhang vom Glauben und den Gesetzen

11 Als Petrus dann in Antiochia war, musste ich ihm in einer Diskussion
erst mal heftig widersprechen. Er hatte sich meiner Ansicht nach in einer
Sache total falsch verhalten. 12 Am Anfang hatte er sich nämlich erst mal
ganz normal mit den nichtjüdischen Christen unterhalten und mit ihnen
was gegessen. Aber als dann ein paar Freunde von Jakobus ankamen, war
es ihm anscheinend superpeinlich. Er hatte Schiss, diese jüdischen Chris-
ten würden ihn deswegen dissen. 13 Und dann fingen die anderen Juden
auch plötzlich an rumzuheucheln, sogar Barnabas war durch die Situation
plötzlich total komisch unterwegs. 14 Als mir klar wurde, dass sie durch
diese linke Tour nicht nach der wahren Lehre lebten, die Gott uns beige-
bracht hatte, stellte ich Petrus öffentlich zur Rede. Ich sagte ihm: „Wenn
du ein Jude bist, der jetzt aber nicht mehr nach den jüdischen Vorschriften

lebt, also im Grunde wie ein Nichtjude, warum erwartest du dann von
den Nichtjuden, dass sie die jüdischen Gesetze befolgen, obwohl du sie ja
selber hinter dir gelassen hast? 15 Mann, wir sind beide als Juden geboren
worden, nicht so wie die Nationen ohne Gott. 16 Aber wir haben doch
inzwischen kapiert, dass wir Gott mit unseren tollen Taten und durch
ein striktes Leben nach den Gesetzen nicht beeindrucken können, oder?!
Warum willst du denn jetzt plötzlich, dass die Nichtjuden auch nach den
Gesetzen leben sollen? Nicht weil wir uns so straight an die Gesetze
gehalten haben, sind wir für Gott okay geworden, sondern nur dadurch,
dass wir an Jesus Christus glauben! Auf andere Art kann es doch keiner
schaffen!" 17 Als wir Christen geworden sind, haben wir geschnallt, dass
wir nur deswegen für Gott okay sind, weil wir unser Vertrauen auf Jesus
Christus setzen. Und wir haben uns mit den Nichtjuden zum Essen an
einen Tisch gesetzt, weil wir begriffen haben, dass Jesus das von uns so
wollte. Warum sind wir dann wieder rückfällig geworden? Hat uns Jesus
damals extra was Falsches gesagt, damit wir richtig rumsündigen, ohne
das zu merken? So ein Blödsinn! 18 Nicht Jesus, sondern ich selber liege
total daneben, wenn ich versuche, das alte System künstlich am Leben
zu halten. 19 Unser altes Gesetz hat mir nichts mehr vorzuschreiben. Weil
Jesus Christus für mich gestorben ist, gilt für mich die gute Nachricht,
dass ich für Gott okay bin. 20 Was das alte Gesetz betrifft, bin ich tot, und
das, was jetzt in mir lebt, ist Jesus Christus. Ich lebe zwar noch in diesem
Körper und in dieser Welt, aber ich lebe dabei total im Vertrauen auf den
Sohn Gottes, der mich liebt und der alles für mich gegeben hat. 21 Ich bin
keiner von der Sorte, die Gottes Gnade einfach zurückweisen. Ist doch
klar, wenn es möglich gewesen wäre, durch die Gesetze gerettet zu wer-
den, dann hätte Jesus Christus auch nicht sterben müssen.

3

Du wirst nur durch Vertrauen okay für Gott – nicht durch Taten

1 Oh, Mann, ihr verpeilten Galater! Wer hat es geschafft, euch so zu
verwirren? Ihr hattet doch schon längst kapiert, dass wir es nur durch
den Tod von Jesus am Kreuz wirklich packen können! Das hatte ich euch
doch deutlich gesagt! 2 Ich stell euch noch mal 'ne Frage: Wie habt ihr
denn die Kraft von Gott bekommen, wie kam das eigentlich bei euch mit
seinem Geist? War das, weil ihr so straight nach den Gesetzen gelebt
habt? Oder hatte das mehr damit zu tun, dass ihr angefangen habt, Gott
zu vertrauen? 3 Seid ihr echt so verpeilt? Nachdem ihr geistlich angefan-
gen habt, macht ihr jetzt so mal eben aus eigener Kraft weiter? 4 Ihr habt
so derbe Sachen mit Gott erlebt, war das alles umsonst? Das kann doch
echt nicht wahr sein! 5 Ich frag jetzt noch mal: Hat Gott euch seinen Geist

geschenkt und dann so derbe Sachen bei euch gemacht, weil ihr so radikal
nach den Gesetzen vom Mose lebt? Oder hat Gott das getan, weil ihr ein-
fach den Sachen glaubt, die ihr über Jesus Christus gehört habt? 6 Wisst
ihr, beim alten Abraham war das ganz ähnlich. „Abraham hat Gott ge-
glaubt, darum wurde er für Gott okay." 7 Die wirklichen Kinder vom Abra-
ham sind die Leute, die Gott vertrauen. 8 Das alte heilige Buch hatte über
diese Zeit schon 'ne Ansage gemacht: Es sollte eine Zeit kommen, in der
auch die Nichtjuden durch das Vertrauen, was sie in Gott setzen, gerettet
werden. Das hatte Gott schon Abraham angekündigt; er meinte schon
vor Ewigkeiten zu ihm: „Alle Nichtjuden werden von dir profitieren, wenn
sie so glauben wie du!" 9 Darum werden alle, die ihr Leben auf Jesus
Christus bauen, für Gott okay sein, genau wie Abraham für Gott okay war.
10 Alle, die es aber über die Gesetzesschiene probieren und durch ihre tol-
len Taten Gott beeindrucken wollen, sind weg vom Fenster. In den alten
Schriften steht ganz klar: „Alle, die nicht jeden Punkt des Gesetzes be-
folgen, sind für immer unten durch." 11 Ist doch total klar, dass es nie-
mand nur durch das Befolgen von Regeln bei Gott packen kann. In den
alten Schriften steht auch bei dem Propheten Habakuk: „Nur durch das
Vertrauen auf Gott kann man bei Gott klarkommen." 12 Das Gesetz schert
sich um den Glauben aber herzlich wenig, das sagt nur: „Wer diese Regeln
befolgt, der wird durch sie leben." 13 Jesus hat für uns einen Ausweg orga-
nisiert, damit wir bei Gott nicht für immer verloren haben. Er hat die
Strafe für uns übernommen, da steht ja auch: „Wer an einem Holzkreuz
hängt, der ist verflucht!" 14 Das Versprechen, das Gott Abraham gegeben
hat, sollte durch den Tod von Jesus am Kreuz für alle Menschen zugäng-
lich gemacht werden. Dadurch, dass sie Gott wirklich vertrauen, werden
sie auch die Kraft von Gott, seinen Heiligen Geist, bekommen, das hat er
ja versprochen!

Die Gesetze und das Versprechen

15 Freunde, ich will euch das noch mal an einem alltäglichen Beispiel erklä-
ren: Wenn jemand vor seinem Tod ein Testament geschrieben hat und
damit zum Notar gegangen ist, dann ist das Testament rechtsgültig, und
keiner kann was daran ändern oder es sogar für ungültig erklären. 16 Wenn
wir uns die Sachen mal genauer ansehen, die Gott Abraham und seiner
Familie versprochen hat, dann stellen wir Folgendes fest: Dort steht nicht,
dass dieses Versprechen seinen Kindern galt, also mehr als einer Person,
dort steht „seinem Kind", und mit diesem Kind ist Jesus gemeint! 17 Und
das ist genau meine These: Dieser Vertrag, den Gott mit Abraham ge-
schlossen hatte, konnte nicht vierhundertdreißig Jahre später plötzlich
aufgehoben werden, als Gott Mose das Gesetz gab. Sonst hätte Gott ja

sein Versprechen gebrochen. 18 Wenn wir also die Sachen von Gott nur
erben, wenn wir die Gesetze nicht brechen, dann wäre Abrahams Vertrag
mit Gott ja total egal. Aber Gott hatte Abraham dieses Versprechen gege-
ben, ohne es an irgendwelche Bedingungen zu knüpfen.

Warum gab es die Gesetze der Juden überhaupt?

19 Was bringen denn nun diese ganzen Gesetze, was soll das? Die Gesetze
waren dafür da, um den Menschen klarzumachen, dass sie es ohne Gott
einfach nicht packen. Die Gesetze, die ein paar Engel an Mose weiterga-
ben, der sie dann den Menschen mitteilte, sollten so lange funktionieren,
bis Jesus am Start war. 20 Als Gott Abraham sein Versprechen gab, war das
eine Sache zwischen einem Menschen und dem einen Gott. Deshalb war
da auch kein Vermittler notwendig. 21 Widerspricht sich das nicht? Das
Versprechen, das Gott uns gibt, und die Sachen, die im Gesetz stehen?
Null, natürlich nicht! Widersprechen würden es sich, wenn es da im Ge-
setz eine Zusage geben würde, die uns ein neues Leben garantiert und
uns von unserer Schuld freispricht. Tut es aber nicht, denn dann würden
wir tatsächlich nur durch das Gesetz mit Gott klarkommen können. 22 In
den alten Schriften steht aber eindeutig, dass wir alle im Knast der Sünde
stecken. Wir sind unfrei und kommen da nur raus, wenn wir unser Ver-
trauen auf Jesus Christus setzen. 23 Das Gesetz sorgte dafür, dass wir in
diesem Knast saßen, bis Jesus kommen sollte und mit ihm ein neuer Weg,
wie wir für Gott okay werden können. 24 Ich will es noch mal anders sagen:
Die Gesetze haben im Grunde die Route festgelegt, sie haben uns mit
ihren strengen Regeln beigebracht, wo es längsgeht. 25 Seitdem jetzt das
Ding mit dem Glauben funktioniert, müssen wir dieser streng festgelegten
Route nicht mehr folgen. 26 Denn durch den Glauben an Jesus Christus
sind wir alle Teil der Familie von Gott geworden, wir sind seine Kinder.
27 Alle, die auf diesen Namen von Jesus getauft wurden, gehören jetzt zu
ihm, und das soll sich auch in ihrem Leben zeigen. 28 Ein paar Sachen
existieren für uns einfach nicht mehr: zum Beispiel der Unterschied zwi-
schen Jude und Nichtjude, zwischen Arbeiter und Unternehmer oder
zwischen Mann und Frau. Wir sind jetzt alle eins, weil wir zu Jesus Chris-
tus gehören. 29 Und alle, die zu Jesus gehören, gehören auch zur Familie
vom Abraham und sind damit sozusagen Erben. So ist das einfach.

4 **Nicht mehr in den Knast durch die Gesetze, sondern frei**

1 Ich nehm noch mal ein Beispiel: Stellt euch vor, ein ziemlich reicher
Vater stirbt und seinen ganzen Reichtum erbt ein kleines Kind. Bis
das Kind erwachsen ist, hat es aber nichts davon, in diesem Augenblick ist

es genauso reich wie ein Sozialhilfeempfänger. 2 Es bekommt dann einen
Vormund vom Staat zugeteilt und muss tun, was der sagt, bis es so alt ist,
wie es der Vater im Testament festgelegt hat. 3 Genauso ging das auch
bei uns, bevor Jesus da war. Wir waren total unfrei. 4 Als aber der Termin
gekommen war, an dem Gott das geplant hatte, schickte Gott seinen
Sohn bei uns vorbei. Der wurde ganz normal als Mensch geboren und ließ
sich sozusagen freiwillig in den Knast einschließen, in dem wir gefangen
waren. 5 Sein Auftrag war: uns aus diesem Knast rauszuholen, in dem wir
durch das Gesetz festsaßen. Gott wollte uns als Kinder in die Familie
aufnehmen. 6 Und weil wir seine Kinder sind, hat Gott uns seine Kraft
gegeben, seinen Geist. Das ist derselbe Geist, den sein Sohn Jesus auch
hatte! Und darum können wir jetzt auch beim Beten „lieber Papa" zu ihm
sagen. 7 Ihr seid nicht mehr im Knast der Gesetze, ihr seid jetzt Kinder von
Gott geworden. Und als Kinder habt ihr auch ein Recht bekommen, alles
von ihm zu erben, alles, was Gott mal versprochen hat! 8 Als ihr noch
keine Ahnung von Gott hattet, habt ihr euch in irgendwelchen anderen
Religionen getummelt und zu andern Göttern gebetet. Das waren in Wirk-
lichkeit nur so Ersatzgötter, die sich irgendwelche Menschen ausgedacht
hatten. 9 Jetzt habt ihr Gott aber kennengelernt (oder besser gesagt, er hat
euch kennengelernt). Ich krieg das echt nicht gerallt, was ihr jetzt noch
von diesen armen Luschen-Göttern wollt, die diese Welt euch anbietet?
10 Was soll das, dass ihr euer Leben nach bestimmten Tagen oder Jahres-
zeiten oder nach irgendwelchen Festen ausrichtet? 11 Ich mach mir ehrlich
Sorgen um euch! Ich hab echt keinen Bock, dass die ganze Arbeit, die
ich mit euch hatte, umsonst war. 12 Liebe Freunde, tut mir den Gefallen:
Macht es so wie ich! Ihr habt mich ja nie alt aussehen lassen und tut das
jetzt doch auch nicht, oder? 13 Könnt ihr euch daran erinnern, dass es mir
echt ätzend ging, als ich das erste Mal bei euch über die guten Nachrich-
ten, die durch Jesus gekommen sind, geredet habe? 14 Obwohl es für euch
nicht so cool war, mich krank zu erleben, habt ihr mich nicht abgelehnt.
Ihr habt mich sogar bei euch wohnen lassen und mich versorgt, fast so,
als wäre ich ein Engel von Gott, oder sogar, als wäre ich Jesus höchstper-
sönlich! 15 Und was ist da jetzt mit euch los? Damals hättet ihr euch für
mich einen Arm ausgerissen, wenn das nötig gewesen wäre. 16 Bin ich
denn jetzt plötzlich euer Feind, nur weil ich euch die Wahrheit sage?
17 Wahrscheinlich hat das doch mit diesen falschen Typen zu tun, die sich
bei euch einschleimen und so tun, als wollten sie euer Bestes. Dabei wol-
len sie nur etwas zwischen uns treiben und dafür sorgen, dass ihr das tut,
was sie sagen. 18 Ich finde das ja erst mal sehr geil, dass ihr alles für Gott
geben wollt, auch wenn ich gerade nicht da bin. 19 Hey, meine Kinder, ich
hab euch echt lieb! Es ist fast so, als müsste ich noch mal die ganzen

Schmerzen einer Geburt mit euch durchmachen. Das wird wohl auch nicht aufhören, bis Jesus ganz von euch aufgesogen wurde und euer Leben ganz kontrolliert. [20] Das wäre ein Traum, wenn ich nur bei euch sein könnte! Dann müsste ich auch nicht so mit euch schimpfen! Aber im Augenblick weiß ich mit euch echt nicht mehr weiter.

Was war mit den zwei Söhnen vom Abraham?

[21] Ich schreib noch mal was zu den Leuten bei euch, die unbedingt nach dem Gesetz leben wollen. Habt ihr eigentlich echt kapiert, was in den alten Büchern überhaupt drinsteht? [22] In den alten Schriften steht doch die Story von Abraham. Der hatte zwei Söhne, einen von einer Sklavin, den zweiten von seiner richtigen Frau. Diese andere Frau war keine Sklavin, sondern sie war frei zur Welt gekommen. [23] Der Sohn von der Sklavin wurde geboren, weil Abraham die Einlösung des Versprechens, was Gott gegeben hatte, mit menschlichen Mitteln erzwingen wollte. Gott hatte ihm ja vorher mal eine große Familie versprochen. Der andere Sohn von der freien Frau wurde geboren, weil Gott sein Versprechen einlösen wollte. [24] Diese zwei Frauen sind ein Bild für die zwei Verträge, die Gott mit den Menschen abgeschlossen hat. Der eine war mit der Sklavin Hagar. Er steht für den Vertrag vom Mose, der am Berg Sinai abgeklärt wurde. Nach diesem Vertrag sind wir auch Sklaven und total abhängig von dem Gesetz. [25] „Hagar" ist übrigens der arabische Name für den Berg Sinai. Er steht für unser heutiges Jerusalem, für die Juden, die strikt an den Gesetzen kleben und nie wirklich frei werden, weil sie Jesus nicht vertrauen wollen. [26] Sara aber, die andere Frau, die keine Sklavin war, steht aber für die City, das neue Jerusalem im Himmel, für den neuen Vertrag, den Gott mit den Menschen durch Jesus geschlossen hat. [27] Der alte Prophet Jesaja hatte auch schon davon gesprochen: „Du kannst echt glücklich sein, du Frau, die keine Kinder kriegen kann! Freuen soll sich die Frau, die nie ein Baby haben wird! Denn obwohl du alleine bist, wirst du mehr Kinder haben als die Frau, die einen Mann abbekommen hat." [28] Das stimmt doch auch für euch, liebe Freunde, oder? Isaak kam auf die Welt, weil Gott Abraham einen Sohn versprochen hatte, und genauso verdankt ihr euer Leben dem Versprechen, das Gott gegeben hat. [29] Trotzdem wurde Isaak (mit dem das Versprechen eingelöst wurde) von Ismael (dem Sohn der Sklavin) verfolgt. Und das ist heute auch noch der Fall. [30] Was sagen nun die alten Schriften dazu? Ich zitiere: „Du sollst die Sklavin und ihren Sohn rausschmeißen, denn der Sohn von der Sklavin soll sich nicht gemeinsam mit dem Sohn von der freien Frau das Erbe teilen." [31] Ihr Lieben, hier ist eine Super-Nachricht: Wir sind keine Kinder einer Sklavin. Wir sind Kinder von der Frau, die total frei war, und Gott akzeptiert uns, wenn wir ihm einfach nur vertrauen.

5 **Kämpft um die Freiheit, die Jesus euch geschenkt hat**
1 Erst durch Jesus Christus sind wir wirklich ganz frei geworden.
Kämpft jetzt darum, diese Freiheit nicht wieder zu verlieren! Ihr
braucht nicht mehr unter der Fuchtel von den Gesetzen zu stehen. 2 Ich
(Paulus) geb euch Brief und Siegel: Wenn ihr euch wieder auf das einlas-
sen würdet, was das jüdische religiöse Gesetz euch vorschreibt, wenn ihr
euch die Vorhaut abschneiden lasst und so, dann ist alles, was Jesus für
euch getan hat, für'n Arsch. 3 Ich sag's noch mal: Wer diese Beschneidung
bei sich machen lässt, ist verpflichtet, alles zu tun, was die Gesetze ihm
vorschreiben! Echt alles, von A bis Z! 4 Wenn ihr euch dafür entscheidet,
dass ihr lieber durch das Befolgen der Gesetze mit Gott klarkommen
wollt, dann steht das dermaßen zwischen euch und Jesus, als hättet ihr
überhaupt nichts mehr mit ihm zu tun. Dann seid ihr total raus aus dem
Liebesvertrag, den er mit euch geschlossen hat. 5 Wir glauben doch, dass
wir nur durch das auf Jesus gesetzte Vertrauen von Gott akzeptiert wer-
den. Durch seinen Geist, seine Power, wurde uns das ja erst klar, jetzt ist
das zu unserer berechtigten Hoffnung geworden. 6 Für Jesus ist es echt
egal, ob wir nun an der Vorhaut beschnitten sind oder nicht. Jesus geht
es nur darum, dass wir ihm absolut vertrauen. Und dieses Vertrauen zeigt
sich in einer Liebe, die sich selbst nicht mehr so wichtig nimmt. 7 Mann,
ihr habt doch so einen Traumstart hingelegt! Was ist da bei euch abgegan-
gen, dass ihr so von der Strecke abgekommen seid? 8 Also, Gott hat da
garantiert nichts mit zu tun, denn er will schließlich eure Freiheit! 9 Ich
hoffe, dass die wenigen, die bei euch falsch gepolt sind, nicht gleich alle
anderen anstecken. Nicht wie bei einer Grippe, zuerst ist einer krank und
dann bald alle anderen im Freundeskreis auch. 10 Aber ich vertrau jetzt mal
ganz auf Jesus, er wird schon dafür sorgen, dass ihr die Kurve kriegt. Und
macht euch keine Gedanken um so Typen, die euch durcheinanderbrin-
gen. Um die wird Gott sich kümmern ... 11 Ihr Lieben, ich hab das Gerücht
gehört, dass Leute behaupten, ich würde Christen dringend dazu raten,
sich die Vorhaut abschneiden zu lassen. Aber das ist völlig daneben,
warum wären dann die Juden immer noch hinter mir her? Dann brauchte
sich ja auch keiner mehr darüber aufzuregen, dass wir alle ausgerechnet
durch einen gerettet werden, der hingerichtet worden ist. 12 Von mir aus
können sich diese Non-Checker auch sonst noch was abschneiden.

Nur wer liebt, ist richtig frei!
13 Liebe Leute, Gottes Plan sieht für jeden von euch eine totale Freiheit vor!
Trotzdem solltet ihr diese Freiheit nicht missbrauchen, indem ihr euch
ätzenden Sachen ausliefert. Besser wäre, ihr nutzt sie, um euch gegen-
seitig zu lieben und zu respektieren. 14 Man kann nämlich alle Gesetze von

Gott in diesem einen Ding zusammenfassen: „Liebe die Menschen, mit
denen du zu tun hast, genauso, wie du dich selber liebst!“ 15 Wenn ihr aber
wie wild gewordene Hooligans aufeinander losgeht, passt bloß auf, dass
ihr dabei nicht selber umgebracht werdet. 16 Darum mein Tipp an euch:
Gebt die Kontrolle über euer Leben radikal an die Kraft Gottes, an seinen
Heiligen Geist, ab! Wenn er den Joystick eueres Lebens voll in der Hand
hält, habt ihr kein Problem mehr mit Versuchungen der üblen Sorte.
17 Denn unser altes Ich treibt uns förmlich dazu, Mist zu bauen, ganz im
Gegensatz zum Heiligen Geist. Der Heilige Geist will das alte Ich unter
Kontrolle bringen, er will uns zu Sachen führen, die unser altes Ich eigent-
lich nicht will. Da geht voll der Kampf ab in euch, und ihr seid dabei total
unfrei! 18 Wenn aber der Heilige Geist den Joystick eures Lebens in der
Hand hält, dann steht ihr nicht mehr unter der Fuchtel von diesen alten
Gesetzen. 19 Gehorcht ihr aber eurem alten Ich, dann kommt nur Mist
dabei raus: dreckige Gedanken, abfeiern, ohne Grenzen einzuhalten, und
solchen Sex, auf den Gott keinen Bock hat; 20 auf Sachen plötzlich so ab-
fahren, dass sie viel wichtiger werden als Gott, okkulte Praktiken, immer
auf Ärger aus sein, „Nach mir die Sintflut“-Einstellung, Intrigen anstiften,
streiten ohne Ende, sich als Mittelpunkt der Welt fühlen, 21 anderen nichts
Gutes gönnen, Alkoholismus, Drogensucht, Esssucht und solche Sachen.
Wer so drauf ist, hat im Land, wo Gott das Sagen hat, nichts zu suchen.
22 Die Charaktereigenschaften, die bei euch entstehen, wenn der Heilige
Geist euern Joystick in der Hand hat, sehen aber ganz anders aus: Liebe,
Freude, Frieden, Geduld, anderen verzeihen können, anderen Menschen
Gutes gönnen und sich dafür einsetzen, treu sein, 23 nett zu Menschen
sein, auf Sachen locker verzichten können und so weiter. Gegen all
diese Dinge hat das Gesetz ja auch nichts. 24 Alle, die zu Jesus Christus
gehören, haben ihr altes Ich (inklusive den ätzenden Sachen, die daraus
hervorgehen) am Kreuz hingerichtet. 25 Wenn wir jetzt wegen dem Hei-
ligen Geist überhaupt erst richtig anfangen zu leben, dann sollte er auch
wirklich alles in unserem Leben unter Kontrolle haben. 26 Dass wir uns
auf unsere tollen Taten sonst was einbilden und uns dabei immer mit den
anderen vergleichen, also, Leute, das haben wir doch echt nicht mehr
nötig!

6

Helft euch gegenseitig!

1 Also, Freunde, wenn mal einer aus eurer Truppe in seinem Leben
total danebenliegt, dann ist es eure Aufgabe, diesen Menschen auf
nette Art wieder richtig draufzubringen. Ihr habt ja die Kontrolle von
eurem Leben komplett an Gott und seine Kraft abgegeben und könnt das.

Dabei müsst ihr aber total aufpassen, damit ihr nicht selber abrutscht!
2 Helft euch gegenseitig, wo ihr Probleme habt, und wo es mal hart auf
hart kommt, da seid für den anderen da. Das ist nämlich genau das,
was Jesus von euch will. 3 Wer meint, er wäre Mr. Richtig-Wichtig, der
bescheißt sich nur selber. 4 Am besten wäre, wenn ihr euch ständig selber
abcheckt, ohne euch dabei mit anderen zu vergleichen. 5 Schließlich ist
jeder für sich selber verantwortlich. 6 Wenn es irgendwelche Leute bei
euch gibt, die anderen etwas beibringen, dann gebt ihnen auch dement-
sprechend Kohle dafür oder auch mal Klamotten oder was zu spachteln.
7 Spackt nicht rum, Leute, wenn ihr echt glaubt, man könnte Gott ver-
arschen. Alles, was man tut, hat auch irgendwie Auswirkungen und Kon-
sequenzen! 8 Wer sein altes Ding weiter durchzieht und sich dabei auf
seine eigenen Fähigkeiten verlässt, der hat für immer sein Leben verloren.
Wer aber Gott und seiner Kraft die Kontrolle über sich anvertraut und
sich von Gott führen lässt, der wird ohne Ende leben können. 9 Darum will
ich euch echt anfeuern, weiter Sachen zu machen, die Gott geil findet!
Gebt nicht auf, irgendwann werdet ihr dafür fett absahnen, versprochen!
10 Solange das noch geht, lasst uns doch versuchen, für alle Leute da
zu sein und ihnen zu helfen, wo es geht. Und ganz besonders natürlich
unseren Freunden, die mit uns in der Familie von Gott dabei sind.

Was wichtig ist

11 Wie ihr an der veränderten Klaue erkennen könnt, schreib ich den Rest
jetzt sogar selber. 12 Es gibt Leute, die wollen nur die Superstars sein, und
ausgerechnet die wollen euch bequatschen, sich aus religiösen Gründen
die Vorhaut abschneiden zu lassen. Aber ihre Motive sind nicht okay, sie
haben nur Angst, Probleme zu kriegen, wenn sie öffentlich bekennen, an
Jesus Christus zu glauben und mit ihm zu leben. 13 Obwohl sie aus religiö-
sen Gründen darauf bestehen, dass sich jeder die Vorhaut abschneiden
muss, nehmen sie die religiösen Gesetze für sich selber nicht so genau.
Vermutlich wollen sie nur selber den Dicken raushängen lassen, wenn sie
euch dazu überreden konnten, das bei euch zu machen. 14 Ich werde nicht
den dicken Macker markieren. Das Einzige, worauf ich echt stolz bin, ist,
dass Jesus für mich am Kreuz gestorben ist. Durch seinen Tod ist die Welt
für mich gestorben, und ich bin auch tot für die Welt. Sie hat keine An-
sprüche mehr an mich. 15 Für Gott ist es total egal, ob ich nun beschnitten
wurde oder nicht. Wichtig ist nur, ob wir den Neustart mit Jesus erlebt
haben! 16 Alle, die sich nach diesem neuen Maßstab ausrichten, sollen von
Gott fett beschenkt werden, beschenkt nämlich mit Frieden und Liebe!
Und das soll auch für das Volk der Leute aus Israel gelten, auf die er be-
sonders steht! 17 Also, Leute, haltet die Ohren steif und passt auf euch auf!

Ich will mir nicht wieder so viel Sorgen um euch machen müssen, ja?! Ich hab schon genug Sachen für Jesus durchgemacht, die Narben an meinem Körper können das bezeugen. 18 Gottes Liebe, seine Gnade, die durch Jesus Christus deutlich wurde, soll euch immer begleiten! So soll's sein [Amen]! Bis dann, ihr Lieben!
Euer Paulus

Der Epheserbrief

1 Absender, Adresse, Begrüßung

1 Absender: Paulus in seiner Funktion als Apostel. Jesus Christus hat
ihn für diesen Job ausgesucht. An: alle in Ephesus, die ihr Vertrauen
auf Jesus Christus gesetzt haben. 2 Hallo, Leute! Ich wünsch euch, dass
ihr die Liebe bei euch habt, mit der euch Gott angenommen hat, und
den Frieden, der von Gott kommt, unserem Vater, und von Jesus Chris-
tus, dem Chef. 3 Danke, Gott, danke, Vater von Jesus Christus, du bist der
Beste! Leute, Gott hat uns durch Jesus alle möglichen geistlichen Gaben
geschenkt. 4 Schon bevor die Welt entstanden ist, hat Gott uns extra
ausgesucht. Er wollte, dass wir ihm ganz nahe sind, dass wir etwas
Besonderes sind, dass wir heilig und sauber bei ihm sein können! 5 Es
war sein Plan, dass wir durch Jesus seine Kinder werden können. Das
wollte er so, weil er uns so sehr liebt. 6 Darum freuen wir uns voll. Wir
danken ihm für seine Liebe, mit der er uns durch seinen Sohn Jesus frei-
gesprochen hat. 7 Seine Liebe zu uns ist so riesengroß, dass er bereit
war, unsere Freiheit mit dem Tod seines Sohnes zu bezahlen, damit wir
unseren Dreck los werden. 8 Seiner Liebe verdanken wir auch, dass wir
überhaupt erst erfahren haben, wie wir gerettet werden können, und dass
wir verstanden haben, was da geht. 9 Es war von Anfang an sein Plan,
Jesus zu uns zu schicken, und alle, die ihr Vertrauen auf ihn setzen,
haben das auch begriffen. 10 Gott hatte beschlossen, wenn die Zeit reif
dafür wäre, alles, was auf der Erde und im Weltall existiert, Jesus zu
geben, damit er darüber das Sagen hat. 11 Gott hatte schon immer ge-
plant, dass wir jetzt unsere Erbschaft von ihm bekommen sollen. Er
hat sich die Leute ausgesucht, die diese Erbschaft antreten sollen. 12 Wir
sollen durch das, was wir tun und wie wir drauf sind, Gott am Ende groß
rauskommen lassen. Schließlich haben wir ja schon lange auf den Aus-
erwählten gewartet. 13 Das gilt jetzt auch für euch, die ihr diese Wahrheit
gehört habt, dass Gott euch aus dem Dreck rausholt. Weil ihr das ge-
glaubt habt, verspricht uns Gott, dass wir jetzt zu ihm gehören, und
darum habt ihr auch seine Kraft bekommen, die sein Versprechen bestä-
tigt. 14 Der Heilige Geist, seine besondere Kraft, ist die Garantie, dass wir
auch alles kriegen, was er uns versprochen hat. Er beweist zudem, dass
wir jetzt radikal zu ihm gehören, damit er am Ende den Applaus be-
kommt.

Jesus Christus steht über allem

15 Seitdem ich von eurem radikalen Vertrauen gehört habe und davon, wie
sehr ihr alle andern Christen liebt, 16 bin ich ständig dabei, mich bei Gott
dafür zu bedanken! Ich bete auch ganz oft für euch! 17 Ich bitte dann Gott,
er soll euch helfen den Überblick zu behalten, damit ihr ihn immer besser
kennenlernt und er euch zeigen kann, was er von euch will. 18 Er soll eure
inneren Augen öffnen, damit ihr checkt, auf was wir uns noch alles freuen
können. Er hat uns ausgesucht, er hat uns fette Sachen versprochen, die
er uns vererben will, und das nur weil wir ihm vertrauen. 19 Ihr sollt begrei-
fen, wie irre groß seine Möglichkeiten sind, Möglichkeiten, die alle in uns
stecken, weil wir ihm vertrauen. Da ist doch immerhin dieselbe Kraft in
uns, 20 mit der Jesus auch den Tod besiegt hat, dieselbe Kraft, die ihm den
Platz auf der Ehrentribüne gleich neben Gott gesichert hat. 21 Jetzt ist er
von Gott zum Chef über die ganze Welt gemacht worden. Er hat die Macht
über jede Regierung, über alles, was Macht ausübt, in dieser Welt und in
der, die noch kommen wird. 22 Gott hat Jesus zum Bestimmer über alles
gemacht. Er ist im Besonderen der Chef über die komplette Gemeinde
geworden. 23 Diese Gemeinde ist sein Körper und ist von ihm, dem Aus-
erwählten, total vollgefüllt. Aber das ist nicht alles, Jesus füllt sogar das
ganze Universum aus.

2 Eine neue Chance

1 Wie sah denn früher euer Leben aus? Ihr habt Sachen getan, auf die
Gott überhaupt keinen Bock hatte, und so wart ihr für ihn im Grunde
gestorben. 2 Der Dreck, der in der Welt abgeht, war auch euer Dreck. Ihr
habt ohne Gott gelebt und wurdet voll kontrolliert vom Satan. Der kontrol-
liert ja heute auch noch alle Menschen, die ohne Gott leben. 3 Wir waren
früher alle genauso drauf und haben unser eigenes Ding durchgezogen.
Diese Dinge, die uns von Gott trennten, haben uns ein pseudogutes
Gefühl gegeben, und das hat unser Leben kontrolliert. 4 Aber Gottes lei-
denschaftliche Liebe für uns ist riesig! 5 Darum hat er uns mit Jesus ein
wirklich neues Leben geschenkt, und das, obwohl wir durch den ganzen
Mist, den wir bauen, für ihn nicht akzeptabel sind! Haben wir das irgend-
wie verdient? Null! Das ist einfach ein Geschenk, was Gott uns macht!
6 Dadurch, dass wir unser Vertrauen auf Jesus setzen, hat er uns jetzt
schon mit Jesus aus dem Einfluss des Todes rausgeholt. Wir gehören jetzt
zu Jesus und sitzen mit ihm in seinem Himmelsland, ist das nicht irre?
7 Gott will dadurch ein klares Statement abgeben, er will uns durch Jesus
seine wahnsinnig große Liebe beweisen, die er für uns hat! 8 Wir haben es
nämlich null verdient, dass wir aus dem Tod gerettet wurden. Da haben

wir auch nichts großartig zu beigetragen. Das wurde nur möglich, weil ihr angefangen habt, Jesus zu vertrauen, und selbst dieser Glauben ist ein Geschenk.
9 Dass ihr gerettet worden seid, hat also nichts mit euren tollen Taten zu tun. Das wäre ja auch komisch, dann könnte man sich ja was drauf einbilden.
10 Gott hat uns gemacht! Er hat uns durch Jesus einen kompletten neuen Anfang gegeben. Jetzt sind wir erst in der Lage, das Gute zu tun, was Gott schon lange für unser Leben geplant hat.

Egal, aus welchen Volk man kommt, durch Jesus gehören wir alle zusammen

11 Vergesst bitte nicht, dass ihr nicht zu den jüdischen Leuten dazugehört.
Von eurer Geburt her seid ihr eigentlich gar nicht dabei gewesen. Die
Juden haben auf euch runtergesehen, obwohl dieses Beschneidungsritual
ja nur von einem Menschen gemacht wird. Es ist ein äußerliches Zeichen,
weiter nichts.
12 Als ihr damals ohne Jesus gelebt habt, wart ihr ausge-
schlossen. Ihr hattet auch keine Ahnung von den Versprechen, die Gott
seinem Volk gemacht hatte. Ziellos und ohne Hoffnung wart ihr in dieser
Welt unterwegs.
13 Jetzt gehört ihr aber zu Jesus Christus. Ihr wart mal
meilenweit entfernt von Gott, aber jetzt seid ihr, weil Jesus für euch ge-
storben ist ihm plötzlich sehr nahe.
14 Jesus hat uns endlich miteinander
versöhnt. Er hat aus beiden Gruppen eine Einheit gemacht, aus Juden und
Nichtjuden wurde eine Familie. Er hat die Mauer gesprengt, die zwischen
uns und Gott war. Durch ihn haben wir Frieden.
15 Er hat mit dem Gesetz
und seinen unendlich vielen Regeln Schluss gemacht. Dadurch können
wir jetzt zusammenkommen. Er selbst hat für Frieden gesorgt, damit die
Juden und Nichtjuden sich in ihm treffen können, und aus den beiden
verfeindeten Gruppen ist durch ihn ein neuer Mensch entstanden.
16 Beide
wurden zusammengetan zu einem Ding, um so mit Gott wieder klarzu-
kommen. Das ging nur durch das, was am Kreuz passiert ist. Dort hat er
durch seinen Tod die Feindschaft zwischen Juden und Nichtjuden und
sogar die Feindschaft zwischen Gott und Menschen beendet.
17 Jesus ist
zu uns gekommen, um uns zu erklären, wie man Frieden haben kann.
Und das gilt jedem, egal, ob er ihm jetzt nahe war (so wie die Juden) oder
eher fern.
18 Durch das, was Jesus Christus für uns getan hat, können wir
jetzt alle, egal ob Jude oder nicht, zusammen durch dieselbe Kraft zu Gott
kommen.
19 Ihr seid jetzt keine Ausländer mehr oder Leute ohne Staats-
zugehörigkeit, ihr gehört jetzt zum Volk von Gott, ihr seid jetzt Teil der
Familie!
20 Wir sind wie ein Haus, das auf dem Lehrfundament seiner Bot-
schafter, den Aposteln und den Propheten, gebaut wurde. Jesus ist dabei
der Grundstein, an dem sich alles ausrichtet, und der alles zusammen-
hält.
21 Dieser Grundstein hält alles zusammen. Das ganze Gebäude

wächst zu einem neuen Haus, zu einem Tempel für Gott, zusammen.
22 Ihr gehört auch zu diesem Bauwerk, und in diesem Gebäude wohnt
Gott mit seiner Kraft.

3

Was Gott von Paulus will

1 Weil ich euch, die ihr keine Juden seid, die guten Nachrichten über
Jesus erzählt habe, sitze ich jetzt im Knast fest. 2 Ist bei euch be-
stimmt schon angekommen, dass Gott mir diese spezielle Order gege-
ben hat, so Leuten wie euch von der Liebe zu erzählen, mit der er die
Menschen annimmt. 3 Ich hab ja oben schon mal kurz erwähnt, dass Gott
mir sein Geheimnis tatsächlich erklärt hat. 4 Beim Lesen werdet ihr mit-
kriegen, worum es dabei vor allem ging. 5 Früher hatten die Menschen
noch keinen Schnall von den Sachen, die Gott heute durch ausgesuchte
Menschen (wie zum Beispiel Apostel und Propheten) erklärt hat. 6 Dazu
gehört auch, dass wir durch Jesus Christus alle zusammen zu einer Fami-
lie gehören, Juden wie Nichtjuden, und dass die Nichtjuden genauso
einen Anspruch auf die ganzen Versprechen haben, die Gott seinem be-
sonderen Volk auch gegeben hat. 7 Diese Nachricht ist voll mein Ding,
dafür hat Gott mich eingesetzt. Mit voller Kraft, einfach so, weil er mich
liebt, hat er mich dazu ausgesucht. 8 Ausgerechnet mich, den letzten von
allen Leuten, die zu Jesus gehören, hat Gott ausgesucht, um diesen Job
zu erledigen, nämlich den anderen Menschen zu erzählen, was für wahn-
sinnig fette Sachen durch Jesus möglich geworden sind. 9 Er hat mich
extra dafür ausgesucht, allen zu erklären, was Gott eigentlich von den
Menschen möchte. Das hatte er schon von Anfang an so geplant, aber
noch nicht allen erzählt. 10 Anhand von dem, was in der Gemeinde abgeht,
sollen alle Mächte, die im Universum was zu sagen haben, erkennen, mit
was für einer Übersicht Gott alles im Griff hat. 11 Das hatte Gott schon
vor Ewigkeiten beschlossen, und diesen Plan hat Jesus jetzt umgesetzt.
12 Weil wir unser Vertrauen auf ihn gesetzt haben, können wir jetzt ent-
spannt jederzeit zu ihm kommen. 13 Darum, Leute: Verliert jetzt nicht den
Mut, nur weil ich im Knast sitze! Dass ich wegen euch ätzende Sachen
durchmachen muss, sollte euch eher stolz machen.

Eine Bitte an Gott und ein Dankeschön

14 Ich kann immer nur auf den Knien zum Vater kommen, 15 der ja im
Grunde der Vater von allem Leben ist. 16 Ich bete dafür, dass Gott euch
durch seinen Geist innerlich stark macht, denn er kann aus dem Vollen
schöpfen. 17 Und ich bete dafür, dass Jesus durch das Vertrauen, das ihr in
ihn habt, ganz tief in euer Bewusstsein eindringt. Jesus liebt euch total!

In diesem Boden sollen die Wurzeln eures Glaubens wachsen. 18 Denn nur
so könnt ihr wirklich das ganze Ausmaß der Größe begreifen, mit der Gott
euch wirklich liebt. 19 Unser Hirn wird das nie schaffen können, das wirk-
lich ganz zu erfassen. Aber je mehr Gott uns erklärt, wie gigantisch groß
die Liebe von Jesus Christus für uns ist, desto mehr kommt er mit seinen
unvorstellbaren Möglichkeiten in unserm Leben zum Zug. 20 Gott kann
durch diese powervolle Kraft, die in uns ist, sehr viel mehr tun als das,
worum wir ihn bitten, ja sogar mehr, als wir uns überhaupt vorstellen
können. 21 Dafür können wir alle in der Jesus-Gemeinschaft Gott immer
wieder und ohne Ende loben. So ist das richtig, so sollte es sein [Amen].

4

Christen müssen zusammenhalten

1 Eine Sache ist mir noch superwichtig: Lebt euer Leben so, wie es
sich für jemanden gehört, der von Gott extra ausgesucht wurde. Das
sag ich jetzt als jemand, der für Jesus im Knast sitzt. 2 Geht liebevoll mit
den andern um und gebt niemanden so mal eben auf. Helft den anderen,
ohne was dafür zurückbekommen zu wollen! 3 Die Kraft, die von Gott
kommt, hat euch zusammengeschweißt. Achtet darauf, dass das so
bleibt, indem ihr untereinander Frieden haltet. 4 Gott möchte, dass wir alle
zusammenhalten, so als ob wir nur ein einziger Mensch wären. Und in
diesem Menschen wirkt eine einzige Kraft, nämlich sein Geist, genau wie
wir zusammen auch nur eine einzige Hoffnung haben. 5 Es geht nur um
einen Meister, einen Glauben, eine Taufe, 6 um den einen Vater, der alles
im Blick hat, der in allem lebt und der in jedem von uns ist.

Gott gibt unterschiedliche Begabungen

7 Jeder von uns wurde von Jesus mit einem neuen Leben beschenkt. Das
wird auch in besonderen Begabungen sichtbar, die er an uns ausgeteilt
hat. 8 Darum steht übrigens auch in den alten Schriften, ich zitiere: „Er
ist in den Himmel zurückgekommen, er hatte ein paar Gefangene dabei,
die sich gegen Gott gestellt hatten, und den Menschen hat er Geschenke
gemacht.“ 9 Wenn da steht: „Er ist in den Himmel zurückgekommen“,
muss das ja bedeuten, dass er vorher hier bei uns auf der Erde war.
10 Der zu uns runtergekommen ist, ist derselbe, der auch wieder zu Gott
zurückkehren konnte. Und jetzt steht er über allem. 11 Einigen hat er die
Begabung gegeben, Gemeinden zu starten (das sind die Apostel), von
anderen wollte er lieber, dass sie Worte, die direkt von Gott kommen, an
andere weitergeben (Propheten). Es gibt wiederum Leute, die haben die
Begabung, Nichtchristen von Gott zu erzählen (Evangelisten). Dann gibt
es da auch Leute, die sollten Pastoren sein, Seminare geben und Vorträge

halten (Hirten und Lehrer). 12 Sie alle sollen die Christen für ihre Aufgabe
fit machen, damit die Gemeinschaft der Leute, die mit Jesus leben, auch
stark wird. 13 Auf diese Art und Weise werden wir auf der Basis unseres
Glaubens immer mehr zusammenwachsen. Wir werden so auch Jesus
immer besser verstehen. Unser Ziel sollte sein, starke kompetente Chris-
ten zu werden, die in seiner Gemeinschaft leben, damit wir so voll und
ganz mit ihm durchstarten können und Christus in uns und der ganzen
Gemeinde Gestalt gewinnt. 14 Dann sind wir auch keine Babychristen
mehr, die sich ständig von irgendwelchen Leuten bequatschen lassen oder
durch geschickte Täuschungsmanöver, die sich ein paar linke Menschen
ausgedacht haben, reingelegt werden können. 15 Lass uns am besten
immer bei der Wahrheit bleiben und uns durch die Liebe immer mehr an
Jesus orientieren. Er ist ja schließlich der Kopf von unserer Gemeinschaft.
16 Durch ihn wird auch alles zusammengehalten. Jeder Teil erfüllt seine
besondere Aufgabe, damit der ganze Körper überhaupt funktioniert. So
bleibt er gesund und stärkt sich auch selbst, weil er von Liebe zusammen-
gehalten wird.

Christen sollten anders leben

17 Ich will euch noch mal ganz klarmachen, dass ihr nichts mehr mit dem
Lifestyle der Menschen zu tun haben sollt, die keinen Bock auf Gott
haben! Die sind total schräge drauf. 18 Sie leben in Dunkelheit, ihre Gedan-
ken sind finster. Sie haben keine Ahnung von dem Leben mit Gott, weil sie
sich für ihn zugemacht haben. 19 Ihr Gewissen ist völlig abgestumpft,
darum lassen sie sich total gehen, in jeder Hinsicht. Sie geiern förmlich
danach, Mist zu bauen. Um diese Gier in sich zu befriedigen, tun sie alles.
20 Durch Jesus habt ihr aber gelernt, dass es auch anders geht. 21 Was
Jesus wirklich möchte, habt ihr doch gehört und verstanden, oder? 22 Ihr
sollt euch von den Sachen, die ihr früher gemacht habt, komplett verab-
schieden. Die ätzenden Dinge, die euch früher kaputt machen wollten,
mit denen habt ihr nichts mehr zu kriegen! 23 Gott will euch durch seinen
Geist vollkommen anders draufbringen. 24 Ihr sollt euch einen komplett
neuen Style zulegen. Dieser neue Style ist von Gott selber designt worden.
Er ist gerecht und etwas ganz Besonderes, er ist eben heilig. 25 Hört auf
rumzulügen, erzählt euch die Wahrheit! Wir gehören doch zusammen zu
einer Familie. 26 Wenn ihr schlecht drauf seid, passt auf, dass da nichts
zwischen euch und Gott kommen kann. Versucht euch noch am gleichen
Tag wieder mit den Leuten zu vertragen, mit denen ihr euch gestritten
habt. 27 Gebt Satan auf keinen Fall irgendeine Möglichkeit, euch ausei-
nanderzubringen. 28 Wenn einer von euch früher krumme Dinger gedreht
hat, soll er jetzt damit aufhören. Er soll sich mal einen ordentlichen Job

suchen, damit er mit dem Geld, das er verdient, Leuten helfen kann, die
es nötig haben. 29 Hört auch auf, über andere Leute abzulästern! Wenn ihr
was sagt, sollen andere damit etwas anfangen können. Es ist immer bes-
ser, Menschen zu ermutigen. 30 Ihr solltet auf keinen Fall den Geist von
Gott traurig machen! Er ist eure Garantie, dass ihr irgendwann im Him-
mel landet. 31 Wenn ihr Leuten nicht vergeben könnt oder Angewohnheiten
habt wie plötzliche Ausraster, Rumlästern, Wutanfälle, Aggressionen,
Frust, könnt ihr das alles getrost in die Tonne drücken. 32 Geht nett mitei-
nander um, zeigt Mitgefühl und verzeiht euch gegenseitig, wenn ihr euch
mal verletzt habt. Hat Jesus ja auch gemacht!

5 1 Lebt am besten so, wie Gott es euch vorgemacht hat! Ihr seid seine
Kinder, die er wie verrückt liebt. 2 Liebe soll euer Leben bestimmen,
genauso wie das bei Jesus war. Er hat uns so sehr geliebt, dass er
bereit war, sein Leben für uns zu geben. Und Gott hat das sehr gut gefal-
len. 3 Darum ist es doch irgendwie logisch, dass ihr euch solche Sachen
wie ein derbes Partyleben ohne Grenzen oder ätzende Sexsachen echt
nicht mehr geben könnt, oder? Das Gleiche gilt übrigens auch für Rum-
geizen und so. 4 Was dann auch nicht mehr zu euch passt, ist dummes
dreckiges Gelaber. Versucht es doch mal damit, Gott zu danken und ihm
zu sagen, wie gut er ist! 5 Hey, eins muss euch echt klar sein: In Gottes
Land hat keiner Platz, der nur auf Partyleben aus ist, der ständig feiern
geht, ohne eine Grenze einzuhalten. Auch für Pornofans oder Geizkragen
ist da nichts zu holen, denn das sind ja im Grunde Menschen, die ir-
gendwelche Dinge zu ihrem Gott machen. 6 Passt bloß auf, dass ihr euch
nicht von irgendeinem süßen Gelaber zu solchen Sachen verführen lasst.
Gott hat auf bestimmte Sachen überhaupt keinen Bock, und jeder, der sie
trotzdem tut, muss die Konsequenzen selber tragen. 7 Also macht einen
großen Bogen um solche Leute, ja?! 8 Früher wart ihr noch ziemlich finster
drauf, aber jetzt ist das doch anders! Jesus hat bei euch die Lampen auf
hundert gedreht, 9 und dieses Licht, was jetzt in euch strahlt, lässt ehrliche
Liebe, einen Sinn für Gerechtigkeit und eine Leidenschaft für die Wahrheit
in euch wachsen. 10 Versucht doch mal herauszufinden, was Gott eine
Freude machen würde! 11 Lasst euch nicht einen Zentimeter auf die dunkle
Seite der Macht ein, lasst die Finger davon! Spielt auch nicht damit,
sondern geht dagegen vor, bringt sie an die Öffentlichkeit. 12 Ich kriege
einen roten Kopf, wenn ich nur daran denke, was Menschen so alles hin-
ter verschlossenen Türen für Sachen bringen! Furchtbar, ich mag das hier
gar nicht aussprechen! 13 Wenn Gott aber sein Licht dadraufwirft, dann
kommt alles irgendwann raus! 14 Wenn er solche Sachen aufdeckt, dann

kann alles auch noch wieder gut werden. Es gibt da ja auch so ein Lied,
wo der Text sagt: „Wach auf, penn nicht mehr so lange, komm von den
Toten wieder zurück, dann wird Christus für dich wie ein Licht sein."
15 Passt also ganz genau auf, was ihr so alles bringt im Leben. Checkt euch
ständig ab. Ihr sollt nicht so draufkommen wie Menschen, die keine
Ahnung von Gott haben. Ihr kennt und liebt ihn! 16 Nutzt alle Gelegen-
heiten, die euch Gott gibt, um ihm Freude zu machen, denn wir leben in
einer ätzenden Zeit. 17 Seid nicht so verpeilt. Versucht zu begreifen, was
Gott von euch möchte. 18 Hört auf, euch mit Alk breitzuhauen! Damit
macht ihr nur euer Leben kaputt. Lasst euch lieber mit dem Heiligen Geist
abfüllen. 19 Das geht los, wenn ihr anfangt, Gott mit Liedern und Gebeten
Danke zu sagen! Macht das mit Musik und macht das aus vollem Herzen.
20 Bedankt euch immer und für alles bei Gott und tut das im Namen von
Jesus Christus.

Wie eine Ehe unter Christen laufen soll

21 In euren Ehen soll es so laufen, dass jeder über den anderen das Sagen
hat, und Christus soll über beide das Sagen haben. 22 Ich meine damit,
dass sich die Ehefrauen ihren Männern so unterordnen sollen, als würden
sie sich Christus unterordnen. 23 Der Mann soll der Chef in der Ehe sein,
auf die Art, wie Jesus der Chef seiner Gemeinde ist. Und Jesus hat für
seine Leute schließlich alles gegeben. 24 Genauso wie sich die Gemeinde
unter Jesus stellt, sollten sich die Ehefrauen auch unter ihren Mann stel-
len. 25 Und allen Männern, die verheiratet sind, sag ich nur: Liebt eure
Frauen so, wie Jesus die Gemeinde liebt. Er hat für die Gemeinde alles
gegeben! 26 Er wollte, dass sie ganz zu ihm gehört, sauber gewaschen
wie durch eine Dusche mit seinen Worten. 27 Sein Plan war, dass die
Gemeinde wie seine geliebte Ehefrau sein sollte, so schön wie ein Top-
model, ohne Falten und Pickel oder so was, eben einwandfrei und gut.
28 Die Männer sind aber genauso gefragt, ihre Frauen zu lieben, so, wie
sie sich selbst lieben. Die beiden sind zusammengeschweißt, nichts kann
sie mehr auseinanderbringen. Wer seine Frau so liebt, zeigt damit, dass
er sich selber auch liebt. 29 Keiner ist so blöd und hasst seinen eigenen
Körper. Er passt auf ihn auf, und genauso passt Jesus auch auf seine
Gemeinde auf und sorgt für sie. 30 Wir gehören alle total zu ihm. Wir sind
miteinander verwachsen, so wie ein Arm zu seinem Körper gehört. 31 In
den alten Schriften steht ja auch: „Darum wird ein Mann seine Eltern hin-
ter sich lassen, er wird ausziehen und sich mit seiner Frau zusammentun.
Beide werden dann zu einer Einheit." 32 In diesem ganzen Eheding steckt
für mich voll ein Geheimnis. Ich sehe dadrin ein Bild für die Gemeinschaft
zwischen Jesus und seinen Leuten. 33 Darum will ich hier noch mal festhal-

ten: Jeder Ehemann soll seine Frau so lieben, wie er sich selber auch liebt.
Und für die Ehefrau sollte das Ziel sein, Respekt vor ihrem Mann zu
haben.

Beziehung zwischen Eltern und Kindern

6 1 Allen Kindern kann ich nur sagen: Hört auf das, was eure Eltern euch
sagen. Gott will das von euch. 2 „Du sollst deinem Vater und deiner
Mutter mit Respekt begegnen." Das ist ein wichtiges Gesetz, und Gott
gibt dazu auch gleich ein schönes Versprechen ab: 3 „Wenn du das tust,
dann wird es dir gut gehen, und du wirst lange leben." 4 Die Väter sollten
bei der Erziehung darauf achten, immer fair zu sein und keinen ungerecht
zu behandeln. Das gibt nur böses Blut. Sie sollen ihren Kindern lieber den
Weg deutlich machen, den Gott mit ihnen gehen will.

Wie das Verhältnis zwischen Arbeitern und ihren Chefs sein sollte

5 Tut das, was die Chefs euch auftragen! Eure Einstellung ihnen gegenüber
soll von Respekt geprägt sein. Befolgt ihre Anweisungen korrekt, genauso
wie ihr die Anweisungen von Jesus befolgt. 6 Gebt alles auf der Arbeit,
aber tut das nicht, um Menschen zu beeindrucken, sondern tut das als
Arbeiter von Jesus, dem ihr radikal dienen wollt. 7 Nicht vergessen, Leute:
Ihr arbeitet letztendlich nicht für Menschen, sondern immer für Gott. 8 Ihr
werdet eine gerechte Bezahlung für das bekommen, was ihr getan habt,
egal wie jetzt eurer Status in der Gesellschaft ist. 9 Das Gleiche gilt übri-
gens auch für die Chefs. Droht euren Untergebenen nicht ständig mit
Strafen und so. Vergesst bitte nicht, dass ihr genau denselben Chef im
Himmel sitzen habt wie sie. Und der hat auch keine Lieblingsmenschen.

Waffen für den Lebenskampf

10 Und was ich euch am Ende noch mal sagen will: Ihr müsst stark werden
durch Jesus, seine Kraft kann euch stark machen. 11 Legt euch das ganze
Waffenarsenal zu, das ihr von Gott bekommen könnt. Damit seid ihr in
der Lage euch gegen die linken Attacken vom Satan zu wehren. 12 Wir
kämpfen ja nicht gegen Menschen, die ihre Muskeln und Fähigkeiten
gegen uns einsetzen, sondern gegen übernatürliche Mächte, gegen
böse Geister, linke Bazillen aus einer parallelen Dimension, gegen die
dunkle Seite der Macht, die diese Welt beherrscht. 13 Darum legt euch das
gesamte Waffenarsenal zu, das Gott für euch bereitgestellt hat. Damit
werdet ihr die linken Attacken der bösen Seite abwehren können, wenn es
mal zu einem Kampf kommt. 14 Als Waffengurt könnt ihr die Wahrheit Got-
tes anziehen und um den Oberkörper eine schusssichere Weste, indem

ihr euch immer klar darüber seid, dass Jesus euch für Gott okay gemacht
hat. 15 An die Füße sollen Boots, die dafür stehen, jedem und überall die
gute Nachricht erzählen zu wollen, dass Gott mit den Menschen Frieden
geschlossen hat. 16 Setzt euer Vertrauen in Gott wie einen Schutzschild
ein, der die Laserschüsse vom Feind Satan abfängt. 17 Schützt euren Kopf
durch einen Motorradhelm, dadurch dass ihr wisst, ihr seid von Gott
gerettet worden und darum in Sicherheit. Und als Laserschwert könnt ihr
die Worte von Gott benutzen. Sein Geist stellt euch dieses Schwert zur
Verfügung. 18 Hört nie auf zu beten, egal, wo ihr auch gerade seid. Betet
ständig durch seine Kraft, pennt dabei nicht ein und bleibt wachsam. Und
betet auch für die andern Christen in der Welt. 19 Und bitte betet auch mal
für mich! Bittet Gott darum, dass er mir die richtigen Worte gibt, wenn ich
mich öffentlich zu Jesus stelle und den Leuten die Sache mit Jesus erklä-
ren will. 20 Ich sitze jetzt deswegen im Knast fest. Betet mit mir, dass ich
meinen Job bald wieder volles Rohr weitertun kann, so wie es Gott von
mir möchte. 21 Tychikus, ein guter Freund von mir, der auch mit zur Jesus-
Familie gehört, wird euch alles Weitere von mir erzählen. Er ist ein ganz
treuer Mitarbeiter und gibt alles für Gott. 22 Er hat den Auftrag von mir
bekommen, euch zu erzählen, was bei mir abgeht. Und er soll euch auch
gut draufbringen. 23 Ich wünsche euch Frieden, liebe Freunde, Liebe und
das Vertrauen, das von Gott kommt, dem Vater, und Jesus Christus, dem
Chef. 24 Gottes Liebe wünsche ich allen, die Jesus Christus lieben!
Euer Paulus

Ein Brief an die Christen, die in Philippi wohnen

1 **Absender und Anschrift**
1 Absender: Paulus und Timotheus, beide für Jesus Christus unterwegs.
An: alle Christen in Philippi, die Leiter der Gemeinde und alle Mitarbei-
ter. 2 Hallo, Leute! Wir wünschen euch Freude und den Frieden, den man
durch ein Leben mit Gott bekommt. Beides kommt von Gott, unserem
Vater, und von Jesus Christus.

Paulus betet für die Gemeinde
3 Jedes Mal, wenn ich an euch denke, bin ich Gott voll dankbar! 4 Ich
bete zurzeit ständig für euch, und immer wenn ich das tue, muss ich
mich erst mal echt freuen. 5 Das liegt wohl auch da dran, dass ich bei
euch sehen kann, wie ihr euch von Anfang an bis jetzt mit mir zusam-
men für die gute Nachricht eingesetzt habt. 6 Ich bin mir deswegen auch
sehr sicher, dass Gott, so wie ihr am Anfang durchgestartet seid, sein
Ding mit euch auch bis zum Ende durchziehen wird, bis zu dem Tag,
an dem Jesus sein Comeback feiern wird. 7 Ist ja auch kein großes Ding,
dass ich so von euch denke. Ihr liegt mir einfach ganz besonders am
Herzen. Daran wird sich auch so schnell nichts ändern, egal, wie die
Umstände gerade auch sind. Ich stecke zurzeit im Knast und muss mich
vor Gericht dafür verantworten, dass ich die Neuigkeit von Jesus überall
weitererzähle. Dadurch, dass ihr für mich betet und hinter mir steht,
bekommt ihr auch etwas von den Sachen ab, die Gott mir geschenkt
hat. 8 Hey, Gott ist mein Zeuge, ich hätte so einen Bock, jetzt bei euch
zu sein! Ich liebe euch mit derselben Liebe, die Jesus für euch hat!
9 Ich habe zu Gott gesagt, dass er eure Liebesfähigkeit immer größer
und tiefer werden lassen soll. Das passiert in dem Maß, wie ihr peilt,
was Gott von euch will, und euer Leben danach ausrichtet. 10 Dann seid
ihr auch in der Lage herauszufinden, was bei Gott wichtig ist, damit ihr
an dem letzten Tag, wenn wir alle vor Gottes Gericht stehen, astrein
und ohne Dreck seid. 11 Alle die guten Sachen, die Jesus in einem Leben
bewirkt, das frei und ohne Schuldbelastung ist, kann man bei euch vor-
finden. Und das alles ist da, damit Gott am Ende groß rauskommt,
damit klar wird, dass er der Beste ist.

Jeder soll hören, wie geil es ist, mit Jesus zu leben

12 Freunde, ihr sollt wissen, dass meine Untersuchungshaft sich letztend-
lich als echte Chance rausgestellt hat, von Jesus zu erzählen. 13 Dass ich
hier im Knast festsitze, nur weil ich auf Jesus vertraue, ist inzwischen den
Römern, die mich gefangen halten, und auch allen anderen hier klar-
geworden. 14 Außerdem haben dadurch, dass ich hier festsitze, irgendwie
viele Christen neuen Mut und neue Hoffnung bekommen. Viele treten
jetzt noch radikaler in der Öffentlichkeit für Jesus auf und reden überall
von der Sache mit Gott, ohne Angst dabei zu haben. 15 Es gibt auch ein
paar Leute, die das mit nicht so guten Motiven machen. Einige tun es,
weil sie neidisch sind und mir eine erfolgreiche Missionsarbeit einfach
nicht gönnen. Andere tun das aber mit einer voll guten Einstellung.
16 Die tun es nämlich aus Liebe, weil sie wissen, dass ich gerade nicht
kann, weil ich für meinen Glauben verhaftet worden bin und hier festsitze.
17 Die anderen machen das aber vor allem, weil sie die großen Helden sein
wollen. Sie wollen mir beweisen, dass sie es besser können als ich. Sie
sind nicht gerade und wollen mich nur traurig machen. 18 Ist mir aber
letztendlich total egal! Hauptsache, es wird von Jesus Christus erzählt.
Wie das dann passiert, ob aus guten Motiven oder nur um mal 'ne schöne
Geschichte vom Stapel zu lassen, ist mir wurscht. Ich möchte bloß, dass
jeder davon hört, wer Jesus Christus überhaupt ist! Da drüber freue ich
mich, und immer wenn das passiert, werde ich mich auch in Zukunft
freuen! 19 Weil ich weiß, dass ihr für mich betet, und weil ich spüre, wie der
Heilige Geist bei mir ist, bin ich mir sicher, dass hier alles für mich klar-
gehen wird. 20 Ich hoffe sehr, dass ich das hier durchziehe. Ich möchte
aber frei und ohne Probleme so wie früher dafür sorgen, dass Jesus groß
rauskommt. Wie das passiert, ist mir letztendlich egal, ob ich dafür nun
sterben muss oder am Leben bleibe. 21 Denn Jesus Christus bedeutet alles
für mich. Er ist der Grund, warum ich lebe, und selbst wenn ich sterbe,
hab ich gewonnen, weil ich dann bei ihm bin. 22 Wenn es aber so sein soll,
dass ich hier auf der Erde weiterlebe, dann nur deshalb, damit ich hier
noch mehr für Jesus reißen kann. Darum fällt es mir echt schwer, mich
für eins von beiden zu entscheiden. 23 Beide Möglichkeiten zecken mich
irgendwie an. Auf der einen Seite habe ich Lust zu sterben, um dann bei
Jesus zu sein, das wäre total schön! 24 Auf der anderen Seite denk ich
dann aber auch wieder an euch. 25 Ich bin mir aber ziemlich sicher, dass
ich am Leben bleiben werde. Ich soll euch weiter supporten, ich will dafür
sorgen, dass euer Vertrauen in Gott stark wird und ihr Spaß dabei habt.
26 Wenn ich endlich wieder bei euch bin, werdet ihr erst recht auf Jesus
Christus abgehen können, weil er wieder so gute Sachen getan hat.

Ätzende Sachen für Gott durchmachen

27 Passt auf, dass eure ganze Gemeinde so draufkommt, wie es Gottes
Sache entspricht! Egal, ob ich bei euch leibhaftig vor Ort bin oder aus der
Entfernung zu euch rede, ich möchte auf jeden Fall, dass ihr total zusam-
menhaltet! Ihr sollt gemeinsam dafür kämpfen, dass immer mehr Leute
ihr Vertrauen auf Jesus setzen! 28 Lasst euch kein Stück von den Leuten
einschüchtern, die euch ans Bein pinkeln wollen. So werden sie kapieren,
dass sie in der Hölle landen. Für euch ist es ein Beweis, dass ihr von Gott
gerettet worden seid. 29 Ihr habt nicht nur die Chance von Jesus bekom-
men, mit ihm zu leben, ihr dürft für ihn auch ätzende Sachen durchma-
chen. 30 So seid ihr in demselben Kampf drin wie ich. Und wie der abgeht,
habt ihr ja früher schon mal bei mir beobachten können. Jetzt kann ich
euch noch mal davon erzählen.

2 **Jesus, unser Star und unser Vorbild**

1 Ihr seid doch so drauf, dass ihr euch gegenseitig aufbaut. Man kann
bei euch doch liebevoll getröstet werden, wenn man das mal braucht.
Ihr haltet doch zusammen, weil der Heilige Geist das möglich macht.
Und ihr spürt das, wenn es anderen schlecht geht und sie Hilfe brauchen.
2 Darüber freu ich mich auch! Total freuen würde ich mich aber, wenn ihr
alle dieselbe Denkweise bekommen würdet. Wenn ihr durch die Liebe eng
miteinander verbunden seid und ganz fest zusammenhaltet, das wäre
echt toll! 3 Wenn es am Ende doch immer nur um euch und eure eigenen
Interessen geht, dass ihr vielleicht sogar ein Star werden wollt, das wäre
nicht gut. Ganz im Gegenteil, Leute, nehmt euch selber nicht so wichtig
und lebt immer so, als wären alle anderen wichtiger als ihr selber. 4 Denkt
nicht immer zuerst an euren Vorteil, sondern lasst die anderen Leute gut
aussehen und helft ihnen. 5 Ihr sollt so draufkommen wie Jesus! 6 Obwohl
er alle Möglichkeiten hatte, die einem Gott zur Verfügung stehen, hat er
dadrauf verzichtet, diese Möglichkeiten auch voll auszuschöpfen. 7 Er gab
sogar alle seine Rechte auf. Er wurde zu einem Nichts und schlüpfte in
die Rolle eines billigen Angestellten, nur um einer von uns zu werden. 8 Er
schmiss sich in den Dreck und gehorchte Gott bis zum letzten Atemzug,
bis zur Hinrichtung am Kreuz. 9 Darum hat Gott ihn am Ende auch groß
rausgebracht. Er hat ihm eine hohe Stellung gegeben, eine höhere gibt es
nicht! 10 Alles wird sich einmal vor Jesus hinschmeißen, weil er die abso-
lute Autorität ist. Alles, was aus der übernatürlichen und natürlichen Welt
kommt, wird das tun. Sogar alle, die sich im Land der Toten aufhalten,
11 alle werden irgendwann bekennen, dass Jesus Christus über allem steht!
Gott der Vater soll geehrt werden.

Wir haben viel Grund, für Gott abzugehen

12 Also, ihr Lieben, ihr habt ja immer alles umgesetzt, was ich euch emp-
fohlen habe. Egal, ob ich bei euch vor Ort bin oder ob ich gerade nicht da
sein kann: Hört auf das, was ich euch sage! Tut was dafür, dass ihr von
Gott gerettet werdet! Von dem Gott, vor dem man zittern muss. 13 Aber
dieser Gott sorgt ja für beides bei euch, einmal, dass ihr das überhaupt
wollt, und dann, dass ihr es überhaupt schaffen könnt, damit er sich über
euch freut. 14 Bei allem, was ihr so anpackt, versucht immer gut drauf zu
sein und passt auf, nicht ständig ins Grübeln und Zweifeln zu kommen.
15 Dann wird euer Leben sauber und mit einer guten Einstellung abgehen.
Und das mitten in einer total verdrehten und perversen Welt. Ihr werdet
dann strahlen wie ein Stern in einer dunklen Nacht, so sehr werdet ihr
auffallen. 16 Dazu ist es wichtig, dass ihr an den Worten festhaltet, die
euch den Weg zum Leben gezeigt haben. Wenn Jesus dann wiederkommt,
kann ich echt stolz auf euch sein. Die ganze Arbeit mit euch hat sich echt
gelohnt. 17 Selbst wenn ich bei der Arbeit für euch umgebracht werden
sollte und mein Blut sozusagen wie ein Opfer für euch vergossen wird,
freue ich mich. Ich freu mich nämlich, dass ihr Jesus kennengelernt habt
und jetzt mit ihm lebt! 18 Dadrüber könnt ihr übrigens auch mal 'ne Runde
ausrasten und euch mit mir dadrüber freuen!

Auf Timotheus ist Verlass

19 Hoffentlich kann ich Timotheus bald bei euch vorbeischicken. Jesus,
bitte mach, dass das klappt! Dann könnte er mir erzählen, was bei euch
so abgeht, und mich ein bisschen ermutigen. 20 Es gibt echt keinen ande-
ren Menschen, der in vielen Sachen genauso denkt und fühlt wie ich, und
Timotheus sorgt sich auch genauso um euch wie ich. 21 Überall will jeder
nur sein eigenes Ding machen, und keiner kümmert sich dadrum, was
Jesus eigentlich will. 22 Ihr wisst ja, dass man sich auf Timotheus verlassen
kann. Wir haben fast eine Vater-Sohn-Beziehung, und genauso treu unter-
stützt er mich, wenn ich die gute Nachricht überall verbreite. 23 Sobald ich
endlich weiß, wie es hier weitergeht, schicke ich ihn mal bei euch vorbei.
24 Ich vertraue Gott, dass es bald möglich sein wird, persönlich bei euch
aufzuschlagen. 25 Ich hatte das Gefühl, es wäre eine gute Idee, den Epa-
phroditus wieder zu euch zurückzuschicken. Er war hier eine große Hilfe
für mich und ist mir als Glaubensbruder, Mitarbeiter und Mitkämpfer
immer gut zur Hand gegangen. 26 Er hatte jetzt aber wirklich Heimweh
nach euch allen, schon alleine wegen der Sorgen, die ihr euch wegen sei-
ner Erkrankung gemacht habt. 27 Epaphroditus war wirklich kurz davor, zu
sterben, so krank war er! Aber Gott hat ihm ganz lieb geholfen, im Grunde
nicht nur ihm, sondern uns beiden. Ich hätte bestimmt voll abgeheult und

wäre noch trauriger geworden, als ich eh schon bin. 28 Ich hab ihn jetzt, so
schnell es geht, wieder zu euch geschickt. Ich hoffe, ihr freut euch, wenn
er wieder gesund bei euch ankommt. Für mich bedeutet das auch, eine
Sorge weniger zu haben. 29 Organisiert ihm einen netten jesusmäßigen
Empfang und freut euch mal, dass er kommt! So Leute wie er haben
das echt verdient! 30 Er hat für Jesus wirklich alles gegeben und sich für
mich sogar einmal in Lebensgefahr begeben. Als ihr nicht da sein konntet,
war er zur Stelle.

3

Nicht die Gesetze bringen es, sondern Jesus!

1 Ach, übrigens, Leute: Freut euch an Jesus! Macht mir Spaß, euch
immer wieder das Gleiche zu schreiben! Vielleicht merkt ihr euch das
dann auch mal und werdet noch sicherer im Glauben. 2 Passt bloß auf
vor diesen Heinis, die bei euch alles kaputtmachen wollen! Sie sind wie
schlecht trainierte Bulldogs, die mit ihrer falschen Beschneidungstheo-
logie auf euch losgelassen werden! 3 Glaubt denen kein Wort! Zu Gottes
Leuten gehört man nicht durch irgendein äußeres Beschneidungsritual.
Wir gehören zu ihm, weil er uns seinen Heiligen Geist gegeben hat und
wir ihm jetzt dienen. Das hat nichts mit unsern tollen Taten zu tun!
4 Wenn jetzt jemand meint, das Beschneidungsding (und alles, was damit
zu tun hat) wäre nun die Sache schlechthin, auf die es Gott alleine an-
kommt, dann hätte ich es ja schon lange gepackt! 5 Ich wurde exakt am
achten Tag nach der Geburt an der Vorhaut beschnitten. Ich komme aus
dem Volk Israel, und da sogar aus der Familie vom Benjamin. Ich bin seit
meiner Geburt ein Jude, genau wie alle meine Vorfahren das waren. Und
dann gehörte ich auch noch zu den Pharisäern, den streng religiösen
Strebern, die es mit den Gesetzen von Gott immer ganz genau nehmen.
6 Ich habe die Christen früher krass verfolgt und immer alles getan, was
die religiösen Gesetze vorgeschrieben haben. Da hab ich nichts anbren-
nen lassen. 7 Aber alles, was mir früher sonst wie wichtig gewesen ist,
bedeutet für mich heute nur einen Haufen Scheiße, wenn ich es mit dem
vergleiche, was ich jetzt mit Jesus habe! 8 Mir ist echt klargeworden, dass
im Vergleich mit den unbeschreiblichen geilen Sachen, die ich jetzt mit
Jesus habe, mir alles andere in der Welt echt am Arsch vorbeigeht. So-
lange ich Jesus habe, kannst du mir alles andere echt schenken! 9 Ihm
will ich mich radikal ausliefern! Ich werde nicht gut durch das Befolgen
von irgendwelchen religiösen Gesetzen. Okay für Gott werde ich alleine
dadurch, dass ich mein Vertrauen auf Jesus Christus setze. 10 Es geht mir
nur um ihn. Ich möchte immer besser kapieren, wie er drauf ist. Ich will
ihn immer besser kennenlernen, möchte immer mehr so werden wie er.

Die Kraft, die durch seine Auferstehung freigesetzt wurde, will ich auch
erleben. Und auch durch die ätzenden Sachen, die er erlebt hat, will ich
etwas lernen. Ich möchte sogar seinen Tod sterben und auch in dem
Punkt so werden wie er. 11 Ich möchte auf jeden Fall dabei sein, wenn alle
Menschen, die tot sind, wieder vom Tod auferstehen.

Auf dem Weg zum Ziel

12 Mir ist dabei total klar, dass ich noch lange nicht beim Ziel angekom-
men bin. Aber ich gebe echt alles, um dieses Ziel zu erreichen! Ich will
unbedingt den Preis bekommen, der auf den Sieg ausgeschrieben wurde!
Der Preis soll mir gehören, genauso wie ich jetzt Jesus total gehöre.
13 Freunde, ich weiß natürlich, dass ich noch nicht am Ziel angekommen
bin. Aber eins kann ich euch versprechen: Ich vergesse alles, was hinter
mir liegt, und konzentriere mich nur noch auf dieses Ziel. 14 Ich gebe echt
alles und laufe mit allem, was ich hab, auf dieses Ziel zu, um den Preis
zu bekommen. Dieser Preis, der im Himmel auf mich wartet, ist ein
Leben in der Nähe von Gott. Für dieses Ziel hat Gott uns durch Jesus
Christus extra ausgesucht. 15 Wir alle, die wir auf diesem Weg sind, wollen
so leben. Falls ihr anderer Meinung seid, wird Gott euch das schon erklä-
ren. 16 Was ihr jetzt schon im Leben mit Gott gepackt habt, müsst ihr
euch echt bewahren.

Auf Jesus ausrichten, nicht auf Sachen aus der Welt

17 Nehmt mich ruhig als euer Vorbild und schaut euch was ab von den
Menschen, die so leben wie ich. 18 Leute, ich muss echt heulen, wenn ich
euch das jetzt schreibe: Ich sag euch doch immer wieder, dass ihr euch in
Acht nehmen müsst vor diesen Pseudo-Christen! Sie gehören zur anderen
Seite und sind Feinde von dem, was Jesus am Kreuz für uns getan hat.
19 Sie werden ihr Urteil kriegen, wenn sie tot sind. Solange sie sich den
Bauch vollschlagen können, ist ihnen alles andere egal. Und auf die pein-
lichen Sachen, die sie bringen, sind sie sogar noch stolz! Sie leben voll in
der Dimension dieser Welt. 20 Wir leben aber in einer anderen Dimension,
wir haben einen Pass, auf dem unter der Rubrik „Nationalität“ bei uns
„Himmel“ steht. Aus dieser Position erwarten wir unseren Helden, Jesus
Christus, der uns gerettet hat! 21 Er wird dann unseren alten Körper, der
nur ein begrenztes Haltbarkeitsdatum hat, verwandeln. Unser neuer
Körper wird so werden wie der von Jesus, als er aus dem Tod auferstanden
ist. Jesus kann das, er hat das Sagen über alles.

4

Wie Christen abgehen sollen

1 Also, ihr lieben Geschwister, ich habe echt so einen Bock, euch bald
mal wieder zu sehen! Ich freu mich voll über euch, ihr seid wie ein
Hauptgewinn für mich. Bitte zieht mit Jesus voll durch! 2 Evodia und Syn-
tyche sollen sich mal endlich einigen. Sie sind sich ja auch dadrin einig,
Jesus zu vertrauen. 3 Vielleicht kannst du, mein Freund, zwischen den bei-
den vermitteln? Auf dich konnte ich mich ja immer verlassen. Du hast
dich gemeinsam mit Klemens voll für die gute Nachricht von Jesus ein-
gesetzt. Gott hat eure Namen schon längst in sein Buch geschrieben, wo
alle drinstehen, die mit ihm leben werden. 4 Leute, ihr könnt echt abgehen
vor Freude, weil ihr mit Jesus lebt! Ich schreib das jetzt noch mal: Geht ab
vor Freude, weil ihr zu Jesus gehört! 5 Alle sollen mitbekommen, wie cool
ihr mit den anderen Menschen umgeht, dass ihr nett zueinander seid und
so. Jesus kommt bald zurück! 6 Leute, macht euch echt nicht über alles
den Kopf! Wenn ihr ein Problem habt, dann geht damit zu Gott. Man kann
ihn echt um alles bitten und sich auch bei ihm bedanken. 7 Gott kann euch
ein entspanntes Leben geben, einen Frieden, den man mit seinem Hirn
nicht begreifen kann. Dieser Frieden geht über den Verstand hinaus. Er
sorgt dafür, dass wir mit unseren Gefühlen und Gedanken bei Jesus
bleiben. 8 Eine Sache ist mir noch wichtig, liebe Geschwister: Wenn ihr
Richtung in eurem Leben braucht, orientiert euch an den Sachen, die ehr-
lich sind, gut und gerecht, was für Gott okay ist, was von Liebe geprägt
ist. Wenn etwas diesen Richtlinien entspricht, kann man danach wirklich
leben. 9 Die Sachen, die ich euch beigebracht habe, alles, was ihr bei mir
gesehen habt, daran könnt ihr euch orientieren. Der Gott, der uns Frieden
gebracht hat, wird euch immer nahe sein.

Paulus freut sich über die Philipper

10 Ich hab mich echt voll über eure fette Spende gefreut! Ich weiß, ihr
wolltet mir ja schon die ganze Zeit etwas Geld überweisen, aber wegen
ungünstiger Umstände hat das bisher nicht geklappt. Danke, Jesus!
11 Ich will euch jetzt nicht rüberbringen, dass ich gleich wieder rumheule.
Hab im Lauf der Zeit echt gelernt, immer gut klarzukommen, wie die
Umstände auch sein mögen. 12 Pupsegal, ob ich jetzt fett Geld habe oder
gar nichts, ich kenne beide Situationen und komme so oder so klar. Egal,
ob ich jetzt immer genug zu essen habe oder hungern muss, ich kann
mich auf die jeweilige Situation gut einstellen. 13 Wie ich das mache? Hey,
mir ist nichts unmöglich, weil Jesus mich einfach stark macht! 14 Trotzdem
vielen Dank für eure Hilfe in dieser Situation. 15 Ihr wisst ja, dass ihr die
Einzigen wart, die mich damals finanziell unterstützt haben. Als ich von
Mazedonien loszog, um eine Talkingtour zu starten, wart ihr die Einzigen,

von denen ich finanzielle Hilfe angenommen habe. Beruht ja auch auf Gegenseitigkeit, ich hab euch ja schließlich auch was gegeben, oder? Die coole Nachricht über Jesus Christus! 16 Ihr standet ja schon auf meiner Spenderliste, als ich noch in Thessalonich unterwegs war. Da kam die erste Spende rein, später dann ja noch mehr. 17 Es geht mir jetzt nicht um die Kohle, nur dass ihr Bescheid wisst. Ich möchte bloß, dass es als ein Ergebnis meiner Arbeit bei euch angesehen wird. 18 Alles, was ihr Epaphroditus mitgegeben habt, hab ich bekommen. Hey, das war echt viel mehr, als ich wirklich gebraucht habe, vielen Dank! Gott findet dieses Opfer, was ihr da gebracht habt, auch supergeil! 19 Weil ihm einfach alles gehört, was es gibt, wird er euch auch alles geben, was ihr so zum Leben braucht. So ist mein Gott einfach drauf. 20 Er soll immer der Erste sein. Unser Vater ist der Größte, das war er immer schon und wird er auch immer bleiben! So stimmt es [Amen]!

Grüße und Tschüs

21 Schöne Grüße an all die Christen bei euch in Philippi! Ich soll euch auch von den Glaubensbrüdern hier Grüße ausrichten! 22 Auch alle andern Christen von hier richten Grüße aus, ganz besonders soll ich von den Angestellten vom obersten Präsidenten grüßen. 23 Jesus Christus soll mit seiner Freude und seiner Liebe euch ganz nahe sein.

Euer Paulus

Ein Brief an die Christen, die in Kolossä wohnen

1 **Anschrift und Grüße**
[1] Absender: Paulus, ein von Gott beauftragter Botschafter für die Sache
von Jesus, und sein Mitarbeiter Timotheus. [2] An: die Christen in Ko-
lossä, die ihr Vertrauen auf Jesus gesetzt haben. Hallo, Leute! Wir wün-
schen euch, dass ihr Frieden und Freude unter euch habt. Beides be-
kommt man von Gott, unserem Vater.

Wir beten auch für euch
[3] Wenn wir zusammen für euch beten, dann müssen wir Gott, dem Vater
von Jesus, erst mal sehr für euch danken! [4] Man erzählt sich, dass ihr
echt gut mit Jesus Christus unterwegs seid und dass ihr sehr liebevoll mit
allen andern Christen umgeht. [5] Ihr habt anscheinend begriffen, dass
man sich auf den Himmel freuen kann! Von dieser Hoffnung habt ihr das
erste Mal gehört, als man euch die Wahrheit erzählt hat, nämlich die gute
neue Nachricht über Jesus. [6] Diese Neuigkeit hat sich ja mittlerweile in
der ganzen Welt rumgesprochen! Immer mehr Leute hören davon, und
dadurch wachsen viele gute Früchte. Menschen haben angefangen, Gott
zu vertrauen. Das war ja bei euch auch so. Schon vom ersten Tag an, als
ihr davon gehört hattet, wie sehr Gott die Menschen liebt und dass er
ihnen alles verzeihen will, seid ihr dadrauf abgegangen. [7] Das erste Mal
hat Epaphras, ein Mitarbeiter von uns, den wir echt gern haben, euch
davon erzählt. Der ist Jesus immer ganz treu gewesen, und das war er
auch bei euch. [8] Er hat uns auch davon erzählt, dass ihr durch den Heili-
gen Geist ganz eng zusammengerückt seid und ihr euch gegenseitig echt
liebt und so. [9] Hey, seit wir die ganze Sache über euch gehört haben,
beten wir ohne Ende für euch! Wir bitten Gott immer, dass ihr kapiert,
was er von euch will und dass sein Geist euch weise macht und euch hilft,
den Durchblick zu kriegen. [10] Dann könnt ihr so leben, wie Gott Bock
drauf hat, und viele gute Sachen für ihn machen. Ihr sollt ihn einfach
immer besser kennenlernen. [11] Bei seiner Power könnt ihr immer wieder
neu auftanken und so euren Weg mit ihm gehen, ohne schlaff und genervt
zu sein. [12] Ihr könnt Gott übrigens echt dankbar sein, er hat euch schließ-
lich schon einen Anteil von seinem Erbe ausgezahlt! Ihr habt jetzt eine
Platzreservierung für sein neues Land in der Tasche. [13] Er hat uns aus der

Gefangenschaft rausgeholt und von den Handschellen befreit, die die
dunkle Seite der Macht angelegt hatte. Und jetzt stehen wir unter der Kon-
trolle seines geliebten Sohnes Jesus. 14 Er hat uns befreit. Unsere Schulden
wurden durch ihn erlassen. Das ist doch echt geil, Leute, oder?

Was Jesus für uns bedeutet

15 Jesus ist genauso drauf wie sein Vater. Wenn wir ihn ansehen, erkennen
wir auch seinen Vater, den man ja nicht wirklich sehen kann. Jesus war
schon da, bevor überhaupt alles in der Welt entstanden ist. 16 Durch Jesus
ist sogar alles entstanden, was auf der Erde und im Himmel existiert!
Alles, was man sehen kann, und alles, was man nicht sehen kann, alle
Regierungen, jede Partei, jeder Regierungschef, jede Macht auf der Welt
ist durch ihn und für ihn gemacht worden. 17 Jesus Christus war der Erste,
der da war. Und nur weil er immer noch da ist, kann alles überhaupt
weiterexistieren. 18 Er ist der Kopf der Gemeinschaft aller Christen, die
sozusagen sein Körper ist. Mit ihm hat alles angefangen; er war der Erste,
der gestorben und dann wieder vom Tod auferstanden ist. Und er soll
überall die Nummer eins sein. 19 Gott wollte in seinem Sohn komplett
anwesend sein. 20 Er wollte, dass Jesus dafür sorgt, dass alles wieder gut
wird in der Beziehung zwischen Gott und der Erde, dass alle Frieden mit
ihm finden können. Und das ist dadurch passiert, dass Jesus am Kreuz
verblutet ist. 21 Ihr hattet früher auch keine Peilung davon, wer Gott über-
haupt ist. So wie ihr damals drauf wart, mit den ganzen linken Sachen,
die ihr ständig gebracht habt, seid ihr seine Feinde gewesen. 22 Jesus hat
zwischen Gott und den Menschen für Frieden gesorgt. Weil er für uns
hingerichtet wurde, können wir jetzt total sauber und frei von irgendwel-
chen Schulden zu ihm kommen. 23 Lasst euch dieses Vertrauen in ihn auf
keinen Fall wieder wegnehmen! Bleibt fest und geht keinen Zentimeter
von dieser Hoffnung weg. Ihr habt diese gute Nachricht überbracht
bekommen, und sie gilt auch für alle anderen Menschen auf dieser Erde.
Gott will auf jeden Fall von mir, Paulus, dass ich genau das überall weiter-
erzähle.

Paulus ist für Gott bei den Nichtjuden unterwegs

24 Auch wenn ich teilweise echt ätzende Sachen erleben muss, mach ich
das gerne. Ich freu mich sogar darüber. Es wird bald noch mehr Sachen
geben, die ich für Jesus durchmachen muss, das weiß ich irgendwie.
Ich leide für seinen Körper (und damit meine ich seine Gemeinde).
25 Gott möchte von mir, dass ich für seine Gemeinde da bin; ich soll ihr
ohne Ende und radikal die Worte von Gott erzählen. 26 Es geht dabei um
ein Geheimnis, von dem keiner wusste, schon solange die Welt besteht.

Dieses Geheimnis ist jetzt für euch Christen gelüftet worden. 27 Gott hat
euch gezeigt, was für ein großes und wunderschönes Geheimnis das ist.
Es gilt für alle Menschen, die auf der Erde leben. Dieses Geheimnis ist,
dass Jesus Christus lebt! Er ist aus dem Tod zurückgekommen und lebt
jetzt in euch weiter. Er hat euch neue Hoffnung gegeben, und die sagt: Für
Gott ist nichts unmöglich!! 28 Von diesem Jesus erzählen wir euch. Mit
dem totalen Überblick, den ich von Gott über die Dinge bekommen habe,
erkläre ich das jedem Menschen. Ich erzähle euch, worauf ihr aufpassen
müsst, damit ihr alles bekommt, was Christus für euch hat. Ihr sollt ein-
fach starke, reife Christen werden. 29 Darum geht es mir, dafür gebe ich
alles. Ich kämpfe darum mit aller Kraft, die Gott mir zur Verfügung stellt.

2

Aufpassen vor Leuten, die nur Müll erzählen

1 Ich möchte, dass ihr euch darüber im Klaren seid, wie sehr ich für
euch kämpfe. Das stimmt übrigens auch für die Gemeinde in Lao-
dizea und für alle anderen Gemeinden, wo ich persönlich noch nicht sein
konnte. 2 Ich wünsch mir, dass Gott euch mutig macht und euch die Kraft
gibt zusammenzuhalten! Die Kraft dazu kann man in der Liebe von Jesus
finden. Ihr sollt begreifen und glauben, welche derben Sachen in diesem
Geheimnis stecken. Und dieses Geheimnis ist Christus selber. 3 In Jesus
finden wir die Antwort auf alle unsere Fragen, er ist die Weisheit selbst.
4 Ich schreib das hier noch mal ganz klar auf, damit euch keiner irgend-
einen Schwachsinn erzählen kann. Damit mein ich so Sachen, die sich gut
anhören, aber total falsch sind. 5 Ich bin zwar körperlich weit von euch
entfernt, aber in Gedanken bin ich ganz nah bei euch. Ich freue mich voll,
wenn ich sehe, wie radikal ihr mit Jesus abgeht und wie gut ihr zusam-
menhaltet. 6 Ihr habt Jesus kennengelernt und ihn als den Chef in euer
Leben gelassen. Also lebt jetzt auch mit ihm und tut, was er euch sagt!
7 Wachst in ein Leben mit ihm rein, wie die Wurzeln eines Baumes in
die Erde wachsen. Lasst euer Vertrauen in ihn immer stabiler und fester
werden, wie die Wurzeln eines Baumes immer dicker und tiefer werden.
So ist es euch ja beigebracht worden. Und vergesst dabei nicht, euch bei
Gott für die geilen Sachen zu bedanken, die er euch gegeben hat! 8 Seht
zu, dass euch niemand mit irgendeinem Dünnsinn oder irgendeiner ko-
mischen Philosophie das Hirn weich macht. Diese Theorien haben sich
immer nur Menschen ausgedacht. Sie haben nur Ideen aus der Welt als
Grundlage und keine Ideen von Christus. 9 Gott kann man nur in Jesus
begreifen, denn Gott lebt in Jesus – mit allem, was ihn ausmacht. 10 Durch
ihn lebt Gott auch in euch. Und Christus hat das Sagen über jede Macht,
über alle Kräfte, die es so gibt. 11 Weil ihr euer Vertrauen auf Jesus gesetzt

habt, konntet ihr euer altes Leben aufgeben. Dadurch seid ihr im Grunde
auch „beschnitten“. Ich meine das jetzt nicht so wie diese Vorhaut-
beschneidung, die immer von den Juden durchgezogen wird. Es ist eine
neue Form dieser „Beschneidung“. 12 Bei der Taufe ist ja euer bisheriges
altes Leben begraben worden. Und dann seid ihr mit Jesus auch wieder
neu lebendig geworden. Das hat derselbe Gott gemacht, der ihn auch von
den Toten zurück ins Leben geholt und zu einem neuen Leben auferweckt
hat. 13 Durch den ganzen Mist, den ihr gebaut habt, wart ihr für Gott
schon gestorben. Aber durch Jesus hat er euch wieder lebendig gemacht,
er hat euch alle Fehler vergeben. 14 Da war noch eine fette Rechnung offen,
aber er hat alle Schulden für uns bezahlt. Und diese Rechnung hängt jetzt
am Kreuz. 15 So hat er den dämonischen Mächten ihre ganze böse Macht
genommen. Gott hat sie furchtbar alt aussehen lassen, als Jesus am Kreuz
den Sieg klargemacht hat!

Durch Jesus sind wir frei

16 Leute, lasst euch bitte nicht durch irgendwelche religiösen Typen
schlecht draufbringen. Die wollen euch mit diesen Gesetzen (zum Bei-
spiel, wann man was essen darf und wann nicht) nur ein schlechtes Ge-
wissen machen. 17 Diese Regeln sind nur ein popeliger Ersatz für das, was
auf uns mal wartet, diese Sachen, die in Jesus Christus für uns Wirklichkeit
geworden sind. 18 Passt auf, dass euch niemand diesen Hauptgewinn wie-
der wegnehmen kann, und schon gar nicht solche Typen, die mit so einer
Pseudo-Demutshaltung rumlaufen, die ganz toll zu Engeln beten und mit
ihren Visionen den Dicken raushängen lassen. Solche Menschen haben
wirklich keinen Grund, groß anzugeben. 19 Sie bauen ihr Leben nicht auf
Jesus auf. Dabei ist er doch der Kopf der Gemeinde. Durch ihn wird der
ganze Körper erst zusammengehalten! Alle Gelenke, Muskeln und Bänder
wachsen durch Gott zusammen, so wie er es will. 20 Als ihr Christen ge-
worden seid, habt ihr diese Welt und ihre Art zu leben hinter euch gelas-
sen. Was wollt ihr dann bitte schön noch mit ihren gesetzlichen Forde-
rungen anfangen? Haben die denn bei euch noch irgendwas zu melden?
21 „Anfassen verboten!“ – „Essen verboten!“ – „Berühren verboten!“
22 Dabei sind diese Nahrungsmittel zum Essen gemacht worden. Es han-
delt sich dabei nur um Gesetze, die Menschen sich ausgedacht haben.
23 Sie klingen vielleicht erst mal voll gut. Vielleicht geben sie den Leuten,
die danach leben, auch so ein Gefühl von Weisheit und Coolness, und sie
glauben dann, besonders fromm zu sein. Doch das kommt nur durch
einen selbst gebastelten Glauben, es ist total wertlos! Weil sie mit ihrem
Körper radikale Sachen machen, glauben sie, Gott wäre beeindruckt ...
Dabei kitzeln sie nur ihr eigenes Ego und finden sich im Spiegel ganz toll.

3

Ein altes und ein neues Leben

1 Wenn ihr jetzt durch Jesus in ein neues Leben durchgestartet seid,
streckt euch nur noch nach den Dingen aus, die direkt aus dem Him-
mel kommen. Sie kommen nämlich von Christus, der dort gleich neben
Gott sitzt. 2 Sehnt euch nach den Sachen aus dem Himmel und nicht nach
den Dingen von der Erde. 3 Ihr seid doch schon tot für diese Welt! Gott hat
euch durch Jesus einen Gutschein für ein neues ewiges Leben in die Hand
gedrückt, auch wenn man das jetzt noch nicht sehen kann. 4 Wenn Jesus
Christus, durch den wir ja überhaupt erst leben, wiederkommt, dann wer-
den alle Menschen ganz klar sehen können, dass ihr mit ihm gelebt habt.

Wie Christen drauf sein sollen

5 Also verabschiedet euch von den ganzen Dingen, die für diese Welt
normal sind! Hört auf mit Pornos, solchen Sexsachen, die Gott nicht will,
und ähnlichen Sünden. Auch mit so Sachen wie Profitgier, dass einem
also Geld zum Gott wird. Lasst solche Sachen einfach sein! 6 Wer solche
Sachen bringt, muss sich nicht wundern, wenn Gott sauer auf ihn ist. 7 Ihr
wart ja früher auch so unterwegs. 8 Jetzt ist das aber zum Glück vorbei!
Darum lasst auch so Dinge wie Wut und Aggression einfach hinter euch!
Menschen ablinken, ablästern und rumfluchen soll bei euch nicht mehr
vorkommen, klar?! 9 Hört auf, euch gegenseitig zu belügen. Das gehörte
doch zu dem Leben, das ihr eigentlich komplett hinter euch habt, oder?
Dieses alte Leben inklusive der Dinge, die ihr in der Zeit gemacht habt,
habt ihr doch wie ein altes T-Shirt weggeworfen. 10 Jetzt habt ihr aber ein
neues T-Shirt angezogen, weil ihr ganz neue Menschen geworden seid.
Diese neue Art von Menschsein wird von Gott organisiert. Und für diesen
neuen Mensch hat Gott selbst Modell gestanden. 11 Jetzt ist es wurscht,
ob du Grieche oder Jude bist, ob bei dir dieses Beschneidungritual durch-
gezogen wurde oder nicht, ob du ein Penner bist oder ein Universitäts-
professor, ob du Unternehmer bist oder einfacher Arbeiter. Was wirklich
alleine zählt, ist: ob du mit Jesus lebst und er in dir ist! 12 Weil Gott euch
ausgesucht hat, weil ihr etwas ganz Besonderes seid und weil Gott euch
ohne Ende liebt, könnt ihr auch anders miteinander umgehen! Ihr könnt
euch wirklich lieben und nett zueinander sein. Ihr müsst euch selber nicht
so wichtig nehmen. Achtet lieber darauf, dass andere nicht zu kurz kom-
men. Und geht entspannt und geduldig miteinander um! 13 Streitet euch
nicht, und wenn euch jemand geärgert hat oder mies zu euch war, dann
seid bereit, ihm das zu vergeben. Das hat Jesus ja schließlich auch getan.
14 Hey, Leute, am wichtigsten ist es echt, sich zu lieben! Wenn ihr die Liebe
nicht habt, dann fehlt euch das Beste. 15 Jesus hat euch ermöglicht, Frie-
den mit Gott zu haben. Darum soll dieser Frieden euer ganzes Leben

bestimmen. Gott möchte, dass das bei eurer ganzen Gemeinde der Fall ist. Dafür könnt ihr ihm echt danken. 16 Sorgt dafür, dass die gute Nachricht von Jesus bei euch immer wieder erzählt wird. Lasst euch erklären, was sie bedeutet. Macht euch gegenseitig Mut, indem ihr zusammen Lieder zu Gott singt, Psalmen betet oder einfach Musik für Gott macht. Ihr habt doch genug Grund dazu, oder? 17 Egal, was ihr macht, ob ihr gerade redet oder irgendwas arbeitet, macht alles so, dass Jesus seine Unterschrift drunter setzen könnte, und bedankt euch dabei bei eurem Papa im Himmel.

Ein Leben als Christ in der Familie

18 Den Frauen kann ich nur den Rat geben, sich unter ihre Männer zu stellen. Jesus will das so. 19 Und den Männern kann ich nur den Rat geben, ihre Frauen wirklich zu lieben. Lasst keine negativen Gefühle zwischen euch kommen! 20 Für die Kinder gilt, dass sie das tun sollen, was die Eltern ihnen sagen, und zwar in jedem Bereich. Gott möchte das und freut sich darüber. 21 Den Vätern kann ich nur sagen, dass sie liebevoll mit ihren Kindern umgehen sollen. Die Kinder brauchen nämlich viel Selbstbewusstsein.

Mit Jesus im Beruf

22 Wenn jemand einen Chef auf der Arbeit hat, sollte er nicht gegen den aufmucken. Es geht nicht darum, sich bei dem einzuschleimen, sondern darum, seine Arbeit ehrlich und immer im Blick auf Gott durchzuziehen. 23 Wenn ihr irgendwas macht, dann tut es für Gott und nicht für Menschen. 24 Ihr werdet von Gott eine fette Bezahlung dafür bekommen, nämlich das Erbe, das er versprochen hat – nur damit ihr Bescheid wisst! Gebt alles für Jesus Christus! 25 Wer Mist baut, wird dementsprechend eine Rechnung präsentiert bekommen. Total egal, was für ein toller Typ er jetzt gerade ist.

4

Beten ist wichtig

1 Wer in einer Firma der Boss ist, sollte immer fair und gerecht mit seinen Mitarbeitern umgehen. Er sollte nie vergessen, dass er über sich auch noch einen Chef sitzen hat: Gott! 2 Egal, was passiert, hört nicht auf zu beten! Bittet ihn und dankt ihm, wo immer es geht. 3 Bitte betet auch mal für uns! Betet dafür, dass Gott uns Gelegenheit gibt, den Menschen von Jesus zu erzählen. Wegen ihm sitze ich ja hier in U-Haft. 4 Und betet, dass ich ohne Probleme die Sachen erzählen kann, die ich erzählen soll! 5 Denkt erst nach, bevor ihr mit einem Nichtchristen redet. Nutzt

die Zeit, so gut es geht! 6 Wenn ihr euch unterhaltet, wäre es gut, dabei
immer nett zu bleiben. Trotzdem könnt ihr auch mal hier und da ein paar
gepfefferte Worte einstreuen, damit ihr für jeden die passende Antwort
parat habt.

Grüße und so

7 Tychikus, der liebe Bruder, wird euch dann erzählen können, was bei mir
gerade abgeht. Ich bin total froh, dass ich ihn habe. Er ist ein guter Mit-
arbeiter für meinen Job mit Gott. 8 Ich habe ihn bei euch vorbeigeschickt,
damit ihr erfahrt, was hier gerade mit uns los ist. Er kann euch wieder gut
draufbringen und euch helfen. 9 Onesimus ist auch mit am Start. Er ist
ebenfalls einer von der ganz treuen Sorte, ich liebe ihn sehr. Wie gesagt,
die beiden werden euch genau erzählen, was hier passiert ist. 10 Ich soll
noch ein paar Grüße ausrichten. Aristarch, mit dem ich zusammen im
Knast bin, richtet Grüße aus und genauso Markus, der Vetter von Barna-
bas. Ich hab euch ja wegen ihm schon mal was geschrieben. Bitte organi-
siert ihm einen Pennplatz und seid nett zu ihm, wenn er kommt, ja?!
11 Von Jesus Justus soll ich euch auch Grüße ausrichten. Diese drei (also
Aristarch, Markus und Jesus Justus) sind die einzigen Juden, die mit mir
zusammenarbeiten. Sie helfen mir, wenn ich den Menschen von der guten
Nachricht erzähle, die es durch Jesus zu berichten gibt. 12 Epaphras, der
aus eurer Gegend stammt, lässt euch ebenfalls herzliche Grüße ausrich-
ten. Er lebt echt radikal mit Jesus und betet wie blöd für euch, damit
ihr stark in Gott werdet und voll erfüllt seid von dem, was er von euch
möchte. 13 Ich kann nur bestätigen, dass er wirklich alles gibt und sich mit
aller Kraft für euch und die Christen in Laodizea und Hierapolis einsetzt.
14 Dann soll ich noch von Lukas grüßen, unserem geliebten Arzt, und von
Demas. 15 Grüßt bitte auch noch die Glaubensgeschwister aus Laodizea
von mir, und da ganz besonders die Nympha und alle, die sich bei ihr
zum Hauskreis treffen. 16 Wenn ihr diesen Brief gelesen habt, wäre es
prima, ihr würdet ihn dann an die Gemeinde in Laodizea weitergeben.
Ihr könnt ja tauschen und den Brief lesen, den ich denen geschickt habe,
okay? 17 Archippus könnt ihr dies hier noch mal ausrichten: „Hey, du, guck
dir mal den Job an, den Gott dir gegeben hat! Und dann tu ihn auch!"
18 Ich, Paulus, schreib jetzt noch was mit meiner eigenen Klaue dazu: Bitte
betet dafür, dass ich bald wieder aus dem Knast rauskomme! Gott soll
euch mit seiner Liebe und Gnade ganz nahe sein!
Euer Paulus

Der erste Brief von Paulus an die Thessalonicher

1 **Absender und Anschrift**
1 Absender: Paulus, Silvanus und Timotheus. An: die Christen in Thes-
salonich, die mit Gott dem Vater und mit Jesus Christus unterwegs
sind. Hallo, Leute! Ich wünsch euch, dass Gott mit seiner Gnade und
seinem Frieden bei euch ist!

Die Thessalonicher haben es gepackt!
2 Immer wenn wir für euch beten, müssen wir Gott erst mal voll Danke
sagen! 3 Wir müssen immer wieder dadran denken, was bei euch der
Glaube an Jesus Christus alles bewirkt hat. Dass ihr zum Beispiel alles da
dransetzt, Menschen zu lieben, und dass ihr mit so viel Geduld dadrauf
hofft, dass Jesus Christus bald wiederkommt. 4 Wir sind uns ganz sicher,
ihr Lieben, dass ihr etwas ganz Besonderes für Gott seid! 5 Das kann man
allein dadran erkennen, was Gott bei euch alles gebracht hat, als wir euch
damals von Jesus erzählt haben. Wir haben euch ja nicht nur mit Worten
überzeugt, nein, ihr konntet Gottes Power live erleben! Seine Kraft kam zu
euch runter, sein Heiliger Geist, einen besseren Beweis gibt es echt nicht!
Ihr könnt euch dadran erinnern, wie wir drauf waren, als wir bei euch zu
Besuch waren, oder? 6 Jetzt habt ihr das umgesetzt, was wir euch beibrin-
gen wollten, habt das getan, was Jesus auch getan hat. Und das, obwohl
ihr deswegen ätzende Sachen durchmachen musstet. Ihr habt euch dabei
sogar gefreut ... So was kann nur der Heilige Geist machen! 7 Alle Christen
in Mazedonien reden voll gut über euch, und in der Provinz Achaja habt
ihr Heldenstatus. 8 Und nicht nur da habt ihr die guten Nachrichten
weitererzählt, überall reden die Leute über euer Vertrauen in Gott. Die
meisten wissen davon schon, bevor wir es überhaupt berichten können.
9 Die erzählen uns dann immer, wie offen und bereit ihr uns aufgenom-
men habt. Sie erzählen, wie ihr Christen geworden seid, wie ihr eure toten
Götzenbilder in die Tonne gedrückt habt und anfingt, an den lebendigen,
echten Gott zu glauben. Zu dem gehört ihr ja jetzt total. 10 Jeder weiß
auch, wie sehr ihr dadrauf wartet, dass Jesus, der Sohn Gottes, endlich
aus dem Himmel wiederkommt. Gott hat ihn aus dem Tod rausgeholt,
und nur durch ihn können wir bei der kommenden letzten Gerichts-
verhandlung vor Gott und seinem Zorn bestehen.

2

Wie alles anfing

1 Hey, Leute, erinnert ihr euch noch, als wir das erste Mal bei euch
gesprochen haben? Gottes Worte sind eingeschlagen wie eine Bombe,
und viele wurden danach Christen. 2 Kurz vorher waren wir in Philippi
noch gefoltert worden, es ging uns richtig schlecht. Trotzdem hat Gott
uns voll ermutigt und die Kraft gegeben, bei euch von seiner Sache zu
erzählen, auch wenn sie hart umkämpft war. 3 Alles, was wir euch gesagt
haben, kam aus guten und reinen Motiven. Wir wollten niemanden linken
oder betrügen. 4 Gott hat uns für diese Aufgabe extra ausgesucht, er hat
uns seine guten Nachrichten anvertraut. Darum reden wir davon, nicht
weil wir irgendwelche Menschen damit beeindrucken wollen. Es geht uns
alleine um Gott, und er kennt unser Herz, er weiß, was in uns abgeht. 5 Ihr
wisst auch, dass wir nie versucht haben, uns irgendwie bei euch einzu-
schleimen! Und es ging uns auch nicht um unseren eigenen Vorteil, Gott
ist da unser Zeuge! 6 Wir wollten auch nicht die großen Helden sein,
weder für euch noch für andere. 7 Hätten wir ja durchaus machen können.
Wir sind ja immerhin Apostel mit direkter Order von Jesus Christus. Wir
wollten aber eher wie eine Mutter bei euch rüberkommen, die zärtlich ihre
Kinder verhätschelt. 8 Wir haben euch so sehr lieb, wir wollten euch nicht
nur die Sache von Jesus erklären, sondern wir wollten uns auch höchst-
persönlich mit unserem Leben ganz für euch einsetzen. 9 Liebe Geschwis-
ter, ihr erinnert euch doch bestimmt daran, wie wir uns für euch abge-
schuftet haben, oder? Tag und Nacht waren wir unterwegs, wir haben
gearbeitet wie blöd, nur um niemandem zur Last zu fallen. 10 Gott hat das
gesehen, genauso wie ihr. Wir haben sehr jesusmäßig bei euch gelebt
und sehr dadrauf geachtet, ein gutes Vorbild zu sein. 11 Ihr wisst auch,
dass wir eher so eine Vater-Kind-Beziehung zueinander haben, 12 ich habe
euch getröstet und erzogen. Ich wollte, dass ihr in der Lage seid, ein
Leben zu führen, auf das Gott steht. Er hat euch dazu berufen, bei seiner
Sache dabei zu sein, wir sollen mit ihm zusammen sogar Macht ausüben.

Wenn Gott redet, passiert was

13 Hey, Leute, wir müssen Gott immer wieder dafür danken, wenn wir da-
drüber nachdenken, was unsere Worte bei euch bewirkt haben! Es war ja
nicht so, dass ihr das Gefühl hattet, hier labert gerade irgend so ein Typ,
sondern es war so, dass Gott persönlich zu euch redete. Worte von Gott
bewirken immer etwas, wenn man ihnen glaubt. 14 Ihr musstet ja auch eini-
ges an Verfolgung durchmachen. Genauso wie die Christen in Judäa, die
dort von ihren eigenen Leuten fertiggemacht werden. 15 Die Juden haben
Jesus umgebracht, genauso wie die Propheten vor vielen Jahren von ihnen
getötet wurden. Und jetzt sind sie auch hinter uns her! Sie haben Prob-

leme mit allen Seiten, mit den Menschen und auch mit Gott. 16 Jetzt wollen
sie uns auch noch dadran hindern, den nichtjüdischen Völkern von Gott zu
erzählen, damit die auch gerettet werden. Damit haben sie das Fass ihrer
Sünden langsam zum Überlaufen gebracht. Gott ist stocksauer auf sie.

Paulus möchte gerne mal wieder vorbeikommen

17 Liebe Geschwister aus der Jesus-Familie, wenn ich jetzt auch eine ganze
Zeit nicht bei euch sein konnte, haben wir trotzdem ganz viel an euch
gedacht. Weil wir auch endlich mal wieder persönlich bei euch rein-
schneien wollen, haben wir wirklich alles probiert, um das möglich zu
machen. 18 Ich, Paulus, hatte mir das mehr als einmal fest vorgenommen.
Aber dann kam immer der Satan dazwischen. 19 Wir haben das aber
noch immer auf dem Zettel. Schließlich seid ihr ja mal so was wie unsere
Visitenkarte, wenn Jesus wiederkommt. Wir können euch echt stolz vor-
zeigen, als einen Preis für unsere Arbeit. 20 Ehrlich, wir sind echt total stolz
auf euch und freuen uns unheimlich über eure Gemeinde!

3

Timotheus hat von euch erzählt

1 Weil wir es einfach nicht länger ausgehalten haben, so ganz ohne
die neuesten News von euch, haben wir mal den lieben Timotheus
bei euch vorbeigeschickt. Wir konnten selber aus Athen leider nicht ver-
schwinden. 2 Timotheus ist voll mit Gott unterwegs, er soll euch gut drauf-
bringen und euer Vertrauen in Gott stärken. 3 Wäre ja nicht so toll, wenn
bei den ätzenden Sachen, die ihr gerade erlebt, jemand schwach werden
würde. Ihr wisst ja, dass diese Schwierigkeiten für uns heutzutage dazu-
gehören, wir sind richtiggehend dazu bestimmt. 4 Wir haben euch damals
schon vorgewarnt, als wir bei euch waren. Jetzt habt ihr es leider auch
selber erlebt. 5 Ich konnte es einfach nicht länger aushalten, darum hab ich
Timotheus losgeschickt. Ich wollte einfach wissen, ob ihr mit Jesus trotz
der Schwierigkeiten durchgezogen habt. Hätte ja auch sein können, dass
Satan euch derart anzeckt, dass unsere Arbeit umsonst gewesen wäre.
6 War ja aber nicht so. Timotheus hat uns nach seiner Ankunft nur Gutes
über euch erzählt! Er hat geschwärmt von eurem Glauben, dass ihr mit
Gott durchzieht und bei euch Liebe ganz groß geschrieben wird. Auch
dass ihr uns nicht vergessen habt und ihr euch genauso nach uns sehnt
wie wir uns nach euch, hat uns total gefreut. 7 Ihr habt uns dadurch wirk-
lich ermutigt. Und das in unsrer harten Situation, in der wir zurzeit ste-
cken, echt toll! 8 Weil ihr so ein Vertrauen in Jesus habt, wurden wir voll
getröstet. 9 Wir können Gott echt nicht genug für euch danken! Ihr bringt
uns immer wieder gut drauf! 10 Ständig, eigentlich 24 Stunden am Tag,

bitten wir ihn darum, euch endlich mal wieder zu sehen. Wir würden euch
so gerne dabei helfen, mit Gott hundertprozentig an den Start zu kom-
men. 11 Gott, der ein Vater für uns ist, und Jesus sollen uns bald wieder
zusammenbringen, ja? 12 Ich bete dafür, dass Gott bei euch den Liebes-
pegel zueinander ansteigen lässt. Das wünschen wir uns auch für alle
anderen Menschen, genau so eine Art von Liebe, wie wir sie auch für euch
empfinden. 13 Dadurch könnt ihr eine innere Stärke bekommen. Ihr könnt
sauber und ohne Fehler zu unserm Gott kommen, zu unserem Vater.
Und so können wir auch Jesus, der über uns das Sagen hat, begegnen,
wenn er begleitet von seinen Engeln am Ende der Welt wieder bei uns
landen wird. Yeah, so ist es [Amen]!

4

Wie Christen draufkommen sollen

1 Also, es gibt da noch eine Sache, um die ich euch echt bitten
möchte. Ihr habt ja von uns gehört, wie man als Christ leben soll, um
Gott eine Freude zu machen. Wir wissen auch, dass ihr das so weit echt
durchzieht. Trotzdem wollen wir euch anfeuern, damit noch nicht zufrie-
den zu sein! 2 Ihr habt ja die Regeln bekommen, die wir euch von Jesus
weitererzählt haben. 3 Gott möchte, dass wir ganz radikal alleine ihm
gehören! Und da, wo Gott ist, ist für Pornos kein Platz mehr. Das gilt
auch für andere ungute Sexsachen. 4 Jeder soll nur mit seiner Ehefrau
rummachen und liebevoll mit ihr umgehen, so wie Gott es will. 5 Unkon-
trollierte Geilheit und Sexsucht sind Merkmale von Menschen, die keine
Ahnung von Gott haben. 6 Niemand sollte die Grenzen, die Gott gesteckt
hat, einfach übergehen. Das stimmt übrigens auch, wenn ihr geschäftlich
miteinander zu tun habt. Wir haben euch schon mal eine Ansage zu dem
Thema gemacht: Wer so was tut, muss mit einer harten Gerichtsverhand-
lung bei Gott rechnen. 7 Gott hat uns schließlich nicht dazu ausgesucht,
ein hemmungsloses Leben ohne Grenzen zu führen. Er möchte, dass wir
ein besonderes Leben führen, etwas Außergewöhnliches, etwas, das ihm
Freude macht. 8 Wem das scheißegal ist, der macht sich nicht nur selber
lächerlich, sondern auch Gott. Sein Heiliger Geist lebt ja schließlich in
euch! 9 Dass wir uns als Christen untereinander lieb haben sollen, muss
ich hier jetzt nicht extra noch mal betonen, oder? Das habt ihr schon
begriffen, da hat Gott euch ja selber schon in die Schule genommen.
10 Ihr seid ja bekannt dafür, dass ihr den ganzen Glaubensgeschwistern in
Mazedonien eure Liebe beweist. Trotzdem könnt ihr da ruhig noch einen
drauflegen. Man kann eigentlich nie zu viel lieben. 11 Versucht doch mal,
ein eher ruhiges und entspanntes Leben zu führen. Seht zu, dass ihr eure
eigene Arbeit erledigt. Das haben wir euch auch schon immer gesagt.

12 So kann man euch nie etwas vorwerfen, und ihr seid auch unabhängiger
von anderen Menschen.

Was nach dem Tod passiert

13 Ich will noch mal was zu dem Thema sagen, was mit den Leuten pas-
siert, die jetzt gestorben sind. Wir möchten auf keinen Fall, dass ihr trau-
rig seid wie die anderen Menschen, die keine Hoffnung auf ein Leben
nach dem Tod haben. 14 Wir sind fest davon überzeugt, dass Gott alle
Menschen aus dem Tod wieder rausholen wird, die ihr Leben auf Jesus
Christus gebaut haben. Genauso wie er, Jesus, es ja auch vorgemacht hat.
15 Gott hat uns, was das angeht, eine klare Ansage gemacht: Alle, die dann
noch am Leben sind, wenn Jesus wiederkommt, werden im Vergleich zu
den Toten keinen Vorteil haben. 16 Sobald das Signal von dem höchsten
Engel überall zu hören ist, wird Jesus aus dem Himmel auf die Erde kom-
men. Und dann werden zuerst die Toten wieder lebendig werden, die im
Vertrauen auf Jesus Christus gestorben sind. 17 Danach werden wir, die wir
zu dem Zeitpunkt noch leben, Jesus in einer Wolke begegnen und ihn
empfangen. Und dann sind wir für immer bei ihm! 18 Das könnt ihr ruhig
weitererzählen und euch mit diesen Worten wieder gut draufbringen,
wenn es euch mal schlechtgeht.

5

Wir warten auf Jesus

1 Wann das alles genau abgehen wird, also das Datum und die Uhrzeit,
braucht ihr jetzt nicht zu wissen, meine Lieben. 2 Ihr habt jetzt ja schon
länger gepeilt, dass Jesus dann wiederkommt, wenn absolut keiner damit
rechnen wird! Er kommt so überraschend wie ein Dieb, der nachts in ein
Haus einbricht. 3 Wenn die Menschen glauben, alles wäre in Butter und sie
wären in Sicherheit, dann wird das Ende ganz plötzlich kommen, und die
Fluchtwege sind dann alle verstellt. Das ist so, wie wenn eine schwangere
Frau plötzlich ihre Wehen kriegt. 4 Liebe Geschwister, ihr lebt ja aber zum
Glück nicht in der Dunkelheit! Ihr habt ja davon gehört und seid vorberei-
tet. Euch kann dieser Tag nicht so überraschen. 5 Weil wir mit Jesus leben,
gehören wir zu der Familie des Lichts. Wir gehören nicht zur Nacht und
zur Dunkelheit. 6 Also, pennt nicht rum wie alle anderen Menschen, passt
auf, bleibt wach und klar im Kopf! 7 Die Penner schlafen nachts und die
Süchtigen hauen sich jede Nacht den Kopf breit. 8 Wir wollen aber zu den
Leuten gehören, die da leben, wo das Licht ist. Wir sind darum immer
hellwach, nüchtern und kampfbereit. Für diesen Kampf brauchen wir eine
schusssichere Weste, die wir durch das Vertrauen in Gott und in seine
Liebe bereits anhaben. Die Hoffnung, dass wir von ihm gerettet worden

sind, kann unseren Kopf wie ein Helm in einer Schlacht schützen. 9 Gott
hat kein Interesse dadran, uns fertigzumachen, er möchte, dass es uns
gutgeht, dass wir gerettet werden durch Jesus Christus! 10 Jesus hat sich für
uns hinrichten lassen, damit wir (egal ob wir jetzt schon tot sind oder
nicht) mit ihm für immer zusammenleben. 11 Das dürft ihr nie vergessen,
ja? Erinnert euch gegenseitig da dran! Damit könnt ihr euch gegenseitig
immer wieder hochziehen. Macht ihr ja auch immer, stimmt's?!

Ein paar Sachen, auf die man achten muss

12 Liebe Geschwister, ich hab noch ein paar Bitten an euch. Ich möchte,
dass ihr den Leuten, die bei euch Leitungsaufgaben in der Gemeinde
übernommen haben, mit Respekt begegnet. Sie haben die Aufgabe be-
kommen, auf euch aufzupassen. 13 Weil sie echt viel für euch tun, könnt
ihr ihnen wirklich dankbar sein und sie respektieren. Und streitet euch
nicht, sondern habt Frieden untereinander! 14 Liebe Leute, tretet den
Geschwistern bei euch mal auf die Füße, die ein unordentliches Leben
führen und den ganzen Tag nur rumhängen. Bringt die Leute bei euch
wieder gut drauf, die traurig sind. Unterstützt die Schwachen und geht
geduldig miteinander um. 15 Keiner sollte so drauf sein, dass er sich rächt,
wenn jemand ätzend zu ihm war. Besser ist es immer, dadrum zu kämp-
fen, gut zu sein. Geht miteinander und auch mit jedem anderen Men-
schen von außerhalb gut um. 16 Seid einfach immer gut drauf! 17 Hört nur
nicht auf, mit Gott zu reden! 18 Und vergesst dabei nicht, ihm für alles zu
danken! Das möchte er von uns. 19 Lasst der Kraft Gottes, seinem Geist, in
euch freien Lauf! 20 Und wenn er durch einen Propheten zu euch redet,
dann nehmt es ernst! 21 Scannt alles, löscht den Schrott und behaltet nur
die guten Sachen. 22 Um linke und böse Dinge macht einen Riesenbogen.

Grüße und Tschüs

23 Ich wünsche mir, dass der Gott, der für Frieden sorgt, euch ganz zu sich
zieht. Er soll dafür sorgen, dass ihr ihm immer ähnlicher werdet, eben
heilig. Er soll auf euch aufpassen, auf euer Innerstes, euren Geist und
auch auf euren Körper. Ich möchte, dass ihr so in einem perfekten Zu-
stand seid, wenn Jesus Christus, der das Sagen über alles hat, endlich wie-
derkommt. 24 Man kann sich auf ihn verlassen, er ist treu. Weil er euch
extra ausgesucht hat, wird er auch dafür sorgen. 25 Liebe Leute, bitte betet
für uns, ja?! 26 Schöne Grüße an alle! Grüßt sie mit einem Kuss auf die
Wange. 27 Ich will unbedingt, dass ihr diesen Brief allen vorlest, im Auftrag
von Jesus Christus befehle ich euch das! 28 Gottes Liebe, seine Gnade,
soll durch Jesus Christus bei euch sein.

Euer Paulus

Der zweite Brief an die Christen aus Thessalonich

1
Absender und Anschrift

[1] Absender: Paulus, Silvanus und Timotheus. An: die Christen in Thessalonich, die sich für Gott, unseren Vater, entschieden haben und mit Jesus Christus leben, der in dieser Welt das Sagen hat. [2] Wir wünschen euch, dass ihr die Gnade von Gott bei euch habt und auch seinen Frieden! Beides bekommt ihr durch Jesus Christus!

Gott sorgt für Gerechtigkeit

[3] Hallo, ihr Lieben! Also, eins mal vorweg: Wir danken Gott ohne Ende für euch, und das ist auch echt ganz normal! Euer Vertrauen in Gott wächst ja immer mehr! Und ihr geht auch immer liebevoller miteinander um. [4] Wir sind voll stolz auf euch und erzählen den anderen Gemeinden immer von euch. Vor allem von eurem großen Vertrauen, das ihr in Gott habt, reden wir. Und wir finden es auch echt beeindruckend, wie geduldig ihr seid, obwohl man euch ständig verfolgt und hinter euch her ist, weil ihr Christen seid. [5] Das mit der Verfolgung ist übrigens ein gutes Zeichen. Dadran könnt ihr erkennen, dass ihr richtig liegt. Gott wird euch die Eintrittskarte für sein Land in die Hand drücken. Darum müsst ihr durch diese ätzenden Sachen jetzt durch. [6] Gott ist gerecht. Er wird jedem mal die Rechnung präsentieren, der euch jetzt wegen eurem Glauben Probleme macht. [7] Aber wartet ab, Leute! Damit wird Schluss sein, wenn Jesus wiederkommt! Er wird sich dann als der große Chef zeigen. Begleitet von ein paar powervollen Engeln wird er aus dem Himmel kommen, und dann werdet ihr bei ihm richtig ausruhen können. [8] Alles, was sich gegen Gott gestellt hat, wird er dann abfackeln. Alle, die keinen Bock auf Jesus haben und nicht tun, was er will, werden abgestraft. [9] Sie werden eine ganz üble Strafe bekommen, denn sie müssen für immer und ewig getrennt von Gott bleiben. Sie werden ausgeschlossen und bleiben vor der Tür von seinem wunderschönen Land. [10] Den Menschen, die zu ihm gehören, wird er sich dann in seiner ganzen Power zeigen. Ihr seid dann ja auch dabei, ihr habt ja den Sachen geglaubt, die wir euch erzählt haben.

Wir beten für euch

11 Und darum beten wir für euch auch ohne Ende. Wir beten, dass ihr so
lebt, wie man es von Leuten erwarten kann, die Gott für etwas ganz Fettes
ausgesucht hat. Wir beten auch dafür, dass es bei euch nicht nur bei
guten Wünschen bleibt, sondern dass ihr die Sachen auch tut. Alles, was
ihr im Vertrauen auf Gott angefangen habt, sollt ihr auch mit Gottes Kraft
durchziehen. 12 Dann wird Jesus am Ende auch groß rauskommen. Und
ihr werdet gut dastehen, weil Gott euch durch Jesus Christus bewiesen
hat, wie sehr er euch liebt.

2

Der Feind von Jesus macht den Lauten

1 Also, was jetzt dieses Ding angeht, dass Jesus bald wieder auf die
Erde zurückkommt und wir ihm dann immer ganz nahe sein werden,
da haben wir noch eine Bitte an euch: 2 Liebe Geschwister, bitte lasst euch
nicht durcheinanderbringen und durch irgendwelche Gerüchte Angst
machen. Es gibt ja Leute, die behaupten, der letzte Tag dieser Erde stehe
schon kurz bevor, das habe Gott ihnen angeblich in einer Vision gezeigt.
Und dann sagen sie, wir hätten das in einem Brief auch geschrieben.
3 Lasst euch von solchen Ansagen bloß nicht schräge draufbringen! Bevor
das abgehen wird, muss noch einiges passieren. Viele Menschen werden
Gott noch den Rücken zudrehen, bevor Jesus wiederkommt. Und dann
wird der Feind Gottes noch seinen Auftritt haben. Das wird ein Mensch
sein, der das Böse in Person ist. Er ist ein Kind aus der Hölle. 4 Er ist der
absolute Feind Gottes. Er wird so tun, als wäre er besser als Gott und
hätte mehr zu bieten als das, was Gott uns geben kann. Er wird sich sogar
im Gotteshaus selber anbeten lassen, so als wäre er Gott. 5 Könnt ihr euch
dran erinnern, dass ich euch da drüber schon mal was erzählt habe, als
ich bei euch war? 6 Wisst ihr noch, was diesen Feind Gottes überhaupt
aufhält, nicht jetzt schon den Lauten zu machen, bevor seine Zeit gekom-
men ist? 7 Ich mein, man kriegt es schon überall mit, dass sich hier und
da die negativen Kräfte rühren, aber so richtig loslegen können sie noch
nicht. Sie werden noch aufgehalten. 8 Aber dann wird der gesetzlose Feind
Gottes seinen Auftritt haben. Jesus wird ihn aber fertigmachen, wenn er
wiederkommt. Er pustet ihn einfach um, das war's. 9 Gottes Feind, dieser
Antijesus, wird aber derbe drauf sein! Er wird seine Power vom Satan
bekommen und in der Lage sein, beeindruckende Wunder zu tun. Wobei
diese Wunder auf Lügen aufgebaut sind. 10 Weil er die Menschen so gut
bequatschen kann, werden viele auf seiner Seite sein. Die sind dann ver-
loren. Sie haben die Wahrheit nicht akzeptiert, obwohl das ihre Rettung
hätte sein können. 11 Weil sie sich für die Lügen entschieden haben,

überlässt sie Gott ihrem Wahnsinn. 12 So bekommt jeder das, was er ver-
dient. Die keinen Bock auf die Wahrheit hatten, aber Spaß an der Lüge,
müssen die Konsequenzen selber ausbaden.

Bleibt an der Sache mit Gott dran!

13 Ihr Lieben, wir können gar nicht anders, als uns bei Gott für euch immer
wieder zu bedanken! Gott hat euch als Erste ausgesucht, damit ihr durch
seine Kraft in der Lage seid, ein jesusmäßiges Leben zu führen. Darum
seid ihr gerettet worden. 14 Weil wir euch diese gute Nachricht erzählt
haben, hat Gott euch auch dafür ausgesucht, an der Größe von Jesus
Christus Anteil zu haben, denn er hat dafür gesorgt, dass wir wieder mit
Gott klarkommen. 15 Zieht euer Ding mit ihm durch! Bleibt stabil und fest
und haltet euch an die Sachen, die wir euch durch Seminare oder durch
Briefe beigebracht haben. 16 Jesus Christus, unser Held, und Gott, der ein
Vater für uns ist, uns sehr liebt und immer tröstet, wenn wir schlecht
drauf sind, 17 wird euch ermutigen. Er wird euch innerlich Kraft geben,
damit ihr euch durch gute Taten und Worte öffentlich zu Jesus bekennen
könnt.

3 **Wir brauchen Gebet**

1 Übrigens, liebe Geschwister, es wäre cool, wenn ihr für uns beten
würdet! Bittet Gott dadrum, dass die gute Nachricht von Jesus nicht
mehr aufzuhalten ist und überall das passiert, was bei euch auch abge-
gangen ist! 2 Bittet Christus auch darum, dass er uns vor Attacken von
irgendwelchen linken Typen beschützt, die vom Glauben einfach nichts
wissen wollen. 3 Gott ist aber treu, er hält zu uns. Und er wird euch auch
immer wieder aufbauen und stark machen, um euch vor diesen Angriffen
zu schützen. 4 Wir vertrauen Christus und auch euch. Ihr werdet schon
dafür sorgen, dass ihr euch nach den Sachen richtet, die wir euch bei-
gebracht haben, oder? 5 Jesus soll dafür sorgen, dass ihr die Liebe Gottes
und die Geduld von ihm immer besser erfasst und euer Leben danach
ausrichtet.

Arbeiten ist wichtig

6 Eine Sache, liebe Geschwister, ist uns noch superwichtig! Wir fordern
euch hiermit zu etwas auf, und zwar kraft der Autorität, die Jesus uns
gegeben hat: Gebt euch nicht mit Leuten in eurer Gemeinde ab, die nur
rumhängen und nicht das tun, was wir euch beigebracht haben! 7 Ihr habt
doch mitbekommen, wie wir es gemacht haben. Wir haben ja auch nie
einfach nur so bei Euch rumgehangen, oder? 8 Haben wir jemals ge-

schnorrt und uns auf Kosten anderer durchgeschlagen? Null! Wir haben geschuftet wie blöd, tagsüber und im Nachtdienst haben wir gearbeitet, nur um niemandem auf der Tasche zu liegen. 9 Es wäre zwar voll in Ordnung gewesen, wenn wir von euch irgendeine Bezahlung verlangt hätten. Aber wir wollten damit einfach ein Statement abgeben und ein Vorbild für euch sein. 10 Wir haben damals schon immer zu euch gesagt: „Wer nicht arbeiten will, soll auch nichts zu essen kriegen." 11 Jetzt haben wir aber gehört, dass es ein paar Leute bei euch gibt, die wie Penner leben, nicht arbeiten wollen und auch sonst nur Dünnsinn im Kopf haben. 12 Allen, die so drauf sind, befehlen wir hiermit kraft der Autorität von Jesus Christus, sich einen Job zu suchen und für ihren Lebensunterhalt selbst zu sorgen! 13 Euch bitten wir aber, liebe Geschwister, weiter gute Sachen für Gott zu machen und da auch nicht nachlässig zu werden. 14 Falls jemand bei euch sagt, es wäre ihm total egal, was wir euch hier geschrieben haben, dann trefft euch nicht mehr mit dem. So wird ihm sein mieses Verhalten hoffentlich bewusst. 15 Behandelt ihn aber nicht so, als wäre er ein Feind. Er ist immer noch ein Bruder, der einfach nur eure Hilfe braucht.

Grüße und Tschüs

16 Unser Gott, der ein Meister des Friedens ist, soll euch diesen Frieden geben. Und zwar überall und auf jede erdenkliche Art und Weise! Gott soll mit euch sein! 17 Jetzt schreib ich, Paulus, noch mal mit meiner eigenen Klaue einen Gruß drunter! Ich mach das mit allen Briefen, die von mir kommen, damit ihr sicher wisst, dass die auch von mir sind. 18 Die Liebe die unser Meister Jesus Christus für euch hat, soll bei jedem von euch Realität sein. Er ist unser absoluter Chef!

Euer Paulus

Der erste Brief an Timotheus

1

Absender und Grüße
1 Absender: Paulus, Botschafter für die Sache von Jesus Christus. Ich bin im Auftrag Gottes unterwegs, der uns gerettet hat, und im Auftrag von Jesus Christus, der unsere Hoffnung ist. 2 An: Timotheus. Wir haben eine Vater-Sohn-Beziehung, weil ich dich zu Jesus geführt habe. Lieber Timotheus! Ich hoffe, es geht dir gut! Ich wünsche dir die Liebe und den Frieden, die von Gott, unserem Vater, und von unserem Chef Jesus Christus kommen.

Pass auf vor den Lügnern!
3 Als ich nach Mazedonien gefahren bin, habe ich dich gebeten, in Ephesus zu bleiben. Du solltest verhindern, dass diese falschen Theorien über das Leben mit Gott weiter die Runde machen. 4 Die Leute, die diesen Schwachsinn verbreiten, beschäftigen sich mit irgendwelchen Märchen und Ahnenforschung und verlieren sich dabei total. Das Ganze wirft eher Fragen auf, als welche zu beantworten. Es fördert auf jeden Fall nicht gerade das Vertrauen in Gott. 5 Wenn man einen Strich unter das Christentum machen will, so kommt am Ende immer die Liebe raus! Sie sollte aus einer guten Einstellung, einem reinen Gewissen und einem ehrlichen Glauben wachsen. 6 Es gibt da ein paar Leute, die sind von dieser Tatsache weggekommen. Sie verlassen sich jetzt stattdessen auf ihr dünnes Gelaber. 7 Sie machen einen auf Super-Bibellehrer. Dabei verstehen sie nur Bahnhof und haben überhaupt keine Peilung von dem, was sie da von sich geben! 8 Wir glauben ja, dass die Gesetze gut sind, wenn man sie richtig anwendet. 9 Für wen gelten denn diese Gesetze? Für die Leute, die sowieso schon mit Gott leben und für ihn okay sind? Nein, sie sind für die Leute gedacht, die keinen Bock auf Gott haben, die ohne irgendwelche Gesetze leben und immer gegen alles sind. Für so Menschen, die immer das Gegenteil von dem tun, was Gott eigentlich will, für unheilige Leute, die über Gott Witze machen, für Leute, die kein Gewissen mehr haben, für Mörder und Gewalttätige, 10 Pornosüchtige, Pädophile, für Leute, die mit Menschen handeln, für Lügner und Typen, die andere rücksichtslos ausbeuten, für Leute, die einen Eid schwören und sich dann nicht dran halten, oder Menschen, die keinen Bock auf die gesunde Lehre über Gott haben. 11 So hat Gott es mir beigebracht. Das ist die gute Nachricht, die ich von ihm, dem wahnsinnig coolen Gott, gehört habe!

Danke, Gott, für deine Liebe!

12 Ich kann es manchmal echt nicht fassen und bin Gott so sehr dankbar,
dass ausgerechnet ich für seine Sache arbeiten darf. Er hat mich dafür
ausgerüstet und mir die Kraft dafür gegeben. 13 Früher habe ich über Jesus
ja nur abgelästert. Ich habe Jesus und seine Leute verfolgt, sie verprügeln
lassen und so. Gott hat mir aber seine Liebe gezeigt, er hat mir diese
ganzen Sachen verziehen, weil ich nicht wusste, was ich da tat. Ich hatte
ja keine Ahnung. 14 Umso stärker hab ich dann seine grenzenlose Liebe
erlebt, mit der er mich akzeptiert hat. Und mein Vertrauen zu Jesus ist
auch gewachsen. 15 Ihr könnt euch hundertprozentig darauf verlassen,
dass Jesus Christus zu uns in die Welt gekommen ist, um Menschen zu
retten, die ohne Gott leben! Ich bin da das beste Beispiel für. 16 Ich habe
Gottes Liebe live erlebt. Jesus Christus hat mit mir unendlich viel Geduld
gehabt und wollte damit ein Zeichen setzen, dass wirklich jeder wieder
mit Gott klarkommen kann, wenn er es nur will. Sein Angebot für ein
Leben, das nie aufhört, gilt allen. 17 „Gott, du bist der Größte, du hast das
Sagen über alles, du wirst immer da sein, du bist der einzige Gott. Wir
wollen, dass du groß rauskommst, wir wollen dich immer loben! Genau
so ist es richtig [Amen]!" 18 Lieber Timotheus, du weißt, dass du für mich
so wie ein echter Sohn bist. Ich hab dich sehr lieb! Ich trau dir das zu,
dass du für diese Sache kämpfen wirst. Es gab da ja auch ein paar prophe-
tische Worte, die das bestätigen. 19 Halte an deinem Vertrauen in Gott fest
und lass dich durch nichts davon abbringen! Pass auf, dass du keinen
Mist baust und so gewissenstechnisch schlecht draufkommst! Wie du
weißt, haben das einige Leute nicht getan und sind so mit ihrem Glauben
ziemlich auf der Fresse gelandet. 20 Zwei davon sind Hymenäus und Ale-
xander. Ich habe sie aus der Gemeinde rausgeschmissen und sie so dem
Satan schutzlos ausgeliefert. Hoffentlich lernen sie dadraus und hören
jetzt endlich auf, so einen Dünnsinn über Gott zu erzählen.

2

Beten ist wichtig

1 Eine Sache, Timotheus, ist superwichtig: Sorg dafür, dass die Ge-
meinde nicht aufhört zu beten! Damit meine ich, dass ihr Gott dan-
ken, ihn um Sachen bitten und manchmal auch komplett vor ihm die
Hosen runterlassen sollt, wenn ihr euch trefft. Betet auch für alle anderen
Menschen, 2 für die Regierungen und die Parteien, die gerade an der
Macht sind. Dann können wir ein relaxedes, chilliges Leben führen, ein
Leben, das von den Leuten respektiert wird. Wo Gott drauf steht, soll
auch Jesus drin sein. 3 Jesus will das so, er findet es gut, und er hat uns ja
schließlich auch gerettet. 4 Gott will nämlich, dass alle Menschen gerettet

werden. Er möchte, dass alle die Wahrheit spitzkriegen! 5 Es gibt einen ein-
zigen Gott. Und es gibt auch nur einen, der zwischen ihm und uns, den
Menschen, vermitteln kann: der Mensch Jesus Christus. Er hat für Frieden
zwischen Gott und uns gesorgt. 6 Er hat sich für uns alle abschlachten las-
sen, damit wir frei sein können und wieder mit Gott klarkommen. Damit
hat Gott gezeigt, dass er alle Menschen retten will. Den Zeitplan dafür hat
er sich gut überlegt. 7 Für die jetzt kommenden Aufgaben hat Gott speziell
mich ausgesucht. Er hat mir die Order gegeben, die Story von Jesus an
alle Menschen weiterzugeben. Wir sollen sie gerade denen rüberbringen,
die keine Juden sind. So ist das. Mann, das ist echt die Wahrheit, ich
erzähl da keinen Schwachsinn.

Wie sich Männer und Frauen im Gottesdienst verhalten sollen
8 Ich möchte, dass die Männer bei euch jeden Streit geregelt kriegen,
bevor sie im Gottesdienst beten. Lasst eure Zweifel einfach mal beiseite.
Dann könnt ihr euch im Gebet zu Gott ausstrecken, indem ihr eure Hände
hebt. 9 Die Frauen sollen sich nicht so aufdonnern, wenn sie zum Gottes-
dienst gehen. Sie gehen ja schließlich nicht zur Modenschau! Das gilt
übrigens auch für die Frisur und den Schmuck, den sie tragen. 10 Was eine
Frau wirklich schön macht, ist nämlich ihre Ausstrahlung. Die entsteht,
indem sie gute Sachen für Gott macht. Das macht sie wirklich schön.
11 Eure Frauen sollten mal lernen, im Gottesdienst nicht die ganze Zeit
rumzutratschen. Außerdem sollen sie auch lernen, auf eure liebevollen
Anweisungen zu hören. 12 Eure Frauen sind offensichtlich noch nicht weit
genug, um öffentlich zu lehren. Lasst euch nicht dauernd von ihnen unter-
buttern. Ich finde, die Mädels sollten sich mal gehörig am Riemen reißen
und sich insgesamt etwas zurücknehmen. 13 Schon als Eva noch mit den
Mücken flog, ist Adam bereits voll mit Gott abgegangen. 14 Und es war
auch nicht Adam, der sich von der Schlange verführen ließ, sondern Eva.
Sie hat getan, was Gott verboten hat. 15 Die Frau ist von Gott gemacht wor-
den. Sie wird das Kinderkriegen aber durchstehen, wenn sie ihr Vertrauen
auf Gott setzt, sich von ihm ganz doll geliebt weiß und das auch auslebt,
mit ihm radikal durchzieht und ein Leben führt, das Gott gut findet.

3

Wie ein Leiter von einer Gemeinde drauf sein sollte
1 Eine Sache stimmt jedenfalls hundertpro: Wenn jemand eine Ge-
meinde leiten will, strebt er ein sehr cooles, aber auch schwieriges
Amt an. 2 So ein Gemeindechef muss bestimmte Voraussetzungen mit
sich bringen. Sein Leben muss vor Gott voll okay sein. Er sollte höchstens
eine Frau haben und kein Weiberheld sein. Er sollte stets nüchtern und

entspannt sein. Locker draufbleiben, damit er nicht gleich bei jeder Klei-
nigkeit ausrastet, das ist auch eine wichtige Eigenschaft. Er sollte freund-
lich mit Menschen umgehen und gerne Gäste bei sich aufnehmen. Und
dass er den Leuten die Dinge gut vermitteln kann, ist auch noch wichtig.
3 Es sollte kein Alkoholiker sein oder jemand, der sich mit anderen Sachen
breithaut. Jemand, der nicht aggressiv und gewalttätig ist, sondern freund-
lich und nicht bei jedem Streit dabei. Und er sollte nicht geldgeil sein!
4 Er sollte seiner Familie zu Hause ein guter und ordentlicher Vater sein,
der Kinder hat, die auch tun, was er sagt. 5 Hey, wenn einer es noch nicht
mal hinkriegt, sein Familienleben zu regeln, wie soll er dann bitte eine
ganze Gemeinde vor Gott regeln können? 6 Es sollte auch kein Frischling
sein, der erst ganz kurz mit Jesus lebt, ist ja klar. Sonst bildet der sich auf
den Job noch was ein und meint, er wäre jetzt sonst wie toll, und dann
wird er bei nächster Gelegenheit vom Satan aufs Kreuz gelegt. 7 So ein
Gemeindechef muss auch einen guten Ruf bei den Nichtchristen im Ort
haben. So könnt ihr verhindern, dass man über ihn ablästert und er so
dem Teufel auf den Leim geht.

Und die anderen Mitarbeiter?

8 Auch die anderen Leute, die in eurer Gemeinde im Dienstleistungssektor
arbeiten, sollen Menschen sein, die von allen respektiert werden. Sie soll-
ten unbestechlich und ehrlich sein, keine Alkoholprobleme haben und
auch nicht nur auf Kohle aus sein. 9 Es wäre wichtig, dass sie ihr Leben so
führen, dass es zu der guten Nachricht von Jesus passt. 10 Sie sollten auch
erst mal eine Probezeit haben, und nur wenn sie ihren Job gut hinkriegen,
sollten sie den Dienst ganz übernehmen. 11 Die Frauen sollten auch so
drauf sein, dass man sie respektieren kann. Sie sollten nicht überall rum-
tratschen, entspannt sein, und man sollte sich auf sie verlassen können.
12 Genauso wie die Gemeindeleiter sollten die Mitarbeiter nur mit einer
Frau verheiratet sein. Und sie sollten ebenfalls ihre Familie gut im Griff
haben. 13 Wer seinen Job gut macht, der wird auch genug Respekt von der
Gemeinde bekommen. Und er selber wird immer eine coole Ausstrahlung
haben, wie man sie bekommt, wenn man mit Jesus lebt.

Das Geheimnis im Leben mit Gott

14 Lieber Timotheus, ich schreib dir das jetzt alles auf, obwohl ich ja stark
hoffe, bald persönlich bei dir zu sein. 15 Falls sich das aber noch weiter
hinauszieht, sollst du wenigstens wissen, wie man sich in der Familie von
Gott, in seiner Gemeinde, benehmen soll. Die Gemeinde ist wie ein tra-
gender Betonpfeiler in dem Haus der Wahrheit, in dem Haus von dem le-
bendigen Gott. 16 Jeder hat längst geschnallt, wie gigagroß und besonders

dieses Geheimnis ist, das hinter dem Vertrauen in Gott steckt. Jesus Christus ist als ein Normalo in die Welt gekommen. Er wurde aber bestätigt durch die Kraft, die von Gott kommt, durch seinen Heiligen Geist. Er wurde sogar von Engeln gesehen, und jetzt erzählen wir auch den nichtjüdischen Menschen von Jesus. Überall setzen die Menschen ihr Vertrauen auf ihn. Er ist jetzt wieder bei Gott in seiner unbeschreiblichen Welt.

4

Man kann es auch übertreiben

1 Gottes Geist sagt uns immer wieder, dass noch viele ihm wieder den
Rücken zudrehen und nicht mehr mit ihm leben werden, bevor es mit
der Welt zu Ende geht. Das kommt vor allem daher, dass sie irgendwel-
chen Pseudopropheten hinterherlaufen und Sachen glauben, die direkt
aus der Hölle kommen. 2 Diese Lügner werden nur Dünnsinn verbreiten
und sind dabei so verpeilt, dass sie noch nicht mal ein schlechtes Gewis-
sen kriegen. 3 Zum Beispiel verbieten sie zu heiraten oder bestimmte Sa-
chen zu essen. Dabei hat Gott doch alle Nahrungsmittel gemacht! Wir, die
ihm in allem total vertrauen und seine Wahrheit begriffen haben, können
das alles von ihm genießen! 4 Ist doch klar: Alles, was Gott gemacht hat,
ist erst mal nur gut! Und wenn wir das dankbar von ihm annehmen, ist
alles super easy, oder? 5 Es wird dadurch gut, dass Gott gesprochen hat,
durch seine Worte. Perfekt ist es, wenn wir ihm im Gebet dafür danken.

Was Timotheus in der Gemeinde machen soll

6 Lieber Timotheus, wenn du das der Gemeinde so weitersagst, machst du
einen guten Job für Jesus. Du hast dich immer an die Worte gehalten, die
ich dir beigebracht habe. Vor allem aber vertraust du Gott. Und du bist
auch immer nach der wahrlich guten Lehre vorgegangen. 7 Vergiss das
dünne Gelaber von diesen Typen! Lass es gar nicht erst an dich ran, schalt
einfach auf Durchzug. Zieh unabhängig davon das Ding mit Gott voll
durch! 8 Sich fit zu halten und auch mal auf etwas zu verzichten ist nicht
voll verkehrt, aber das zu tun, was Gott will, bringt es erst wirklich! Gott
hat uns versprochen, dass unser Leben richtig gut wird, und er wird uns
das besondere Leben schenken, was nach dem Tod noch weitergeht. 9 Das
ist hundertprozentig wahr, Leute, da könnt ihr euch drauf verlassen! 10 Das
treibt uns immer wieder an. Dafür kämpfen wir! Wir haben unsere Hoff-
nung auf den einen Gott gesetzt. Und der lebt. Er ist der Held aller Helden
und zwar für alle Menschen. Besonders aber für uns, die Leute, die ihm
voll vertrauen. 11 Das musst du jedem in der Gemeinde verklickern, das
müssen sie einfach alle kapieren!

Timotheus' Job konkret

12 Timotheus, nur weil du ein Jugendlicher bist, hat keiner das Recht, auf
dir rumzuhacken. Das muss klar sein. Trotzdem ist es wichtig, dass du,
für alle einsichtig, ein astreines und vorbildliches Leben führst! Ich sprech
hier vor allem über die Sachen, die du so von dir gibst, aber auch einfach
davon, wie du lebst. Geh immer liebevoll mit allen Leuten um. Sei ein
Vorbild im Glauben und lass dich nicht auf irgendwelche Pornosachen
oder wilden Mädchengeschichten ein! 13 Ich finde es gut, dass du diese
Treffen durchziehst, an denen du aus den alten Büchern vorliest. Mach
weiter damit! Ermutige die Leute, indem du ihnen in Sachen des Glaubens
Unterrichtsstunden gibst. 14 Leb diese Begabungen, die Gott dir gegeben
hat, voll aus! Gott hat sie dir schließlich durch prophetische Worte zuge-
sagt, als die Ältesten in der Gemeinde für dich gebetet haben. 15 Das sind
die Dinge, über die du dir einen Kopf machen sollst. Setz einfach deine
Begabungen ein, damit alle sehen, was für Fortschritte du mit Gott ge-
macht hast. 16 Pass auf dich auf! Vergiss nicht, was Gott dir beigebracht
hat, bleib die ganze Zeit dabei! Wenn du so drauf bist, wirst du nicht nur
dich retten, sondern auch alle, die dir richtig zuhören und nicht auf
Durchzug schalten.

5

Wie Timotheus mit älteren Gemeindemitgliedern umgehen soll ...

1 Wenn es ein Problem mit einem älteren Mann gibt, dann fahr ihn
nicht blöd an, sondern rede mit ihm so, als wäre er dein Vater. Mit
jüngeren Männern geh so um, als wären sie deine Brüder. 2 Ältere Frauen
kannst du so behandeln, als wären sie deine Mutter. Bei jüngeren Frauen
solltest du ein bisschen aufpassen und Abstand halten, klar?

... und wie mit den Frauen, deren Männer gestorben sind

3 Wenn gerade der Mann einer Frau gestorben ist, geh respektvoll mit ihr
um. 4 Hat sie Kinder oder Enkel, dann sollen diese sich um ihre Angehöri-
gen kümmern. Gott findet es geil, wenn man seine Dankbarkeit denen,
die so viel für einen getan haben, auch zeigt. 5 Es gibt auch solche allein-
stehenden Frauen, die ihre Einsamkeit nutzen, indem sie Tag und Nacht
zu Gott beten. Sie setzen ihre ganze Hoffnung auf Jesus. 6 Diejenigen
aber, die dann erst mal richtig die Sau rauslassen und meinen, sie müss-
ten ihr Leben jetzt erst mal fett genießen, haben nichts begriffen. Sie sind
im Grunde schon tot. 7 Warne die Witwen rechtzeitig davor, so draufzu-
kommen, damit man ihnen hinterher nichts vorwerfen kann. 8 Wenn sich
aber jemand nicht um seine Familie kümmert und sie nicht versorgt, der
hat damit auch Jesus verraten. Er verhält sich sogar schlimmer als ein

Nichtchrist! 9 Eine Witwe, die in das Witwenverzeichnis aufgenommen werden soll, muss mindestens sechzig Jahre alt und darf nur mit einem Mann verheiratet gewesen sein. 10 Außerdem sollte sie einen guten Ruf bei euch haben. Hat sie ihre Kinder gut erzogen? War sie gastfreundlich? Hat sie anderen Mitchristen praktisch geholfen? War sie auch mal bereit dazu, den Boden zu wischen? Hat sie versucht Leuten zu helfen, denen es schlechtging, ohne dabei an sich selbst zu denken? Hat sie sich beteiligt, wenn Hilfe nötig war? 11 Junge Witwen sollten erst mal nicht in diese Versorgungsliste aufgenommen werden. Wenn sie irgendwann wieder scharf werden und Lust auf Männer bekommen, könnte die Sache nach hinten losgehen. Wenn sie dann irgendwann nicht mehr widerstehen können und Männer näher an sich ranlassen, bringt sie das dazu, Jesus den Rücken zuzuwenden. 12 Man kann ihnen dann zu Recht vorwerfen, sie hätten ihr Treueversprechen Jesus gegenüber gebrochen. 13 Außerdem ist für sie dieses „Um-die-Häuser-Ziehen" gar nicht gut. Sie fangen an rumzuhängen und den ganzen Tag irgendwelches Zeug herumzuposaunen. 14 Darum ist mein Wunsch, dass die jüngeren Frauen, deren Männer gestorben sind, gleich wieder jemanden heiraten. Sie sollen weiter ganz normal Kinder kriegen, sich um den Haushalt kümmern und dem Teufel keine Chance geben. 15 Einige haben Jesus schon den Rücken gekehrt und laufen jetzt Satan nach. 16 Wenn eine Christin eine Witwe mit solchen Problemen in ihrer Verwandtschaft hat, soll sie sich um diese kümmern. Die Gemeinde soll deswegen nicht weiter belastet werden, sondern sich um die echten Witwen kümmern, die sonst von keinem versorgt werden.

Wie sich die Gemeindeleitung verhalten soll

17 Die Männer, die bei euch die Gemeindeleitung übernommen haben, haben doppelte Anerkennung verdient und sollten dafür auch finanziell entschädigt werden. Das betrifft besonders die Leute, die euch in Sachen Bibelwissen weiterhelfen. 18 In den alten Schriften steht ja auch: „Du sollst dem Trecker auch immer genug Benzin geben", oder: „Ein Ochse, der bei der Feldarbeit eingesetzt wird, soll dabei auch fressen können." Woanders steht auch: „Jeder, der arbeitet, hat es auch verdient, dafür bezahlt zu werden." 19 Wenn sich jemand bei dir über die Gemeindeleiter beschweren will, dann lass immer ein bis zwei Zeugen mit dazukommen. 20 Die Menschen, die bei euch Sachen tun, auf die Gott keinen Bock hat, kannst du vor allen anderen öffentlich anzählen und zurechtweisen. So sind die anderen Zuhörer auch gewarnt. 21 Lieber Timotheus, es ist supersuper-wichtig, dass du, wenn so was passiert, keine Vorurteile hast und nicht parteiisch bist! Gott, Jesus und seine besonderen Engel sind meine Zeugen!

Ein paar Tipps an Timotheus persönlich

22 Setz niemand zu schnell in einen Job in der Gemeinde ein! Sonst bist du
mit schuld, wenn der Sachen macht, auf die Gott keinen Bock hat. Pass
lieber auf dich selber auf, was Sünden angeht! 23 Und gegen deine Magen-
probleme versuch mal, dein Trinkwasser mit etwas Wein zu vermischen.
Dann bist du auch nicht mehr so oft krank! 24 Übrigens: Bei einigen Men-
schen stinken ihre Sünden schon zehn Meter gegen den Wind. Jeder kann
sie sehen, bevor die Gerichtsverhandlung von Gott überhaupt erst ange-
fangen hat. Bei anderen kann man sie erst später entdecken. 25 Genauso
ist das auch mit den guten Sachen, die Menschen so bringen. Einiges
davon kann man schon jetzt beobachten, anderes wieder nicht. Aber auch
diese Dinge werden nicht für immer verborgen bleiben.

6

Chef oder Angestellter?

1 Alle, die irgendwo angestellt sind und einen Chef über sich haben,
sollen ihm auch Respekt entgegenbringen. Ihr wollt ja nicht, dass die
Sache Gottes und unser christlicher Glaube irgendwie durch den Dreck
gezogen werden, ist doch klar, oder? 2 Das gilt natürlich auch dann, wenn
dein Chef ein Christ ist und ihr dadurch auf derselben Ebene seid. Gerade
dann sollt ihr alles geben und euch ihm voller Liebe unterordnen. Und weil
er auch an Jesus glaubt und genauso von ihm geliebt wird, wird er alles
dransetzen, superfreundlich und lieb mit euch umzugehen. Brenn das den
Leuten bei euch ins Gedächtnis und erinnere sie immer wieder daran.

Warnung vor Geldgeilheit und Streit

3 Falls jemand versucht, euch was andres beizubringen, könnt ihr das
sofort vergessen. Jeder, der sich nicht an die Sachen hält, die Jesus Chris-
tus uns beigebracht hat, 4 schreibt sich selber ab. Solche Leute sind total
krank im Kopf, stehen auf endlos lange Diskussionen und dergleichen.
Solche Gespräche führen immer zu denselben Problemen: Der eine wird
neidisch auf die tollen Argumente, man beginnt sich zu streiten und fängt
an zu lästern. Dabei kommen dann wilde Verdächtigungen auf. Das alles
ist total unnötig. 5 Solche Menschen zoffen sich andauernd. Man könnte
meinen, sie sind total durchgeknallt! Haben die denn die Wahrheit nicht
gehört? Oder kapieren sie es einfach nicht? Die machen sogar aus der
Sache von Jesus noch eine Geschäftsidee, um Kohle damit zu machen.
6 Dabei ist mit Gott zu leben doch schon der Hauptgewinn. Wem das
nicht ausreicht, dem ist eh nicht mehr zu helfen! 7 Wir haben nichts in die
Welt mitgebracht, warum sollten wir also was daraus mitnehmen können?
8 Es sollte uns doch wohl reichen, immer genug zu essen zu haben und

dabei sogar noch anständige Klamotten anzuziehen. 9 Die Menschen, die
um jeden Preis reich werden wollen, fallen schnell auf die Tricks von Satan
rein. Geld erzeugt nur uncoole Wünsche, die einen Menschen zuletzt
immer ins Unglück und in den Tod stürzen. 10 Geldgeilheit ist eine Ursa-
che für alles Böse. Einige sind total auf Geld abgegangen und irgendwann
waren sie komplett weg von Gott. All die ätzenden Sachen hätten sie sich
ersparen können!

Ein paar Tipps

11 Timotheus! Du darfst da auf keinen Fall mitmachen! Versuche um
jeden Preis, anders draufzukommen als die! Dein Ziel soll es sein, ein
Leben zu führen, das Gott geil findet! Setz alles dran, dass dir nichts
wichtiger ist als Gott! Versuch immer im Vertrauen auf ihn zu leben!
Liebe, Geduld und Freundlichkeit sollen bei dir immer am Start sein.
12 Kämpfe den guten Kampf und vertraue Gott! Es ist nie falsch, das zu
tun. Halt das ewige Leben, das Gott für dich bereithält, mit beiden Hän-
den fest! Er hat dich extra dafür ausgesucht! Das hast du ja vor vielen
Zeugen klargemacht. 13 Eine Sache ist mir noch superwichtig, das ist
quasi ein Befehl, den ich dir hiermit erteile. Und das tue ich mit Gott im
Rücken, der alles gemacht hat, und mit Jesus Christus, der sich sogar
vor Pontius Pilatus zu Gott bekannt hat: 14 Erledige deinen Job so sauber
wie möglich! Halte durch, so lange, bis Jesus wiederkommt! 15 Wann die
Uhr dafür geschlagen hat, wissen wir noch nicht, das weiß nur der Vater.
Er ist der Größte, der einzig Gute, er hat den Plan für die Welt in seiner
Hand. Er ist der Präsident der Präsidenten, der Oberchef schlechthin!
16 Er ist der Einzige, der nie stirbt. Er wohnt an einem Ort, wo nur Licht
ist. Dort kann niemand hinkommen. Keiner hat diesen Ort je gesehen,
und das kann man auch noch nicht. Es ist voll korrekt, wenn alle nur
ihm zujubeln. Er wird immer das Sagen haben, über alles, was es gibt!
So wird es immer sein [Amen]!

Eine Warnung an die Leute, die viel Kohle haben

17 Den Leuten, die momentan viel Kohle haben, gib folgende Ansage
weiter: Sie sollen sich bloß nichts auf ihren Reichtum einbilden, denn der
ist schneller weg, als sie laufen können. Verlassen kann man sich nur auf
Gott, und der hat von allem reichlich zur Verfügung. Wir brauchen es nur
noch genießen! 18 Sie sollen aber einen anderen Reichtum erwerben,
indem sie einfach gute Sachen für Gott machen, anderen Menschen
gerne was von ihrem Geld abgeben und hilfsbereit sind. 19 So können sie
eine gute Grundlage für ihr Leben bekommen, die immer funktioniert

und stabil ist. Und nur so können sie sich auch ein wirklich gutes Leben für sich abgreifen.

Noch 'ne Warnung und liebe Grüße

20 Mann, Timotheus, pass gut auf alles auf, was Gott dir gegeben hat!
Mach einen riesen Bogen um die Leute, die nur rumlabern und sich stän-
dig über sogenannte „Neue Erkenntnise" und bla streiten. 21 Einige haben
ja schon gesagt, sie würden jetzt lieber danach leben. Die sind schon vom
Glauben an Jesus abgebracht worden.
Also, mein Lieber, ich wünsch euch allen die Gnade, die man durch ein Leben mit Gott bekommt!
Dein Paulus

Der zweite Brief von Paulus an Timotheus

1 **Anschrift und Grüße**
1 Absender: Paulus, Apostel von Jesus Christus. Ein Botschafter, der für
Gott unterwegs ist, weil der das so wollte. Gott hat mich beauftragt,
von dem Leben, das nie aufhört, zu erzählen, das wir durch Jesus Christus
haben. 2 An: Timotheus. Hallo, Timotheus! Mann, ich hab dich echt so
lieb, als wärst du mein eigener Sohn! Ich wünsch dir die Gnade, die von
Gott kommt, Liebe und Frieden von unserem Vater und von unserm Chef
Jesus Christus.

Gott hat alles gegeben
3 Ständig muss ich an dich denken, und ich bete auch die ganze Zeit für
dich! Für Gott gebe ich alles, und ich diene ihm schon, solange ich denken
kann. 4 Wenn ich mich daran erinnere, wie du bei unserem Abschied ge-
weint hast, dann möchte ich am liebsten gleich wieder umdrehen und
bei dir sein! Wäre schön ... 5 Deine coole Art, mit Jesus zu leben, werde ich
nie vergessen! Dieses Vertrauen in Gott hast du bestimmt von deiner
Mutter Eunike und die hat es wiederum von ihrer Mutter Lois. Ich bin mir
ganz sicher, dass es deren Glaube ist, den man auch in dir findet. 6 Gerade
wegen deiner familiären Wurzeln will ich dich ermahnen, die Gaben
Gottes, welche du bekamst, als ich dir die Hände aufgelegt und für dich
gebetet habe, voll auszuschöpfen! 7 Diese Kraft, die Gott uns gegeben hat,
lässt uns nicht ängstlich sein. Ganz im Gegenteil: Sein Geist bewirkt, dass
wir mutig sein können. Er gibt uns Kraft zu lieben und hilft uns, die Dinge
im Griff zu haben, auch wenn es gerade mal nicht danach aussieht.
8 Schäm dich nicht, vor anderen Menschen klarzustellen, dass du an Jesus
glaubst. Und auch dass ich grad im Knast bin, braucht dir nicht peinlich
zu sein. Du kannst ruhig ein bisschen mitleiden. Es geht ja schließlich
um die gute Nachricht von Jesus und in der steckt gewaltig viel Kraft.
9 Gott hat uns aus allem gerettet. Er hat uns rausgerufen und uns einen
besonderen Auftrag gegeben. Da konnten wir gar nichts dazu tun, und
erarbeiten konnten wir uns das erst recht nicht. Er hat das einfach
beschlossen, obwohl wir es nicht verdient hatten. Jesus hat das für uns
möglich gemacht, und das war schon immer so von Gott geplant, sogar
schon bevor er die Welt gemacht hat. 10 Jetzt ist es aber tatsächlich pas-

siert! Indem Jesus, unser Retter, zu uns gekommen ist und den Tod
besiegt hat, wurde das möglich! Er hat uns ein neues Leben geschenkt,
das nicht mehr ausgelöscht werden kann! 11 Und genau um diese gute
Nachricht geht es mir. Das erzähl ich überall rum und steh voll dahinter!
Außerdem bring ich den Leuten bei, was das für sie konkret bedeutet.
12 Das ist auch der Grund, warum ich im Knast sitze. Und es geht mir hier
nicht grade rosig. Trotzdem ist mir das null peinlich! Ich weiß genau,
auf wen ich mein Vertrauen setze, und ich weiß voller Zuversicht, dass er
gut auf mich aufpassen wird. Er wird dafür sorgen, dass nichts von dem,
was er mir auftrug und mitgab, verloren geht bis zu dem Tag, an dem er
wieder auf die Erde zurückkommt. 13 Bleibe straight bei dem, was ich dir
beigebracht hab, Timotheus! Das waren alles Dinge, bei denen es um die
echte Liebe ging, die aus dem Vertrauen in Jesus Christus erwächst.
14 Pass auf diese wertvolle Lehre gut auf, ja? Gott hat sie dir durch seinen
Geist anvertraut.

Nachrichten von Christen aus Asien

15 Hast du auch davon gehört, dass die Christen aus der Provinz Asien
nicht mehr gut auf mich zu sprechen sind? Selbst Phygelus und Hermo-
genes gehören dazu. 16 Ich wünsche mir von Gott, dass er der Familie von
Onesiphorus viel Gutes rüberwachsen lässt. Der hat mich nämlich früher
total oft ermutigt, und es war ihm nie peinlich, dass ich im Gefängnis
absitze. 17 Ganz im Gegenteil: Er hat mich in Rom so lange gesucht, bis er
mich gefunden hat. 18 Ich bete dafür, dass Gott ihn am Tag der großen
Abrechnung nicht zu hart rannimmt! Wie er in Ephesus für die Gemeinde
eingetreten ist, weißt du ja selbst besser als ich ...

2

Durchziehen, auch wenn's Probleme gibt

1 Mein lieber Sohn, ich wünsch mir, dass deine Glaubensmuskeln
wachsen und du stark wirst durch Jesus Christus! 2 Das, was ich dir in
Gegenwart von vielen Leuten beigebracht habe, kannst du jetzt an andere
zuverlässige Christen weitergeben. Am besten an Leute, die auch eine
Begabung dazu haben, Menschen etwas beizubringen. 3 Geh doch mit mir
diesen schweren Weg, wie ein Soldat für Jesus. 4 Ein Berufssoldat darf sich
keinen Kopf über die täglichen Probleme machen, wenn er seinen Job gut
erledigen will. 5 Kein Profifußballer wird Meister, wenn er sich nicht an die
Regeln halten kann. 6 Und ein Bauer, der viel Arbeit in seine Pflanzen
gesteckt hat, soll auch das Recht haben, als Erster von den Früchten zu
essen. 7 Denk mal drüber nach, was ich dir damit sagen will. Aber Gott
wird dir schon noch den Durchblick dafür geben. 8 Vergiss bitte eine Sache

nicht: Jesus Christus, der Nachkomme von Präsident David, war tot, aber Gott hat ihn aus dem Tod zurückgeholt. Das ist die kurze Twitter-Version unserer guten Nachricht, die ich weitergebe!
[9] Dafür habe ich jetzt auch das alles zu ertragen. Ich hänge hier im Gefängnis fest wie ein Schwerverbrecher. Die Worte von Gott kann man aber nicht einsperren, sie sind frei!
[10] Für die vielen Menschen, die Gott noch retten will, nehme ich diese ganzen Probleme gerne auf mich. Ich wünsche mir einfach, dass noch viele durch Jesus Christus ein fett neues Leben bekommen, ein Leben, das nie mehr aufhört!
[11] Eins steht nämlich fest: Wenn unser altes Leben durch Jesus mal abgestorben ist, werden wir auch mit ihm in ein neues Leben durchstarten.
[12] Ertragen wir die Probleme hier auf der Erde mit ihm, werden wir später mal mit ihm zusammen das Sagen haben. Wenn wir aber so tun, als würden wir ihn nicht kennen, dann wird er uns irgendwann auch mal nicht mehr kennen.
[13] Aber selbst wenn wir ihm mal nicht treu sind, bleibt er uns doch immer treu! Das ist eben der unverwechselbare Style Gottes, so ist er einfach drauf! Auf Gott kann man sich immer hundertprozentig verlassen.

Pass mit falschen Theorien über Gott auf!

[14] Das sind so Sachen, an die du deine Leute unbedingt erinnern musst! Sag ihnen auch, dass sie nicht ständig rumdiskutieren sollen, ja? Das bringt nämlich gar nichts und verwirrt die Leute eher, als dass es Dinge klärt.
[15] Kämpfe da drum, deine Sache gottesmäßig durchzuziehen. Lass dir nichts zuschulden kommen. Erklär den Leuten in aller Schärfe, was Gott ihnen zu sagen hat, und bring es ihnen klar und deutlich rüber.
[16] Mach einen Bogen um Menschen, die nur rumdiskutieren wollen! Das führt auf Dauer nur zu einem schlechten Charakter, der von Gott wegzieht.
[17] Wenn die Typen anfangen zu reden, breiten sich ihre Worte wie ein Krebsgeschwür in den Gedanken aus. Zwei, die so drauf sind, sind Hymenäus und Philetus.
[18] Die leben beide nicht mehr nach unserer wahren Lehre, den korrekten Sachen, die wir euch beigebracht haben. Sie glauben, dass die „Auferstehungskiste“ schon abgelaufen ist. Dadurch bringen sie manche davon weg, Gott zu vertrauen, wie wir es tun.
[19] Aber das von Gott gelegte Fundament bleibt felsenfest stehen. Darauf ist eingraviert: „Gott kennt alle Menschen, die zu ihm gehören!“ Genauso steht dadrauf: „Wer mit Jesus Christus lebt und zu ihm gehört, soll ein Leben führen, das Gott gefällt.“
[20] Ein Beispiel: Mittlerweile findet man ja in den meisten Haushalten unterschiedliche Arten von Geschirr. Neben dem edlen Porzellan und Kristallgläsern gibt es auch Plastikbecher und Pappeteller von Aldi. Die einen braucht man für ganz besondere Anlässe und Feste, die anderen für die Grillparty mit den Nachbarn.
[21] Wer sich von den

Labertaschen fernhält, wird wie ein edles Porzellan im Haus Gottes sein –
strahlend und sauber –, jederzeit für besondere Anlässe einsatzbereit.
22 Pass auf vor den Sachen, auf die junge Leute oft abfahren. Mach einen
großen Bogen darum! Kämpfe lieber, dass du für Gott im Alltag gut lebst,
dass du ihm vertraust und immer liebevoll mit den Menschen, die er dir
ins Leben stellt, umgehst. Vermeide Streit und häng mehr mit Leuten ab,
die eine ehrliche, korrekte Beziehung zu Gott haben. 23 Wenn jemand mit
einer dummen Frage ankommt – so eine, die wilde Diskussionen provo-
ziert –, lass ihn einfach ins Leere laufen. 24 Wer Gott wirklich dienen will,
sollte entspannt drauf sein und mit allen Menschen freundlich umgehen.
Er sollte Dinge gut an andere weitergeben können und auf böswillige
Kommentare cool reagieren. 25 Wenn jemand ständig nur streiten will,
sollte er ihn locker und nett wieder auf die richtige Bahn bringen. Manche
werden dann checken, was eigentlich abgeht, und sich von Gott in die
Wahrheit führen lassen – Jesus machts möglich! 26 Dann werden sie aus
den Fallen Satans befreit werden. Der hält nämlich immer noch viele Men-
schen gefangen und missbraucht sie für seine Zwecke.

3

Wenn es mit der Welt zu Ende geht

1 Eine Sache soll dir aber klar sein: Wenn es mit dieser Welt zu Ende
geht, werden ganz üble Zeiten anbrechen. 2 Die Menschen werden
dann nur noch auf sich selbst und ihre Kohle abfahren. Jeder wird glau-
ben, er wäre der Größte, und das überall raushängen lassen. Männer und
Frauen werden über alles ablästern, und die Kinder werden ihren Eltern
auf der Nase rumtanzen. Für viele wird Dankbarkeit ein Fremdwort sein.
Fast jeder wird Dinge tun, die Gott absolut ätzend findet. 3 Menschen wer-
den sich nicht mehr lieben können und sich nur noch streiten. Sie werden
sich gegenseitig verraten, ohne Hemmungen leben und im Streit einfach
brutal zuschlagen. Sie werden anfangen, alles Gute zu hassen. 4 Verrat
wird alltäglich sein. Wegen Kleinigkeiten werden die Leute außer Kontrolle
geraten. Überall laufen irgendwelche aufgeblasenen Leute rum, die mehr
auf ihren perversen, billigen Spaß abfahren als auf Gott. 5 Es wird viele
Pseudo-Christen geben, die äußerlich superfromm wirken, aber in echt
total schlaff drauf sind und keinen Bock auf Gottes Kraft haben. Mit sol-
chen Leuten solltest du besser nicht abhängen, ok? 6 Das sind nämlich
dieselben Typen, die nachts um die Häuser ziehen und versuchen, irgend-
welche Frauen ins Bett zu kriegen, Frauen die ihren eigentlichen Wert
nicht kennen. Diese Frauen haben komplett die Kontrolle über ihr Leben
verloren, sie werden von ihrer Geilheit wie ferngesteuert. 7 Manche sitzen
sogar in Seminaren oder Gottesdiensten, um von Gottes großen Taten zu

hören, aber lassen nichts von dem wirklich an sich ran. Sie können die
Wahrheit nicht verstehen. 8 So wie diese ägyptischen Magier Jannes und
Jambres, die nicht auf Mose hören wollten, so haben diese Leute auch
keinen Bock auf die Wahrheit. Diese Typen sind echt krank in ihrer Denke
und glaubensmäßig ziehen sie die Dinge auch nicht durch. 9 Lange wer-
den sie das aber nicht aushalten, und sie haben auch keinen Erfolg damit.
Jeder wird bald kapieren, dass sie es einfach nicht raffen. So war es
damals bei den Magiern in Ägypten ja auch.

Wer mit Jesus lebt, bekommt Probleme ...

10 Timotheus, du bist zum Glück nicht so drauf. Du hast dich immer an
dem orientiert, was ich dir beigebracht habe. Du hast das nachgelebt, was
ich dir vorgelebt habe, hast mich immer in meiner Meinung unterstützt
und die gleiche Geduld und Liebe wie ich gehabt. Zieh das weiter so
durch! 11 Ich hab total schlimme Sachen in Antiochia, in Ikonion und
Lystra durchgemacht, hab das aber alles ertragen. Oh, Mann, wie übel
haben die mich verfolgt! Zum Glück hat Gott mich da wieder rausgeholt!
12 Jedoch alle, die radikal mit Jesus Christus leben, müssen damit rechnen,
deswegen heftige Probleme zu kriegen! 13 Linke Typen und Leute, die
andere nur abziehen, werden mit der Zeit immer schlimmer vorgehen.
Sie werden Menschen verführen und kriegen dabei gar nicht mit, dass sie
selbst genauso abgezogen worden sind. 14 Timotheus, zieh die Sachen
durch, die du von mir gelernt hast, ja? Du weißt ja, von wem die kom-
men ... 15 Du hast dich schon als Kind mit den alten ganz besonderen
Schriften beschäftigt. Von denen weißt du, dass man seine ganze Hoff-
nung auf eine einzige Karte setzen muss: die Rettung durch Jesus Chris-
tus. 16 Alles, was du in der Bibel findest, ist von Gottes Kraft inspiriert
worden. Sie kann uns zeigen, wo wir im Leben mal wieder richtig daneben-
liegen. Dann zeigt sie uns den richtigen Weg, hilft uns, bessere Menschen
zu werden, und erzieht uns, damit wir das tun, was gottmäßig ist. 17 Wenn
wir so leben, werden wir immer dazu in der Lage sein, das zu tun, was
Gott von uns möchte.

4

Was Paulus von Timotheus will

1 Timotheus, eine Sache ist mir wirklich superwichtig. Der Vater und
Jesus Christus sind meine Zeugen. Jesus wird einmal wiederkommen,
um die große Abrechnung abzuhalten. Da kommen dann alle dran: die
Menschen, die dann noch leben, und die Leute, die schon gestorben sind.
Dann wird seine Zeit anbrechen und sein Kommando gelten. Ich befehle
dir nun hiermit: 2 Erzähle den Menschen überall und zu allen erdenklichen

Tageszeiten von Jesus! Tu es mit allen Mitteln, die dir zur Verfügung ste-
hen, überall voller Hingabe und zu jeder Zeit. Wenn es sein muss, bedroh
die Leute. Zeig ihnen den richtigen Weg in aller Klarheit. Hab aber auch
Geduld mit ihnen. Bring es ihnen einfach bei! 3 Und pass auf, denn es wird
eine Zeit kommen, da werden die Menschen auf diese gesund machende,
gute Lehre nichts mehr geben. Sie werden sich stattdessen aus verschie-
denen Religionen und Glaubensüberzeugungen zusammenbasteln, was
ihnen in den Kram passt. Sie werden nur noch auf das hören, was ihnen
gerade gefällt. 4 Und weil sie keinen Bock auf die Wahrheit haben, werden
sie sich davon abwenden und lieber irgendwelche Märchen und religiösen
Spinnereien glauben. 5 Bleib einfach immer locker drauf, behalte die
Übersicht und ertrage diesen verplanten Mist auch wenn es schwer fällt.
Erledige deine Aufgabe, wie es cool und richtig ist für einen Prediger, der
die gute Nachricht an andere weiter gibt. 6 Ich schreib dir das jetzt, wo
ich dem Tod ins Gesicht seh. Ich rechne damit, dass die mich hier bald
umbringen. 7 Ich kann sagen, mein Ding für und mit Gott voll durch-
gezogen zu haben. Meine Aufgaben sind erfüllt und mein Ziel ist erreicht,
ich bin Jesus immer treu geblieben. 8 Auf mich wartet ein fetter Pokal,
der Preis für den ersten Platz im Kampf für die Gerechtigkeit. Der wird
mir von Gott, dem gerechten Richter, an diesem letzten Tag überreicht
werden. Und ich bin nicht der Einzige, der den absahnen wird. Alle, die
wie ich voll sehnsüchtig drauf warten, dass Jesus wiederkommt, werden
so einen kriegen.

Noch ein paar Sachen über Mitarbeiter

9 Bitte komm so schnell wie möglich zu mir! 10 Demas hat mich im Stich
gelassen. Mit Glauben hat er nichts mehr am Hut, und er ist nach Thessa-
lonich abgehauen. Kreszenz hat sich nach Galatien verzogen, Titus nach
Dalmatien. 11 Nur noch Lukas ist bei mir geblieben. Wenn du kommst,
nimm unbedingt Markus mit! Er ist mir immer eine große Hilfe gewesen.
12 Tychikus hab ich gesagt, er soll nach Ephesus schauen. 13 Bitte bring mir
aus Troas meine Jacke mit, die hab ich bei Karpus vergessen. Auch die
Bücher und besonders die Zeitschriften kannst du mir mitbringen, ja?!
14 Alexander, der Schmied, hat mich voll gelinkt. Gott wird ihn dafür ange-
messen bestrafen. 15 Pass vor dem Typen auf und mach einen großen
Bogen um ihn. Er hat unserer Sache sehr geschadet! 16 Bei meiner ersten
Gerichtsverhandlung war ich ganz allein. Alle hatten mich verlassen, aber
Gott soll ihnen das verzeihen. 17 Jesus war die ganze Zeit bei mir und hat
mir echt geholfen. Er will, dass ich seine gute Nachricht auch an Nicht-
juden weitergebe, damit alle Menschen davon hören. Er hat mich bisher
aus jeder lebensgefährlichen Situation rausgeholt. 18 Er wird mich auch

jetzt nicht hängen lassen, da bin ich mir ganz sicher. Er wird mich zu sich nach Hause holen, in das Land, wo er selbst wohnt. Das Wichtigste ist mir rüberzubringen, dass er der Größte ist. Das war immer so und wird auch immer so bleiben! Das ist klar [Amen]!

Grüße

[19] Schöne Grüße an Priska und Aquila und auch an die Familie des Onesi-
phorus. [20] Erastus ist übrigens in Korinth geblieben. Trophimus musste
ich krank in Milet zurücklassen. [21] Es wäre einfach super, wenn du es
schaffst, vor dem Winter hier zu sein. Bitte beeil dich! Ich soll Grüße von
Eubulus und Pudens ausrichten, auch Linus und Claudia und all die ande-
ren Christen vor Ort grüßen dich! [22] Der Meister Jesus Christus soll dir
ganz nah sein. Und seine Liebe und Gnade soll euch begleiten!
Dein Paulus

Ein Brief an Titus

1

Anschrift und Absender
1 Absender: Paulus, ein Angestellter in Gottes Firma, ein Apostel für
Jesus Christus. Jesus hat mich beauftragt, den Leuten, die Gott ausge-
sucht hat, die wichtigen Sachen zu erzählen, damit sie Gott kennenlernen
und die Wahrheit begreifen. 2 Denn wir haben die Hoffnung, dass das
Leben nach dem Tod erst richtig losgeht. Das hat Gott uns vor Ewigkeiten
schon versprochen, und der lügt nie. 3 Jetzt ist der Zeitpunkt gekommen,
wo alle Menschen von diesem Versprechen hören sollen. Gott hat mir
speziell die Order gegeben, dadrüber überall zu reden. 4 An: Titus. Hallo,
lieber Titus! Dadurch, dass wir gemeinsam unser Vertrauen auf Gott ge-
setzt haben, bist du für mich wie ein Sohn, den ich sehr liebe. Ich hoffe,
es geht dir gut! Ich wünsch dir, dass du Frieden im Herz hast und eine
Portion Freude obendrauf! Beides bekommst du von Gott, der unser Vater
ist, und von Jesus Christus, der uns gerettet hat.

Wie man drauf sein muss, um eine Gemeinde zu leiten
5 Ich hab dich ja auf Kreta alleine zurückgelassen, damit du das Ding noch
zu Ende bringst, was wir da an den Start gebracht haben. Dein Job war es
vor allem, in den jeweiligen Städten Leiter für die Gemeinden zu organi-
sieren. 6 Diese Männer sollten einen Lebensstil haben, an dem man nichts
zu meckern hat. Sie sollten nur einmal verheiratet sein. Wenn Kinder da
sind, sollten die zuverlässig sein und nicht den Ruf haben, ein extremes
Partyleben zu führen. Die Kinder sollten auch auf ihre Eltern hören und an
Jesus glauben. 7 So ein Leiter sollte in jedem Lebensbereich jesusmäßig
drauf sein, er trägt ja schließlich die Verantwortung für die Gemeinde von
Gott. Darum sollte er nicht immer nur an sich denken, auch nicht so
schnell mal eben ausrasten, wenn es Streit gibt. Er sollte kein Alkohol-
problem haben und auch kein Hooligan sein, der sich gerne mal prügelt.
Es wäre auch wichtig, dass er mit Finanzen gut umgehen kann und nicht
geldgeil ist. 8 Dann sollte er noch gerne Gäste haben, ein freundlicher
Mensch sein und Gerechtigkeit für sich groß schreiben. Ach ja, und er
sollte so leben, wie Gott es will, und sich mit wenig zufrieden geben
können. 9 Wichtig wäre noch, wenn er sich radikal an die Sachen hält, die
wir euch beigebracht haben! Nur so ist er in der Lage, die Gemeinde
auf dem richtigen Weg zu halten und die Menschen in ihre Schranken zu
weisen, die euch was anderes erzählen wollen als wir.

Gegen die Leute, die Blödsinn reden

10 Hey, Leute, es gibt echt viele Dummschwätzer, Betrüger und Voll-
spacken, besonders unter den religiösen Juden. 11 Denen sollte man am
besten mal das Maul stopfen. Die erzählen den größten Schwachsinn
und bringen damit ganze Familien total durcheinander. Und dann ver-
langen sie auch noch richtig Kohle dafür! 12 Einer von diesen Männern hat
mal geradezu prophetisch gesagt: „Die Menschen aus Kreta sind totale
Lügner! Und außerdem fett, faul und gefährlich.“ 13 Und damit hat er
recht. Darum musst du ihnen klare Sachen erzählen, damit ihr Vertrauen
auf Gott eine gesunde Basis bekommt. 14 Keiner soll diesen jüdischen
Märchen, diesen Reinheitsgeboten und Speisevorschriften, glauben und
auch nicht auf die Gesetze achten, die ja nur Menschen gemacht haben.
15 Wer ein reines Gewissen hat, für den sind alle Sachen erst mal okay.
Wenn jemand aber ein schlechtes Gewissen hat und Gott nicht vertraut,
dem helfen die Gesetze und Regeln auch nicht mehr. Der ist sowieso
dreckig unterwegs und hat auch ein dreckiges Gewissen. 16 Solche Leute
sagen, sie kennen Gott, aber die Sachen, die sie tun, sind total gegen
alles, was Gott will. Sie sind ätzend unterwegs, gehorchen nicht und sind
noch nicht mal in der Lage, irgendetwas Gutes zu tun.

2

Wie Christen draufkommen sollen

1 Titus, du musst dich unbedingt an die guten Sachen halten, die dir
beigebracht worden sind! 2 Den Senioren in der Gemeinde sag mal,
sie sollten die Dinge sachlich beurteilen. Sie sollten sich mal locker
machen und so leben, dass man sie ehren kann. 3 Die älteren Frauen soll-
ten auch genauso drauf sein. Sie sollten sich so verhalten, wie es für
Menschen, die zu Gott gehören, angesagt ist. Sie sollten nicht rumtrat-
schen und sich auch nicht ständig mit Alkohol die Birne zuziehen. Ganz
im Gegenteil, sie sollten den Jüngeren gute Sachen beibringen. 4 Sie könn-
ten den jüngeren Frauen erzählen, dass sie ihre Männer wirklich lieben
sollen und auch ihre Kinder. 5 Sie sollten entspannt sein, sich keine drecki-
gen Sexsachen leisten, ihren Haushalt gut im Griff haben, sich auch so
liebevoll verhalten und voll hinter ihrem Ehemann stehen. So kann keiner
mehr Witze über das machen, was Gott gesagt hat. 6 Den jungen Män-
nern sag mal, sie sollen sich zusammenreißen. 7 Titus, du musst in allen
Sachen versuchen, ein Vorbild zu sein, vorbildlich in dem, was du tust,
und in dem, was du sagst! 8 Alles, was aus deinem Mund kommt, sollte
der Wahrheit entsprechen und hilfreich sein. So kannst du die Kritiker in
ihre Schranken weisen, keiner kann uns dann irgendwelche bösen Sachen
unterstellen. 9 Allen Angestellten kannst du ausrichten, dass sie sich in

jeder Beziehung ihrem Chef unterordnen sollen. Das sollten sie freiwillig
tun, nicht unter Druck oder so. 10 Bei der Arbeit sollte man keine Sachen
mitgehen lassen, stattdessen aber einen guten Job abliefern und immer
zuverlässig arbeiten. So bekommt die Sache Gottes, der uns gerettet hat,
auch einen guten Ruf.

Gottes Liebe im normalen Leben

11 Dass Gott alle Menschen so sehr liebt, ist für uns durch Jesus deutlich
geworden. 12 Seine Liebe bringt uns dazu, dass wir uns von den ganzen
Dingen distanzieren, die ohne Gott laufen. Wir haben keinen Bock mehr
auf die Sachen, die uns diese Welt anbietet, und leben stattdessen so, wie
Gott es geil findet. 13 Denn wir warten sehnsüchtig dadrauf, dass Jesus
Christus, unser großer Gott, der uns aus dem Dreck rausgeholt hat, end-
lich wiederkommt! Und wenn er kommt, dann kommt er fett, mit seiner
ganzen Schönheit und seiner Power. 14 Er hat sich für uns abschlachten
lassen, damit wir von den ganzen bösen Sachen und von unserer Schuld
befreit werden. So sind wir zu seinen Leuten geworden, seinem Volk, und
wir sind total bereit, alles für ihn zu geben. 15 Das bring den Menschen
mal bei, das ist superwichtig für jeden. Alle sollten dich ernst nehmen!

3

Wie ein Christ sich in der Gesellschaft verhalten sollte

1 Erinnere die Christen bei euch da dran, dass sie sich dem Staat und
seinen Organen unterordnen sollen. Außerdem sollen sie sich bei
sozialen Aktionen und anderen guten Aktivitäten beteiligen. 2 Keiner sollte
bei euch rumlästern oder sich gerne streiten. Stattdessen sollten sie ent-
spannt miteinander umgehen und immer geschmeidig bleiben. 3 Wir
waren ja früher kein Stück besser. Wir haben die Sachen getan, auf die
Gott überhaupt keinen Bock hat, und uns im Leben total verirrt. Wie fern-
gesteuert haben wir uns von irgendwelchen Leidenschaften und Wün-
schen kontrollieren lassen. Unser Leben war bestimmt von Neid und
egoistischen, linken Motiven. Wir hassten alle Menschen, und Hass
bestimmte auch unsere Beziehungen untereinander. 4 Und dann begeg-
nete uns Gott, und wir haben seine Liebe kennengelernt. Wir erkannten,
wie sehr er die Menschen um uns herum liebt. 5 Er hat uns da nicht raus-
geholt, weil wir ein so tolles vorbildliches Leben geführt haben, sondern
nur weil er uns liebt! Darum hat er uns diesen Neuanfang geschenkt,
dieses neue Leben durch die Kraft von Gott, seinem Heiligen Geist.
6 Diesen Geist hat er uns reichlich gegeben, durch Jesus Christus, der uns
gesund gemacht und befreit hat. 7 Ohne dass wir es verdient hätten, hat
Gott uns unseren Dreck vergeben! Plötzlich durften wir dadrauf hoffen,

ein Leben zu bekommen, das nie aufhören wird. 8 Dadrauf können wir uns
ab jetzt sogar hundert Prozent verlassen! Titus, ich will, dass du diese
Sache volles Rohr allen beibringst, damit die Menschen, die Christen
geworden sind, dadrum kämpfen, einen guten Lifestyle zu haben. Sie
sollen sich dadurch auszeichnen, soziale Dinge für andere zu tun. Das
ist eine gute Sache, die allen etwas bringt. 9 Überall, wo nur dumm
rumgelabert wird und man wilde Diskussionen führt über irgendwelche
Ahnenforschung oder über Fragen der religiösen Gesetze, hast du nichts
zu suchen, ja?! Das bringt es nämlich in jeder Hinsicht null! 10 Wenn
jemand drauf aus ist, die Gemeinde zu spalten, rede mit ihm ein bis zwei
Mal. Wenn es das nicht bringt, dann kümmere dich nicht mehr um ihn.
11 Auf eine Sache kannst du dich verlassen: Menschen, die so verbohrt und
schräge drauf sind, haben durch ihren Dreck eine große Distanz zwischen
sich und Gott. Sie haben sich im Grunde schon selbst verurteilt.

Ein Wort zum Schluss und Grüße

12 Sobald ich Artemas oder Tychikus zu dir geschickt habe, komm, so
schnell es geht, zu mir nach Nikopolis. Ich hab nämlich beschlossen, hier
erst mal zu überwintern. 13 Zenas, dem Rechtsanwalt, und auch Apollos
gib mal alle Sachen mit, die für die lange Reise nötig sind. Sie sollen alles
haben, was sie brauchen. 14 Ich möchte, dass wir unseren Leuten beibrin-
gen, wie wichtig es ist, überall zu helfen, wo es geht. Ihr Leben sollte Aus-
wirkungen haben, es sollten gute Sachen dadraus entstehen. 15 Ich soll
noch Grüße ausrichten von allen Mitarbeitern, die gerade da sind. Schöne
Grüße an alle, die uns lieben, weil wir denselben Glauben haben! Gottes
Liebe und Gnade soll euch ganz nahe sein.
Dein Paulus

Eine E-Mail an Philemon

Absender, Anschrift und Grüße
1 Absender: Paulus (ich hänge zurzeit im Knast rum wegen der Sache mit
Jesus Christus) und Timotheus. An: Philemon, meinen Kumpel und lieben
Mitarbeiter. 2 CC: Schwester Aphia und Archippus, der auch für die Sache
von Jesus kämpft, und die Hausgemeinde von Philemon. 3 Hallo, ihr Lie-
ben! Wir wünschen euch, dass die Liebe und der Friede bei euch sind.
Beides kommt von Gott, von unserem Vater und von dem Meister Jesus
Christus!

Philemon ist jesusmäßig gut drauf
4 Philemon! Ich muss Gott immer wieder danken, wenn ich für dich bete!
5 Man hat mir erzählt, wie du für Jesus abgehst und wie liebevoll du zu
den anderen Christen bist. 6 Ich bete dafür, dass das Vertrauen in Gott
(was uns beide ja sehr verbindet) in dir immer stärker wird. Er soll bewir-
ken, dass du immer mehr verstehst, was für super Sachen wir haben, weil
wir mit Jesus Christus leben. 7 Mann, Philemon, als du mir gezeigt hast,
dass du mich wirklich liebst, hab ich mich voll gefreut! Deine Liebe hat
mich getröstet. Es war einfach super, zu sehen, wie du andere Christen in
ihrem Frust aufgebaut hast.

Ein Wort für Onesimus
8 Ich könnte dir von der Position her, die mir Jesus Christus gegeben hat,
eigentlich Befehle erteilen. Möchte es aber nicht. 9 Trotzdem hab ich aber
eine Bitte an dich, sozusagen als dein dich liebender Opa Paulus, der für
Jesus im Knast festsitzt. 10 Es geht um deinen Sklaven Onesimus. Ich habe
ihn in der Zeit, die ich im Gefängnis sitze, zu Jesus geführt, er ist sozu-
sagen mein geistliches Baby. 11 Kann ja sein, dass er dir früher auf die
Nerven gegangen ist, obwohl sein Name ja „der Nützliche“ bedeutet.
Aber inzwischen hat er sich geändert, und jetzt ist er für dich und für echt
gut einzusetzen. 12 Ich schicke ihn nun zu dir zurück und damit jemanden
zu dir, der mir total ans Herz gewachsen ist. 13 Ich hätte ihn echt sehr
gerne noch bei mir behalten, solange ich noch für die Sache mit Jesus
im Knast sein muss. Er hätte mir helfen können, so wie du es auch tun
würdest. 14 Ich wollte ihn nicht einfach hierbehalten, ohne dich vorher zu
fragen. Wenn man etwas Gutes tut, sollte das immer freiwillig sein und
nie erzwungen. 15 Kann ja sein, dass er darum eine Zeitlang nicht bei dir
sein sollte, damit du ihn anschließend für immer behalten kannst. 16 Dann

aber nicht mehr als Sklaven, sondern als einen Bruder aus deiner Familie,
den du lieb hast. Das war er auf jeden Fall für mich, und das könnte er
ja auch noch viel mehr für dich werden. Bist ja schließlich nicht nur sein
Bruder als Mensch, sondern auch sein Bruder durch Jesus geworden.
17 Hey, wenn ich dein Freund bin, dann behandle ihn so, wie du mich auch
behandeln würdest, ja?! 18 Falls dir durch sein Fehlen irgendein Schaden
entstanden ist, kannst du mir dafür die Rechnung schicken. 19 Ich bezahle
dir wirklich alles, versprochen! Darauf hast du mein Wort. Ich brauch dir
ja wohl nicht zu schreiben, wer hier eigentlich bei wem noch Schulden
hat. Wenn ich dir nichts von Jesus erzählt hätte ... aber egal. 20 Lieber
Philemon, ich möchte mich gern über dich freuen! Mach mir doch mal
eine echte Freude durch Jesus! 21 Ich habe dir diesen Brief geschrieben,
weil ich hoffe, dass du tust, was ich dir sage. Nein, ich bin mir sogar
sicher, dass du noch mehr für mich tun wirst als das. 22 Mach schon mal
ein Bett für mich klar, ja? Ich hoffe, dass eure Gebete erhört werden und
ich bald wieder bei euch sein kann. 23 Ich soll noch Grüße von Epaphras
ausrichten. Der sitzt mit mir wegen seinem Glauben an Jesus Christus im
Knast. 24 Markus, Aristarch, Demas und Lukas lassen ebenfalls grüßen!
25 Die bedingungslose Liebe, die von Jesus Christus kommt, soll euch
ganz nahe sein! Bis dann!
Dein Paulus

Ein Brief an die Hebräer

1 **Gott redet durch Jesus zu den Menschen**
1 Gott hat immer schon zu den Menschen gesprochen. Ist schon ewig
her, da redete er durch die Propheten auf ganz unterschiedliche Weise
zu unseren Vorfahren. 2 Jetzt hat er erst vor kurzem durch seinen Sohn zu
uns gesprochen! Seinen Sohn Jesus Christus hat er zum Universalerben
über die ganze Welt eingesetzt. Mit ihm zusammen hat er auch die Welt
gemacht. 3 Sein Sohn hat uns gezeigt, wie Gott wirklich drauf ist. Wie
gigantisch groß er ist, konnte man an ihm sehen. Das ganze Universum
wird durch ein Wort von ihm zusammengehalten. Nachdem er für uns
gestorben ist und dadurch der ganze Dreck von uns abgewaschen wurde,
hat er sich auf die Ehrentribüne gleich neben Gott im Himmel gesetzt.

Jesus Christus hat mehr zu sagen als jeder Engel
4 Jesus hat als Sohn von Gott weit mehr zu sagen als die Engel. Auch
seine Unterschrift zählt viel mehr, er hat eine viel größere Vollmacht von
Gott ausgestellt bekommen. 5 Gott hat zu keinem Engel gesagt, was er
zu Jesus gesagt hat: „Du bist mein Sohn, und heute mach ich dich zum
Präsidenten!“ Oder: „Ich werde sein Vater sein, und er wird mein Sohn
sein.“ 6 Als Gott seinen einzigen Sohn der Welt vorgestellt hat, meinte er:
„Alle Engel sollen zu ihm beten!“ 7 Über die Engel steht da dann: „Er sorgt
dafür, dass sie so schnell fliegen können wie der Wind und dass sie wie
eine Flamme ein Feuer anzünden können.“ 8 Über seinen Sohn steht da
aber: „Gott, du bist und bleibst der Größte! Da, wo du das Sagen hast,
geht es gerecht und fair zu! 9 Du stehst dadrauf, wenn Sachen gerecht
ablaufen, und hasst es, wenn es ungerecht zugeht. Darum hat Gott dich
ausgesucht. Du sollst das Sagen haben, du sollst dich voll freuen können,
mehr als alle anderen.“ 10 Und in diesem Zitat geht es um Jesus: „Am
Anfang hast du alles gemacht, du hast die Erde und den Himmel geschaf-
fen, das kommt alles von dir. 11 Beide werden irgendwann vergammeln,
aber du bist immer da. 12 Wie einen alten Pulli wirst du sie auf den Müll
schmeißen, weil du etwas Neues hast. Aber du bleibst immer gleich, du
veränderst dich nicht. Du wirst nie alt werden.“ 13 Zu welchem Engel hat
Gott jemals die Ansage gemacht: „Setz dich mal neben mich und warte
ab, bis ich aus deinen Feinden Kleinholz gemacht habe“? 14 Engel sind
nur so Wesen, die einfach die Aufgabe haben, für Gott da zu sein. Sie sind
wie ein Geist, der ausgebildet wurde, um denen eine Hilfe zu sein, die
von Gott gerettet und befreit worden sind.

2 Knapp vorbei ist auch daneben

1 Darum sag ich euch: Lauscher immer gut auf Empfang stellen! Sonst
könnten wir am Ziel vorbeischießen. 2 Alles, was Gott jemals durch
einen Engel gesagt hat, war immer sehr radikal, und jeder, der etwas
gegen die Gesetze getan hatte, wurde sofort ausnahmslos bestraft.
3 Genauso hat heute auch keiner eine Chance bei Gott, der das Angebot,
das er uns durch Jesus gemacht hat, einfach ausschlägt. Dieses Angebot
wurde uns von den Leuten weitergegeben, die es mit eigenen Ohren ge-
hört haben. 4 Gott stellt sich dazu, indem er diese Nachricht mit derben
Wundern und vielen anderen übernatürlichen Zeichen bestätigt und da-
durch, dass er seinen Heiligen Geist austeilt, wie er will.

Nur über Jesus kann man Gott finden

5 Leute, nicht die Engel werden in dieser Welt, die dann mal kommen wird,
das Sagen haben! 6 In den alten Schriften steht dazu: „Was für eine Bedeu-
tung haben Menschen überhaupt? Und wie steht es um den Menschen-
sohn, dem Auserwählten Gottes, dass er dir so wichtig ist? 7 Für eine
kurze Zeit hast du ihm eine Stellung unter den Engeln gegeben, aber dann
hast du ihn fett rauskommen lassen! 8 Du hast ihm jede Vollmacht aus-
gestellt über alles, was es gibt.“ Wenn Gott ihm uneingeschränkte Voll-
macht bescheinigt, dann gibt es nichts, worüber er nicht das Sagen hat.
Bis jetzt können wir das noch nicht erleben, 9 aber was wir erlebt haben,
ist, dass Jesus für eine kurze Zeit eine Stellung sogar unter den Engeln
gehabt hat. Dann aber ist er ganz fett rausgekommen, mit allem, was
geht, und zwar dadurch, dass er für alle Menschen den Tod durchlebt hat,
mit allen ätzenden Sachen, die dazugehören. Das tat er, weil Gott alle
Menschen so sehr liebt. 10 Alle Sachen, die es gibt, wurden ursprünglich
nur für ihn gemacht, und wegen ihm kann alles überhaupt nur existieren.
Gott will seine Kinder zu ihm führen, darum musste Jesus sie retten, und
das ging nur dadurch, dass er durch den ganzen Dreck durchging, um so
den Weg frei zu machen. 11 So kommt es, dass Jesus Christus, der uns den
Weg zu Gott frei gemacht hat, und wir Menschen jetzt den gleichen Vater
haben. Darum ist es Jesus auch nicht peinlich, uns seine Geschwister zu
nennen. 12 Er hat gesagt: „Ich will meinen Geschwistern von dir erzählen,
ich will dich vor allen Leuten groß rauskommen lassen.“ 13 Durch den
Mund von Jesaja hat Christus gesagt: „Ich setze nur auf Gott!“, und: „Hier
bin ich mit den Kindern, die Gott mir gegeben hat!“ 14 Die Kinder von
Gott, also die Leute die an ihn glauben, sind ja normale Menschen, mit
Muskeln und Knochen, darum wurde Jesus auch ganz normal als ein
Mensch geboren. Nur so war es möglich, dem Feind Gottes, dem Satan,
eine endgültige Niederlage beizupulen. Denn der hatte bis dahin das

Sagen über den Tod. 15 Nur so konnte er die Leute befreien, die ihr Leben
lang irre Angst vor dem Tod hatten. 16 Bei Jesus standen natürlich nicht
die Engel im Mittelpunkt, sondern die Menschen, die zu Gott gehören.
17 Darum musste er genau so werden wie wir, seine Brüder. Nur so konnte
er bei Gott die Stellung eines Priesters bekommen. Weil er die Menschen
liebte und hundertpro zu Gott stand, hat er sich für die Menschen ge-
opfert, um sie von ihrer Schuld zu befreien. 18 Denn was er selber an
üblen Sachen durchgemacht hat, dadrin kann er uns dann auch helfen,
wenn wir mal wieder von Satan unter Beschuss genommen werden.

3

Mose kann Jesus nicht das Wasser reichen

1 Also, liebe Freunde, ihr gehört ja auch alle zu Gott, weil er euch ge-
rufen hat. Guckt darum auf Jesus! Er wurde von Gott mit dem Auf-
trag in die Welt geschickt, den Weg zu Gott für die Menschen freizuräu-
men. 2 Auf ihn konnte Gott sich verlassen, er war treu. Gott hatte ihm eine
Order gegeben, genauso wie er das mit Mose getan hatte. Und Mose war
auch treu, er hat alles für das Volk von Gott getan. 3 Jesus steht aber viel
höher als Mose! Das ist so, wie wenn ein Architekt am Ende einen Preis
für sein cooles Gebäude gewinnt. Den kriegt ja auch er persönlich und
nicht das Haus, das er geplant hat. 4 Jedes Haus ist ja mal von jemandem
gebaut worden, Gott hat aber alles gemacht, sogar das Material, mit dem
das Haus gebaut worden ist. 5 Mose war immer straight mit Gott unter-
wegs, er hat sich gut um das Haus gekümmert. So konnte er als Hinweis-
schild dienen für die Sachen, die noch passieren sollten. 6 Jesus ist aber
der Sohn von Gott, und für ihn wurde das ganze Haus überhaupt gebaut.
Wir sind dieses Haus, wir, seine Freunde, seine Gemeinde. Und das
bleiben wir auch, wenn wir bis zum Ende durchziehen, uns auf Jesus
schmeißen und ihm weiter vertrauen.

Gott hat seinen Leuten was versprochen

7 Darum sagt uns der Heilige Geist jetzt: „Hört auf das, was ich euch
sagen möchte! Sperrt die Lauscher auf! 8 Macht euch nicht total zu, so
wie es die Israelis getan haben, als sie in der Wüste auf die Probe gestellt
wurden und sie den Aufstand markiert haben. 9 Da haben sie vierzig Jahre
lang täglich mitbekommen, wie ich sie sicher geführt habe. Eine Aktion
nach der nächsten, und trotzdem war es nie genug. Ständig wollten sie
einen neuen Beweis. 10 Irgendwann hatte ich die Schnauze voll und sagte:
‚Sie sind andauernd total verwirrt, mal wollen sie dies, dann wollen sie
das.' Aber immer wenn ich sage, wo es längsgeht, dann wollen sie nicht
gehen. 11 Als ich dann total angefressen war, hab ich mir geschworen:

‚Sie sollen nirgends Ruhe finden und niemals festen Boden unter die Füße
kriegen.‘“ 12 Darum, Leute, passt auf, dass ihr nicht auch so schräge drauf-
kommt und Gott nicht mehr vertraut, wie das euren Vorfahren passiert ist!
13 Ermutigt euch gegenseitig jeden Tag, solange Gott noch zu euch redet.
Sonst könnte es passieren, dass ihr innerlich hart werdet und wegen der
Sachen, die euch von Gott trennen, für ihn nicht mehr erreichbar seid.
14 Wenn wir radikal bis zum Ende durchziehen und Gott so treu bleiben,
wie wir es am Anfang auch waren, dann werden wir von Jesus alles be-
kommen, was er auch hat. 15 Dabei nie vergessen: „Heute sollt ihr auf das
hören, was er euch zu sagen hat! Macht euch nicht total zu und stellt euer
Herz auf Empfang – nicht so wie die Israeliten, als die sogar ’ne Revolte
gegen Gott angezettelt haben.“ 16 Was waren das überhaupt für Leute, die
sich gegen Gott gestellt hatten, obwohl sie genau wussten, was er von
ihnen wollte? Waren das nicht genau die gleichen, die Mose aus Ägypten
rausgeführt hatte? 17 Und wer hat Gott vierzig Jahre in einer Tour provo-
ziert? Waren das nicht genau die Leute, die vorher noch Mist gebaut hat-
ten und die dann in der Wüste elendig verreckt sind? 18 Wem hatte Gott
denn gedroht, sie würden das versprochene Land nicht erreichen und da
endlich zur Ruhe kommen? Das hat er den Leuten gesagt, die nicht das
getan hatten, was er wollte! 19 Das alles zeigt uns ganz klar, dass die Leute,
die nicht das tun, was Gott von ihnen will, das Ziel nicht erreichen.

4

Gott entspannt sich, das sollten wir auch tun

1 Leute, zieht durch mit Gott! Gebt alles, lasst euch nicht vom Ziel
abbringen! Wir wollen doch irgendwann alle in Gottes Ruhe easy
drauf sein können, oder? 2 Gott hat uns genauso wie unseren Vorfahren
dieses Versprechen gemacht. Die haben es allerdings nicht gecheckt, sie
haben die Worte, die Gott zu ihnen gesprochen hatte, zwar gehört, aber
nicht darauf reagiert. 3 Wir werden es aber packen. Wir haben gelernt Gott
zu vertrauen, darum werden wir relaxed bei Gott landen können. Über
die Leute, die Gott nicht glauben, sagt er: „Ich habe geschworen, als ich
supersauer war: Sie sollen nie zur Ruhe kommen, sie sollen sich nicht bei
mir entspannen können.“ Und das, obwohl er dieses Friedensangebot
schon von Anfang an gemacht hatte. 4 Denn er hatte ja irgendwie schon
am siebten Tag, als er die Erde an den Start gebracht hatte, gesagt: „Gott
entspannt sich am siebten Tag, er ruht sich aus von seiner Arbeit.“ 5 Trotz-
dem hatte Gott an einer anderen Stelle die Ansage gemacht: „Sie sollen
sich nie mehr wirklich ausruhen können!“ 6 Das bedeutet, dass Gott uns
immer noch anbietet, Frieden zu finden, etwas, das uns wirklich entspannt
macht. Die Menschen, die dieses Angebot aber früher gehört haben,

haben es aber nicht angenommen. Sie haben nicht das getan, was Gott von ihnen wollte. 7 Gott hat darum beschlossen, ein neues Date klarzumachen, einen neuen Tag, an dem er sein Versprechen einlösen will. Diese neue Chance ist heute, denn schon der Präsident David meinte mal: „Wenn ihr heute seine Stimme hört, dann legt los und macht euch nicht zu!“ 8 Diesen Frieden konnte man nicht in dem Land Kanaan finden. Dort hatte Josua ja das Volk hingeführt. Wenn man den dort gefunden hätte, könnte David – und damit Gott – ja nicht von einem „andern Tag“ gesprochen haben. 9 Gottes Volk wartet also immer noch auf die Einlösung dieses Versprechens, es ist noch nicht passiert. 10 Wer da angekommen ist, kann sich nämlich total entspannen, er kann von seiner Arbeit ausruhen, genauso wie Gott das am siebten Tag gemacht hat. 11 Um diesen Frieden wollen wir kämpfen. Wir müssen aufpassen, dass wir nicht von Jesus wegkommen, nur weil wir so verpeilt sind. 12 Gottes Worte sind powervoll, sie haben Auswirkungen. Sie sind schärfer als eine Rasierklinge und gefährlicher als ein Laserschwert. Sie durchdringen unsere geheimsten Gedanken und unsere tiefsten Träume. Sie trennen das, was von uns kommt, und das, was von Gott ist. Sie verurteilen oder bestätigen uns, je nachdem, wie wir leben. Und das tun sie ganz neutral, man kann sie nicht bestechen oder belabern. 13 Gott kann alles sehen, du kannst keine Geheimnisse vor ihm haben. Und jeder muss sich für die Sachen, die er tut, vor ihm verantworten.

Jesus steht über den Dingen, er ist der beste und höchste Priester

14 Leute, wir haben den besten Priester, den es gibt, Jesus! Er ist durch den Himmel gezogen, er ist der Sohn von Gott! Lasst uns ganz nahe bei ihm sein und uns vor allen Leuten radikal zu ihm bekennen. 15 Dieser höchste Priester, den es gibt, versteht uns, er weiß, was es bedeutet, auf dieser Welt zu leben, er war selbst da! Er ist aber bei keiner Versuchung schwach geworden, er hat es gepackt! 16 Wir können ohne Angst zu Gott kommen, er liebt uns! Bei ihm bekommen wir alles, was wir brauchen und wann wir es brauchen, nämlich seine Liebe und seine Zuwendung.

5 1 Wenn einer den Posten vom Oberpriester bekommt, ist es sein Job, andere Menschen vor Gott zu vertreten. Er soll für sie Opferrituale durchziehen, um für die Schulden der Menschen, die sie bei Gott haben, zu bezahlen. 2 Weil er einer von ihnen ist, weiß er, was bei Menschen alles abgehen kann. Er hat dieselben Probleme wie sie, er weiß, was es bedeutet, Mist zu bauen und im Dreck zu liegen. Darum geht er relaxed mit ihnen um. 3 Und weil er auch nur ein Mensch ist, muss er

auch für seine Schulden Opferrituale bringen. 4 Für diesen Job kann man
sich nicht irgendwo bewerben, man kann auch nichts selbst dazu machen,
Gott sucht sich diese Leute aus, so wie damals den Aaron. 5 Jesus Christus
hat sich auch nicht selber zum Oberpriester ernannt, er wurde von Gott
dazu ausgesucht. Gott hat zu ihm gesagt: „Du bist mein Sohn, ich habe
dich ins Leben gerufen.“ 6 Woanders kann man lesen: „Du bist mein Pries-
ter, so wie Melchisedek es auch war.“ 7 Als Jesus noch körperlich bei uns
war, hat er Gott mal voll verzweifelt und unter Tränen gebeten, ihn aus
dem Tod wieder rauszuretten. Und weil Gott immer den ersten Platz in
seinem Leben hatte und er radikal für ihn lebte, hat Gott dieses Gebet
auch erhört. 8 Obwohl Jesus der Sohn von Gott war, musste er auch erst
lernen, nur das zu tun, was Gott will, trotz ätzender Sachen, die dabei
passieren. 9 So wurde er derjenige, der wirklich für Gott durchgezogen
hat. Er wurde zum Schlüssel, der die Tür zur Befreiung aufgeschlossen
hat. Das gilt für alle, die tun, was er will. 10 Gott hat ihm selber den Job
des Oberpriesters gegeben, so wie Melchisedek einer war.

Erwachsen werden im Leben mit Gott

11 Zu dem Thema gäbe es noch einiges zu sagen, aber ihr kapiert ja
anscheinend vieles nicht so richtig. Deshalb fällt es mir auf jeden Fall
schwer, das noch deutlicher zu erklären. 12 Also, eigentlich seid ihr schon
so lange mit Jesus unterwegs, dass ihr bereits den schwarzen Gurt im
Glauben haben müsstet. Aber anstatt anderen was beizubringen, seid ihr
wieder beim ABC gelandet. Ihr braucht geistliche Babynahrung anstatt
Schwarzbrot. 13 Wenn ein Mensch aber bei der Babynahrung stehen geblie-
ben ist, dann kann er auch noch nicht so richtig begreifen, worum es im
Leben mit Gott eigentlich geht. Er hat die Worte von Gott noch nicht rich-
tig verstanden, er ist ja im Grunde noch ein Babychrist. 14 Schwarzbrot ist
eher was für Erwachsene, die im Leben genug Erfahrungen gesammelt
haben, um zwischen Gut und Schlecht zu unterscheiden.

6 1 Trotzdem wollen wir jetzt mal mit diesen grundsätzlichen Sachen
über ein Leben mit Jesus Schluss machen. Lasst uns jetzt mal mehr
über die Sachen sprechen, die Christen einfach draufhaben müssen,
wenn sie in ihrem Glauben erwachsen geworden sind. Muss doch echt
nicht sein, dass man einiges immer wieder neu sagen muss. Zum Bei-
spiel, dass man bestimmte Sachen als Christ einfach nicht mehr macht,
weil die eben ätzend sind. 2 Ihr braucht es auch echt nicht, wenn man zum
hundertsten Mal erzählt, was da mit der Taufe abgeht oder wie man für
Leute betet und ihnen die Hand auflegt, was passiert, wenn wir aus dem

Tod rausgeholt werden, und was bei dieser letzten Gerichtsverhandlung
abgehen wird. 3 Darüber werden wir euch irgendwann was erzählen, wenn
Gott das will, aber nicht früher. 4 Eine Sache ist noch superwichtig, die will
ich euch unbedingt noch sagen: Alle, die einmal voll die Erkenntnis über
Gott gehabt haben, die ihn auch erleben und spüren konnten, die Erfah-
rungen mit dem Heiligen Geist gemacht haben, 5 die einmal die guten
Worte von Gott gehört haben, die uns zeigen, wo es längsgeht und was in
der zukünftigen Welt alles abgehen wird – 6 alle die, die sich dann trotz-
dem gegen Christus entschieden haben, für die ist es unmöglich, umzu-
drehen und zu Gott zurückzukommen! Sie haben damit im Grunde Jesus
ein zweites Mal hingerichtet und dafür gesorgt, dass er wieder verlacht
worden ist. 7 Wenn ein Mensch so was wie ein guter Boden ist, auf dem
ein Bauer Samen sät, und dieser Boden nimmt den Regen auf, alles
wächst und der Bauer hat eine fette Ernte, dann ist das ein Geschenk von
Gott, so was nennt man auch Segen. 8 Aber wenn da überall Brennnesseln
und Disteln wachsen, dann kann man mit dem Boden nicht so viel anfan-
gen. Der Bauer wird voll sauer sein und alles abfackeln. 9 Freunde, wir
mussten euch darüber einfach mal reinen Wein einschenken, obwohl wir
natürlich nicht glauben, dass das auf euch zutrifft. Wir sind uns total
sicher, dass ihr es packen werdet! 10 Gott ist gerecht und fair. Er wird es
nicht vergessen, wie ihr euch für ihn grade gemacht und geschuftet habt.
Er weiß auch, dass ihr gezeigt habt, wie sehr ihr ihn liebt. Alleine schon,
dass ihr euch um andere gekümmert habt, die auch zu Gott gehören, hat
das ja deutlich gemacht. 11 Wir wünschen uns total, dass ihr bis zum Ende
voll durchzieht, dass ihr die Hoffnung und euren Einsatz nicht auf der
Strecke verliert. 12 Nicht, dass ihr irgendwie abschlafft! Richtet euch nach
den Vorbildern von Christen, die das bekommen haben, was Gott ihnen
versprochen hatte, weil sie ihm geglaubt und geduldig darauf gewartet
haben.

Gott hält, was er verspricht

13 Überlegt doch mal: Als Gott dem Obervater Abraham ein Versprechen
gegeben hat, wie hat er das gemacht? Schließlich ist es ja Gott, der da was
verspricht, und so nahm er sich selbst als Zeuge für sein Versprechen. Es
steht ja keiner über ihm, der das hätte machen können. 14 „Garantiert: Ich
werde dich fett segnen! Du sollst viele Kinder haben!“ 15 Ab dann hat
Abraham nur noch gewartet, lange gewartet, bis er dann das bekommen
hat, was Gott versprochen hatte. 16 Wenn man einen Eid ableistet, will
man damit klarmachen, dass man die reine Wahrheit sagt. Dabei beruft
man sich auf eine Autorität, etwas, was über einem steht, um sicherzu-
gehen, dass einem auch geglaubt wird. 17 Gott hat auch ein Versprechen

mit einem Eid abgesichert. Er wollte, dass die Leute, für die dieses Ver-
sprechen gilt, ganz sicher sind, dass er auch dazu steht. 18 Gott hat uns
beides gegeben, das Versprechen und einen Eid. Man kann sich dabei
auf ihn hundert Prozent verlassen, er lügt nie! Diese Zusage tröstet uns
immer, wenn wir Hoffnung brauchen, damit wir unser Ziel auch erreichen.
19 Diese Hoffnung ist für uns wie eine Bank, wir können uns voll dadrauf
verlassen. Sie stützt sich auf ein endloses Vermögen, das im Himmel
auf uns wartet. 20 Jesus ist dahin schon mal vorgegangen. Er ist unser
oberster Priester, und zwar für immer, ganz so, wie es der Oberpriester
Melchisedek war.

7

Der Melchisedek und seine Bedeutung für die Priester der Juden

1 Melchisedek war ja ein Präsident von Salem, und er war ein Priester
für Gott. Als Abraham von einem Krieg nach Hause kam, ging ihm
dieser Melchisedek entgegen und segnete ihn. 2 Abraham gab ihm darauf-
hin zehn Prozent von der gesamten Kriegsbeute. Melchisedek bedeutet
übrigens „der Präsident, der gerecht ist“ oder auch „der Präsident, der
Frieden bringt“. 3 Es gibt keine Aufzeichnung von seinen leiblichen Eltern
oder sonst irgendwelchen Vorfahren. Man weiß nicht mal, wann er gebo-
ren wurde und wo er gestorben ist. Sein Leben hatte sozusagen keinen
Anfang und kein Ende, fast so wie Jesus. Er hat seinen Job als Priester
darum auch nie verloren. 4 Was für einen Einfluss muss der gehabt haben,
wenn sogar unser Urvater Abraham, das Gründungsmitglied unserer
Familie, ihm zehn Prozent von der Kriegsbeute gab? 5 Jetzt ist das schon
so, dass die Familie der Levis, die den Job der Priester bei den Israelis
haben, gesetzlich dazu verpflichtet ist, zehn Prozent vom Einkommen der
Leute einzuziehen, und das, obwohl ja alle aus der gleichen Familie kom-
men, nämlich aus der von Abraham. 6 Melchisedek gehörte gar nicht zu
der Familie, bekam aber trotzdem seinen Anteil von zehn Prozent. Melchi-
sedek segnete Abraham dafür, wobei Abraham ja schon das Versprechen
von Gott in der Tasche hatte. 7 Jetzt kann man auf jeden Fall festhalten,
dass derjenige, der segnet, über dem steht, der gesegnet wird. 8 Die jüdi-
schen Priester, die diese zehn Prozent bekommen, sind ganz normale
sterbliche Menschen. Melchisedek ist das aber nicht, denn von ihm wird
erzählt, dass er weiter lebt. 9 Man könnte sogar sagen, dass Levi, der
Priester, sogar selber diese zehn Prozent durch Abraham an Melchisedek
abgegeben hat. Und das, obwohl er ja eigentlich selber die zehn Prozent
von anderen immer einfordert. 10 Levi war zu dieser Zeit noch nicht gebo-
ren, aber er war trotzdem irgendwie dabei, weil Abraham ja sein Urvater
war, und durch ihn war er dann auch anwesend, als der die zehn Prozent

an Melchisedek abgeführt hat. 11 Die Priestersippe der Leviten war offen-
sichtlich nicht in der Lage, uns die Vergebung von Gott für unseren Mist
zu vermitteln. Dazu gibt es ja auch klare Bestimmungen in unserem Ge-
setz. Sonst hätte Gott ja auch nicht einen ganz anderen Priester zu uns
schicken müssen, einen von der Kategorie „Melchisedek", dann hätte
auch ein normaler Priester „Marke Aaron" gereicht.

Jesus Christus ist der oberste Priester, der den neuen Vertrag klargemacht hat.

12 Wenn jetzt die Bestimmungen über die Priester geändert werden, dann
muss natürlich das Gesetz geändert werden. 13 Denn der, von dem wir hier
die ganze Zeit reden, nämlich Jesus Christus, kommt ja aus einem Teil
von unserem Volk, in dem keiner Priester von Beruf werden konnte. Kein
einziger von seinen Vorfahren hat mal im Tempel am Altar gearbeitet.
14 Wir wissen ja alle, dass er aus der Familie vom Juda kam, und da gab es
nie eine Verbindung zu der Familie der Priester. Mose hat da übrigens
auch nie was von erwähnt. 15 Wenn jetzt Gott einen anderen Priester an
den Start bringt, einen von der Sorte eines Melchisedek, dann ist doch
ganz klar, dass er damit auch etwas ganz Besonderes vorhatte. 16 Jesus
wurde ja auch kein Priester, weil er die klassischen Voraussetzungen dafür
nicht erfüllt hat, nämlich die Familienzugehörigkeit zu den Levis. Seine
Qualifikation kam allein daher, dass er den Tod überwunden hat und ewig
weiterlebt! 17 Über ihn ist ja auch die Ansage gemacht worden: „Du sollst
ein Priester sein für immer, genauso wie Melchisedek." 18 Die alten Ge-
setze, die den Rahmen dafür absteckten, wer Priester werden sollte und
wer nicht, wurden damit egal. Sie brachten es einfach nicht mehr. 19 Das
Gesetz, das uns Mose organisiert hatte, konnte uns nicht an das Ziel brin-
gen. Es konnte die Beziehung mit Gott nicht wieder klarkriegen. Jetzt gibt
es aber eine neue Hoffnung, eine viel bessere. Sie zeigt uns, wie wir mit
Gott wieder Frieden bekommen, wie wir nahe an ihn rankommen können.
20 Gott hat Jesus mit einer eidesstattlichen Versicherung in seinem Auftrag
als Priester bestätigt. Das hatte es vorher noch nicht gegeben! 21 Nur über
Jesus hat er gesagt: „Gott, der über allem steht, hat mit einem Eid etwas
fest versprochen, und daran hält er sich auch: ‚Du wirst für immer und
ewig ein Priester sein!'" 22 Jesus hat uns so einen besseren Vertrag ausge-
handelt, und er bürgt für diesen Bund mit Gott. 23 Als noch der alte Vertrag
am Start war, musste es auch viele Priester geben, denn die sterben ja
auch irgendwann mal. 24 Jesus aber bleibt für immer ein Priester, er lebt
ewig weiter, das kann ihm keiner mehr nehmen. 25 Darum kann er auch
jeden retten, er kann jeden zu Gott führen. 26 Er ist der einzige Priester,
den wir echt brauchen. Er ist special, er hat alles richtig gemacht, nie Mist

gebaut, sich auch nie was bei Gott zu Schulden kommen lassen. Er hat
jetzt den höchsten Ehrenplatz auf der Tribüne im Himmel bekommen.
27 Er hat es nicht nötig, jeden Tag ein Opferritual in einem Tempel durch-
zuziehen, wie es die andern Priester machen mussten. Die taten das ja,
um für ihre eigenen Schulden und die Schulden der Menschen zu bezah-
len. Jesus hat das alles ein für alle Mal am Kreuz erledigt! Als er sich dort
selber geopfert hat, hat er die Schulden aller Menschen für immer bezahlt!
28 Das Gesetz vom Mose sah vor, Leute als Priester auszusuchen, die
schwach waren und Fehler hatten. Doch dieses Gesetz wurde dadurch
abgelöst, dass Gott seinen Sohn mit einem Eid als unseren Oberpriester
eingesetzt hat. Und diesen Auftrag wird Jesus ewig haben, denn er macht
keine Fehler und ist vollkommen.

8

Christus hat uns einen neuen Vertrag mit Gott organisiert

1 Unser Hauptding, was wir euch noch mal klarmachen wollen, ist
aber Folgendes: Unser Oberpriester Jesus sitzt jetzt auf der Ehren-
tribüne direkt neben Gott. 2 Dort hat der den Job eines Priesters in diesem
krassen, oberheiligen Ort, der von Gott höchstpersönlich, nicht von
irgendwelchen Menschen, gemacht worden ist. 3 Und genauso wie ein
Oberpriester das tut, macht er dort auch Opferrituale und braucht dazu
natürlich auch Sachen, die er opfern kann. 4 Klar, wenn Jesus hier auf der
Erde wäre, dann könnte er diesen Job gar nicht tun, und es wäre auch
nicht angesagt, denn es gibt hier ja schon genug Leute, die diese Rituale
machen, ganz so wie es die Gesetze wollen. 5 Sie erledigen das allerdings
nur in einem Tempel, der im Vergleich mit dem himmlischen Tempel von
Gott total peinlich rüberkommen muss. Als die Israelis auf dem Weg
von Ägypten durch die Wüste wanderten, gab Gott Mose den Auftrag, ein
besonderes Zelt zu bauen, das eine Art mobiler Tempel sein sollte. Dabei
wies ihn Gott an: „Pass auf, dass du alles genau nach dem Plan baust,
den ich dir auf dem Berg gezeigt habe!“ 6 Jesus hat eine viel größere Auf-
gabe bekommen als alle anderen Priester auf der Erde. Darum hat er auch
als Bringer dieses neuen Vertrages zwischen Gott und den Menschen
weitaus bessere Konditionen. 7 Wenn der erste Vertrag perfekt gewesen
wäre, dann wäre es auch nicht angesagt gewesen, ihn zu ersetzen. 8 Gott
war aber sauer auf seine Leute, als er sagte: „Es wird ein Tag kommen,
an dem ich einen neuen Vertrag mit allen Israelis unterzeichnen werde.
9 Dieser Vertrag wird anders sein als der, den ich mit ihren Vorfahren abge-
schlossen habe, als ich sie aus Ägypten rausgeholt habe. Sie haben diesen
Vertrag gebrochen, darum hab ich mich nicht mehr um sie gekümmert.
10 Aber irgendwann werde ich einen neuen Vertrag mit ihnen abschließen.

Und dieser Vertrag wird so aussehen: Meine Gesetze sollen direkt in ihr
Herz aufgespielt werden, sie werden ihr ganzes Bewusstsein erfüllen. Ich
will nahe bei ihnen sein, wir sind ganz eng zusammen, ich bin ihr Gott
und sie sind meine Leute. 11 Keiner wird dann mehr sagen müssen, wo
es längsgeht, keiner muss mehr einen Aufruf machen nach dem Motto:
‚Kapiert doch, wie Gott wirklich drauf ist.‘ Alle wissen das dann nämlich,
alle werden mich gut kennen. 12 Ich will sie freisprechen von ihren Schul-
den, ich werde ihren Dreck einfach vergessen.“ 13 Wenn Gott von einem
neuen Vertrag spricht, dann bedeutet es, dass der erste veraltet ist. Der
erste Vertrag ist überholt, er gilt nicht mehr, er ist vorbei.

9

Wie das mit so einem Opfer aus den alten Verträgen abgeht

1 Auch im Rahmen des ersten Vertrages gab es bestimmte Regeln und
Vorschriften, wie so ein Gottesdienst auszusehen hatte und wie man
mit dem oberheiligen Ort in diesem Zelt umgehen sollte. 2 Dieses Zelt
hatte zwei Räume. Im vorderen Teil standen eine Lampe und ein Tisch.
Auf dem Tisch lagen ganz besondere Brote. Diesen Raum nannte man
auch „das Heiligtum“. 3 Dann war da noch ein Raum hinter einem Vor-
hang. Und dieser Raum war der allerderbste und heiligste Ort schlechthin.
4 Hier standen auch die goldenen Altäre und eine Truhe, die total vergoldet
war, die nannte man auch „die Bundeslade“. Dadrin war eine goldene
Schüssel, wo dieses Manna drin war, dieses Brot, was Gott seinem Volk
mal gesponsert hatte. Dann war da auch noch der Stock vom Aaron, der
mal angefangen hatte zu blühen. Und dann waren da auch noch die Tafeln
aus Stein, wo der Vertrag mit Gott draufstand. 5 Wunderschöne, heftige
Engel waren über der Bundeslade angebracht, die mit ihren Flügeln die
Lade bedeckten. Sie waren ein Symbol dafür, dass dort Vergebung und Ver-
söhnung passiert. Wir können dieses Thema jetzt nicht ohne Ende bis ins
Detail weiterführen. 6 Also, im sogenannten Heiligtum gab es zwei Räume.
Im ersten haben die Priester jeden Tag ihren Job getan. 7 Der andere
Raum, dieser Ort, wo das derbste Heiligste war, der durfte nur von dem
obersten Priester betreten werden, und das auch nur einmal im Jahr. Hier
machte er mit Blut von Tieren so ein Opferritual, um für den Mist, den die
Leute gebaut hatten, geradezustehen. 8 Der Heilige Geist wollte damit
schon immer klarmachen, dass der Weg zum wahren Heiligtum noch
nicht sichtbar war, solange dieses Zelt noch benutzt wurde. 9 Das erste
Zelt ist ein Bild für unsere Zeit, die jetzt abgeht. Die Opfer und die andern
Sachen, die dort für Gott verbrannt wurden, können uns auch kein reines
Gewissen machen. 10 Es handelt sich hierbei ja nur um Regeln, die sich
auf das Essen und Trinken und verschiedene Waschrituale beziehen,

alles Sachen, die nur äußerlich passieren. Diese Regeln gelten aber nur so
lange, bis die richtigen Regeln am Start sind.

Das beste und ultimative Opfer schlechthin: Jesus

11 Seitdem Jesus Christus hier ist, gibt es neue Regeln. Er ist der oberste
Priester, er steht über allem! Er lebt im allerderbsten vollkommen heiligen
Ort im Himmel, den kein Mensch bauen konnte. Er ist noch nicht mal
Teil dieser Welt. 12 Jesus hat nur einmal Blut an den allerheiligsten Ort
gebracht, und zwar kein Blut von Tieren, sondern sein eigenes Blut.
Dadurch hat er uns gerettet, sodass wir nicht mehr weit weg von Gott
leben müssen. Die Rettung aus unserem Dreck wurde hier perfekt
gemacht, für immer. 13 Früher konnten wir uns von unserem Dreck, der
uns von Gott weggebracht hat, mit dem Blut von Stieren oder Ziegen und
mit der Asche von einem verbrannten Kalb in einem Ritual wieder sauber
machen. 14 Aber wie viel mehr Kraft hat das Blut von Jesus, das uns von
unserem Dreck befreit! Abgefüllt mit dem Heiligen Geist von Gott war er
das perfekte Opfer für unsere Sünden. Er macht es möglich, dass wir ein
reines Gewissen haben können. Jetzt können wir mit dem lebendigen Gott
voll durchstarten!

Der neue Vertrag zwischen Gott und den Menschen

15 So hat Jesus einen neuen Vertrag für uns organisiert, einen Deal zwi-
schen Gott und den Menschen. Er ist gestorben, damit die Schulden
bezahlt sind, die wir durch unseren Mist angehäuft haben. Jetzt können
alle, die Gott dazu ausgesucht hat, die von ihm angesagte Erbschaft
antreten: das ewige Leben mit Gott. 16 Ist doch klar, wo ein Testament
eröffnet wurde, muss jemand vorher gestorben sein. 17 Ein Testament
macht erst dann Sinn, wenn auch jemand gestorben ist, denn solange
derjenige lebt, der es ausgestellt hat, ist es ja noch nicht in Kraft getreten.
18 Darum musste der erste Vertrag mit Blut als Beweismittel für das
Eintreten des Todes besiegelt werden. 19 Als Mose dem ganzen Volk die
Gesetze vorgelesen hatte, nahm er Blut von Kälbern und Ziegen, ver-
mischte das mit Wasser und besprenkelte damit zuerst das Buch, wo die
Gesetze drinstanden, und dann das ganze Volk mit einem Zweig und
etwas Wolle. 20 Dabei sagte er: „Dieses Blut ist die Unterschrift von dem
Vertrag, den Gott mit euch abgeschlossen hat." 21 Genauso machte er
das dann auch mit dem heiligen Zelt und den ganzen Sachen, die man
für den Gottesdienst brauchte. 22 Nach den Gesetzen, die im alten Vertrag
standen, wurde fast alles mit Blut wieder sauber gemacht. Eine Ver-
gebung ohne Blut, dass man mit Gott wieder ins Reine kommt, einfach
so? Das geht gar nicht!

Jesus hat alles gegeben

23 Das war auch der Grund, warum das Zelt und alles, was dadrin war,
durch das Blut von Tieren gereinigt wurde. Die Sachen, die dann aber das
wirklich Heilige betreffen, die Sachen, die im Himmel abgehen, dafür
muss es ein besseres Opfer geben, eins, das mehr Wirkung hat als das
von Tieren. 24 Jesus Christus ist für uns in den Himmel gegangen, um sich
da für uns vor Gott grade zu machen. Er ging nicht in den Tempel, der von
Menschen gemacht war, denn der war ja nur so eine Art Schatten von
dem, was im Himmel abgeht. 25 Er ging auch nicht in den Himmel, um
sich immer wieder neu selber zu opfern, so wie es die Priester hier auf der
Erde ja jedes Jahr machen. Sie gehen dann in das Heiligtum, um Tiere zu
opfern. Er tat es nur einmal. 26 Wenn er es jedes Mal wieder neu machen
müsste, dann hätte Jesus Christus, seitdem es die Welt gibt, ja immer
wieder neu leiden müssen! Aber er ist jetzt gekommen, in der Zeit, wo es
mit der Welt zu Ende geht, um ein für alle Mal alle Schulden zu bezahlen,
indem er für alle stirbt! 27 Jeder Mensch stirbt ja nur einmal, danach
kommt dann gleich die große Gerichtsverhandlung mit Gott. 28 Genauso
ist Christus nur einmal gestorben. Er tat das, damit viele von ihren Schulden
befreit werden, dass viele ihren Dreck loswerden können. Er wird
irgendwann wiederkommen, aber diesmal nicht wegen unserem Sündenproblem,
sondern um alle zu retten, die dann schon voll sehnsüchtig auf
ihn warten.

10

Einmal und für immer

1 Die Gesetze aus dem alten Vertrag zwischen Gott und den Menschen
waren tatsächlich nur ein einfacher Vorfilm auf das, was Gott
dann tatsächlich mit uns noch vorhatte. Jedes Jahr wurden die Opferrituale
durchgezogen, aber sie konnten den Leuten, die sie machten, kein
wirklich reines Gewissen geben. 2 Hätte sich ja sonst keiner mehr die
Mühe für ständig neue Opfer gemacht, wenn das erste schon dafür gesorgt
hätte, dass ihre Schulden bei Gott für immer weg wären. Dann hätten
sie auch kein schlechtes Gewissen mehr haben brauchen. 3 Stattdessen
wurden sie aber gerade durch das jährliche Opfern immer wieder neu
daran erinnert, dass sie Mist gebaut hatten. 4 Das Blut von irgendwelchen
Rindern oder Schafen ist nicht wirklich in der Lage, die Trennung zwischen
Gott und uns wieder wegzumachen. 5 Darum hat Jesus, als er hier war, mal
zu Gott gesagt: „Du wolltest keine Tiere als Opfer von mir haben, du wolltest
stattdessen mich opfern. 6 Du stehst nicht auf Opfer, wo Sachen verbrannt
werden, und die anderen Opfer magst du auch nicht, die man
bringt, um seine Schuld bei dir zu bezahlen. 7 Darum hab ich dann gesagt:

‚Hey, Gott, da bin ich! Ich will tun, was du sagst, genau so, wie es in dem
alten Buch gesagt wurde.'" 8 Vorher hatte Jesus gesagt: „Du wolltest keine
Tieropfer mehr. Du hattest keine Lust mehr auf irgendwelche Sachen, die
man dir schenkt, weil man Mist gebaut hat, und das, obwohl die Gesetze
das eigentlich vorschreiben." 9 Dann sagte Jesus noch: „Ich komme jetzt.
Ich will tun, was du willst." Das bedeutet: Anstelle der alten Opfer opferte
Jesus sich selbst, und dadurch hob Jesus den alten Vertrag auf, um selber
den neuen einzusetzen. 10 Dadurch, dass Jesus Christus sich an diesem
Kreuz hat abschlachten lassen, werden wir von Gott ein für alle Mal akzep-
tiert. 11 Ich fass das jetzt noch einmal zusammen: Jeden Tag steht der
Priester wieder am Altar und zieht seine Opfer durch, obwohl die unsere
Schulden nicht wegnehmen können. 12 Jesus hat aber ein blutiges Opfer
gebracht, um uns von unserem Dreck zu befreien. Jetzt sitzt er auf der
Ehrenentribüne, gleich neben Gott. 13 Dort wartet er so lange, bis seine
Feinde ihm die Füße küssen. 14 Denn durch dieses eine Opfer sind alle
Menschen, die mit Gott klargekommen sind, am Ziel angelangt. 15 Das
bestätigt übrigens auch der Heilige Geist von Gott. Der sagt nämlich:
16 „Dieser neue Vertrag, den ich an diesem Tag mit meinen Leuten aus
Israel unterschreiben werde, der wird sich dadurch auszeichnen, dass er
nicht mehr auf Papier, sondern in ihren Willen und Verstand geschrieben
ist, in ihr Herz. 17 Und ich werde ihren Dreck einfach wegwischen, ich werde
ihre Sünden vergessen." 18 Wenn Schulden bezahlt wurden, wenn Sünden
vergeben sind, dann braucht da auch keiner mehr ein Opfer dafür durch-
ziehen. 19 Darum, meine lieben Freunde, können wir jetzt entspannt in den
Bereich vom derbst Heiligen im Himmel gehen, weil wir durch die Hin-
richtung von Jesus die Freikarte dafür in der Tasche haben. Wir haben bei
Gott freien Eintritt! 20 Das ist die neue Möglichkeit, die uns jetzt zusteht.
Dadurch, dass Jesus gestorben ist, können wir einfach durch den Eingang
spazieren, direkt zu Gott. 21 Jesus ist der oberste Priester schlechthin, er
wurde als Chef über alle Leute, die zu Gott gehören, eingesetzt. 22 Das ist
der Grund, warum wir ohne Hintergedanken und mit einem offenen Her-
zen ganz nahe zu Gott können. Wir können ihm total vertrauen! Denn
durch das blutige Opfer, das Jesus für uns gebracht hat, sind wir in der
Lage mit einem reinen Gewissen und ohne Schuldgefühle zu Gott gehen.
Jesus hat uns total sauber gemacht! 23 Haltet an dieser Tatsache, von der
wir total überzeugt sind, radikal fest. Gott hält, was er verspricht! 24 Feuert
euch gegenseitig an, liebevoll miteinander umzugehen! Ermutigt euch,
gute Sachen zu machen! 25 Und nicht immer den Gottesdienst schwänzen,
ja? Das haben sich bei euch einige ja schon angewöhnt. Feuert euch auch
gegenseitig an, weiter dabeizubleiben, vor allen Dingen, weil ja jeder mit-
kriegt, dass es mit der Welt langsam zu Ende geht und Jesus bald wieder-

kommt. 26 Wenn wir jetzt noch weiter rumsündigen, obwohl wir schon
lange kapiert haben, wo der Hammer hängt, kann uns kein weiteres Opfer
mehr von unserem Dreck befreien. 27 Dann kann man nur noch auf den
üblen Tag warten, an dem die letzte Gerichtsverhandlung abgehen wird.
Dann wird Gott alles, was sich ihm in den Weg stellt, niederbrennen.
28 Jeder, der ein Gesetz vom Mose gebrochen hatte, wurde nach einer Zeu-
genbefragung von zwei bis drei Mann hingerichtet, er hatte keine Chance.
29 Ich frag mich, wie viel derber die Bestrafung sein wird von demjenigen,
der den Sohn von Gott abgewiesen hat? Was muss mit den Leuten passie-
ren, die das Angebot dieses mit Blut unterzeichneten Vertrages einfach
ablehnen? So einer macht den Heiligen Geist ja lächerlich, er hat null be-
griffen, wie gnädig Gott ist. 30 Wir haben den ja kennengelernt, der mal
gesagt hat: „Ich will mich übel rächen und es denen heimzahlen." An einer
anderen Stelle heißt es: „Gott wird seine Leute verurteilen." 31 Es ist total
ätzend, Gott ausgeliefert zu sein, wenn er so drauf ist.

Das Vertrauen auf Gott muss auch auf die Probe gestellt werden

32 Denkt noch mal zurück an die Zeit, kurz nachdem ihr Christen gewor-
den seid. Damals musstet ihr schlimme Sachen durchmachen, aber ihr
habt es durchgezogen. 33 Manchmal wurdet ihr vor allen Leuten lächerlich
gemacht, manchmal verprügelt, manchmal habt ihr anderen geholfen, die
solche Sachen erlebt haben. 34 Ihr habt mit den Leuten gelitten, die in den
Knast gesteckt wurden. Als sie eure sämtlichen Sachen einfach mitgenom-
men haben, wart ihr sogar noch gut drauf, weil ihr wusstet, dass ihr durch
Jesus jetzt viel bessere Sachen besitzt, die man euch nie mehr wegneh-
men kann. 35 Das ist keine billige Hoffnung, die ihr da jetzt habt. Kämpft
darum, ihr werdet dafür richtig fett absahnen! 36 Was ihr jetzt braucht, ist
vor allem Geduld, damit ihr weiter auf der Spur bleibt! Dann werdet ihr
die Sachen kriegen, die er euch versprochen hat. 37 Es dauert nicht mehr
lange, Leute, dann wird er wiederkommen. Ich zitiere noch einmal aus
den alten Verträgen: „In kurzer Zeit wird der kommen, der bereits ange-
sagt wurde. 38 Wer sein Vertrauen auf mich setzt und mir glaubt, wird
leben. Aber wer mir den Rücken zudreht, auf den hat Gott keine Lust
mehr." 39 Aber zum Glück gehören wir nicht zu den Leuten, die Gott den
Rücken zudrehen und dabei kaputtgehen! Wir bleiben bei ihm, glauben
ihm, wir werden ewig leben!

11

Glauben, wie geht das? Von Helden, die es richtig gemacht haben

1 Wie geht das jetzt überhaupt, zu glauben? Glauben bedeutet, dass
man auf etwas hofft und ganz fest darauf vertraut, dass es auch

passiert, und dass man Sachen einfach weiß, obwohl man sie nicht bewei-
sen kann. 2 Unsere Vorfahren hatten diese Art von Glauben, darum sind
sie unsere Helden. 3 Weil wir an Gott glauben und ihm vertrauen, wissen
wir, dass alles, was es auf dieser Welt gibt, von ihm gemacht wurde. Er hat
einfach gesagt, dass es passieren soll, und so ist das ganze Universum
aus dem Nichts entstanden. 4 Weil Abel Gott vertraut hat, hat er ein besse-
res Opfer für Gott gehabt als Kain. Die Geschichte könnt ihr im alten Buch
nachlesen. Gott akzeptierte das Opfer von Abel, um klarzumachen, dass
er für Gott okay war. Abel ist ja schon lange unter der Erde, aber trotzdem
redet er irgendwie immer noch zu uns dadrüber, wie man Gott eigentlich
vertraut. 5 Noch 'ne Geschichte aus dem alten Buch: Weil Henoch Gott
vertraute, musste er noch nicht mal sterben. Er bekam 'ne Abkürzung in
den Himmel, ohne vorher zu sterben! Alle haben aber bezeugt, dass
Henoch so gelebt hat, wie es Gott gut findet. 6 Gott steht nur auf Leute,
die ihm felsenfest vertrauen. Wer mit ihm leben will, muss erst mal glau-
ben, dass es ihn überhaupt gibt. Und er muss wissen, dass es sich lohnt,
alles zu tun, um ihm nahe zu sein. 7 Im Vertrauen auf Gott und was er ihm
gesagt hatte, baute der Noah das Riesenschiff, diese Arche. Er wollte sich
und seine Familie damit vor der Flut retten. Er tat genau das, was Gott
ihm gesagt hatte: Er vertraute ihm. So wurde er gerettet. Und allen ande-
ren, die Gott nicht vertrauten, sprach er damit das Urteil, aber er selbst
kriegte von Gott die Belohnung, die den Gerechten für ihr Vertrauen ver-
sprochen wurde. 8 Reden wir mal vom Abraham. Weil er Gott hundert
Prozent vertraute, gehorchte Abraham ihm aufs Wort, als der ihm sagte,
er sollte seine Heimat verlassen und in ein anderes Land umziehen. Gott
sagte sogar, er sollte dieses neue Land dann mal irgendwann erben. Abra-
ham zog los ohne einen blassen Schimmer, was nun passieren würde.
9 Als er in diesem Land, was Gott ihm versprochen hatte, angekommen
war, vertraute er darauf, dass Gott ihn versorgen würde. Er war dort ja ein
Ausländer und wohnte in einem Wohnheim, genauso wie Isaak und Jakob,
für die dasselbe Versprechen galt. 10 Abraham vertraute darauf, von seiner
provisorischen Wohnung in ein richtiges Haus in einer richtigen Stadt mit
einem festen Fundament umzuziehen, einer Stadt, die Gott selbst geplant
und gebaut hatte. 11 Auch Sara, die Frau vom Abraham, vertraute Gott ab-
solut. Obwohl sie laut einem ärztlichen Attest nicht schwanger werden
konnte, bekam sie doch ein Baby vom Abraham, und das, obwohl beide
schon im Rentenalter waren. Abraham glaubte einfach, Gott würde sein
Versprechen auch halten. 12 Und so ist eine ganze Nation aus diesem
Mann entstanden, aus einem Abraham, der zu alt war, um Kinder zu zeu-
gen! Und diese Nation hat so viele Menschen, wie es Sterne im Univer-
sum gibt, und so viele Kinder wie Sandkörner am Strand hervorgebracht –

man kann sie nicht mal mehr zählen. 13 Das sind alles Menschen, die sich
ganz fest auf Gott verlassen haben. Trotzdem sind sie alle gestorben,
ohne zu sehen, was er ihnen versprochen hatte. Aber sie konnten aus der
Distanz die Entwicklung beobachten und sich voll dadrauf freuen, was
bald passieren würde. Sie hatten kapiert, dass sie nur Gäste sind auf die-
sem Planeten, ohne ein Recht etwas zu besitzen. 14 Wer sagt, dass er hier
nur ein Gast ist, sagt damit ja auch, dass er sein Zuhause noch nicht
gefunden hat. 15 Das Land, aus dem unsere Vorfahren gekommen waren,
war nicht ihr Zuhause, obwohl sie dahin jederzeit hätten zurückkehren
können. 16 Sie hatten totale Sehnsucht nach einem schöneren Zuhause,
einer Wohnung im Himmel! Darum hat Gott sich auch nicht für sie ge-
schämt. Es war ihm nicht peinlich, ihr Gott zu sein. Er hatte ihnen eine
neue Stadt im Himmel schon klargemacht.

Glaubens-Stars

17 Abraham hatte so einen radikalen Glauben, dass er sogar bereit war,
seinen einzigen Sohn abzuschlachten, weil Gott das von ihm wollte. 18 Und
das, obwohl Gott ihm versprochen hatte: „Von Isaak, deinem Sohn, soll
ein ganzes Volk geboren werden." 19 Abraham glaubte daran, dass Gott
Isaak wieder hätte lebendig machen können, wenn er gestorben wäre.
Insofern ist Isaak ein Hinweis darauf, dass Gott Tote aufwecken kann.
20 Isaak hatte so ein radikales Vertrauen, dass er seinen beiden Söhnen
Jakob und Esau viele gute Sachen wünschte und darauf vertraute, dass
Gott sie ihnen auch schenken würde. 21 Jakob betete kurz vor seinem Tod
mit einem radikalen Vertrauen für die beiden Söhne vom Josef. Er stützte
sich auf seinen Stock und betete demütig zu Gott. 22 Weil Josef radikal Gott
vertraute, glaubte er fest daran, dass seine Nachkommen nicht für immer
in Ägypten festsitzen würden. Er befahl seinen Leuten sogar, seinen Sarg
mitzunehmen, wenn es einmal so weit sein sollte. 23 Weil die Eltern vom
Mose Gott felsenfest vertrauten, hatten sie keine Angst, gegen den Befehl
vom Präsidenten zu verstoßen, als sie ihr gesundes Kind nach der Geburt
drei Monate versteckten, damit er nicht von den Leuten des Präsidenten
umgebracht wurde. 24 Auch Mose vertraute Gott. Sonst hätte er sich, als er
erwachsen war, nicht geweigert, noch länger als Sohn der Tochter vom
Pharao gemeldet zu sein. 25 Er wollte lieber mit seinen Leuten gemeinsam
fertiggemacht werden, als weiter ein Leben ohne Gott zu leben. 26 Er hätte
lieber auf ein nettes Leben in Ägypten verzichtet, wenn er dafür mit Jesus
hätte mitleiden können. Er wusste, Gott würde ihn dafür fett belohnen.
27 Weil Mose Gott fest vertraute, haute er später aus Ägypten ab, er ließ
sich dabei nicht vom Präsidenten einschüchtern. Er verlor Gott die ganze
Zeit nie aus den Augen, obwohl er ihn ja nicht wirklich sehen konnte.

28 Weil Mose Gott fest vertraute, wollte er, dass das Volk Israel das Passa
durchzieht. Sie sollten die Türpfosten mit Blut anpinseln, damit der Engel,
der in den ägyptischen Familien den ältesten Sohn tötete, nicht auch die
Kinder der Israelis umbrachte. 29 Weil sie Gott glaubten, gingen sie mitten
durch das Rote Meer, so, als wäre da eine Sandbank. Als die Ägypter die
Verfolgung aufnahmen, sind sie alle ersoffen. 30 Weil sie Gott glaubten,
marschierten die Israelis sieben Tage lang um Jericho herum, bis die Stadt-
mauern zusammenkrachten. 31 Weil sie Gott fest vertraute, überlebte die
Nutte Rahab die Katastrophe in ihrer Stadt. Alle kamen ums Leben, nur sie
nicht, weil sie die Späher der Israelis im Krieg freundlich aufnahm.

Glauben an Gott bewirkt viel

32 Da gibt es noch zig andere, die ich hier nennen könnte. Das würde
wahrscheinlich ewig dauern, die ganzen Geschichten über Leute zu
erzählen, die Gott vertraut haben. Von Gideon, Barak, Simson, Jeftah,
David, Samuel und den ganzen Propheten, alle könnte man hier erwäh-
nen. 33 Weil Leute fest an Gott glaubten, wurden ganze Regierungen
gestürzt. Solche Leute setzten sich für Gerechtigkeit ein, und sie haben
erlebt, wie Gott seine Versprechen auch einlöst. Leute wurden davor
beschützt, von einem Löwen gefressen zu werden oder 34 in einem Feuer
zu verbrennen. Sie entkamen dem sicheren Todesurteil, waren todkrank
und wurden dann doch wieder gesund. Weil sie sich auf Gott verließen,
waren sie echt heldenmäßig unterwegs und vertrieben die schlimmsten
Feinde. 35 Frauen haben erlebt, wie ihre Verwandten, die schon tot waren,
von Gott wieder lebendig gemacht wurden. Andere aber, die Gott auch
vertrauten, wurden derbe gefoltert, weil sie lieber sterben wollten, als
ihren Glauben zu verraten. Die Hoffnung, wieder neu zum Leben zu
kommen, gab ihnen Kraft. 36 Andere wurden ausgelacht oder sogar
gefoltert. 37 Einige wurden mit Steinen erschlagen, andere zersägt,
wieder andere wurden geköpft. Andere zogen in Sperrmüllklamotten
um die Häuser, hatten mega Hunger, wurden gemobbt oder geschlagen.
38 Sie hatten kein Zuhause, lebten unter den Brücken und in alten Bruch-
buden, und doch waren es Menschen, die echt zu schade waren für
diese Welt. 39 Diese Menschen hatten eins gemeinsam: Gott freute sich
voll über sie, weil sie ihm so sehr vertrauten. Und trotzdem haben sie
das Versprechen, das Gott allen gegeben hat, noch nicht zu ihren Leb-
zeiten erleben können. 40 Denn Gottes Plan war besser als das. Er wollte,
dass wir alle gemeinsam am Ziel ankommen.

12

Den Wettlauf auch durchziehen

1 Weil uns so viele Glaubenshelden dabei zusehen, wie wir unser
Leben mit Gott leben, lasst uns alles, was uns dabei behindert und
belastet, ablegen! Wie bei einem Marathonlauf sollten wir alle Sachen, die
uns beim Laufen stören, wegschmeißen und das Ding mit Gott einfach
durchziehen. Vor allem die Dinge, die zwischen Gott und uns stehen,
unsere Sünden, können dabei wie Fesseln wirken und uns daran hindern,
unser Ziel zu erreichen, das Ziel, was Gott für uns ausgesucht hat. 2 Das
kriegen wir nur hin, wenn wir dabei die ganze Zeit Jesus im Blick haben.
Mit ihm hat bei uns glaubensmäßig alles angefangen, und mit ihm wird
auch alles irgendwann aufhören. Er hat seinen Marathonlauf auch bis
zum Ende durchgezogen. Er war sich nicht zu schade, sich an ein Kreuz
schlagen zu lassen. Er war bereit sich allen Peinlichkeiten und Demütigun-
gen auszusetzen, anstatt ein lustiges Leben zu haben. Jetzt sitzt er aber
auf der Ehrentribüne, auf dem Chefsessel gleich neben Gott. 3 Zieht euch
rein, was er an Hass und Feindschaft ertragen musste, und das von Leu-
ten, die keine Ahnung von Gott hatten! Das kann, wenn man euch mal
wegen eures Glaubens Probleme macht, euch wieder aufbauen und euch
helfen auszuhalten. 4 Bisher ging es in diesem Kampf gegen alles, was uns
von Gott trennt, noch nicht auf Leben und Tod, oder? 5 Trotzdem werdet
ihr schon schlaff und habt anscheinend die Sachen vergessen, die Gott
mal zu euch gesprochen hat, weil ihr seine Kinder seid: „Lieber Sohn,
wehre dich nicht, wenn Gott dir was beibringen will! Gib nicht auf, wenn
er Schmerzen zulässt! 6 Gerade weil du ihm eben nicht egal bist, nimmt er
dich auch hart ran; weil er dich wie sein Kind liebt, zeigt er dir, wo es
längsgeht.“ 7 Wenn ihr durch schlimme Sachen durchmüsst, dann seht
dadrin eine Trainingsmöglichkeit, die Gott euch gegeben hat. Er will euch
was beibringen, er ist wie ein echter Vater. Welcher Sohn wird von seinem
Vater nicht mit allen Mitteln erzogen, die ihm zur Verfügung stehen?
8 Wenn er das nicht tun würde, wäre das ja nur ein Zeichen, dass ihr gar
nicht wirklich seine Kinder seid. 9 Wie war das denn bei unseren normalen
Vätern? Sie haben uns ja auch oft gestraft, und wir hatten Mörder-Respekt
vor ihnen. Wenn man das bedenkt, sollten wir nicht auch die Erziehung
akzeptieren, die wir von unserem Himmelspapa bekommen? Die wird uns
ja im Leben echt weiterhelfen! 10 Unsere normalen Väter haben uns eine
Zeit was beigebracht, so gut sie es irgend konnten. Gott aber kennt sich
total aus, und sein Ziel ist, dass wir heilig werden, so wie er heilig ist!
11 Jetzt schreit aber keiner „Hurra!“, wenn er hart rangenommen wurde,
denn das tut meistens echt weh. Aber irgendwann wird sich zeigen, wofür
das gut war. Wer auf diese Art und Weise lernt durchzuziehen, weiß, wie
man dadurch Frieden kriegen und für Gerechtigkeit sorgen kann.

Bis zum Ende durchhalten

12 Also, Leute: Schlafft nicht rum! Steht auf und macht mal ein paar Stret-
ching-Übungen! 13 Verlauft euch nicht und nehmt den geraden Weg. Dann
werden alle Kranken, die hinter euch herhumpeln, es auch noch schaffen:
Sie können gesund werden! 14 Versucht mit allem, was ihr habt, mit euren
Mitmenschen gut klarzukommen, und lebt so, wie Gott es will, sonst wer-
det ihr ihn nie zu Gesicht bekommen. 15 Passt darauf auf, dass keiner von
dem guten Weg mit Gott abkommt! Und passt auf, dass sich durch Rum-
lästern oder negatives Reden kein Gift in eurer Gemeinde ausbreitet, dass
Leute deswegen mies draufkommen und dadurch alle anderen mit runter-
ziehen. 16 Keiner bei euch soll so sein wie Esau, für den nur materielle
Sachen wichtig waren. Für ein lächerliches Mittagessen verkaufte er das
gesetzliche Recht, als ältester Sohn alles von seinem Vater zu erben und
von ihm besonders gesegnet zu werden. 17 Später hat er das sehr bereut,
aber es war zu spät, da konnte er noch so viel rumheulen. 18 Was ihr
mit Gott erlebt habt, ist viel fetter als das, was die Israelis damals erlebt
haben. Als Gott Mose zu sich auf den Berg Sinai rief, um ihm die Gesetze
zu geben, durften die Israelis dem Berg nicht mal nahekommen. Überall
blitzte und donnerte es. Die haben am brennenden Berg Sinai Mose gese-
hen, wie er mit den Gesetzen von Gott wieder ankam. 19 Nachdem eine
laute Trompete zu hören war, kam eine derbe Stimme, die war so schwer
zu ertragen, dass sie bettelten, die sollte bloß wieder aufhören zu reden.
20 Sie bekamen irre Angst, als die Stimme sagte: „Wenn auch nur ein Tier
den Berg berühren sollte, muss es sofort getötet werden." 21 Was dort
abging, muss so schlimm gewesen sein, dass selbst Mose stammelte:
„Ich mach mir gleich in die Hose, ich zittere vor Angst!" 22 Ihr seid dage-
gen beim Berg Zion angekommen, in der Stadt, wo der lebendige Gott
wohnt, in der sagenumwobenen Stadt Jerusalem, die im Himmel liegt. Da
werdet ihr euch mit Tausenden von Engeln treffen und bei einer großen
Party für Gott abgehen! 23 Ihr gehört zur Familie Gottes, zu seinen beson-
deren Kindern, die alle den PIN-Code für die Tür zum Himmel in der
Tasche haben. Ihr seid bei den anderen Glaubenshelden angekommen,
die schon gestorben und jetzt im Himmel am Ziel angekommen sind.
24 Ja, ihr seid zu Jesus gekommen, der einen neuen Vertrag organisiert hat,
den Gott den Menschen anbietet. Durch seinen Tod sind wir unseren
Dreck losgeworden, weil er gelitten und geblutet hat. Und dieses Blut, was
da geflossen ist, redet zu uns, und zwar deutlicher als das Blut vom Abel.
25 Macht die Lauscher auf und hört auf den, der heute zu euch redet! Die
Israelis haben es nicht gepackt. Als sie keinen Bock auf das hatten, was
Gott durch Mose sagte, wurden sie dafür bestraft. Ist doch klar, dass wir
noch viel schlimmer bestraft werden, wenn wir nicht einmal auf eine

Stimme direkt aus dem Himmel hören. 26 Als Gott vom Berg Sinai aus zu
den Menschen redete, gab es nur von seiner Stimme ein heftiges Erd-
beben der Stärke 12. Jetzt hat er aber ein neues Versprechen durch die
Propheten abgegeben: „Ich werde noch mal sprechen und mit einem Erd-
beben nicht nur die Erde, sondern auch den Himmel durchschütteln."
27 Mit diesem „noch mal" wird angedeutet, dass Gott alles, was er ge-
macht hat, noch einmal total verändern wird. Er will nur das ewig behal-
ten, was nicht mehr zerstört werden kann. 28 Auf uns wartet also ein Land,
in dem nichts mehr zerstört werden kann! Dafür können wir Gott echt
ohne Ende danken, wir sollten staunend davorstehen und für ihn alles
geben, damit er sich an uns freut! 29 Weil unser Gott alles von uns will, ist
er wie ein hungriges Feuer, das alles verbrennt, was ihm im Weg steht.

13

Wie Christen es mit der Moral halten sollten

1 Bleibt weiter dabei, euch gegenseitig wie Geschwister zu lieben!
2 Ladet Leute zu euch nach Hause zum Essen ein oder lasst sie
ein paar Tage bei euch pennen; könnte sein, dass da ein Engel drunter ist,
ohne dass ihr das merkt! Ist ja alles schon mal passiert ... 3 Vergesst die
Leute nicht, die im Knast sitzen. Stellt euch vor, ihr wärt da jetzt auch,
dann ahnt ihr vielleicht, wie sich das anfühlt. Fühlt mit den Christen, die
für ihren Glauben gefoltert werden, das Gleiche kann euch jederzeit auch
passieren. 4 Beschützt die Ehe als etwas Besonderes, macht nicht mit
anderen rum, sondern bleibt euch treu. Gott wird denen, die sexmäßig
unsauber leben und ihre Ehe zerstören, auf sicher die Rechnung präsen-
tieren. 5 Seid nicht so geldgeil, sondern freut euch an dem, was ihr habt.
Gott hat schließlich die Ansage gemacht: „Du kannst dich auf mich ver-
lassen, ich bin treu!" 6 Wir können deswegen ganz locker sagen: „Gott
steht auf meiner Seite, darum habe ich keine Angst. Was können mir
Menschen noch antun?"

Jesus treu sein, das bringt es

7 Vergesst nicht die Leiter in euren Gemeinden, die zu euch geredet
haben und damit Worte von Gott weitersagten. Erinnert euch da dran,
wie sie bis zum Schluss mit Gott durchgezogen haben und was da
draus dann entstanden ist. Nehmt sie als Vorbild! 8 Jesus Christus hat
sich nicht verändert und wird es auch nie tun. So wie er gestern drauf
war, ist er auch heute, und so wird er auch mit Sicherheit immer
bleiben. 9 Passt auf, dass ihr nicht von irgendwelchen seltsamen Lehren
über Gott durcheinanderkommt. Es gibt nichts Besseres als die Liebe
von Gott, mit der er euch angenommen hat, und nur dadurch werdet ihr

innerlich stark. Vergesst diese ganzen religiösen Speiseregeln einfach,
die bringen es echt nicht. 10 Wir haben einen Ort gefunden, wo wir zu
Gott beten können, und an diesem Ort haben die Priester, die das nach
alter Sitte tun wollen, nichts zu suchen. 11 Früher hat der oberste Priester
das Blut von Tieren als Bezahlung für den Dreck und die Fehler der
Menschen in das Heiligtum gebracht. Die Körper der Tiere wurden dabei
außerhalb des Camps irgendwo verbrannt. 12 Genauso wurde Jesus auch
außerhalb der Stadt hingerichtet, er musste bluten, um die Menschen
wieder annehmbar für Gott zu machen. 13 Lasst uns auch zu ihm raus-
gehen, vor die Stadt, und es ertragen, wenn man uns wegen unserem
Glauben das Leben schwer macht. 14 Es gibt für uns im Grunde hier auf
der Erde kein wirkliches Zuhause mehr. Wir warten auf die Zukunft, wo
eine Stadt im Himmel für uns gebaut wird. 15 Wir wollen Jesus ohne
Ende dafür danken und ihm zujubeln! Das tun wir immer dann, wenn
wir uns vor allen Leuten auf seine Seite stellen. 16 Vergesst nicht, den
Leuten zu helfen, denen es dreckig geht. Und teilt die Sachen, die ihr
besitzt, mit anderen. Da steht Gott total drauf! 17 Tut, was die Leiter
eurer Gemeinde euch sagen, und lebt danach. Es ist ihr Job, auf euch
aufzupassen, und sie müssen sich dafür auch mal vor Gott verantwor-
ten. Sorgt einfach dafür, dass sie das gerne tun, ohne sich ständig den
Kopf machen zu müssen. Das wäre auch sicher nicht so toll für euch.

Ein Wort zum Schluss, Segen und Grüße

18 Bitte betet für uns! Wir haben ein reines Gewissen, aber wir wollen
auch weiter straight mit Gott durchziehen. 19 Betet besonders jetzt dafür,
dass ich ganz bald wieder bei euch aufschlagen kann. 20/21 Ich wünsche
euch, dass der Gott, der Frieden schafft, der unseren Chef Jesus Chris-
tus, der wie ein Hirte auf seine Schafe aufpasst, aus dem Tod rausgeholt
hat, damit er uns durch seinen Tod und das Blut, was dabei vergossen
wurde, einen neuen Vertrag anbieten konnte – dass dieser Gott die gan-
zen Sachen in uns wachsen lässt, die ihm Freude machen, und Jesus
Christus, dem wir immer und ohne aufzuhören die Ehre geben, soll uns
dabei helfen [Amen]! 22 Ihr Lieben, ich hoffe, ihr sperrt die Ohren auf und
hört auf das, was ich euch zu sagen habe. Allzu lang ist dieser Brief ja
nicht geworden. 23 Wisst ihr eigentlich schon, dass sie unseren Freund
Timotheus aus dem Gefängnis entlassen haben? Wir wollen euch gerne
bald zusammen besuchen. 24 Schöne Grüße an das Leitungsteam und an
eure ganze Gemeinde! Ich soll noch Grüße von den Christen aus Italien
ausrichten! 25 Ich wünsche euch, dass ihr versteht, wie sehr Gott euch
liebt, und dass er alles verzeihen kann!

Der Brief von Jakobus

1 Absender und Anschrift
1 Absender: Jakobus. Ich gebe alles für Gott und für Jesus Christus.
Er ist mein Chef. An: Gottes Leute, die überall in der Welt zerstreut
sind. Liebe Leute, ich grüße euch! 2 Also, eins mal vorweg: Ihr könnt echt
abgehen vor Freude, wenn euer Glaube angegriffen wird! 3 Wenn ihr diese
Prüfungen besteht, werdet ihr stärker als je zuvor! Dann kann euer Ver-
trauen in Gott so schnell nichts mehr umhauen. 4 Wenn ihr mit ihm trotz
aller Probleme durchzieht, dann werdet ihr vollkommen sein, ihr werdet
am Ziel ankommen. 5 Wenn einer von euch bei einem Problem nicht mehr
weiterweiß, dann soll er deswegen bei Gott anklingeln. Für den ist das
okay, er hilft immer gerne. 6 Wenn du betest, dann mach das voll im Ver-
trauen auf Gott und zweifle nicht daran, dass er dich auch hört. Wer
Zweifel hat, der ist wie eine Welle im Meer. Die werden auch vom Wind
immer hin- und hergetrieben. 7 Wer so drauf ist, braucht gar nicht erst
erwarten, dass Gott ihm etwas gibt. 8 Auf einen, der immer zweifelt, kann
man sich nicht verlassen. Er denkt mal so und mal so.

Menschen, die unten sind, stehen eigentlich oben
9 Wenn jemand ganz unten ist, kann er sich freuen, weil er für Gott der
Held ist. 10 Wenn jemand viel hat, sollte er niemals vergessen, dass Geld
das Ende seines Lebens auch kein Stück hinauszögern kann. Wie eine
Blume aus dem Blumenladen wird er irgendwann mal verwelken. 11 Sobald
die Sonne aufgegangen ist und mittags auf die Erde brennt, vertrocknen
das Gras und die Blumen. Was vorher noch so schön aussah, ist dann
kaputt. Genauso wird das auch jedem passieren, der viel Geld hat. 12 Gut
drauf kommen die Leute, die wegen ihres Glaubens an Gott Probleme
kriegen und ihr Leben trotzdem so durchziehen, wie es Gott gefällt. Sie
gehören zu Gottes neuer Welt dazu, er wird ihnen die Goldmedaille
umhängen, den Hauptgewinn für das Leben. Das hat Gott den Leuten
versprochen, die ihn lieben.

Was dazu verführt, Mist zu bauen
13 Gott selbst kann durch das Böse nicht auf die Probe gestellt werden,
und niemand, der auf die Probe gestellt wird, darf behaupten: Das war
Gott. Gott stellt nämlich niemanden auf die Probe, er verführt niemanden
dazu, etwas Böses zu tun. Das geht gar nicht. 14 Wenn wir verführt werden,
dann kommt das immer aus uns selber raus, aus unseren eigenen inne-

ren Wünschen und Gedanken. 15 Geben wir dem nach, dann kommt nach
dem Wunsch die böse Tat. Und die Konsequenz aus der Tat ist der Tod.
16 Lasst euch also nicht für dumm verkaufen, Leute! 17 Alles, was gut ist,
alles, an dem man nichts aussetzen kann, kommt von Gott. Er ist ein
Vater, der einfach nur gut ist. Er ist wie ein Licht, da gibt es keine Dunkel-
heit mehr. 18 Es war seine Idee, uns durch seine Worte einen neuen Anfang
zu ermöglichen. So wurden wir die Prototypen für etwas total Neues, das
er einfach so gemacht hat.

Nicht nur zuhören, sondern auch machen

19 Ihr Lieben, ihr dürft dabei eins nicht vergessen: Jeder Mensch sollte
immer bereit sein, einem anderen zuzuhören! Aber pass auf, was du
sagst, und pass noch mehr auf, bevor du mal ausrastest. 20 Wenn man
ausrastet und wütend ist, tut man am Ende immer Sachen, die Gott nicht
so toll findet. 21 Vermeidet alles, was link und falsch ist, trennt euch davon.
Beschäftigt euch stattdessen auf entspannte Art und Weise mit den Wor-
ten, die Gott zu euch gesprochen hat. Sie können euch retten. 22 Es reicht
natürlich nicht, seinen Worten nur zuzuhören, man muss auch tun, was
da steht! Wer das nicht tut, linkt sich nur selber. 23 Wenn jemand Worte
von Gott hört, die Sachen aber nicht umsetzt, der ist wie jemand, der sich
morgens im Spiegel ansieht. 24 Er hat sich dort zwar gesehen, aber dann
ist er weggegangen und hat gleich wieder vergessen, wie er eben noch
ausgesehen hat. 25 Wenn aber jemand die Sache von der Freiheit, die man
durch Jesus bekommt und die unser Leben bestimmt, versteht und
danach handelt und sie nicht wieder vergisst, der wird glücklich sein!
26 Jemand, der meint, er wäre der Super-Christ, es aber nicht packt, Kont-
rolle über das zu kriegen, was aus seinem Mund rauskommt, der betrügt
sich selber. Seine Art mit Gott zu leben ist nichts wert. 27 Wer sich um
Obdachlose und Penner kümmert und sich nicht an den Sachen, die in
der Welt abgehen, beteiligt, der tut das, worauf Gott der Vater wirklich
steht!

2

Die Position in der Gemeinde ist egal

1 Ihr Lieben! Vertraut Gott, wie es Jesus auch getan hat. Er ist unser
großer fantastischer Chef. 2 Stellt euch jetzt mal vor, in eure Gemeinde
kommt ein feiner Pinkel im Armani-Anzug und mit einer Rolex am Arm
zum Gottesdienst. Und gleich dahinter kommt ein armer Penner zu euch,
der sich einen Monat nicht gewaschen hat. 3 Wie würdet ihr reagieren?
Der Typ mit viel Kohle würde sofort einen Platz in der ersten Reihe ange-
boten bekommen! Der stinkende Penner würde vermutlich einen Platz auf

dem Fußboden abkriegen, am besten in irgendeiner Ecke. 4 Meint ihr, dass
es wirklich okay ist, solche Unterschiede zu machen? Meint ihr, dass es
gut ist, nach diesen Maßstäben zu beurteilen und zu richten? 5 Hört mal
gut zu, ihr Lieben! Hat Gott nicht gerade die Menschen ausgesucht, die
nach den Maßstäben der Welt ganz unten sind? Diese Typen sind für ihn
durch ihr Vertrauen reich und wertvoll geworden! Er will den Menschen
alles vererben, was er besitzt, denen, die in ihn verknallt sind. 6 Wie
kommt es, dass die Penner und die Leute ohne Kohle bei euch nichts zäh-
len? Wer macht euch denn eigentlich Probleme? Sind das nicht die Men-
schen, die eh viel Geld haben? Das sind doch die Leute, die euch verkla-
gen und vor Gericht zerren! 7 Gerade das sind doch die Leute, die sich
über Jesus lustig machen. Sie lästern über denjenigen, zu dem ihr gehört.
8 Wenn ihr allerdings das wichtigste Gesetz von Gott ernst nehmen wür-
det, dann wäre das eine gute Entscheidung. „Liebe die Menschen, mit
denen du zu tun hast, so sehr, wie du dich selber liebst." 9 Wenn ihr einen
Menschen danach beurteilt, wie wichtig und toll er ist, dann steht das zwi-
schen euch und ihm. Das will Gott nicht, es verstößt gegen seine Gesetze.
10 Wenn sich jemand an alle Gesetze hält, aber gegen ein einziges ver-
stößt, dann hat er alle Gesetze gleichzeitig gebrochen. 11 Gott hat ja die
Ansage gemacht: „Du sollst deinem Ehepartner treu sein!" Aber er sagte
auch: „Du sollst niemanden töten!" Wenn du jetzt ehemäßig treu bist,
aber jemanden tötest, dann hast du das Gesetz ja trotzdem gebrochen
und bist schuldig. 12 Darum sollt ihr so reden und handeln wie Menschen,
die wissen, dass sie nach diesem Gesetz beurteilt werden, das uns wirk-
lich frei macht. 13 Wer selber nichts verzeihen kann, dem wird bei der letz-
ten Gerichtsverhandlung auch nichts verziehen werden. Wer selber viel
verzeiht, für den gilt: Die Liebe besiegt sorgar das Gericht.

Glaube an Gott muss Auswirkungen haben

14 Leute, was bringt es denn, wenn jemand sagt, er vertraut Gott, aber es
hat überhaupt keine Auswirkung auf sein Leben? 15 Zum Beispiel ist da
jemand bei euch in der Gemeinde, der keine Kohle für anständige Klamot-
ten und ein Mittagessen hat. 16 Und dann kommt einer von euch bei ihm
an und sagt: „Ist bei dir alles okay? Hoffentlich hast du genug zu essen
und was zum Anziehen!" So was zu fragen ist doch total unnötig, wenn er
ihm nicht auch etwas anbietet, was ihm wirklich helfen könnte. 17 Genauso
unnötig ist eine noch so vertrauensvolle Beziehung zu Gott, wenn sie
keine Auswirkung auf dein Leben hat. Denn dann ist die Beziehung schon
tot. 18 Jetzt könnte jemand vielleicht sagen: „Dir fällt es leichter, Gott zu
vertrauen, ich arbeite dafür sehr viel für ihn. Aber wenn du dir mal an-
guckst, was ich alles für Gott mache, dann siehst du, wie sehr ich ihm

vertraue!“ [19] Du vertraust darauf, dass es nur einen einzigen Gott gibt? Na
super, das tun die Dämonen auch, und sie haben Angst vor ihm. [20] Schnall
doch endlich, du dummer Mensch, dass dein Vertrauen in Gott total
umsonst ist, wenn es ohne eine Auswirkung auf deine Entscheidungen
bleibt! [21] Wie war das denn damals mit Abraham? Er wurde für Gott okay,
weil er bereit war, seinen Sohn Isaak zu opfern. [22] Hier kann man ganz gut
erkennen, dass Vertrauen auf Gott auch immer Auswirkungen auf das
Leben hat. Nur so wurde Abrahams Glauben perfekt. [23] Es steht ja schon
in den alten Büchern drin: „Abraham hat Gott vertraut. Dadurch ist er für
Gott okay geworden.“ So wurde er jemand, den man „einen Freund von
Gott“ nennt. [24] Ich hoffe, ihr versteht jetzt, dass Menschen nur für Gott
okay werden, wenn ihre vertrauensvolle Beziehung zu ihm auch Auswir-
kungen auf ihr Leben hat. [25] Bei der Nutte Rahab war das ja auch so. Sie
wurde von Gott angenommen, weil sie in Jericho die Spione der israeli-
schen Armee vor den Soldaten des feindlichen Machthabers versteckt
hatte. Sie ermöglichte ihnen eine sichere Flucht. [26] Genauso wie ein Kör-
per ohne Seele tot ist, so ist ein Glaube tot, wenn er ohne Auswirkung auf
das Leben bleibt.

3

Worte haben Macht

[1] Liebe Geschwister, es ist keine gute Idee, wenn so viele bei euch den
Job eines Lehrers übernehmen wollen. Alle, die das tun, werden näm-
lich besonders streng beurteilt werden. [2] Jeder von uns macht mal einen
Fehler. Wer aber seine Zunge unter Kontrolle hat, der hat auch seinen gan-
zen Körper im Griff. [3] Egal, wie groß ein Auto auch ist, gelenkt wird es mit
einem einfachen Lenkrad. [4] Und auch große Containerschiffe, die riesige
Motoren haben, werden vom Steuermann mit einem kleinen Steuer in die
Richtung gelenkt, wo er das Schiff haben will. [5] Genauso ist es auch mit
der Zunge. Sie ist zwar winzig klein, aber sie hat eine unglaubliche Power.
Noch ein Beispiel: Mit Feuer ist das genauso, ein Funke genügt und der
ganze Wald brennt. [6] Die Zunge ist auch so was wie ein Funke. Mit ihr
kann eine ganze Welt vergiftet werden. Sie hat die Macht, böse Sachen
anzustiften, sie kann eine ganze Welt in Brand stecken, mit dem gleichen
Feuer, das auch in der Hölle brennt. [7] Die Menschen haben es gelernt,
Löwen zu dressieren, Vögeln das Sprechen beizubringen und Delphine
aus dem Wasser springen zu lassen, [8] aber die Zunge haben sie nie in den
Griff bekommen. Unkontrolliert verbreitet sie ihr tödliches Gift. [9] Mit ihr
sagen wir Gott, unserem Vater, wie toll er ist, und im nächsten Augenblick
verfluchen wir einen Menschen, obwohl der ja nach dem Vorbild von Gott
gemacht wurde. [10] Gute Wünsche und fiese Aggrosprüche kommen aus

demselben Mund. Leute, genau das soll bei euch nicht abgehen! 11 Wie
ist es denn beim Wasserhahn, kommt da Trinkwasser und gleichzeitig
Schmutzwasser raus? 12 Und was meint ihr, können an einem Apfelbaum
Birnen wachsen oder an einem Birnbaum Tomaten? Man kann ja auch
nicht aus dem Klo trinken!

Kluge Menschen leben klug

13 Wenn jemand glaubt, besonders klug zu sein und den Schnall vom
Leben zu haben, bei dem sollte man das auch daran erkennen können,
wie er sonst so drauf ist, nämlich freundlich. 14 Wenn ihr aber voll neidisch
seid und Menschen sogar hasst, dann braucht ihr euch auf diese Klugheit
echt nichts einzubilden. Tatsächlich lügt ihr euch nur selber in die Tasche.
15 So eine Denke hat nichts mit Gott zu tun, sie kommt aus dem Ego, sie
ist ätzend, sie kommt sogar direkt aus der Hölle. 16 Wo Menschen nei-
disch aufeinander sind und sich streiten, da ist nur Chaos angesagt und
andere schlechte Dinge. 17 Die Weisheit, die von Gott kommt, ist sauber
und gut. Sie hat das Ziel, dass Menschen sich vertragen und gut zueinan-
der sind, dass sie sich belehren lassen, nicht immer recht haben müssen
und nicht link drauf sind. 18 Was daraus wächst, wenn man gerecht zu
anderen ist und friedlich miteinander umgeht, kann ich euch auch sagen:
Man hat Frieden mit sich und mit Gott.

4

Gott lieben oder die Sachen aus der Welt

1 Leute, warum streitet ihr euch eigentlich ständig? Was ist da für ein
Kampf bei euch am Start? Kann es sein, dass ihr eure Gefühle und
Leidenschaften einfach nicht im Griff habt und dass ihr euch deswegen so
gehen lasst? 2 Ihr wollt immer alles haben und bekommt aber nichts. Ihr
seid voll neidisch auf die anderen, und wenn eure Gedanken töten könn-
ten, dann gäbe es bestimmt schon ein paar Leichen bei euch. Streiten ist
ja anscheinend normal, ihr bekämpft euch gegenseitig. Das bringt euch
alles nichts, ihr müsst mal damit anfangen, richtig zu beten. 3 Wenn ihr
Gott um Sachen bittet, dann geht es euch immer nur darum, dass euer
Ego befriedigt wird und dass ihr selber gut dasteht. Deswegen hört Gott
auch nicht auf euch. 4 Was ist los mit euch? Warum betrügt ihr Gott so?
Habt ihr nicht kapiert, dass man sich entscheiden muss? Entweder du bist
ein Freund von Gott oder du bist ein Freund der Leute, die ohne Gott
leben. Wenn du bei diesen Freunden total beliebt sein möchtest, dann bist
du automatisch ein Feind von Gott. 5 Oder meint ihr vielleicht, dass total
egal ist, was in den alten Schriften steht? Da steht: „Gottes Geist will uns
ganz alleine haben, er ist eifersüchtig. Gott hat seinen Geist in uns woh-

nen lassen.“ 6 Gott hat Spaß daran, uns fett zu beschenken. Darum sagt
er dort: „Auf die Menschen, die eingebildet und stolz sind, hat Gott kei-
nen Bock, und er stellt sich ihnen entgegen. Aber auf die Leute, die sich
anderen unterordnen und sich selbst nicht so wichtig nehmen, auf die
steht er total.“ 7 Macht Gott zur hundertprozentigen Nummer 1 in eurem
Leben und tut, was er sagt. Und den Teufel könnt ihr dissen, dann wird er
verschwinden. 8 Sucht Gott mit allem, was ihr habt! Geht zu ihm, kommt
ihm nahe! Dann wird er auch zu euch kommen. Wascht den Dreck von
euren Händen! Und wascht eure Gedanken und eure Seele, haltet euer
Innerstes sauber, bringt euer Leben in Ordnung! Damit meine ich vor
allem die Leute, die sich nicht wirklich entscheiden können. 9 Ihr solltet
richtig spüren, wie dreckig es euch geht. Anstatt zu lachen, könnt ihr echt
weinen, anstatt eine Party zu veranstalten, könntet ihr erschrocken und
traurig sein. 10 Unterwerft euch Gott, macht euch klar, wie winzig ihr für
ihn seid. Dann wird er euch aufheben und euch ganz groß machen! 11 Ihr
Lieben, hört auf damit, über andere abzulästern. Wenn jemand etwas
Schlechtes über einen anderen sagt oder ihn verurteilt, macht er das
Gesetz schlecht, das Gott aufgestellt hat. Statt das Gesetz zu befolgen,
spielt er sich als Richter über das Gesetz auf. 12 Das kann aber nur einer,
nämlich Gott! Er hat die Gesetze gemacht und ist gleichzeitig der Richter,
der sie auch durchzieht. Nur er kann freisprechen oder verurteilen. Wie
bist du denn drauf, dass du glaubst, ein Urteil über den Menschen neben
dir fällen zu können?

Warnung davor, zu cool zu sein

13 Hier ist eine Ansage für alle, die so was sagen wie: „Nächste Woche fang
ich einen neuen Job in einer anderen Stadt an. Da will ich ein Jahr bleiben
und jede Menge Kohle scheffeln.“ 14 Habt ihr denn nur einen blassen
Schimmer davon, was morgen alles passieren wird? Was geht denn mit
eurem Leben wirklich ab? Ein Leben ist im Grunde doch nur wie der
Qualm einer Kippe. Man kann ihn noch kurz sehen, und dann ist er auch
schon für immer verschwunden. 15 Darum ist es eine gute Einstellung,
wenn man sich sagt: „Wenn Gott will, werde ich leben und dann werde ich
auch dieses und jenes tun können!“ 16 Jetzt macht mal nicht so den Lau-
ten und überschätzt euch nicht die ganze Zeit! Sich selbst zu überschät-
zen ist einfach total schlecht. 17 Wenn aber jemand weiß, was er Gutes tun
kann, und es nicht macht, dann steht das zwischen ihm und Gott. Das ist
Sünde.

5

Wie Gott die Menschen sieht, die viel Kohle haben

1 Jetzt noch mal ein Wörtchen zu den Leuten, die viel Kohle haben. Ihr
werdet noch voll abheulen über die üblen Sachen, die ihr erleben wer-
det! 2 Euer ganzes Geld könnt ihr in die Tonne kloppen, eure Klamotten
werden irgendwann vergammeln. 3 Das ganze Gold, die Aktien und die
Sparbücher werden mal verrottet sein, Leute. Der Haufen, der dann übrig
bleibt, wird als Beweisstück gegen euch verwendet werden. Die ganzen
Reichtümer werden euch auffressen, so wie die Maden eure Leiche fres-
sen. Ihr habt euch nur um euren Profit gesorgt, obwohl ihr wusstet, dass
es bald zu Ende geht mit dieser Welt. 4 Gott hat den Protest gehört und
die Anklagen der Leute, die ihr betrogen habt. Die Arbeiter, denen ihr nicht
den korrekten Lohn ausbezahlt habt, die Angestellten, die ihr unter Tarif
bezahlt habt – Gott hat sie gehört. 5 Ihr habt fett gelebt, euch alles gege-
ben, was es so gibt, euch vollgefressen am Luxus. Ihr habt euch gemästet
für den Tag, an dem es zum Schlachten geht. 6 Dabei habt ihr die Leute
verfolgen lassen, die für Gott okay waren, und die konnten sich noch nicht
mal dagegen wehren.

Zieht durch mit Gott!

7 Liebe Geschwister, lasst euch nicht schlecht draufbringen und zieht das
mit Gott so lange durch, bis er wiederkommt. Das ist doch beim Bauern
auch so, wenn er Sachen gesät hat. Er muss erst mal Geduld haben und
den Regen abwarten, bis die Frucht endlich wächst. 8 Genauso müsst ihr
auch Geduld haben, ja? Ermutigt euch gegenseitig! Es dauert bestimmt
nicht mehr lange, dann kommt Jesus wieder! 9 Zieht euch mit eurer Unge-
duld nicht gegenseitig runter, liebe Geschwister! Sonst werdet ihr auch bei
dem letzten Gericht schlecht aussehen. Gott, der da der Richter sein wird,
steht schon in den Startlöchern. 10 Ihr könnt euch als Vorbild die Prophe-
ten reinziehen. Die haben, obwohl es ihnen voll dreckig ging, auch mit
Gott durchgezogen und für ihn gesprochen. 11 Diese Menschen waren
wirklich gut, da kann man ein Lied von singen! Sie hatten echt Geduld. Ihr
habt ja auch bestimmt vom Hiob gehört, mit irre viel Geduld hat er die
ätzenden Sachen ertragen, durch die er durchmusste! Aber Gott hat ihm
ein Happy End geschenkt, weil er ihn so sehr geliebt hat. 12 Ach ja, mir ist
auch noch wichtig, dass ihr euch auf keinen Fall in leere Versprechungen
verstrickt, ja? Schwört nichts, auch nicht mit Garantieleistung, nach dem
Motto: „Ich schwöre aber auf den Himmel.“ Wenn ihr zu etwas „ja“ sagt,
dann muss man sich auch darauf verlassen können. Und wenn ihr „nein“
sagt, dann müsst ihr auch ein „Nein“ meinen. Ansonsten wird Gott euch
garantiert dafür verurteilen.

Wie man für kranke Menschen betet

13 Geht's bei euch jemandem so richtig schlecht? Dann soll er mit Gott
drüber reden! Ist jemand bei euch gut drauf? Dann soll er Lieder zu Gott
singen! 14 Ist jemand bei euch krank? Dann soll er mal die Gemeindeleiter
anrufen. Die sollen dann für ihn beten und ihn mit etwas Öl eincremen,
als Zeichen dafür, dass sie Gott um Hilfe bitten. 15 Wenn sie im festen
Vertrauen Gott darum bitten, dass er gesund wird, dann wird Gott ihn
auch heilen können. Der Kranke kann sich wieder aufrichten, und falls er
Mist gebaut hat und Gott das sagt, kann der ihm das dann auch verzei-
hen. 16 Darum ist es eine gute Idee, wenn ihr auch vor den anderen euren
Mist bekennt, damit ihr gesund werdet. Gebete von jemandem, der sein
Leben mit Gott in Ordnung gebracht hat, haben eine große Auswirkung.
17 Denken wir mal an Elia. Der war auch nur ein Mensch mit allen seinen
Schwächen. Trotzdem hat es drei Jahre und sechs Monate lang nicht
geregnet, nur weil er ein Gebet gesprochen hatte! Heftig! 18 Und dann hat
er noch mal gebetet, und es fing an zu schütten! Alles wurde grün, und
viele Früchte fingen an zu wachsen.

Ihr müsst euch um die Verirrten kümmern

19 Ihr Lieben, wenn sich da einer von euch glaubensmäßig verirrt und von
den Sachen wegkommt, die ich euch erzählt habe, und jemand schafft es,
ihn wieder zurückzuholen, 20 dann soll dieser eins wissen: Er hat gerade
einen Menschen vor dem sicheren Tod gerettet! Gott hat ihm seine Schuld
vergeben. Also, Gottes Segen!

Euer Jakobus

Der erste Brief von Petrus

1 **Absender und Anschrift**
[1] Absender: Petrus, ein Botschafter von Jesus Christus. An: alle Chris-
ten, die wie Ausländer überall in den Provinzen Pontus, Galatien, Kap-
padozien, Asien und Bithynien verstreut leben. [2] Liebe Freunde! Ihr sollt
wissen, dass Gott der Vater euch extra schon von Anfang an ausgesucht
hat. Ihr seid seine Kinder. Das hat er gemacht, indem er euch – durch die
Kraft von seinem Heiligen Geist – dazu gebracht hat, Jesus Christus als
euren neuen Chef für euer Leben zu akzeptieren. Weil er am Kreuz für uns
einen blutigen Tod gestorben ist, sind wir unseren Dreck auf ewig losge-
worden! Gott soll euch immer mehr von seiner Liebe zeigen, es soll euch
richtig gut gehen, das wünsche ich euch.

Warum Christen immer Hoffnung haben
[3] Danke, Gott! Du bist der Vater von unserem Helden Jesus Christus!
Weil er uns ohne Ende liebt, hat er uns eine neue Chance gegeben. Wir
können noch mal neu anfangen mit unserem Leben. Das wurde möglich,
weil Jesus Christus tot war, dann aber wieder auferstanden ist. [4] Dieses
Erbe wird uns keiner mehr wegnehmen können, und es wird ewig halten.
Wir müssen es uns nur noch im Himmel abholen. [5] Bis es so weit ist, wird
Gott alle Kräfte aufbringen, um euch zu beschützen. Er will, dass ihr es
schafft und gerettet werdet, damit am Ende alle erkennen, dass Gott die
Macht hat. [6] Darauf könnt ihr jetzt schon abgehen! Auch wenn es gerade
noch für eine kurze Zeit ätzend sein mag und ihr hier und da ausgetestet
werdet. [7] Das passiert nur, damit euer Vertrauen in Gott immer fester und
stärker wird. Es soll gereinigt werden, so wie man Gold in einem Ofen
zum Schmelzen bringt, um den Schmutz, der dadrin ist, zu verbrennen.
Dadurch wird es gereinigt. Gott wird euch dafür am letzten Tag loben, ihr
werdet dafür einen Preis von ihm bekommen. [8] Leider konntet ihr Jesus
ja nicht mehr live erleben. Trotzdem seid ihr verknallt in ihn, ihr vertraut
Jesus und glaubt ihm, obwohl ihr ihn nicht mit euren eigenen Augen
sehen könnt. Ihr werdet aber total abgehen, [9] wenn ihr endlich am Ziel
angekommen seid. Das bedeutet nämlich, für immer in Sicherheit zu sein,
gerettet durch Gott. [10] Schon die alten Propheten wollten das und haben
danach geforscht, wie man das hinbekommt. Sie haben es ja schon vo-
rausgesehen, dass Gott diese Rettung aus Liebe möglich machen wird.
[11] Der Geist Gottes, der die Kraft von Jesus ist, hatte schon immer seine
Finger mit im Spiel. Die Propheten hatten kapiert, was für schlimme

Sachen Jesus Christus durchmachen muss. Und sie wussten auch schon,
wie großartig er am Ende dabei rauskommen würde. 12 Es wurde den Pro-
pheten klar gesagt, dass sie nicht für sich selber da waren, sondern für
euch. Und die Nachricht, die sie zu erzählen hatten, galt auch nicht ihnen.
Jetzt ist euch aber die gute Nachricht von einigen Leuten erzählt worden.
Und diese Leute haben das mit der Kraft und Vollmacht erzählt, die direkt
aus dem Himmel kommt. Was euch im Himmel erwarten wird, ist so irre,
dass sogar die Engel gerne mehr davon wüssten.

Ein Neustart

13 Bereitet euch auf diesen Tag einstellungsmäßig vor. Macht euch nicht
mit irgendwelchen Sachen zu und peilt euer Leben voll auf diese Hoff-
nung aus. Gott bietet euch seine Liebe an, das wird sich spätestens dann
zeigen, wenn Jesus wiederkommt. 14 Weil ihr zu Gottes Familie gehört und
seine Kinder seid, tut genau das, was er euch sagt. Leute, lebt nicht mehr
so wie früher! Ihr müsst den schlechten Wünschen in euch nicht mehr
nachgeben, so wie das früher der Fall war, klar? 15 Ihr könnt jetzt etwas
ganz Besonderes sein und auch einen besonderen Lebensstil hinlegen,
wie Jesus das ja auch getan hat. Er hat euch extra dafür ausgesucht.
16 Genau das meint Gott auch mit dieser Ansage: „Ihr sollt heilig sein,
denn ich bin auch heilig!“ 17 Hey, Leute, wenn ihr zu Gott, eurem Vater,
betet, macht euch mal klar, dass er jeden nach seinem Verhalten beurteilt.
Ihm ist dabei egal, welche Stellung du hier in der Welt hast. Darum passt
auf und lebt radikal nach den Sachen, die er euch mit auf den Weg gege-
ben hat. In dieser Welt sind wir wie Aliens unterwegs. 18 Leute, vergesst
das nicht: Für Gott war es nicht billig, euch von eurem Dreck zu befreien!
Eure Väter haben euch euren ätzend-sinnlosen Lebensstil vorgelebt, aber
davon seid ihr endlich freigekauft worden. Bezahlt wurde nicht mit Dollars
oder Aktien, 19 sondern mit dem Leben von Christus. Ein wertvolles Leben,
ohne Schulden, sauber und total rein. 20 Dass Jesus für uns sterben
musste, hatte Gott schon von Anfang so geplant. Schon bevor die Welt
überhaupt entstanden ist, war das klar. Und genau jetzt war die Uhr abge-
laufen, wegen euch ist er jetzt gekommen. 21 Durch Jesus habt ihr angefan-
gen, an Gott zu glauben. Gott hat ihn aus dem Tod geholt und ihn ganz
groß rausgebracht. Das hat er getan, damit ihr eure ganze Hoffnung auf
Gott setzt und ihm vertraut. 22 Nachdem ihr jetzt angefangen habt, mit
Jesus zu leben und das zu tun, was er euch sagt, wurdet ihr dadurch ja
auch befreit, um eure Geschwister im Glauben zu lieben. Setzt das auch
um, habt euch gegenseitig lieb – mit einer reinen Einstellung dabei. Und
zieht das durch, lasst euch durch nichts davon abbringen, ja? 23 Ihr habt ja
einen kompletten Neustart hingelegt, ihr seid wie neugeboren! Und diese

neue Geburt hatte ja nichts mit dem Samen von eurem Vater zu tun. Der
Same kam durch Worte, die Gott in euer Leben gesprochen hat, Worte, die
immer gelten, die lebendig sind und lebendig bleiben. 24 Ich zitier mal aus
dem alten Buch. Da steht: „Alles, was uns als Menschen ausmacht, ist wie
Gras. Und alles, was unser Leben ausmacht, ist wie die Schönheit einer
Blume. Gras vergammelt irgendwann und Blumen verblühen. 25 Aber die
Worte, die Gott spricht, bleiben für immer und ewig bestehen!" Und ge-
nau darum geht es in der guten Nachricht, die euch erzählt worden ist.

2

Die Christen sind was Besonderes

1 Hört auf damit, andere Menschen abzulinken! Auch so Sachen wie
Leute einfach abziehen, rumschleimen, immer neidisch auf andere
sein und ablästern, bis der Arzt kommt, das darf es bei euch echt nicht
mehr geben! 2 Wie ein Baby frische gute Milch zum Leben braucht, so
braucht ihr auch frische Worte von Gott. Dadurch könnt ihr geistlich
gesund wachsen und gerettet werden. 3 Ihr habt ja schon mal davon pro-
biert und gemerkt, wie lecker das ist und wie sehr Gott uns mag. 4 Bei
Jesus können wir immer ankommen. Die andern Menschen hatten keinen
Bock auf ihn, sie haben es nicht kapiert, wer er ist und welchen Wert er
hatte. Er war wie ein lebendiger Ziegelstein, den sie einfach weggeschmis-
sen haben. Aber Gott hatte gerade ihn ausgesucht, er war sehr, sehr wert-
voll. 5 Ihr seid im Grunde auch so was wie lebendige Ziegelsteine. Gott
baut sich mit denen gerade ein ganz spezielles Haus. Gleichzeitig seid ihr
die Priester in diesem Haus. Wenn ihr Gott vertraut, dann ist das so, als
ob ihr für ihn so Opferrituale veranstaltet. Gott findet das gut, weil ihr das
wegen Jesus macht. 6 In den alten Schriften steht ja auch: „Passt auf, ich
lege einen sehr wertvollen Grundstein für dieses Haus, das ich Zion
nenne, und wer sein Vertrauen auf den Grundstein setzt, der ist in Sicher-
heit." 7 Für euch, die ihr mit ihm lebt und ihm vertraut, ist dieser Stein
superwertvoll. Für die Leute, denen das alles total egal ist, ist dieser Stein
wertlos. Ich zitiere mal: „Der Stein, den die Bauarbeiter weggeworfen
haben, der wurde zum Grundstein vom ganzen Haus. Alles musste sich
nach ihm ausrichten. 8 Er ist ein Stein, über den die Menschen stolpern,
sie werden sich über ihn totärgern!" Sie stolpern über diesen Stein, weil
sie nicht so leben, wie Gott es will, weil sie nicht auf das vertrauen, was er
sagt. So musste es ja auch kommen. 9 Aber ihr seid von Gott extra aus-
gesucht worden! Ihr seid seine Lieblingstruppe, ihr seid wie Priester und
Präsidenten, besondere Menschen, die nur ihm gehören! Er möchte von
euch, dass ihr die guten Sachen weitererzählt, die Gott getan hat. Er hat
euch aus einem Leben rausgeholt, in dem es nur finster und dunkel war.

Dann hat er euch ein neues helles Leben geschenkt, das mitten im Licht
ist. 10 Früher wart ihr gar nichts, man konnte euch noch nicht mal als
Normalos bezeichnen, und jetzt gehört ihr plötzlich zu Gottes Familie.
Früher hattet ihr keine Ahnung von Gottes Liebe zu euch, jetzt habt ihr sie
am eigenen Leib erfahren.

Wie sich Christen dem Staat gegenüber verhalten sollen
11 Freunde, ihr wisst ja hoffentlich, dass ihr auf dieser Welt wie Aliens seid.
Darum passt auf, dass ihr euch nicht von den Versuchungen verführen
lasst und von den scheinbar leckeren Sachen, die euch diese Welt ohne
Gott anbietet. Sie kämpfen gegen eure Seele. 12 Stattdessen sollt ihr so
drauf sein, dass sich euer Lebensstil deutlich von den Menschen in der
Welt unterscheidet. Weil ihr einfach anders seid, müssen die Menschen
das Maul halten, die euch ständig kritisieren, und Gott am letzten Tag,
wenn abgerechnet wird, groß rausbringen und ihn verehren. 13 Gott
möchte, dass ihr euch den staatlichen Mächten unterordnet und auch
nach ihren Gesetzen lebt. Das gilt nicht nur für eure Regierung, 14 sondern
auch für die Polizei und die anderen Regierungsvertreter. Sie sollen die
Leute bestrafen, die gegen ein Gesetz verstoßen haben, und auf der ande-
ren Seite sollen sie die Menschen fördern, die sich sozial verhalten. 15 Gott
will, dass ihr andere Menschen praktisch unterstützt, damit dadurch allen
Kritikern und den anderen Noncheckern das Maul gestopft wird. 16 Das
ist möglich, weil ihr jetzt durch Jesus befreit worden seid. Nun soll aber
bitte keiner diese Freiheit missbrauchen, um damit sein schlechtes Ver-
halten zu entschuldigen. Er hat euch befreit, damit ihr anschließend bei
ihm angestellt seid. 17 Werdet nicht arrogant, geht mit andern Menschen
respektvoll um. Liebt eure Glaubensgeschwister. Vor Gott sollt ihr auch
riesengroßen Respekt haben. Und respektiert auch die Regierung.

Unser großes Vorbild: Jesus
18 Alle Angestellten und Arbeiter sollten ihren Chefs die nötige Achtung
entgegenbringen und tun, was sie sagen. Das betrifft jetzt nicht nur die
netten Chefs, sondern auch die Sorte, die etwas seltsam unterwegs sind.
19 Es ist ein besonderes Geschenk, wenn jemand es schafft, trotz schlech-
ter Behandlung einfach still zu bleiben, und den schlechten Umgang ein-
fach erträgt. Und das nur, weil man sich Gott gegenüber verantwortlich
fühlt. 20 Also ehrlich, was ist daran so toll, wenn ihr Probleme bekommt,
weil ihr Mist gebaut habt, und das dann einfach aussitzt? Aber wenn ihr
Probleme bekommt, weil ihr was Gutes gemacht habt, dann ist das ein
echtes Geschenk von Gott. 21 Gott will das von euch, Jesus hat ja auch
schlimme Sachen durchgemacht und es trotzdem gepackt. Macht es wie

er! 22 Er hat nie Mist gebaut und kein einziges Mal gesündigt! Er hat auch
nie gelogen oder so. 23 Als er getreten und verarscht wurde, hat er nicht
zurückgetreten oder sich verteidigt. Er wusste einfach ganz sicher, dass
Gott einmal ein gerechtes Urteil fällen wird. 24 Jesus Christus hat unseren
Dreck mit hochgenommen an dieses Kreuz, und zwar alles, was uns von
Gott trennt. Die Sünden sind jetzt im Müll, sie sind tot und vorbei. Wir
können wieder frei sein und so leben, wie Gott es will. Diese Heilung kam
durch seine tödlichen Verletzungen am Kreuz. 25 Ihr hattet die Richtung
verloren und auch so keinen Schnall mehr vom Leben. Völlig ziellos seid
ihr rumgelaufen, wie Schafe, die keinen Hirten mehr haben. Aber jetzt
habt ihr ihn wiedergefunden: Jesus passt auf euer Innerstes auf, er be-
schützt eure Seelen.

3

Ein Wort über Frauen und wie es in der Ehe abgehen soll

1 So wie wir uns Jesus Christus unterordnen, sollen die Frauen sich
auch ganz ihren Männern unterordnen und das tun, was die sagen.
Auch wenn einige von den Männern noch keine Christen sind, könntet ihr
sie dadurch zu Jesus hinziehen – ohne große Reden zu schwingen, ein-
fach durch euer Leben sollen sie überzeugt werden. 2 Wenn sie sehen, wie
cool ihr drauf seid und wie ihr mit Gott lebt, wird sie das überzeugen.
3 Nicht durch Äußerlichkeiten, durch eine tolle Frisur, teuren Schmuck
oder schöne Klamotten werdet ihr hübsch. 4 Aber solche Sachen, die man
nicht sofort sieht, zum Beispiel gute Charaktereigenschaften, freundlich
und entspannt zu sein, das macht eine Frau erst wirklich schön. Und für
Gott ist das auch lecker. 5 Die Frauen von damals wurden dadurch hübsch:
Sie haben ihre Hoffnung auf Gott gesetzt und das getan, was die Männer
von ihnen wollten. 6 Zum Beispiel war da die Sara. Sie hat sich Abraham
voll untergeordnet, sie nannte ihn sogar ihren „Chef". Folgt ihrem Bei-
spiel, indem ihr euch nicht von irgendwelchen Drohungen beeindrucken
lasst und nur das tut, was gut ist. 7 Den Männern kann ich nur noch mal
sagen, dass sie im Haushalt einsichtig mit den Frauen umgehen und
immer locker bleiben sollen. Leute, die Frauen sind schwächer als ihr,
vergesst das nicht! Frauen haben das Gleiche von Gott bekommen wie
die Männer. Beide können glücklich sein, dass Gott ihnen ein Leben
geschenkt hat, was nie aufhören wird. Und eins noch, liebe Frauen und
Männer: Nichts darf verhindern, dass ihr zusammen betet.

Passt auf, dass ihr so lebt, wie Gott es will

8 Schließlich will ich euch noch eine Sache sagen: Haltet zusammen!
Fühlt mit den anderen, wenn einer mal Probleme hat! Liebt euch so, wie

man seine Geschwister liebt! Seid immer hilfsbereit und gebt nicht so
viel an. 9 Antwortet nicht auf linke Attacken, versucht immer, nett und
freundlich zu bleiben, selbst wenn man euch beleidigt. Wünscht den
anderen Christen lieber Gutes, dass Gott sie beschenkt. Gott will euch
schließlich auch noch viele gute Sachen geben, das hat er so beschlos-
sen. 10 In den alten Schriften steht ja auch: „Alle, die das Leben lieben
und eine gute Zeit haben wollen, sollten aufpassen, was sie sagen. Nicht,
dass sie nachher von ihrer eigenen Zunge reingelegt werden. 11 Dreht
euch um und ändert euer Leben, geht weg vom Bösen und hin zum
Guten. Kämpft mit allem, was ihr habt, um euren Frieden. 12 Gott sieht
auf die Leute, die okay für ihn leben, und er hört auf ihre Gebete. Wer
aber Sachen tut, die Gott nicht will, auf den hat er überhaupt keinen
Bock." 13 Keiner kann euch reinlegen, wenn ihr wirklich gute Sachen
machen wollt, oder? 14 Und selbst wenn es euch jetzt dreckig gehen soll-
te, weil ihr so lebt, wie Gott es will, könnt ihr euch trotzdem glücklich
schätzen. Habt keine Angst vor ihren Drohungen, und lasst euch dadurch
nicht durcheinanderbringen, ja?! 15 Jesus soll bei euch das Zentrum sein,
er soll das Sagen haben. Seid immer dazu bereit, zu eurem Glauben zu
stehen und davon zu erzählen, wenn Menschen mal nachfragen. 16 Dabei
könnt ihr immer locker drauf sein, vergesst aber nicht, dass ihr euch
zum Schluss vor Gott verantworten müsst. Passt dadrauf auf, immer ein
reines Gewissen zu haben! Sollen die Typen, die Lügen über euch ver-
breiten, an ihren Worten ersticken, wenn sie sehen, wie vorbildlich ihr
als Christen lebt! 17 Ist doch besser, wenn Gott Bock drauf hat, dass ihr
wegen wahren, richtigen Sachen Probleme kriegt als wegen falschen,
oder? 18 Jesus Christus hat auch für unseren Dreck ein für alle Mal
Schlimmes durchmachen müssen. Er, der nicht eine Sache gemacht hat,
die Gott nicht will, ist für uns gestorben. Und das, obwohl wir alle so
viele Fehler gemacht haben, die zwischen Gott und uns stehen. So hat
er es geschafft, euch zu Gott zu bringen. Sein Körper wurde getötet, aber
durch Gottes Kraft, durch seinen Geist, wurde er wieder neu lebendig.
19 Er ist sogar in die Welt der Toten abgetaucht und hat denen dort
erzählt, wie man frei werden kann. 20 Er hat das den Menschen erzählt,
die noch zu Lebzeiten von Noah auf der Erde waren. Die hatten damals
nicht getan, was Gott wollte, aber Gott hatte zum Glück Geduld mit den
Menschen. Er wartete auf sie, bis Noah mit der Arche fertig war. Damals
wurden nur acht Leute vor den Wassermassen gerettet. 21 Das war wie ein
Vorbild für die Taufe, die euch ja auch vor dem ewigen Tod gerettet hat.
Bei der Taufe geht es ja nicht um eine Reinigung des Körpers. Wir bitten
Gott damit, unser Gewissen zu reinigen, weil Jesus von den Toten aufer-
standen ist. 22 Und jetzt sitzt er auf dem Chefsessel, gleich neben Gott im

Himmel. Er hat über alle Engel, alle übernatürlichen Mächte und alle
Regierungen das Sagen!

4

Alle müssen sich mal vor Gott für ihr Leben verantworten

1 Weil Jesus mit seinem Körper schlimme Sachen für uns durchge-
macht hat, sollt ihr auch so draufkommen wie er. Wer körperlich lei-
det, hat mit den Sachen abgeschlossen, die uns von Gott trennen. 2 Ihr
solltet die restliche Zeit, die ihr noch habt, dafür nutzen, das zu tun, was
Gott will. Ihr solltet nicht mehr das tun, was euer altes Leben von euch
verlangt. 3 Ist ja schlimm genug, was ihr früher so alles gebracht habt.
Da wart ihr noch total ohne Gott unterwegs und habt das Partyding voll
durchgezogen. Rumkiffen, Alkohol bis zum Abwinken, Fresssucht, mit
Frauen oder Männern rummachen oder irgend so ein ekelhafter Gottes-
dienst für Dämonen. 4 Eure alten Freunde kriegen das jetzt natürlich null
auf die Reihe, warum ihr von diesem alten Leben nichts mehr wissen
wollt. Darum verarschen sie euch auch. 5 Irgendwann werden sie sich
dafür aber rechtfertigen müssen. Jesus wird sie danach fragen, wenn es
zur letzten großen Gerichtsverhandlung kommt. 6 Übrigens ist auch den
Menschen, die schon gestorben sind, bereits die gute Nachricht übermit-
telt worden. Nach menschlichen Maßstäben sind sie bereits verurteilt
worden. Aber Gott gibt ihnen die Chance zu einem neuen Leben, das nie
aufhört. 7 Es dauert nicht mehr lange, dann ist es zu Ende mit dieser Welt.
Darum passt auf, Leute, pennt nicht rum und hört nicht auf zu beten.
8 Vor allem hört nicht auf damit, euch gegenseitig zu lieben! Ist ja so, dass
„die Liebe einen viele Fehler und Sünden vergessen lässt". (Um mal aus
dem alten Buch zu zitieren ...) 9 Nehmt gerne Gäste bei euch auf und seid
nett zu ihnen. 10 Jeder soll bereit sein, anderen mit der Begabung zu hel-
fen, die Gott einem gegeben hat. Geht damit einfach gut und korrekt um,
ja? 11 Wenn Gott von jemandem will, dass er die gute Nachricht von Ihm
weitererzählt, dann soll Gott auch durch ihn sprechen können. Hat
jemand die Aufgabe von Gott bekommen, anderen Menschen zu helfen,
dann soll er das aus der Kraft und den Möglichkeiten tun, die Gott ihm
gegeben hat. So kommt Gott am Ende immer groß raus, er bekommt
das Lob dafür durch Jesus Christus. Er ist der Größte, für ihn ist nichts
unmöglich, das war schon immer so und wird auch immer so bleiben!
Ganz sicher [Amen]!

Durchhalten, auch wenn es Schwierigkeiten gibt

12 Freunde, wundert euch nicht über die heftigen Hassattacken, die gegen
euch gefahren werden. Auch wenn das seltsam ist, haben sie einen Zweck:

Sie sollen euer Vertrauen in Gott auf die Probe stellen. 13 Hey Leute, fühlt euch geehrt, dass ihr für und mit Jesus leidet. Ihr könnt dann auch abgehen vor Freude, wenn er sein fettes Comeback feiern wird! 14 Ihr könnt euch sogar freuen, wenn man euch verarscht, nur weil ihr Christen seid! Das ist nämlich ein gutes Zeichen dafür, dass ihr richtig liegt. Der Geist von Gott ist mit euch. 15 Nicht so geil wäre es, wenn ihr schlimme Sachen durchmachen müsst, weil ihr vielleicht jemanden umgebracht habt, was geklaut habt oder solche Sachen. Das gilt auch für jemanden, der sich ständig in fremde Angelegenheiten einmischt. 16 Wenn einer aber leidet, weil er ein Christ ist, dann braucht er sich echt nicht zu schämen. Er kann stolz darauf sein, zu Jesus zu gehören. 17 Die Gerichtsverhandlung Gottes geht bald los, Leute! Und Gott fängt bei seinen Leuten damit an. Wenn aber schon wir zum Gericht müssen, wo wir doch seine Kinder sind, wie übel wird es dann erst denen ergehen, die keinen Bock auf Gott hatten und sich nicht auf die gute Nachricht einlassen wollten? 18 Wenn selbst diejenigen, die nach Gottes Maßstab okay gelebt haben, so gerade eben durchkommen, wie wird es dann den Leuten ergehen, die ohne Gott gelebt haben und die ständig nur Mist gebaut haben? 19 Wer ätzende Sachen durchmachen muss, weil Gott das so will, sollte sich nicht davon abbringen lassen, gute Sachen zu tun. Er sollte unbedingt an Gott festhalten und ihm weiter vertrauen!

5

Noch ein Wort an die Leiter der Gemeinde

1 Jetzt will ich zum Abschluss noch mal was für die Leiter eurer Gemeinde schreiben. Ich habe ja den gleichen Job wie ihr. Ich kann bezeugen, dass Jesus ganz schlimme Sachen durchmachen musste. Einen kleinen Teil davon erlebe ich auch gerade, werde aber am Ende, wenn er wiederkommt, dafür auch einen Teil von seiner Riesen-Größe erleben, und da freu ich mich schon drauf! 2 Ich hab eine Bitte an euch: Passt auf die Gemeinde gut auf, ja? Sorgt für sie, wie sich ein guter Hirte um seine Schafe kümmert. Tut das freiwillig, nicht weil euch irgendjemand dazu zwingt, da steht Gott voll drauf! Es geht nicht darum, Kohle zu machen, es geht um das Herz. 3 Spielt euch nicht als den großen Superleiter auf, dem alle gehorchen müssen. Leitet dadurch, dass ihr ein Vorbild seid. 4 Dann werdet ihr auch den fetten Preis bekommen. Der Oberhirte wird euch einen Orden umhängen, wo draufsteht: „Ewiges Leben". 5 Den Jugendlichen bei euch mach ich folgende Ansage: Tut das, was euch die Leiter aus der Gemeinde sagen! Allen anderen sage ich das: Passt auf, dass ihr nicht arrogant und überheblich werdet! Arrogante Menschen werden bei Gott nichts erreichen. Demütige Leute liebt Gott besonders, sol-

che Menschen kommen bei ihm gut an. 6 Darum sag ich euch: Unterwerft
euch Gott radikal, er hat die Macht! Dann wird er euch groß rausbringen,
wenn der Zeitpunkt dafür gekommen ist. 7 Schmeißt eure Probleme und
Sorgen auf Gott, er wird sich schon da drum kümmern. 8 Macht euch
locker und bleibt dabei immer hellwach! Es gibt einen echten Feind, den
Teufel! Der schleicht um uns herum wie ein wildgewordener Kampfhund,
jederzeit bereit, einen zu zerfleischen. 9 Wehrt seine Angriffe ab, indem
ihr fest bei eurem Vertrauen in Gott bleibt. Ihr könnt euch damit trösten,
dass alle Christen auf der Welt die gleichen Sachen durchmachen müssen.
10 Gott, der euch unwahrscheinlich liebt, hat euch durch Jesus eins ver-
sprochen: Diese üble Zeit, in der wir viel leiden müssen, wird nur kurz
sein. Dann wird er euch wieder aufbauen und stärken, er wird euch Kraft
geben, damit ihr perfekt werdet. 11 Denn nur Gott hat die ewige Power, die
nie aufhören wird. So ist das [Amen]!

Segen, Grüße und Tschüs

12 Silvanus war diesmal sozusagen meine Sekretärin, er hat die paar Sätze
für euch aufgeschrieben. Er ist ein treuer Glaubensbruder, ich mag ihn
sehr! Ich wollte euch mit diesem Brief ermutigen und euch klarmachen,
dass Gott euch wirklich liebt und gnädig mit uns umgeht. 13 Ich soll euch
schöne Grüße von der Gemeinde hier aus „Babylon" ausrichten! Genauso
von Markus, der wie ein Sohn für mich geworden ist. 14 Ach ja, ihr könnt
euch gegenseitig mit einem Kuss begrüßen, als Zeichen, dass ihr zu einer
Familie gehört und euch liebt! Ich wünsche euch den Frieden, der von
Gott kommt, weil ihr mit Christus lebt.

Euer Petrus

Der zweite Brief vom Petrus

1
Absender und Anschrift
[1] Absender: Simon Petrus, ein Diener und Botschafter von Jesus Christus. An: alle Leute, die genauso ihr Leben auf Gott gesetzt haben wie wir, einen gerechten Gott, der uns durch Jesus aus unserem Dreck rausgeholt hat! [2] Liebe Leute! Ich wünsch euch, dass die Liebe, die Gott für euch hat, und sein Frieden bei euch vollkommen vorhanden sind. Beides kommt dadurch, dass wir Gott immer besser kennen und verstehen lernen. Das wird durch Jesus möglich, er ist unser Chef.

Gott hat alles perfekt gemacht, darum versucht auch, perfekt zu leben!
[3] Alles, was wir zum Leben brauchen und um so drauf zu sein, wie Gott es gut findet, hat Jesus uns schon lange zur Verfügung gestellt. Durch ihn haben wir Gott kennengelernt. Er hat uns zu einem neuen Leben bestimmt, durch seine unglaubliche Größe und Stärke. [4] So hat er uns die fettesten und allerbesten Sachen versprochen. Er wollte, dass wir bei seinem neuen göttlichen Leben dabei sind, indem wir vor den schlechten Dingen aus der Welt, die uns nur kaputt gemacht haben, fliehen. [5] Leute, zeigt Einsatz und kämpft! Seht zu, dass euer Glauben dazu führt, dass euer Leben für Gott okay ist und dass dieses Leben dann dazu führt, dass ihr Gott immer besser kennenlernt. [6] Und das hat dann die Konsequenz, dass ihr euch immer besser im Griff habt. Und dann bekommt ihr einen langen Atem und müsst nicht immer gleich aufgeben. So bekommt man auch eine echte Liebe zu Gott und man hat mehr Respekt vor ihm. [7] Wer Gott liebt, wird auch seine Geschwister lieben, und alle anderen Menschen werden diese Liebe auch spüren. [8] Wenn ihr das wirklich durchzieht und diese Liebe unter euch sogar immer mehr wird, dann wird es auch Auswirkungen haben. Ihr werdet dann nämlich immer mehr von Jesus verstehen können. [9] Wer aber nicht so drauf ist, hat vermutlich Dreck in der Linse. Er tappt im Dunkeln und hat total vergessen, dass Gott ihn schon längst sauber gemacht hat von seinem alten Mist, seinen früheren Sünden. [10] Darum kann ich euch nur eins sagen, Leute, strengt euch an und hängt nicht laff rum. Dass Gott euch ausgesucht hat, dürft ihr nicht vergessen, hört ihr? Wenn ihr euch da dran haltet, dann bleibt ihr mit Sicherheit immer auf der richtigen Spur. [11] Und dann kommt ihr auch sicher irgendwann bei Gott an, die Tür wird euch sperrangelweit offen stehen, und ihr werdet bei Jesus Christus sein, unserem Retter! [12] Ich empfinde das als meinen Job, euch immer wieder an diese Sachen zu

erinnern, obwohl ihr das ja eigentlich schon lange wisst. Diese Wahrheit
hat sich ja bei euch schon rumgesprochen. 13 Trotzdem finde ich das wich-
tig, euch immer wieder dadran zu erinnern. Und solange ich noch lebe,
werde ich euch damit auch weiter puschen. 14 Jesus hat mir schon klar-
gemacht, dass ich bald sterben werde. 15 Es ist mir aber superwichtig, dass
ihr auch, wenn ich mal nicht mehr da bin, euch dadran erinnert und nicht
vergesst, was ich euch gesagt habe.

Wir sind Zeugen, dass das alles wahr ist

16 Hey, wir haben euch doch keine Lügen über Jesus erzählt. Es ist wirklich
wahr, dass er zu uns gekommen ist. Wir haben ihn mit eigenen Augen
gesehen, als er in seiner ganzen Stärke und unglaublichen Größe vor uns
stand. 17 Er hat von Gott, unserem Vater, alles bekommen, alle Macht und
alle Ehre. Er sagte zu ihm: „Das ist mein Sohn, ich liebe ihn über alles, ich
freue mich sehr über ihn." 18 Wir alle haben diese Stimme aus dem Off
gehört, direkt vom Himmel, als wir mit ihm auf diesem heiligen Berg ab-
hingen. 19 Umso mehr verlassen wir uns jetzt auch auf die Sachen, die
Gott durch seine Propheten versprochen hat. Das solltet ihr mal auch tun.
Diese Worte sind im Grunde wie eine Taschenlampe, die uns im Dunkeln
den Weg ausleuchtet. Sie leuchtet so lange, bis es wieder Tag wird, bis der
Morgenstern es hell macht in unseren Gedanken. 20 Die Sachen, die in
den alten Schriften stehen, kann man übrigens nicht so mal eben selber
auslegen. 21 Das haben sich diese Propheten damals alles nie und nimmer
selber einfallen lassen, das war Gottes Geist, der da geredet hat. Men-
schen wurden vom Heiligen Geist angestiftet, Dinge auszusprechen, die
Gott sagen wollte.

2 **Kranke Lehren über Gott**

1 Damals wie heute gab es immer schon irgendwelche falsche Prophe-
ten bei den Israelis, die kranke Lehren über Gott in die Welt setzen.
Die werden auch bei euch in der Gemeinde auftauchen. Sie streiten ab,
dass Jesus der Sohn Gottes ist, der für sie einen hohen Preis bezahlt hat.
Die Folgen davon werden sie bald zu spüren bekommen. 2 Trotzdem wer-
den vorher noch viele ihrem schlechten Beispiel folgen. Sie werden des-
wegen viele Witze über das Leben mit Gott machen. 3 Weil sie Bock auf
eure Kohle haben, werden sie euch belügen und versuchen, euch auf ihre
Seite zu ziehen. Aber sie werden dafür bald vor dem letzten Gericht abge-
straft werden, sie werden dadran ersticken und bald am Ende sein. 4 Also,
Gott hat noch nicht mal die Engel verschont, die sich gegen ihn gestellt
hatten. Sie wurden auch bestraft, indem sie in die Dunkelheit geschmis-

sen wurden, in die Hölle, wo sie für immer von Gott getrennt sind. Dort
sitzen sie mit Handschellen so lange, bis es zu dieser Gerichtsverhand-
lung kommt. 5 Die Menschen, die auf der Welt lebten, als Noah noch da
war, wurden ja auch nicht verschont. Nur Noah wurde mit sieben anderen
gerettet, als die große Flut über die Welt schwappte. Alle anderen Men-
schen, die nicht mit Gott lebten, sind in den Fluten ersoffen. 6 Und wie
war das mit den Städten Sodom und Gomorra? Beide wurden von Gott
plattgemacht, um die Menschen, die ohne Gott leben, damals wie heute
zu warnen. 7 Da gab es nur einen, den Lot, der so lebte, wie es für Gott
okay war. Lot musste voll leiden wegen diesem ätzenden, grenzenlosen
Lebensstil, den die Menschen damals draufhatten. 8 Lot, der Gott ver-
traute, musste sich das jeden Tag reinziehen. Er litt unter den linken
Sachen, die die Menschen damals gebracht haben. 9 Nicht vergessen,
Leute: Gott weiß genau, wie er alle Menschen, die das tun, worauf er Bock
hat, aus Prüfungen retten kann. Er kann sie aus der Gefahr und der Ver-
suchung genauso rausholen, wie er die Leute bei der letzten Gerichts-
verhandlung bestrafen wird, denen es scheißegal war, was er von den
Menschen eigentlich wollte. 10 Damit meine ich besonders die Leute, die
sich voll von ihren Trieben und ihrer Lust beherrschen lassen. Sie haben
keinen Bock dadrauf, dass es jemanden gibt, der über sie das Sagen hat.
Arrogant und dreist schrecken sie nicht einmal davor zurück, über Engel
abzulästern. 11 Die Engel sind da ganz anders drauf. Obwohl sie ja viel
stärker und mächtiger sind, würden sie nie bei Gott über die Menschen
ablästern oder sie verurteilen. 12 Diese Typen, von denen ich eben geredet
habe, sind wie dumme Viecher, die nur aus dem Grund geboren wurden,
um gefangen und geschlachtet zu werden. Sie reden totalen Schwachsinn
über Sachen, von denen sie überhaupt keinen blassen Schimmer haben.
Sie werden auch an ihrer eigenen Schlechtigkeit ersticken. 13 Das wird auf
jeden Fall die Folge von ihrem miesen Lebensstil sein, der nichts mit Gott
zu tun hat. Die haben sich ja zum Hobby gemacht, schon morgens erst
mal 'ne Party zu feiern, und haben ihren Spaß dadran. Die lassen ja sogar
noch ihre komischen falschen Lehren vor allen Gästen vom Stapel, wenn
sie bei euch mal zum Essen eingeladen wurden. 14 Die flirten mit jeder
Frau, die ihnen vor die Nase kommt, und wollen am liebsten jede gleich
ins Bett kriegen. Die kriegen von Sünde anscheinend den Hals nicht voll.
Bei Leuten, die noch nicht so fest im Glauben stehen, schleimen sie erst
mal voll rum und versuchen sie negativ zu beeinflussen. Sie sind immer
gut dadrin, ihre eigenen Interessen durchzusetzen. Ich verfluche solche
Leute! 15 Sie sind schon lange vom richtigen Weg abgekommen und haben
sich total verirrt. Vergleichbar mit Bileam, der ein Sohn von Beor war. Der
war ja auch immer für alle Schweinereien zu haben, solange die Kohle

stimmte. 16 Und er wurde am Ende von einem Esel wegen seinem Mist
angezählt! Der redete zu ihm mit einer menschlichen Stimme und ver-
hinderte so, dass der Prophet um ein Haar riesengroßen Schwachsinn
angestellt hätte. 17 Diese falschen Lehrer sind so nutzlos wie ein Wasser-
hahn, wo kein Wasser rauskommt, und so ohne Konturen wie eine Wolke
im Sturm. Die finsterste Dunkelheit ist grade gut genug für sie, da gehö-
ren sie auf jeden Fall hin! 18 Denn sie reden wie Intellektuelle, aber am
Ende kommt nur heiße Luft bei rüber. Sie ködern mit ihrem szenemäßigen
lockeren Leben Christen an, um sie wieder zu den schlechten Dingen zu
verführen, die sie gerade erst hinter sich gelassen hatten. 19 Sie verspre-
chen anderen die totale Freiheit, sind aber selber völlig abhängig und
süchtig. Wenn jemand von etwas total kontrolliert wird, dann ist er süch-
tig und abhängig davon. 20 Viele haben jetzt Jesus als ihren Chef und
Befreier kennengelernt und damit dem ganzen Dreck aus dieser Welt den
Rücken zugedreht. Wenn sie dann aber wieder an den alten Sachen
naschen und sich dadrin wieder verirren, dann wird alles noch viel schlim-
mer, als es vorher war. 21 Sie wären besser dran, wenn sie nie von Jesus
gehört hätten! Sie haben Jesus erst mal kennengelernt und sich dann
wieder von ihm getrennt. Damit wenden sie sich ja auch gegen die
Sachen, die Jesus gesagt hat. Wie übel! 22 Auf die Leute trifft das Sprich-
wort voll zu: „Der Hund isst seine eigene Kotze!“ Oder das hier: „Ein
Schwein, frisch gewaschen, wälzt sich erst mal wieder im Schlamm!“

3

Jesus kommt wieder zurück, garantiert!

1 Liebe Freunde, das ist jetzt ja schon mein zweiter Brief, den ich an
euch schreibe. Ich wollte euch einfach wieder ein paar Sachen in Erin-
nerung rufen, damit ihr auch in Zukunft weiter mit Jesus straight durch-
ziehen könnt. 2 Vergesst nicht, was die Propheten schon vor einiger Zeit
angesagt hatten! Und vergesst nicht, was Jesus euch durch die Apostel
klarmachen wollte, ja? 3 Vor allem sollt ihr euch da drüber im Klaren sein,
dass in dieser letzten Zeit, wo es zu Ende geht mit der Welt, Leute auftre-
ten werden, die über alles und jeden Witze reißen und nur noch das tun,
was sie selbst für richtig halten. 4 Sie werden sich einen Spaß aus euch
machen und so Fragen stellen wie: „Na, wo ist er denn jetzt, euer Jesus?
Sollte er nicht schon lange wieder da sein? Unser Opa hat ja auch schon
immer auf ihn gewartet. Jetzt ist er tot, und nichts hat sich verändert. Ist
ja alles genau so, wie es von Anfang an auch war ...“ 5 Die Leute, die so
was sagen, haben keine Ahnung davon, wie es am Anfang auf der Erde
ausgesehen hat. Da war nämlich nur der Himmel, die Erde und ganz viel
Wasser. Und alles wurde nur dadurch zusammengehalten, weil Gott das

so gesagt hatte, durch seine Worte. 6 Trotzdem wurde später die Welt
durch ganz viel Wasser, nämlich durch die Sintflut, wieder vernichtet.
7 Das ganze Universum, wie es jetzt existiert, und auch die Erde wird nur
so lange zusammengehalten, wie dieses Wort, was Gott damals aus-
gesprochen hat, auch wirkt. Beides wird so lange bestehen, bis der Tag
kommt, an dem alles im Feuer verbrannt wird. Dieses Feuer wirkt durch
die letzte Gerichtsverhandlung, wo alle Menschen, die ohne Gott gelebt
haben, einmal verurteilt werden. Sie werden dort drinnen verbrennen.
8 Eine Sache soll euch dabei aber ganz klar sein. Für Gott ist ein Tag so
lang wie für uns tausend Jahre, und tausend Jahre können bei ihm wie ein
Tag sein. 9 Wenn Gott etwas verspricht, dann tut er das auch, da könnt
ihr euch drauf verlassen. Auch wenn es manchmal so aussieht, als würde
er alles verzögern. Gott hat Geduld mit euch, und er will auf jeden Fall
verhindern, dass irgendeiner es nicht packt und verloren geht. Er möchte,
dass jeder ein neues Leben mit ihm anfängt.

Alles wird neu

10 Dieser Tag der letzten großen Gerichtsverhandlung wird total unerwar-
tet kommen, fast so wie ein Dieb, der nachts plötzlich in eine Wohnung
einbricht. Mit einem Riesenknall wird der Himmel dann explodieren. Alle
Bestandteile des Universums werden in der Hitze zerschmelzen. Die Erde
und alles, was dadrauf ist, wird sich im Feuer einfach auflösen. 11 Wenn
jetzt schon alles hier in der Welt zu Schrott geht, dann müsst ihr gerade
mit Gott durchziehen und jesusmäßig dagegenhalten. 12 Seid gespannt
auf diesen Tag und lebt so, dass er auch so schnell wie möglich kommen
kann. Wie gesagt, an diesem Tag wird das ganze Universum verbrennen,
und alle Bestandteile werden sich in diesem Feuer einfach auflösen. 13 Wir
haben aber alle schon total Bock auf diesen neuen Himmel, der dann
kommen wird, und auch auf die ganz neue Erde freuen wir uns wie ver-
rückt! Gott hat uns das versprochen. Dann wird es endlich gerecht zuge-
hen in der Welt.

Was dadraus folgt ...

14 Also, ihr Lieben, in der Zwischenzeit solltet ihr alles dadransetzen, radi-
kal und ohne Fehler so zu leben, dass ihr kein schlechtes Gewissen zu
haben braucht. 15 Peilt doch endlich, dass Gott voll Geduld mit euch hat,
sonst würdet ihr ja nicht gerettet werden, oder? Das hat euch ja auch
schon der liebe Bruder Paulus geschrieben, und der hat auch viel Weisheit
von Gott bekommen. 16 Er schreibt davon ja immer wieder in allen seinen
Briefen. Klar, einige Sachen, die er so schreibt, sind echt schwer zu ver-
stehen. Die Leute, die noch nicht so fest stehen im Glauben und noch

nicht so viel von Gott kapieren konnten, haben da ein paar Sachen durcheinanderbekommen. Ist ja typisch, machen sie ja auch mit den anderen Briefen und Büchern. Daran werden sie irgendwann noch mal ersticken!
17 Also, ihr seid dadrauf jetzt ja vorbereitet und habt kapiert, wie irre diese Vollidioten drauf sind, die euch diesen Blödsinn erzählen wollten. Euch können sie nicht mehr so schnell umhauen und verführen.
18 Ich wünsche euch, dass ihr immer mehr begreift, wie sehr Gott euch liebt, auch wenn ihr es gar nicht verdient hättet. Das kommt durch unseren Retter Jesus Christus. Er soll der große Held sein, für immer! Genau, so passt es [Amen]!
Euer Petrus

Der erste Brief von Johannes

1

Wie alles bei uns anfing
1 Jesus Christus war schon immer da! Jetzt haben wir ihn aber auch
reden gehört, wir haben ihn mit unseren eigenen Augen gesehen und
mit unseren eigenen Händen berühren dürfen. Er hat zu uns geredet und
Sachen erzählt, die uns den Weg zu einem neuen, echten Leben zeigen
konnten. 2 Wir haben das Leben in Person getroffen! Wir haben alles
gesehen und sind Augenzeugen von der ganzen Geschichte. Darum
erzählen wir euch, wie man dieses neue Leben bekommen kann, dieses
Leben, was nie aufhören wird. Dieses Leben kam von Gott dem Vater, und
es ist bei uns vorbeigekommen. 3 Wir erzählen euch das, was wir selbst
erlebt und gehört haben. Dadurch sind wir glaubensmäßig verbunden.
Wir gehören ja zur Familie von Gott. Wir sind zusammen mit Gott dem
Vater und auch mit seinem Sohn Jesus Christus. 4 Das schreiben wir euch,
damit ihr abgehen könnt vor Freude!

Gott ist das Licht
5 Das ist die Nachricht, die wir von Jesus gehört haben und an euch
weitergeben sollen: Gott ist Licht. Bei ihm gibt es keine Dunkelheit!
6 Wenn wir behaupten, wir würden mit Gott leben, und trotzdem noch
heimlich Sachen tun, die uns von Gott trennen, dann lügen wir! Wir sind
einfach nicht ehrlich. 7 Wenn wir aber so leben, dass Gottes Licht überall
bei uns reinleuchten kann, dann sind wir auch ganz eng miteinander ver-
bunden. Weil Jesus für uns verblutet ist, werden wir durch dieses Blut von
unseren Fehlern und Sünden sauber gemacht. 8 Wenn wir jetzt behaup-
ten, wir hätten nie einen Fehler gemacht und zwischen uns und Gott
steht gar nichts, dann belügen wir uns nur selbst. Wir sind dann von der
Wahrheit Lichtjahre entfernt. 9 Wenn uns unsere Fehler aber leidtun, wir
kapieren, dass wir immer wieder Mist bauen, und das echt bereuen und
es auch nicht verharmlosen, dann kann man sich auf Gott verlassen: Er
vergibt uns unseren Mist und macht uns sauber von dem ganzen Dreck,
in dem wir gelegen haben. 10 Falls jetzt jemand von uns behauptet, er
habe nie einen Fehler gemacht und nie gesündigt, dann machen wir Gott
ja zum Lügner. Wir haben dann anscheinend nichts von dem begriffen,
was er gesagt hat.

2

Woran man einen Christen erkennen sollte

1 Liebe Leute, ihr seid echt wie Kinder für mich. Ich schreibe euch
heute, weil ich möchte, dass ihr nicht länger so lebt, dass irgendetwas
zwischen euch und Gott kommen kann. Sollte aber doch einer Schuld auf
sich laden, dann haben wir zum Glück jemand auf unserer Seite, der bei
Gott für uns ein gutes Wort einlegt: Jesus Christus. 2 Er hat für uns die
ganze Rechnung bezahlt, nicht nur für uns, sondern für alle Menschen!
3 Dass wir nur das tun, was Gott will, ist ein sicheres Zeichen dafür,
dass wir ihn kennen. 4 Wenn jemand behauptet: „Ich kenne Gott!“, ihm
die Dinge die Gott von ihm fordert, aber total egal sind, dann ist er ein
Lügner. 5 Wer sein Leben nach den Worten ausrichtet, die Gott gespro-
chen hat, und sich da dran hält, bei dem kann man wirklich die ganze
Liebe finden, die Gott für die Menschen hat. Dadran kann man auch
sehen, ob wir wirklich Christen sind. 6 Wer von sich behauptet, er sei ein
Christ, der sollte auch so leben, wie Jesus Christus gelebt hat.

Ein altes Gesetz, das immer noch gilt

7 Was ich euch hier jetzt schreibe, ist ja nichts Neues, ihr Lieben. Es geht
nicht um ein neues Gesetz, es geht um ein uraltes Gesetz, das ihr schon
von Anfang an kanntet, ein altes Wort von Gott. 8 Und trotzdem ist dieses
Gesetz auch neu, denn es hat sich bei Gott und bei euch gezeigt, dass es
wahr ist: Die Dunkelheit wird immer weniger, denn Jesus ist das wahre
wirkliche Licht. 9 Wenn jetzt einer behauptet, dass er in diesem Licht lebt,
dabei aber seine Glaubensgeschwister nicht abkann, dann ist das ein
Beweis, dass er in Wirklichkeit noch in der Dunkelheit lebt. 10 Nur wenn
du deine Glaubensgeschwister wirklich liebst, lebst du auch im Hellen,
im Licht. Keiner wird durch dich glaubensmäßig schlecht draufkommen.
11 Aber jemand, der seine Glaubensgeschwister hasst, lebt in der totalen
Dunkelheit und hat keine Peilung, wo es längsgeht. Er tappt wie ein Blin-
der im Dunkeln. 12 Meine lieben Kinder! Ich schreib euch das hier noch
mal auf: Jesus Christus hat euch eure Schuld vergeben. 13 Den Vätern unter
euch möchte ich sagen: Ihr habt diesen Jesus kennengelernt, und Jesus
war schon immer da. Den Jugendlichen bei euch will ich noch mal Folgen-
des sagen: Leute, ihr habt das Böse besiegt! 14 Euch kleinen Kindern hab
ich geschrieben, weil ihr den Vater kennengelernt habt. Und den Vätern
hab ich geschrieben, weil ihr den kennt, der schon immer da war. Den
Jugendlichen bei euch hab ich geschrieben, weil euer Vertrauen in Gott
sehr stark geworden ist. Die Worte von Gott sind bei euch Thema, sie
beschäftigen euch. Und ihr habt das Negative hinter euch gelassen, ihr
habt es besiegt. 15 Leute, liebt nicht die Sachen, die nichts mit Gott zu tun
haben! Wer das tut, kann nicht gleichzeitig Gott lieben. 16 Die ganzen

Dinge, die aus dieser Welt kommen, sind ätzend. Menschliche Leiden-
schaften, geil sein auf Macht und Kohle, Arroganz gegenüber anderen,
das hat alles mit Gott nichts zu tun, es kommt aus der Welt. 17 Die Welt
wird an ihren Verführungen noch ersticken. Wer aber das tut, was Gott
will, wird ewig leben.

Der „Antijesus" wird es drauf anlegen

18 Liebe Kinder, die letzte Stunde dieser Welt hat schon geschlagen. Ihr
habt ja gehört, dass dieser „Antijesus" bald seinen großen Auftritt hat.
Sind ja jetzt schon einige auf der Bildfläche aufgetaucht, die man als eine
Art „Antijesus" bezeichnen könnte. Das ist ein Zeichen, dass es bald zu
Ende geht. 19 Diese Typen kommen ja aus unseren eigenen Reihen, ha-
ben aber in echt nie zu uns gehört. Wenn sie wirklich Christen gewesen
wären, dann wären sie auch bei der Sache dabeigeblieben. Es sollte aber
deutlich werden, dass sie alle nichts mit uns zu tun haben. 20 Gott hat
euch ja zum Glück seine Kraft gegeben, seinen Heiligen Geist. Mit ihm
habt ihr das kapiert, was ihr über das Leben mit Gott wissen müsst.
21 Ich wollte euch jetzt nicht so behandeln, als hättet ihr keine Ahnung
von Gott. Ihr kennt die Wahrheit, und ihr wisst auch, dass da kein Platz
für irgendwelche komischen Lehren ist. 22 Also, wenn jetzt noch irgend-
jemand behauptet, Jesus sei nicht der Auserwählte, der Christus, der ist
ein Lügner. Wer gegen den Sohn und den Vater ist und keinen Bock auf
ihn hat, der ist ein Gegner von Christus, er ist der Antijesus. 23 Wer ab-
streitet, dass Jesus der Sohn von Gott ist, der leugnet damit auch Gott.
Wer sich aber öffentlich auf die Seite vom Sohn stellt, der ist auch mit
dem Vater zusammen. 24 Hey, Leute, die Sachen, die ihr am Anfang ge-
lernt habt, die dürft ihr nie vergessen! Wenn ihr bei den Dingen bleibt,
die ihr am Anfang gehört habt, dann bleibt ihr auch immer ganz nah an
Jesus und an seinem Vater dran. 25 Und die große Sache, die er uns ver-
sprochen hat, bleibt ganz sicher: ein Leben, was nie mehr aufhören wird!
26 Ich hatte bei den letzten Sachen, die ich euch geschrieben hab, immer
diese Leute im Hinterkopf, die euch verführen wollen. 27 Also die Kraft
von Gott, sein Heiliger Geist, den ihr von Jesus bekommen habt, der
bleibt auf alle Fälle bei euch! Ihr habt es deswegen auch nicht nötig, noch
irgendwie belehrt zu werden. Der Heilige Geist macht das schon. Auf
das, was er euch sagt, könnt ihr euch hundert Prozent verlassen, der lügt
nicht! Und so wie er es euch auch beibringt, sollt ihr auf jeden Fall auch
immer an ihm dranbleiben. 28 Meine lieben Kinder! Lasst nichts zwischen
euch und Jesus kommen! Wenn er dann wiederkommt, muss uns nichts
vor ihm peinlich sein, wir müssen uns wegen nichts schämen. Wir
können ihm dann ganz offen entgegengehen und brauchen keine Angst

zu haben. 29 Ihr habt kapiert, dass Jesus Christus sehr gerecht ist. Also ist doch auch klar, dass jeder, der das tut, was er will, zu seiner Familie gehört.

3

Was für Auswirkungen es hat, zur Familie Gottes zu gehören und sein Kind zu sein

1 Kriegt ihr das mit, wie riesengroß die Liebe ist, die Gott für uns hat? Wir dürfen uns nicht nur seine Kinder nennen, wir sind es auch tatsächlich! Darum will die Welt auch nichts von uns wissen, weil sie eben Gott nicht kennt. 2 Ihr Lieben, wir sind ja schon Gottes Kinder und gehören zu seiner Familie. Man weiß aber noch nicht, wie wir sein werden, wenn Jesus uns vollkommen gemacht hat. Wir werden aber auf jeden Fall so sein, wie er auch ist. Wir werden ihn dann auch richtig sehen können, so wie er wirklich ist! 3 Jeder, der diese Hoffnung hat, wird alles dafür geben, radikal für Gott zu leben, genauso wie Jesus es ja auch getan hat. 4 Wer Sachen tut, die Gott nicht will, hat augenscheinlich keinen Bock auf das, was Gott sagt, und damit sündigt er. 5 Ihr wisst ja, dass Jesus zu uns gekommen ist, um das Problem der Sünde endgültig aus dem Weg zu räumen. Er selber hat aber nie gesündigt. 6 Jeder, der ihm ganz nahe ist, kann gar nicht mehr sündigen. Wenn jemand trotzdem weitersündigt, ist er Christus noch nicht richtig begegnet und hat nichts von ihm verstanden. 7 Meine lieben Kinder! Passt auf, dass ihr euch von niemandem verführen und schräge draufbringen lasst! Nur die Menschen, die für Gott okay leben, richten sich nach dem Vorbild von Jesus. Er hat das getan, was Gott wollte. 8 Wer aber ohne Gott lebt und Dinge tut, auf die er überhaupt keinen Bock hat, beweist damit nur, dass sein Leben dem Teufel gehört. Der Teufel hat schon immer solche Sachen gebracht, solange die Welt existiert. Darum ist Jesus Christus auch zu uns gekommen, um das, was der Teufel gebaut hat, wegzusprengen und zu zerstören. 9 Wer von Gott einen neuen Anfang geschenkt bekommen hat, der darf einfach keinen Mist mehr bauen. Die Kinder von Gott sind ihm immer ganz nahe, da ist einfach kein Platz mehr für Sünde. Sie gehören ja schließlich in seine Familie, sie sind ein Teil von ihm. 10 Jetzt wird auch klar, wer zur Familie von Gott und wer zur Familie vom Teufel gehört, oder? Alle Menschen, die ungerechte Sachen bringen, die Gott nicht in Ordnung findet, gehören auch nicht zu ihm, und wer seinen Glaubensbruder nicht liebt, schon gar nicht.

Woran sich unsere Liebesfähigkeit messen lassen muss

11 Leute, diese Botschaft habt ihr schon von Anfang an immer wieder gehört: Menschen, die mit Jesus leben, sollen sich gegenseitig lieben.

12 Diesen Kain aus dem alten Buch sollten wir uns nie zum Vorbild neh-
men. Er kam aus der Familie vom Teufel und ermordete seinen Bruder.
Und warum hat er das gemacht? Er war link unterwegs, aber sein Bruder
lebte so, wie Gott es gut findet. 13 Leute, wundert euch gar nicht erst, wenn
die Nichtchristen um euch herum keinen Bock auf euch haben und euch
sogar hassen. 14 Wir dürfen einfach nie vergessen, dass wir von Jesus aus
einer lebensbedrohlichen Situation gerettet wurden. Wir waren praktisch
tot, aber Gott hat uns ein neues Leben geschenkt. Wir können unsere
Glaubensgeschwister wirklich lieben. Wer darauf keinen Bock hat, muss
draußen bleiben. 15 Wer seine Glaubensgeschwister sogar hasst, der bringt
sie damit um, er ist ein Mörder. Und ihr wisst, was auf Mord steht, oder?
Auf keinen Fall wird er bei dem Leben, bei dem wir für immer ganz nah bei
Gott sind, dabei sein können. 16 Wir haben echte Liebe erst durch Jesus
kennengelernt und verstanden. Weil er für uns gestorben ist, müssen wir
auch bereit sein, für unsere Glaubensgeschwister alles zu geben. 17 Wenn
jemand viel und reichlich Kohle hat und nichts davon abgeben will, ob-
wohl seine Geschwister gerade dringend etwas davon brauchen, wo
bleibt denn da bitte die Liebe Gottes? 18 Darum, meine Kinder, sag ich
euch noch mal: Liebe hat nichts mit dummem Gelaber zu tun. Liebe zeigt
sich in Taten und auch dadrin, dass wir uns gegenseitig helfen, so zu
leben, wie Gott es okay findet. 19 Daran kann man erkennen, ob wir wirk-
lich mit Jesus Christus leben, und nur so können wir letztendlich unser
schlechtes Gewissen zum Schweigen bringen. 20 Wenn unsere Gefühle
uns verdammen, wenn wir uns selber total mies finden, dann können wir
uns auf eins verlassen: Gott ist größer als unsere Gefühle! Er kennt uns
in- und auswendig. 21 Ihr Lieben, wenn wir uns selber nicht immer fertig-
machen müssen, können wir doch ganz fröhlich bei Gott sein. 22 Egal,
worum wir ihn bitten: Er wird es uns geben, weil wir das tun, was er will,
und so leben, wie er es gut findet. 23 Was er von uns will, lässt sich in
einem Satz zusammenfassen: Wir sollen an seinen Sohn Jesus Christus
glauben, ihm vertrauen und uns gegenseitig lieben. Das hat Jesus uns so
gesagt, das ist sein neues Gesetz. 24 Wer sich dadran hält, bleibt immer
ganz nah an ihm dran, und Gott bleibt auch bei ihm. Als Garantie, dass er
in uns bleibt und nicht wieder abhaut, hat er uns seine Kraft, seinen Geist,
gegeben.

4

Wahrheit oder Lüge?

1 Ihr Lieben, eine Sache ist mir noch wichtig. Glaubt nicht alles, was
euch einige Typen so erzählen wollen. Überprüft die Einstellung von
diesen Menschen, ob das, was sie sagen, wirklich von Gott kommt oder

nicht. Es gibt einfach zu viele falsche Propheten in dieser Welt. 2 Dass so
einer wirklich von Gott kommt und sein Geist in ihm ist, könnt ihr folgen-
dermaßen austesten: Er wird dadran glauben, dass Jesus als ganz norma-
ler Mensch direkt von Gott zu uns gekommen ist. 3 Wer das nicht glaubt
und nicht dazu steht, hat mit Gottes Geist nichts zu tun. Er kommt sogar
von der Gegenseite, vom Antijesus, ihr habt ja auch schon davon gehört,
dass der noch kommen wird, oder? Er sollte ja irgendwann kommen, und
jetzt ist er da, in der Welt. 4 Ihr gehört zum Glück zu Gott, meine Lieben!
Ihr habt dieses Spielchen durchschaut, ihr habt solche Leute besiegt!
Denn der Geist Gottes, der in euch wirkt, hat viel mehr Kraft als der Geist
von dieser Welt. 5 Diese Typen kommen aus der Welt, wo Gott nicht ist.
Darum reden sie auch wie Leute aus der Welt, und die Welt hört ihnen
bereitwillig zu. 6 Wir gehören aber zu Gott! Die Menschen, die auch zu
ihm gehören, nehmen das ernst, was wir sagen. Jemand, der nicht zu Gott
gehört, dem ist das wurstegal. So kann man unterscheiden, wer den Geist
der Wahrheit hat, und auch, wer den Geist der Lüge hat, der uns schräge
draufbringen will.

Weil Gott uns liebt, sollen wir auch unsere Glaubensgeschwister lieben

7 Ihr Lieben, lasst uns mal versuchen, dass wir uns wirklich gegenseitig
lieben! Gott hat die Liebe schließlich erfunden! Wer seine Glaubens-
geschwister liebt, gehört erst wirklich zur Familie dazu. Es ist ein Beweis
dafür, dass er Gott kennt. 8 Wer es aber nicht schafft, andere zu lieben, der
hat keine Ahnung von Gott. Gott ist nämlich die Liebe in Person. 9 Gott
hat seine Liebe allen Menschen gezeigt, indem er seinen einzigen Sohn zu
uns in die Welt geschickt hat. Er wollte, dass wir durch ihn die Möglichkeit
bekommen, wirklich zu leben. 10 Und das ist das Besondere an dieser
Liebe, dass er uns zuerst geliebt hat und nicht umgekehrt. Er hat seinen
Sohn für uns sterben lassen, damit wir mit ihm wieder klarkommen kön-
nen. Er hat die Distanz weggemacht, indem er uns von unserer Schuld
freigesprochen hat. 11 Meine Freunde, wenn Gott uns so wahnsinnig liebt,
dann sollten wir uns gegenseitig auch lieben, oder? 12 Bisher hat niemand
Gott wirklich sehen können. Aber wenn wir so eine Atmosphäre der Liebe
untereinander haben, kann man erkennen, dass Gott mitten unter uns
ist. Er bleibt bei uns, und seine Liebe kommt bei uns voll zum Zug. 13 Der
Beweis, dass wir mit ihm ganz supereng verbunden sind, ist, dass er uns
seinen Geist gegeben hat. 14 Wir haben es selber gesehen und könnten
als Zeugen dafür auftreten: Der Vater hat seinen Sohn geschickt, um die
ganze Welt zu retten. 15 Wer das glaubt und sich öffentlich dazu stellt, dass
Jesus der Sohn von Gott ist, den kann nichts mehr von Gott trennen!
16 Das haben wir kapiert, und dadrauf vertrauen wir auch ganz fest. Wir

vertrauen dadrauf, dass Gott uns liebt. Er selber ist die Liebe in Person,
und wer eine liebevolle Einstellung zu anderen hat, der lebt in Gott und
Gott lebt in ihm. 17 Diese Liebe, die Gott zu uns hat, wurde dadurch per-
fekt gemacht, dass wir ohne Angst auf den letzten Tag der großen Ge-
richtsverhandlung zugehen können. Denn wir leben in dieser Welt nach
seinem Vorbild. 18 Angst und Liebe passen übrigens nicht zusammen. Wo
Liebe ist, gibt es keine Angst mehr, die Liebe vertreibt die Angst. Wer
Angst hat, fürchtet sich ja vor einer Bestrafung. Wenn jemand Angst hat,
ist das nur ein Zeichen, dass er die wirkliche Liebe noch gar nicht kennen-
gelernt hat. 19 Leute, lasst uns lieben! Gott hat uns schließlich als Erster
geliebt, er hat es uns vorgemacht. 20 Wenn jetzt jemand behauptet: „Ich
liebe Gott!“, dabei aber seinen Glaubensbruder hasst, dann kann er nur
ein Lügner sein. Wer es nicht schafft, seinen Bruder zu lieben, den man ja
wenigstens sehen kann, wie soll er dann bitte in der Lage sein, Gott zu
lieben, denn den kann man ja nicht mit seinen eigenen Augen sehen?
21 Das ist ein Gesetz, was wir direkt von Jesus bekommen haben: Wer Gott
liebt, der muss auch seinen Bruder lieben!

5

Im Vertrauen auf Gott steckt sehr viel Power

1 Jeder, der das eine glaubt, nämlich dass Jesus der Retter ist, den
Gott uns schon vor langer Zeit versprochen hat, der gehört dazu! Er
ist damit ein Teil von der Familie, weil Gott ihn damit neu geboren hat.
Und jeder, der seinen Vater liebt, der liebt auch die Geschwister, die mit
ihm in dieselbe Familie geboren wurden. 2 Ein gutes Zeichen, an dem
man erkennen kann, ob man die Geschwister in Gottes Familie liebt, ist
Folgendes: dass wir Gott lieben und das tun, was er von uns will. 3 Unsere
Liebe zu Gott kann man dadran erkennen, ob wir das tun, was er will, und
das ist nicht so schwer. 4 Alles, was von Gott kommt, ist stärker als das,
was aus der Welt kommt. Unser Vertrauen auf Gott, unser Glaube an ihn,
sticht alles aus, was die Welt so zu bieten hat. Dieser Glaube, den wir
haben, bedeutet, dass uns alle Probleme der Welt nicht mehr von Gott
wegbringen können. 5 Ist doch klar: Wer sonst sollte es packen, diese
Welt mit ihren Problemen zu besiegen, wenn nicht derjenige, der dadran
glaubt, dass Jesus der Sohn von Gott ist?!

Drei Zeugen stehen für Jesus

6 Jesus ist ja zu uns in diese Welt gekommen. Und als er loslegte, hat er
sich erst mal nur mit Wasser taufen lassen. Am Ende wurde er hingerich-
tet und ist verblutet. Der Heilige Geist hat das ja auch bestätigt, und der
sagt immer die Wahrheit. 7 Damit gibt es sozusagen drei Zeugen: 8 den

Geist, das Wasser und das Blut. Alle drei bestätigen einstimmig, dass es
so ist. 9 Wenn wir schon bei Gericht Zeugenaussagen von Menschen erst
mal als wahr annehmen, wie viel mehr sollten wir dann den Dingen glau-
ben, bei denen Gott selber als Zeuge auftritt. Und Gott hat bezeugt, dass
Jesus Christus sein Sohn ist. 10 Wer sein Vertrauen auf den Sohn von Gott
gesetzt hat, kann das ja auch bestätigen. Wer Gott aber nicht glaubt,
macht ihn damit im Grunde zu einem Lügner. Er behauptet dann ja, dass
die Sachen, die Gott über Jesus gesagt hat, falsch sind. 11 Gott hat aber
eine klare Ansage gemacht: Wir werden leben, und dieses Leben liegt in
seinem Sohn Jesus Christus. 12 Wer mit dem Sohn lebt, der hat das Leben.
Wer aber nicht mit dem Sohn lebt, der hat auch das echte Leben nicht.
13 Ich schreib euch das jetzt, damit ihr euch dadrin ganz sicher sein könnt.
Ihr habt das ewige Leben! Ihr habt ja auf Jesus gesetzt und ihm geglaubt.
Er ist der Sohn Gottes.

Gott hört auf unsere Gebete

14 Und auf eins können wir uns echt verlassen: Gott gibt uns das, worum
wir ihn bitten. Es sollte allerdings dem entsprechen, was okay für ihn ist.
15 Wenn wir uns ganz sicher sind, dass er auf unsere Gebete hört, dann
wissen wir auch, dass wir das, worum wir ihn bitten, auch bereits haben.
16 Wenn einer von euch mitbekommt, dass ein anderer Christ Sachen tut,
die Gott nicht will, dann soll er mal für den beten. Gott wird dann dafür
sorgen, dass er dieses Leben kriegt, was nie aufhört. Das gilt jetzt nicht
für diese Sünde, bei der es keine Chance gibt, dass ihm vergeben wird.
So eine tödliche Sünde gibt es, und da sage ich nicht, dass man für den
betreffenden Menschen beten soll. 17 Jede linke Aktion ist Sünde und
trennt uns von Gott. Aber nicht jede Sünde ist in dem Sinne tödlich.

Jesus hilft uns

18 Eins ist ganz sicher: Wer zu Gottes Familie gehört, der sündigt einfach
nicht mehr. Wer dazugehört, der ist ein Kind von Gott, und Gott passt auf
ihn auf. Satan darf ihn nicht mal anfassen. 19 Wir sind uns ganz sicher,
dass wir zu Gott gehören, auch wenn die Welt vom Satan kontrolliert wird.
20 Wir sind uns auch ganz sicher, dass Jesus als Sohn von Gott zu uns
gekommen ist, er hat uns die Fähigkeit gegeben, Gott überhaupt erst als
Gott zu erkennen. Wir sind durch Jesus mit Gott ganz eng verbunden,
Jesus selber ist der wahre Gott. Und er ist das Leben in Person, das
Leben, das nie mehr aufhört. 21 Darum, ihr lieben Kinder, passt auf:
Keinem Pseudogott hinterherlaufen!

Euer Johannes

Der zweite Brief von Johannes

Absender, Anschrift, Begrüßung

1 Absender: Johannes, der „Alte". An: eure Gemeinde und alle, die dazu-
gehören. Hallo ihr! Ganz ehrlich, Leute, ich liebe euch wie verrückt! Und
damit bin ich nicht alleine. Alle anderen, die die Wahrheit kapiert haben,
lieben euch auch. 2 Diese Wahrheit kann uns keiner mehr nehmen, sie
wird immer weiter in uns wirken. 3 Wir haben immer einen Grund uns zu
freuen, wir können mit anderen fühlen und einen Frieden in unseren
Gedanken haben, der von Gott kommt. Das kommt alles durch den Vater
und durch seinen Sohn Jesus Christus. Durch ihn sind wir in der Lage,
seine Wahrheit über das Leben zu begreifen und zu verstehen, damit
wir erfüllt sind von seiner Liebe. 4 Ich bin echt froh, dass ich in eurer
Gemeinde einige Leute gefunden habe, denen Gottes Meinung wichtig ist.
Gott sagt immer die Wahrheit, und er hat uns gesagt, wie wir leben sollen.
5 Ich hab eine wichtige Bitte an euch. Das ist nichts Neues, das haben wir
schon von Anfang an immer wieder gesagt: Gott will, dass wir uns gegen-
seitig lieben sollen! 6 Diese Liebe zeigt sich dann auch dadrin, dass wir
die Dinge tun, die Gott von uns möchte. Wie gesagt, es war schon von
Anfang an klar, dass ihr so leben sollt.

Aufgepasst vor falschen Lehren

7 Es wird echt immer schlimmer mit den Betrügern, die den größten
Schwachsinn über Gott in der Welt verbreiten. Sie glauben nicht, dass
Jesus als ganz normaler Mensch auf die Welt gekommen ist. Leute,
diese Typen kommen direkt vom Gegenspieler, vom Antichristen höchst-
persönlich! Der versucht euch nur vom richtigen Weg wegzulocken.
8 Passt bloß auf, dass ihr nicht alles wieder verliert, was ihr von Jesus
bekommen habt! Ihr sollt ja die ganze Belohnung am Ende einstreichen
können, klar? 9 Jeder, der die Grenze von dem überschreitet, was ihr über
Jesus Christus beigebracht bekommen habt, der hat schon verloren. Er
hat keine Verbindung mehr zum Vater und zu seinem Sohn. 10 Also, falls
bei euch irgendjemand reinschneit und euch was anderes erzählen will,
dann schmeißt ihn gleich wieder raus. Ihr könnt den erst mal wie Luft
behandeln. 11 Wer zu solchen Leuten, die andere Christen schräge drauf-
bringen, auch nur „Hallo" sagt, hat sich damit schon an ihren linken
Machenschaften beteiligt. 12 Da gibt es noch einiges, was ich euch unbe-

dingt sagen will. Aber ich hab keine Lust, das jetzt aufs Papier zu drucken. Ich bin ja hoffentlich bald bei euch, und dann können wir diese Sachen auch mal so bequatschen. Das macht sowieso viel mehr Spaß. 13 Ich soll noch schöne Grüße von allen Christen hier ausrichten!
Euer Johannes

Der dritte Brief von Johannes

Absender, Anschrift, Grüße

1 Absender: „Der Alte“, Johannes. An: Gajus, meinen Freund, den ich voll
lieb habe! 2 Hallo, Gajus! Ich hoffe, es geht dir gut und du bist körperlich
gesund! Deiner Seele geht es ja schon ganz gut ;+)

Gajus ist gut drauf

3 Ich hab mich echt dadrüber gefreut, was mir die Glaubensgeschwister
von dir erzählt haben! Du ziehst die Sache mit Gott anscheinend voll
durch und stellst dich radikal dazu, ein Christ zu sein. 4 Für mich gibt es
nichts Schöneres, als so was zu hören! Dass meine Leute, die ich zu
Jesus geführt habe, mit Gott durchziehen, ist einfach super gut zu hören.

Gajus war gastfreundlich

5 Mein Lieber, ich finde es genial, dass du dich so um die Glaubensge-
schwister kümmerst, und das, obwohl du sie vorher gar nicht persönlich
gekannt hast. 6 Die haben uns erzählt, wie liebevoll du drauf gewesen
bist. Ist bestimmt eine gute Idee, wenn du das weiterhin so machst. Ich
glaube, es wäre auch gut, wenn du sie anständig mit allem ausstatten
würdest, was sie für die Weiterreise noch so brauchen, ja? Tu das so,
wie sie es als Mitarbeiter für Gottes Sache verdient haben. 7 Sie sind ja
immerhin für Gott unterwegs und wollen in dieser Zeit auch kein Geld
von Nichtchristen annehmen. 8 Wenn wir unseren Job für Gottes Sache
machen, ist es unsre Aufgabe, ihnen unter die Arme zu greifen.

Wie man es nicht machen soll

9 Ich hatte euch einen kurzen Brief geschrieben, aber Diotrephes, der
gerne euer Leiter sein will, hat anscheinend keinen Bock auf das, was wir
sagen. 10 Wenn ich bei euch vorbeikomme, werde ich ihn bloßstellen müs-
sen. Ich werde dann noch mal in Erinnerung bringen, was für Schaden er
durch seine linken Kommentare gegen uns angerichtet hat. Dabei ist er
selber noch nicht einmal bereit, Geschwister bei sich wohnen zu lassen,
und ist auch so alles andere als gastfreundlich. Um das noch zu toppen,
schmeißt er sogar die Leute aus der Gemeinde raus, die genau das tun ...
11 Mein Lieber, bitte sei nicht so wie dieser Typ und mach ihm das nicht
nach! Tu stattdessen gute Sachen, ja!? Nur wer gute Sachen tut, gehört

zur Familie von Gott. Wer link unterwegs ist, kann Gott gar nicht kennen.
12 Über Demetrius erzählt man sich überall nur gute Geschichten! Gott
hat ihn anscheinend voll bestätigt. Wir bestätigen ihn natürlich auch, und
wenn wir etwas sagen, hat das auch immer Hand und Fuß. 13 Mann, es
gäbe echt noch so viele Dinge, die ich dir gerne schreiben würde. 14 Aber
wir sehen uns hoffentlich bald mal wieder. Dann könnten wir ausführlich
quatschen! 15 Ich wünsch dir, dass du entspannt bist, weil Gott dir das
schenkt. Ich soll noch Grüße von allen Freunden hier ausrichten! Richte
auch mal jedem Einzelnen von mir Grüße aus!
Bis dann, *dein Johannes!*

Judas

Absender, Anschrift, Grüße

1 Absender: Judas, Angestellter von Jesus Christus und ein Bruder von
Jakobus. An: alle Menschen, die Gott zu sich gerufen hat. Ihr werdet alle
von Gott wahnsinnig geliebt! Er ist wie ein Vater zu uns. Jesus Christus
soll euch beschützen. 2 Hallo, liebe Geschwister! Ich wünsche euch erst
mal alles Gute! Dass Gott euch fett segnet mit seiner Liebe und dass
ihr darauf klarkommt, andere zu lieben. Und dass ihr chillig seid, das
wünsch ich euch auch!

Passt auf vor den Laberheinis!

3 Ihr Lieben, ich hatte mir eigentlich fest vorgenommen, euch nur posi-
tive Sachen zu schreiben. Ich wollte dadrüber reden, wie Gott uns ge-
rettet hat und so. Jetzt muss ich euch mit diesem Brief aber eher war-
nen. Leute, fightet um euer Vertrauen in Gott, passt auf euren Glauben
auf, den schon so viele Menschen vor euch kennengelernt haben! 4 Bei
euch haben sich anscheinend ein paar Typen eingeschlichen, die schon
längst ihr Urteil gekriegt haben. Schamlos missbrauchen sie die Liebe
und die Gnade, die Gott für sie hat. Sie lassen sich total gehen, sün-
digen rum und verraten damit Jesus Christus, der der Boss über alles
ist. 5 Ich will euch noch mal an was erinnern, obwohl ihr das schon
lange wisst. Gott hat ja damals das Volk Israel aus Ägypten rausgerettet.
Trotzdem mussten später alle sterben, die ihm nicht mehr vertraut
haben. 6 Gott ist ja auch mit denjenigen Engeln so umgegangen, die
ihr eigentliches Zuhause einfach verlassen hatten. Darum hat Gott sie
auch mit dicken Stahlfesseln in die Dunkelheit weggeschlossen, bis sie
zur letzten großen Gerichtsverhandlung wieder rausgelassen werden.
7 Sodom und Gomorra mit den Städten drum herum mussten auch die
Konsequenzen ertragen. Sie haben sexmäßig ätzend gelebt. Da ist jeder
mit jedem und mit allem in der Kiste gelandet. Sie sind ein Beispiel
dafür, was die Folgen von so einem Lebensstil sind: Schmerzen und
Leiden von einem Feuer, das auf ewig brennen wird. 8 Einige verwirrte
Typen bei euch sind genauso drauf wie die. Die sind wie ferngesteuert
von ihrer Geilheit, lassen sich aber von niemand was sagen. Und dabei
berufen sie sich noch auf irgendwelche Träume und lästern nebenbei
noch gegen alle übernatürlichen Kräfte ab, aber auch allen anderen Au-
toritäten zeigen sie den Mittelfinger. 9 Das hat sich noch nicht mal der
Oberengel Michael getraut. Als der Teufel ihm die Leiche vom Mose

abluchsen wollte, sagte er nur: „Gott soll dich bestrafen!“ Das war alles,
er verurteilte ihn noch nicht mal dafür. 10 Diese Leute lästern aber über
Sachen ab, wo sie überhaupt keine Ahnung von haben! Wie dämliche
Viecher tun sie nur das, was ihr Gefühl ihnen gerade sagt, ohne vorher
mal das Hirn einzuschalten. Dadran werden sie selbst kaputtgehen.
11 Die sollten echt mal den Ball flach halten! Die machen es genauso wie
Kain, der seinen Bruder umgelegt hatte. Oder auch wie Bileam, sie las-
sen sich einfach für jede Schweinerei kaufen. Oder wie Korach werden
sie an ihrer Rebellion selber ersticken. 12 Wenn ihr euch zum Essen ver-
abredet, dann kommen sie und fressen sich voll, egal wie peinlich das
ist. Und dabei finden sie sich noch ganz toll. Die sind wie ein verpacktes
Geschenk, das von außen wie ein Handy aussieht, aber dann ist nur ein
Paket weiße Socken drin. Oder wie tote Obstbäume, an denen nie wie-
der was wachsen wird. Die haben es letztes Jahr schon nicht gebracht
und werden es dieses Jahr auch nicht bringen. Die sind tot bis in die
Wurzeln. 13 Oder wie die Wellen eines versifften Meeres, wo der Dreck an
den Strand gespült wird. Oder sie sind wie Meteoriten, die ihre Bahn
verlassen haben und in das unendliche Universum abstürzen, ohne
Halt. Solche Menschen werden für immer in der Dunkelheit bleiben.
14 Henoch, der in der siebten Generation nach Adam gelebt hat, sagte
damals schon voraus: „Passt auf, da kommt der Herr mit vielen tausend
heiligen Engeln. 15 Er will über die Menschen ein Gerichtsurteil fällen,
und alle Menschen, die ohne Gott gelebt haben, werden verurteilt. Alle,
die keinen Bock auf Gott hatten, werden für ihr Handeln ohne Gott
bestraft werden. Auch für ihre linken Kommentare, die sie über Gott
abgelassen haben, werden sie sich verantworten müssen.“ 16 Dabei sind
diese Menschen überhaupt nicht glücklich mit ihrem Leben. Sie werden
voll von ihrer Lust kontrolliert, und was sie so sagen, klingt immer morz
arrogant. Dabei reden sie nur, um sich bei wichtigen Leuten einzuschlei-
men, und versuchen, dabei irgendwie einen Vorteil für sich rauszuholen.

Zieht durch!

17 Meine lieben Freunde, ihr dürft nicht vergessen, was euch die Apostel
von Jesus Christus erzählt haben, klar?! 18 Sie sagten euch, dass in der
Zeit, wenn es mit der Erde zu Ende gehen wird, überall Leute auftreten,
die Gott nur verarschen wollen. Die lassen sich nur von ihrer Geilheit
leiten und suchen überall ihren eigenen Vorteil. 19 Durch diese Leute
kommt es zu Spaltungen in der Gemeinde. In ihrem ganzen Leben geht
es nur um weltliche Dinge. Mit Gott und seinem Geist haben sie nichts
zu tun.

Gott ist der Größte

20 Meine lieben Freunde, lasst euch von so was nicht runterziehen. Baut
euch gegenseitig auf, ermutigt euch in eurem Glauben an Gott. Und betet
durch die Kraft vom Heiligen Geist. 21 Haltet durch! Das geht, wenn ihr
euch bewusst macht, wie sehr Gott euch liebt. Wartet auf den Tag, an dem
Jesus Christus euch abholt zu einem Leben, das nie mehr aufhören wird.
22 Kümmert euch um die Leute bei euch, die glaubensmäßig noch
schwach auf der Brust sind. 23 Andere müsst ihr packen und aus der
Gefahrenzone rausholen. Rettet sie vor einem üblen Urteil bei der letzten
Gerichtsverhandlung von Gott. Auch mit den anderen Menschen sollt ihr
liebevoll umgehen, ja? Passt dabei auf, dass ihr euch nicht selber mit
Sünden wieder dreckig macht. 24 Gott allein kann auf euch aufpassen,
dass ihr nicht ins Stolpern kommt. Wenn Jesus dann sein fettes Come-
back feiert, können wir uns vor ihn stellen und uns einfach nur freuen!
25 Gott hat uns durch Jesus Christus aus dem Dreck rausgeholt und uns
gerettet. Er soll für immer der Größte sein. Er hat einen Anspruch auf
Ehre und Ruhm. Er soll das Sagen haben, er soll regieren, wie er es schon
immer getan hat und auch immer tun wird! So ist das und so soll es auch
sein [Amen].

Euer Judas

Offenbarung

1

Wie dieses Buch entstanden ist

1 In diesem Buch stehen Visionen, innere Filme, die Johannes gehabt
hat. In ihnen erklärt Jesus Christus einige Sachen, die bald passieren
müssen. Diese Visionen hat Johannes von einem Engel bekommen.
2 Alles, was Gott Johannes dabei gesagt und gezeigt hat, schreibt er hier
auf. Jesus Christus ist der Zeuge dafür. 3 Wer diese von Gott erleuchteten
Worte liest, ernst nimmt und danach lebt, der kann sich echt glücklich
schätzen. Denn das wird alles bald genau so abgehen, wie es hier steht.

Wer das schreibt und für wen

4 Absender ist Johannes, und er schreibt diesen Brief an die sieben Jesus-
Gemeinden in der Provinz Asien [die Gegend heißt heute Anatolien, ein
Teil der Türkei]. Hallo, Leute! Ich wünsche euch, dass ihr die Liebe und
den Frieden, die von Gott kommen, bei euch habt. Er ist da, er war schon
immer da, und er wird wiederkommen. Auch von den sieben Engeln,
die vor seinem Chefsessel sind, soll ich das ausrichten 5 und von Jesus
Christus, der ein zuverlässiger Zeuge ist. Er ist der Allererste, der den Tod
besiegt hat. Er hat das Sagen über die ganze Erde. Er liebt uns wie ver-
rückt, und er hat uns dadurch, dass er an diesem Kreuz hingerichtet
wurde, von dem ganzen Dreck befreit, der uns von Gott getrennt hat.
6 Er hat uns zu Königen und Priestern gemacht, die für Gott, seinen Vater,
da sind. Er soll groß rauskommen, er soll das Sagen haben, für immer! Ja,
so soll es sein [Amen]! 7 Passt auf! Jesus kommt auf einer Wolke wieder
zurück, und zwar so, dass es alle sehen können! Auch die Menschen, die
ihn hingerichtet und gefoltert haben, werden das sehen, und es wird ihnen
voll leidtun. Auf sicher [Amen]!

Gott sagt zu Johannes: „Schreib mal auf!"

8 „Ich war der Erste, ich bin jetzt da, und ich werde immer da sein", hat
Gott gesagt, der der Chef von allem ist. Ihm ist nichts unmöglich.

Johannes soll alles aufschreiben

9 Ich heiße Johannes und gehöre auch zur Jesus-Familie. Ich bin mit euch
ganz fest verbunden und muss dieselben ätzenden Sachen wie ihr durch-
machen, dass wir nämlich als Christen verfolgt werden. Und genauso wie
ihr kann ich es kaum abwarten, dass Jesus wiederkommt. Weil ich Men-
schen von Jesus erzählt habe, hat man mich jetzt auf dieser Insel Patmos

kaltgestellt. 10 An einem Sonntag passierte mir hier etwas total Abgefahre-
nes. Beim Beten übernahm plötzlich Gottes Geist die Kontrolle. Ich hörte
hinter mir eine extrem laute Stimme, die war so laut wie der Sound von
tausend Marshall-Verstärkern. 11 „Jetzt schreib alles auf, was du siehst,
und danach schickst du das Buch an folgende sieben Gemeinden: Ephe-
sus, Smyrna, Pergamon, Thyatira, Sardes, Philadelphia und Laodizea!“
12 Weil ich natürlich sehen wollte, wer mich da gerade zutextet, drehte ich
mich um. Na, und da standen erst mal nur sieben Lampen aus Gold.
13 In der Mitte zwischen den Lampen stand einer, der sah so aus wie ein
Mensch. Er hatte einen langen Mantel an und einen Gürtel aus Gold
umgebunden. 14 Sein Kopf und seine Haare waren total weiß, so strah-
lend weiß wie Schnee. Und seine Augen sprühten voll, so als wären sie
aus Feuer. 15 Seine Füße glühten wie weißer Stahl, der gerade aus dem
Schmelzofen kommt, und seine Stimme war mit dem Krach von tausend
Böllern zu vergleichen. 16 In seiner rechten Hand hatte er sieben Sterne,
und aus seinem Mund kam ein rotes Laserschwert. Sein Gesicht leuchtete
so hell wie die Sonne. 17 Als ich ihn ansah, fiel ich flach auf den Boden vor
seine Füße. Dann legte er seine rechte Hand auf meine Schulter und
sagte: „Hab keine Angst! Ich bin der Erste und der Letzte, 18 und ich bin
derjenige, der lebt. Ich war tot, aber jetzt lebe ich, und ich lebe für immer
weiter. Ich habe die Kontrolle über den Tod und über das Land, wo die
Toten sind. 19 Johannes, schreib jetzt alles auf, was du siehst: das, was
jetzt passiert, und das, was noch passieren wird. 20 Die sieben Sterne in
meiner rechten Hand, die du gesehen hast, und die sieben goldenen
Lampen haben folgende Bedeutung: Die sieben Sterne sind die Engel
von sieben Gemeinden. Und die sieben Lampen sind ein Bild für diese
sieben Gemeinden.“

2 Ein Brief an die Jesus-Familie in Ephesus

1 „Johannes, schreib mal einen Brief an die Gemeinde in Ephesus.
Nachricht von demjenigen, der in seiner rechten Hand sieben Sterne
hält und der zwischen den sieben goldenen Lampen umhergeht. Er sagte
zu eurer Gemeinde Folgendes: 2 Mir ist bewusst, dass du gut drauf bist.
Ich weiß von den vielen guten Sachen, die du tust, und dass du geduldig
bist und ’ne Menge durchgemacht hast. Es war gut, dass du diese frag-
würdigen Pseudo-Apostel bei euch als solche erkannt und kaltgestellt
hast. 3 Du hast wirklich durchgezogen und geduldig schlimme Sachen für
mich ertragen. 4 Trotzdem gibt es eine Sache, die mir echt wehtut: Du
liebst mich nicht mehr so, wie du mich mal geliebt hast! 5 Denk doch mal
dran, was du eigentlich hinter dir gelassen hast! Komm jetzt wieder

zurück an den Punkt, wo du am Anfang mal warst. Denn wenn du das nicht tust, werde ich dir deine Lampe wegnehmen müssen. 6 Eine Sache finde ich aber echt geil an dir: dass du das, was die Nikolaiten, diese Typen, die sich aus jeder Religion die Rosinen rauspicken, gebracht haben, genauso schlimm findest wie ich! 7 Macht die Lauscher auf, Freunde, und hört gut zu, was der Geist von Gott seinen Leuten zu sagen hat! Wer bis zum Ende durchzieht, dem werde ich im Paradies eine ganz besondere Frucht anbieten, und die wächst am Baum des Lebens."

Ein Brief an die Christen in Smyrna

8 „Johannes, schreib mal bitte einen Brief an die Gemeinde in Smyrna: Nachricht von dem, der ganz am Anfang da war und der bis zum Schluss bleiben wird. Er war tot, aber jetzt lebt er wieder. 9 Mir sind die üblen Sachen bekannt, die du zurzeit ertragen musst. Ich weiß auch, dass ihr überhaupt kein Geld habt (auch wenn du trotzdem irgendwie reich bist). Ich weiß auch davon, dass Leute über euch ablästern, die sich für superfromme Juden halten, aber in Wirklichkeit bei der Firma vom Satan angestellt sind. 10 Du brauchst keine Angst vor den Sachen haben, die noch kommen werden! Der Satan wird ein paar von euch sogar noch verhaften lassen, um euch auszutesten. Das wird insgesamt zehn Tage lang abgehen. Zieh durch! Wenn du das packst, dann wirst du am Ende bei der Siegerehrung den ersten Preis bekommen und als Prämie das Leben, das nie aufhört! 11 Passt gut auf, was der Geist seinen Leuten sagen will. Wer durchhält und gegen das Böse Siege einfährt, der muss vor dem endgültigen Tod keine Angst mehr haben."

Ein Brief an die Christen in Pergamon

12 „Jetzt schreib mal einen Brief an die Christen in Pergamon: Folgendes kommt von demjenigen, der sein scharfes Laserschwert in Händen hält. 13 Mir ist schon klar, dass du in einer schlimmen Stadt wohnst, wo Satan das Sagen hat und alles beeinflusst. Trotz dieser Situation hast du dich immer ganz treu auf meine Seite gestellt. Du hast nie so getan, als würdest du mich nicht kennen. Und selbst in der Zeit, als Antipas bei euch, in dieser Hochburg von Satan persönlich, umgebracht wurde, wart ihr mir treu. 14 Es gibt aber bei dir etwas, was du ändern musst: Du akzeptierst Menschen bei euch, die immer noch nach der Lehre vom Bileam leben. Bileam brachte den Balak dazu, die Israelis in die Scheiße zu reiten. Er verführte sie Fleisch zu essen, das für dämonische Rituale benutzt wurde, und auch zu ätzenden Sexsachen hat er sie verführt, Sachen, die Gott nicht gut findet. 15 Und dann gibt es ein paar Leute bei dir, die auf die Ideen der Nikolaiten abfahren. 16 Hör auf damit! Wenn du dich nicht radi-

kal änderst, dann werde ich bei euch vorbeikommen und mit meinem Laserschwert gegen euch kämpfen. [17] Pass auf und hör gut zu, was Gott zu dir jetzt sagt! Wer bis zum Ende durchhält, dem werde ich etwas Besonderes zu essen geben, nämlich Brot, das im Himmel gemacht wurde. Er wird eine Siegerurkunde bekommen, auf der ein neuer Name draufstehen wird. Und dieser Name ist geheim. Nur der, der die Urkunde bekommt, kann ihn lesen."

Ein Brief an die Christen in Thyatira

[18] „Schreib mal an die Gemeinde in Thyatira: Was jetzt kommt, sagt der Sohn Gottes. Er hat Augen wie ein Flammenwerfer, und seine Füße sind aus glühendem Stahl. [19] Ich beobachte dich. Ich sehe, was du tust, und hab auch bemerkt, mit was für einer Liebe du mir dienst und wie groß dein Vertrauen zu mir geworden ist. Auch deine Geduld ist größer geworden. Und du setzt dich jetzt sogar noch mehr ein, als du es je getan hast. [20] Es gibt aber eine Sache bei dir, die du ändern musst: Du lässt diese Isebel in Ruhe ihr Ding durchziehen, obwohl sie eine Pseudoprophetin ist. Sie verführt mit den Sachen, die sie erzählt, meine Leute dazu, Mist zu bauen, zum Beispiel von dem Fleisch zu essen, was irgendwelchen Göttern geopfert wurde, und fremdzugehen. [21] Ich habe dieser Frau wirklich genug Zeit gegeben, ihr Leben zu ändern. Aber sie will einfach nicht. [22] Darum wird sie jetzt krank werden, und alle, die sich auf sie eingelassen haben, werden auch schlimme Sachen durchmachen müssen. Es sei denn, sie sind bereit, sich von ihr zu trennen. [23] Ich werde mit ihr kurzen Prozess machen. Ihre Kinder werden sterben, und dann werden hoffentlich alle kapieren, dass ich die Gedanken von jedem Menschen lesen kann und alles abchecke. Jeder wird für das bezahlen müssen, was er verbrochen hat. [24] Den Rest der Leute in Thyatira, die dieser falschen Theorie nicht gefolgt sind und sich nicht auf diese Spekulationen über satanische Mächte eingelassen haben, den werde ich in Ruhe lassen. [25] Ihr müsst aushalten und dürft das nicht verlieren, was ihr jetzt mit mir habt, und zwar so lange, bis ich wiederkomme. [26] Hey, wer bis zum Schluss durchzieht und den dunklen Mächten standhält, wer bis zum Schluss sein Leben danach ausrichtet, was ich will, der wird mal über ganze Nationen das Sagen haben! [27] Er wird autoritär regieren und alles weghauen, was sich ihm in den Weg stellt. [28] Er wird genau so eine Power haben, wie ich sie von meinem Papa bekommen habe. Und als Zeichen, dass er so mächtig ist, hat er eine Uniform von einem General an. [29] Passt gut auf, Leute! Hört gut zu, was Gott der Gemeinde zu sagen hat."

3

Ein Brief an die Christen in Sardes

1 „Schreib mal der Gemeinde in Sardes Folgendes: Jetzt kommt eine
Nachricht von dem, der die sieben Geister Gottes unter sich hat und
die sieben Sterne in seiner Hand hält. Ich weiß genau, was du so treibst.
Ich weiß auch, dass man erzählt, du wärst eine richtig lebendige
Gemeinde. Aber in Wirklichkeit bist du tot! 2 Jetzt wach endlich auf! Und
weck die anderen Leute in deiner Umgebung auf, die auch noch fest schla-
fen. Denn so, wie du bis jetzt gelebt hast, bist du bei Gott unten durch.
3 Hast du denn schon wieder vergessen, wie alles losging, als du Gott das
erste Mal gehört und ihm auch geantwortet hast? Halte diese Worte fest,
verlier sie nicht wieder! Komm zu mir zurück! Wenn du nicht aufwachst,
dann werde ich ganz plötzlich vor der Tür stehen, unerwartet und so wie
ein Dieb. 4 Trotzdem gibt es selbst bei euch in Sardes einige, die sich nicht
in der Welt dreckig gemacht haben. Sie werden immer bei mir sein und
ganz weiße Kleidung tragen, weil sie es wert sind. 5 Alle, die durchziehen
und so gegen das Böse gewinnen, werden diese weiße Kleidung anziehen.
Ich werde ihre Namen nicht aus dem Buch löschen, in dem alle stehen,
die leben werden. Ich werde mich vor meinem Vater und seinen Engeln zu
ihnen stellen! 6 Passt auf, und hört gut zu, was Gott den Gemeinden zu
sagen hat!“

Ein Brief an die Christen in Philadelphia

7 „Schreib mal einen Brief an die Gemeinde in Philadelphia. Der hab ich
Folgendes zu sagen: Diese Nachricht kommt von dem, der heilig ist und
nie lügt. Er hat als einer aus der Familie vom David den PIN-Code für die
Ewigkeit. Die Tür, die er damit aufmacht, kann keiner mehr schließen, und
die Tür, die er verschließt, kann keiner mehr aufmachen. 8 Ich weiß, wie du
drauf bist, und ich weiß, was du getan hast. Pass auf, ich hab eine Tür für
dich aufgeschlossen, die keiner mehr verschließen kann. Du bist klein und
hast nicht sehr viel Kraft. Aber du hast dich auf meine Worte verlassen
und dich mutig auf meine Seite gestellt, um von mir zu erzählen. 9 Pass
gut auf, was bald abgehen wird. Es werden Leute zu dir kommen, die
behaupten, sie wären superfromm und echte Hardcore-Juden. Aber sie
lügen, denn in Wirklichkeit gehören sie zur dunklen Seite, zu den Leuten
von Satan. Ich werde diese Menschen dazu bringen, dass sie dich achten
und sich dir unterordnen. Sie sollen erkennen, dass ich dich liebe! 10 Du
hast genau das getan, was ich dir gesagt habe. Du hast durchgehalten.
Darum werde ich dir helfen, wenn die schweren Tests kommen, die in der
Welt bald abgehen werden. 11 Ich werde bald zurückkommen! Zieh durch
und gib nicht auf! Keiner soll dir den Preis für deinen Sieg mehr abneh-
men können. 12 Wer bis zum Ende durchhält und so das Böse besiegt, der

wird zu einer Stütze im Tempel von Gott werden. Dort wird er immer blei-
ben können. Ich werde den Namen von meinem Gott auf ihn raufschrei-
ben. Das bedeutet: Er gehört zu Gott. Und ich werde den Namen von der
Stadt von meinem Gott auf ihn raufschreiben. Das heißt: Er bekommt
einen Pass für dieses neue Jerusalem. Diese Stadt wird Gott selbst auf die
Erde bauen. Und schließlich werde ich auch meinen Namen auf ihn rauf-
schreiben. 13 Passt auf und hört gut zu, was Gott durch seinen Geist den
Gemeinden zu sagen hat."

Ein Brief an die Gemeinde in Laodizea

14 „An die Gemeinde von Laodizea schreib mal Folgendes: Was jetzt
kommt, ist von dem, der selbst das Versprechen ist, von Christus, dem
echten, ehrlichen und treuen Zeugen. Er war schon da, bevor Gott das
Universum geschaffen hat. 15 Ich kenne dich sehr gut. Ich weiß genau, wie
du drauf bist. Du bist nämlich nicht heiß und auch nicht kalt. Wenn du
wenigstens eins von beiden wärst! 16 Aber du hängst genau in der Mitte,
du bist schlaff und lau. Und darum spucke ich dich aus! 17 Du lässt den
dicken Macker raushängen, du sagst: ‚Ich hab so viel Kohle, ich brauche
nichts mehr!' Und dabei kriegst du noch nicht mal mit, wie peinlich du
eigentlich bist, dass man Mitleid mit dir haben muss. Du peilst überhaupt
nicht, was wirklich Sache bei dir ist. Du bist nämlich total arm, blind und
splitternackt! 18 Ist es nicht höchste Zeit, dich um Sachen von wirklich blei-
bendem Wert zu kümmern? Besorg dir reines Gold, das in meinem Feuer
gereinigt wurde! Nur dieses Gold macht dich wirklich reich, und das
bekommst du nur bei mir! Und lass dich mal neu einkleiden. Ich hab ein
paar supersaubere weiße Klamotten für dich, damit du nicht länger nackt
rumlaufen musst. Und organisier dir mal Salbe für die Augen, damit die
Entzündung weggeht und du wieder besser sehen kannst. 19 Ich zeig dir
deinen Mist, weil ich dich liebe! Ich will dich fürs Leben trainieren, darum
strafe ich dich. 20 Merkst du das nicht? Pass auf, noch stehe ich vor deiner
Tür und rufe dich! Und wer mich jetzt hört und mir die Tür öffnet, zu dem
werde ich reingehen. Zusammen werden wir das besondere Abendessen
feiern. 21 Jeder, der es packt und durchzieht und so das Böse besiegt, wird
mit mir auf dem Chefsessel des Universums sitzen. Genauso wie ich es
gepackt habe, gesiegt habe und mich mit meinem Vater auf den Chef-
sessel gesetzt habe. 22 Passt auf und hört genau hin, was der Geist Gottes
seinen Gemeinden sagt."

4
Der Chefsessel von Gott
1 Als ich dann nach oben sah, konnte ich eine große Tür im Himmel
sehen, und die stand offen. Dieselbe Stimme, die sich vorher noch
wie der Sound aus den Marshallverstärkern angehört hatte, sagte: „Komm
hierher, nach oben! Ich will dir zeigen, was in der Zukunft alles abgehen
muss!" 2 Plötzlich beamte mich der Geist Gottes irgendwie woanders hin.
Dann sah ich im Himmel einen großen Chefsessel, wo normal Präsiden-
ten drauf sitzen. Dadrauf saß jemand, 3 der glänzte wie ein Edelstein, so
silbern wie ein Jaspis oder so rot wie ein Karneol. Und um den Chefsessel
war ein großer, smaragdgrüner Regenbogen. 4 Um den einen Chefsessel
herum standen in einem Kreis noch vierundzwanzig weitere von den
Dingern. Auf denen saßen vierundzwanzig Aufsichtsratsvorsitzende, die
alle in total weißen Klamotten gestylt waren. Um den Hals trugen sie alle
so Goldmedaillen, die normal nur Olympiasieger tragen. 5 Aus dem gro-
ßen Chefsessel kamen ständig solche Blitze raus, und man hörte auch
Donner und Stimmen. Vor dem Chefsessel standen sieben brennende
Fackeln. Das sind die sieben Geister von Gott. 6 Direkt vor dem Chefsessel
war so ein glänzendes Etwas, das sah aus wie Wasser. Es war durchsichtig
wie Glas und strahlte so hell wie ein Kristall. In der Mitte von diesem Kreis
und um den Chefsessel herum konnte ich vier himmlische Gestalten
erkennen. Diese Gestalten hatten überall Augen an ihrem Körper kleben.
7 Die erste hatte Ähnlichkeit mit einem Löwen. Die zweite sah eher aus wie
ein Stier. Und die dritte Gestalt hatte ein Gesicht wie ein Mensch, wäh-
rend die vierte wie ein Adler aussah, der gerade am Fliegen war. 8 Jedes
von diesen vier Wesen hatte sechs Flügel, und die waren auch voll mit
diesen Augen. Diese vier Wesen standen da und sangen vierundzwanzig
Stunden am Tag ohne Unterbrechung: „Ganz besonders krass, eben gott-
mäßig, heilig, so ist der Gott, dem nichts unmöglich ist. Er war am Anfang
da, er ist jetzt immer noch bei uns, und er wird auch immer da sein!"
9 Diese vier Lebewesen standen da und dankten Gott die ganze Zeit. Sie
lobten ihn mit Liedern, weil er dort saß und die Macht hatte und weil er
immer schon dort gesessen hatte und auch für immer dort bleiben wird.
10 Diese vierundzwanzig Aufsichtsratsvorsitzenden knieten sich dabei
immer wieder vor ihm hin und beteten zu ihm, dem Gott, der immer
existieren wird. Dann legten sie die goldenen Kronen, die sie aufhatten,
vor seinem Chefsessel ab, als Zeichen, dass sie Gott ihren Respekt geben
wollen. Und dann sagten sie: 11 „Du bist es wert, dass man dir Respekt
gibt, dass man dich lobt und zu dir betet. Denn du hast das Sagen über
alles, was es gibt! Du hast alles gemacht, alles kommt von dir. So wie du
es geplant hast, ist diese Welt entstanden und auch alles, was auf dieser
Welt lebt!"

5 Sieben Schlösser und ein Buch

1 Und dann konnte ich erkennen, dass derjenige, der auf dem Chef-
sessel saß, in seiner rechten Hand ein Buch hatte. Jedes Blatt und
auch der Einband war beschrieben. Das Buch war mit sieben Vorhänge-
schlössern verriegelt. 2 Einen sehr starken Engel konnte ich dann sehen,
und der brüllte mit einer irre lauten Stimme: „Wer ist in der Lage und wer
hat es verdient, diese Schlösser aufzumachen?“ 3 Aber da war keiner, der
das konnte. Keiner aus dem Himmel, keiner von der Erde und auch nie-
mand aus dem Gebiet, wo die Toten leben, war in der Lage dazu. 4 Ich fing
voll an zu weinen, weil das so traurig war. Es gab niemanden, der gut ge-
nug gewesen wäre, das Buch aufzumachen und es zu lesen. 5 Aber ein
Aufsichtsratsvorsitzender sagte dann zu mir: „Du brauchst nicht weinen!
Es gibt einen, der hat es geschafft, er hat gesiegt! Es ist der Löwe, der aus
der Familie vom Juda kommt. Er ist aus der Familie vom Präsident David.“
6 Und dann sah ich es: In der Mitte stand ein Lamm, das aussah, als hätte
man es geschlachtet. Es hatte sieben Hörner und sieben Augen. Diese
Augen stehen für die sieben Geister von Gott, die er überall in die ganze
Welt geschickt hat. Drum herum standen zum einen der Chefsessel, die
vier lebenden Wesen und die vierundzwanzig Aufsichtsratsvorsitzenden.
7 Das Lamm (was für Jesus Christus steht) ging dann zu dem Typ, der auf
dem Chefsessel saß. Dort bekam es das Buch aus seiner rechten Hand.
8 Und in dem Augenblick, als es das Buch in die Hand nahm, fielen die
vier himmlischen Gestalten und auch die vierundzwanzig Aufsichtsrats-
vorsitzenden platt vor dem Lamm auf den Boden. Jeder von denen hatte
dabei eine Gitarre und eine goldene Schale mit so Räucherkerzen in der
Hand. Dies Schale steht für die Gebete, die Gottes Leute gebetet haben.
9 Und alle fingen an, ein ganz neues Lied zu singen, und das ging so: „Du
bist der Einzige, der in der Lage ist, dieses Buch zu nehmen und seine
Schlösser zu öffnen. Du bist der Einzige, der das darf, weil du für alle hin-
gerichtet wurdest. Du hast dich geopfert, und dein Blut ist geflossen,
damit die Menschen frei sein können. Und zwar Menschen aus allen
Nationen, ganz egal, wo sie herkommen. 10 Du hast sie alle jetzt zu Präsi-
denten gemacht und zu Priestern. Sie sollen ab jetzt das Sagen über die
Erde haben.“ 11 Anschließend konnte ich Zigtausende von Engeln sehen,
ohne Ende viele, und die sangen alle in einem Chor. Sie standen um den
Chefsessel, um die vier Wesen und die Aufsichtsratsvorsitzenden herum.
12 Der Song, den ich dann hörte, ging ungefähr so: „Nur das Lamm, das
abgeschlachtet wurde, hat einen Anspruch auf alle Macht und allen Reich-
tum! Christus gehört alle Weisheit, alle Ehre, alle Kraft. Er allein soll gelobt
werden, er ist einfach alles!“ 13 Und dann kam alles, was auf der Erde,
unter der Erde, im Himmel und im Wasser lebt, auf die Bildfläche. Alle

sangen zusammen ein Lied, was folgenden Text hatte: „Dank, Respekt,
Anerkennung, Einfluss und Macht hat nur der verdient, der auf dem Chef-
sessel sitzt und das sagen hat und genauso wie das Lamm. Das war
immer schon so war und es wird auch immer so bleiben!“ 14 Die vier
Wesen sagten nur: „Das stimmt! Amen dazu!“ Und die vierundzwanzig
Aufsichtsratsvorsitzenden legten sich auf den Boden und beteten Gott
und das Lamm an.

6

Sechs Schlösser werden aufgemacht

1 Jetzt konnte ich beobachten, wie dieses Lamm das erste Schloss
öffnete, mit dem das Buch abgeschlossen war. Und dann hörte ich,
wie eine von den vier himmlischen Gestalten anfing, voll laut zu brüllen:
„Los jetzt!“ 2 Als ich mich umdrehte, war da ein weißes Motorrad, auf
dem ein Mann saß. Der Typ hielt ein Laserschwert in der Hand und hatte
einen Orden um als Zeichen dafür, dass er zu den Siegern gehörte. Der
zog als Sieger los, um noch einmal zu siegen. 3 Dann öffnete das Lamm
ein zweites Schloss, und ich konnte dabei die Stimme von der zweiten
himmlischen Gestalt hören, die genauso rief: „Los jetzt!“ 4 Diesmal kam
ein feuerrotes Motorrad angebraust. Sein Fahrer bekam ein riesiges Laser-
schwert. Mit diesem Schwert konnte er den Frieden, der noch auf der Erde
war, beenden. Er sorgte dafür, dass sich die Menschen wieder gegensei-
tig abschlachteten und Kriege anzettelten. 5 Und dann wurde das dritte
Schloss aufgemacht. Ich konnte diesmal die dritte himmlische Gestalt
reden hören. Die sagte: „Los jetzt!“ Ein schwarzes Motorrad erschien
plötzlich auf der Bildfläche, und sein Fahrer hielt die Börsennachrichten in
der Hand. 6 Ich konnte eine Stimme hören, die von einem der vier Wesen
kam: „Ein frisches Brot oder drei Brote von letzter Woche kosten jetzt
90 Euro, nur ein Porsche kostet noch so viel wie vorher!“ 7 Nachdem das
vierte Schloss geöffnet wurde, konnte ich die vierte himmlische Gestalt
reden hören: „Los jetzt!“ 8 Und dann sah ich wieder ein Motorrad, das war
aschgrau und völlig verrostet. Und der Typ, der da draufsaß, hieß der Tod,
und hinter ihm war eine Armee von Zombis. Sie bekamen die Macht über
ein Viertel der gesamten Erde. Er brachte Kriege, Krankheiten und Hun-
gersnöte, und er ließ alle möglichen wilden Tiere los. 9 Jetzt öffnete das
Lamm das fünfte Schloss, mit dem das Buch abgeschlossen war. Plötzlich
sah ich viele Menschen, die getötet wurden, weil sie Gott und seinem
Wort immer treu geblieben waren und sich immer öffentlich dazu gestellt
hatten, zu ihm zu gehören. 10 Und die riefen voll laut: „Wann ist es endlich
so weit? Du bist der einzigartige, heilige Gott, der für die Wahrheit ein-
steht! Wann kommt endlich die Gerichtsverhandlung, wo die Menschen,

die link zu uns waren und uns getötet haben, verurteilt werden?“ 11 Dann
bekamen sie schneeweiße Kleider an, und es wurde gesagt, dass sie noch
ein bisschen warten müssten. Denn da waren noch einige aus der Jesus-
Familie, die auch noch dazukommen würden, weil sie auch wegen ihres
Glaubens noch getötet würden. 12 Dann sah ich zu dem Lamm. Das
öffnete in diesem Augenblick das sechste Schloss. Plötzlich gab es ein
heftiges Erdbeben und eine totale Sonnenfinsternis, fast so, als hätte
jemand eine schwarze Plastikplane über die Sonne gelegt. Und der Mond
wurde dabei blutrot. 13 Und Meteoriten fielen überall auf die Erde, fast so
wie Äpfel, die von einem Baum fallen, wenn der Sturm an den Ästen
wackelt. 14 Auf einmal wurde alles zusammengeklappt, so wie ein Buch
zusammengeklappt wird. Alles verschwand, die Berge und alle Inseln
waren auf einmal weg. 15 Die Mächtigen auf der Welt, die Regierungsober-
häupter und Präsidenten, kriegten dann total die Panik. Millionäre, Unter-
nehmer und auch Arbeiter hatten Angst und versuchten sich in Bunkern
tief unter der Erde zu verstecken. 16 Alle schrien: „Macht die Tür zu, ver-
schließt alles, macht das Licht aus! Der Präsident, der auf dem Chefsessel
sitzt und das Sagen über alles hat, darf uns nicht finden. Und das Lamm,
das so einen großen Zorn auf uns hat, auch nicht. Dann ist es uns noch
lieber, wenn wir in diesem Bunker ersticken oder er über uns zusammen-
stürzt. 17 Es ist jetzt so weit, die letzte große Gerichtsverhandlung ist
angesetzt. Wer wird sie überleben?“

7

Wer den Code trägt, kommt durch

1 Danach konnte ich vier Engel sehen, die sich im äußersten Norden
und Süden, Westen und Osten aufgestellt hatten. Sie hielten die
Atmosphäre fest, sodass nirgends mehr der Wind wehen konnte, nicht auf
dem Meer und auch nicht auf dem Land. Kein Blatt bewegte sich mehr.
2 Ein anderer Engel kam aus östlicher Richtung angeflogen, von der Seite,
wo die Sonne immer aufgeht. Er hatte den Universal-PIN-Code von Gott in
seiner Hand. Und den vier Engeln, die von Gott die Macht bekommen
hatten, das Meer und das Land zu zerstören, denen rief er zu: 3 „Moment,
wartet noch! Ihr dürft die Sachen noch nicht alle plattmachen! Wir wollen
erst mal noch allem, was Gott besitzt, den PIN-Code auf die Stirn drücken,
damit klar ist, zu wem sie gehören!“ 4 Und dann hörte ich, wie viele Men-
schen diesen Code bekommen sollten. Es waren 144 000 [das sind 12 mal
12 000]. Das waren Leute aus dem Volk Israel.

5/8 Aus jedem Stamm kamen 12 000. Zwölf Stämme waren am Start: Juda,
Ruben, Gad, Asser, Naftali, Manasse, Simeon, Levi, Issachar, Sebulon,

Josef, Benjamin. 9 Anschließend konnte ich sehr viele Leute auf einen
Haufen sehen. Es waren zu viele, um sie zu zählen. Sie kamen aus allen
Ländern, aus verschiedenen Nationen und Kontinenten auf dieser Welt,
mit unterschiedlichen Sprachen. Alle standen vor dem Chefsessel, wo das
Lamm draufsaß. Sie waren mit weißen Kleidern gestylt und trugen als
Zeichen, dass sie gewonnen hatten, eine Medaille um den Hals. 10 Alle
riefen auf einmal: „Der Einzige, der uns retten kann, ist unser Gott! Er hat
den Überblick, er hat die Macht, er hat den PIN-Code für die Tür zum
Himmel, er und das Lamm, er und Jesus!" 11 Die Engel standen in einem
großen Kreis um den Chefsessel herum. Vor ihnen standen noch die
Aufsichtsratsvorsitzenden und diese vier Wesen. Alle beugten sich gleich-
zeitig zum Chefsessel und beteten Gott an. 12 „Auf sicher, eins steht fest",
riefen sie, „es gibt nur einen, der es verdient hat, dass man zu ihm betet,
ihn toll findet, ihm danke sagt. Er ist der Größte, er hat den Überblick, er
weiß alles: Das ist unser Gott. Das war schon immer so und wird auch
immer so sein [Amen]!" 13 Plötzlich beugte sich ein Aufsichtsratsvorsitzen-
der zu mir rüber und fragte mich: „Was sind das für welche, die so weiß
gestylt hier angekommen sind? Woher kommen die?" 14 „Keine Ahnung",
hörte ich mich antworten, „aber du weißt es doch bestimmt. Sag es mir
bitte!" „Das sind die Christen, die schlimme Sachen durchmachen muss-
ten, weil sie mit Jesus gelebt haben. Sie wurden verfolgt, in den Knast
gesteckt, gefoltert und so. Ihre Kleider wurden durch das Blut vom Lamm
sauber gemacht. 15 Darum stehen sie hier direkt vor dem Chefsessel von
Gott, und dienen ihm Tag und Nacht. Gott selber wird auf sie aufpassen!
16 Sie werden nie wieder Hunger haben müssen oder Durst! Selbst ex-
treme Sonne oder Hitze wird sie nicht mehr verletzen können. 17 Jesus,
das Lamm, sitzt auf dem Chefsessel und wird auf sie aufpassen und sie
versorgen. Er wird sie wie ein Hirte zu den Wasserquellen führen, wo man
das Leben selbst trinken kann. Und Gott höchstpersönlich wird immer bei
ihnen sein. Er wird sie trösten, er wird ihre Tränen abtrocknen."

8

Das siebte Schloss

1 Als dieses Lamm dann das siebte Schloss aufmachte, war es im Him-
mel plötzlich total still. Das ging ungefähr eine halbe Stunde lang. 2 Ich
konnte die sieben Engel sehen, wie sie vor Gott standen. Jeder von ihnen
kriegte eine Posaune in die Hand gedrückt. 3 Dann sah ich einen anderen
Engel, der hatte so ein Teil in der Hand, womit man Weihrauch, so was
Ähnliches wie Räucherkerzen, abfackelt. Vor dem Altar bekam der sehr viel
von dem Weihrauch in die Hand. Den sollte er erst mal vor dem Chefses-
sel abräuchern. Dieser Rauch steht dabei für die Gebete, die Gottes Leute

beten und die bei ihm auch ankommen. 4 Und genau das passierte: Der
Rauch stieg mit den Gebeten der Menschen auf, die zu Gott gehören.
Alles kam dabei aus der Hand von dem Engel. 5 Und dann nahm der Engel
dieses Teil, wo der Weihrauch drin war, und füllte es mit Feuer von dem
Altar. Und dann knallte er das Ganze auf die Erde runter. Plötzlich don-
nerte und blitzte es, man hörte Stimmen, und auf der Erde gab es heftige
Erdbeben. 6 Dann machten sich die sieben Engel klar, um in ihre Posaune
zu blasen. 7 Der erste Engel fing an. Kurz nachdem er in die Posaune
geblasen hatte, fielen Hagelkörner gleichzeitig mit Feuer auf die Erde,
beides mit Blut vermischt. Ein Drittel der Erde fing voll an zu brennen. Ein
Drittel aller Wälder und alles Grünzeug verbrannte. 8 Dann blies der zweite
Engel in seine Posaune. Etwas, das wie ein brennender Berg aussah, fiel in
das Meer rein. Ein Drittel des Meeres wurde dann rot wie Blut. 9 Darum
starb auch ein Drittel aller Lebewesen, die im Meer waren, und ein Drittel
aller Schiffe kenterte in der Welle. 10 Dann blies der dritte Engel in seine
Posaune. Ein großer Meteorit fiel vom Himmel, der wie eine Fackel
brannte. Er stürzte auf die Flüsse und Wasserquellen. 11 Dieser Meteorit
hatte einen Namen, er hieß „Bitterkeit". Er vergiftete ein ganzes Drittel
von allen Wasservorräten auf der Erde. Viele Menschen mussten sterben,
weil sie davon trotzdem getrunken hatten. 12 Und dann blies der vierte
Engel in seine Posaune. Plötzlich wurde das gesamte Licht auf der Erde
um ein Drittel runtergedimmt. Die Sonne, der Mond und die Sterne
strahlten nicht mehr so hell wie normal, und auch nachts wurde es
dadurch um ein Drittel dunkler. An einem Drittel des Tages war es sogar
völlig dunkel, und für die Nacht galt dasselbe. 13 Dann sah ich nach oben
und entdeckte einen, der ganz oben am Himmel flog und ganz laut rief:
„Wie übel! Passt auf, ihr Menschen auf der Erde! Es kommen noch drei
andere Engel, und die müssen auch noch in ihre Posaune blasen!"

9

Die fünfte Posaune

1 Als der fünfte Engel in seine Posaune geblasen hatte, sah ich einen
Riesen-Meteoriten, der auf die Erde geknallt war. Der bekam einen
Schlüssel, mit dem er die Tür zur Unterwelt aufschloss. 2 Er öffnete einen
Krater, aus dem schwarzer Rauch rauskam wie aus einem Ofen. Durch
den Ruß, der dadurch überall in der Luft war, verdunkelte sich die
Sonne. Die ganze Luft war verpestet. 3 Dann kamen plötzlich Heuschre-
cken von überall her. Es waren aber keine normalen Heuschrecken, denn
sie hatten einen Stachel, mit dem sie wie ein Skorpion stechen konnten.
4 Und die durften kein Gras essen oder sich von anderem Grünzeug
ernähren, auch nicht von Bäumen. Sie waren nur da, um die Menschen

anzugreifen, die nicht den PIN-Code Gottes auf der Stirn trugen. 5 Es war ihnen gesagt worden, dass sie niemanden töten dürften, aber sie sollten fünf Monate lang den Menschen qualvolle Schmerzen zufügen. Ihre Stiche taten so weh wie der Stich von einem Skorpion. 6 Wenn diese Tage da sind, würden viele Menschen gerne Selbstmord begehen, aber sie werden nicht sterben können. Ihr größter Wunsch wird es sein, nicht mehr zu leben, aber der Tod wird unerreichbar sein. 7 Diese Heuschrecken sahen aus wie Pferde, die für den Krieg bestimmt waren. Auf ihrem Kopf hatten sie so etwas wie eine goldene Krone, und ihre Gesichter hatten Ähnlichkeit mit dem Gesicht von einem Menschen. 8 Sie hatten auch Haare, die so lang waren wie die Haare von manchen Frauen, und die Zähne waren so scharf wie die von einem Löwen. 9 Außerdem hatten so sie etwas um sich rum, das aussah wie ein Panzer, und ihre Flügel machten ein so lautes Geräusch wie ein Hubschrauber. 10 Und dann hatten sie noch Schwänze und Stacheln wie ein Skorpion. Mit dem Gift von dem Stachel konnten sie Menschen fünf Monate lang quälen. 11 Ihr Oberhaupt ist ein Engel, der aus der Hölle kommt. Auf Hebräisch heißt er „Abaddon“ und auf Griechisch „Apollyon“. Übersetzt bedeutet das „der Zerstörer“. 12 Aber das war noch nicht alles. Nach dieser ersten Katastrophe kommen noch zwei andere.

Die sechste Posaune

13 Jetzt kam der sechste Engel an die Reihe und blies in seine Posaune. Ich hörte eine Stimme, die aus allen vier Ecken des goldenen Altars kam, wo Gottes Chefsessel steht. 14 Die Stimme sagte: „Lass die vier Engel frei, die am Fluss Euphrat gefangen sind!“ 15 Und die vier Engel wurden befreit. Es war ihr Tag. Genau für diesen Zeitpunkt waren sie bereitgehalten worden, um loszuziehen und ein Drittel aller Menschen zu töten. 16 Sie hatten ein riesengroßes Heer. Zig Millionen berittene Soldaten waren da, das sagte mir jemand. 17 Und dann hatte ich folgendes Bild vor meinem inneren Auge: Ich sah die Pferde und ihre Reiter. Die hatten eine Rüstung an, die war feuerrot, tiefblau und schwefelgelb und glänzte. Die Pferde hatten Köpfe wie von einem Bär, und aus ihrem Mund kamen Feuerflammen, Rauch und brennender Schwefel rausgeschossen. 18 Mit diesen drei Waffen wurde ein Drittel der Menschheit vernichtet. 19 Aber nicht nur das Maul der Pferde war eine tödliche Waffe, sondern auch ihr Schwanz. Der sah aus wie ein Schlangenkopf und konnte auch Menschen verletzen. 20 Doch obwohl diese derben Katastrophen passierten, kam keiner von den Überlebenden auf die Idee, sein Leben zu ändern und sich Gott zuzuwenden. Die ganze Zeit beteten sie weiter zu Dämonen und zu ihren selbst gebastelten anderen Göttern aus

Gold, Silber, Eisen, Stein und Holz. Und sie kapierten einfach nicht, dass
diese Götter tot sind und weder hören noch sehen können! 21 Sie änder-
ten ihr Leben nicht, sie kehrten nicht um. Sie hörten nicht auf, sich
gegenseitig fertig zu machen, sich zu töten, sich auf okkulte Sachen ein-
zulassen, sexmäßig danebenzuliegen oder sich gegenseitig zu beklauen.

10

Johannes bekommt ein kleines Buch

1 Dann sah ich einen anderen sehr mächtigen Engel, der aus dem
Himmel zu mir runterkam. Um ihn herum war eine Wolke, und
auf seinem Kopf war ein Regenbogen. Sein Gesicht leuchtete wie die
Sonne und seine Beine sahen aus, als wären sie aus brennendem Phos-
phor. 2 In seiner Hand hielt er ein kleines Buch aufgeschlagen. Mit
seinem rechten Fuß stand er auf dem Meer und mit seinem linken auf
dem Land. 3 Und dann brüllte er los, fast so wie ein großer Löwe. Als
Antwort konnte man sieben Donnerschläge hören. 4 Als die sieben Don-
nerschläge anfingen zu reden, wollte ich das gleich aufschreiben, aber
eine Stimme sagte mir: „Das ist geheim, was die gesagt haben. Erzähl
es keinem weiter!“ 5 Jetzt hob der Engel, der mit seinen Füßen auf dem
Meer und auf dem Festland stand, seine rechte Hand hoch, Richtung
Himmel. 6 Und dann schwor er einen Eid. Er schwor auf den, der immer
schon gelebt hat, immer leben wird und das alles geschaffen hat, den
Himmel, die Erde, das Meer: „Die Zeit ist abgelaufen!“ 7 Wenn der siebte
Engel seine Posaune bläst, dann wird Gott das durchziehen, was sein
geheimer Plan war. Es wird genau so passieren, wie er es seinen Leuten,
den Propheten, vorausgesagt hat. 8 Dann redete diese Stimme noch mal
mit mir: „Jetzt geh und nimm dieses offene Buch von dem Engel, der
auf dem Land und dem Meer gleichzeitig steht!“ 9 Also ging ich zu dem
Engel hin und fragte ihn, ob ich das kleine Buch haben könne. Er sagte
zu mir: „Hier, nimm es und iss es auf! Es schmeckt so süß wie Erd-
beermarmelade, aber es wird dir ganz schwer im Magen liegen.“ 10 Ich
nahm das kleine Buch von ihm und aß es auf. Tatsächlich schmeckte es
zuckersüß, aber im Bauch bekam ich Magenschmerzen davon. 11 Dann
meinte irgendjemand zu mir: „Du wirst noch einige prophetische Worte
von Gott bekommen, über Völker und Nationen. Auch über die Macht-
haber der Welt wird er noch einiges zu sagen haben.“

11

Zwei Propheten und ein Auftrag

1 Dann bekam ich einen Zollstock in die Hand, und jemand sagte
mir: „Jetzt geh und vermiss den Tempel von Gott und den Altar

dadrinnen. Zähl auch die Menschen, die sich im Tempel befinden und
beten! (Denn alles was gemessen und gezählt ist, wird bleiben) 2 Den
Teil, der außerhalb vom eigentlichen Tempel ist, brauchst du nicht aus-
zumessen. Er gehört den anderen Völkern, die keine Juden sind, und sie
werden ihn besetzen, wenn sie Gottes heilige Stadt ganze zweiundvierzig
Monate verwüsten. 3 Meine beiden Propheten, Jungs mit dem besonde-
ren Draht zu Gott, werden von mir einen Auftrag bekommen. Sie werden
ganz in Schwarz auftreten, als Zeichen der Trauer, und werden 1260 Tage
lang das erzählen, was Gott ihnen gesagt hat. 4 Diese beiden Propheten
sind die zwei Ölbäume und die zwei Lampen, die vor Gottes Chefsessel
stehen, vor dem Herrn der Welt. 5 Jeder, der versucht, sie anzugreifen,
wird mit dem Flammenwerfer aus ihrem Mund niedergemacht. Jeder,
der versucht, ihnen zu schaden, muss sterben. 6 Sie haben die Möglich-
keit, dafür zu sorgen, dass es in der Zeit, wo sie reden, so lange nicht
mehr regnet, bis sie fertig sind. Und sie können aus Wasser Blut
machen und Katastrophen auf die Erde schicken, wenn sie es nur wol-
len. 7 Wenn sie mit ihrem Ding hier fertig sind und das getan haben, was
Gott von ihnen wollte, wird das Tier, das direkt aus der Hölle kommt,
seinen Auftritt haben. Es wird kommen und gegen sie kämpfen, und das
Tier wird siegen und beide Propheten töten. 8 Ihre Leichen werden in der
Stadt ausgestellt werden, in derselben Stadt, in der ihr Herr gekreuzigt
worden ist. Diese Stadt ist sozusagen das neue ‚Sodom' oder das neue
‚Ägypten'. 9 Dreieinhalb Tage werden die Leichen von Menschen aus der
ganzen Welt besichtigt werden können, weil man verboten hat, sie zu
beerdigen. 10 Die Menschen auf der Erde werden Partys veranstalten, weil
sie sich so über den Tod der zwei Propheten freuen. Sie werden sich
Sachen schenken, weil die beiden endlich weg sind. Was die zwei Pro-
pheten ihnen gesagt hatten, war nämlich überhaupt nicht nett. Es war
total ätzend für die Leute, sich das anzuhören. 11 Aber dann sah ich, wie
nach dreieinhalb Tagen etwas passierte. Die Kraft Gottes kam auf sie zu.
Sie wurden wieder lebendig und standen plötzlich auf. Alle, die das mit-
kriegten, waren wie gelähmt vor Angst. 12 Eine irre laute Stimme direkt
aus dem Himmel sagte dann zu ihnen: ‚Kommt her zu mir nach oben!'
Vor ihren Feinden wurden sie dann von einer Wolke umgeben und in
den Himmel gezogen. 13 Und dann gab es ein schweres Erdbeben der
Stärke 12. Gleich darauf fielen zehn Prozent der Stadt in sich zusammen.
Siebentausend Menschen kamen dabei um. Die Überlebenden waren
entsetzt und hatten große Angst. Endlich unterwarfen sie sich Gott.
14 Trotzdem ist diese schlimme Zeit noch nicht vorbei. Nach dieser zwei-
ten Phase kommt kurz darauf noch eine dritte."

Die siebte Posaune

15 Als Letztes blies dann der siebte Engel in seine Posaune. Aus dem Him-
mel konnte man laute Stimmen hören, die sagten: „Ab jetzt wird Gott
die Kontrolle über diese Welt übernehmen, und Christus wird für immer
das Sagen haben.“ 16 Die vierundzwanzig Aufsichtsratsvorsitzenden, die
vor Gott auf ihren Chefsesseln saßen, legten sich vor ihm auf den Boden
und beteten ihn an. 17 Sie sagten: „Danke, Gott! Dir ist wirklich nichts
unmöglich! Du hast gezeigt, was du draufhast! Du bist immer derselbe,
du veränderst dich nie. Und du hast jetzt die Macht übernommen. 18 Die
Völker hatten keine Lust mehr auf dich, sie wollten dich nicht mehr.
Darum wolltest du sie auch nicht mehr und hast sie bestraft. Die Zeit der
großen Gerichtsverhandlung ist jetzt da. Du wirst alle auf die Bank setzen,
auch die Menschen, die schon tot sind. Jeder wird das bekommen, was er
verdient. Die Menschen, die zu dir gehören, wirst du belohnen – deine
Diener, deine Propheten, alle, die das getan haben, was du willst, angefan-
gen bei den Kleinen bis hin zu den Großen. Aber die Menschen, die die
Erde kaputt gemacht haben, wirst du auch kaputt machen.“ 19 Jetzt wurde
im Himmel der Tempel von Gott aufgemacht. Man konnte die Bundeslade
ganz deutlich erkennen, und überall waren Blitze. Man hörte Donner, und
es gab einen furchtbaren Hagelsturm und ein heftiges Erdbeben.

12

Die Frau, ihr Kind und ein Drache

1 Plötzlich konnte ich am Himmel etwas Riesiges sehen. Es war
eine Frau, die so hell leuchtete wie die Sonne, und unter ihren
Füßen war der Mond. Auf dem Kopf hatte sie eine Krone, die aus zwölf
Sternen bestand. 2 Sie war hochschwanger und schrie vor Schmerzen, weil
die quälenden Wehen bereits eingesetzt hatten. 3 Und dann sah ich noch
etwas am Himmel: Es war ein riesengroßer feuerroter Drache, der hatte
sieben Köpfe mit zehn Hörnern drauf. Auf jedem Kopf trug er eine Krone.
4 Mit seinem Schwanz fegte er ein Drittel der Sterne zusammen und warf
sie dann auf die Erde. Dann stellte er sich vor die Frau, die kurz vor der
Geburt stand. Er wollte ihr Kind sofort nach der Geburt fressen. 5 Die Frau
brachte einen Sohn zur Welt. Dieser Junge sollte einmal die Welt regieren,
radikal und streng. Das Baby wurde aber gerettet und sofort zu Gott und
seinem Chefsessel in Sicherheit gebracht. 6 Die Frau musste in die Wüste
fliehen. Gott hatte da bereits einen Ort für sie klargemacht. 1.260 Tage
lang sollte sie da versorgt werden (1.260 Tage waren nach damaliger Zeit-
rechnung dreieinhalb Jahre). 7 Plötzlich gab es Krieg im Himmel. Michael
und seine Engel starteten einen Angriff gegen den Drachen. Der Drache
wehrte sich mit seinen dunklen Engeln. 8 Aber er verlor den Kampf und

durfte nicht länger im Himmel bleiben. 9 Der große Drache steht für den
Teufel, oder Satan, oder die fiese Schlange, ganz wie man ihn nennen will.
Er verführt alle Menschen zum Bösen. Er wurde mit all seinen Engeln auf
die Erde geschmissen. 10 Jetzt hörte ich eine irre laute Stimme im Himmel,
die rief: „Jetzt ist es endlich so weit! Gott hat endgültig gesiegt und für
unsere Rettung gesorgt. Seine Stärke und die Macht von seinem Sohn
Jesus Christus sind für alle zu sehen. Der Ankläger, der unsere Geschwis-
ter jeden Tag und jede Nacht vor Gott beschuldigt hat, ist endgültig raus-
geschmissen und auf die Erde geworfen worden. 11 Sie haben gegen ihn
gewonnen, wegen dem Blut, das das Lamm Jesus vergossen hat, und weil
sie alles für Gott gegeben haben. Sie haben sich nicht abbringen lassen,
an Gottes Wort festzuhalten, und sogar ihr Leben dafür riskiert. Sie waren
bereit, dafür zu sterben. 12 Ihr könnt euch freuen und feiern, ihr Himmel
und alle, die dadrin wohnen. Bloß der Erde und dem Meer wird es übel
gehen. Der Satan ist voll wütend zu euch gekommen, und er ist super auf-
geheizt und sauer, weil er weiß, dass seine Zeit bald abgelaufen ist." 13 Als
der Drache auf der Erde angekommen war, jagte er gleich die Frau, die das
Baby geboren hatte. 14 Aber sie bekam zwei große Adlerflügel und konnte
aus ihrem Versteck in der Wüste fliehen. Dreieinhalb Jahre wurde sie
versorgt und vor dem Drachen beschützt. 15 Doch das Biest gab nicht auf.
Eine Riesen-Flutwelle schoss aus seinem Mund raus, die die Frau mit-
reißen und ertränken sollte. 16 Die Frau bekam aber Hilfe von der Erde. Es
entstand ein Riss im Boden, und das Wasser von dem Drachen wurde
dort reingelenkt. 17 Dadrüber wurde der Drache total sauer, und er erklärte
allen anderen den Krieg. Und zwar allen denen, die das tun, was Gott will,
und nach seinen Regeln leben. Alle, die zu Jesus gehören, standen auf
seiner Liste. 18 Und er stellte sich an den Strand vom Meer.

13

Das Viech aus dem Meer: der Anti-Jesus

1 Jetzt sah ich vor meinem inneren Auge ein seltsames Tier aus
dem Meer auftauchen. Es hatte sieben Köpfe und zehn Hörner,
wobei jedes Horn eine Krone aufhatte. Auf den Köpfen standen Ausdrücke
und Namen, die Gott lächerlich machen sollten. 2 Dieses Tier sah fast
schon so aus wie ein Panther, hatte aber die Füße von einem Bären und
den Kopf von einem Löwen. Der Drache übertrug ihm seine gesamte
Kraft, er bekam seinen Einfluss und seine Macht. 3 Ich konnte erkennen,
dass das Tier an einem seiner Köpfe schwer verwundet war. Diese Wunde
wurde dann aber geheilt, und die ganze Welt sah und bewunderte das
sehr. 4 Die Menschen fingen an, zu dem Drachen zu beten und ihm zu
danken, weil er dem Tier so eine Riesen-Macht übertragen hatte. Auch das

Tier wurde angebetet, und man sagte: „Wer kann es mit diesem Tier über-
haupt aufnehmen? Wer könnte mit ihm überhaupt kämpfen?“ 5 Dann
wurde dem Tier erlaubt, schreckliche Dinge auszusprechen und gegen
Gott abzulästern. Es wurde ihm die Möglichkeit gegeben, zweiundvierzig
Monate (dreieinhalb Jahre) lang das zu tun, was es wollte. 6 Jedes Mal,
wenn es den Mund aufmachte, sagte es etwas Ätzendes über Gott. Es
lästerte über seinen Namen, machte Witze über ihn, über seinen heiligen
Ort und über alle, die im Himmel wohnen. 7 Es wurde ihm erlaubt, Krieg
gegen die Auserwählten Gottes zu führen und diesen Krieg sogar zu
gewinnen. Es bekam die Macht über alle Nationen, alle Völker und alle
unterschiedlichen Länder mit ihren unterschiedlichen Sprachen. 8 Alle
Menschen, die dann auf der Erde leben, werden das Tier ganz toll finden
und zu ihm beten. Alle, ausgenommen die Menschen, deren Namen in
dem Buch stehen, das es schon so lange gibt, wie es die Welt gibt. Es ist
das Lebensbuch des Lammes. 9 Passt gut auf und hört zu: 10 Die Leute,
die dazu bestimmt sind, in den Knast zu wandern, werden das auch tun.
Und wer mit einer Waffe umgebracht werden soll, der wird auch so
sterben. Jetzt sind Standhaftigkeit und Vertrauen angesagt.

Das zweite Tier: ein Prophet der Lüge

11 Dann konnte ich ein anderes Tier sehen, das aus der Erde hochkam.
Es hatte zwei Hörner wie ein Lamm, aber eine grausame Stimme wie ein
Drache. 12 Dieses Tier bekam seine Befehle von dem ersten Tier und
übte seine Macht unter seinen Augen aus. Es brachte alle Menschen auf
der Erde dazu, zu dem ersten Tier, dessen tödliche Wunde verheilt war,
zu beten. 13 Dieses zweite Tier war in der Lage, viele übernatürliche
Sachen zu machen, irre Wunder und so. Vor den Augen der Leute
konnte es sogar Feuer vom Himmel auf die Erde regnen lassen. 14 Immer
wenn das erste Tier dabei war, verführte es die Menschen durch solche
Wunder. Und dann wollte es von ihnen, dass sie ein Denkmal für das
erste Tier bauten. Ein Denkmal für dieses Tier, das durch das Schwert
tödlich getroffen worden war, dann aber wieder lebendig wurde. 15 Das
war aber noch nicht alles. Es gelang ihm sogar, dieses Denkmal lebendig
zu machen. Es konnte dann plötzlich sprechen und ließ jeden töten, der
es nicht anbeten wollte. 16 Jeder, egal, wie alt oder wie gebildet er war
oder wie viel Kohle er auf dem Konto hatte, wurde gezwungen, auf der
rechten Hand oder auf der Stirn einen Code zu tragen. 17 Ohne diesen
Code war es nicht mehr möglich, Arbeit zu finden oder etwas einzukau-
fen. Dieser Code war aber nichts anderes als der Name von dem Tier
beziehungsweise eine Zahl, in der sein Name versteckt war. 18 Man
braucht schon etwas Peilung, um das nachvollziehen zu können. Wer es

draufhat, der soll diesen Code knacken. Es ist nämlich die Zahl eines
Menschen, und sie lautet 666.

14

Ein Lied der Leute, die befreit werden

1 Schließlich sah ich das Lamm auf dem Berg Gottes stehen. Um
es herum standen 144.000 Menschen. Alle hatten seinen Namen
auf der Stirn stehen und den Namen seines Vaters. 2 Ich hörte dann eine
Stimme aus dem Himmel, die war so laut wie das Rauschen eines Was-
serfalls und so extrem wie ein heftiger Donner. Dabei klang sie trotzdem
so zärtlich wie ein schönes Lied auf einer Gitarre. 3 Diese 144.000 bildeten
einen Chor, der ein neues Lied sang. Das taten sie vor dem Chefsessel
Gottes und vor den vier Wesen und den vierundzwanzig Aufsichtsrats-
vorsitzenden. Aber nur diese 144.000, die durch das Lamm von der Erde
freigekauft wurden, konnten dieses Lied lernen. 4 Sie haben durchgezogen,
sind Gott immer treu geblieben und haben sich nicht dadurch dreckig
gemacht, dass sie alles Mögliche für wichtiger hielten als Gott. Sie sind
sauber und folgen dem Lamm überallhin. Sie sind die Ersten, die durch
die Liebe von Jesus dem Auserwählten freigekauft wurden, sie gehören
ganz und radikal zu Gott und zu dem Lamm. 5 Sie haben immer vorbild-
lich gelebt, nichts kann man ihnen vorwerfen.

Drei Engel sagen, dass die letzte Gerichtsverhandlung jetzt abgehen wird

6 Ich konnte jetzt einen weiteren Engel erkennen, der mitten durch den
Himmel flog. Er hatte die Aufgabe bekommen, allen Menschen, die auf
der Erde leben, allen Ländern und Völkern mit ihren unterschiedlichen
Sprachen eine ewig richtige und gültige gute Nachricht zu übermitteln.
7 Er rief sehr laut: „Gott soll respektiert und geehrt werden! Es ist so weit:
Jetzt ist die große Gerichtsverhandlung angesetzt. Betet zu dem, der alles
gemacht hat, den Himmel und auch die Erde, das Meer und alle Wasser-
quellen.“ 8 Dahinter kam dann ein zweiter Engel, der schrie: „Babylon, die
große Weltstadt, die alle Menschen verführt hat und wo die Sünde wohnt,
sie ist gefallen!“ 9 Jetzt kam noch ein dritter Engel. Er brüllte voll laut:
„Jeder, der das Tier oder seine Statue angebetet hat, der den Code von
dem Tier an seiner Stirn oder an seiner Hand trägt, 10 der muss ohne Ende
Gottes Wut ertragen. Da gibt es keine Gnade mehr. In der Gegenwart der
Engel und des Lamms werden sie durch Feuer und Schwefel gehen und
schlimm leiden müssen. 11 Der Qualm, der von dem Ort ausgeht, wo sie
gequält werden, wird für immer aufsteigen. So wird es ewig weitergehen,
und sie bekommen keine Ruhe. Tag und Nacht wird das so sein, für alle,
die zu dem Tier und zu seinem Bild gebetet haben. Das gilt für jeden, der

sein Zeichen trägt. 12 Nur wer Ausdauer zeigt und bis zum Ende durch-
zieht, kommt durch. Das sind die, die nach Gottes Gesetzen leben und
Jesus vertrauen.“ 13 Dann kam eine Stimme aus dem Himmel, die sagte zu
mir: „Komm, schreib das jetzt auf: Ab sofort kann sich jeder freuen, der
im Vertrauen auf Gott stirbt!“ „Ja“, sagte der Geist, „sie können sich end-
lich von ihrem ganzen Stress, der harten Arbeit und den schlimmen
Sachen, die sie durchmachen mussten, erholen. Die Belohnung ist ihnen
sicher!“

Gott fährt seine Ernte ein

14 Schließlich sah ich eine schneeweiße Wolke, und auf dieser Wolke saß
jemand, der aussah wie ein Mensch. Auf seinem Kopf trug er eine goldene
Krone, das war ein Zeichen dafür, dass er gesiegt hatte. Und in seiner
Hand hielt er den Schlüssel für einem großen Mähdrescher. 15 Nun kam
ein Engel aus dem Tempel gelaufen, der rief dann zu dem Menschen:
„Schick den Mähdrescher los! Es ist Zeit, die Ernte einzufahren. Die
Früchte sind überreif!“ 16 Und dann legte der Mann, der auf der Wolke saß,
los. Er fuhr mit dem Mähdrescher über die Erde und holte die Ernte ein.
17 Danach kam ein anderer Engel aus dem Tempel, der hatte ein scharfes
Messer in der Hand, mit dem man normal Weintrauben aberntet. 18 Zu
ihm gesellte sich ein neuer Engel, der hatte das Sagen über das Feuer. Der
rief dann zu dem anderen Engel: „Schneide mit dem Messer die Trauben
vom Weinstock der Erde runter. Die sind reif!“ 19 Jetzt schleuderte der
Engel sein Messer auf die Erde und erntete so die Trauben. Die warf er
dann in eine große Weinpresse, das ist ein Bild für Gottes Zorn. 20 Vor der
Stadt wurde der Saft aus den Trauben gepresst. Ein riesiger Strom von
Blut floss aus den Trauben raus, zu einem Fluss, der 300 Kilometer lang
war und so tief, dass ein großes Motorrad mit seinem Lenker dadrin ver-
sinken würde!

15

Sieben Engel und sieben Katastrophen

1 Dann war da am Himmel so eine große Erscheinung, die ziemlich
seltsam aussah. Sieben Engel hielten sieben Katastrophen in ihren
Händen, mit denen Gottes Gericht zu Ende gehen sollte. 2 Ich konnte so
eine Art Meer erkennen. Es war durchsichtig wie Glas und leuchtete da-
bei wie Feuer. Am Ufer von diesem Meer standen alle, die über das Tier
gesiegt, nicht zu seinem Bild gebetet und auch nicht die Zahl seines
Namens angenommen hatten. In ihren Händen hielten sie E-Gitarren, die
Gott ihnen gegeben hatte. 3 Sie sangen das Stück, das schon Mose, der
Diener von Gott, gesungen hatte, das auch das Lied von dem Lamm ist:

„Gigantisch und groß ist alles, was du getan hast. Du bist der Chef, dir ist
nichts unmöglich! Alles, was du tust, ist gerecht. Man kann sich auf dich
verlassen, du bist der Präsident von allen Menschen! 4 Wer sollte dich
nicht anerkennen? Wer sollte deinen Namen nicht toll finden und dich
nicht loben? Nur du bist heilig! Alle Menschen werden kommen und zu
dir beten. Denn dass du gerecht bist, wurde an deinen Taten allen klar-
gemacht.“ 5 Und dann konnte ich sehen, wie im Himmel der Tempel, das
ganz besondere Zelt, geöffnet wurde! 6 Die sieben Engel, die die sieben
Katastrophen getragen hatten, kamen aus diesem heiligen Bereich raus.
Sie hatten total weiße Kleider an und um die Brust ein Band aus Gold.
7 Eins von den vier mächtigen Wesen gab den sieben Engeln sieben gol-
dene Eimer. In diesen Eimern war der Zorn Gottes, des Gottes, der immer
da sein wird. 8 Der Tempel war von einer Wolke Gottes eingenebelt, die
seine Macht und seine Größe symbolisiert. Niemand konnte in den Tem-
pel gehen, bis die sieben Katastrophen beendet waren.

16

Sieben Eimer voller Zorn

1 Jetzt hörte ich eine irre laute Stimme, die den sieben Engeln zurief:
„Geht los und schüttet die sieben Eimer über der Erde aus, die mit
Gottes Zorn abgefüllt sind!“ 2 Der erste Engel ging dann los und schüttete
einen Eimer über der Erde aus. Sofort bekamen die Menschen, die dieses
Zeichen vom Tier trugen und seine Statue angebetet hatten, schlimme
bösartige Krebsgeschwüre. 3 Der zweite Engel schüttete seinen Eimer in
das Meer, und als er das tat, wurde das Wasser blutrot. Alle Pflanzen und
Tiere, die im Meer lebten, starben. 4 Und der dritte Engel schüttete sei-
nen Eimer über die Flüsse und Wasserquellen aus, die dann auch blutrot
wurden. 5 Dabei konnte ich hören, wie der Engel, der das Sagen über das
Wasser hatte, meinte: „Du hast jetzt ein Urteil gefällt. Du bist korrekt,
du bist der ganz besondere, der Heilige, und das warst du auch schon
immer. 6 Weil sie deine Leute und deine Propheten umgebracht haben und
ihr Blut auf der Erde vergossen wurde, hast du ihren Mördern zu Recht
dieses Blut zu trinken gegeben. Das haben sie verdient!“ 7 Dann hörte ich
eine Stimme aus der Richtung vom Altar, die sagte: „Ja, Gott, dir ist nichts
unmöglich. Jedes Urteil, das du fällst, ist auf jeden Fall korrekt und geht
in Ordnung!“ 8 Jetzt goss der vierte Engel seinen Eimer über die Sonne.
Das bewirkte, dass die Strahlen der Sonne die Menschen fast verbrennen
konnten. 9 Und die Menschen litten unter der starken Sonneneinstrah-
lung. Trotzdem schlugen sie keine andere Richtung in ihrem Leben ein
oder fingen an Gott zu verehren. Ganz im Gegenteil, sie verfluchten ihn
sogar. 10 Und der fünfte Engel goss seinen Eimer direkt über den Chefses-

sel von dem Tier aus. Plötzlich war sein ganzes Gebiet dunkel. Die Men-
schen, die dort lebten, bissen sich vor Schmerz auf die Zunge. 11 Dann
verfluchten sie Gott aber wegen dieser Schmerzen und wegen der Krebs-
geschwüre, sie weigerten sich, von ihrem falschen Weg umzudrehen.
12 Jetzt goss der sechste Engel seinen Eimer in den großen Fluss, den
Euphrat. Der trocknete sofort aus. Ab dann konnten die Regierungen aus
dem Osten ohne Probleme mit ihrer Kriegsmaschinerie in das Land ein-
marschieren. 13 Ich konnte dann drei böse Geister sehen, die sahen aus
wie Frösche. Sie sprangen aus dem Mund des Drachen, des Tieres und
aus dem Mund von dem falschen Propheten. 14 Diese Frösche stehen für
dämonische Geister, die Wunder tun können und so die Machthaber
dieser Erde auf ihre Seite ziehen. Sie motivieren alle, sich mit ihnen zum
letzten großen Kampf gegen den Gott, dem nichts unmöglich ist, zu
stellen. 15 „Aber nicht vergessen", sagte Jesus Christus plötzlich. „Ich
komme total unerwartet und plötzlich, so wie ein Einbrecher in der Nacht!
Nur wer wach bleibt und bereit ist, wird an diesem Tag glücklich sein! Nur
wer seine Klamotten in der Nähe hat, muss nicht nackt rumlaufen, das
wäre sonst peinlich für ihn."

Kriegsschauplatz

16 Die fiesen Geister trafen sich dann an einem Ort, wo die Leute von Gott
schon in alter Zeit viele Kämpfe gekämpft hatten. 17 Der siebte Engel
schüttete jetzt seinen Eimer in die Luft. Plötzlich hörte man eine wahn-
sinnig laute Stimme, die aus der Richtung vom Chefsessel im Tempel
kam. Die sagte: „Jetzt ist es passiert!" 18 Blitze flashten über den Himmel,
Donnerschläge krachten wie Explosionen. Die Erde bebte so heftig, wie es
in der Zeit, seit die Menschen da leben, noch nie abgegangen war. 19 Die
Riesenstadt Babylon wurde in drei Teile gespalten, und die Städte der
Leute, die nicht mit Gott lebten, zerbröselten förmlich zu Schutt. Gott
hatte die Schuld, die Babylon auf sich geladen hatte, nicht vergessen.
Die Stadt musste ihre Suppe auslöffeln. Es traf sie voll, dass Gott sauer
auf sie war. 20 Die Inseln versanken im Meer, und die Berge wurden
platt gemacht. 21 Riesige Hagelkörner, so groß wie Fernseher, fielen vom
Himmel auf die Menschen runter. Die Menschen lästerten über Gott und
hassten ihn deswegen. Es war eine echt derbe Katastrophe.

17

Das riesige Babylon und das Biest

1 Jetzt kam einer von den sieben Engeln bei mir an, die vorher die
sieben Eimer bekommen hatten. Er sagte zu mir: „Komm mit! Ich
will dir mal zeigen, wie Gott die große Hure bestraft, diese Stadt, welche

an einem Fluss mit vielen Verzweigungen liegt. 2 Die Mächtigen, die Leute,
die was zu sagen haben, sind ihr hinterhergelaufen und haben sich auf sie
eingelassen. Alle Menschen, die auf der Erde leben, haben sich mit ihrer
Droge breit gemacht, sie waren total high davon.“ 3 Jetzt beamte mich ein
Engel plötzlich in die Wüste. Ich konnte ein knallrotes Tier erkennen, das
aussah wie ein Drache. Es hatte sieben Köpfe und zehn Hörner und war
überall vollgekritzelt mit fiesen Worten, die über Gott ablästerten. Auf die-
sem Tier ritt eine Frau, 4 die dunkel- und grellrote Kleider anhatte. Sie
hatte überall superteuren Schmuck aus Gold, Edelsteinen und Perlen
umgehängt. In ihrer Hand hielt sie einen Becher, der aus Gold war. Dieser
Becher war irgendwie randvoll mit linken Sachen, mit jeder Art von Mob-
bing, mit Verführung zu rücksichtslosem Fun, ätzenden Sexsachen und
so. 5 Auf ihrer Stirn hatte sie einen geheimnisvollen Namen stehen: „Das
große Babylon – die dreckige Oberschlampe! Hier sind alle ätzenden ekli-
gen Sachen auf der Erde zu Hause!“ 6 Ich konnte beobachten, wie diese
Frau total high wurde von dem Blut der Leute, die zu Gott gehörten und
die Jesus treu geblieben waren. Ich konnte echt nicht verstehen, was das
bedeuten sollte. 7 Der Engel meinte zu mir: „Warum peilst du das nicht?
Pass mal auf, ich will dir verraten, wer diese Frau ist und was es mit die-
sem Drachen mit den sieben Köpfen und den zehn Hörnern auf sich hat.
8 Der Drache hat mal gelebt, aber jetzt ist er tot. Aber er wird bald aus der
Tiefe, aus der Dunkelheit, aus der Hölle hochkommen, und dann wird es
endgültig mit ihm zu Ende gehen. Die Menschen auf der Erde, von denen
die Namen nicht im Lebensbuch notiert worden sind, werden es zuerst
nicht raffen können, wenn das Tier wieder zurückkommen wird. Es war ja
mal tot. 9 Jetzt ist es angesagt, klug zu sein und sein Hirn zu benutzen.
Die sieben Köpfe stehen für sieben Berge, von denen die Frau aus regiert.
Sie bedeuten aber auch, dass es da sieben Präsidenten gibt. 10 Fünf von
ihnen sind im Krieg gestorben, der sechste ist jetzt an der Regierung, und
der siebte wird noch kommen. Aber seine Regierungszeit wird nur kurz
sein. 11 Dieses knallrote Tier, das mal gelebt hat und dann gestorben ist,
steht für den achten Präsidenten. Er ist genauso drauf wie die sieben
anderen. Er wird auch kaputtgehen. 12 Die zehn Hörner, die du gesehen
hast, stehen für zehn Präsidenten, die noch nicht an der Macht sind. Sie
werden mit dem Tier gemeinsame Sache machen, aber nur für kurze Zeit.
13 Sie sind sich in allen Sachen einig, haben ein gemeinsames Ziel und
stellen sich voll unter die Kontrolle von dem Tier. 14 Gemeinsam werden
sie gegen das Lamm antreten und kämpfen. Aber das Lamm wird sie
besiegen, weil es Jesus ist, der da kämpft. Er ist der Chef von allen Chefs,
er ist der Präsident der Präsidenten. Und alle, die auf seiner Seite stehen,
werden Siege einfahren, weil sie extra von ihm ausgesucht wurden und

weil sie ihm treu waren.“ [15] Der Engel erklärte mir dann: „Die Flüsse, an denen du die Hure gesehen hast, stehen für alle Länder und Völker mit ihren unterschiedlichen Sprachen. [16] Das knallrote Tier und seine zehn Hörner (die stehen für die zehn Präsidenten) werden die Hure hassen. Sie werden sie völlig ausrauben, bis sie nichts mehr hat, und sie schließlich auffressen. Ihre Reste wird man dann im Feuer verbrennen. [17] Das ist aber alles im Rahmen von Gottes Plan. Sie werden dann alles gemeinsam tun und ihren Einfluss dem Tier überlassen, bis alles so passiert ist, wie Gott es gesagt hat. [18] Die Frau, die du gesehen hast, steht für die große Stadt, das Imperium, was über alle Präsidenten herrschen wird.“

18

Babylons Zeit ist abgelaufen

[1] Nachdem diese ganzen Sachen abgegangen waren, konnte ich einen Engel erkennen, wie er aus dem Himmel runterkam. Er hatte sehr große Power, und es ging helles Licht von ihm aus, so stark, dass die ganze Erde hell wurde. [2] Dieser Engel rief volles Rohr: „Babylon hat verloren! Für immer verloren! Die große Stadt kann einpacken! Nur noch Dämonen können da wohnen, unreine Geister sitzen da fest, und nur Aasgeier und Ratten suchen da noch was zu fressen. [3] Alle Völker haben sich an dieser Stadt bedient. Sie haben sich verführen lassen, sie haben sich breit gemacht, sie waren total bekifft von ihr, sie konnten nicht genug kriegen. Die Machthaber dieser Erde haben sich auf sie eingelassen, und die Wirtschaftsbosse sind durch ihren Wohlstand stinkreich geworden.“
[4] Dann hörte ich eine andere Stimme, die auch aus dem Himmel kam. „Verschwindet aus der Stadt! Macht bei dem Mist nicht mit! Sonst werdet ihr auch bestraft. [5] Der Mist, den sie baut, ist so gigagroß, dass er bis zum Himmel stinkt. Gott wird sie bald auf korrekte Weise dafür bestrafen.
[6] Zahlt ihr die Schmerzen heim, die sie euch zugefügt hat! Verdoppelt sie sogar! [7] So wie sie einmal alles fett sitzen hatte und im Überfluss leben konnte, so soll sie jetzt auch leiden. Sie denkt sich so: ‚Och, ich bin ja die Präsidentin, ich werde weiter Macht besitzen. Ich bin keine hilflose Frau, deren Ehemann gestorben ist. Mir kann nichts passieren!‘ [8] Aber an nur einem einzigen Tag wird alles plattgemacht werden. Sie wird hungern, über Tote trauern, sie wird vom Feuer verbrannt werden. Gott, der Chef, wird mit ihr abrechnen, denn ihm stehen alle Möglichkeiten zur Verfügung.“ [9] Die Mächtigen in der Welt werden traurig sein, die mit ihr rumgemacht haben, und die, die es mit ihr getrieben haben, werden heulen, wenn sie abgefackelt wird. [10] Sie werden sich vor Angst in die Hose machen, sie werden laut losheulen: „Oh, nein, Babylon, du Traumstadt! Nach einer Stunde war es schon vorbei mit dir, du hast deine Strafe

bekommen!“ 11 Auch die Handelskonzerne werden um sie trauern, weil keiner mehr ihr Zeugs kaufen will. 12 Sie handelten mit Gold und Silber, mit guten Wertpapieren, mit teurem Schmuck, Edelsteinen, Designerklamotten, Seide, Mahagoni, Edelstahl und Marmor. 13 Sie hatten teure Delikatessen eingekauft, Pflegemittel, Parfüm, Wein und Öl, Mehl vom Feinsten, genügend frisches Fleisch von Rindern und Schafen. Autos, Pferde, sogar Menschen haben sie verkauft. 14 Auch diese ganzen Früchte, die du so sehr mochtest, gibt es jetzt nicht mehr. Es ist alles vorbei, der ganze Schnickschnack ist verloren und wird auch nicht zurückkommen. 15 Die Unternehmer, die durch den Handel mächtig viel Kohle gemacht haben, werden aus Angst vor den Schmerzen auf Abstand gehen. Sie werden weinen und sagen: 16 „Wie schrecklich, wie furchtbar für diese schöne Stadt! Sie war mal so schön wie eine Frau, die in den besten Klamotten rumgelaufen ist und gut gestylt war, mit schönem Schmuck aus Gold und Edelsteinen und Perlen. 17 Und von einer Sekunde auf die andere ist alles vorbei, vernichtet und verloren!“ Aus sicherer Entfernung werden Kapitäne und ihre Steuermänner das Geschehen zusammen mit ihrer Besatzung beobachten können. 18 Wenn sie den Qualm von der brennenden Stadt sehen, sagen sie: „Welche Stadt konnte es mit ihr aufnehmen?“ 19 Weil sie so traurig sind, ziehen sie sich schwarze Kleidung über und weinen so laut, dass es jeder hört. „Wie grausam, wie schrecklich, sie tut uns so leid! Wir haben ihre Waren mit Schiffen übers Meer transportiert und weiterverkauft. Und wir haben gut dran verdient!“ 20 Aber ich sag nur: „Himmel, freu dich darüber! Freut euch, ihr alle, die ihr Gott vertraut! Freut euch, alle, die von Gott erzählen und ihr, die einen besonderen Draht zu Gott habt! Gott hat sein Ding durchgezogen, er hat sein Urteil vollstreckt. Er hat für Gerechtigkeit gesorgt!“ 21 Dann hob ein Engel einen Riesen-Betonklotz hoch, warf ihn ins Meer und sagte: „Genau so wie dieser Betonklotz untergeht, wird auch das große Babylon komplett untergehen. Nichts wird mehr von ihm übrig bleiben. 22 Nie wieder wird man da eine Band spielen hören, keine E-Gitarre, keine Sänger, keinen Bass und auch kein Schlagzeug. Es wird auch kein Handwerker mehr da arbeiten, und auch Industrielärm wird nicht mehr zu hören sein. 23 Alle Lampen werden ausgehen, für immer. Hier werden auch keine Hochzeitspartys mehr gefeiert. Du warst die stärkste Wirtschaftskraft, du warst die Nummer eins auf der Erde und hast den gesamten Weltmarkt kontrolliert. Mit deinen schönen Spielereien hast du Nationen verführt. 24 Du bist schuldig geworden, denn auf deinen Straßen wurden die ermordet, die einen Draht zu Gott hatten, und das Blut der Menschen, die zu Gott gehören, klebt an deinen Händen. Du bist sogar verantwortlich für den Tod aller Menschen, die auf der Erde ermordet wurden.“

19
Siegerparty im Himmel
1 Danach hörte ich, wie eine riesengroße Menschenmenge anfing,
im Himmel rumzukreischen: „Yeah, halleluja, Gott ist der Größte!
Er hat gewonnen! Er macht alles wieder gut! 2 Er ist ein unbestechlicher
und gerechter Richter. Er hat die große Nutte bestraft, die die Erde mit
ihren miesen Geschäften so verdreckt hat. Er hat das Blut seiner Kinder,
das an ihren Fingern klebte, gerächt.“ 3 Immer wieder jubelten sie: „Halle-
luja! Danke, Gott! Dass diese miese Stadt endlich plattgemacht wurde,
zeigt allen, was du draufhast!“ 4 Die vierundzwanzig Aufsichtsratsvorsit-
zenden und die vier himmlischen Gestalten knieten sich vor dem Chef-
sessel Gottes hin. Sie beteten ihn an und sagten ganz laut: „Genau so ist
es! Amen! Gott ist der Größte!“ 5 Jetzt hörte ich eine Stimme, die aus der
Richtung vom Chefsessel kam und sagte: „Bedankt euch bei unserem
Gott! Lobt ihn, egal ob ihr jung oder alt seid! Das gilt für alle, die zu ihm
gehören.“ 6 Dann hörte ich wieder eine Stimme, die war so laut wie
tausend Böller oder wie der Bass von tausend Beats. Die Stimme sagte:
„Halleluja! Sagt Gott, wie gut er ist! Unser Chef, unser Gott, dem nichts
unmöglich ist, hat endgültig die Herrschaft übernommen! 7 Lasst uns ’ne
Party machen, wir wollen das feiern und uns drüber freuen. Wir wollen
Gott dafür danken! Es ist jetzt für das Lamm an der Zeit zu heiraten. Seine
Braut ist schon bereit. 8 Sie darf sich jetzt schick machen und ein weißes
T-Shirt tragen.“ Das weiße T-Shirt steht für das saubere Leben, das die
Christen geführt haben, die so lebten, wie Gott es gut findet. 9 Dann sagte
ein Engel zu mir: „Jetzt schreib mal auf: ‚Die Leute, die eine Einladung
zur Hochzeitsparty vom Lamm haben, können sich freuen!‘“ Und dann
meinte er noch: „Das ist aus zuverlässiger Quelle. Gott selber hat das
gesagt!“ 10 Ich war so platt, dass ich mich vor den Engel warf und zu ihm
beten wollte. Er fand das aber nicht so toll. „Nein, lass das sein! Ich bin
auch nicht anders als du und die anderen, die auf Jesus vertrauen. Ich bin
ein Angestellter, der einen Auftrag von Jesus Christus hat. Zu dem musst
du reden! Wenn einer prophetische Worte hat, dann sind die von ihm!“

Jesus besiegt das Tier und seine Armee
11 Plötzlich öffnete sich der Himmel vor meinem inneren Auge. Ich konnte
ein weißes Motorrad erkennen, auf dem jemand fuhr. Der Fahrer hieß
„Treue und Ehrlichkeit“, weil er seine Sache immer gerecht durchzieht.
Dafür kämpft er. 12 Seine Augen leuchteten wie ein 1000-Watt-Halogen-
strahler, und auf seinem Kopf waren viele kleine Kronen. Er hatte einen
geheimen Namen, den nur er allein kannte. 13 Er hatte Kleidung an, die
total mit Blut verschmiert war. Sein Name war: „das Wort von Gott“. 14 Die
Armee aus dem Himmel zog hinter ihm her, alle auf weißen Motorrädern.

Sie hatten Uniformen aus feinster, ganz reiner Baumwolle an, ebenfalls in
Weiß. 15 Aus seinem Mund kam ein Laserstrahl, damit besiegte er alle
Nationen. Er wird knallhart regieren. Man sagt, es wäre wie bei einer Saft-
presse: Genau so würde er die Menschen ausquetschen. Alle würden mit-
kriegen, wie sauer der große Gott ist. 16 Auf der Jacke, die er anhatte, stand
ein Name: „Präsident der Präsidenten, König der Könige, Chef aller
Chefs!“ 17 Dann sah ich einen Engel, der von der Sonne umstrahlt wurde.
Der redete mit den Geiern und sagte zu ihnen: „Kommt her und bereitet
euch auf ein großes Festessen vor. 18 Ihr könnt euch an dem Fleisch von
Präsidenten bedienen, an den Knochen der Generäle und aller anderen
Menschen, die über diese Welt das Sagen haben. Recycelt die Motorräder
und esst deren Fahrer, das Fleisch von Chefs und ihren Angestellten, von
Großen und Kleinen.“ 19 Dann sah ich, wie das Tier und die Präsidenten
ihre Armeen zusammenzogen, um gegen den Reiter auf dem Motorrad
und seine Armee zu kämpfen. 20 Das Tier wurde gefangen genommen und
mit ihm dieser falsche Prophet, der im Auftrag von dem Tier die fetten
Wunder getan hatte. Damit hatte er ja bewirkt, dass alle verführt wurden.
Sie hatten den Code von dem Tier angenommen und zu seinem Denkmal
gebetet. Bei lebendigem Leib wurden sie in den Feuersee geworfen. 21 Alle
anderen wurden durch das Laserschwert getötet, das aus dem Mund von
dem Mann kam, der auf dem weißen Motorrad saß. Die Geier fraßen sich
an dem Fleisch der Leichen satt.

20 **Tausend Jahre haben die Jesus-Leute das Sagen über die Welt**
1 Nachdem das alles passiert war, konnte ich einen Engel erken-
nen, der aus dem Himmel auf die Erde gebeamt wurde. Er hatte
große Handschellen in der Hand und in der Tasche den Schlüssel für die
Tür zum Abgrund. 2 Er schnappte sich den Drachen, diese alte Schlange,
also den Teufel beziehungsweise Satan, und fesselte ihn für die nächsten
tausend Jahre. 3 Der Engel warf ihn dann in den Abgrund und verschloss
die Tür, sodass keiner sie mehr knacken konnte. Das Mistvieh konnte
jetzt tausend Jahre lang nichts Ätzendes mehr auf der Erde starten. Keiner
konnte mehr verführt werden, bis die Zeit vorbei war. Danach muss er
aber für kurze Zeit wieder freigelassen werden. 4 Dann konnte ich solche
Chefsessel sehen. Alle, die von Gott eine Vollmacht ausgestellt bekom-
men hatten, über andere zu richten, setzten sich dort drauf. Ich konnte
Menschen erkennen, die man getötet hatte, weil sie sich öffentlich dazu
gestellt hatten, Christen zu sein. Sie waren straight bei ihrer Überzeugung
geblieben. Sie hatten auch nie zu dem Tier gebetet, auch nicht zu seinem
Denkmal. Sie wurden wieder lebendig und hatten mit Jesus tausend Jahre

lang das Sagen über die Welt. 5 Die anderen Menschen, die tot sind, wur-
den erst wieder lebendig, als diese tausend Jahre vorbei waren. Das nennt
man übrigens die „erste Auferstehung“. 6 Glücklich werden alle sein, die
von Gott akzeptiert werden und mit dabei sind, wenn Gott sie aus dem
Tod rausholt. Der zweite Tod kann bei ihnen nichts mehr ausrichten. Sie
werden Priester von Gott sein und tausend Jahre lang mit ihm zusammen
das Sagen haben.

Satan hat abgelost

7 Wenn die tausend Jahre vorbei sind, wird Satan noch mal aus seinem
Gefängnis freikommen. 8 Er wird alle Menschen auf der Welt überreden,
sich um ihn zu sammeln und zum Krieg aufzurüsten. Es werden so viele
Soldaten sein, wie es Sand am Meer gibt. 9 Ich konnte sehen, wie sie von
überall herkamen. Sie umzingelten Gottes Leute und belagerten seine
geliebte Stadt. Dann sah ich, wie plötzlich Feuer vom Himmel runterfiel
und diese Armee, die von Satan angeführt wurde, vernichtet wurde. 10 Der
Satan selber, der alle betrogen hatte, wurde dann auch gepackt und zu
dem Tier und dem falschen Propheten in einen See aus Feuer geworfen,
der mit Schwefel brennt. Dort brennen sie und leiden ohne Ende, bis in
die Ewigkeit.

Die letzte Gerichtsverhandlung

11 Dann konnte ich einen weißen Chefsessel erkennen, und ich sah auch
denjenigen, der da draufsaß. Sein Blick war so derbe, dass die Erde und
der Himmel ihn nicht ertragen konnten. Sie verschwanden einfach. 12 Ich
sah dann alle Toten vor dem Chefsessel Gottes aufkreuzen. Alle, die mal
was zu sagen hatten, waren da, und auch die Nobodys. Dann wurden
Bücher aufgeschlagen. Das Buch des Lebens war auch dabei. Jeder bekam
ein Gerichtsurteil, das sich nach den Eintragungen richtete, die man in
den Büchern fand. Alles, was man mal gemacht hat, stand da drin. 13 Alle
Toten mussten antreten. Das Meer spuckte seine Toten aus, aber auch
die Menschen aus dem Totenreich waren dabei. Jeder bekam ein Urteil
nach seinen Taten, so wie er gelebt hatte. 14 Und der Tod und sein ganzer
Machtbereich wurde verschrottet. Er kam in den Feuersee, und das ist
dann der zweite Tod. 15 Alle, deren Namen nicht in diesem Buch gefunden
wurden, landeten in diesem See aus Feuer, in dem endgültigen Tod.

21

Gott macht alles neu

1 Und dann sah ich sie, eine brandneue Erde und einen total neuen
Himmel. Die Zeit der ersten Erde mit ihrem Himmel war abgelau-

fen. Auch das Meer war nicht mehr da. 2 Ich konnte sehen, wie die ganze
besondere, heilige Stadt von Gott langsam aus dem Himmel runtergelas-
sen wurde. Sie war so krass gestylt wie eine Frau, die gerade heiraten will.
3 Dann hörte ich eine sehr laute Stimme, die aus der Richtung vom Chef-
sessel kam. „Hey, pass auf, hier wird Gott mit den Menschen zusammen
wohnen! Sie werden in seiner Nähe sein und ganz fest zusammengehö-
ren. Sie werden seine Freunde sein, und er ist ihr Gott. 4 Er wird immer für
sie da sein und sie trösten. Der Tod wird keine Chance mehr haben. Leid,
Schmerz und Angst: All das wird es nicht mehr geben! Das gehörte zwar
zur ersten Zeit, aber die ist jetzt endgültig vorbei.“ 5 Der Mann, der auf
dem Chefsessel saß, meinte dann: „Pass mal auf, jetzt werde ich alles
ganz neu machen!“ Dann sagte er: „Schreib alles auf! Denn was ich
gesagt habe, passiert auch, darauf kannst du dich verlassen!“ 6 Dann
meinte er noch zu mir: „Es ist alles genau so passiert, wie es passieren
sollte. Ich bin das A und auch das Z, ich bin der Anfang und gleichzeitig
auch das Ende. Jeder, der Durst hat, kann bei mir trinken bis zum Abwin-
ken. Es kommt aus der Quelle, wo das Leben entspringt. Und es ist alles
kostenlos, man muss nichts dafür bezahlen. 7 Wer es packt und am Ende
siegt, wird das alles bekommen. Ich werde sein Gott sein, und er wird
mein Kind sein. 8 Übel wird es aber folgenden Leuten ergehen: Menschen,
die feige waren und sich nicht zu mir gestellt haben, als es drauf ankam.
Und Menschen, die nicht an mich geglaubt haben, die üble Sachen abge-
zogen haben, die gemordet und die Ehe gebrochen haben. Übel wird es
den Leuten ergehen, die sich auf okkulte Sachen eingelassen haben, die
andern Göttern nachgelaufen sind, die nicht straight lebten, die gelogen
haben. Auf die wartet der Feuersee, der mit Schwefel brennt. Das ist der
zweite Tod, der sie für immer von mir trennt.“

Die neue Stadt von Gott

9 Ich sah dann, wie einer von den sieben Engeln, die in ihren Eimern die
letzten sieben Katastrophen gebracht hatten, zu mir kam und sagte:
„Komm mal mit, ich will dir die Braut zeigen, die das Lamm heiraten
wird!“ 10 Ich wurde dann vom Geist auf einen großen Berg gebeamt. Er
zeigte mir von dort die heilige Stadt Jerusalem, wie sie von Gott aus dem
Himmel runterkam. 11 Die Stadt strahlte voll, sie hatte so ein Leuchten,
wie es nur Gott selber hatte. Sie funkelte wie ein sehr teurer Edelstein, so
wie ein Jaspis, und strahlte so wie ein Kristall. 12 Die Stadtmauer war sehr
breit und sehr hoch. Sie hatte zwölf Türen, die von zwölf Engeln bewacht
wurden. Auf den Türen waren Schilder mit den Namen von den zwölf
Gruppen angebracht, die die alten Verträge mit Gott hatten . 13 Drei Tore
in Richtung Osten, drei Tore in Richtung Westen, drei Tore in Richtung

Norden, drei Tore in Richtung Süden. 14 Die Mauer von dieser Stadt war
auf zwölf Grundsteinen aufgebaut. Die hatten die Namen von den zwölf
engsten Freunde von Jesus, die zu dem Lamm gehörten. 15 Der Engel, mit
dem ich redete, hatte in seiner Hand einen goldenen Zollstock. Damit
wollte er die Mauern und die Türen ausmessen. 16 Die Stadt war quadra-
tisch angelegt, so wie ein Würfel. Der Engel kam dann beim Messen
auf schlappe 2.500 Kilometer in allen Richtungen: Länge, Breite, Höhe.
17 Dann maß er auch noch die Mauern aus und kam auf ungefähr 70 Meter
Höhe. Er rechnete dabei nach dem Maß der Menschen. 18 Die Mauern
waren aus kristallklarem Jaspis gemacht, die Stadt bestand aber zu hun-
dert Prozent aus einem Gold, das so durchsichtig wie Glas war. 19 Die
Grundsteine der Stadt waren mit vielen Edelsteinen geschmückt. Der
erste Grundstein war ein Jaspis, der zweite ein blauer Saphir, der dritte ein
milchfarbener Chalzedon, der vierte ein grüner Smaragd, 20 der fünfte ein
bräunlicher Sardonyx, der sechste ein roter Karneol, der siebte ein oliv-
grüner Chrysolith, der achte ein regenbogenfarbiger Beryll, der neunte ein
gelber Topas, der zehnte ein pfefferminzgrüner Chrysopras, der elfte ein
dunkelroter Hyazinth, der zwölfte ein violetter Amethyst. 21 Die zwölf Tore
waren aus zwölf Perlen gemacht, jedes Tor aus einer einzigen Perle! Die
Hauptstraße war aus reinem Gold, so durchsichtig wie Glas. 22 In der
ganzen Stadt war keine Kirche, kein Tempel zu sehen. Der Tempel war
nämlich Gott selber, der große Gott, dem nichts unmöglich ist. Und mit
ihm Jesus Christus, er ist das Lamm. 23 Die Stadt brauchte keine Sonne
mehr, keinen Mond und auch keine Straßenlampen, um es hell zu haben,
weil Gott so viel von seiner Größe ausstrahlte, dass es einfach so hell war.
Diese Lampe war das Lamm. 24 In diesem Licht werden alle Menschen
auf der Erde leben. Die Mächtigen der Welt werden kommen und ihren
Reichtum in die Stadt bringen. 25 Es gibt dort keine Nacht mehr und
nichts, wovor man Angst haben müsste. Darum werden die Türen niemals
verschlossen werden. 26 Alles, was die Nationen an wertvollen Sachen
besitzen, werden sie in diese Stadt bringen. 27 Wer link drauf ist und auf
Sünde steht, wer lügt oder andere Sachen macht, die nicht zu einem
Leben mit Gott passen, darf niemals in diese Stadt rein. Nur wer in dem
Lebensbuch vom Lamm steht, darf dort rein.

22

Das Wasser des Lebens

1 Jetzt zeigte der Engel mir noch einen besonderen Fluss, in dem
das Wasser des Lebens floss. Er war so sauber und klar wie ein
Kristall und kam direkt aus dem Raum, wo der Chefsessel Gottes steht
und wo auch das Lamm ist. 2 An beiden Ufern vom Fluss, der an der

Straße entlangfloss, stand der Baum des Lebens. Dieser Baum konnte
zwölf Mal pro Jahr Früchte tragen, jeden Monat einmal. Die Blätter von
dem Baum können alle Völker gesund machen. 3 Nie mehr wird wieder
irgendwas unter einen Fluch von Gott gestellt werden. Der Chefsessel von
Gott und der Chefsessel von dem Lamm werden dort stehen. Und alle,
die ihm gehören, werden ihm dort dienen. 4 Sie werden Gott in die Augen
sehen können, sein Zeichen wird auf ihrer Stirn stehen. 5 Es wird dort
keine Nacht mehr geben, es wird nie mehr dunkel sein. Man braucht des-
wegen auch keine Lampe, und auch die Sonne braucht man nicht. Gott
wird das Licht sein, und sie werden bis in die Ewigkeit das Sagen haben.

Jesus tritt auf

6 Dann sagte jemand zu mir: „Diese Sachen, die ich dir gesagt habe,
sind hundertprozentig wahr. Gott, der über alles regiert, hat welchen, die
einen besonderen Draht zu ihm haben, gesagt, was in der Zukunft so
abgehen wird. Er hat seinen Engel geschickt, um das, den Leuten die
ihm lieben, zu erzählen. 7 Ja, ich werde bald kommen! Freut euch schon
drauf! Wirklich glücklich werden die Menschen sein, die bei dem blei-
ben, was in diesem Buch vorhergesagt wurde!" 8 Ich bin Johannes, ich
hab das alles erlebt. Als das alles abgegangen ist, konnte ich mich erst
mal nur vor dem Engel hinknien, um zu ihm zu beten. Er hatte mir
diese Sachen gezeigt. 9 Das fand der dann aber nicht so lustig. Er sagte:
„Hör auf damit! Ich diene Gott genauso wie du und die anderen, wie die
Propheten und alle anderen, die diese Worte ernst nehmen, die in die-
sem Buch stehen. Bete zu Gott!" 10 Dann sagte Jesus zu mir: „Halte
diese Worte, die ich dir gesagt habe, jetzt nicht geheim. Es ist bald so
weit, dass all das passieren wird. 11 Wer jetzt nicht okay für Gott lebt,
wird das auch weiterhin nicht tun. Wer für Gott versifft ist, soll weiter ein
siffiges Leben führen. Wer ein Leben führt, was Gott gut findet, soll das
weiter durchziehen, und wer wie Gott es will lebt, soll versuchen, weiter
so zu leben. 12 Macht euch auf was gefasst! Ich komme bald wieder
zurück, und dann wird abgerechnet. Jeder bekommt, was er verdient.
13 Ich bin der Anfang und gleichzeitig auch das Ende, das A und das Z,
der Erste, der da war, und der Letzte, der da sein wird. 14 Glücklich wer-
den die Leute sein, die nach meinen Regeln leben, ihr Leben, immer
sauber gehalten haben. Sie dürfen durch die Tür in die Stadt reingehen.
Sie dürfen sich auch an den Früchten bedienen, die am Baum des
Lebens wachsen. 15 Alle linken Typen müssen vor der Stadt bleiben. Sie
dürfen nicht reinkommen. Zum Beispiel Leute, die jemanden ermorden
oder Okkultismus betreiben, die in solche Sexsachen verstrickt sind, die
Gott nicht will. Oder solche Typen, denen irgendwelche Stars oder Göt-

zen wichtiger sind als Gott, die nur rumlügen und es mit der Wahrheit
nicht so genau nehmen. 16 Ich, Jesus, habe meinen Engel vorbeige-
schickt, um euch, den Gemeinden, diese Sachen klarzumachen. Ich bin
der Urvater der ganzen Familie vom Präsidenten David. Ich bin der helle
Morgenstern." 17 Der Geist von Gott und seine Braut rufen dich. Sie
sagen: „Jetzt komm!" Und alle, die das hören, sollen antworten: „Ja,
komm!" Wer Durst hat, der ist eingeladen. Jeder, der will, kann vorbei-
kommen und sich an dem Wasser des Lebens bedienen – es ist
umsonst! 18 Ich mach jetzt noch mal eine Ansage: Jeder, der diese Worte,
diese Prophezeiung, hört, darf nicht selbst was hinzufügen! Wer das
trotzdem tut, der wird dieselben ätzenden Sachen von Gott abkriegen,
die in diesem Buch schon beschrieben wurden. 19 Wenn irgendjemand
auf die Idee kommt, etwas von diesen Worten wegzulassen, dann wird
Gott auch seine Früchte wegnehmen, die für ihn am Baum des Lebens
wachsen. Auch sein Anteil an der heiligen Stadt wird ihm weggenom-
men, an der Stadt, die hier beschrieben wurde. 20 Der, der ein Zeuge für
diese ganze Geschichte war, sagt: „Ja, ich werde bald kommen. So soll
es sein [Amen]!" „Ja, Jesus, komm!" 21 Die Gnade und Liebe von unse-
rem Chef und Gott Jesus Christus soll euch immer begleiten!

Anhang

Christ werden – wie geht das?

Ich meine, dass Gott zu erfahren und kennenzulernen der eigentliche Grund ist, warum jeder Mensch lebt. Gott zu finden ist wichtiger als die richtige Frau oder den richtigen Mann. Gott zu finden ist wichtiger, als einen guten Job zu haben oder berühmt zu werden. Es ist sogar wichtiger, als ein cooles Leben zu führen.

Das Leben eines Menschen endet nicht mit dem Tod. Es ist sozusagen nach hinten verlängert und fängt dann erst richtig an, wenn es angeblich aufhört.

Tatsächlich lebt der Mensch ewig, und wie er sein Leben **vor** dem Tod lebt, entscheidet darüber, wie sein Leben **nach** dem Tod aussieht. Wenn du hier ohne Gott gelebt hast, wirst du auch deine Ewigkeit ohne Gott verbringen.

Das ist es, was mit Himmel und Hölle gemeint ist. Ein ewiges Leben mit Gott ist geil und der Himmel. Ein ewiges Leben ohne Gott ist schrecklich und die Hölle.

In unserer Gesellschaft ist die Rede von verschiedenen Göttern und davon, dass jeder selig werden soll, wie er will. Das klingt gut, geht aber nicht.

Ich meine, es gibt tatsächlich nur einen Gott und nur einen Weg zu ihm: Jesus.

Aber da gibt es ein Problem:

Da ist nämlich etwas, das zwischen Gott und den Menschen steht und den Kontakt stört. Man nennt das auch Sünde, oder Dreck oder Mist, und meint damit eben alles, was mit Gott nicht zusammengeht und uns von ihm trennt. Dieser Dreck verhindert, dass ein Mensch mit Gott wirklich leben kann, weil Dreck und Gott einfach nicht zusammengeht.

Niemand kann diese Trennung zwischen Gott und Mensch aufheben. Niemand außer Jesus.

Deshalb sagt Jesus von sich selber:

„Ich bin der Weg dahin, über mich wirst du ihn (Gott) finden. Ich bin die Wahrheit in Person, zuverlässig hoch zehn. Ich bin das Leben, wirkliches, gutes Leben. Keiner hat eine Chance bei Gott, wenn er nicht über mich zu ihm kommt“ (Johannes 14, Vers 6).

Christen sind Menschen, die erkannt haben, dass Jesus Christus der Sohn von Gott ist, und die deshalb ihr Leben mit Jesus leben wollen.

Man erkennt einen Christen nicht daran, dass er ein guter Mensch ist.

Das wird oft missverstanden, als ob man sich etwas bei Gott erkaufen könnte oder als ob das Christentum eine soziale Einrichtung wäre.

Tatsächlich geht es darum, eine Beziehung mit Gott zu haben. Das ist das Einzige, worauf es ankommt.

Du musst überhaupt keine Voraussetzungen erfüllen. Jesus liebt dich so, wie du bist. Egal, was du tust oder getan hast.

Darin unterscheidet sich der christliche Glaube von anderen: In allen Religionen der Welt geht es darum, was ein Mensch für Gott tun kann und soll. Im Christentum geht es darum, was Gott für den Menschen getan hat.

„Gott liebte die Menschen ohne Ende, er war sogar bereit, seinen einzigen Sohn für sie wegzugeben, damit sie nicht vor die Hunde gehen. Jeder, der ihm vertraut, hat es geschafft: er bekommt ein neues Leben bei meinem Papa, das er nie wieder abgeben muss.“ (Johannes 3, Vers 16).

Wenn ein Mensch sich auf Gott einlässt und sein Leben auf ihn ausrichtet, tut Gott etwas Wunderbares in diesem Menschen.

Das Leben mit Jesus ist nicht so sehr ein neuer Lebensabschnitt, es ist etwas so fundamental Neues, dass man von einem Neuanfang sprechen kann! Das, was du vorher ohne Gott getan hast, ist auf einmal nicht mehr so wichtig, du hast die Chance neu anzufangen. Und das Beste: Du musst nicht alleine neu anfangen, du hast jetzt Gott, der bei dir ist und dir hilft!

Viele Millionen Menschen haben das erfahren und können bestätigen, dass es funktioniert. Gott tritt tatsächlich in das Leben eines Menschen ein und macht es ganz neu.

Vielleicht findest du es zu schwierig zu glauben? Das Gute ist, dass der Glaube nach und nach wächst. Am Anfang ist es nur die Entscheidung zu glauben, die Überzeugung wächst später in dem Maße, in dem du Gott erlebst.

Wenn du Christ werden und dieses neue Leben mit Jesus anfangen willst, kannst du ihm das einfach sagen. Das nennt man dann Beten.

Am Anfang ist das vielleicht ein bisschen komisch, aber keine Sorge, außer Gott hört es ja keiner.

Falls du nicht weißt, was du sagen sollst, kannst du auch dieses kleine Gebet sprechen:

„Jesus, ich will dir vertrauen.
Ich gebe dir mein altes Leben und bitte dich, mir meine ganzen Fehler zu vergeben. Tut mir leid, dass ich soviel Mist gebaut habe.
Sei du ab jetzt der Chef in meinem neuen Leben. Füll mich mit deiner Kraft, dem heiligen Geist ab. Danke, dass ich ab jetzt dein Kind bin.
So soll es sein, Amen."

Herzlichen Glückwunsch, willkommen in der Familie!

Wenn du magst, berichte davon, was jetzt bei dir passiert ist! Du kannst mir gerne eine E-Mail schreiben unter Martin@Volxbibel.de. Auch wenn du noch irgendwelche Fragen dazu hast, wie so ein Leben mit Gott funktioniert, kannst du mir mailen oder einen Brief schreiben. Ich oder jemand aus dem Team wird dir auf jeden Fall antworten, versprochen!

Also bis dann und
Jesus mit Dir!

Dein Martin

Weitere Bibelübersetzungen

Die Bibel besteht eigentlich aus zwei Teilen, die man Altes und Neues Testament nennt. Das hat nichts mit erben zu tun, sondern es geht um Verträge, die Gott mit den Menschen geschlossen hat. Der „alte Vertrag" taucht in der Volxbibel immer wieder auf, zum Beispiel im Brief an die Hebräer. Weil wir aber als Christen im „neuen Vertrag" leben, ist dieser für uns wichtiger; deshalb steht in der Volxbibel erstmal nur das Neue Testament.

Wenn du wissen willst, was vor dem neuen Vertrag alles passiert ist, solltest du dir eine Bibel besorgen, in der der alte Vertrag beschrieben wird. Im Alten Testament kannst du zum Beispiel über Leute wie David und Mose lesen, und was damals die Propheten alles gesagt haben. Die Geschichte von Israel wird dort erzählt, und wie die Menschen in dem alten Vertrag mit Gott lebten. Vielleicht gibt es irgendwann von diesem Teil auch eine Version in der Volxbibelsprache.

Die Geschichte der Bibel und ihre Übersetzungen

Es gibt viele Sprachen auf dieser Welt. Normalerweise braucht man eine Übersetzung, um sie zu verstehen. Das erste Original vom Neuen Testament ist in einer Sprache geschrieben, die heute kaum noch jemand versteht: Altgriechisch. Deshalb muss es übersetzt werden.

Als Jesus gestorben, wieder lebendig geworden und im Himmel verschwunden ist, war das natürlich *die* Nachricht! Als dann kurz darauf auch noch der Heilige Geist kam und überall im Land heftige Wunder passiert sind, war die Story nicht mehr aufzuhalten: Überall redete man über Jesus. Wahrscheinlich haben sich zu dieser Zeit schon Leute die ersten Notizen gemacht, aber es hat noch niemand die ganze Geschichte aufgeschrieben. In den ersten Jahren hat man hauptsächlich darüber geredet und das Alte Testament gelesen.

Erst später, als es immer mehr Christen gab, entstanden ein paar Briefe an Gemeinden in verschiedenen Städten. Darin ging es meist um konkrete Probleme, die es vor Ort gab. Später wurden als Fundament der christlichen Lehre die Evangelien verfasst (das bedeutet: „Gute Nachrichten"): Matthäus, Markus, Lukas und Johannes. Darin stehen Details über das Leben und die Predigten Jesu.

Vierhundert Jahre und einige Diskussionen später stand das Neue Testament offiziell fest. Dieses Testament umfasst 21 Bücher, die die grundlegenden Sachen des neuen Vertrages enthalten.

Martin Luther

Fast 800 Jahre nachdem Jesus gelebt hatte, wurden die ersten Texte der Bibel auch in die deutsche Sprache übersetzt. Die damalige Kirche fand das nicht so toll und bekämpfte diese Übersetzungen. Am Anfang des ersten Jahrtausends bekamen die Mächtigen in der Kirche richtig Panik und verboten allen Leuten, selber in einer Bibel zu lesen. Die Bibel ist mehr als Worte, sie hat die Macht, Menschen zu verändern, und genau davor hatte die damalige Kirche Angst. Diese ersten Übersetzungen wurden aber nicht vom griechischen Original, sondern von der lateinischen Übersetzung gemacht.

Martin Luther war der erste, der das gesamte „Neue Testament" vom Griechischen ins Deutsche übersetzt hat. Dafür hat er nur elf Wochen gebraucht. Später wurde diese Übersetzung noch oft überarbeitet, zuletzt 1984.

Unterschiedliche Übersetzungen, unterschiedliche Schwerpunkte

Jede Bibelübersetzung hat einen Schwerpunkt, der irgendwo zwischen Genauigkeit und Lesbarkeit liegt. Man kann den griechischen bzw. im Alten Testament hebräischen oder aramäischen Text Wort für Wort übersetzen, aber das Ergebnis kann man nicht lesen. Das klingt dann genauso schlecht wie eine englische Webseite, die von Google übersetzt wird. Je lesbarer man eine Übersetzung haben will, umso weiter wird sie sich vom Originaltext entfernen und diesen interpretieren.

Die Volxbibel hat ihren Schwerpunkt darauf gelegt, so leicht verständlich wie möglich zu sein. Ihre Stärke liegt eindeutig in der lockeren Lesbarkeit: Man kann sich ohne Probleme ein ganzes Evangelium vor dem Schlafengehen reintun. Dafür musste sie Kompromisse eingehen, was die Genauigkeit angeht. Wenn du die Volxbibel gelesen hast, bekommst du vielleicht Lust, auch mal eine genauere Bibel zu lesen.

Ich möchte dir hier drei Bibelübersetzungen vorstellen, die ich selber auch lese und getestet habe.

Die Elberfelder Übersetzung

ist eine sehr wörtliche Übersetzung. Das Neue Testament wurde 1974, das Alte Testament 1985 überarbeitet. 2006 erscheint noch mal eine neue Bearbeitung. Ihr Schwerpunkt liegt auf einer sehr genauen Wiedergabe des Originals, wodurch einige Passagen für Leute von heute schwerer zu verstehen sind. Wenn du aber wissen willst, wie es im Original genau steht, dann hol dir eine Elberfelder Bibel!

Die Lutherübersetzung

ist total weit verbreitet. Da ihr Stil fast schon wie ein Gedicht klingt, kann man Bibelstellen aus der Lutherübersetzung oft gut auswendig lernen. Dafür ist ihre Sprache aber für heute ziemlich altmodisch.

Die Neues Leben-Übersetzung

ist leicht verständlich und bleibt dabei auch sachlich immer zuverlässig. Sie hat aus dem biblischen Grundtext in ein Deutsch übersetzt, das auch noch heute gesprochen wird.

Mach dich mit der Bibel vertraut, lerne sie kennen! Und wenn du das Gefühl hast, die Volxbibel ist ausgelesen, dann besorg dir eine genauere Übersetzung und grab dich tiefer in die Botschaft der Bibel rein.
Es lohnt sich, denn die Bibel ist ein cooles Buch, es ist Gottes Buch!

An der Volxbibel Neues Testament mitgearbeitet haben ...

Wolfgang Günter (der Lektor), Julia Pfläging, Rahel Dreyer, Corinna Schober, Jenny Schimmanz, Joachim Senftleben, Dennis Diedrich, Martin Nerlich, Tobias Schier, Alexander Gärtner, „Sprotte“ Thomas Günther, Storch: Sprache, Grammatik, Rechtschreibung.

Viktor Sudermann, Wolfgang Günter, Storch: Theologisch, exegetisch, geistlicher Input.

Andreas Ebert, Bernhard Meuser: Visionär, unterstützend.

„Spustl“ Sebastian Pranz: Logo und Webdesign.

Fettes **Danke** an euch alle! Ohne euch wäre es nicht gegangen! Echt jetzt! Jesus wird es zurückgeben, ganz sicher, tausendfach!

Besonders danke ich:
Meiner Ehefrau Rahel für ihre Geduld und ihre unermüdliche Unterstützung. Du bist eine gigantisch tolle Frau, ich liebe Dich!
Andreas und Bernhard, ohne euch würde es die Volxbibel nicht geben.
Andre für seine treue Freundschaft.

Danke Jesus, du bist mehr, als Worte beschreiben können.

Am Volxbibel Update haben mitgearbeitet ...

Die Theologen ...
Stefan Höschele: Dozent für Systematische Theologie an der der Theologischen Hochschule Friedensau
Pfr. Helge Seekamp „Rolandpapa“: Pfarrer einer evangelisch landeskirchlichen Gemeinde
Pfr. Sophia: Pfarrerin in der Niederlausitz
Pfr. Bernd Tiggemann „Bernd.T“: Pastor einer kleinen evangelischen Landgemeinde

Pfr. Andreas Ebert „Mucluke“: Pfarrer in der evangelischen Landeskirche in Bayern.
„Storch“ Schmelzer: Pastor der Jesus Freaks Gemeinde Remscheid
Michael Jahme „Schrauberpack“: Neues-Leben-Seminar Wölmersen
Hendrik Stoppel „Henni“: Dipl. Theologe, NT, Tübingen, 2T22 Teenie-Arbeit JFI

Die Fachleute ...
Besonderen Dank geht an den Wiki-Fachmann Cedric Weber, ohne den es das Volxbibel Wiki in der jetzigen Form nicht geben würde. Dazu Micha Jahme „Schrauberpack“, Christian Stimming „Csim“ und Frank Binderich „Wärter“, für ihre kompetente technische Beratung und Hilfe als Systemoperator.

An der Volxbibel 4.0 mitgearbeitet haben die Wikiuser:

Danke an alle Volxbibel Wiki User für euer Mitdenken und euer Mitarbeiten. Ihr macht das ganze Projekt erst zu dem, was es ist:

"bibel-fan"777!, *Anja*, *JKW*Psycho, *chen, *Jannis-Wietzke*, *Laurali*, *sommer63, 007vogel, 123456789, 14 1Baruch, 2ndx3Beat, 2tomy, 50novo, 7zwerge89, A. J.

A. Nogal, Aarong, Aaron-w, AbbyNym, Abc, Absurt, Abzt, Achti, Adonia, Ady, Aelohim, Afk, Agp, AHilgert, Ahlemer, Aidman923, Ainer, Akiva, Akohagen, Al, Alatariel, AlbrechtM, Alex, Alex J., Alex^^, Alex2, Alex2006, Alexander, AlexanderSemrau, AlEXX, Alias ffm, Aline, Almi09, Almut, Altersberg, Alwe, Amadeus56, Amelicelli, Amy, Anaken, Anastasia529, Andi, AndiL, Andipandi, Andre, Andre;-), Andreas, Andreas Alexander, Andreas12, Andreasebert, Andreaspetry, Andreaszi, Andy, Andymac, Andyösi, Aneuka, Ange94, Angel, Angelika, Angelina, Angii, Ani-bunny94, Anja 90, Anja5678, AnjaSpreer Anki, Anna, Annagirl@1993, Anneke, Annemake, Anne-sophie, AnNi, AnniP, Anomar, Antivx, Anubis, Anyname, Apfelbaum, AppleKing, Aquei, Arend, Aristipp, Arlan, Armin, Arnd, Arne, Arne Schnütgen, Artaxerxes, Artist mein, ASeeker, Asha, Asha 108, Asha108, AssaCom, AssaSom, Asterix, Athmus, Available, Axel

Backhausbrot, Baixiang, Bakedbeansjulia, Balu, Balu 1959, Bärchen, Bärin, Bark, Bartho Prohens, Basti, Bastian, Baxter, Bea, Bebedeppe, Bebispro, Becca95, Beccccs, Begeisterter, Belinda, Belisa, BeLlchen, Bene, Benerabilis, Bengoshi, Beni, Benieman, Benjamin, Benni j, Benni1988, Benny Hammermeister, BennyOo, Benster, Bento, Berenike, Bernd das Brot, Bernd.T, Bernd234, Bernhard, Bernhard.Meuser, Bert, Bertram, Bertram Hein, BertramHein, BestLJ, BetaBlind, BetbruderElias, Bettina, Betz.fran, Beuscher, Bglhjp, Bglhjp2, Bianca.baum, Bibelforscher, Bibeljunky, Bibeljunky felix, Bibelleser, Bibelleserin, Biberon, Biberon70, Biblefan, Bibleserver, Biblesurfer, Biblicate, Biene70, BigO, Bina, Birger, BIZZAR, BKüster, BlackBaghira, BlackRose, Blancchenburns4jesus, Bliet, Blindfisch18, Blüb, Blubb, Blume, Blumenkind 74, nh@christusgemeinde-pe.de, Bobby, Boll, Bonifatius, Bonita, Brandi68, Braze, Brazzo, Brendy, Brigitte1971, Brindsley Miller, Bröselchen, Bruderpeter, Brunner, Brunozde, Buchhändler, Bukki, Bv

C rall, C1a3a, C3berM@ster, Cador, Caius, Cajuz, Calvin, Camillo, Capitode, Caren, Carla, Carlobyte, Carlos, Caro, CarOe, Carolin, CaroOe, Cartman89, Catholic, Cb1988, Cecil.the.Strange, Celeste of Silvermoon, Cello, Cfkberlin, Chaecker, Chaosmum, Charisma, Checker1988, Chelast, Chemie genie, Cherry XD, Cherryberry11, Chico26, Chilischote, Chkluth, Chrbeyer, Chris2204, Chriskros, Chrislit, Chrispos, Chrissi, Chrissi84, Chrissifa, Christ, Christopher, ChristianJ., Christine, Christkind, Christopher, Chriz, Chroscher, Chrummacher, CHRUNK, CJT-BBW-Dresden, Clang, Clara, Claudia,Claus10, Claus-Peter.W, Co, Cobra 11, Codex, Coexli, Cofi, Comander ralf, Connemara, Conny, Cookie-verrückte, Cooky, Coolboy3, Coranna, Cordelia, Cornelis, Corry, Crowsort, Cruelchris, Csillagos, Cstim, CVJMKreistag, CvjmMita, Cyrix

D redrose b, Dada, Daisy, Damada, Dampfnudel, Dan, Dano8, Dani24hh, Daniel, Daniel S., Danielmaag, Danielmenzi, Dänielson13, DanielSun84, DanielV, DaniplusSahne, Danny o., Dany Hill, Dany922, DarkPrincess, DarrelleGreen, Darwin7, Dav.j@bluewin.ch, David, David R, Davide, Davide!, DavidK, Dayana, Deaktiviert-01, Dearaeaeph, Debby, Deborah, Dedivob, Deflups, Deft, Dekalog, DeKat, Delfinam, DEmOnHunTEr, Dennis^^, Der Anwalt Gottes, Der Klaus, Der solinger, DerBär, DerGlückliche, DerJeyPee, DerThomas, DerTom, Dgrimm, Diana, Dibonhoe, Didabelju, Didi, Didi16, Didymus, Die T² Jünger, Die uschi, Dieletztekriegerin, Dieter, DietmarPohl, Dietz Neumann, Die-vier-jakobs, Dirk09, Disciple, Ditesch, Diwu, Dj-albeat, Dktz, Docmago, Docwo, Dodu, Doka, Dolly, Dominik, Donaufischle, Donilein, Dornenkrone, Dorothea005, Dorothee, Dorothee Sporer, Doublek, Dr spoony, Drachenfliege, Dragon's Daughter, DrKosy, Dubsch, Dührkopp, Dumpty82, Dunia, Dunja, Durau, DWockel

Ebbelwain, Eckart, Ecki, Ede107, Edwanke, Eichhoernchen27, Eichhorn, Eichi2007, Einwort, Ek kuehne, Ekat, Ekkehard, El gato, Elcher, Elena cross, Eli, Elias, Eliot91, Elisabeth, Elli, Elregen, Elsbeth, Eltox, Emil, Emila, Emkklug, EndOfTime, Engelchen, Entchen, Ephi, Ephraimstochter, Equilibrium, Erde2000, Erdmänchen, Erixxll, ERlebt, Erlebt, Ernesto, Ernst, Eromis, Ersteller, Eruhnke, Erwin, Esapathi, Eschneiderbuch, Esgibtkeinengott, Esra, Eto, Ettip, Eugenkrahn, Ev72, Evahae, Evi feat. Hesekiel, Exe1963, EXiS, Explosive expert, Extas!!

F. Marburg, Fab, Fabi94, Falkoz, Fallplant, Fb3, Felician, Felix, Felsenfest, Fercho, Ferdiii, Fiad, Fibi, Fihavanana, Filinchen, Finne, Firunus, Fischi, Fiveofsix, Fj.wolf, Flo66, Flachlandgorilla, Floriakir, Foerderer, Footprint, Forster, Forthee, Fosil, Frank, Frankchristian, Frank Leissler, FrankE, Frankmueller, Franktest, Fratello, FrEAk001, Freakmatze, Freakquency, FreakyLady, Fred, Freddi, Frederickstern, Fredi, Fredman52, Friddsie, Friedemann, Friedrich Jehnes, Friedrich122112, Frieds, Friesischerb, Fritzi, Frog, Fuchs, Fussballsimson, Fusselwurm, Fvetter

G.hess, Gabi20Uhl, Gaby, Ga-chen, Gamaliel, Ganador, Gänseblümchen, GaryBig, Gennaro, Georg-listings-twin-in-love-with-him, Gerd. ruegheimer, GerdEric, Gerd-osh, Gerhard, GerK, Gerry, Gerryjubo, Gertrude Hustenpust, Gesegnete ente, Ghackenb, Ghepsim, Gifog, Giga, Ginostra, Giorgio, Godrocks, Godrulz1981, Godsfreakyprincess, Godsfriend, Godsgirl, Goetz, Goetz67, Gollommbus, Gorak, GOTT, Gottesbild92, Gottesrechtehand, Gottistgut, Gravits, Grenzwertig, GreyEagle, Greyeagle, Grinsekatze, Gronkor, Grossermuck, Grummelchen, Grux, Gudi, Guenni1960, Guije, Guju, Gunda Staib, Gunman, Günther, Gunther werner, GunzyTom, Gustav, Gvs, GVS-7cd, GVSKlasse-7cd, Gwo

Habakuk, Hachri, Hadda, Haerter, Haesle76, Hajo, Hajo Dietze, Hajo4ex, Halsbandschnaepper, HaMi, Hanfal, Hanfwalker, Hank, Hanna, Hannah, Hans Wurst, Hanser, Hansfaust, Hapag legomena, Happy, HappyFamily1991, Hard s, Harmless, Harry, Harry Wiens, Harrywiens, Haulchen, Hauskreis Isabella, Hdkoeln, He'sALIVE, Heartsong, Heggel, Heiko, Heiligerfranz, Heinrichschaa, Heinz, Hekui, Helas, Helly, Helmut. Hofmann, Helmuth78, Heluri, Henning, Henry cheeser, Hermann Schulten del Campo, Herminator, Hero des, Herrnhaag, Heuliwejes, Hi, Hildenhagen, Hilger, Hille, Hiltrud Kühn, Himmelskomiker, Hinneni, HipHope, Hismaker, Hkmwk, Hmgr, Hobe, Hoffnung, Holger, Holländer, Holmix, Holpet, HolyBible, Holyij, Home, Honey, Hopekoehne, Horde777,

Horschtabua, Horsie, Horst, Horst.Kohler, Horst-Haldol, Hotte1964, HP, Huberta reil, Hübie, Huefti, Huetchen

I have my own style, Icelandfan, Ich, Ich hasse dich, Ichliebemeinenpapa, Ichthys8, Ichwillanonymbleiben, Ida, Idenis, Idler, Iliopsors, Ilseluise, Iluvyahoney, Immanuel Weber, Inet Raboo, Infimus, Infomedix, Ingo, Isch, Isis, Isius, Italialover

J o n a s, JaCk, Jahve, Jakob, Jamaicaboy16, Jan.himmelreich, Jan3k, Jana, Jand2, JanKrohn, Jan-Mirko, JanPeter, Jas01, Jasmin, Jasminum officinale, Jc.freak83, Jeleesa, Jenny1985junh, Jens, JensD, JensG, Jensi, Jens-peter, Jensrentmeister, JensUG, Jerusalemwuschel, Jesreel, Jessdennart, Jesses, Jessi89, Jesus freak777, Jesus Punk, Jesus206556, Jesus360672, Jesus4Sylvia, Jesuschristusliebhaberin, JeSuSfReAk, Jesusfreak, Jesusfreak1543, Jesusfreak16, JesusFürDeutschland, Jesusistkrieg, JesusLEBT, JesusPunk1, Jetzt-funkenflug, Jguerrero, Jhaus55, JHWH, JM, Jo, Jogammler, Jo.nathan, Jo4jesus@web.de, Joachim, Jocky, Joe, Joe.S, Joeb, Joerg, JoergBeyer, Joern, Joesy, Joey, Joey84, Jogger747, Jogi, Johann, Johanna, Johannes Venzke, JohannesCassian, Johannespieper, John, John Cooper, John.w, John316, Johnfirst, JohnThunder, JohnWindow, JoH03009, Jo-jan, Jojo1988, Joker, JoNaLe, Jonas, Jonas Rahn, Jonas S., Jonathan, Joni, Jopl, Jordanspro, Jörg, Joschl, Josco, Joshua, JoWie, JR 90, Jrschumann, Judas, JudenChrist2007, JugendkreisLahnau, JugendpastorMJN, Juho, Jule, Juli, Julia, Julian K., JungfrauAntonia, JuNi, Jürgen Mock-Böhringer, Juri, Juwilju, Juz

K2610, Käbi, KaddyS, Kadege03, Kaiserscafé, KAKAANAL, Kalleb, Kalli, Karhu65, Karin, Karl, Karo*, Karollis, Karolus, Karsten, Karstenludwig, Kat, Katastrofenkiller, Kath, Katha, KatharinaMalena, Kathatarina, Kathy428, Katie, Katjuscha, Katrin, Katte, Katuma, Katzengreis, Keinekompromisse, Keko, KekoK, KeKs Bauer, Keksmensch, Kelu, Kermit, Keryx, KevinBu, Kieferluft, Kilimann, KimEngel^.^, Kimgbzh, KIM-JOHN, KingMoe94, Kiolalayale, Kirikaese, Klari, Klasse8Abtsgmünd, Klasse8FvKs, Klaus, Klaus steffens, KlausT, Kleine.Lilie, Knöpfchen, Knut67,Kody, Kohelet, Königskind, Konrad, Kornelius, Kornelius2, Kp, Kreaktiv66, Kreta, Kriss, Kriss68, Krissi mit G, Kruem, Krulle, Kruphi, Krupinski, KT, Kuebi, Kunhardt, Kurbjuhu, Kyoko

Lac 777, Lachen, Lachschonde, Lakrissimo, Laliya, Lamaus, Laura8484, Lcars, Lea4god, Leander, Lebe-jetzt, Lebend'ger Fisch, Lehcimsubed, Lela, Lena, Lena-im-Boot, Lenchen, Leo, Leokle, Leon9b, Leonae, LeonSmolka9b, Leporello, LeSPu, Lexi, Lgnx, Lightwalker, Lil saint 07, Lilalois, Lili2010, Lililein, LinA, Ling-lang, Liondancer, Lippi, Lisa Walther, Lisbeth, Lischen, Listos, Liszala, Littlecorny, LittlePussycat, Litzer, LivingWater, Livingwater, Lizzie, LLakritz, Loewens, Loewensteinsj, Loewie, Lokke, Longo, LordEisenfaust, Lotwane, Lovejesus777, LowPriceLighter, Lucas. martin, Lucius, Ludger, Luim23, Lukas, Lupincula, Luthe, Lutz, Lutzneumeier

M. A. R. I.E, M. P., M. Stump, Ma529zda, Maa, Mabest,Mäc&Jone, Macbergman, Madmaharaja, MadMaxMac, Madmuffin, Magdalena, Magga, Maggie, Maggie99, Magimu, Maikefer, Maikoloki, Maja, Majah, Makeda, MaLu, Malu, Mamaandy, Manfred, Mania, ManSam, Manu, Manual Automatic, Manuela, Manuku, Manyou, Maranatha, Marce, Marcel Baptist, Marcel Kümmerer, Marcelo Wall, March, Marciboy, Marco max 20, Marcus, MarEn, Maria, Maria Bruderer, Mariamagdalena, Mariecheno405, Marioulli, Marisa, MariusBaumann, MarkS, Marksh, Markus Schepke, Markus von Grünigen, Markus.frauchiger, Marlster, Marsuparius, Martin, Martin litzba, Martin.R, Martin.RB, Martina Vick, Martinek, Martinjulia, Marv, Mary, Mary007, Marzis, Maseltov, Massaker, Master500, Matroschka, Matt77, Mattangs, Matthias, MatthiasGeorg, Matze, Matze99, Matzepatze, Mawodi, Max, Max.mustermann1000, Maxblue, Mcbfrodo, Mclgrl, MD, Mdelesky, Meise2000, Melao, Melilot, MenschMartin, Mercy, Mercy93, Messias, Metalmatze, Metanoia, Methro, MGeorg1649, Mica, Micah, Micha, Micha D., Michael Lexa, Michael43, MichaelM, Michaelwachenheim, MichaHH, Michal91, Mickey, MickZ, Microfish, Micweb, Migi84, Miirii♥, Mika, Mikkes, Milano07, Milka, MiniChrist, Miriam, Mirjam, Mirko, MissSpinster, Misssushi, Mitras2, Mjakobi, Mkolberg, Mkretz, MMT, Moby 18, Moedritscher, Mofamafia, Moggeline, Mohij, Möhre, Moira, Moments, MoNooBraue, Monarchin, Monique, Montague, Monti73, Moreofyou, Moritzontour, Morpheuz6, Mose, Motoki, Motorus, Motto, Moudy, Mrblonde98, Mrholy, MrSpliss, MrYosch, MSchulz, MSchwarzkopf, MStump, Mucluke, Muebalu, Muecke ingo, Muehlstein, Mueller.emden, Muerli, Müllerbadlausick, Multimölli, Muslo, Mwohlgem, MyDog, Mzeecedric

N.gruessner, Nachwuchsprediger, Nadaschlor, Nadine, Nala, Nanda, Nannyogg57, Nasnnyogg57, Nasti.Nuclear, Nath, Natha92, Natta, NeffetsSk8, Nessa, Nette^^, Neugierige Ziege, Neusl, Nevar, Nevermind, Newchris, Nicola, Nicole, Nicolebabe24, Nightstar7459, Niki, Niki.L, Niko, Nils Sievers, Nina, NiNa xD, Noebian, Nokifan, Nomes, Nomra7, Norbert, Nordwind, Nörgelmir, Norheg, Noseman, Nossen69, Novize

Obelix, OberhauptKuen, Ocean20, Oculi, Odradek, Oehler@web.de, Oho, Okashi, Old.holly, Olde, Oldenburg3, Oldnag85, Olivertomtina, Oluanez, Ombili, Omega, Oneway, Oni, Onkel-henni, OnSeLahde, Opensource, Orenero, Ouve

PacmanII, Paddy-07, Paps51, PascalSeidelEinbeck, Pasmo11, Pasteur, Pastor, Pastor storch, Pater Lorenz, Patrick.M, PatrickNölke, Patty, Paul, Paula4jesus, Paulgerhardt, Paulorth, Pazu, Pbnp, Pczelot, Pdiggelm, PeacE, Peaceman, PeaT, Pedrorapaz, Pervamon, Pesus4jesus, PeTau, Peter, Peter Pan, Peter Toeller, Peter.H, PeterAlfred, Peterdavut, PeterGeorg, Peterpen, PeterS, Peters, Petra, Petra.steinmann, Pfadfinder, Pferdefreund777, Phia, Philipp, Philipp Neri, Philippos, PhilOnVolxbibel, PhiSie, PhyshBourne, Pilger 68, Pinger, Pionier, Pitpit, Pitrell, PKalusche, Plan B, Podsadlowski, Poladr, Popins, Powerpauli, Powtac, PraizeTheLord, Princess, Prinz Volker, Proell, Profi811, Profrk, Psalm50,15, Pucki, Puelzl, Purzelmax

Qberz, Quastenflosser, Quelle, Quellphin, Quiddi, Quovadit, Qwert

R.muenzker, R14v8, Rabbi, Radi, Rafhun, Rai, Rain, RainerGüting, Rainer Müller, Rainman1964, Ralf Kühlwetter-Uhle, Ralf.haeussler, Ralf.hudler, RalfKater, RalfW, Ramhto, Ramungus, Raphey, RaphZ, Raschmi, Rau.mi, Raumlaender, Rbby, Rbhausoul, Rchhuebner, RDB, Realandy, Realmaze, Reflaufenburg, Reformator, Reinhard, Reitzelhans, Reli, Relpaed, Rene Heller, Rerobitsch, Rettheld, Revive, Revivegermany, Revoluzzer, Riccardo-Cavallo, Rich8, Rickie-Dickie, Riefert, Rieköóö, Ripei, Rissa, Ritze82, Riverofgod, Röb röb, Robbi, Robert, Robert VIP, Robertg, Robi, Rockpommelsland, Rocktiger, Rodenbacher, Roenzel, Röfe, Rohrbachkoop, Rolandpapa, Rolf Schuld, Rolli, Rolli1001, Romi124, Roswith, Rotbartbibel, Rotzloeffel, Rowiwa, Rowosch56, Royalpiper137, RSISST, Rsj, Rubber, Rubroony, Rudi007, Rudolf, RudowRulez, Ruefu, Ruslan91, Russian girly, Russkaja sila, Rusticus, Ruth, Ruthzimi, Rzeitler

S.asch.a, S5magroh, Sabmoe89, Sachi, Sahne, Salem, Salomo, Salz und Ehre, Sam, SamK, Samson, Samy, Sanders Dowdy, Sandstorm, Sanish, Sanja, Sanne, Sanox, SanWogi, Sarah, Sarah Polarlicht, Sarahleina, Sarale95, Saso67, Saved, Sbajudas, Scarlett, Schäfchen, Schattenfee, Schlunki, Schmeffn, Schnabeltier, Schneider, SchoeneZeit, Schoko, Schoko-drea, Schrauberpack, Schwalbe93, Schwarzwald, Schwenoldas, Schwimmwart, Schwines, Scout, Sebastian, Sebboh, Sedi, Seelenfreund, Seeleyher, Seio, Semir89, Senator, Seppel, Seraphael, Server, Setike,

Seume, Sexy angel, Shaixo, Shalom, Sharifu, Sharkcow, Shirodave, Shortys relibande, Shuni, Sicone, Sieben, SigMA, Silas1512, Silon, Silpheen, Silvia, Simaglei, Simeon, Simiwriter, Simme, Simon, Simon 123, Simon.loeschke, Simondiercks, Simone, Simone Müller, Simson, Singline, SingOut66, Sirys, SiTi, Skre, Skrolan, Skwejnn, Skyer, Skylitdrive, Skylit-drive, SlickRider, Smartie, Smileygirl, Smilyi, Smudooo, Snah, Snahfi, Snotzke, Snudo, Soeren lange@gmx.de, Soern, Soessle, Sommer04, Sommer63, Son of Man, Sonja kiepe, Sonnhild, Sophaschwein, Sophia, Spatzelchen, Spidou, Spielmaus, Spinoze, Spuky, Squirrel, Srebbor, St. Patrick, Stand Firm, Star, Stefagner, Stefan, Stefan Herzog, Stefan wiederkehr, Stefan.h, Stefan2502, StefanBeger, StefaniE, Stefanpickart, Steffen Göpfert, Steffensgo, Steffifiebig, Steini, Stephan-Zoellner, Sternchen, Sterntaler1106, Stiefel), Stiwipreacher, Stoenk, Storch, STRASSENPASTOR, Strider, Stritz, Struppi, Suchanecki, Sunny250, Sunnyjazz, Superhighend, Susan, SusanneH, Suschi, Susej, Susie Derkins,Susie Derkins2, SuZa, Sv3nSKA, SvejSi, Sven Körber, Sveniii, SW52146, Sweet Jesus, Sweetsilvi, SweetyAnja, SwissJesus-Freak

Tab it, Tab*christin@user, Tabea-Khk, Tabi, Tabse, Taj-pan, Takurea, Talitakum, Tami, Tanach, Tanja Grubelnig, Tannenbaum, Tasen, Tassilo, Tatonka1973, Tbk123, Teacher, Teddman, Teddman30, Teddyjutzi, Teenkreis Hattingen, Teidori, Teka, Tennis L, Teqsun, Teresa, Test0815, TestFavicon, Testmartin, Tete, Teupy, TgschuelerP, TgschuelerR, The Gecko, Theiming, TheKa, TheKryz, Theo, Theoherget, Theologe, Theologische Fortbildung EJW, Theophilus, Therapie883, TheRevo, Thetys, Thlahme, Thomas, Thomaseberlein, Thomasfuchs, Thor, Thorlac, Thorstenwader, Thorsti, Timmä, Timmi, Timmy, Tina, Tinita, Tirza, TJR, TKöhler, Trnth, TNolte, Tobbac, Tobbs, Tobi, TobiWo, Tobomat, TobyMac, Toktok, Tom, Tom S, TommesB, Tommy, Tommy Green, Tommy123, Tomson, Tony1309, Tork Pöttschke, Torsten, Totti, Trabikraft, Tracey,Translator, Trax, Trollum95, Trombonist, Troox, Trw, Typernator, Tyva, Tzwaehn88

Uas, Uboot, Ulli, Ulrich erhardt, Ulrike, UlrikeWünsch, Ulysses, Umhimmelswillen, Umj21, Uncle sam, Undercovercircle, Unimog, Unitarist, Unterwegs, Ursalexle, Ursi, Usbur, Uschi, Uschi94, Uwe

Vaccinia, VanEssFan, Vanitas, Vazicumiweho, Vegat12, Vera, Veranda,Verena, Verena2011, Veve, Vicky, VickyK, Victor, Vivil58, Vladimir, Volkanmar, Volkmar, Volksbibel, Volxdidi, Volxfreak94, Volxmann, Volxwagen, Volz, VonAllenSeiten, Vsfwien

W.gittinger, Waerter, Waldläufer, Waldschrat, Walker, Warah, Warriorsaint, Washbrook, Weazel, Webbl, Weberpa, Wechmida, Wegederfreiheit11, Weichsew, Weinrebe, Werner.kahl, Wiesel, Wikimy, WikiUser, WikiUser2, Willi.gittinger, Winfried, Winnetou, Winnetou1, Winu, WirelessPhil, Wishmster842, Wjw, Wobi888, Wolf, Wolf-Dietmar, Wolfgang, Wolfi58, Wolfroehrs, Wolle365, Wolle42, Wolle71, Woschultz, Wost, WR, Wraphaw, Wurzelmann, Wuschi7

X1234567890, Xaphoon, Xerxenia, Xophil, Xsteadfastx, XXCaroXx, XXFamousXx, Xxjanaxx22

Yachti.nanna, Yael, Yerodin, Yoyo

Zacko2575, Zeion, Zickzacke 99, Ziele, Zimtie, Zotti, Zuanne